Beihefte zur Zeitschrift für
Altorientalische und
Biblische Rechtsgeschichte (BZAR)

Herausgegeben von
Eckart Otto, Dominik Markl und Guido Pfeifer

Band 29

2023
Harrassowitz Verlag · Wiesbaden

Die Entdeckung des Politischen im Alten Testament

Festschrift für Wolfgang Oswald zu seinem fünfundsechzigsten Geburtstag

Herausgegeben von
Joachim J. Krause, Dominik Markl
und Kristin Weingart

2023
Harrassowitz Verlag · Wiesbaden

Bibliografische Information der Deutschen Nationalbibliothek
Die Deutsche Nationalbibliothek verzeichnet diese Publikation in der Deutschen Nationalbibliografie; detaillierte bibliografische Daten sind im Internet über https://dnb.de abrufbar.

Bibliographic information published by the Deutsche Nationalbibliothek
The Deutsche Nationalbibliothek lists this publication in the Deutsche Nationalbibliografie; detailed bibliographic data are available in the internet at https://dnb.de

Informationen zum Verlagsprogramm finden Sie unter
https://www.harrassowitz-verlag.de

Gedruckt auf alterungsbeständigem Papier.
Druck und Verarbeitung: Memminger MedienCentrum AG
Printed in Germany

ISSN 1439-619X
eISSN 2749-9278
ISBN 978-3-447-12130-9

Inhalt

Vorwort VII

Kristin Weingart
Familien-Politik. Überlegungen zur Tamar-Juda-Erzählung (Gen 38) 1

Reinhard Achenbach
Die Gottesbergerzählung des Exodusbuches und die Entdeckung des Rechts auf die freie Ausübung der Religion 17

Bruce Wells
Loyalty, Cooperation, and Integrity in the Deuteronomic Code 35

Klaus-Peter Adam
Feuding in Israel and Athens: Draco's Law and Deuteronomy 53

Ruth Ebach
Die Seuchen Ägyptens. Krankheit als Politikum 71

Konrad Schmid
Mose als Gesetzgeber. Literatur- und religionsgeschichtliche Überlegungen zur Transformation der Gestalt Moses in der Formierung des Pentateuch 87

Mark G. Brett
Politics of Holiness in the Torah Republic 111

Heinz-Dieter Neef
Die Jotham-Fabel in Richter 9,8–15 im Kontext von 8,28–9,21 127

Thomas Krüger
Zur Entwicklung der politischen Argumentation in Ezechiel 17 145

Matthias Hopf
Politische Poesie. Die Funktion der poetischen Gestaltung politischer Aussagen am Beispiel der Fremdvölkersprüche des Buches Amos (Am 1,3–2,3) 157

Bernd Janowski
Schöpfungsherrschaft. Schöpfungstheologische Aspekte in der judäischen Königsideologie 169

Joachim J. Krause
Das Lied der Hanna zwischen Psalm 73 und Psalm 75. Eine ‚sozialpolitische' Lektüre 189

Martin Leuenberger
Unpolitischer Zion als Lebensraum. Die nachexilische Zion-Segen-Theologie des Wallfahrtspsalters 120–134 ... 209

Jakob Wöhrle
Rache und Überwindung der Rache. Zur Komposition und politischen Intention von Psalm 137–138 ... 225

Anselm C. Hagedorn
Ist das Hohelied politisch? Überlegungen zum Königtum in der mediterranen Liebespoesie ... 239

Erhard Blum
Ein Götterpaar JHWH und Aschera – kultische Realität oder akademisches Konstrukt? ... 259

Rainer Albertz
Das vereinte Königreich. Das lang anhaltende Bemühen um die Realisierung dieser politischen Idee und ihr Scheitern ... 283

Stefan Krauter
Die *ekklesia* von Ephesos in Apostelgeschichte 19. Neutestamentliche Reflexionen über gelingende und scheiternde Demokratie ... 297

Matthias Morgenstern
Die rechtspolitische Bedeutung der Mehrheitsregel Exodus 23,2 (אחרי רבים להטות) im Talmud ... 309

Helmut Utzschneider
Gottesbezug. Die Verfassungserzählung der Sinaiperikope und die Präambeln moderner Verfassungen – ein Übersetzungsversuch ... 321

Eckart Otto
Theologisierung und Säkularisierung von biblischem Recht im Horizont Politischer und Ökonomischer Theologie von Carl Schmitt bis Giorgio Agamben 339

Stellenregister ... 355

Die Autorinnen und Autoren ... 371

Vorwort

Langjähriger Wegbegleiter, hochgeschätzter Fachkollege, Freund – all das ist uns Wolfgang Oswald, und noch eines: großartiger Anreger. Auf diesen Aspekt macht die thematische Ausrichtung der vorliegenden Festschrift, mit der wir Wolfgang anlässlich seines fünfundsechzigsten Geburtstags ehren möchten, aufmerksam: Die Entdeckung des Politischen im Alten Testament.

Der Titel evoziert – in zugegebenermaßen gewagter Adaption – den des Althistorikers Christian Meier: Die Entstehung des Politischen bei den Griechen.[1] Unter Bezug auf Homer und Hesiod als Quellen für die Anfänge der politischen Theorie im griechischen Kulturraum beginnt auch Wolfgang Oswald sein Buch Staatstheorie im Alten Israel, um sogleich programmatisch auszuführen:

> Was [...] für die Griechen gilt, sollte für das Alte Israel nicht minder wahr sein. Auch hier hat sich die Reflexion über das Volk, über das Königtum und die Dynastie, über den Staat und seine Institutionen in den überlieferten Gattungen abgespielt: im Rahmen von Erzählungen und Gesetzbüchern, von Annalen und Sagen. Hat man einmal erkannt, dass sich der staatstheoretische Diskurs im Modus der Erzählung vollzieht, wird schnell klar, dass der Pentateuch und die sog. Geschichtsbücher fast durchweg davon geprägt sind.[2]

Mit seiner groß angelegten Pionierstudie sowie weiteren Arbeiten hat sich Wolfgang Oswald um ein bislang weithin brach liegendes Feld der alttestamentlichen Wissenschaft verdient gemacht[3] – und uns angeregt, dem „politischen Diskurs" in Überlieferungen der Hebräischen Bibel und darüber hinaus nachzuspüren. Mögen ihm die hier versammelten Studien Freude bereiten und ihn je auf ihre Weise zur Weiterarbeit einladen.

Unser herzlicher Dank gilt den Beiträgerinnen und Beiträgern, die sich mit uns haben anregen lassen; den Herausgebern der Beihefte zur Zeitschrift für Altorientalische und Biblische Rechtsgeschichte, die den Band nicht nur zur Publikation angenommen, sondern seine Entstehung mit Interesse und Engagement gefördert haben; unseren Mitarbeiterinnen und Mitarbeitern, die sich mit großer Sorgfalt um die Manuskripte ver-

1 C. Meier, Die Entstehung des Politischen bei den Griechen, stw 427, Frankfurt a.M., 1980.

2 W. Oswald, Staatstheorie im Alten Israel. Der politische Diskurs im Pentateuch und in den Geschichtsbüchern des Alten Testaments, Stuttgart, 2009, 9.

3 W. Oswald, Das Alte Testament und die Politikwissenschaft – eine einführende Sondierung, ThR 79, 2014, 135–160.

dient gemacht und am Ende auch die Register erstellt haben, namentlich (und in chronologischer Reihung) Jonas Meinert und Sarah Ntondele in Bochum, Desiree Zecha und Martin Hinz in München sowie Kai Krause in Bochum; und dem Stab bei Harrassowitz.

Bochum, Innsbuck und München
im Juli 2023

Joachim Krause, Dominik Markl
und Kristin Weingart

Familien-Politik

Überlegungen zur Tamar-Juda-Erzählung (Gen 38)

Kristin Weingart

Dass die Erzelternerzählungen eine politische Dimension haben, hat nicht zuletzt der Jubilar eindrücklich herausgestellt.[1] Sie handeln vom Selbstverständnis Israels, thematisieren soziale Strukturen und Hierarchien oder auch die Verhältnisse zu den Nachbarvölkern u. a.m. Die erzählte Zeit familiärer und vorstaatlicher Anfänge ist dabei vielfach auf die Erzählzeit, zumeist die Verhältnisse der Königszeit und die königliche Herrschaft hin transparent; „[d]er Ahnvater übernimmt – natürlich nur teilweise – die Funktion des Königs".[2] Dafür, dass Diskurse über das königliche Herrschen in diesen ‚Familiengeschichten' auf vielfältige Weise mitschwingen, kann auch Gen 38 als Beispiel dienen.

Die Protagonistin der Erzählung ist Judas Schwiegertochter Tamar. Nähert man sich ihr einmal über den Umweg ihrer biblischen Erwähnungen außerhalb von Gen 38, zeigt sich, dass Tamar eine Frau der Stammbäume ist. Neben Gen 38 begegnet sie in der gesamten Bibel an drei weiteren Stellen, jedes Mal im Kontext einer Genealogie:

- In Rut 4,11f. sprechen die Ältesten dem Löser Boas einen Segenswunsch zu: Rut möge sein wie Rahel und Lea, die Erzmütter Israels, und Boas' Haus möge sein wie das des Perez, den Tamar Juda gebar. Der Segen mag auf die Fülle der Nachkommen des Perez anspielen, zu denen auch Boas selbst gehört und über die die umfangreiche Juda-Genealogie in 1 Chr 2,9–4,20 eindrücklich Auskunft gibt.[3] Der das Buch Rut abschließende Stammbaum in 4,18–22 konkretisiert diesen Segen mittels eines genealogischen Ausblicks. Von Perez aus wird die Abstammungslinie bis zu David, dem Urenkel von Boas und Rut, geführt.
- 1 Chr 2,4 zeichnet Tamar in die Juda-Genealogie ein. Da der Tod Ers erwähnt und Tamar als Judas Schwiegertochter (כלתו) bezeichnet wird, ist davon auszugehen, dass die Chronik auf Informationen aus Gen 38 zurückgreift. Dazu passt weiterhin, dass Tamars Part über die kleine Nuancierung, dass sie das Subjekt des Gebärens ist (ילדה

1 Oswald, Staatstheorie, Abschnitt 3.

2 Ibid., 154. Ob sich die Jakoberzählung dabei tatsächlich als Versuch erklären lässt, Israel nach dem Verlust des Königtums auf eine neue Basis zu stellen (156), darüber kann man freilich streiten (zur Diskussion Weingart, Stämmevolk, 256.357–366).

3 Zur Struktur der Juda-Genealogie in der Chronik vgl. Willi, Chronik, 82f. Die Nachkommen des Perez machen den bei Weitem umfangreichsten Teil der Juda-Nachkommen aus.

לו), während der analoge Vorgang bei der Tochter Schuas (2,3) grammatisch auf Juda bezogen ist (נולד לו), aktiv herausgehoben ist.[4]

– Im erweiterten Davididen-Stammbaum von Mt 1,1–16, der am Ende zu Joseph und Jesus führt, ist Tamar (1,3) neben Rut, Rahab und Bathscheba eine der vier genannten Frauen. Was diese Frauen verbindet, ist vielfach diskutiert worden:[5] Sind die Vier in besonderer Weise Sünderinnen, so dass ihre Nennung auf die Sündenvergebung im Christusgeschehen hinweisen soll? Das mag man für Tamar und vielleicht Bathscheba erwägen, es passt aber weniger zu Rahab[6] und schon gar nicht zu Rut. Geht es darum, dass sie Ausländerinnen sind und hier von Anfang an ein universaler Zug in Richtung Heidenmission angedeutet ist? Allerdings geben dies die Texte bei Bathscheba und Tamar nicht her.[7] Plausibler scheint, dass der unmittelbare Kontext eine Rolle spielt, nämlich die in Mt 1,16 angedeutete und in 1,18ff. entfaltete Jungfrauengeburt. Die vier genannten Frauen hatten alle vor der entscheidenden Geburt bereits sexuelle Beziehungen zu anderen Männern.[8] Die Leser*innenerwartung, dass es sich so auch bei Maria und Joseph verhalten könnte, wird aufgebaut, um dann über die Jungfrauengeburt widerlegt und überboten zu werden.

Tamar ist also außerhalb von Gen 38 die Frau der Stammbäume bzw. genauer: die Frau der Davididen-Stammbäume. Dieser Zug der Rezeption von Gen 38 hat – wie sich zeigen wird – nicht nur einen Anhalt an der Erzählung selbst, sondern führt auch auf einen spezifischen Aspekt ihrer Aussageintention.

1 Die Tamar-Juda-Erzählung

Gen 38 hat – passend zu den übrigen Erwähnungen Tamars – einen genealogischen Rahmen: 38,1–5 berichten überaus knapp von Judas Ehe mit der Tochter Schuas und entfalten eine segmentäre Genealogie mit den typischen Geburtsnotizen inkl. der Benennung der Söhne Er, Onan und Schela. Auffällig ist, dass der Erstgeborene von Juda benannt wird,[9] die beiden folgenden Söhne von ihrer Mutter. Namensetymologien gibt es an dieser Stelle nicht. Das genealogische Motiv kehrt im Schlussteil wieder: 38,27–30

4 Willi, Chronik, 79.

5 Zu den erwogenen Möglichkeiten vgl. etwa Luz, Evangelium nach Matthäus, 93f.; Heckl, Begründungsrahmen, 166–168, oder Ebach, Genesis 37–50, 156f.

6 Rahab wird zwar als זונה eingeführt (Jos 2,1), stellt sich dann aber als exemplarische JHWH-Verehrerin heraus. Zur Profilierung Rahabs in Jos 2 vgl. Weingart, Looking Back, 28–35.

7 Bathschebas Ehemann wird als Hetiter bezeichnet (2 Sam 11,3), damit ist aber nicht notwendig Analoges für Bathscheba impliziert. Dass sie nach ihrer Menstruation Reinigungsvorschriften befolgt (2 Sam 11,4: והיא מתקדשת מטמאתה), zeigt wohl, dass sie als Israelitin gedacht werden soll. Zu Tamar s. u.

8 Vgl. Heckl, Begründungsrahmen, 168f.

9 Häufig wird zu ותקרא geändert (vgl. Westermann, Genesis, 40), was aber gerade im Zusammenspiel mit 38,39 nicht geboten scheint. Boecker, Josefsgeschichte, 98, vermutet hingegen, dass durch die väterliche Namensgebung der Erstgeborene hervorgehoben werden soll. Zum Phänomen der Namensgebung vgl. Kessler, Benennung, der den Befund in Gen 38 damit erklären möchte, dass die Tochter Schuas und Tamar Kanaanäerinnen gewesen seien und Juda deshalb die Namensgebung übernommen hätte (34).

behandeln die Geburt der Zwillinge Perez und Serach und ihre Namen.[10] Die Rivalität der Brüder bei der Geburt erinnert an Jakob und Esau in Gen 25, wird aber in der Geschichte selbst nicht weitergeführt. Sie dient hier lediglich als Hintergrund der Namensetymologien.[11] Wiederum benennt Juda die Söhne, obwohl Tamar die zugrunde liegende Erklärung liefert (38,29).[12] Mit der Benennung verbindet sich eine tiefer liegende Frage: Die beiden Söhne werden als Söhne Judas angesehen, der sie eben auch benennt. Dies deckt sich mit dem Befund in den oben genannten Stammbäumen. Aber geht es in der Erzählung nicht gerade darum, Judas verstorbenem Sohn Er Nachkommen zu sichern (38,8)?[13]

Zumindest die Erzählkomplikation läuft mit ihrer Exposition in 38,6–11 auf diese Problematik hinaus: Der älteste Sohn Judas wird mit Tamar verheiratet, deren Herkunft nicht näher erläutert ist. Dass sie immer wieder als Kanaanäerin verstanden wird,[14] ist eine Übertragung aus 38,2 oder entspringt einer bestimmten Interpretation von Mt 1. Der Text sagt es nicht. Der erste Ehemann Er wird erzählerisch rasch aus dem Weg geräumt, für die Erzählung ist er nur als Toter relevant. Weil er unzeitig stirbt, muss er wohl auch böse gewesen sein (38,7), so zumindest scheint der Tun-Ergehen-Zusammenhang hier konzeptionell eingespielt zu sein.[15] Mit diesen Informationen ist die grundlegende Konstellation schon umrissen und die Frage im Raum: Wie kann es mit der genealogischen Linie Judas weitergehen?

Ein erster Lösungsversuch geschieht in 38,8–10, bringt aber keine Entlastung, sondern verkompliziert die Situation nur noch weiter. Juda agiert als *pater familias* und greift auf das Institut der Leviratsehe zurück, um die genealogische Kontinuität für Er zu sichern: להקים זרע לאח (vgl. 38,8.9). Gen 38 ist neben Dtn 25 und Rut 1 einer der wenigen Texte, in denen die Wurzel יבם oder ihre Ableitungen belegt sind. Man hat hier viel diskutiert, ob sich eine Schwagerehe und Schwagerpflicht unterscheiden lassen, ob es also nur um die Zeugung eines Nachkommen für den verstorbenen Bruder

---

10 Für Levin, Tamar, ist das Nebeneinander von genealogischem Rahmen und narrativem Mittelteil ein deutlicher Hinweis auf die literarische Uneinheitlichkeit der Erzählung. Ein zweiter Hinweis sei, dass die Hauptperson Juda so unterschiedlich gezeichnet werde – einmal als bedeutsamer Stammvater des Südreiches, einmal als zwielichtige Gestalt (126). Levin rekonstruiert eine mehrphasige Entstehungsgeschichte, in der aus einer Juda-Genealogie über diverse Erweiterungen die vorliegende Erzählung geworden ist, wobei die Aussageintention und auch die verwandtschaftliche Zuordnung der Akteure mehrfach wechselte. Wenn allerdings – wie hier vorgeschlagen – sowohl die Kombination von Genealogie und Narrativ als auch die komplexe Zeichnung Judas auf eine gemeinsame Pointe führen, entfallen beide als literarkritisch auszuwertende Anstöße.

11 זרח muss wohl mit dem roten Faden aus 38,29f. zusammenhängen (Ebach, Genesis 37–50, 153), der Erzählzug bliebe sonst ein blindes Element. Allerdings wird der Faden als שני bezeichnet (zur Problematik schon Westermann, Genesis, 50).

12 Die Textüberlieferung ist nicht eindeutig. Gewichtige Textzeugen lesen ותקרא (vgl. App. BHS), was wohl eine lectio facilior darstellt. Zur Problematik vgl. oben Anm. 9.

13 Zum Problem vgl. auch Ebach, Genesis 37–50, 127.

14 So z. B. bei Westermann, Genesis, 45, oder Boecker, Josefsgeschichte, 138.

15 Dass hier eine Leerstelle vorliegt, bestätigt auch die rabbinische Auslegung, die diese über mutmaßliche sexuelle Fehltritte Ers füllt (vgl. Bereschit Rabba zur Stelle). Ohler, Tamar, 48, vermutet ein Wortspiel mit dem Namen ער und dem Adjektiv רע.

oder die Ehe mit der Witwe geht.[16] Gen 38 lässt sich aber recht genau auf der Linie von Dtn 25,5–6 lesen: Die Witwe des verstorbenen Bruders soll die Ehefrau des Schwagers werden; ihr erster Sohn gilt als Nachkomme des Verstorbenen. Zwar ist in Judas Auftrag in 38,8 von einer Eheschließung nicht die Rede, die Anweisung beschränkt sich auf das sexuelle konnotierte בוא אל, aber 38,14 macht in der von Tamar bemerkten Fehlanzeige (כי ראתה כי גדל שלה והיא לא נתנה לו לאשה) deutlich, dass eine Eheschließung impliziert war.[17] Der Lösungsversuch scheitert, da sich Onan verweigert, und zwar nicht etwa auf dem Weg, den Dtn 25 gewiesen hätte, sondern auf eine verdeckte Weise, die Juda, Tamar und auch seinen verstorbenen Bruder betrügt. Sein Handeln kann also nur von JHWH geahndet werden, was auch geschieht. Es ist dann aber wieder Judas Vorgehen, das nun endgültig den Fortbestand seines Hauses gefährdet. Aus Sorge um das Leben seines dritten Sohnes provoziert er den Abbruch der genealogischen Kontinuität. Schela wird nicht verheiratet, nicht mit Tamar und in Gen 38 auch nicht mit einer anderen Frau.[18] Juda selbst wird keine weiteren Söhne mit seiner Frau haben. Zumindest ist dies, nachdem schon in 38,5 festgehalten war, dass die Tochter Schuas aufhörte zu gebären, zu erwarten und mit ihrem Tod in 38,12 auch Tatsache. Tamar verbleibt ohne Hoffnung auf Heirat oder Nachkommen im Haus ihres Vaters (38,11).

Gen 38,12–26 schildern den erfolgreichen Weg zur Lösung: Tamars unorthodoxes Vorgehen und ihre geschickte Täuschung Judas, über die es ihr gelingt, nicht nur von ihm schwanger zu werden, sondern auch Juda dazu zu bringen, sich selbst eindeutig als den Vater zu identifizieren. Dies alles wird bis zur hochdramatischen Zuspitzung auf dem Scheiterhaufen geführt. Auch hier agiert Juda wieder – wie zu Beginn – als konsequenter *pater familias*, der eingreift und das vermeintliche Verbrechen, nämlich die Hurerei (38,24) seiner Schwiegertochter, ahndet. Geschickt spielt die Erzählung ein, dass Tamars Vergehen Juda gleichermaßen trifft, indem sie in 38,24–25 explizit die Verwandtschaftsverhältnisse Schwiegertochter (כלה) und Schwiegervater (חמי) in den Bezeichnungen der Protagonisten wieder aufnimmt; zuvor waren sie schlicht und konsequent mit ihren Namen bezeichnet. Insofern ist Juda in der Übertretung des Inzesttabus,[19] wie es etwa in Lev 18 formuliert ist, Tamar gleichgestellt; beide sind auf gleiche Weise schuldig. Lev 18,15 verwendet im Übrigen den gleichen Terminus כלה und schließt exakt die hier vorliegende Verbindung zwischen Schwiegervater und Schwiegertochter aus. Dass das Inzesttabu im Blick ist und auch in Geltung steht, zeigt weiterhin die Bemerkung in 38,26b ולא יסף לדעתה.[20]

Die entscheidende Erkenntnis, die zu Judas Eingeständnis צדקה ממני in 38,26 führt, ist jedoch, dass Tamar auf diese Weise das Ausgangsproblem gelöst und den Fortbestand

16 Vgl. de Vaux, Lebensordnungen, 72ff.344.; Scharbert, Art. Ehe/Eherecht/Eheschließung, 311–313; Krüger, Genesis 38, 6–8; Volgger, Art. Levirat/Leviratsehe (Lit.).

17 Anders Boecker, Josefsgeschichte, 99

18 Es gibt allerdings eine äußerst schmale Schelaniten-Genealogie in 1 Chr 4,21–23.

19 Die Bezeichnung חמי fällt in Lev 18 nicht, was aber daran liegt, dass durchgängig der Mann angesprochen ist.

20 Vgl. Gunkel, Genesis, 418; Krüger, Genesis 38, 9f.

des Stammes Juda gesichert hat.[21] Damit ist die Erzählung zweifellos ein großartiges „ethisches Lehrstück“[22] über die Bedeutung von צדקה als Gemeinschaftstreue, die im Zweifel auch über Recht und etabliertes Ethos gehen kann. Dieses Lehrstück wird nun aber nicht – wie etwa die Nathan-Parabel in 2 Sam 12 – als literarische Fiktion in einer eigenständigen Erzählwelt, sondern anhand der Erzeltern Israels entfaltet; der genealogische Rahmen lässt daran keinen Zweifel aufkommen. So steht zu erwarten, dass auch diese Erzählung – wie die Erzelternerzählungen insgesamt – noch in anderer Weise auf die Welt ihrer Adressat*innen transparent ist, also nicht nur paradigmatisch, sondern auch ätiologisch zu lesen ist.

Ein älterer in diese Richtung gehender Deutungsvorschlag ist dabei wenig überzeugend: Die Pragmatik von Gen 38 zielt nicht auf eine Ätiologie oder Legitimation der Leviratsehe.[23] Diese wird hier eingespielt, aber in einer Weise, die sie nicht erklärt, sondern als bekannt und in Geltung voraussetzt. Das spricht gegen eine Ätiologie. Die Leviratsehe wird zwar nicht in Zweifel gezogen und ihre Nichteinhaltung über die göttliche Bestrafung Onans auch sanktioniert, aber eben am Ende auch nicht so umgesetzt, dass nun tatsächlich der Name des verstorbenen ersten Ehemanns Er Bestand hätte. Das spricht gegen eine Legitimation. Ebenso wenig überzeugen kann die These, dass es in Gen 38 in irgendeiner Form um die Frage der Exogamie gehe. Tamars Herkunft ist eine erzählerische Leerstelle und damit für die Erzählintention nicht von großem Belang.[24] Auf eine Leerstelle lässt sich weder eine ätiologische Pointe noch eine zentrale Erzählintention bauen.

Vielversprechender erscheint dagegen die im Rahmen deutlich greifbare genealogische Komponente. So vermutet z. B. E. Blum, dass Gen 38 „nicht allein eine inhaltsreiche Ätiologie (im weiteren Sinne) des Stammes Juda [bietet], sondern (implizit) auch der Vorrangstellung von Davids Geschlecht innerhalb Judas“.[25] Darauf wird unten noch zurückzukommen sein.

2 Kontexte der Tamar-Juda-Erzählung

Wie die Tamar-Juda-Erzählung gedeutet wird, ist untrennbar damit verknüpft, in welchem literarischen Zusammenhang sie gelesen wird. Hierfür kommen v. a. zwei Kontexte in Frage – zum einen natürlich die Josephsgeschichte, zum anderen die sog. judäische Textgruppe mit Gen 34*; 35,21f. und 49*.

21 Blum, Komposition, 226; Ebach, Genesis 37–50, 149f.

22 Zur Bezeichnung Krüger, Genesis 38, 3f.6.

23 Dagegen bereits Gunkel, Genesis, 419. Für Blum, Komposition, 225, geht es dem Erzähler, wenn auch nur als „Nebengedanke[.]“, um „Gültigkeit und Bedeutung der Leviratsehe“. Für Levin, Tamar, 131–133.142f., stellt eine frühe Fassung, in der Tamar Onan täuscht, „eine Beispielerzählung für das Recht der Leviratsehe nach Dtn 25,5–10“ dar (142).

24 Der Umstand, dass in Gen 38, ohne dies zu problematisieren, von kanaanäischen Ehefrauen die Rede ist, wurde häufig als ein Ausweis des hohen Alters der Erzählung angeführt, vgl. u. a. Emerton, Judah, 466f.; Westermann, Genesis, 44; Scharbert, Genesis, 242, oder Boecker, Josefsgeschichte, 96.

25 Blum, Komposition, 226.

2.1 Gen 38 in der Josephsgeschichte

Die Tamar-Juda-Erzählung findet sich in der vorliegenden Gestalt des Buches Genesis innerhalb der Josephsgeschichte, ist aber ganz offensichtlich ein Fremdkörper in deren Erzählzusammenhang:[26] Die Akteure spielen – abgesehen von Juda – in der Josephsgeschichte keine Rolle. Die erzählte Zeit von mehreren Jahren, die in Gen 38 vergeht, sprengt die Zeitstruktur der Josephsgeschichte. Die Episode unterbricht den Zusammenhang von Gen 37.39 zudem an denkbar ungeeigneter Stelle, nämlich an einem durch die Frage ‚Was wird jetzt aus dem verkauften Joseph?' markierten Spannungshöhepunkt. Natürlich lassen sich in der vorliegenden kanonischen Abfolge auch Bezüge finden oder eben herstellen: So spielt z. B. das Motiv des Pfands sowohl in Gen 38 wie auch später in Gen 43 eine Rolle, wo Juda sich selbst als Pfand für die Rückkehr Benjamins von der zweiten Ägyptenreise einsetzt. Die Ereignisse von Gen 38 können auch zur Plausibilisierung der Figurenzeichnung Judas in der Josephsgeschichte herangezogen werden. So liest J. Ebach die Tamar-Juda-Erzählung in dieser Richtung als Schlüsselereignis für Judas späteres Agieren: „Hier liegt ein Kern der in Gen 37–50 als Josefsgeschichte wahrzunehmenden Veränderung Judas von dem, der seinen Bruder Josef zu Geld machen wollte (Kap. 37), zu dem, der sich (Kap. 42–44) für seinen Bruder Benjamin bis zur Selbstverpfändung einsetzt."[27] Zudem teilen beide das Motiv der verdeckten und als Teil der Peripathie letztendlich offenbarten Identität des/der Protagonisten/in.[28]

Die Tamar-Juda-Erzählung lässt sich also im Kontext lesen, was aber nicht heißen muss, dass sie ursprünglich hierhergehörte, zumal der Umstand, dass sie nachträglich eingeschoben wurde, anhand der verwendeten literarischen Technik immer noch äußerst klar zu erkennen ist. Der widersprüchliche Erzählablauf in Gen 37,18–36 ist bekanntlich eine alte Crux:

- 37,18–20: Die Brüder sehen Joseph kommen und beschließen, ihn zu töten und die Leiche in eine Zisterne zu werfen.
- Ruben widerspricht (37,21–22) und überzeugt die Brüder, Joseph nicht zu erschlagen, sondern ihn lebendig in die Zisterne zu werfen; er will ihn heimlich retten. Die Brüder setzen den Plan um, nehmen Joseph sein buntes Kleid ab und werfen ihn in die leere Zisterne (37,23–24).
- Als sie beim Essen sitzen (37,25–27), sehen sie eine Karawane von Ismaelitern. Juda schlägt vor, Joseph nicht zu töten, sondern ihn zu verkaufen. Die Brüder hören auf ihn.

26 So schon Wellhausen, Composition, 48: „Da Kap. 39 die unmittelbare Fortsetzung von Kap. 37 ist, so kann Kap. 38 erst von späterer Hand hinter Kap. 37 gestellt sein."

27 Ebach, Genesis 37–50, 145 (zu möglichen literargeschichtlichen Konsequenzen vgl. ibid., 144f.), vgl. auch Albertz, Josephsgeschichte, 130. Für Kruschwitz, Type-Scene Connection, 385, „they [i. e. Josephsgeschichte und Tamar-Juda-Erzählung] comprise one integral narrative." Die literarischen Unebenheiten im Erzählkontext diskutiert er allerdings nicht.

28 Dazu ausführlich Kruschwitz, Type-Scene Connection, 392–395.

So weit ist Darstellung und Abfolge der Ereignisse widerspruchsfrei und klar; in der Folge wird es kompliziert:

- 37,28aα_1: Es erscheinen midianitische Männer. Sie ziehen Joseph aus der Zisterne, verkaufen ihn an die Ismaeliter, die ihn nach Ägypten bringen (37,28aα_2.b).
- 37,29–30: Ruben kommt zur Zisterne, findet sie leer und kehrt klagend zu den Brüdern zurück. Diese täuschen Jakob über Josephs blutverschmiertes Kleid und lassen ihn glauben, dass Joseph tot sei (37,30–35).
- 37,36: Die Midianiter[29] bringen Joseph nach Ägypten und verkaufen ihn an Potiphar. Gen 39,1 schreibt den Transport nach und Verkauf Josephs in Ägypten dann wiederum den Ismaelitern zu.

Dieser Ablauf ist nicht nur widersprüchlich, sondern enthält auch einen gravierenden erzählerischen Bruch. Sollten die Brüder tatsächlich nicht wissen, was mit Joseph geschehen ist, wäre ihr Täuschungsmanöver überaus ungeschickt. Sie müssten damit rechnen, dass Joseph aus der Zisterne befreit und zu Jakob zurückgebracht worden sein könnte, so wie es Ruben gerade geplant hatte (37,22). Die Täuschung mit dem blutverschmierten Kleid ist dagegen nur dann sinnvoll, wenn die Brüder genau wissen, dass Joseph gar nicht mehr bei Jakob auftauchen kann.

Der Widerspruch löst sich bekanntlich entlang eines älteren Vorschlags von Reiner Kessler.[30] Streicht man ויעברו אנשים מדינים סחרים in 37,28aα_1, ergibt sich ein glatter Zusammenhang: Die Brüder selbst verkaufen Joseph, wissen also, was mit ihm geschehen ist, und können entsprechend das Vertuschungsmanöver planen.[31] Nur Ruben, der die Brüder betrügen wollte, bleibt als betrogener Betrüger zunächst im Dunkeln.

Nach einem zwischenzeitlichen Szenenwechsel mit der Blende zu Jakob kehrt die Erzählung über eine kompositionelle Wiederaufnahme von 37,28b bzw. Elementen aus dem Vorkontext[32] in 39,1 zur erzählerischen Hauptlinie bzw. zum Geschick Josephs zurück. Dies ist aber ein Erzählablauf ohne Gen 38. Hier kommt 37,36 ins Spiel: Der Vers arbeitet ebenfalls mit einer Wiederaufnahme, nun jedoch nicht als kompositionelle, sondern redaktionelle Technik.[33] Material aus 39,1 wird genutzt und Gen 38 vorangestellt, so dass beide nun die erzählerische Deviation rahmen und der Hauptfaden nach

29 Der MT liest מדנים, was aber ausweislich des übereinstimmenden Zeugnisses von Sam und LXX eine Verschreibung von מדינים ist

30 Kessler, Querverweise, 147f., vgl. Blum, Komposition, 244f. Es gibt durchaus Versuche, das Midianiterproblem als schlichten Fehler zu erklären (vgl. Lux, Josef, 91 Anm. 73, der ein Versehen eines Redaktors erwägt) oder aber dem vorliegenden Zusammenhang einen Sinn abzugewinnen. So deutet Willi-Plein, Das Buch Genesis, 251, das „Getümmel" von Ismaelitern, Midianitern, Ruben und Brüdern als erzählerisches Mittel, welches am Ende darauf führe, dass niemand mehr wisse, was aus Joseph geworden ist. Die notierten Probleme bleiben freilich bestehen.

31 Dass die Brüder selbst um ihre Beteiligung wissen, zeigt sich auch in Gen 42,21–22, wo sie sich in Ägypten daran erinnern, dass sie an Joseph schuldig geworden sind (Albertz, Josephsgeschichte, 129 Anm. 19).

32 Vgl. auch ישמעאלים in 37,35a; הולכים להוריד מצרימה in 37,25b.

33 Kuhl, Wiederaufnahme.

der Tamar-Juda-Geschichte in 39,1 wieder aufgegriffen wird[34] – allerdings mit dem Unterschied, dass der Verkauf Josephs durch die Midianiter geschieht, die zu diesem Zwecke auch in 37,28a eingeführt werden. 37,36 fasst also das gesamte Geschehen in äußerster Verkürzung zusammen.[35]

Es ist somit gut erkennbar, dass und wie Gen 38 in den älteren Erzählkontext eingehängt wurde.[36] R. Kessler vermutete weiterhin, dass die Einführung der Midianiter sich dem Anliegen verdankte, „die Brüder vom unmittelbaren Verkauf Josefs reinzuwaschen".[37] Nicht sie, sondern eben die Midianiter, haben dieses Verbrechen (vgl. Ex 21,16) begangen. E. Blum bezieht diese Entlastungsfunktion ganz speziell auf Juda, der den Vorschlag zum Verkauf Josephs gemacht hatte,[38] und sieht darin ein Argument, Gen 38 der von ihm so bezeichneten „judäische Textgruppe" zuzuweisen.

2.2 Die „judäische Textgruppe"

Als „judäische Textgruppe" fasst E. Blum eine Gruppe von Texten zusammen, die „eine geschlossene thematische Linie" aufweisen und u. a. „der Ätiologie der Vorherrschaft Judas (bzw. der Legitimation eines solchen Anspruchs) dienen".[39] Dazu gehören Gen 34; 35,21.22a und die Stammessprüche in Gen 49. Von Gen 49 her zeigt sich das Profil sehr deutlich. Die älteren Jakob-Söhne werden innerhalb der Stammeshierarchie herabgestuft, Juda steigt zum Herrscher unter den Brüdern auf: (49,8 ישתחוו לך בני אביך). Dieses Anliegen wird untermauert über literarische Querverbindungen. Rubens Verlust des Erstgeburtsrechts (49,3f.) ist über einen Rückgriff auf Gen 35,21f. begründet. Hier folgt die Reaktion Jakobs, die in Gen 35,22 auf auffällige Weise ausbleibt, nachdem ihm Rubens Vergehen bekannt geworden war. Gen 35,21f. und 49,3f. sind offensichtlich aufeinander hin komponiert. Die Notiz von Rubens Beischlaf mit Bilha hat narrativ keine Funktion innerhalb der Jakoberzählung, sie dient einzig und allein der Degradierung Rubens im Kreis der Brüder, die in Gen 49,8 erfolgt.

Der Spruch für Simeon und Levi (49,5–7), die hier – und schon das lässt aufmerken – anders als alle anderen Brüder zusammengefasst werden, greift auf Gen 34 zu-

34 Letzteres ist nahezu opinio communis, so u. a. Donner, Gestalt, 44f.; Blum, Komposition, 244; Weimar, Genesis 39, 121f.; Willi-Plein, Das Buch Genesis, 253; Ebach, Genesis 37–50, 161.

35 Blum, Komposition, 244.

36 Damit stellt sich die Folgefrage, ob die Erzählung für diesen Zusammenhang geschrieben wurde. Für Levin, Tamar, 127–130, liegt der Ausgangspunkt der Verknüpfung in der redaktionellen Einbettung einer genealogischen Grundschicht 38,1*.6*18b*28–30 in den Joseph-Kontext. Zumeist wird die Frage aber anhand der Parallelen zwischen den „Erkennen"-Szenen in Gen 37,31–34 bzw. 38,25f. diskutiert, die beide mit dem Leitwort ידע arbeiten und eine Reihe von Formulierungsähnlichkeiten aufweisen (vgl. die Zusammenstellung bei Blum, Komposition, 245; zur Diskussion auch Ebach, Genesis 37–50, 142–144). Es ist daher auch möglich, dass beide Erzählungen redaktionell aneinander angepasst wurden (so u. a. auch Albertz, Josephsgeschichte, 129). Allerdings wirft dann der Unterschied zwischen dieser feingliedrigen literarischen Arbeit und dem eher grobschlächtigen Vorgehen in 37,28aα_1 bzw. 37,36 Fragen auf.

37 Kessler, Querverweise, 148.

38 Blum, Komposition, 245.

39 Blum, Komposition, 228. Zur „judäischen Textgruppe" ibid., 209–229.260–263.

rück. Dort agieren diese beiden Brüder hinterhältig, täuschen die Sichemiten, die alles tun, was von ihnen verlangt wird, und schießen in ihrer mörderischen Rache für Sichems Beischlaf mit Dina weit über jedes legitime Vorgehen hinaus. Auch am Ende von Gen 34 fehlte wohl ursprünglich eine Ahndung, so dass der Erzählbogen dieser Episode dann ebenfalls erst mit Gen 49 zum Ende kam.[40] Anders als bei Ruben und den beiden Versen Gen 35,21f. ist die komplexe Erzählung in Gen 34 möglicherweise nicht erst für diesen Zusammenhang entstanden; sie wird aber hier herangezogen, um Simeon und Levi ebenso wie Ruben zu degradieren.

In der Folge ist der viertgeborene Juda der erste Jakobsohn, der einen positiven Spruch erhält (Gen 49,8–12), der ihn inhaltlich denn auch nicht nur über die drei älteren, sondern alle anderen Brüder heraushebt. Insofern ist E. Blums Profilierung der Texte zweifellos überzeugend.

Aber was ist mit Gen 38? Zunächst einmal fällt auf, dass sich im Juda-Spruch Gen 49,8–12 keine vergleichbaren Bezüge zu Gen 38 finden lassen wie jene auf Gen 34 oder 35,21f.[41] Es gibt auch keine Hinweise auf eine analoge kompositionelle Technik des offenen Endes, die auf Gen 49 hinführen würde. Gen 38 ist – wie gesehen – eine abgeschlossene Erzählung. Für E. Blum zeigt sich die Zugehörigkeit der Tamar-Erzählung zur judäischen Textgruppe daher in der gemeinsamen „projudäischen Ausrichtung" bzw. darin, dass Gen 38 „eine (judäische) Überlieferung zur ‚Ätiologie' Judas mit einem impliziten Vorverweis auf David" darstelle.[42] Betrachtet man die Zeichnung Judas in Gen 38, so wirft die Einordnung als „projudäisch" allerdings Fragen auf. Sie ist bestenfalls in der redaktionellen Einbindung zu finden, insofern die Zuschreibung des Verkaufs an die Midianiter tatsächlich die Brüder und insbesondere Juda entlasten soll. Sie findet sich aber nicht in der Erzählung selbst. Nimmt man Ruben als Vergleich, rückt die Tamar-Erzählung Juda sogar in ein ähnliches sexuell konnotiertes Zwielicht: Ruben schläft mit der Frau seines Vaters, Juda – wenn auch unwissentlich – mit der Frau seines Sohnes. Positiv gegenüber den älteren Brüdern abgehoben wird Juda in Gen 38 jedenfalls nicht in dieser Hinsicht. Ob Gen 38 zu dieser „judäischen Textgruppe" gezählt

40 Zur Diskussion um Gen 34,30 vgl. ibid., 216–219.

41 Vgl. die ausführliche Diskussion bei Ebach, Genesis 37–50, 596–598, und seine Einschätzung: „Spuren in 49,8–12, die zur Tamargeschichte führen, lassen sich, wenn es sie denn geben *soll*, auch *finden*; dass sie im Text *gelegt* wären, lässt sich kaum zeigen". Ebachs eigene Erklärung sieht dann die Pointe gerade darin, dass es im Judaspruch keinen Bezug auf Gen 38 gibt und „Juda die Tamargeschichte nicht vorgehalten wird" (597, Hervorhebungen i. O.), eine Einschätzung, die er aber ausdrücklich lediglich „auf den jetzt vorliegenden Textzusammenhang" bezogen sehen möchte (597). Die unterschiedliche Einschätzung der Bezugsdichte von Gen 49 zu Gen 34; 35,21f. einerseits und Gen 38 andererseits spielt noch für eine andere Fragestellung eine Rolle, die hier nur angedeutet und nicht in ihren literargeschichtlichen Implikationen diskutiert werden kann. Albertz, Josephsgeschichte, 143–149, vermutet in Aufnahme von Überlegungen bei Schmid, Josephsgeschichte, 115f., Leuenberger, Segen 275, bzw. Wöhrle, Fremdlinge 91–95, dass die Stammesspruch-Komposition in Gen 49* ursprünglich hinter Gen 35 gestanden haben könnte, bevor sie von einem nicht-priesterlichen Pentateuchredaktor reinterpretiert und an ihren neuen Ort gestellt wurde. Für Gen 38 bliebe in diesem älteren Zusammenhang dann jedenfalls kein Raum mehr.

42 Blum, Komposition, 228f.

werden kann, hängt also nicht zuletzt an der Profilierung Judas. Die Frage führt auf die eingangs notierten Verbindungslinien zu David bzw. den Davididen zurück.

3 Das davidische Profil Judas in Gen 38

3.1 Die Zeichnung Judas: Ein Mann, ein Wort?

Juda ist sicher nicht der strahlende Held der Erzählung. In mancher Hinsicht trägt diese ironische Züge, und das nicht zu Judas Gunsten.[43] Er verkennt die Tragweite seiner Entscheidung, lässt sich von seiner eigenen Schwiegertochter erst täuschen und hält sie für eine Hure, um dann von ihr vorgeführt zu werden. Er verliert Siegel, Schnur und Stab, die nicht nur seine Identitätsmarker sind, sondern auch Ausweis seiner Würde als *pater familias*. Beide – Marker wie Würde – erhält er erst am Ende von Tamar zurück.

Für die Profilierung Judas erscheint noch ein Abschnitt wichtig, der in der Auslegung eher stiefmütterlich behandelt wird. Angesichts der insgesamt äußerst knappen Erzählweise ist bemerkenswert, wie viel erzählerischen Raum in 38,20–23 die Suche nach der Prostituierten und das Verhalten Judas in dieser Situation einnimmt. Juda schickt Chira mit dem versprochenen Ziegenbock auf den Weg, dieser sucht, befragt die Einwohner*innen des Ortes und kann die gesuchte Prostituierte nicht finden. Der Abschnitt spielt in den Kommentierungen der Erzählung meist eine untergeordnete Rolle.[44] Wenn er diskutiert wird, dann vor allem daraufhin, dass Juda nicht selbst geht, sondern seinen Freund Chira auf die Suche schickt. Die Antwort ist häufig – so schon bei Gunkel –, dass Juda gern verborgen hätte, dass er zu einer Prostituierten gegangen ist.[45] Aber um Heimlichkeit geht es hier nicht, sonst hätte Chira mit seiner Befragung der Leute von Enajim Juda einen Bärendienst erwiesen. Die Szene stellt gerade eine Öffentlichkeit her. Für die Erzählung ist dies insofern wichtig, als Tamar, wenn sie am Ende die von Juda als Pfand genommenen Gegenstände vorweist, sich auf die öffentliche Kenntnis dessen verlassen kann, dass Juda ebendiese jener Prostituierten gegeben hatte, sie diese also nicht auf irgendeine andere Weise an sich gebracht haben kann.[46]

Judas am Ende ausdrücklich formulierte Sorge ist denn auch nicht, dass er als ein Freier bekannt würde, sondern als einer, der seine Zusage nicht hält. Der Abschnitt schließt mit der Juda-Rede in 38,23: פן נהיה לבוז הנה שלחתי הגדי הזה ואתה לא מצאתה. Juda hat sein Versprechen eingelöst, den Ziegenbock geschickt. Dass jener seine Adressatin nicht erreicht, kann Juda nicht als Wortbruch ausgelegt werden. Für J. Ebach möchte

---

43 Scharbert, Genesis, 242, attestiert der Erzählung einen „schwankhafte[n] Zug"; in eine ähnliche Richtung gehen die Überlegungen von Shields, More Righteous. Für Kruschwitz, Type-Scene Connection, ist die Erzählung durchgängig ironisch, insbesondere im Zusammenspiel mit der Josephsgeschichte.

44 Bei Westermann, Genesis, 48, umfasst die eigentliche Besprechung acht Zeilen. Ausführlicher diskutiert er die Bezeichnungen זונה bzw. קדשה.

45 Gunkel, Genesis, 417: „Dergl. wie der Verkehr mit der Hure, das sind Dinge, die ein vornehmer Mann wohl tut, aber von denen er nicht öffentlich redet."

46 Ebach, Genesis 37–50, 138.

Juda einfach „ein ehrbarer Kaufmann sein".[47] Aber die Sache liegt tiefer: Schaut man von hier aus zurück, ist daran zu erinnern, dass der ganze Konflikt dadurch ausgelöst wurde, dass Juda eine Zusage gemacht und eben nicht eingehalten hatte, nämlich Tamar zur Frau Schelas zu machen, wenn dieser alt genug ist (38,11). Juda möchte also in der Öffentlichkeit als jemand erscheinen, der zu seinem Wort steht, ist aber Tamar gegenüber wortbrüchig und gefährdet damit den Fortbestand der eigenen Sippe. Sein Verhalten ist letztlich nicht weit entfernt von dem Onans, nur dass er sich auf andere Weise verweigert. Umgekehrt ist Tamar nicht nur darin „gerechter" als Juda, dass sie die Initiative für das Fortbestehen des Stammes Juda ergreift, sondern auch darin, dass sie bis in Todesgefahr die Rechte ihres ersten Ehemanns Er bewahrt. Hinter Tamars vorbildhaften Einsatz setzt die Erzählung ein Ausrufezeichen, hinter die Zuverlässigkeit der Aussagen Judas aber ein großes Fragezeichen. Immerhin gesteht Juda diesen Mangel – und darin ist er wieder ein positives Beispiel – am Ende ein.

So betrachtet, könnte sogar die holprige Einbettung von Gen 38 am Ende von Gen 37 in einem anderen Licht erscheinen. Vielleicht geht es ja gar nicht um die Entlastung der Brüder, die angesichts der dann folgenden herzlosen Täuschung Jakobs ohnehin nicht besonders weit reicht. Vielmehr wird auch hier eine Ankündigung Judas nicht umgesetzt: Die Midianiter konterkarieren seine Argumentation mit dem möglichen Profit בצע (37,26) und durchkreuzen das Vorhaben, Joseph zu verkaufen. Die Brüder gehen bei diesem von Juda anvisierten Geschäft leer aus.

So viel lässt sich festhalten: die Tamar-Erzählung ist in ihrer Substanz kaum als pro-Juda oder pro-judäisch einzuordnen. Positiv profiliert ist v. a. Tamar, nicht Juda. Letzterer erscheint als jemand, der zwar darauf bedacht ist, als zuverlässig zu erscheinen, es aber im Blick auf seine Zusagen gerade nicht ist.

3.2 Juda und David: Der Apfel fällt nicht weit vom Stamm

Der genealogische Rahmen um Gen 38 führt am Ende zu Perez. Dieser Zug – und die innerbiblische Rezeption in Rut 4 bestätigt es – läuft auf David zu, dessen genealogische Linie vom Erzvater Juda aus eben über Perez läuft. Insofern scheint hinter Juda David oder, etwas offener formuliert, das Davidgeschlecht auf.[48]

Man hat auch sonst in Gen 38 immer wieder Anspielungen an die David-Erzählungen gefunden:

- Da sind die Namensgleichheiten oder -ähnlichkeiten. Tamar hat ihr Pendant in der von Amnon vergewaltigten Schwester Absaloms in 2 Sam 13.[49] Bat-Schua mag an Bathscheba erinnen. (In 1 Chr 3,5 ist Letztere sogar wie Bat-Schua geschrieben.)

47 Ibid, 140, vgl. auch Westermann, Genesis, 48 („Außerdem dient die Szene dazu, Juda als einen ehrenhaften Mann zu schildern."), oder Willi-Plein, Das Buch Genesis, 257.

48 So auch Blum, Komposition, 226.

49 Weimar, Genesis 39, 121, sieht im gesamten Komplex Gen 37–39 literarische Abhängigkeiten von 2 Sam 13 bzw. eine nachträgliche „Davidisierung" (121 Anm. 161). Bei der Suche nach intertextuellen Bezügen von Gen 38 kommt allgemein zuvörderst 2 Sam 13 in den Blick, so ebenfalls bei Niditch, Wronged Woman, vgl. auch Rendsburg, David.

Adullam begegnet als Ortsangabe auch in 1 Sam 22,1 und 23,13, hier als die „Höhle Adullam", in der sich David vor Saul versteckt.[50]

– Da sind ähnliche Erzählzüge. So wie Juda am Ende von Gen 38 von Tamar überführt sein Unrecht eingesteht, so ergeht es David in 2 Sam 12, der, von Nathan überführt, in 12,13 חטאתי ליהוה bekennt. So gefährden Juda wie David als *patres familias* aus missverstandener Rücksicht auf die Söhne den Fortbestand der Familie bzw. der Dynastie. So werden beide häufig durch kluge Frauen auf den rechten Weg geführt und dabei nicht selten auch getäuscht oder manipuliert. Die Frage nach der Legitimität bzw. den Grenzfällen inzestuöser Beziehungen bricht auch in 2 Sam 13 auf, wenn Amnons Halbschwester Tamar zunächst versucht, Amnon mit dem Hinweis „so etwas tut man nicht in Israel" לא יעשה כן בישראל (2 Sam 13,12) von der Vergewaltigung abzubringen, und ihm dann eine mögliche Heirat in Aussicht stellt (13,13).

Man kann diese Listen verlängern oder verkürzen, das eine oder andere für mehr oder weniger plausibel, für produktionsästhetisch relevant oder für nur in binnenkanonisch rezeptionsästhetischer Perspektive für überzeugend halten. Die Anklänge sind selbst bei optimistischer Einschätzung zu verschiedenartig, zu breit gestreut und zu wenig signifikant, um als direkte und ausreichend belastbare Hinweise auf klare Text-Text-Bezüge zu taugen.[51]

Doch bleibt es auffällig, dass die Tamar-Erzählung in gewisser Weise ‚den Geist der Daviderzählungen atmet'[52]. Dies zeigt sich v. a. an zwei Aspekten:

1) Sexualität und Politik

Es ist ein Grundzug der David-Erzählungen, insbesondere in 2 Sam 6–1 Kön 2, also dem Bereich, den man in Anlehnung an L. Rost traditionell als Thronfolgeerzählung bezeichnen kann,[53] dass sexuelle Beziehungen und meist auf unterschiedliche Weise problematische sexuelle Beziehungen Triebfedern der Ereignisse sind und durchgängig eine familien-politische Dimension haben. Familie und Politik sind hier, wo es zentral um die Etablierung eines dynastischen Königtums geht, untrennbar miteinander verknüpft:

Davids Beziehung mit der Saul-Tochter Michal scheitert, weil er sich in ihren Augen beim Einzug der Lade kompromittierend entblößt. Die drei älteren für die Nachfolge

50 Vgl auch Zakovitch, Pattern, 74, und v. a. Rendsburg, David, für eine Fülle weiterer möglicher Bezüge.

51 Noble, Criteria, 222–228, bietet eine kritische Bestandsaufnahme mit dem Ergebnis: „Taken as a whole, the resemblances are a disorderly hotch-poch [sic] of generally quite imprecise parallels [...] they are far more suggestive of the sort of random half-similarities which may arise between two texts simply by chance, than of a subtle author who is trying to intimate to his readers that he is covertly commenting upon another story that they know" (227f.).

52 Zur Formulierung Donner, Gestalt, 29, bei ihm freilich auf Gen 46,1–5, einen weiteren Fremdkörper innerhalb der Josephsgeschichte, bezogen: „Die Episode [...] atmet den Geist der Patriarchensagen." Zu den nachträglichen Ergänzungen innerhalb von Gen 37–50 vgl. auch Blum und Weingart, Joseph Story, 504–510.

53 Rost, Erzählung.

Davids in Frage kommenden Söhne nehmen sich selbst nicht zuletzt durch sexuelle Handlungen oder Ansprüche aus dem Spiel: Amnon vergewaltigt Tamar und wird daraufhin von Absalom getötet. Absalom rebelliert gegen David und untermauert seinen Herrschaftsanspruch durch den öffentlichen Beischlaf mit Davids Ehefrauen. Adonia erhebt Anspruch auf Abischag von Schunem, die zuvor den greisen David umsorgte. Sexuelle Beziehungen sind in den David-Erzählungen zentrales Mittel der Figurenzeichnung und haben immer eine politische Dimension. Auch David selbst ist hier eingeschlossen, der mit dem Ehebruch mit Bathscheba und der folgenden Ermordung Urias ebenfalls im Zwielicht steht.[54]

Auch die Tamar-Erzählung Gen 38 bedient sich des Motivs irregulärer sexueller Beziehungen zwischen Tamar und Juda und zuvor auch schon bei Onan, um das Geschehen voranzutreiben und als Mittel der Figurenzeichnung. Auch hier weist deren Bedeutung weit über die Einzelfamilie hinaus.

2) Realistische Ambivalenz

Ein weiterer Grundzug der David-Erzählungen ist ihre reflektiert realistische Sicht auf die menschlichen Erkenntnis- und Gestaltungsmöglichkeiten.[55] In der Thronfolgeerzählung wird dies vor allem am Thema der Weisheit vorgeführt, die das durchaus positive Potenzial hat, auf der Basis von Menschenkenntnis und Realitätssinn mittels des passenden Ratschlags die Zeitläufte in eine gewünschte Richtung zu beeinflussen.[56] Dies zeigt sich etwa an den weisen Frauen von Thekoa und Scheba oder am Wettkampf der Ratgeber vor Absalom in 2 Sam 15. Sie kann aber auch geradewegs ins Verhängnis führen, so wie bei Jonadabs Rat für Amnon in 2 Sam 13. Dieses Ausloten der Ambivalenzen und Grenzen ganz verschiedener Phänomene wie Weisheit, Ethos, Loyalität, familiäre Solidarität kennzeichnet die Daviderzählungen – und nicht zuletzt das fast völlige Ausbleiben göttlicher Interventionen.[57]

Ganz ähnlich ist es in Gen 38: Tamars Aktionen führen an die Grenzen von Recht und Ethos, sie sind nicht mit abstrakten Normen zu fassen und doch am Ende positiv zu bewerten.

Die genealogische Hinführung auf die davidische Dynastie, die Anklänge und Ähnlichkeiten zu den David-Erzählungen lassen hinter dem Juda von Gen 38 die davidischen Herrscher durchscheinen. Wenn Juda hier, wie andere Erzeltern auch, prototypisch ist, dann schwingt darin ein kritischer Ton mit, konkret der Zweifel an der Zuverlässigkeit

---

54 Sofern 2 Sam 11f. auf die gleiche literarische Ebene wie die anderen genannten Daviderzählungen gehören, zur Diskussion vgl. Oswald, Nathan.

55 Dazu grundlegend Blum, Anfang, mit der Beschreibung des Anliegens des Autors der Thronfolgeerzählung: „Was er darstellen will, ist die reflex wahrzunehmende und zu gestaltende Lebenswelt. Es geht auf der einen Seite um die Möglichkeiten und Notwendigkeiten menschlichen Handelns, auf der anderen Seite um dessen Bruchstellen, Ambivalenz und Grenzen – im Horizont der Wirklichkeit Gottes“ (318).

56 Ibid., 317.

57 Zu den Gottesbildern in den Samuelbüchern vgl. auch Dietrich, Samuel, 33*–38*.

gegebener Zusagen bzw. ein Hiat zwischen Zusage und Realität. Ob Gen 38 tatsächlich einen davidischen Vormachtsanspruch zum Ausdruck bringen soll, wäre daher zu fragen; die Tamar-Erzählung lässt durchaus auch eine davididen-kritische Lesart zu.[58]

4 Fazit: Familien-Politik

Die Tamar-Juda-Erzählung ist zweifellos eine mehrdimensionale Geschichte. Sie ist zuvörderst eine Beispielerzählung dafür, was צדקה in einem familien- und sippenorientierten Ethos ausmacht. Insofern ist Gen 38 paradigmatisch. Dass die Erzählung sich hierfür mit Tamar einer Frau als positives Beispiel bedient und darüber den Stammvater Juda zur Negativfolie macht, ist bemerkenswert und versteht sich nicht von selbst.

Die ambivalente Zeichnung Judas und die Infragestellung der Verlässlichkeit seiner Zusagen hat darüber hinaus eine ätiologisch-polemische Dimension, die sich in der genealogischen Zielrichtung und der Durchlässigkeit seiner Charakterisierung auf die Davididen hin zeigt. Im Modus der Ursprungsgeschichte wird Juda als problematischer *pater familias* präsentiert und ist hierin transparent, so die mögliche Polemik, auf einen Grundzug der davidischen Herrscher, die sich genealogisch auf ihn zurückführen: „[D]er Ahnvater übernimmt […] die Funktion des Königs"[59] – manchmal auch in eher unrühmlicher Weise.

58 Mit der Herausnahme von Gen 38 aus der „judäischen Textgruppe" entfällt auch der damit gegebene Anker für eine Datierung der Tamar-Erzählung in die Phase zwischen das Ende des Nordreiches und die Eroberung Jerusalems, wie sie E. Blum für Gen 34; 35,21f. und 49* plausibel machen konnte. Die Frage ist also für die Tamar-Erzählung wieder offen. Inhaltlich ist der Vorwurf an die Herrschenden, mehr zu versprechen als sie halten können, wahrscheinlich so alt wie das politische Geschäft selbst, so dass sich von hier aus kaum eine spezifische historische Konstellation ergibt. Innerhalb der relativen Chronologie der alttestamentlichen Literaturgeschichte scheinen die Daviderzählungen einen *terminus a quo*, das Buch Rut einen *terminus ad quem* abzustecken. Die Bezüge zwischen Rut und Gen 38 sind schon häufig gesehen worden. Es scheint so, als würde Rut Motive aus Gen 38 verarbeiten und sie im Dienst der positiven Zeichnung der fremden Frau zuspitzen und überbieten (vgl. West, Ruth). Weiterhin wäre zu klären, ob Gen 38 die Bestimmungen zur Leviratsehe in Dtn 25 bzw. die Inzestverbote aus Lev 18 als Texte voraussetzt oder lediglich entsprechende soziale Institutionen bzw. gesellschaftliche Tabus einspielt, die sich unabhängig davon eben auch in den Rechtscorpora niedergeschlagen haben. Dies bedürfte weiterer Untersuchungen. Wenn für die Josephsgeschichte (dazu Blum/Weingart, Joseph Story; Schmid, Datierung, oder ausführlich Albertz, Josephsgeschichte, 87–123) und auch die Thronfolgegeschichte (vgl. Weingart, Stämmevolk, 172–176) eine vorexilische Ansetzung denkbar ist, bleibt auch für Gen 38 eine Ansetzung im königszeitlichen Juda zu erwägen. Ob sich die Polemik auf spezifische Ereignisse oder Konstellationen bezieht, die mit der über die genannten Ortslagen eingrenzbaren Region und ihren Sippen zusammenhängen, lässt sich vermuten, aber mangels weiterer Quellen nicht belegen. So lange ist auch nicht ganz auszuschließen, dass die genannten Orte und Namen zumindest zum Teil für die Erzählung konstruiert worden sind (vgl. Leuchter, Genesis 38, 220–222).

59 Oswald, Staatstheorie, 154.

Literatur

Albertz, R., Die Josephsgeschichte im Pentateuch. Ein Beitrag zur Überwindung einer anhaltenden Forschungskontroverse, FAT 153, Tübingen, 2022.

Blum, E., Die Komposition der Vätergeschichte, WMANT 57, Neukirchen-Vluyn, 1984.

Blum, E., Ein Anfang der Geschichtsschreibung? Anmerkungen zur sog. Thronfolgegeschichte und zum Umgang mit Geschichte im alten Israel, in E. Blum, Textgestalt und Komposition. Exegetische Beiträge zu Tora und Vordere Propheten, hg. von W. Oswald, FAT 69, Tübingen, 2010, 281–318.

Blum, E. und K. Weingart, The Joseph Story. Diaspora-Novella or North Israelite Narrative, ZAW 129, 2017, 501–521.

Boecker, H.J., Die Josefsgeschichte. Mit einem Anhang über die Geschichte der Tamar und die Stammessprüche, Neukirchen-Vluyn, 2003.

Dietrich, W., Samuel, 1. Teilbd.: 1Sam 1–12, BK VIII/1, Neukirchen-Vluyn, 2010.

Donner, H., Die literarische Gestalt der alttestamentlichen Josephsgeschichte, SHWAW.PH 1976/2, Heidelberg, 1976.

Ebach, J., Genesis 37–50, HThKAT, Freiburg i.Br./Basel/Wien, 2007.

Emerton, J.A., Judah and Tamar (1979), in G. Davies und R. Gordon (Hg.), Studies on the Language and Literature of the Bible. Selected Works of J. A. Emerton, VT.S 165, Leiden/Boston, 2015, 460–471.

Gunkel, H., Genesis, HK I/1, Göttingen, 91977.

Heckl, R., Der biblische Begründungsrahmen für die Jungfrauengeburt bei Matthäus. Zur Rezeption von Gen 5,1–6,4 in Mt 1, ZNW 95, 2004, 161–180.

Kessler, R., Die Querverweise im Pentateuch. Überlieferungsgeschichtliche Untersuchung der expliziten Querverbindungen innerhalb des vorpriesterlichen Pentateuchs, BEATAJ 59, Frankfurt a.M., 2015.

Kessler, R., Benennung des Kindes durch die israelitische Mutter, WuD 19, 1987, 25–35.

Krüger, T., Genesis 38 – ein „Lehrstück" alttestamentlicher Ethik (1993), in idem, Kritische Weisheit. Studien zur weisheitlichen Traditionskritik im Alten Testament, Zürich, 1997, 1–22.

Kruschwitz, J., The Type-Scene Connection between Genesis 38 and the Joseph Story, JSOT 36, 2012, 383–410.

Kuhl, C., Die „Wiederaufnahme" – ein literarkritisches Prinzip?. ZAW Suppl. 64, 1952, 1–11.

Leuchter, M., Genesis 38 in Social and Historical Perspective, JBL 132, 2013, 209–227.

Leuenberger, M., Segen und Segenstheologien im alten Israel. Untersuchungen zu ihren religions- und theologiegeschichtlichen Konstellationen und Transformationen, AThANT 90, Zürich, 2008.

Levin, C., Tamar erhält ihr Recht (Genesis 38), in idem, Verheißung und Rechtfertigung. Gesammelte Studien zum Alten Testament II, BZAW 431, Berlin/Boston, 2013, 124–143.

Lux, R., Josef. Der Auserwählte unter seinen Brüdern, Biblische Gestalten 1, Leipzig, 2001.

Luz, U., Das Evangelium nach Matthäus (Mt 1–7), EKK I/1, Zürich/Neukirchen-Vluyn, 1985.

Niditch, S., The Wronged Woman Righted. An Analysis of Genesis 38, HTR 72, 1979, 143–149.

Noble, P.R., Esau, Tamar, and Joseph. Criteria for Identifying Inner-Biblical Allusions, VT 52, 2002, 219–252.

Ohler, A., Tamar tritt ein für Recht und Leben, in eadem, Frauengestalten der Bibel, Würzburg, 31988, 44–67.

Oswald, W., Nathan der Prophet. Eine Untersuchung zu 2Samuel 7 und 12 und 1Könige 1, AThANT 94, Zürich, 2008.

Oswald, W., Staatstheorie im Alten Israel. Der politische Diskurs im Pentateuch und in den Geschichtsbüchern des Alten Testaments, Stuttgart, 2009.
Rendsburg, G. A., David and His Circle in Genesis XXXVIII, VT 36, 1986, 438–446.
Rost, L., Die Überlieferung von der Thronnachfolge Davids, BWANT 42, Stuttgart, 1926.
Scharbert, J., Art. Ehe/Eherecht/Eheschließung. II. Altes Testament, TRE 9, 1982, 311–313.
Scharbert, J., Genesis 12–50, NEB, Würzburg, 1986.
Schmid, K., Die Josephsgeschichte im Pentateuch, in J. C. Gertz, K. Schmid und M. Witte (Hg.), Abschied vom Jahwisten. Die Komposition des Hexateuch in der jüngsten Diskussion, BZAW 315, Berlin/New York, 2002, 83–118.
Schmid, K., Die Datierung der Josephsgeschichte. Ein Gespräch mit Erhard Blum und Kristin Weingart, in J. J. Krause, W. Oswald und K. Weingart (Hg.), Eigensinn und Entstehung der Hebräischen Bibel. Erhard Blum zum siebzigsten Geburtstag, FAT 136, Tübingen, 2020, 99–109.
Shields, M. E., „More Righteous than I". The Comeuppance of the Trickster in Genesis 38, in A. Brenner (Hg.), Are We Amused. Humour about Women in the Biblical Worlds, JSOT.S 383, London, 2003, 31–51.
De Vaux, R., Das Alte Testament und seine Lebensordnungen. Bd. I, Freiburg i. Br./Basel/Wien, ^{2}1964.
Vayntrub, J., Tamar and Her Botanical Image, JBL 139, 2020, 301–318.
Volgger, D., Art. Levirat/Leviratsehe, WiBiLex, 2008, https://www.bibelwissenschaft.de/stichwort/24895/.
Weimar, P., „Jahwe aber war mit Josef" (Gen 39,2). Eine Geschichte von programmatischer Bedeutung, in idem, Studien zur Josefsgeschichte, SBAB 44, Stuttgart, 2008, 61–124.
Weingart, K., Stämmevolk – Staatsvolk – Gottesvolk? Studien zur Verwendung des Israel-Namens im Alten Testament, FAT II 68, Tübingen, 2014.
Weingart, K., Looking Back in Order to Move Forward. The Use of Deut. 1:22–33 in Josh 2, in J. U. Ro und D. Edelman (Hg.), Collective Memory and Collective Identity. Case Studies in Deuteronomy and the Deuteronomistic History, BZAW 534, Berlin/Boston, 2021, 21–45.
Wellhausen, J., Die Composition des Hexateuch und der historischen Bücher des Alten Testaments, Berlin, ^{4}1963.
West, R. F., Ruth, A Retelling of Genesis 38?, Diss. Southern Baptist Theol. Seminary, 1987.
Westermann, C., Genesis. 3. Teilbd.: Genesis 37–50, BK I/3, Neukirchen-Vluyn, 1982.
Willi, Th., Chronik. 1. Teilbd.: 1. Chronik 1,1 – 10,14, BK XXIV/1, Neukirchen-Vluyn, 2009.
Willi-Plein, I., Das Buch Genesis. Kapitel 12–50, NSK.AT 1/2, Stuttgart, 2011.
Wöhrle, J., Fremdlinge im eigenen Land. Zur Entstehung und Intention der priesterlichen Passagen der Vätergeschichte, FRLANT 246, Göttingen, 2012.
Zakovitch, Y., „For Three … and for Four." The Pattern of the Numerical Sequence Three-Four in the Bible, Jerusalem, 1979.

Die Gottesbergerzählung des Exodusbuches und die Entdeckung des Rechts auf die freie Ausübung der Religion

Reinhard Achenbach

Wolfgang Oswald hat in seiner wegweisenden Untersuchung zur Sinaiperikope[1] einen neuen Weg für die literarhistorische Analyse des höchst komplexen, über viele Epochen durch schriftgelehrte Fortschreibung und Redaktion gewachsenen Komposittextes gewiesen. Dabei hat er gezeigt, dass der Kernbestand der Erzählung weder von der Wüste Sinai noch vom Berg Sinai berichtet, sondern von einer Begegnung Moses und des Volkes des Exodus am Gottesberg[2], und dass eine priesterschriftliche Erzählung sowie die durch den Dekalog und die Erzählungen von Bundesschluss und Bundesbruch angereicherten dtr Schichten mit dieser sukzessive redaktionell verbunden wurden, woran sich eine formative Pentateuch-Redaktion und weitere Bearbeitungen anschlossen.[3] Die seither ihrerseits vielschichtige Forschungsdiskussion kann hier nicht en detail referiert werden. Neben Modellen, die nicht mehr mit einem erhaltenen alten, vorexilischen Bestand einer Gottesberg-Erzählung rechnen,[4] steht in neuer Zeit der Entwurf von Rainer Albertz,[5] der unter Einbeziehung der Einsichten in die Folge von formativen deuteronomistischen und priesterlichen Bearbeitungsphasen von Erhard Blum,[6] mit einer aus vor-exilischen Texten gespeisten Exodus-Komposition rechnet.[7] Auch lässt sich die Erzählung von der Theophanie JHWHs am Sinai in der Priesterschrift durchaus als Quelle rekonstruieren,[8] die nicht im Sinne einer Bearbeitung in den Kontext eingefügt wurde, sondern durch redaktionelle Komposition. Im Folgenden soll – in Anknüpfung an W. Oswald und in Weiterführung der Überlegungen zur Redaktionsgeschichte, wie sie in einer Reihe von Arbeiten von Eckart Otto und mir angestellt worden sind, eine Skizze der Entstehung der Gottesberg-Erzählung erfolgen, wonach zunächst in der Zusammenarbeitung von vor-priesterschriftlichen Erzählungen und Priesterschrift (Grundschrift) einerseits und deuteronomistischen Texten andererseits eine nach-exilische

1 Oswald, Israel am Gottesberg.

2 Ibid., 102–113; zur Grundschicht rechnet er Ex 19,2d.3a.10a–11a.14a–15b.16–17.18d.19a; 20,18b–d.21bc.22a, das Bundesbuch mit Altargesetz (20,24–26; 21,2–23,19) und Ex 24,3.12–13*.18bc.

3 Ibid., 116–266.

4 Kratz, Komposition, 286–303; Germany, Exodus-Conquest Narrative, 113–148.

5 Albertz, Exodus 19–40.

6 Blum, Studien; idem, Decalogue and Composition History.

7 Albertz, Exodus 19–40, 12–13, nimmt eine „erste priesterlichen Bearbeitung" (PB 1) an, deren Art und Umfang eine weitgehend eigenständige Erzählung ergibt, deren quellenhafter Charakter zumindest bis Ex 29, wahrscheinlich sogar bis Lev 9 noch erkennbar zu rekonstruieren ist.

8 Nihan, From Priestly Torah to Pentateuch, 20–68.

Komposition des Hexateuch erfolgt ist, die dann im Kontext wachsender priesterlich-zadokidischer Einflüsse unter Einbeziehung des Heiligkeitsgesetzes in den Pentateuch durch eine Pentateuch-Redaktion und daran anknüpfende priesterlich-theokratische Bearbeitungen fortgeschrieben wurde.

1 Die vor-exilische Mose-Gottesberg-Erzählung (MGE): Manifest der Begründung der Religion Israels und der Religionsausübung in Freiheit

Der Höhepunkt der MGE ist der Bericht über die Epiphanie JHWHs auf dem Gottesberg. Hier hat sich das Wirken vieler Schriftgelehrter in einer Weise überlagert und es sind Züge unterschiedlicher Überlieferungen amalgamiert worden, dass eine Rekonstruktion der Textschichten nur noch in gewissen Anteilen möglich ist.[9] Kern der gesamten Überlieferung ist die Erzählung von einer epiphanen Manifestation des Gottes, dem Israel seinen Exodus verdankt, auf dem Gottesberg. Durch sie bestätigt der Gott JHWH, durch den geleitet zu werden Mose beansprucht und dem Miriam die Wunder am Schilfmeer zugeschrieben hat, seine Macht und Präsenz in einer exklusiv vor dem Volk des Exodus gewährten Selbstoffenbarung, die der Ausgangspunkt für die weitere Gemeinschaft Israels mit JHWH begründet.

Die Verheißung der Berufungserzählung Ex 3,12 geht nach der Erzählung Ex 19 und 24 in Erfüllung. Mose steht nun wieder an dem Gottesberg, wo er gemeinsam mit dem befreiten Volk dem Gott der Befreiung ein Kultfest feiern wird. Der Gott seines hebräischen Vaters hat sich ihm offenbart (Ex 3,6aα), er hat sich des unterdrückten Volkes erbarmt und es aus Ägypten errettet (Ex 3,7*.8aα). Mose hat es aus Ägypten herausgeführt (V. 10), Gott hat ihm Beistand geleistet und ihn in seiner Auseinandersetzung vor dem

9 In der Linie der klassischen Quellenhypothese wurde der Text auf eine jahwistische, eine elohistische, eine aus beiden bestehende Komposition JE als Quellen zurückgeführt und sodann auf dtr und priesterliche Redaktion, vgl. hierzu den Überblick über die klassischen Lösungen bei Zenger, Sinaitheophanie. 1–53.207–232. Zenger selbst hat erkannt, dass die Gestalt des Dekalogs deuteronomistisch ist und dass die Einfügung des Bundesbuches in seiner vorliegenden Gestalt nach-dtr erfolgt sein muss. Das Dilemma der Forschung besteht darin, dass infolge der zahlreichen Réécrituren die ursprüngliche Form der Gottesbotschaft der Theophanie-Erzählung nicht mehr erhalten geblieben ist. W. Oswald hat richtig gesehen, dass der Kern der Erzählung in einer „Gottesberg-Erzählung" besteht, setzt aber in diese das Bundesbuch wieder ein und sieht sich so genötigt, die Gottesberg-Perikope als „Werk der frühen Exilszeit" anzunehmen (Oswald, Israel am Gottesberg, 112–113.128–129). R. G. Kratz hat schließlich lediglich in Ex 19,2aα.3a und 24,18b den ältesten Rahmen der Erzählung gefunden und rechnet mit einer schriftgelehrten sukzessiven Erweiterung im Rahmen einer nach-exilischen (nach-dtr) Hexateuch-Komposition, die im Anschluss an Ex 19,3a zunächst die Mischpatim und sodann die in 2.Sg. formulierten Gebote des Bundesbuches einfügt, sodann eine Theophanieerzählung und schließlich den Dekalog und die Bundesschlusserzählung in Ex 24,3–8* (Kratz, Komposition, 139–155.295–304). Albertz, Exodus 19–40, 27–77, weist Ex 19,2b.3a.10–11a.13b–17a.18*–19.20,1*–7.12–17.18b–21.22aα.24–25 der älteren Exodus-Tradition zu, die durch eine redaktionelle Komposition in 19,2aα.3b.4–8; 20,1.22aβ.b.23; 21,1 in einen größeren Zusammenhang einbezogen worden ist. Im Anschluss an E. Blum geht er davon aus, dass die Priesterschrift als Bearbeitung in 19,1.2aβ.9; 20,8–10*.11 eingefügt worden ist. Dtr Einfluss findet R. Albertz in 19,9, späteste „chronistische Ergänzungen" in V. 11b–13a.20–25, Texte, die hier der theokratischen Bearbeitung (ThB) zugewiesen werden.

Pharao unterstützt, wie er es versprochen hatte (Ex 3,12aα: ויאמר כי אהיה עמך). Nun wird das verheißene Beglaubigungszeichen eintreten, dass das Volk seinen Gott an diesem Berg begegnen und ihn verehren werde (Ex 3,12aβ.b):

> וזה לך האות כי אנכי שלחתיך בהוציאך את העם ממצרים תעבדון את האלהים על ההר הזה
>
> „Und dies soll dir das Zeichen sein, dass ich dich gesandt habe: Wenn du das Volk aus Ägypten herausgeführt hast, werdet ihr Gott an diesem Berge dienen!"

Die Forderung, die Mose in der alten Exodus-Erzählung an den Pharao richtet, lautete dementsprechend (Ex 7,16):

> „Jhwh, der Gott der Hebräer, hat mich zu dir gesandt, und lässt dir sagen: „Entlasse mein Volk, damit sie mir dienen in der Wüste!" (vgl. Ex 7,26; 8,16; 9,1.13; 10,3.7.8.11.26; 12,31).

Politisch ist demnach mit der Forderung der Entlassung aus der Fronverpflichtung die Forderung der Freiheit der Ausübung der Religion der Hebräer verknüpft. Es ist der Verzicht auf diesen Dienst und den daraus resultierenden Profit, welchen der Pharao fürchtet (Ex 14,5), und es ist ein Kernproblem der mosaischen Führung, sein Volk davon überzeugen zu müssen, dass die Freiheit des Dienstes des Gottesvolkes der Unfreiheit des Frondienstes und der damit verbundenen Versorgungssicherheit vorzuziehen ist, denn das Volk murrt eben deshalb gegen Mose und seinen Gott (Ex 14,12).

Der Verlauf der ursprünglichen Mose-Gottesberg-Erzählung ist nur noch fragmentarisch erkennbar. In ihr wird der Gottesberg namentlich nicht näher benannt, sondern gilt schlicht als der Berg der Gottheit, הר האלהים, bzw. einfach der Berg, ההר, vgl. Ex 3,1bα.(12); 18,5; (19,2b) 24,13. Rekonstruiert man die Grundschicht, ergibt sich folgendes Bild:

Mose beginnt, den Berg hinanzusteigen (Ex 19,3a). Gott ruft ihm vom Berg aus eine Botschaft zu und kündigt seine Theophanie in einer Wolke an (V. 9a*), worauf Mose zunächst zum Volk zurückkehrt (V. 14aα). Am Morgen nach der Begegnung mit Jitro ereignet sich eine Theophanie des Wettergottes auf dem Gottesberg (V. 16a*[10]). Sie geschieht mit Donner und Blitzen: Der Berggott Jhwh offenbart sich als eine Wettergottheit.[11] Eine Wolke lässt sich auf dem Berg nieder, es erklingt ein Schofar. Das Volk erbebt und ist zutiefst erschüttert (חרד) vor dem Anblick (19,16b). Es wird von Mose am Gottesberg versammelt und steht bereit, Gott zu begegnen (V. 17). Die Anzeichen der Theophanie verstärken sich, der Schofar-Klang wird immer kräftiger und verkündet so die Ankunft der Gottheit (V. 19a*). Jhwh selbst steigt nun endgültig herab und lässt

10 Die ersten Worte von V. 16 „Und es geschah am dritten Tage" verbinden den Text mit dem Einschub aus V. 11–15, V. 11.

11 Der Text erinnert somit an die Ursprünge der Jhwh-Verehrung im Gebiet der Sinai-Halbinsel, vgl. hierzu Leuenberger, YHWH's Provenance.

sich auf dem Berg nieder (V. 20a*). Die Eigenschaften der Gottheit als Berg- und als Wettergottheit treten zutage.[12]

Die Fortsetzung der alten Erzählung liegt wohl erst in Ex 20,18ff. vor. Das Volk bittet erschrocken Mose darum, zwischen der Gottheit und dem Volk als Mittler der Gottesworte zu dienen (20,18–19*) und bleibt in Entfernung zum Berg stehen, während Mose in die Wolke hineingeht, um Gott zu begegnen (V. 21).

Die Gottesworte der alten Mose-Gottesberg-Erzählung sind nicht überliefert. Die Deuteronomisten haben sie durch den Dekalog ersetzt, die Hexateuch-Komposition hat das Bundesbuch hinzugefügt.[13] Mit der Manifestation JHWHs in einer Theophanie vor dem Volk des Exodus wird die Gottheit der Wüste nach der ältesten Überlieferung dieses Gottesbergmythos wohl zum Gott der Hebräer, die in der dtr Erzählung Israel insgesamt repräsentieren und in der Hexateuch-Komposition die Stämme Israels als Nachfahren der Söhne Jakobs. Man kann also nur Vermutungen darüber anstellen, was in der alten Version der MGE Inhalt der göttlichen Offenbarung war.

Da gemäß der Ankündigung das Volk der Gottheit am Gottesberg „dienen" wird (Ex 3,12), muss sich diese nunmehr namentlich offenbaren. Mose empfängt eine Botschaft von der Gottheit (Ex 19,19b). Ursprünglich enthielt diese Erzählung also aller Wahrscheinlichkeit nach eine Rede der Selbstoffenbarung JHWHs, in der dieser sich als der Gott des Exodus seinem Volk zu erkennen gab. Da zudem das Bestätigungszeichen des angekündigten Opferfestes am Gottesberg notwendigerweise zu der Geschichte hinzugehört, kann man zumindest annehmen, dass die Gottesworte an Mose und das Volk in der MGE folgende Elemente enthalten haben:

1. Selbstvorstellung der Gottheit als der Gott des Exodus,
2. Anspruch der Gottheit JHWH auf Verehrung durch das befreite Volk,
3. Anweisungen für ein Opfer.

Eine Selbstvorstellungsformel bildet in dem jetzigen Erzählkontinuum den Eingang des Dekaloges (Ex 20,1–2). Damit wird die Beziehung zwischen dem Volk des Exodus und dem Berggott vom Gottesberg und dessen religiöse Verehrung begründet. Das dementsprechende Gebot in Ex 20,3* bringt den im Schema' Jisra'el zutage tretenden Ausschließlichkeitsanspruch JHWHs in der Form eines göttlichen Offenbarungswortes zur Geltung.

Das Gebot, welches abgesehen von der aus dem weiteren Narrativ der Erzählung gespeisten Gottesrede in Ex 20,22–23 nun am eigentlichen Beginn des Bundesbuches steht, enthält eine Anweisung für den Bau eines Altars und der Darbringung von Opfern (Ex 20,24a) und entspricht damit der Ankündigung in der Berufungserzählung. Mose übermittelt die göttliche Botschaft dem Volke (Ex 24,3aαb). An dieser Stelle (Ex 24,3a/b) wechselt der Gottesname, ohne dass der Inhalt der ursprünglichen Rede

12 Zur Rekonstruktion der ältesten Schicht der Theophanieerzählung vgl. auch Germany, Exodus-Conquest-Narrative, 135; Römer, Provisorische Überlegungen, 151. Ex 19,18 repräsentiert eine alternierende Sicht der Theophanie, weswegen der Vers u. a. von Römer P und von den anderen einer „priestly redaction" zugewiesen wird, vgl. Dozeman, God on the Mountain, 98; Oswald, Israel am Gottesberg, 256f.

13 S. hierzu im Folgenden.

wiedergegeben wird. Mose berichtet von den Worten Elohîms – so noch die Vorlage des OG LXX-Textes (V. 3a); es sind die Wort Jhwhs – so MT V. 3a und V. 3b LXX + MT! Man kann auch aus V. 3b nur schließen, dass die Theophanie nach der ursprünglichen Überlieferung mit einer Selbstoffenbarung des Jhwh-Namens an Israel verbunden war. Das Volk verspricht, den Worten Gottes Folge zu leisten und erklärt somit seine Zugehörigkeit zu der Gottheit (V. 3b).

In Ex 24,4b–5 wird nun von der Durchführung des Opferfestes erzählt. Danach bricht das Volk vom Gottesberg auf und zieht weiter hinauf ins Verheißungsland. Die ursprüngliche Fortsetzung könnte einen Hinweis auf die bevorstehende Landnahme enthalten haben, denn in der dtr Anknüpfung an die Erzählung von der Gottesbegegnung am Gottesberg Horeb in Dtn 1,6–8* wird auf ein solches Erzählelement noch Bezug genommen, welches im Gefolge der großen Erweiterungen in Ex 25–Num 10 nicht mehr erhalten geblieben ist.[14]

Der weitere Narrativ zielt nicht darauf, dass sich nun das befreite Volk am Gottesberg niederlässt oder ansiedelt. Vielmehr enthielt die Botschaft, die Jhwh Mose in dieser Manifestation mitteilte, sei es unter der Verhüllung seiner Stimme im Donnerklang (V. 19b), sei es in der unmittelbaren Vision (Ex 19,20), wohl die Aufforderung Jhwhs an die soeben aus Ägypten freigekommenen Sippen, in ein von der Gottheit verheißenes Land zu ziehen. Der Gott dieser Theophanie, Jhwh, ist es, mit dem das Volk des Exodus sich vom Gottesberg her aufmacht, das verheißene Land einzunehmen (Num 10,29aβ; vgl. Dtn 10,11*; Dtn 1,6–8*; Num 10,12a.33.35f.*[15]).

Die MGE bietet allerdings durch die Jitro-Legenden in Ex 18* einen doppelten Ausgangspunkt für die Theophanieerzählung. Einerseits bietet sich eine solche an im Anschluss an die Geschichte vom gemeinsamen Opfermahl Jitros und Moses. Andererseits ist die Lozierung der Gottheit auf dem Gottesberg Anknüpfungspunkt für die Idee, dass Mose sich für Konfliktfälle in Israel zur Einholung von Rechtsentscheiden bei der Gottheit bereit erklärt hat. Dies hat zu einer bleibenden Ungewissheit geführt, dahingehend, ob man nicht die Rechtssatzsammlung des Bundesbuches mit Hilfe der Einbindung in die MGE bewusst in die Frühgeschichte Israels integriert hat. In der gegenwärtigen Fassung der Gesamtanlage der Gesetzesoffenbarungen im Pentateuch ist es allerdings erst die Hexateuch-Komposition, die Bundesbuch und Deuteronomium bewusst in ein Erzählkontinuum mit den Wüstenwanderungserzählungen gebracht hat.

Das Motiv der Offenbarung Jhwhs in der Wolke in Ex 19,9aα dient als Anknüpfungspunkt für eine alternative Akzentuierung der Theophanie in V. 18. Das Herabsteigen Jhwhs auf den Berg geschieht im Feuer – und dies verursacht eine Rauchentwicklung um den Berg (והר סיני עשן, vgl. 20,18 ההר עשן), der hier – nach P – Sinai genannt wird, wie bei einem Brennofen und verursacht, dass der Berg ins Beben gerät. Es hat den Anschein, dass man weder einen Urtext der MGE noch einen P-Text vor sich hat, wohl

14 Vgl. Achenbach, Vollendung der Tora, 173–202.

15 Bei den hier zu nennenden Texten besteht allerdings die Schwierigkeit, dass Num 10,29 lediglich indirekt auf eine ergangene Landzusage Bezug nimmt, von den weiteren Belegen aber keiner mehr ein vor-dtr oder vor-priesterschriftliches Stadium der Textüberlieferung repräsentiert.

aber eine Theophanievorstellung, die – anknüpfend an die alte Tempeltheologie – mit einer Manifestation des feurigen Kabôd JHWHs rechnet (vgl. Jes 6,3f.).

Die dtr Erzählung in Dtn 5,22.23 setzt diese Vorstellung voraus: die im Feuer sich manifestierende Gottheit bleibt von einer Wolken-Finsternis verborgen, so dass man lediglich ihre Stimme hört (Dtn 5,23: ויהי כשמעכם את הקול מתוך החשך, 5,22: מתוך האש הענן והערפל קול גדול), das Feuer, in dem JHWH sich offenbart, bringt den Berg zum Beben und zum Bersten (Dtn 5,23 וההר בער באש). Nach der Erzählung von Ex 19 kann lediglich Mose mit JHWH reden (V. 19bα), dass JHWH antwortet, ist dem Volk nur dadurch gewärtig, dass er durch die Geräusche (קול) bei der Theophanie für Mose verstehbar spricht (V. 19bβ). Die Deuteronomisten haben die Offenbarungsrede der MGE anscheinend erweitert und darauf aufbauend den Dekalog entwickelt. Allerdings interpretieren sie das Element des wie ein Schofar klingenden קול als Stimme Gottes, die den Dekalog offenbart, und lassen dadurch das Motiv des Donnerns des Berg- und Wettergottes in den Hintergrund treten. Zugleich wird deutlich, dass auch das Volk die Stimme Gottes gehört haben muss, wie es in Dtn 5,24 dann auch explizit zum Ausdruck gebracht wird, wenn das Volk sagt:

> Siehe, JHWH, unser Gott, hat uns seinen Kabôd sehen lassen und seine Größe und seine Stimme haben wir aus der Mitte des Feuers heraus gehört. Heute haben wir gesehen, dass Gott zu dem Menschen reden kann und der am Leben bleibt.

Hier klingt wohl auch die Verbindung zu Ex 3,2 noch mit an.[16] Die Deuteronomisten haben demnach die Erzählung dahingehend abgewandelt, dass die Selbstoffenbarung JHWHs dem Volk zugänglich war, der Gang Moses auf den Berg aber dazu dient, die schriftliche kanonische Fassung der Gebote auf den Steintafeln in Empfang zu nehmen. Das Motiv der MGE, dass das Volk die Theophanie fürchtet und in der Ferne stehen bleibt, wird ebenfalls weiterentwickelt: Das Volk bittet Mose um Vermittlung der Rede Gottes. So ist es Mose, der in das Wolkendunkel hineingeht (Ex 20,21a.b). Nun aber tritt die ältere MGE, worin lediglich erzählt worden war, dass Mose die Orakel und Rechtsentscheide Gottes einholt und überbringt (Ex 18,19b; 24,3*), in Konkurrenz zu der Vorstellung der Offenbarung des Dekalogs. Darum wird nach dem Opfer (Ex 24,4b.5) in der dtr Fassung erzählt, wie JHWH Mose auf den Berg ruft, um ihm die Tafeln mit dem Dekalog zu geben (Ex 24,12a.bβ.13b). Dort verweilt er 40 Tage und Nächte (Ex 24,18b). Es folgt die Übergabe der Tafeln und die dtr Erzählung von Bundesbruch und Bundeserneuerung (Ex 32*.34*//Dtn 9,7–10,11).

In die alte Theophanieerzählung sind also zwei weitere Überlieferungslinien einbezogen worden, eine deuteronomistische und eine priesterschriftliche. Erstere ist durch ihre Parallelen zum dtr Horeb-Bundes-Rahmen des Deuteronomiums in Dtn 5 und 9–10 als eine dtr Erweiterung erkennbar; die dtr Theorie eines Gottesbundes am Horeb hat sich also auf die Neugestaltung der alten, vor-dtr MGE auswirkt. Das Wort, das die Gottheit Israel zuspricht, ist der Dekalog, dessen Grundformel eine Selbstoffenbarung JHWHs an Israel bildet: „Ich bin JHWH, dein Gott!“ Dies erklärt, warum die MGE weit

16 Vgl. Otto, Deuteronomium, 756.

über die Exoduserzählung hinaus an der Benennung Gottes als „Elohîm“ festgehalten hat. Nicht in Ägypten, sondern nach dem Exodus ist Israel der wahrhaftigen Wirklichkeit seines Gottes in dem JHWH-Namen begegnet. An dieses Motiv hat sich der Dekalog als dtr Komposition einer fundamentalen Gesetzeskatechese angelagert und dabei die Selbstoffenbarungsformel in sich aufgenommen. Mit der dtr Dekalog-Legende ist die große Erzählung vom Bund Gottes mit dem Volk und der Übergabe der Tafeln verbunden worden, von dem langen, 40 Tage und Nächte währenden Verweilen Moses in der Gottesgemeinschaft (Ex 24,13b.14.18b), und die große Erzählung von Bundesbruch und Bundeserneuerung. Ex 24,15a ist eine redaktionelle Aufstiegsnotiz des Hexateuch-Redaktors.[17]

Die ursprüngliche Erzählung nimmt die Motive der Darstellung des Mose als eines durch göttliche Providenz in seiner Kindheit erwählten und bewahrten Begründers der Freiheit, der Einheit des Volkes und der Religion Israels auf.[18] Er hat vor dem Pharao diese Freiheit im Namen seiner Religion eingefordert und den Exodus erwirkt, nun führt er das Volk in die Begegnung mit dem Gott, der ihn am Gottesberg dazu berufen hat. Die Erzählung begründet die Freiheit der Religion Israels gegenüber jeglicher Behinderung durch eine imperiale, Frondienst und Tribut einfordernde Herrschaft – und fügt sich so in die Gedankenwelt, in welcher ein jahwistischer Ausschließlichkeitsanspruch in dem Israel repräsentierenden Königreich Juda zunehmend zur Geltung gebracht wird.

So ergibt sich als Text der vor-priesterschriftlichen und vor-deuteronomistischen Gottesbergerzählung folgende Rekonstruktion:

> Ex 19,3 Und Mose stieg hinauf zu der Gottheit (LXX: auf den Gottesberg). … 9 Und JHWH sprach zu Mose: Sieh, ich komme in einer dichten Wolke zu dir! … 14 Und Mose stieg vom Berg hinab 16 … als es Morgen wurde, begann es zu donnern und zu blitzen, und eine schwere Wolke lag auf dem Berg, und es ertönte mächtiger Hörnerschall. Und das ganze Volk, das im Lager war, erzitterte. 17 Da führte Mose das Volk aus dem Lager hinaus, der Gottheit entgegen, und sie stellten sich auf am Fuß des Berges. … 19 Und der Schofar-Horn-Donnerklang wurde immer stärker. … 20 Und JHWH stieg herab (auf den Berg Sinai), auf den Gipfel des Berges. …
> 20,18 Das ganze Volk aber nahm den Donner und die Blitze wahr,[19] den Hörnerschall und den rauchenden Berg: Das Volk sah es, und sie zitterten und blieben in der Ferne stehen. 19 Und sie sprachen zu Mose: Rede du mit uns, und wir wollen hören. Gott aber soll nicht mit uns reden, damit wir nicht sterben. …

---

17 Die Unsicherheit der Zuweisung von 24,15a liegt darin begründet, dass der Text zur Einbindung der älteren MGE dient, vgl. Germany, Exodus-Conquest Narrative, 10–121. LXX Ex 24,15a hat (entgegen MT) noch das Motiv bewahrt, dass Josua Mose bei dem Aufstieg begleitet (vgl. a. Ex 32,17) und ihm auch weiterhin als Diener zur Seite steht (vgl. Ex 33,11b).

18 Zur Kindheitserzählung als subversivem (?) Gegenentwurf gegenüber der assyrischen Sargon-Legende vgl. Otto, Mose und das Gesetz; Gerhards, Aussetzungsgeschichte.

19 Wörtl. „sie sahen“ – ראים.

[21] So blieb das Volk in der Ferne stehen. Mose aber nahte sich dem Wolkendunkel, in dem der Gott war.[20]

[[20,1] Und Gott (= Elohîm, LXX, Vulg.: Jhwh) redete alle diese Worte und sprach: [2] Ich bin* Jhwh, *dein Gott, der dich herausgeführt hat aus dem Land Ägypten, aus einem Sklavenhaus; [3] Du sollst keine anderen Götter haben neben mir!*
[24] Einen Altar aus Erde sollst du mir errichten und darauf deine Brandopfer und Heilsopfer, deine Schafe und Rinder, schlachten.]

[24,3] Darauf kam Mose und verkündete dem Volk alle Worte Elohîms* (LXX/ MT: Jhwhs) … Und das ganze Volk antwortete mit einer Stimme und sprach: Alle Worte, die Jhwh geredet hat, wollen wir tun. [4] … Früh am andern Morgen aber errichtete er einen Altar am Fuß des Berges … [5] Dann schickte er die jungen Männer der Israeliten hin, und sie brachten Brandopfer dar und schlachteten Jungstiere als Heilsopfer für Jhwh. …

Zur Schicht der MGE wären demnach zu rechnen Ex 19,3a.9aα.14a.16aβγδ.b.17.19a. 20a; 20,18–19.21a [20,1–3?. 24a?]; 24,3aα.b.4aβ.bα.5.

2 Die deuteronomistische Horeb-Bundes-Theologie: Die göttliche Offenbarung des Gesetzes

Die weitere Entwicklung des Jahwismus in der späten Königszeit wird durch die schriftgelehrten Darstellungen der dtr und nach-dtr Geschichtsdarstellungen ebenfalls überformt. Erkennbar lässt sich allerdings in Grundzügen der Text eines Ur-Deuteronomiums rekonstruieren, in welchem das sich als „Israel" konstituierende Volk Judas und Jerusalems sich darauf verpflichtet, fortan Jhwh ausschließlich als einen Reichsgott an einem von ihm erwählten Ort – Jerusalem – zu verehren.[21] Als sich gegen Ende der Herrschaftsperiode des Königs Josia abzeichnete, dass das Assyrerreich die Kontrolle über die Levante sukzessive verlor, wurde diese Verpflichtung vermutlich unter Verwendung von Stilmitteln der neu-assyrischen Vasallen-Verträge durch Strafrechtsbestimmungen für den Fall der Anstiftung zur Apostasie in Dtn 13 und durch eine Erweiterung der Fluchelemente, die Grundlage des assertorischen Eides in Dtn 28 noch einmal neu akzentuiert,[22] so dass der Gedanke einer Treueverpflichtung gegenüber dem Reichsgott Jhwh als vorrangig gegenüber allen weiteren Bundesverpflichtungen erscheinen musste. Nach dem Niedergang des judäischen Königreiches und den Deportationen der Eliten in mehreren Schüben dürfte die Tätigkeit der Schriftgelehrten für eine längere Periode unterbrochen gewesen sein. Erst die dtr Darstellung von Aufstieg und Niedergang der

20 Der ursprüngliche Text des Gesprächs zwischen Mose und Gott ist nicht mehr erhalten. Siehe hierzu im Folgenden.

21 Zur Rekonstruktion vgl. den umfänglichen Kommentar von Otto, Deuteronomium; Achenbach, Überlegungen; idem, Überlegungen 2.

22 Idem, Überlegungen, 212–213.220–223.

Königreiche Israel und Juda in den Samuels- und Königsbüchern ist wohl das Ergebnis einer exilischen Arbeit, die man nach dem Tode Nebukadnezars 562 v. Chr. ansetzt.

Aus der Anschauung des jährlich in Babylon zelebrierten Akitu-Festes war als ein wesentliches und eindrucksvolles Element die Übergabe der göttlichen Orakel an den König und damit der Gebote für das königliche Handeln im kulturellen Gedächtnis den Deportierten anschaulich geworden.[23] Die Vermutung liegt darum nicht allzu fern, dass der Gedanke der Verbindung einer ursprünglichen Willensoffenbarung JHWHs in Gestalt des Dekalogs in Verbindung mit seiner Selbstoffenbarung dieses Motiv in eigenständiger Form weiterentwickelt. Die Übergabe der Tafeln an Mose auf dem Berg fügt sich hierzu. Der früh-dtr Narrativ vom apostatischen Kult Jerobeams in Bethel und Dan (1 Kön 12,26–33) als der schlechthinnigen Ursünde Israels in Verbindung mit dem Vorwurf der Verehrung des Baal und der Ascheren in Juda führt zu einer retrospektiven Projektion des Gedankens eines Bundesschlusses mit der Gottheit an den Gottesberg. Dieser wird in kulturkritischer Absetzung gegen die „auf Blut gebaute" Stadt Babylon (Hab 2,12) in die Ödnis der Wüste verlegt und der Gottesberg erhält den Namen Berg der Ödnis, Horeb. Zugleich wird damit die Legende vom Bund JHWHs mit Israel und dem *ab ovo* bundesbrüchigen Volk in der sinnstiftenden Erzählung von Bundesbruch und Bundeserneuerung am Horeb in die Gründungslegenden Israels eingeschrieben (Ex 20; 32; 34*). Neben dem dtr Dekalog als Bundestext wäre dementsprechend die Aufforderung an Mose, die Tafeln des Dekalogs auf dem Berg in Empfang zu nehmen (Ex 24,12a), die Notiz vom Aufstieg auf den Gottesberg und vom Verweilen Moses dort (Ex 24,13b.18b) zu rechnen. Aus der dtr MGE haben mit Hinsicht auf eine mögliche Restauration Israels die Deuteronomisten dann die bundestheologische Rahmung des deuteronomischen Gesetzes durch die Horeb-Bundes-Erzählung (Dtn 5; 9–10*) entwickelt und diese mit dem Narrativ einer Moab-Bundes-Erzählung (Dtn 1–3.31*) den Narrativen des Enneateuch eingeschrieben. So wurde dem Deuteronomium ebenfalls eine Ursprungserzählung gegeben, die es in der Mosezeit verankerte.

Spolien der Verwendung vor-exilischer Erzählelemente sind dabei u. a. in Dtn 1–3 erhalten geblieben. Unter diesen ist möglicherweise ein Element erhalten, welches infolge der übermächtigen Fortschreibungsgeschichte in Ex 25–Num 10 dort nicht mehr erhalten geblieben ist, nämlich der Befehl JHWHs, sich vom Gottesberg Horeb auf den Weg in das Amoriterland zu begeben und dieses unter Führung der Gottheit als Wohngebiet zu erobern. Dies begründet nicht nur die vor-dtr Landnahmeüberlieferung, sondern auch die dtr Theologie der Landverheißung in Dtn 1,6–7a.8*.

Die dtr MGE umfasst demnach Ex 20,2–10*.12–17*; 24,12a.13b.18b; (32*; 34* par. Dtn 5; 9,7–10,11*).

23 Vgl. zum Ritual Zgoll, Königslauf und Götterrat.

3 Die Sinai-Theophanie-Erzählung der Priesterschrift: Die Manifestation der Gottheit unabhängig von einem Land in der Wüste

Die dritte Überlieferung einer Gottesberg-Erzählung ist die Sinai-Theophanie-Erzählung der Priesterschrift. Sie ist durch die Hexateuch-Redaktion an die dtr erweiterte MGE angefügt worden. Der Text der Priestergrundschrift ist erhalten in Ex 19,2aβ.bβ*; 24,15b–18*[24]:

> [Ex 19,2*] ... und sie kamen in die Wüste Sinai, ... Und dort lagerte Israel dem Berg gegenüber. [24,15b] ... und die Wolke bedeckte den Berg. [16] Und die Herrlichkeit Jhwhs (כבוד יהוה) ließ sich auf dem Berg Sinai nieder, und die Wolke bedeckte ihn sechs Tage lang. Und am siebten Tag rief er mitten aus der Wolke Mose herbei. [17] Die Erscheinung der Herrlichkeit Jhwhs aber war vor den Augen der Israeliten wie ein verzehrendes Feuer auf dem Gipfel des Berges. [18] Da ging Mose mitten in die Wolke hinein und stieg auf den Berg hinauf.

Das Itinerar in Ex 19,2aβ.bβ lokalisiert den Gottesberg in der Wüste Sinai. Der Name wird von den schriftgelehrten Redaktoren beibehalten, vielleicht weil sie ihn mit dem Dornbusch (*Sennæh*) der Berufungserzählung assoziierten. P bietet eine eigene Version über die Manifestation Jhwhs. Danach offenbart sich auf dem Gottesberg Jhwhs Kabôd (Ex 24,15b.16–18a). Das Motiv der Ankündigung der Wolke, in der Jhwh sich offenbart, findet bei P eine Variante dahingehend, dass hier betont wird, dass die Wolke lediglich der Verhüllung des Kabôd, des Lichtglanzes Jhwhs, dient (Ex 24,16). Die machtvolle Offenbarung vom Wüsten-Schrein bildet den Schwerpunkt der priesterschriftlichen Darstellung des Gottesberg-Geschehens (Ex 25–29*), der in besonderer Weise den Willen der Gottheit, inmitten des Volkes Wohnung zu nehmen, abbildet. Hier hat der Opferkult Israels seinen Ursprung (Lev 9*).

---

24 Ex 19,1 folgt einem kalendarischen Datierungssystem, welches durch Sabbat- und Kultkalender bestimmt ist und die Geschichte der Urzeit, der Erzeltern und des Exodus in einen epochenübergreifenden Weltkalender einschreibt, der sich an der Geschichte des Tempels in Jerusalem orientiert; der Vers gehört nicht zur Priestergrundschrift, sondern zur Theokratischen Bearbeitung. Ex 19,2aα.bα ist bestrebt, das Geschehen der Offenbarung lokal und sachlich von der Erzählung in Ex 18 abzurücken und dabei zu betonen, dass die Midianiter keinerlei Anteil an dem Offenbarungsgeschehen hatten; es ist Bestandteil der Pentateuch-Redaktion. Der Text gilt als locus classicus der Priesterschrift, vgl. Noth, Das zweite Buch Mose, 162–163; Janowski, Sühne als Heilsgeschehen, 303–315; Pola, Die ursprüngliche Priesterschrift, 217–222; Otto, Forschungen zur Priesterschrift, 152–156; Nihan, From Priestly Torah to Pentateuch, 379–382. Die Theophaniekonzeption des Textes unterscheidet sich charakteristisch von Ex 19,16ff.; die Annahme, dass es sich in V. 15b–18 um eine reine „Bearbeitung" handelt (Blum, Studien, 89; Albertz, Exodus 19–40, 142–149; Germany, Exodus-Conquest-Story, 120–121), leuchtet daher nicht ein, denn diese müsste ja das vorhergehende Konzept aufnehmen und weiterführen. Die Bearbeitung besteht aber darin, dass ein alternierendes Konzept, das der Priesterschrift, komplementär zur nicht-priesterschriftlichen Überlieferung im Anschluss an die Bundesschlusserzählung gleichsam als Erläuterung behandelt und gelesen wird. Die Quelle (V. 15b–18, vgl. Dozeman, Commentary, 588–592) wird somit bewusst im Sinne einer komplementären Lesung hier eingeführt.

Die Verbindung von Erzeltern- und Exodus-Erzählung in der Priesterschrift ist dabei bewusst mit der Theorie einer gestuften Offenbarung verbunden, wonach die Völker des Zweistromlandes seit der Schöpfung die Gottheit als Elohîm kennen, die Erzeltern aber nach dem Auszug aus Ur und Harran im verheißenen Land diesen als über allen Himmelswesen stehenden El Shaddaj erkennen, die eigentliche Offenbarung Jhwhs aber erst unter den Bedingungen der Fremde in Ägypten (Ex 6,2–7) und endgültig erst nach dem Auszug aus dem von fremden Göttern bestimmten Kulturraum am Gottesberg Sinai ihr Ziel erreicht (Ex 29,45f.; Lev 9,23b), der seinerseits auf eine ersehnte Vollendung der Kultusgemeinde auf dem Zion vorausweist.

Die historischen Umstände der Entstehung dieser Erzählung sind unklar. Die Epoche der Herrschaft des Nabonid, der Sohn des *Nabu-balatsu-iqbi*, Gouverneurs von Harran, und der *Adad-happe*, vorgeblich einer Priesterin des in Harran verehrten Mondgottes Sin, ist der Nachwelt u. a. dadurch im Gedächtnis geblieben, dass er während seines Exils in der Oase Tayma diesem seinem Gott in den Jahren 553–542 den *Ehulhul*-Tempel errichtet hat, um ihm dort eine eigene Wohnstatt außerhalb Babylons zu geben.[25] Möglicherweise bildet dieses Ereignis den geistig-kulturellen Hintergrund des Narrativs der Priestergrundschrift.

Der Priestergrundschrift wird demnach zugewiesen Ex 19,2aβ; 24,15b–18a.

4 Die Synthese der Schriftgelehrten im Rahmen der Hexateuch-Komposition: Das Bundesvolk im Zeichen des Glaubens und der Verheißung

Die Hexateuch-Komposition verortet das gesamte Geschehen am „Gottesberg“, der mit dem Horeb (D) in der Wüste Sinai (P) in der Vorstellung eines großen gemeinsamen Bergmassivs verbunden wird. Sie lässt somit die Midianiter als stumme Zeugen am Offenbarungsgeschehen teilhaben (Ex 18,6; Num 10,29).[26] Die Synthese der Erzählungen von der Theophanie (MGE), Wortoffenbarung (dtr) und Kabôd-Erscheinung (Pg) werden in dem Gedanken der aus Wolke und Feuer heraus hörbaren Gottesrede miteinander verbunden (Ex 19,19b). Sie kennt die dtr Adaptation des MGE-Stoffes und seine Verbindung mit dem Dekalog. Die Zitation dieses Zusammenhangs in Dtn 5 in Verbindung mit der dtr Bundesbrucherzählung von Ex 32.34* in Dtn 9,7–10,11* zeigt, dass sich die dtr Schule in und nach der Exilszeit auch anderer literarischer Überlieferungen bedient hat.[27] Danach wird das Volk zum Zeugen der im Donner ergehenden Gottesrede. Die dtr Moserede hat nun allerdings die Bitte des Volkes um Mittlerschaft

25 Vgl. Oelsner, Art. Nabonid; Schaudig, Inschriften; Hausleitner, Art. Tema.

26 Die Midianiter stehen dabei neben den Fremden, welche die Israeliten auf dem Exodus begleiten (Ex 12,38; Num 11,4; 12,1; Ri 1,16) und die nach Ansicht der nach-dtr Schriftgelehrten auch mit in den Bund eingetreten sind (vgl. Dtn 29,10f.). Diese Tradition hat Anstoß erregt, was Anlass zu der Verlegung der Theophanie an einen anderen Ort mit Hilfe des Itinerars von Ex 19,2* gegeben hat.

27 Zur dtr Horeb-Bundes-Tradition s. im Folgenden zu Ex 20 und Dtn 9–10. Die Erzählung von der Offenbarung des Dekalogs, dem Bundesbruch durch die Verehrung des Goldenen Kalbs und der Bundeserneuerung existiert in zwei Fassungen, die beide aus einer dtr Schultradition hervorgegangen sind.

an die göttliche Offenbarungsrede des Dekalogs angeschlossen (Dtn 5,23–27) und als Inhalt derselben die Gesetze des Deuteronomiums angesehen (Dtn 5,27–33). Der Hexateuch-Redaktor hat seinerseits die ältere Version der dtr MGE dazu genutzt, an dieser Stelle ursprünglich die Offenbarung des Bundesbuches anzunehmen. Dabei nutzt er die Theorie der Offenbarungsrede aus der Verhüllung „vom Himmel her" zur Einschärfung des dekalogischen Bilderverbots, das polemisch auf die Erzählung vom Goldenen Kalb vorausdeutet (Ex 20,22–23). So wird das ältere Bundesbuch in die Geschichte eingefügt und zugleich mit dem Dekalog auch dieses als Urkunde des „Alten Bundes" vom Gottesberg interpretiert. Die mosaische Verkündigung des jüngeren Deuteronomiums erscheint im Zusammenhang mit den Parallelen im Buch Exodus und im Bundesbuch dann als Auslegung der Tora Gottes (Dtn 1,5) in Verbindung mit der Urkunde des „Neuen Bundes", die Mose nach seinem zweiten Aufenthalt auf dem Berg mitgebracht hat (Ex 34,27–28).

Die unterschiedlichen Varianten des Dekalogs in einer dem Narrativ des Hexateuch zufolge ursprünglich geoffenbarten Fassung in Ex 20,1–17* und in einer letztendlichen, von Mose „kanonisierten" Fassung in Dtn 5,6–22 werden zueinander in der Weise in Beziehung gesetzt, als erstere als Gegenstand der Bundesbruch- und Bundeserneuerungserzählung in Ex 32.34 erscheint, letztere als Teil der dtr verfassten Rückschau des Mose auf die Ereignisse vor dem Bundesschluss in Moab (Dtn 5.9f.; 28,69). Dabei hat der Hexateuch-Redaktor die Geschichte von Exodus und Landnahme im Lichte der göttlichen Segensverheißungen an die Väter zu einer Geschichte von Bund, Bundesbruch und Bundeserneuerung gestaltet, die in Gottes Gnadenbund mit Abraham (Gen 15 & 17) ihren tieferen Grund hat. So erscheint die Heilsgeschichte des Hexateuch im Lichte der Bundestreue Gottes, die sich von den Geschichten der fortwährenden Untreue Israels und Judas in den weiteren Geschichten des Enneateuch abhebt. Literarhistorisch bedeutet das, dass die ältere Fassung einer dtr Bundes-Erzählung zunächst in der dtr Gestaltung des Dtr Horeb-Bundes-Rahmens im Deuteronomium verarbeitet wurde,[28] sodann aber in nach-exilischer Zeit durch die Hexateuch-Redaktion noch einmal im Rahmen des Exodusbuches. Sie liegt also wie auch die MGE in einer jüngeren Textversion vor, welche von der Hand der nachexilischen Schriftgelehrten stammt.[29]

Der Gedanke einer Verpflichtung des Volkes auf das Gesetz des Bundesbuches findet eine eigentümliche Ausgestaltung in der Erzählung vom Bundesschluss in Ex 24. Anders als die Worte des Dekalogs schreibt Mose die Worte des Bundesbuches nieder, die somit als eine göttliche Belehrung über die Auslegung des Dekalogs erscheinen können, denn sie enthalten alle *Mishpatîm* (Ex 24,3aβ.4aα). Als Erinnerungszeichen für das allen Stämmen geltende Gesetz und Bundesritual errichtet er Masseben (Ex 24,4bβ). Die Opfertiere, die nach der alten MGE dargebracht werden, können nicht für das

28 Hierzu ausführlich Otto, Deuteronomium, 651–769.924–1002.

29 So im Ansatz schon Achenbach, Israel. Dies erklärt, warum in Dtn 5 eine ältere Fassung des Dekalogs gegenüber der von Ex 20 vorliegt, vgl. hierzu Hossfeld, Dekalog; zum Verhältnis von älteren und jüngeren dtr Überlieferungen und der nach-exilischen schriftgelehrten Gestaltung von Ex 32 bzw. Dtn 9f. vgl. Otto, Deuteronomium, 955–969! Siehe auch Achenbach, Grundlinien.

traditionelle Bundesschlussritual zubereitet werden, sondern – so vermutlich der Rückschluss der Schriftgelehrten – allein das Blut dieser Tiere wird genutzt, um gemäß dem priesterlichen Opferritual den Altar zu besprengen (vgl. Ex 29,16.20; Lev 8,19; 9,12.18). Dazwischen tritt die Promulgation des Gesetzes im Sinne eines „Bundes-Dokuments" (ספר הברית, V. 7a) und die Verpflichtung des Volkes im Sinne eines assertorischen Eides (V. 7b). Eine Applikation des Blutes mit Hinsicht auf das Volk ist nur durch die Besprengung möglich (Ex 24,8a). So wird gleichsam ein Narrativ vom Bundesschluss am Gottesberg als Unikat generiert. Die Rede vom Blut des Bundes (V. 8b) illustriert die dtr Erzählung vom Bund JHWHs mit dem Volk (Dtn 5,2).

Weitere Verbindungen zur Hexateuch-Komposition werden eingefügt: Josua als der Nachfolger des Mose folgt ihm auf den Berg (V. 13a), die Ältesten, die Mose schon vor dem Pharao unterstützt haben (Ex 3,16.18), sollen entsprechend der Interimsordnung (Ex 18,13–26*; Dtn 1,9–18) die Rechtsordnung im Lager wahren, Aaron als designierter Priester soll die Gottesbefragung in Streitfällen wahrnehmen, Hur an Aarons Seite (vgl. Ex 17,10.12) wohl die Funktion des Richters der Zentralgerichtsbarkeit im Sinne von Dtn 17,8–11 wahrnehmen. Sodann kann Mose den Berg hinansteigen (Ex 24,15a).

Die Eingriffe der Hexateuch-Redaktion sind somit noch erkennbar in Ex 19,9aβ.19b.20a; 20,21b.22–23.24b; [20,24–23,33*]; 24,3aβ.4aα.bβ.6–8.13a.14–15a.

5 Das Heilige Volk und die Hierokratie: Perspektiven der spät-persischen Epoche in Juda

Die weitere Fortschreibung des Kapitels verfolgt demgegenüber ein weniger inklusives Gesellschaftsmodell. Gleichsam um von vornherein den hermeneutischen Rahmen für die Offenbarungserzählung festzulegen, verlegt die Pentateuch-Redaktion das Geschehen zunächst in die Wüste Sinai (V. 2bα). Dabei nutzt sie vermutlich die priesterschriftliche Distanzierung durch die Anknüpfung an den Sinai-Namen in Ex 19,2. Von vornherein ist es hier JHWH, der agiert, was dem JHWH-theologischen Akzent der Pentateuch-Redaktion entspricht. Der JHWH-Name ist und bleibt durch Mose in Ägypten geoffenbart. Die Offenbarung gilt dem Volk, das sich aus dem „Haus" Jakobs zu Israel gewandelt hat.

> [Ex 19,3b] Und JHWH rief ihm vom Berg her zu: So sollst du zum Haus Jakob sprechen und den Israeliten verkünden: [4] Ihr habt selbst gesehen, was ich Ägypten getan und wie ich euch auf Adlerflügeln[30] getragen und hierher zu mir gebracht habe. [5] Wenn ihr nun auf meine Stimme hört und meinen Bund haltet, werdet von allen Völkern ihr mein Eigentum sein, denn mein ist die ganze Erde, [6] ihr aber sollt mir ein Königreich von Priestern (ממלכת כהנים) sein und ein heiliges Volk (גוי קדוש, vgl. Dtn 7,6 עם קדוש). Das sind die Worte, die du den Israeliten sagen sollst. [7] Und Mose kam und rief die Ältesten des Volks und legte ihnen alle

30 נשר bezeichnet als westsemitisches Primärnomen einen großen Raubvogel, der weit in den Himmel hinaufsteigt, und wird entweder als Adler (LXX, Vulg.; vgl. Dtn 32,11; Jer 49,16; Ez 1,10; 10,14) oder als Geier (Lev 11,13; Dtn 14,12; Mi 1,16) aufgefasst, vgl. Ges.18, 857–858.

> diese Worte vor, die JHWH ihm aufgetragen hatte.[8] Da antwortete das ganze Volk einmütig und sprach: Alles, was JHWH gesagt hat, wollen wir tun. Und Mose überbrachte JHWH die Worte des Volks.

Mose wird von JHWH durch die Botenformel mit einer prophetischen Botschaft beauftragt (V. 3b). Israel ist das Volk der Zeugen für die Heilstaten JHWHs (V. 4a), der Exodus wird in einer kühnen Metapher beschrieben, die an Dtn 32,11 erinnert: „Wie ein Adler, der seine Brut aufhebt zum Fluge und über seinen Jungen schwebt, so breitete er seine Flügel aus, nahm nahm ihn [Jakob] und trug ihn auf seinen Schwingen!" Die unsichtbare Präsenz JHWHs wird durch ihr befreiendes Handeln beschrieben, die wiederum einen Aspekt seiner mit Israel wandernden Kabôd-Herrlichkeit beschreibt (vgl. Ez 1,10; 10,14). Die Metapher in ihrer Freiheit entspricht dem vom Pentateuch-Redaktor sonst verwandten Bild der mitwandernden Wolken- und Feuer-Säule. Gleichsam als Präambel wird nun allen folgenden Gesetzesoffenbarungen JHWHs die eine Kondition vorausgesetzt, die für alle gilt: Die Einhaltung des Bundes durch den Gehorsam gegenüber den Geboten ist die Voraussetzung dafür, dass Israel vor allen Völkern zu dem wird, wozu es erwählt ist: zum heiligen Volk des Eigentums JHWHs. Das Halten des Bundes (hebr. שמר ברית) ist nicht bezogen allein auf das Deuteronomium (Dtn 29,8), sondern auf die Gesamtheit der folgenden Offenbarung von Exodus bis Deuteronomium (Ex 19,4–Dtn 33,29). Es steht in Entsprechung zur Bundestreue JHWHs (Dtn 7,9; 1 Kön 8,23). Um die Totalität solcher Forderung weiß auch Ps 78,10; das Handeln des Volkes ist angesichts der Präsenz Gottes in der Wolken- und Feuersäule und seiner Machttaten eine stete Herausforderung Gottes (Ps 78,18). Bewusst alterniert Ex 19,5 den Zuspruch von Dtn 7,6: der Anspruch, als heiliges Volk JHWHs das Land zu erobern, muss scheitern, wenn dem nicht die fundamentale Bereitschaft zur Bundestreue entspricht. Gegenüber dem dtr Programmtext tritt in Ex 19 JHWHs universale Bedeutsamkeit entschieden mehr in den Vordergrund. Israels Verheißung vor den Völkern der Welt verwirklicht sich nicht im Vollzug der Bannweihe im Verheißungsland, sondern darin, dass es sich als ein Königreich JHWHs erweist, in dessen Zentrum das priesterliche Recht vollzogen wird, welches sich sowohl in der Aufsicht der levitischen Priester über die Rechtsordnung entfaltet (Dtn 17,8–13), als auch in seiner Sakralordnung, in der sich Israel nicht nur als heilige Volksgemeinschaft (Dtn 7,6 hebr. עם קדוש, gr. *laós hágios*), sondern als selbständig verfasstes heiliges Volk (hebr. גוי קדוש, gr. *éthnos hágion*) inmitten der Völkerwelt verhält (Lev 17–26; 19,2), dessen Zentrum eine hierokratische Ordnung bildet, in welcher Priester als Zentralgewalt über die Einhaltung des Rechts wachen, eine *Mamlaekhaet Kôhanîm*.[31] Die Rolle des weltlichen Königtums tritt zugunsten einer hierokratischen und theokratischen Vision in den Hintergrund. Da JHWH Eigner der Erde und des heiligen Landes ist (Lev 25,23), konzentriert sich die Existenz Israels auf den Gehorsam gegenüber der Tora. Damit hat Mose als JHWHs Prophet gleich zu Beginn der gesamten

---

31 Insofern ist Ex 19,3–8 die Übertragung der dtr Konzeptionen in einen durch die Forderung der Heiligkeit im Sinne des Heiligkeitsgesetzes bestimmten priesterlichen Kontext zu konstatieren; anders Krause, Bedingungen, 111–117.

Tora-Offenbarung am Sinai dem Volk Israel die entscheidende Verpflichtung vorgelegt, auf die es eingeht. Indem das Volk diese Verpflichtung *ab ovo* eingeht (V. 7–8) erkennt es alle folgende Gesetzesoffenbarung als verbindlichen Bundestext an. Zugleich werden so alle Gesetzestexte zu Bundestexten. Ex 19,3b–8 ist ein Programmtext der Pentateuch-Redaktion. Sie interpretiert die göttliche Erscheinung auf dem Gottesberg zugleich auch als Beglaubigungszeichen für die „ewig" (hebr. לעולם) gültige, für den Glauben Israels verbindliche Mose-Tora (V. 9b; vgl. Ex 14,31). Mose allein ist es, der in das Innerste der auf dem Berg ruhenden Wolke hineingeht und der damit dem feurigen Kern des Kabôd und dem darin befindlichen Angesicht JHWHs näherkommt als jeder andere (vgl. Dtn 34,10–12). Er erhält nicht allein die Tafeln, die die Worte des Dekalogs bezeugen, sondern darüber hinaus eine von Gott selbst geschriebene Tora (Ex 24,12bβ), welche die Gesamtheit des von Gott Gebotenen (מצוה, vgl. Dtn 6,1), also alle חקים ומשפטים enthält, und damit neben dem Bundesbuch und dem Deuteronomium (Ex 21,1; Dtn 12,1) auch das Heiligkeitsgesetz (Lev 26,46).

Der Pentateuch-Redaktion werden somit zugewiesen Ex 19,2aα.3b–8.9aγ.b.20b; 20,11.20; 20,2; 24,12b.

6 Kultische Reinheit im Angesicht Gottes: Die Sinai-Gottesberg-Erzählung als Kultische Begegnung

Die weitere Ausgestaltung der Theophanie-Erzählung ist liturgisch geprägt und auf späte priesterliche Theokratische Bearbeitung zurückzuführen. Das fängt mit der Datierung in Ex 19,1 an, die das Geschehen in den Kultkalender einschreibt. Im Folgenden wird die Gottesbegegnung gänzlich in eine liturgische Abfolge gestellt, bei der Reinigungsrituale beachtet werden müssen und die Distanz der Laien gegenüber dem Heiligtum. Ex 19,10–11 enthält Anweisungen für die dreitägigen Purifikationsriten, denen sich das Volk vor der Gottesbegegnung zu unterziehen hat. Mose soll das Volk „heiligen" (קדש Pi.)[32] bzw. es dazu veranlassen, dass es sich für die Begegnung mit dem Heiligen dadurch bereit macht, dass es an zwei Tagen seine Kleider wäscht (V. 10b.14). Entsprechende Vorschriften sind fester Bestandteil der priesterlichen Torot über Reinigungsrituale nach Berührung mit Unreinem[33]. Am dritten Tag soll das Volk bereitstehen, um Gott zu begegnen (V. 11). V. 12 schärft die Abgrenzung des Temenos ein, wobei der gesamte Berg als solcher betrachtet wird; dabei darf es den Boden des Berges als solchen nicht betreten oder gar berühren. Die Verletzung der Sphäre des Heiligen durch das Betreten des heiligen Bezirks wird mit dem Tod durch Steinigung bestraft, die Androhung gilt dabei Mensch wie Tier,[34] und beruht auf dem Prinzip, dass außer Mose und der Priester-

32 Das Verbum קדש Pi. ist im Pentateuch bis zu dieser Stelle erst 2x verwendet worden: 1. In Gen 2,3 – Gott heiligt den siebten Tag; 2. In Ex 13,2 werden die Israeliten angewiesen, JHWH jeden erstgeborenen Sohn und jedes erstgeborene Tier zu weihen. 3. Mose wird angewiesen, die Israeliten für die Gottesbegegnung zu weihen.

33 Vgl. Lev 6,20; 11,25.28; 13,6.34.56.58; 14,8.47; 15,5–8.10.13.17.21.27; 16,26.28; 17,15; Num 8,7.21; 19,7.10.19.21; 31,24.

34 Vgl. die Steinigung von Tieren im Kontext der tödlichen Verletzung durch stößige Rinder

schaft niemand als hinreichend rein angesehen wird, um den Bereich des Heiligsten zu betreten. Niemand darf mit dem Heiligsten in Berührung kommen (vgl. נגע, Ex 29,37; 30,29; Lev 6,11.20; Num 4,15). Der Zug der Gemeinde vor den Bezirk des Heiligen ist allein gestattet, wenn – von einem der an sich noch nicht vorhandenen Priester – durch das Blasen des Schôfar das Signal hierzu gegeben wird (V. 13b). Zu den Purifikationsriten gehört seit alters her die sexuelle Enthaltsamkeit (V. 15; vgl. 2 Sam 11,11). Die Offenbarung geschieht erst, wenn die Rituale eingehalten worden sind – nach drei Tagen (V. 16aα).[35] V. 21–25 schärfen diese Vorschriften noch einmal ein. Das Volk soll die Grenzen des Temenos nicht willkürlich einreißen, um zum Allerheiligsten vorzudringen (הרס, V. 21.24: einreißen),[36] das Verbum setzt eine wie immer geartete Markierung oder Einfriedung des Bereichs (vgl. גבל, V. 23) voraus. Die Legende von den 250 Führern, die unbefugt Weihrauch darbringen und dabei sterben (Num 16,18–19.35), illustriert die Vorstellung von der Ausgrenzung Unbefugter vom Altar anschaulich.[37] Anachronistisch nimmt der Text vorweg, was erst in Num 16–17 wirklich begründet wird: Dass den inneren Bereich eines heiligen Bezirks, in welchem man die Präsenz Jhwhs annimmt, allein die hierfür geweihten Aaroniden und ihre rechtmäßigen Nachfolger als Hohepriester betreten dürfen (V. 24).[38] Als Hauptgrund wird angegeben, dass weder das Volk noch die Priester über die Weihen verfügen, die es ihnen ermöglichten, sich der Gottheit gefahrlos zu nähern. Die Warnung an die unbefugten Fremden, sich dem Heiligen zu nahen, wird im Weiteren explizit in den Heiligtumsgesetzen des Numeribuches eingeschärft, vgl. Num 17,5: לא יקרב איש זר.[39] Es ist ein großes Anliegen gerade der spätesten Bearbeitungen des Pentateuch, die Unsichtbarkeit und die Unverfügbarkeit Jhwhs hervorzuheben. Der Abschnitt wird mit der Ausführungsnotiz in V. 25 abgeschlossen. Mose vermittelt die Anweisungen Gottes dem Volk. Die priesterlichen Schriftgelehrten wollten so das allerwichtigste Ritual nicht ohne eine geordnete Form überliefert wissen, denn es muss vermieden werden, dass durch das Vordringen zum Heiligen die Gottheit unreine Personen bedroht und so ein „Riss“ entsteht (vgl. 2 Sam 6,8; 1 Chr 13,11; 14,11).[40] Im Ergebnis sind somit den spätesten priesterlichen Bearbeitungen der ThB-Schicht zuzuweisen: Ex 19,1.10–13.14b.15.16aα.21–25[41]. In den Kontext dieser

(Ex 21,28.29.32), von Menschen bei Blasphemie (1 Kön 21,10.13.14), widerrechtliche Aneignung von heiligen (Bann-)Gütern (Jos 7,25), Ehebruch (Dtn 17,5; 22,21.24).

35 Nach drei Tagen gilt die Unreinheit als überwunden, bzw. in drei Tagen kann eine hinreichende Distanz zu allem Unreinen erreicht werden, vgl. Ex 3,18; 5,3; 8,23; 10,22; 12,41; 15,22.

36 Zum Bedeutungsspektrum vgl. Ges.18, 287.

37 Vgl. hierzu Berner, Aufstand; Pyschny, Verhandelte Führung, 187–213.278–279.

38 Die ThB steht der chronistischen Schriftgelehrtheit nahe, die ihre Konzepte aufnimmt und weiterführt, vgl. hierzu Maskow, Tora. Albertz, Exodus 19–40, 27–31.49–51, weist darum V. 21–25 einer „chronistischen Ergänzung“ zu.

39 Vgl. Num 1,51; 3,10.38; 17,5; 18,4.7; Milgrom, Leviticus 17–22, 1861; Achenbach, gêr – nâkhrî – tôshav – zâr, 44–46.

40 Albertz, Exodus 19–40, 17.50–51, nimmt aufgrund der Bezüge zu Chronik-Texten chronistische Ergänzungen in Ex 19,11b–13a.17b.20–25 an.

41 Hinsichtlich der hier genannten Verse kommt S. Germany, The Exodus-Conquest Narrative, 113–121.136, ebenfalls zu dem Ergebnis einer späten Hinzufügung (so für V. 10aβ.b.11aβb–

Schicht gehört auch die Erzählung von dem heiligen Opfermahl der Aaroniden und der 70 Ältesten im Angesicht des göttlichen Himmelsthrons in Ex 24,1–2.9–11, denn hier erscheint das Bundesopfermahl als Vorbereitung auf die Ordnungen, die sich aus der Errichtung des Heiligtums ergeben, in welchem die Gottheit auf Dauer ihre Wohnung nehmen wird.

Der ThB werden somit zugewiesen Ex 19,1.10–13.14b.15.16aα.21–25; 20,26; 24,1–2.9–11. Unter ihrer Einwirkung wird die Sinai-Perikope Teil der kanonischen, aus fünf Buchrollen bestehenden vollendeten Tora.

Literaturverzeichnis

Achenbach, R., Die Vollendung der Tora. Studien zur Redaktionsgeschichte des Numeribuches im Kontext von Hexateuch und Pentateuch, BZAR 3, Wiesbaden, 2003, 173–202.

Achenbach, R., gêr – nåkhrî – tôshav – zâr. Legal and Sacral Distinctions regarding Foreigners in the Pentateuch, in idem, R. Albertz und J. Wöhrle (Hg.), The Foreigner and the Law. Perspectives from the Hebrew Bible and the Ancient Near East, BZAR 16, Wiesbaden, 2011, 29–51.

Achenbach, R., Grundlinien redaktioneller Arbeit in der Sinai-Perikope, in idem und E. Otto (Hg.), Das Deuteronomium zwischen Pentateuch und Deuteronomistischem Geschichtswerk, FRLANT 206, Göttingen, 2004, 56–80.

Achenbach, R., Israel zwischen Verheißung und Gebot. Literarkritische Untersuchungen zu Deuteronomium 5–11, EHS.T 422, Frankfurt a.M., 1991.

Achenbach, R., Überlegungen zur Rekonstruktion des Urdeuteronomiums, ZAR 24, 2018, 211–254.

Achenbach, R., Überlegungen zur Rekonstruktion des Urdeuteronomiums 2: Die Reform der Rechtsordnung in Deuteronomium 16–19, ZAR 25, 2019, 213–246.

Albertz, R., Exodus, Band II: Ex 19–40, ZBK.AT 2.2., Zürich, 2015.

Berner, C., Vom Aufstand Datans und Abirams zum Aufbegehren der 250 Männer. Eine redaktionsgeschichtliche Studie zu den Anfängen der literarischen Korachbearbeitung innerhalb der Redaktionsgeschichte von Num 16–17, BN 150, 2011, 9–33.

Blum, E., Studien zur Komposition des Pentateuch, BZAW 315, Berlin/New York, 1990.

Blum, E., The Decalogue and the Composition History of the Pentateuch, in T. B. Dozeman, K. Schmid und B. Schwarz (Hg.), The Pentateuch. International Perspectives on Current Research, Tübingen, 2011, 289–301.

Dozeman, T., God on the Mountain: A Study of Redaction, Theology and Canon in Exodus 19–24, SBLMS 37, Atlanta, 1989.

Dozeman, T., Commentary on Exodus, Grand Rapids/Cambridge U.K., 2009.

Frevel, C., Mit Blick auf das Land die Schöpfung erinnern. Zum Ende der Priestergrundschrift, HBS 23, Freiburg/Basel/Wien, 2000.

Gerhards, M., Die Aussetzungsgeschichte des Mose. Literar- und traditionsgeschichtliche Untersuchungen zu einem Schlüsseltext des nichtpriesterschriftlichen Tetrateuch, WMANT 109, Neukirchen-Vluyn, 2006.

Germany, S., The Exodus-Conquest Narrative. The Composition of the Non-Priestly Narratives in Exodus-Joshua, FAT 115, Tübingen, 2017, 113–148.

Hausleitner, A., Art. Tema, WiBiLex, 2007, online unter https://www.bibelwissenschaft.de/stichwort/33158/.

13a.14b.15b.16aβb.18abα.19–22.(23–24).25), hat aber insgesamt keine klare Vorstellung über die Entwicklung der Perikope und kann den Text darum konzeptionell nicht einordnen.

Hossfeld, F.-L., Der Dekalog. Seine späten Fassungen, die originale Komposition und seine Vorstufen, OBO 45, Fribourg/Göttingen, 1982.

Janowski, B., Sühne als Heilsgeschehen. Studien zur Sühnetheologie der Priesterschrift und zur Wurzel KPR im Alten Orient und im Alten Testament, WMANT 55, Neukirchen-Vluyn, 1982.

Kratz, R. G., Die Komposition der erzählenden Bücher des Alten Testaments. Grundwissen der Bibelkritik, UTB 2157, Göttingen, 2000, 286–303.

Krause, J. J., Die Bedingungen des Bundes. Studien zur konditionalen Struktur alttestamentlicher Bundeskonzeptionen, FAT 140, Tübingen, 2020.

Leuenberger, M., YHWH's Provenance from the South. A New Evaluation of the Arguments pro and contra, in J. van Oorschot and M. Witte (Hg.), The Origins of Yahwism, BZAW 484, Berlin/New York, 2017, 157–180.

Maskow, L., Tora in der Chronik. Studien zur Rezeption des Pentateuchs in den Chronikbüchern, FRLANT 274, Göttingen, 2019.

Milgrom, J., Leviticus 17–22. A New Translation with Introduction and Commentary, AncB, New York, 2000.

Nihan, C., From Priestly Torah to Pentateuch. A Study in the Composition of the Book of Leviticus, FAT 2. Reihe 25, Tübingen, 2007.

Noth, M. Das zweite Buch Mose. Exodus, ATD 5, Göttingen, 1959 (4. Aufl. 1968).

Oelsner, J., Art. Nabonid, DNP 8, Stuttgart, 2000, 660f.

Oswald, W., Israel am Gottesberg. Eine Untersuchung zur Literargeschichte der vorderen Sinaiperikope Ex 19–24 und deren historischem Hintergrund, OBO 159, Fribourg/Göttingen, 1998.

Otto, E., Deuteronomium, HThKAT, 4 Bände, Freiburg/Basel/Wien, 2012–2017.

Otto, E., Forschungen zur Priesterschrift, ThR 62, 1997, 1–50.

Otto, E., Mose und das Gesetz. Die Mosefigur als Gegenentwurf Politischer Theologie zur neuassyrischen Königsideologie im 7.Jh. v. Chr, in idem (Hg.), Mose. Ägypten und das Alte Testament, SBS 189, Stuttgart, 2000, 43–83.

Pola, T., Die ursprüngliche Priesterschrift. Beobachtungen zur Literarkritik und Traditionsgeschichte von Pg, WMANT 70, Neukirchen-Vluyn, 1995.

Pyschny, K., Verhandelte Führung. Eine Analyse von Num 16–17 im Kontext der neueren Pentateuchforschung, HBS 88, Freiburg, 2017.

Römer, T., Provisorische Überlegungen zur Entstehung von Exodus 18–24, in R. Achenbach und M. Arneth (Hg.), „Gerechtigkeit zu üben" (Gen 18,19). Studien zur altorientalischen und biblischen Rechtsgeschichte, zur Religionsgeschichte Israels und zur Religionssoziologie, FS E. Otto zum 65. Geburtstag, BZAR 13, Wiesbaden, 2009, 128–154.

Schaudig, H.-P., Die Inschriften Nabonids von Babylon und Kyros' des Großen, samt den in ihrem Umfeld entstandenen Tendenzschriften, AOAT 256, Münster, 2001.

Zenger, E., Die Sinaitheophanie. Untersuchungen zum jahwistischen und elohistischen Geschichtswerk, Forschungen zur Bibel 3, Würzburg, 1971.

Zgoll, A., Königslauf und Götterrat. Struktur und Deutung des babylonischen Neujahrsfestes, in E. Blum und R. Lux (Hg.), Festtraditionen in Israel und im Alten Orient, VWGTh 28, Gütersloh, 2006, 11–80.

Loyalty, Cooperation, and Integrity in the Deuteronomic Code

Bruce Wells

The scholarly debate over how to understand the nature of the so-called Deuteronomic Code or D (Deut 12–26) is ongoing.[1] What are the ideals and values that it promotes? How similar and how different are its stipulations when compared with those from surrounding societies? What is the political vision that it sets forth? These are some of the questions that motivate this paper, although it does not presume to answer any of them in full. Instead, its more modest aim is to look at several ideals or aspirations that D presents and consider how they might have functioned within an operative ancient Near Eastern legal system. I am delighted to be able to offer this contribution in honor of Wolfgang Oswald, and so I begin the first part of the paper below with a brief overview of Oswald's understanding of D, in order to establish a conceptual framework for some of my later comments. I then turn to specific ideals highlighted in particular provisions in D and, in each case, bring relevant evidence from the legal and political world of Mesopotamia to bear on the discussion. What I hope to show is that examining D's ideals against the background of the practice of law helps to provide additional insight into their nature and intent.

1 Oswald's Analysis of D

Wolfgang Oswald finds the political structure that D envisions to be much more in line with the typical early Greek *polis* than with the standard ancient Near Eastern kingdom. First, Oswald sees most of the laws concerning officials in Deut 16:18–18:22 as relying on the oversight and collaboration of the class of citizens whom he calls *Vollbürger*.

> Das Ämtergesetz […] und die griechischen Verfassungsmodelle verbindet die Vorstellung des freien Vollbürgers als Rechtssubjekt […]. Angesprochen sind die Vollbürger, die vom Volk unterschieden sind, und aus deren Reihen werden hier [in Deut 16:18] wie dort die Richter bestimmt. Die Vollbürger treten zu solchen Anlässen in der Versammlung (griech. *Ekklesia*, hebr. *Qahal*).[2]

1 It is a great privilege to be able to contribute to this volume honoring Wolfgang Oswald. Much of his work has, very importantly, called our attention to influences from the wider Mediterranean region that are often overlooked in biblical scholarship. Given how astute a critic he has been and continues to be of current scholarship, I venture to hope that he might not bring his incisive analysis to bear too closely on what I have written here.

2 Oswald, Staatstheorie, 108.

Not only will the men who will serve as judges be chosen from the *Vollbürger*, but the king is also supposed to be drawn from their ranks (Deut 17:14–15). As in the Greek *polis*, these citizens are the pivotal component in the administrative structure that D seeks to create.[3]

Second, the role of the king, according to Oswald, is drastically different from that of ancient Near Eastern monarchs and tends toward the Greek model.

> Anders als sonst im Alten Orient und auch in Israel ist der König keine Selbstverständlichkeit, hinzu kommt, dass der König hier wie in den griechischen Entwürfen in seiner Amtsführung beschränkt ist. [4]

In addition to making a monarch optional, D states that any king who is appointed should be subject to priestly authority and allows him no role whatsoever in judicial decision-making. Furthermore, Oswald maintains that putting the law into writing is itself an anti-monarchic act.[5] The law codes of Mesopotamia, for Oswald, do not constitute legislation per se, in part, because the law was embodied by the king and could not be encapsulated in any particular text.[6] The kind of written law we find in D, in contrast, removes law from the aegis of royal authority and, says Oswald, could have been created only in an environment where the monarchy was severely weakened or non-existent.[7]

Oswald sees much of the Deuteronomic Code as part of a narrative complex that he calls the *Landnahme-Erzählung*.[8] He dates the composition of this complex to the post-monarchic era and maintains that the group behind the *Landnahme-Erzählung* comes from the territory of Benjamin.

> Diese Gruppe ist auf Grund der regionalpolitischen Orientierung der Landnahme-Erzählung in Benjamin zu suchen. Nun war Benjamin während der Exilzeit sowohl das politische als auch das wirtschaftliche Zentrum der gesamten Region und hatte diese Funktion von Jerusalem und Juda übernommen, die weitgehend darniederlagen.[9]

The narrative, according to Oswald, has an essentially anti-Judean orientation, given how little it seems to ground its ideas of governance on how David and his successors in Jerusalem operated. It is, instead, the laws of the Deuteronomic Code that were intended to guide the creation of a governing structure for this fledgling polity in Benjamin. As Oswald sees it, the provisions help to establish general social order and, especially,

---

3 On this point, see the comments of Hagedorn, Between Moses and Plato, 169–171.

4 Oswald, Staatstheorie, 108.

5 Oswald, Gesetz, 103. He quotes Assmann, Herrschaft, 181: "Dieses Projekt der Rechtsverschriftung ist im gleichen Sinne wie die Rechtsinschriften der archaischen griechischen, kretischen und unteritalischen *poleis* zu sehen, nämlich als bewußte Kontraposition zum orientalischen Königtum, dessen legislativer und judikativer Anspruch und Auftrag durch die Schrift ersetzt wird."

6 Oswald, Gesetz, 77–79.

7 Oswald, Gesetz, 104.

8 Oswald, Staatstheorie, 102–110.

9 Oswald, Staatstheorie, 120.

strategies for supporting a cult center, which would have been crucial for the morale and cohesion of the society that formed there in the aftermath of the Babylonian incursions.[10]

But Oswald does not place all of the Deuteronomic Code into the *Landnahme-Erzählung*. Certain parts, he says, were added later through a Deuteronomistic (Dtr) revision of this narrative complex – passages such as Deuteronomy 13, 17:2–7, 18:16–22, and 23:2–9.[11] They present a somewhat different political program for their community by orienting society around its leading institutions: the elders, the judges, and the Levites.[12] They also seek to create a tight-knit community whose members are bound together by oath, by obedience to the law, and by a covenant with their god.[13] If I understand Oswald correctly, it is the *Landnahme-Erzählung*'s laws that can be correlated most closely with how early Greek polities were structured. It is less clear to what degree Oswald believes that the provisions incorporated by the Dtr revision drew on Greek models, though I expect that he would still emphasize connections to Greece since, for him, the Dtr laws still undermine kingship and thus run counter to the ancient Near Eastern pattern. My reading of those texts that Oswald associates with the Dtr perspective, however, finds them to exhibit characteristics that can be associated with ancient Near Eastern, specifically Mesopotamian, traditions.

In what follows, I examine D as it currently stands, without attempting to distinguish between layers of redaction. I look at three ideals in D that address, respectively, the political, economic, and judicial spheres of governance and that call for loyalty, cooperation, and integrity. They correspond to similar principles reflected in Near Eastern legal documents of practice (e. g., trial records, letters, contracts). These records show that, although Near Eastern administrative systems aspired to these ideals, the latter were difficult to achieve. Nevertheless, they served to guide and direct the practice of law and politics, even while the messiness of real life intervened to prevent their full realization. The evidence suggests, as well, that provisions in D with clear features of Near Eastern legal and political customs may fit better with the Dtr revision than with the *Landnahme-Erzählung*. Taken together, the laws of the revision have greater legal sophistication and create a more well-rounded structure of governance.

2 Exclusive Loyalty – Deuteronomy 13:1–19

The demand for exclusive loyalty represents a political ideal. The text of Deut 13 presents the kind of commitment to loyalty that one finds in treaties and loyalty oaths from Mesopotamia and elsewhere in the ancient Near East. Several well-known similarities stand out, for example, between Esarhaddon's Succession Treaty (EST; SAA 2 6) and

10 He refers to the first part of D, 12:1–16:17 (minus a few sections that were added later), as mainly forming an "Abgabenordnung," the purpose of which was to provide for the "wirtschaftliche[] Absicherung des Heiligtums" (Oswald, Staatstheorie, 104).

11 Oswald, Staatstheorie, 110.

12 Oswald, Staatstheorie, 131.

13 Oswald, Staatstheorie, 131. Oswald believes that the Deuteronomistic vision still has little use for an "ausgeprägte Exekutive" and that this is "sicher Ausdruck der substaatlichen Existenz Judas im frühpersischen Zeitalter."

this biblical text.[14] First, there is the demand for the addressee's full allegiance – to the king and his successor in EST and to Yhwh in Deuteronomy. The requirement for the addressees of EST to be entirely loyal to Assurbanipal is put like this: "if [...] your heart is not wholly with him (may you be cursed)."[15] The biblical text employs similar language when it speaks of "loving Yhwh your god with all your heart and all your soul" (Deut 13:4). In short, the addressees of EST may follow no other king, and those of D may worship no other god.[16]

Second, one finds a general requirement to report anyone who stands in opposition to the loyalty being commanded. The first provision in Deut 13:2–6 highlights potential treason or apostasy on the part of a prophet or an oneiromancer. EST also warns against treason being incited by diviners: "a prophet (*raggimu*), an ecstatic (*maḫḫû*), a diviner (*šā'ili amāt ili*)."[17] Both texts go on to mention close relatives as potential sources of disloyalty. In Deut 13:7–12, the warning is against "your brother, the son of your mother, or your son or your daughter or the wife of your lap or your friend who is like your own soul" (v. 7). Similarly, EST inveighs against those who might say an evil word about Assurbanipal and includes the possibility that this denunciation might come from, among others, "your brothers, your sons, your daughters."[18] These three, of course, match with the first three relatives listed in the biblical text.[19] Moreover, the commands in both sources go on to insist that whatever disloyalty one learns of should not be covered up: *lō' təkasseh* in Deut 13:9 and *tupazzarāni* in EST.[20]

Third, the command to put rebels to death or, at least, to ensure their just punishment appears in Deut 13 and EST.[21] The diviners from the first law in Deut 13 are to be executed (v. 6). The relative or friend who tries to entice the addressee to commit apostasy is also to be killed, with the addressee playing a key role in the execution (v. 10). Finally, the inhabitants of the city that follows other gods are to be slain with the sword (v. 16). A similar passage appears in EST (lines 130–140): "If anyone speaks to you about

14 See, e.g., the treatments of this relationship in Otto, Treueid und Gesetz; and Levinson, Esarhaddon's Succession Treaty. In the discussion that follows, I am not claiming that D's authors borrowed directly from EST. I would argue, however, that some of the ideas and traditions on which EST's scribes relied also informed D. See the discussion in Quick, Deuteronomy 28, 63–67, where she maintains that EST, together with other West Semitic (mostly Aramaic) evidence, can be used to reconstruct "the traditions behind and therefore the cultural context of Deuteronomy's authors" (p. 67).

15 Unless otherwise noted, all translations are my own. For EST, I follow the edition of Parpola and Watanabe, Neo-Assyrian Treaties (= SAA 2), 28–58. The Akkadian for this particular clause is *šumma ... libbakunu issišu lā gammurūni* (SAA 2 6: 152).

16 "You shall not set another king or another lord over you" (*šarra šanûmma bēla šanûmma ina muḫḫikunu lā tašakkanā*; SAA 2 6: 301).

17 SAA 2 6: 116–117.

18 SAA 2 6: 115–116.

19 See the discussion of this similarity in Otto, Das Deuteronomium, 57–59.

20 On this point, see Levinson, Recovering. The negative is missing in EST because the text, at this point, is in the form of an oath. The "if" (*šumma*) from line 108 governs this verb in line 119 such that a literal translation would be: "if (evil things) ... you conceal, (may you be cursed)."

21 Otto, Das Deuteronomium, 59–61.

revolt..., and you do not seize the rebels and do not bring them before Assurbanipal, (may you be cursed).... If you are able to seize and kill them, and you do not seize them and do not kill them, (may you be cursed)." Thus, in both texts, the addressees have an obligation to see that the traitors are identified and ultimately killed.[22]

The Neo-Assyrian period provides us not only with documentation containing admonitions of loyalty and commands to report disloyalty but also with records that appear to refer to actual treason or rebellion. These often arose in situations when someone wished to denounce or, at least, threatened to denounce another. What these references reveal is that the expectation to demonstrate strong loyalty to the reigning monarch was extremely intense and that denunciations, both true and false, occurred and were taken seriously. Exclusive loyalty was demanded, but it was not always easy to enforce.

Numerous Neo-Assyrian letters contain remarks about rebellion against the king, the punishment of rebels, and squabbles among officials over who is loyal and who is not.[23] In SAA 18 102, for example, an official writes to the king at the time, Esarhaddon, and avers that he himself is "a guardian and keeper of the *adê* of the king, my lord," while another man he references in the letter is "an insolent cad and a traitor."[24] One of the clearest references to the violation of a loyalty oath comes in SAA 10 316. The letter-writer there, Urad-Nanaya, refers to "the traitors (*parriṣu*) who plotted against the goodness (of the king), who declared the *adê* (loyalty oath) of the king before Aššur and the great gods with the king's servants, but who broke the *adê*" (obverse 20–25). Markham J. Geller argues that Urad-Nanaya's claim is that the ones whom he is denouncing – whom he refers to with the term *parriṣu* – are "quacks" or "fraudsters." Urad-Nanaya is Esarhaddon's chief physician and, according to Geller, is accusing other would-be physicians of having given very bad medical advice to the king and thereby violated their oath of allegiance.[25] While the term *parriṣu* can carry connotations different from that of "traitor," other allegations that someone has broken faith with the king also make use of the term.[26]

Often, descriptions of denunciations employ the expression *karṣa alāku*, which is fairly standard for marking an allegation of disloyalty,[27] and officials so denounced often have to defend themselves to the king. One official, Bēl-ibni, writes separate letters to the king and the king's "chief eunuch" in what seems like a desperate effort to explain

---

22 Ashurbanipal claims to have indeed destroyed rebellious cities: "As for Sais, Mendes and Tanis, which revolted and conspired with Taharqa, I conquered those cities. I slew the people living there with the sword. I impaled their corpses on stakes." See the edition of this inscription in RINAP 5/1, no. 3, i 91–ii 1 (also in no. 4, i 76–81).

23 See, in general, the section entitled "Denunciations" in SAA 16 (= Luukko and Van Buylaere, Political Correspondence). See also Luukko, Anonymous Neo-Assyrian Denunciations.

24 Translation from Radner, Neo-Assyrian Treaties, 319; see the discussion there as well. See also SAA 18 181, where the letter-writer declares, "I, myself, have not committed a crime against the king, my lord" (line 9).

25 Geller, Ancient Babylonian Medicine, 79–80.

26 See, e.g., SAA 16 43.

27 See the entries in CAD A 255 (s.v. alāku 7d). See also SAA 8 567.

his innocence in the face of multiple accusations of disloyalty against him.[28] Some who protest their innocence use language reminiscent of that found in vassal treaties and loyalty oaths. In SAA 10 286, for instance, the writer declares – swears, in fact – that he does not "conceal [anything] I hear and see [from] the king." This is precisely what those who have taken a loyalty oath have sworn not to do, and the letter is clearly an attempt to assure the king that the writer has not violated his oath. Those whom the king deemed to be guilty of rebellion could certainly be put to death, although some actions that counted as signs of disloyalty could be judged to have a lower level of seriousness and be met with a punishment other than death.[29]

One of the most interesting texts that we have concerning allegations of disloyalty to the king comes in YBC 11382.[30] The document is a letter sent to the Assyrian king from Nabû-ušallim, who feels compelled to defend his innocence to the king because others have been falsely denouncing him. The letter claims that the actual conspiracy against the king was being conducted by the mayor of the town of Assur and a certain Sasî, known from other texts to be involved in an attempted revolt.[31] It relates that 120 soldiers have taken a loyalty oath (*adê*) to Assur's mayor, a clear violation of any oath that had been taken to the Assyrian monarch.[32] According to Nabû-ušallim, some of those involved in the plot had even tried to convince him to join the conspiracy. They came to him and said, "Come, swear with us" (line 37). Nabû-ušallim goes on to say that, if the king will send him some assistance, he will round up these soldiers and deliver them to the king for judgment. All of this – the effort to entice Nabû-ušallim to offer his loyalty to someone other than the "true" king and his determination to bring the conspirators to justice – is reminiscent of what Deut 13 envisions. In fact, each of the biblical scenarios have their respective antagonists beginning their attempt to persuade others with a modal form of *hālak* (*nēləkâ*) in much the same way as this letter opens the rebels' statement to Nabû-ušallim with an imperative form of *alāku*.

We have similar evidence from the Neo-Babylonian and early Persian periods. During this time, it seems that officials serving the king in Babylon and those in local administrations outside the capital had to swear an oath of loyalty to the reigning monarch.[33] We know of one instance where an official was convicted of treason and sentenced to death by Nebuchadnezzar II himself. The text states: "he did not keep the loyalty oath of the king, his lord."[34] Other records from this period relate to situations where a denunciation might be necessary in case persons known to have sworn a loyalty oath should not fulfill their duties to the king and his administration. One letter is addressed to Nebuchadnezzar II and tells how it was proven that a particular official had

28 SAA 17 52 and 53.

29 See SAA 10 96, where the punishment is flogging.

30 Published and discussed in Frahm, Hochverrat.

31 Frahm, Hochverrat, 111.

32 These soldiers appear to be elite troops, since they are designated as *ṣābū nasqūte* (line 35).

33 Jursa, Neo-Babylonian Empire, 130–131; and Jursa, State, 53.

34 *AfO* 17 2, line 5 (*adê šarri bēlīšu lā iṣṣur*). For a full edition, see Weidner, Hochverrat; for a partial edition, see Holtz, Neo-Babylonian Court Procedure, 262.

indeed sworn allegiance to the king, although the context is broken and it is unclear why it was important to establish this fact.[35] In another missive, an official pressures the two recipients of the letter to bring another man to justice who has spoken ill of the king, and he grounds his demand in their oath of loyalty.[36] A third letter reveals one temple official scolding another for not having sent the workers that he needs: "For fear of the king and (your) *adê*-oath to him, muster the farmers and send them ... Otherwise the king will hear about it."[37] Finally, a text from the Eanna temple in Uruk states that a group of temple craftsmen will be found guilty of having violated their oath to the king should they disobey the Eanna administrative authorities by working for a temple other than the Eanna.[38] In addition, these craftsmen will be guilty in the same way if they know of anyone violating the administration's order and do not report it.[39]

The requirement to denounce those who act in a disloyal manner cuts across the Neo-Assyrian and Neo-Babylonian evidence; officials were clearly under pressure to take responsibility for – or, at least, pay lip service to – the protection of the kingdom against sedition. This pressure is more than evident in Deut 13 as well. Alongside the similarities between Deut 13 and the Mesopotamian material, however, two key differences, among others, stand out. First, the object of loyalty in the biblical text is not a human ruler but the deity, Yhwh. As Bernard M. Levinson puts it, "The innovation of the biblical authors was to present that covenantal relationship in a new cultural form – as a national treaty between god and people."[40] Second, the demand for loyalty set forth in Deut 13 is part of a speech that is directed to the entire community. It is not just for high or even mid-level officials who serve in political or cultic roles. Instead, the kind of loyalty that an ancient Near Eastern society would ordinarily expect of the courtiers of the king, whose explicit duty is to be on guard against signs of sedition, is now expected of all members of the community.[41] Even so, it seems as if achieving the kind of full-fledged loyalty required would have been just as elusive for D's community as it was for the Mesopotamian administrative systems.

35 GCCI 2 395 (published in Doughterty, Archives from Erech). Line 10 reads: [*umma bē*]*l adê ša šarri bēlia attā* ("you are bound by the *adê* of the king"). See Jursa, State, 53. In another letter to Nebuchadnezzar II, BIN 1 93 (published in Keiser, Letters and Contracts), the letter-writer acknowledges that he has sworn an *adê* to the king (Kleber, Rhetorical Strategies, 222).

36 BBVOT 3 54 (published in Arnaud, Texte aus Larsa).

37 YOS 21 129 (published in Frahm and Jursa, Neo-Babylonian Letters).

38 See Wells, Temple Loyalty.

39 There may well have been a general duty to report anyone who made statements against the king, regardless of whether or not such a person had sworn a formal loyalty oath. The text of YOS 7 137 (published in Tremayne, Records from Erech) reports that several men in the custody of the Eanna temple declare that another prisoner has said evil things about the king. All the men involved are entrusted to temple guards who are to take them to Babylon and hand them over to Nabugu, the son of the current satrap, Gobryas. See the edition in Magdalene, Wunsch, and Wells, Fault, 512–514.

40 Levinson, Revisiting, 42.

41 According to Oswald, this might include only the *Vollbürger*.

3 Economic Cooperation – Deuteronomy 15:1–12

The economic ideal examined here is that of cooperation on the part of creditors with debt-cancellation decrees. The first part of Deut 15 calls for a *šəmiṭṭâ* ("release") to be enacted every seven years. The text explains the nature of the release by saying that every creditor should release what he loaned to his neighbor (v. 2). The *šəmiṭṭâ* is thus a cancellation of debts owed by private citizens to other private citizens. Scholars have naturally compared this to similar cancellations known from elsewhere in the ancient Near East.[42] The latter are usually associated with either the term *mīšaru* ("justice") or *andurāru* ("remission"). When a king issued a debt-cancellation edict, for example, he could be described as establishing *mīšaru* throughout his land. An important difference in D's version of debt-cancellation comes in its regularized nature: every seven years. One of the ideals embedded in this text is ensuring a continual cycle of remissions of debt, since the political elite cannot always be trusted to enact them when they are needed. The biblical authors are essentially saying, "If we have a regular cancellation, whether we need it or not, we can count on the fact that we will have one coming when we actually do need it." But the vagaries of reality complicate the picture. As the text of Jer 34:8–11 seems to indicate, expecting such a regularized remission may be too much to ask of a regime, whose tendency will almost always be to implement this measure only when *they* feel it is necessary.[43]

In other ancient Near Eastern societies, by way of contrast, an edict that cancelled debts could be issued by a king at any moment. It seems that kings liked to do this early on in their reigns, perhaps to curry favor with their subjects, but they also issued these edicts in times of economic duress, when the indebtedness of the general population appeared to be so high as to threaten the entire economic system and, hence, the king's very reign. It was, to put a modern spin on it, an economic stimulus package dressed up in the guise of social justice reform.[44]

The cancellation of debts envisioned in D is similar to those from elsewhere in that it prohibits creditors from collecting outstanding balances on any loans they have made and it restricts the alleviation of these debt burdens to citizens – debts can still be collected from foreigners. What appears to be unlike the documentation recording the debt-cancellation edicts from other Near Eastern societies are the admonitions that actually make up the bulk of this particular provision. The law's addressees must hearken to the voice of Yhwh and obey the commandment that Moses is giving them. Those who have the means to lend to their poorer fellows are not to "harden" their heart or close their hand and refuse to let others borrow from them (v. 7–8). The statement in v. 9 exudes more than a modicum of melodrama:

---

42 On connections between Deut 15 and Neo-Assyrian decrees, see Otto, Programme.

43 Leuchter, Manumission Laws, 642, assumes that the events recounted in Jer 34 occurred in 587 BCE.

44 For an overview of Babylonian debt-cancellation decrees, see Kraus, Königliche Verfügungen, 51–85; and Hudson, …and forgive them their debts, ix–xiv and 149–154.

> Take care lest there be an unworthy thought in your heart and you say, "The seventh year, the year of release is near," and your eye look grudgingly on your poor brother, and you give him nothing.

With this statement, the text appears to have left the domain of law and politics and entered the world of sermonizing and exhortation. It seems to be pushing for creditors simply to be kind and generous. Such an entreaty would ordinarily give the impression of being rather far removed from the business of laying down rules to which lending transactions ought to be subject. There is evidence to suggest, though, that the underhandedness and unscrupulous tendencies of the lending class actually figured as a pressing *legal* concern. If potential lenders could find a way around the requirement that they forego collecting on what they are owed, they would pursue that path with vigor. What societies across the ancient Near East wanted was for creditors to cooperate with these decrees and be willing to accept the losses they might incur as part of the measures needed to restore economic well-being. This is the ideal driving the Deuteronomic exhortation.

Trial records and contracts show that lenders tried to skirt the demands of a debt-cancellation decree in a variety of ways.[45] They were indeed stingy and averse to making risky loans. From the Old Babylonian period, we have evidence that loan contracts were often taken to court to see if they fell under the purview of a recent decree, and lenders would typically argue that they did not.[46] They tried a range of tactics. In one case, BE 6/1 103, two men loan a huge amount of barley to a third just before the Old Babylonian king Ammi-ṣaduqa issued his decree, one of the most well-preserved that still survives.[47] Immediately thereafter, they accost the borrower and demand their grain back. He says that he has loaned it to someone else and points out to them that, by the way, a *mīšaru*-edict has just been enacted by the king. The two lenders confiscate what barley they can from the borrower, who then goes to court for help. The judges take the case and indicate that the loan was indeed subject to the cancellation decree. In the end, the parties settle out of court, with each getting only part of what they originally wanted.

The Neo-Assyrian period provides us with at least three contracts in which clauses were added that sought to exempt the transaction being recorded from any future cancellation of debts that the king might choose to enact.[48] The first text, SAA 6 226, records what appears to be a rental agreement, but it is almost certainly a loan in dis-

45 At Nuzi, for example, lenders would occasionally include a clause in a debt note, indicating that the agreement had been reached following a debt-cancellation decree. They wanted to specify that the agreement was new and therefore not subject to said decree. But it is unclear whether these clauses were always added in good faith. See Zaccagnini, Debt; and Hudson, … and forgive them their debts, 167–169.

46 Finkelstein, Some New *Misharum* Material.

47 The text is published in Ranke, Babylonian Legal; see the edition in Schorr, Urkunden, 376–380. For an overview of Ammi-ṣaduqa's decree, see Kraus, Königliche Verfügungen, 168–183.

48 See the discussion of these texts in Radner, Neo-Assyrian Period, 284–286. Radner thinks that, in Assyria, "a remission of debts was not proclaimed for the whole country, but for specific cities" (p. 286).

guise. One of the tell-tale signs is the last line of the text, which says, "If a remission of debts takes place, Silim-Aššur (the creditor) shall retrieve his silver (i. e., get his loan paid back)." In this contract, Silim-Aššur "pays" 34 shekels of silver to Ḫanan for a three-hectare field. The text then says that he is allowed to have the use of the field for "four crop years and four fallow years" (lines 13–14). This statement suggests that, since Silim-Aššur will be using the field for a limited amount of time, he is renting the field from Ḫanan. In fact, the editors of the text entitled it, "Silim-Aššur Rents an Estate."[49] But the very next statement calls this conclusion into question: "He (Silim-Aššur) will complete his cultivation; then he (Ḫanan) will set the principal of the silver on the grain heap and will release his field" (lines 15–17). A rental agreement would not require the owner of the property being rented to return the silver that was paid for the privilege of renting the property. What the text describes is a loan, with the field functioning as a possessory pledge,[50] but it seems that the lender has had it drawn up in a way that seeks to disguise that fact, at least in part. One cannot help but suspect that Silim-Aššur was hoping that the formulation of the agreement might prevent it from being included under the purview of any forthcoming debt-cancellation edict. In any event, the final line of text on the tablet confirms that Silim-Aššur was concerned about a royal edict being issued that would invalidate the agreement and cause him to lose the silver he had loaned to Ḫanan.

In CTN 2 10, a slave appears to be exchanged for one talent of copper.[51] The tablet is quite damaged, and so the context of the transaction and several of its details remain unknown. It would appear that a loan has been made and that the slave is transferred as a pledge into the household of the creditor. Toward the end of the text but before the list of witnesses, there is a statement that begins, "If the king establishes an *andurāru*, then PN, the slave," and the rest is broken. One can infer that the contract sought to preclude any cancellation of the debt and the resulting return of the slave – the pledge that was used as security for the loan. Once again, the creditor was seeking proactively to protect the right to recover his loan.

Finally, the text of CTN 2 248 records a contract between two temple scribes. One scribe transfers six individuals to the other in exchange for two minas of silver. Nicholas Postgate, who edited the text, speaks of this transaction as if it is a sale of six debt-slaves by the original creditor to a third party (i. e., someone other than the borrower and the original creditor).[52] The third party is the scribe who is purchasing the individuals and has paid two minas of silver in order to acquire them. The next line mentions a possible debt-remission measure: "If these people leave due to a debt-cancellation decree, PN will return the silver to its owner" (lines 13′–16′). If we follow Postgate's understanding of the text, we can reconstruct the situation as follows. The first scribe came into possession of

49 Kwasman and Parpola, Legal Transactions, 180.

50 On the nature of pledges, see Westbrook and Wells, Everyday Law, 112–116. A possessory pledge was a person or piece of property that served as security for the repayment of a debt and entered the possession of the lender at the moment when the loan was disbursed.

51 See the edition in Postgate, Governor's Palace Archive, 38–39.

52 Postgate, Governor's Palace Archive, 230–232.

the six individuals when one (or more?) of his debtors defaulted on a loan and gave him a set of debt-slaves in lieu of repaying the loan. This scribe prefers to obtain as much silver as he can for these slaves and so sells them to a fellow scribe. Ordinarily, the purchaser would assume liability for any loss that might result from the king's decision to cancel debts, but, in this case, the contract stipulates that the liability will remain with the seller (the original creditor). Should debts be cancelled, then, the individuals in question will be released from debt-slavery and return to their families, not to the first scribe who just sold them, and the second scribe will be entitled to a refund from the first. It is the third-party buyer who, in this case, is seeking to protect his investment.

The point, here, is to show that even the exhortatory part of the rule in Deuteronomy is addressing what was a substantive legal concern – namely, strategies on the part of lenders to escape the consequences of a society-wide cancellation of debts. Even though D's authors direct their comments to the possible rationale that might underlie decisions by crafty lenders to protect their resources at the expense of borrowers, the evidence from Mesopotamia shows the actions that lenders could take in order to avoid the consequences of a debt-cancellation decree. In addition to calling for a regular cancellation of debts every seven years – and, thereby, removing the ability to enact such a cancellation from the prerogatives available to the king – the law in D seeks to ensure that the usual concerns of lenders do not interrupt the flow of credit that was likely necessary to a society reliant on agriculture and small-scale farmers. While Neo-Assyrian lenders tried to anticipate cancellation edicts, D's authors know that a regular cancellation will give lenders certainty about when such an event will occur, and so they anticipate how uncooperative lenders might begin to strategize under the new conditions established by D's rule. In both situations, the lending class understands what is expected of them but will search for loopholes to exploit for the sake of avoiding or minimizing their potential losses.

4 Judicial Integrity – Deuteronomy 19:16–21

There can be little doubt that false accusations threatened the integrity of ancient Near Eastern judicial systems.[53] The ideal presented in Deut 19:16–21 is that of having an efficient method with severe consequences for dealing with those who brought false charges. The provision itself is artfully formulated and probably designed to carry a strong rhetorical effect, with talionic punishment representing the ideal penalty for the grievous wrong being addressed.[54] I wish to show that this case, too, can be connected to the practice of law in similar fashion as the provisions analyzed above. In other words, one finds the same ideal of attempting to deter false accusations in documents of practice from other Near Eastern societies. They, too, seek to protect the integrity of legal proceedings by imposing a talionic type of punishment on false witnesses. It could be difficult, however, to establish that an accuser should be designated as "false" in the sense that he or she intentionally brought fraudulent charges against another.

53 See, e.g., Petschow, Altorientalische Parallelen; and Lafont, Femmes, 237–288.
54 Otto argues for the compositional unity of this text (Das Deuteronomium, 259).

Although we have evidence concerning false accusation from several periods in Near Eastern history, the documentation from the Neo-Babylonian period proves particularly instructive. Not only do we have several cases in which accusers are judged to have brought false charges, but other documents record confessions of false accusation. The lawsuit documented in Nbn. 13 took place in Babylon in the accession year of Nabonidus.[55] A woman named Bēlilītu accuses a prominent businessman, Nabû-aḫḫē-iddin, of not having paid her for a slave that she had sold to him for thirty-five shekels of silver. She makes this claim to the royal judges ("judges of Nabonidus"), who have the defendant brought before them. Nabû-aḫḫē-iddin then produces the written document indicating that he had paid the purchase price to Bēlilītu. The judges decide the case in his favor and impose on her a fine of thirty-five shekels of silver, which are to be paid to Nabû-aḫḫē-iddin. The fact that the fine matches the exact amount that Bēlilītu was trying to extort from Nabû-aḫḫē-iddin shows that this is a punishment for false accusation. The wrongdoer receives the very same consequence that she was attempting to inflict on the one whom she was accusing. The text explicitly states that the amount of the fine was based on the amount of her claim: "they issued a decision against Bēlilītu for thirty-five shekels of silver, as much as her claim was" (½ MA.NA 5 GÍN KÙ.BABBAR *ma-la mu-qut-te-e-šú ina* UGU *ᶠbe-li-li-tu₄ ip-ru-su-ma*).

The lawsuit recorded in Cyr. 332, which took place in Sippar in Cyrus II's eighth regnal year, results in a similar finding.[56] At issue is the ownership of a male slave, who has been bought and sold multiple times over the years. The woman who seems to be his original owner, Ayyartu, initiates the suit by accusing the current owner, Iddin-Nabû, of having this slave in his possession illegally. In fact, she claims that the slave is a temple oblate. The implication is that she had dedicated the slave to a temple before selling him to a new owner. When owners made such dedications, the slave usually remained in the owner's household to care for the aging owner and, only on the latter's death, entered into temple service.[57] The court questions her, and she is unable to produce any evidence to support her claim of having dedicated the slave. In contrast, Iddin-Nabû, the defendant, provides documentation to show that he purchased the slave in good faith for 110 shekels of silver, and so the judges rule in his favor. The judgment that they impose on Ayyartu is said to be "one mina and 50 shekels of silver up to … mina[s] of silver" (1 MA.NA 50 GÍN KÙ.BABBAR *a-di* […] MA.NA KÙ.BABBAR). Thus, the fine is at least 110 shekels (one mina plus fifty), but the part that follows this amount is obscure. The text seems to be saying that the fine may run from 110 shekels "up to" (*adi*) some other

55 Published in Strassmaier, Inschriften von Nabonidus. See the edition of this text in Wells, Law of Testimony, 180–182.

56 Published in Strassmaier, Inschriften von Cyrus. See the translation of this text in Dandamaev, Slavery, 192–193. The place where the lawsuit occurred is not preserved on the tablet, but the mention of the *šangû* of Sippar in line 17 makes that city the most likely candidate.

57 If Ayyartu had so dedicated the slave, then she would not have had the right to sell him, even though that seems to be exactly what she did. On these types of dedications, with further discussion of this text, see Kleber, Neither Slave.

amount, which is listed in minas.[58] If this is correct, then we can say that the minimum penalty for Ayyartu's false charges is identical to the amount that the defendant paid for the slave – the amount that he would have lost should Ayyartu had prevailed in the case. The text even says that the fine was imposed "because (*kūm ša*) Ayyartu brought a claim against Iddin-Nabû for the free status of PN (the slave)."[59]

At least three confessions of false accusation have also survived from this period, two of which take the form of an oath. In YOS 7 18, a tablet that comes from the archive of the Eanna temple in Uruk, a man swears that he did not hear a "harsh word" (*amātu marṣatu*) uttered against the king by another man.[60] He goes on to say that, because the other man had hit him earlier, he decided to get revenge by accusing the other of blasphemy against the king. No punishment is indicated for the false accuser, but his statement is heard by the two highest temple officials and sixteen other witnesses – an unmistakable sign of the gravity of the matter. The second oath comes in TCL 13 170, in which one man says that another has been stealing goods from the temple.[61] He admits, later in the text, that he has no evidence to support his claim and, at the end, swears that the defendant did not take or steal anything at all. The man reveals that he made up the claim because the one he accused had been verbally abusing him. In the line just before the witness list, there may be a punishment given for the false accuser, but that part of the line has been damaged. The first part says, literally, "because (*kūm ša*) he spoke a no-word (*lā amāt*) …," and then the rest of the line is broken. Some scholars take this expression to indicate a false accusation and assume there may have been a penalty given in the damaged section.[62]

In Nbn. 1113, a slave goes to court and claims that he is a free citizen – essentially bringing a suit against those who were trying to keep him enslaved.[63] The case is heard by the royal judges ("judges of Nabonidus") in Babylon. Unfortunately for the plaintiff, the judges gain access to some of the documentation attesting that he had been a slave previously, and so they press him to supply evidence to support his assertion. At this

58 There appear to be four or five signs in the broken part of line 25. The first couple of signs may have been erased, although this is not entirely clear. The other traces on the tablet suggest reading the last two signs as 8^{àm}, which could mean "times 8." It is possible, then, that the fine is equal to eight times the amount that Nabû-aḫḫē-iddin stood to lose. Punitive damages of this magnitude are not entirely unknown. In Nbn. 720, two men attempt to defraud another of around 5 minas of silver and are fined 50 minas for their attempted crime. The language used there, however, is *a-di* 10-*šú* (line 30).

59 Another case involving false accusation comes in YOS 19 90 (published in Beaulieu, Legal and Administrative Texts). There, the false accuser is convicted not only of bringing false charges but also of having committed the theft of which he had accused another. It is unclear, then, which part of the punishment is for the accusation and which is for the theft. See the partial edition in Sandowicz, Neo-Babylonian Dispute Documents, 8.

60 See the edition of this text in Sandowicz, Oaths and Curses, 252–254.

61 Published in Contenau, Contrats néo-babyloniens II. See the edition of this text in Sandowicz, Oaths and Curses, 281–283.

62 Sandowicz, Oaths and Curses, 283.

63 See the translation of this text in Dandamaev, Slavery, 440–442.

point, the plaintiff admits that he had escaped from his owner and is actually not a free citizen. As in YOS 7 18, the text says nothing about a penalty for the person who lied in court. While it is certainly possible that courts may have imposed a punishment for false accusation even when individuals confessed to it, we have no clear evidence for this. In such instances, confession may have served as a mitigating factor. What remains clear is that both the litigants and the courts were cognizant that false accusation was a grievous wrong.[64]

According to Deut 19:16–21, the ideal scenario is for judges to conduct a diligent investigation and thereby determine, in clear and convincing fashion, whether or not the accuser has brought false charges. Further, inflicting a talionic punishment on the false accuser, without succumbing to any pity that might tempt one to treat the wrongdoer leniently, is right and just, and this type of punishment will "purge the evil" and deter anyone else in the community from attempting this stratagem again. What the Neo-Babylonian evidence confirms is that false accusation was an ongoing problem. Talionic punishment and even penalties that went beyond the talionic level were not enough to deter everyone who might wish to harm another through the judicial system. The task of eliminating false accusation and preserving judicial integrity posed a serious challenge.

5 Conclusion

Oswald assigns all of Deut 13 to his presumed revision of the *Landnahme-Erzählung* by the Deuteronomists. If one were to follow Oswald's understanding of the literary layers in D, then I would also assign Deut 15:1–12 and Deut 19:16–21 to this revision – the former due to its sophisticated understanding of the dynamics around debt-cancellation decrees and the latter due to its thematic and linguistic connections to Deut 17:2–7, another provision that Oswald calls a Dtr addition.[65] It may well be that several additional provisions that exhibit connections to ancient Near Eastern legal concerns should be assigned to the Dtr layer.[66] In any case, it seems evident that several of the ideals promoted in the Deuteronomic Code served as important goals in Assyria and Babylonia as well. They helped to shape the political and legal systems of those major powers in the east, despite the difficulty of their full implementation. It stands to reason that the authors of D believed that these ideals should serve the same basic purpose for their commu-

64 Sandowicz (Oaths and Curses, 228–231) holds that YOS 6 225 contains another oath of confession by two brothers who admit to false accusation. But see the interpretations of this same text in Wells, Law of Testimony, 182–184, and in Dandamaev and Wunsch, YOS 6 225; the argument there is that the brothers' oath was intended to clear them of the suspicion that they had accused another falsely.

65 Oswald, Staatstheorie, 130. Oswald's comments on the status of Deut 15:1–18 are a little ambiguous. On the one hand, Oswald remarks that the community envisioned by the *Landnahme-Erzählung* is protected through the "Schuldenerlass" and "Sklavenfreilassung" in this text (Oswald, Staatstheorie, 110). But he had previously said that the text was added later (Oswald, Staatstheorie, 104). It is unclear whether he means that it was added later by the same group that composed the *Landnahme-Erzählung* or by those responsible for the Deuteronomistic revision.

66 I have examined elsewhere, for example, several of the provisions in the so-called *Ämtergesetze* in Deut 16–18 and identified similar connections between the ideals set forth in this section of D and the practice of law in the Neo-Babylonian period; see Wells, Political.

nity. They were meant to be principles for governing social behavior and interactions, even if the reality of everyday life conspired to keep them confined to the realm of the aspirational.[67]

When considering the Deuteronomic Code as a whole, Oswald places all of it, regardless of literary layer, into the post-monarchic period, and he takes exception to those scholars who say that the kind of administrative constitution advocated by D would have been inconceivable in that period. In Oswald's view, these scholars have conflated the notions of monarchy and state. The authors of D are not calling for a monarchy, which probably would have been impossible to reconstruct at that time, but for a state with certain of the basic institutions thereof. The area became a Babylonian province, but it probably had a fair degree of autonomy since the Babylonians do not seem to have installed their own direct form of governance there. As Oswald sees it, D attempts to fill the vacuum with a bureaucratic state that entails depersonalization, stabilization, and centralization of more areas (e. g., judicial authority) than just the cult.[68]

I agree with Oswald's assessment that D envisions a more bureaucratic and less patrimonial type of administrative system, and I hope to bolster this argument in future publications. I am not convinced, however, by his later dating of D. His perspective is understandable in light of how the provisions in D undermine royal authority and agency in a variety of ways.[69] In addition to what has been said here already, the care of the widow, orphan, and others lacking means, which is usually considered a royal obligation, becomes the responsibility of the citizenry. But do these features necessarily preclude an earlier dating for D? I am still sympathetic to a Josianic dating for much of D and to the possibility that the text was composed, in part, to have the monarch appear to occupy a much more restricted position than he may have in reality.[70] I do not claim to be able to prove this, given that the evidence is only circumstantial and suggestive rather than conclusive. In the end, the Deuteronomic Code may reflect some ideas that reach their fullest expression in Greece to the west, but it retains numerous traditions that connect it to the practice of law in the ancient Near East.

Bibliography

Arnaud, D., Texte aus Larsa: Die epigraphischen Funde der 1. Kampagne in Senkereh-Larsa 1933, BBVOT 3, Berlin, 1994.

Assmann, J., Herrschaft und Heil: Politische Theologie in Altägypten, Israel und Europa, Munich, 2000.

Beaulieu, P.-A., Legal and Administrative Texts from the Reign of Nabonidus, YOS 19, New Haven, 2000.

67 On the tension between the practicability of the law in D and its idealistic nature, see Hagedorn, Between Moses and Plato, 283–284.

68 Oswald, Gesetz, 101.

69 See, e. g., the analysis in Levinson, Reconceptualization.

70 On a Josianic dating, see the extensive literature cited in Leuchter, Manumission Laws, 635 n. 1; and Wells, Competing, 86–91, esp. 90 n. 72.

Contenau, G., Contrats néo-babyloniens II: Achémén et Séleucides, TCL 13, Paris, 1929.
Dandamaev, M.A., Slavery in Babylonia: From Nabopolassar to Alexander the Great (626–331 BC), trans. V. Powell, Dekalb, 1984.
Dandamaev, M.A., and C. Wunsch, YOS 6 225: A Dispute about a Sesame Delivery, in Luděk Vacín (ed.), U_4 DU_{11}-GA-NI SÁ MU-NI-IB-DU_{11}: Ancient Near Eastern Studies in Memory of Blahoslav Hruška, Dresden, 2011.
Dietrich, M., The Babylonian Correspondence of Sargon and Sennacherib, SAA 17, Helsinki, 2003.
Dougherty, R.P., Archives from Erech: Neo-Babylonian and Persian Periods, GCCI 2, New Haven, 1933.
Finkelstein, J.J., Some New *Misharum* Material and Its Implications, in H. G. Güterbock and T. Jacobsen (ed.), Studies in Honor of Benno Landsberger on His Seventy-fifth Birthday, April 21, 1965, AS 16, Chicago, 1965, 233–246.
Frahm, E., Hochverrat in Assur, in S. M. Maul and N P. Heeßel (ed.), Assur-Forschungen: Arbeiten aus der Forschungsstelle 'Edition literarischer Keilschrifttexte aus Assur' der Heidelberger Akademie der Wissenschaften, Wiesbaden, 2010, 89–137.
Frahm, E., and M. Jursa. *Neo-Babylonian Letters and Contracts from the Eanna Archive*, YOS 21, New Haven, 2011.
Geller, M. J., Ancient Babylonian Medicine: Theory and Practice, Oxford, 2010.
Hagedorn, A. C., Between Moses and Plato: Individual and Society in Deuteronomy and Ancient Greek Law, FRLANT 204, Göttingen, 2004.
Holtz, S.E., Neo-Babylonian Court Procedure, Leiden, 2009.
Hudson, M., …and forgive them their debts: Lending, Foreclosure and Redemption from Bronze Age Finance to the Jubilee Year, Dresden, 2018.
Hunger, H., Astrological Reports to Assyrian Kings, SAA 8, Helsinki, 1992.
Jursa, M., The Neo-Babylonian Empire, in M. Gehler and R. Rollinger (ed.), Imperien und Reiche in der Weltgeschichte: Epochenübergreifende und globalhistorische Vergleiche, Wiesbaden, 2014, 121–148.
Jursa, M., The State and Its Subjects under the Neo-Babylonian Empire, in R. de Boer and J.G. Dercksen (ed.), Private and State in the Ancient Near East: Proceedings of the 58th Rencontre Assyriologique Internationale at Leiden, 16–20 July 2012, Winona Lake, 2017, 43–67.
Kleber, K., Neither Slave nor Truly Free: The Status of The Dependents of Babylonian Temple Households, in L. Culbertson (ed.), Slaves and Households in the Ancient Near East, Chicago, 2011, 101–111.
Kleber, K., Rhetorical Strategies in Letters of Babylonian Officials, ZAR 18, 2012, 221–237.
Kraus, F.R., Königliche Verfügungen in Altbabylonischer Zeit, Leiden, 1984.
Kwasman, T., and S. Parpola, Legal Transactions of the Royal Court of Nineveh, Part I: Tiglath-Pileser III through Esarhaddon, SAA 6, Helsinki, 1991.
Lafont, S., Femmes, Droit et Justice dans l'Antiquité orientale: Contribution à l'étude du droit pénal au Proche-Orient ancien, OBO 165, Göttingen, 1999.
Leuchter, M., The Manumission Laws in Leviticus and Deuteronomy: The Jeremiah Connection, JBL 127, 2008, 635–653.
Levinson, B.M., Esarhaddon's Succession Treaty as the Source for the Canon Formula in Deuteronomy 13:1, JAOS 130, 2010, 337–347.
Levinson, B.M., The Reconceptualization of Kingship in Deuteronomy and the Deuteronomistic History's Transformation of Torah, VT 51, 2001, 511–534.

Levinson, B. M., Recovering the Lost Original Meaning of ולא תכסה עליו (Deuteronomy 13:9), JBL 115, 1996, 601–620.

Levinson, B. M., Revisiting the "and" in Law and Covenant in the Hebrew Bible: What the Evidence from Tell Tayinat Suggests about the Relationship between Law and Religion in the ancient Near East, Maarav 24, 2020, 27–43.

Luukko, M., Anonymous Neo-Assyrian Denunciations in a Wider Context, in S. Yamada (ed.), Neo-Assyrian Sources in Context: Thematic Studies of Texts, History and Culture, SAAS 28, Helsinki, 2018, 163–184.

Luukko, M., and G. Van Buylaere, The Political Correspondence of Esarhaddon, SAAS 16, Helsinki, 2002.

Magdalene, F. R., C. Wunsch, and B. Wells, Fault, Responsibility, and Administrative Law in Late Babylonian Legal Texts, MC 23, University Park, 2019.

Novotny, J., and J. Jeffers, (ed.), The Royal Inscriptions of Ashurbanipal (668–631 BC), Aššur-etel-ilāni (630–627 BC), and Sîn-šarra-iškun (626–612 BC), Kings of Assyria, RINAP 5/1, University Park, 2018.

Oswald, W., Das Gesetz, das Volk und der König: Zum gesellschaftlichen Status und zur Funktion der Gesetze im Pentateuch, WdO 44, 2014, 76–108.

Oswald, W., Staatstheorie im Alten Israel: Der politische Diskurs im Pentateuch und in den Geschichtsbüchern des Alten Testaments, Stuttgart, 2009.

Otto, E., Das Deuteronomium: Politische Theologie und Rechtsreform in Juda und Assyrien, BZAW 284, Berlin, 1999.

Otto, E., Programme der sozialen Gerechtigkeit: Die neuassyrische *(an-)durāru*-Institution sozialen Ausgleichs und das deuteronomische Erlaßjahr in Dtn 15*, ZAR 3, 1997, 26–63.

Otto, E., Treueid und Gesetz: Die Ursprünge des Deuteronomiums im Horizont neuassyrischen Vertragsrechts, ZAR 2, 1996, 1–52.

Parpola, S., Letters from Assyrian and Babylonian Scholars, SAA 10, Helsinki, 1993.

Parpola, S., and K. Watanabe, Neo-Assyrian Treaties and Loyalty Oaths, SAA 2, Helsinki, 1988 (repr. Winona Lake, 2014).

Petschow, H., Altorientalische Parallelen zur spätrömischen Calumnia, ZSS 90, 1973, 14–35.

Postgate, J. N., The Governor's Palace Archive, CTN 2, London, 1973.

Quick, L., Deuteronomy 28 and the Aramaic Curse Tradition, Oxford, 2018.

Radner, K., The Neo-Assyrian Period, in R. Westbrook (ed.), Security for Debt in Ancient Near Eastern Law, Leiden, 2001, 265–288.

Radner, K., Neo-Assyrian Treaties as a Source for the Historian: Bonds of Friendship, the Vigilant Subject and the Vengeful King's Treaty, in G. B. Lanfranchi, R. Mattila, and R. Rollinger (ed.), Writing Neo-Assyrian History: Sources, Problems, and Approaches, SAAS 29, Helsinki, 2019, 309–328.

Ranke, H., Babylonian Legal and Business Documents from the Time of the First Dynasty of Babylon, BE 6/1, Philadelphia, 1906.

Reynolds, F., The Babylonian Correspondence of Esarhaddon and Letters to Assurbanipal and Sin-šarru-iškun from Northern and Central Babylonia, SAA 18, Helsinki, 2003.

Sandowicz, M., Neo-Babylonian Dispute Documents in the British Museum, dubsar 11, Münster, 2019.

Sandowicz, M., Oaths and Curses: A Study in Neo- and Late Babylonian Legal Formulary, AOAT 398, Münster, 2012.

Schorr, M., Urkunden des altbabylonischen Zivil- und Prozessrechts, Leipzig, 1913.

Strassmaier, J. N., Inschriften von Cyrus, König von Babylon (538–529 v. Chr.), Babylonische Texte 7, Leipzig, 1890.

Strassmaier, J. N., Inschriften von Nabonidus, König von Babylon (555–538 v. Chr.), Babylonische Texte 1–4, Leipzig, 1889.

Tremayne, A., Records from Erech: Time of Cyrus and Cambyses (538–521 B.C.), YOS 7, New Haven, 1925.

Weidner, E., Hochverrat gegen Nebukadnezar II: Ein Grosswürdenträger vor dem Königsgericht, AfO 17, 1954–1956, 1–9.

Wells, B., Competing or Complementary? Judges and Elders in Biblical and Neo-Babylonian Law, ZAR 16, 2010, 73–100.

Wells, B., The Law of Testimony in the Pentateuchal Codes, BZAR 4, Wiesbaden, 2004.

Wells, B., Political and Administrative Ideals in Deuteronomy and Sixth-Century Babylonia, in B. T. Arnold and H. Samuel (ed.), *The Politics of Deuteronomy*, Tübingen, forthcoming.

Wells, B., Temple Loyalty and the Loyalty Oath in the Neo-Babylonian and Persian Periods, Maarav 24, 2020, 137–170.

Westbrook, R., and B. Wells, Everyday Law in Biblical Israel: An Introduction, Louisville, 2009.

Zaccagnini, C., Debt and Debt Remission at Nuzi, in M. Hudson and M. Van De Mieroop (ed.), Debt and Economic Renewal in the Ancient Near East, Bethesda, 2002, 175–196.

Feuding in Israel and Athens: Draco's Law and Deuteronomy

Klaus-Peter Adam

How does a comparative reading of biblical law enhance its understanding? Wolfgang Oswald's reading of Deuteronomy as constitutional law and as programmatic writing in Achaemenid Yehud offers a thought-provoking example. Rather than for an ideal-typical religious community, the very embedding of biblical law in the Exodus story with their notion of freely adopted rules of former slaves, hints at the law's relevance for a citizenship community of free men, that is, in the public, rather than in the religious ambit. The contextualization of biblical legislation in the Exodus-Mountain of God narrative portrays as a key historical moment Israel's reception of the law in a remarkable analogy to procedures known from adopting law by citizens of the Greek polis: After a presentation of the law (Exod 21,1; Deut 4,44; 11,32), follow the adoption and the installment by the people (Exod 24,3.7; Deut 26,16–19).[1] Oswald's placing of Deuteronomy in closeness to Mediterranean legal concepts of city states grounded in a citizen-concept rather than in an analogy to "Ancient Near Eastern" constitutions rooted in kingship ideology confirms the underlying understanding of biblical law. He reads Deuteronomy as much related to the citizenship-paradigm as he does for the pre-priestly composition of the book of Exodus,[2] pointing namely to analogies between biblical law and polis-legislation. With this, Oswald offers a productive vantage point of considering biblical law broadly in its relation to Mediterranean law. If both systems of law correspond to each other regarding their adoption by the collective and, since the adoption of law by the citizens implied its public relevance in some way, do biblical and Mediterranean law refer to a similarly conceived public square of the polity that adopted them? While a comprehensive juxtaposition of individual biblical and Mediterranean laws would be compelling, this contribution has a more modest goal. It compares the underlying concept of the public square in a highly selective area, namely that of laws on conflict settlement in the Covenant Code, in Deuteronomy and in Mediterranean law.

1 Oswald, Konzeptionen, 59f.

2 See Oswald, Democracy, 124 and recently Oswald, Konzeptionen, 84–87. He builds on and discusses earlier impulses by R. Albertz, F. Crüsemann and McBride, Polity, 232 who interpret "this Torah" as a *politeia,* i.e., as an Israelite polity; See also Levinson, Reconceptualization, 511–534, who interprets Deuteronomy as an "utopian legal program for cultural renewal"; Berman, Created Equal, 51–80.

1 Private Enmity as Legal Status in Feuding Societies: A Fresh Look at Conflict Settlement in Biblical Law

How do laws in the Covenant Code and in Deuteronomy envision the interaction between two opponents in a private conflict and how may this illustrate the relevance of biblical law in the public arena of the polity? Following Oswald's tentative alignment of biblical law with Mediterranean citizen law, my considerations about conflict settlement take Athenian law as their starting point. About three decades ago, classicists began to analyze conflict settlement in Athens through a legal anthropological lens which led to a refined understanding of the nature of conflicts between citizens. They came to define the specific public nature of the relationship between two private opponents as it is extant in their conflict settlement. Consider a typical assault case. The functionalist view of legal anthropology would ascertain typical structures of a kinship-based society in democratic Athens with a feuding pattern as a typical form of conflict settlement between enemies on the local level.[3] This result of the comparative reading of Athenian law through a legal anthropological lens was surprising. Studies in archaic and classical law, especially on fatal assault cases[4] indeed suggest that contrary to the expectance, trial procedure does not so much follow the "rule of law." Rather, feuding principles, themselves highly rule-bound, are operative. In comparison, for biblical law, an analogous determination is not far to seek with the prominent *talio* providing a typical feuding principle.[5] In feuding societies procedurally simple assault cases would naturally foremost grant the authority of reciprocal acting to the individuals involved. In cases of fatal assault, the need to include the victim's kin, and thus a public notion of the conflict, is readily visible. For heuristic reasons thus, homicide law as a case of fatal assault presents itself as instructive for a comparative reading[6] of Athenian and of biblical law from a perspective of legal anthropology. Homicide cases require a careful evaluation of the nature of the engagement of two opponents.

Naturally, feuding finds an expression in the respective literary forms and in 5th/4th century Athens. In Athens an entire corpus of forensic oratory presents itself as an essential source to reconstruct the legal status of enmity in a feuding society. These defense speeches are part of the conflict settlement between two opponents and as such they illustrate the nature of the "status of private enmity", as a legal construct that both

3 The background of this discovery may partly be rooted in the predominant reflection on tribal, acephalous, kinship-based societies. See from the many studies on conflict settlement: Otterbein and Otterbein, An Eye for An Eye; Roberts, Dispute; Peletz, Kinship Studies. Beyond typical tribal societies, results of legal anthropology about feuding patterns have been applied to an increasingly wider range of civilizations and some of these feuding patterns have been affirmed even in societies that at first glance would not appear to be kinship-based. See for instance Wormald, Bloodfeud.

4 See Cohen, Law, 35 on the understanding of "the rule of law" and ibid., 87 on the use of feuding patterns in litigation. See on the assumptions for biblical Israel and Judah below.

5 Consider Exod 21,23–25; Lev 24,19f.

6 To Oswald, this simplified distinction serves as a heuristic tool; cf. similar evaluations of biblical law as closely related to Athenian law, for instance Rüterswörden, Gemeinschaft, 95f.; Otto, Recht der Hebräischen Bibel, 406; Stahl, Gesellschaft, 51.

litigants and judges acknowledged.[7] The court speeches open a direct window into the dynamics between opponents. The orations offer the reader a biased narrative of the case entirely from the defendant's viewpoint and thus a possibility to define the nature of the conflict between the opponents from this perspective and they thus have been instrumental for the reconstruction of Athenian law.[8] Old Testament sources of law focus mostly on law collections and narratives that require different modes of analysis when reconstructing the status of private enmity.[9] The analysis of Attic forensic speeches may thus help to read the biblical sources differently and to more straightforwardly identify the framework of dispute settlement as a constellation of two participants entering into the status of active feud. Consider Lysias I: When the cuckolded husband Euphiletos stabbed down his wife's lover in what he claims to be an act of self-defense, he was accused by the victim's relatives of having plotted against his enemy over a long time span. As a consequence, it is critical that Euphiletos now demonstrates that he instead slew his opponent entirely in the heat of the moment without premeditation of this move. Lysias thus argues Euphiletos had acted spontaneously, entirely out of self-defense, hammering home the notion that stabbing down Eratosthenes had not been the result of a premeditated long-term revenge plot, but instead the honorable spur-of-the-moment self-defense of a cuckolded husband. Lysias lists all the mechanisms of the dispute relationship one may have expected if both opponents would instead have been long-term enemies, pointing out that none of them applied:

> Ask yourselves if there had ever been any enmity between Eratosthenes and myself except for this. You will not find any. He had not maliciously brought a public prosecution against me, he had not tried to expel me from the city, he had not brought a private prosecution and he did not know of any offense of mine that I would kill him for, out of fear that it would become public knowledge. And if I had succeeded, I had no hope of receiving any money (some people do admittedly plot the death of others for this purpose). So far from there being any

7 Cf. Phillips, Avengers, 15–29 with further bibliography. Given the inherent bias, reconstructing legal procedure requires careful hermeneutical reflection. At the same time, the speeches are in themselves witness to the sharp confrontation between two parties at court that exemplifies the cultural construct of private enmity. It is possible to reconstruct some of the proceedings that inform the speeches and to then deduce from them hallmarks of litigation as part of feud-like conflict settlement.

8 Methodologically, reconstructing Athenian law in a synthesis that extrapolates from various sources is a scholarly tradition; see for instance, H. J. Wolff's "wide-angle analysis", aiming at reading forensic oratory in light of everyday legal practice of the *dikastēria* as the large juries of laymen, and would also critically assess the speeches' rhetorical devices, thus renewing the understanding of Greek family, contract and procedural law; cf. his classic 1967 analysis, Wolff, Demosthenes, 91–115.

9 In contrast to Athenian law, there is no separately handed down corpus of defense speeches; rather they are embedded in large narrative contexts, they are rare and typically shorter than Attic forensic oratory, cf. David's accusation against Saul 1 Sam 26,14–24 and the woman's defense speech of Absalom 2 Sam 14,12–20; see also the quote of the accusation Deut 21,20b; 22,14 and the direct defense speech Deut 22,16b–17.

> dispute or drunken brawl or other disagreement between us, I had never seen the man before that night.
> ... And why did I commit this impious act after summoning witnesses, given that if I had wanted to make away with him illegally, I could have prevented them all from knowing about it? 10

The status of hateful interaction, argues the speech, naturally includes a range of escalating, reciprocal hateful acts, such as mounting malevolent public prosecutions, seeking to expel someone from the city, and more generally, dispute, drunken brawls or general disagreements. Briefly before the conclusion of the speech, this enumeration lists behavioral patterns that are typical for private enemies, echoing the characteristic trajectory of hateful interaction between two opponents. And in doing so, this list demonstrates two aspects of feuding: First, it is a highly regulated pattern of interactions, far from a 'primitive' carnage. Conducting private enmity took place in the realm of one particular type of relationship between two opponents that understand themselves as entering a defined legal status of private enmity. Second, the above list of reciprocal acts demonstrates that feuding is acted out in public.

This type of long-term conflict between two enemies also shaped conflict settlement in Israel's kinship-based society and it realizes itself as a specific behavioral pattern in the public square. I will first substantiate how the participation of the community (through judges or elders) creates a public-private setting for resolving the matter before I demonstrate how the native terminology "hate/enmity" in biblical Hebrew designate, with increasing sophistication, the opponent interaction and, finally, I then substantiate the function of the social reputation or "honor" of the opponents involved. To illustrate how legislation in Athens reflects feuding principles, I turn to Draco's homicide legislation as one historical example, considering its relevance in comparison with biblical law.

2 The Public-Private Setting in Feuding Societies

As already became apparent, the relationship between two opponents was of distinct nature and their conflict settlement followed a typical pattern. These feuding patterns as the principal conflict settlement mode imply the public square as the social space. Feuding unfolds as an intrinsically public pattern of challenge and riposte between two opponents.[11] The public nature of feuding is a hallmark of this type of conflict settlement. Their conflict also included the arena of the wider public. It puts at stake the social reputation of the individuals, including their entire lineage. Thus, the defense speeches regularly portray the defendant in the best light as community oriented, honorable citizen. Lysias 1 not only denies that Euphiletos was in the state of private enmity with

10 Lysias, transl. Todd, 7. Compare other prosecutions of homicide. It is critical that the defense argues that no enmity *(echthra)* existed between the opponents and the subsequent demonstration that any motif for such a relationship was lacking, for instance, fear of one's life or a paid killing, cf., Antiphon, On the Murder of Herodes, 57f.

11 See for instance Elster, Norms, 869.

Eratosthenes and had killed a long-term opponent. Moving beyond this, the defense also points out:

> So, gentlemen, I do not accept that this penalty was exacted privately on my own behalf. Instead, it was for the sake of the whole city. If men who commit this sort of offense see the rewards that await such crimes, they will be less eager to commit them against other people – provided they see you holding fast to the same opinion.

The cuckolded husband frames the killing as self-defense and thus in compliance with city law. The speech then casts what appears primarily to be self-defense as a genuine contribution to safety and, thus, of intrinsically public interest. This characteristic argument is part of the rhetorical defense strategy in the public square and thus illustrates to what extent the public-private interface formed the backdrop of litigation. Presenting the defendant as a loyal citizen that is concerned about the communal well-being in the city implies on the other hand that his opponent had to be painted as the typical villain that is at odds with the city. In the public square, at a point in time when serious quarrels over homicide would be brought forward, the defendant accuses his opponent. Thus, the private conflict is entangled in the public realm to such an extent that it would not be possible to entirely isolate cases of hateful interaction in private contexts. Rather, the litigants would typically seek to demonstrate the justification of their acts as being in the public interest. The above passage from Lysias 1 frames the killing of an intruder as addressing a public safety concern, it was a way to implement justice, posing the rhetorical question whether it could not be in accordance with and on behalf of the city's laws that he killed a nocturnal intruder that cheated on him with his wife?

How might one adduce evidence that hints at the interface between the private and the public square in biblical law? To determine the public-private interface in the context of homicide law, the killing of a burglar in self-defense in Exod 22,1–2a is a case in point:[12]

> [1] If a thief is found breaking in, and he (the owner) slays him so that he dies, he has no bloodguilt.
> [2a] But if the sun has risen upon him, he has (acquired) blood guilt.

The first case is a classical burglary at night during which the burglar in a spur of the moment is killed in defense. In this immediate context, the counter case would be that the slayer incurs guilt, as opposed to persecution at a later point in time, when he recognized the thief, sets out to kill him after the sun has risen upon him, i.e., in plain daylight on the following day. A comparative reading of this biblical law with the case of

12 This is part of a sub-collection on theft provisions in Exod 21,37–22,3. I suggest that it lists four cases: v. 37: aggravated animal theft; 22,1–2a nocturnal burglary; 22,2b the insolvent thief, 22,3 non-aggravated animal theft. Jackson, Wisdom-Laws, 291, suggests five cases with only v. 1 reflecting a case of nocturnal burglary and v. 2a referring to daytime burglary. The interpretation of the case varies, cf. Jackson, Wisdom-Laws, 291–94.

Lysias 1 allows us to extrapolate a similar question about the nature of the relationship between the two opponents. "If the sun has risen above him" would best be explained as temporal specification of the circumstances. It suggests that the homeowner at night did not coordinate the persecution of the nocturnal theft, but acted solely on the spur of the moment. The law draws a clear distinction between the act of self-defense against a nocturnal burglar which is a spontaneous killing on the spur of a moment and an honorable form of self-defense, as opposed to a long term prepared intentional plotting after "the sun rose above him." The latter would fall under the category of a fatal revenge. The categories of distinction between a spur of the moment killing in self-defense from a long-term planned killing in Exod 22,1–2a are comparable to those in Lysias 1.

3 "Hate" and "Enmity" as Native Terminology

If indeed feuding patterns are the default settlement mechanism and if – as suggested above – feuding is not a primitive model of conflict settlement, but instead, unfolds in a complex rule-bound process carried out by the community in a way that prevents eruptions of violence, then one would expect that the terminology in laws and narratives reflect the legal thought that underlies this conflict settlement model. Biblical trial narratives, law collections and other allusions indeed use key legal technical terms for the opponent-relationship in a feud. Consider the description of the hate between Absalom and his brother Amnon in 2 Sam 13,21f. that was such that "Absalom did not talk to Amnon neither bad or good, because he continuously was hating (שׂנא) Absalom about the thing that he had done to his sister Tamar." This quintessential evidence from a narrative substantiates the notion of two opponents as enemies as a relationship in the public square as it was evident, for instance in the case law in Exod 22,1f.

What's more, the legal construct of private enmity between two enemies is not static throughout biblical law. Rather the lexicography demonstrates the increasing sophistication in the definition of the status between two opponents. For one thing, later laws describe the slayer opponent-relationship in long-term relationships with abstract terms like "hate" and "enmity". The legal implications result from the contexts of these terms' use and from the development of the terms, including their cognates.[13]

13 See below on the use of the nouns "enmity" and "hate" in legal texts and, for a comparative perspective see the reference to a social status between two enemies in the legal records of classical and of post-classical Athens. For the purpose of this paper, I bracket out developmental aspects of forms of litigation in Athens. Reconstructing such trajectory naturally comes with the caveat of establishing a legal historical development and ultimately, assuming an evolutionary model of law in Athens which is beyond the scope of this analysis; see Cohen, Law, Chap. 1, for examples of a trajectory of the development of Athenian Law: for instance, during the short time span between 508–430, when, after the founding of the democracy under Cleisthenes (508/07) Athens started to strive toward the ideal of the *'isonomia'* of the people toward the laws. I bracket out details of jurisdiction, for instance, how the transfer of most of the judicial powers to the Areopagus "an aristocratic bastion composed of former chief magistrates" to the δικαστήρια, courts that recruited their jury from the citizens, played out (cf. Christ, Litigious Athenian, 14). It may be relevant for our topic, that during the course of the reforms associated with the name of Ephialtes in 462, intentional wounding and homicide cases were referred to the Areopagus. Economic changes played

Two examples may illustrate the legal meaning of "hatred." First, the key term "hate" is programmatic for the relationship between two opponents in much the same way as the opposite of "love, mutual benevolence" functions as designation for mutual friendship. Homicide legislation may explicitly refer to hateful behavior, for instance, Exod 21,13f.'s meticulous way to describe intentionality or the lack thereof. The subcases add specifications that qualify the action as either, "but he did not persecute" v. 13a; or in the opposite case "he was (actively) lying in wait to kill him" v. 14a, with both being separated through an elaborate twofold specification from the preceding case through the use of an adversative *waw*:

"But if a man has been lying in wait against his neighbor to kill him in an ambush ..." The syntactical layout together with the lexicography casts the specifics of the slayer-victim relationship as a continuous effort to fatally hurt one's opponent. The law repeats both the slayer's long-term intent and his craftiness ("ruse") as criteria that render him ineligible for asylum. In a later, more elaborate stage of homicide law, the deliberate wording of the slayer-victim relationship in biblical law exhibits a development in legal thought. It renders in increasingly sophisticated ways the nature of private enmity. While narratives and laws may use what appear to be general terms "hate/love", Deut 19,4.11 is informed in more detail about the concept of "enmity/hate" and the criteria of this legal status of two feuding opponents. It namely specifies the circumscriptions of the slayer's mind when engaging in private enmity.

Deut 19,4b:

אשׁר יכה את־רעהו	who has killed his neighbor,
בבלי־דעת	without knowledge,
והוא לא־שׂנא לו מתמל שׁלשׁם:	without hating him ever since.

Largely analogously for the opposite case, an intentional slayer, Deut 19,11 clarifies in four sentences the slayer-victim relationship:

also a role and should be considered when drawing a picture of the legal realities, as they provide the backdrop to understand any development of procedural law: For instance, Pericles' installment of payments for jurors enabled less well-off citizens to serve on juries (cf. ibid., 14). Or, when Athens gained economic power in the Aegean, legal disputes that were related to it, likewise increased. The development of a more restrictive citizenship law under Pericles in 451/450 allowed to pursue the illegal exercise of citizens' rights and, hence, may have been the reason for many lawsuits (cf. ibid., 15). Furthermore, the increase of law enforcement was of great importance in the years following 450 BCE. The increase of magistrates and councilmen, who faced an equally increasing number of suits brought forward by opportunistic citizens in the second half of the fifth century BCE caused yet another dramatic shift in the judicial realities of Athens. While during this time public adjudication became accessible to private plaintiffs or defendants, the art of effective rhetoric became relevant as a form of self-defense. Another caveat concerns the eclectic use of sources. Sources are scarce for the time from 462–430, while abounding for the time after 420 BCE with Aristophanes' comedies, which in their own way reflect changes in Attic law of the time; (cf. ibid., 16).

וכי־יהיה איש שׂנא לרעהו	If there is a man who is hating his neighbor
וארב לו	and he lies in wait for him
וקם עליו	and he overcomes him
והכהו נפשׁ ומת	and he slays his throat and he dies
ונס אל־אחת הערים האל:	and he then flees into one of these cities,

At a later point in time, Num 35 casts this relationship between two enemies with rarely used the abstracts "enmity", "hate" and "ruse" in lieu of using verbal forms. Num 35,20f. uses a threefold specification as follows:

ואם־בשׂנאה יהדפנו	if *in hatred* he *pushed* him
או־השׁליך עליו בצדיה וימת:	or if he *throws something* at him with *pursuit* so that he dies
או באיבה הכהו בידו	or *in enmity* he *slays* him *with his fist*,
וימת	so that he dies.

Even more detailed, Num 35,22f. uses five exclusions to describe the opposite case of an inadvertent slayer:

ואם־בפתע בלא־איבה הדפו	and if he *suddenly pushes* him, *without enmity*
או־השׁליך עליו כל־כלי בלא צדיה:	or he *throws* any utensil at him, *without pursuit*
או בכל־אבן אשׁר־ימות בה	or by *any (sort of) stone* so that he dies through it
בלא ראות ויפל עליו וימת	*without seeing it*, he *lets it fall* on him so that he dies
והוא לא־אויב לו	but *without* him *being his enemy*
ולא מבקשׁ רעתו:	and *without* being (someone) *seeking his evil*.

Later homicide law in Num 35 exhibits the development from a concrete case toward an abstract notion of an opponent relationship. For this study, these quintessential laws illustrate how legal thought incrementally refines the status of private enmity, thus thinking in more abstract terms about feuding as a typical conflict settlement pattern by referring to the status of enmity in abstract terms. Biblical law thus reflects the legal status between citizens in increasing abstraction; a level of legal thought also found in Athenian forensic oratory.[14]

4 Honor-Shame

Seen through a legal-anthropological lens conflict settlement in feuding societies is essentially a strife for social reputation or "honor" between opponents. Scholars of Athenian law have determined the "agonistic" ethos of the Athenian citizens as frame of

14 On the development of homicide law, see among others, Barmash, Homicide and Stackert, Rewriting; for the development of homicide law as indicative for the concept of private enmity, see Adam, Hate.

reference.[15] The aggressive conflict settlement mode of opponents in Athens reflected a specifically agonistic ideal driven by the fundamental quarrel for social reputation. As legal anthropology asserts, this concept is part and parcel with feuding's intrinsically public nature. Attic forensic oratory confirms this public nature of conflict settlement between individuals and their relevance in an honor-shame society. Lawsuits were essentially a matter of honor and the legal status of opponents an integral part of their citizen life, as the speech on the murder of Eratosthenes Lysias 1 demonstrates. Lysias' argumentation points to the social networks of the opponents as the agency at large beyond the two individuals at strife. A defendant in court would present himself and their kin group as law-abiding citizen that intend to protect the city. At the same time, they would cast their opponent and his kin as detrimental to the common good and describe him as an enemy of the collective. Litigation has an immediate effect on one's social reputation. A litigant would naturally bring his social values as background to the litigation and success in a lawsuit would boost their personal honor. And because the legal system almost entirely relied upon the engagement of private citizens, this background of the parties at court was particularly important, playing out in particular ways, especially because of the lack of formal training of both litigants and judges alike. The honor of the respective participants was thus an essential value in the system of Athenian litigation. Rivalry, enmity, friendship, honor, envy, and revenge constitute what has been labeled as the "values of an agonistic society."[16] The concept of enmity with its reciprocal acting pattern informs the practice of litigation:

> In an Athenian trial, then, the plaintiff is also the accused, in the sense that the defendant will always put the plaintiff's life, character, and reputation at stake as well. This is why in Athens even a criminal trial is an *agōn* in a way which it cannot be in a prosecutorial system where the state itself presents the case against the defendant. At the core of the Athenian judicial *agōn* is the comparative judgment of the parties as citizens and social beings, not according to the statutory norms (which are often hardly discussed), but according to the normative expectations of the community. The friends, relatives and allies who support a speaker are thus not peripheral to the process of judgment, as they would be in a modern western trial, but an integral part of what the *agōn* is all about. Hence, it should come as no surprise that they were expected to lie when supporting their party as witnesses rather than to help the court in unraveling the 'truth'.[17]

The grounding of this concept of honor in Aristotelian philosophy connects the broader value of consensus in the society with the agonistic ethos. In his *Rhetoric*, Aristotle perceives the idea of a system of honor, that besides hierarchy and domination offers

15 Cohen, Law, 87–118. For the to some extent opposite understanding of Athens as a peaceful, law-abiding society see in Herman, Morality, 2006. See among many others, in support of this view Christ, Litigious Athenian, 1–14.

16 Cohen, Law, 61.

17 Ibid., 186.

the space of a competitive struggle for equal men in a society that shares the same moral standards and thus, from an anthropological perspective, forms a community with shared moral values.[18] Aristotle's discusses equality in the context of esteem (1384a, 1385a) understood as the desire to please those whose admiration one hopes for and the intend to avoid shameful things which rivals might come to know: "In a word, men feel shame before those whom they themselves respect ... similarly, when they are in rivalry with others who are similar to them; for there are many things which they either do or do not do owing to the feeling of shame which these men inspire."[19] If someone is wronged or insulted, taking revenge is necessary to save one's reputation:

> To take vengeance on one's enemies is nobler than to come to terms with them; for to retaliate is just and that which is just is noble; and, further, a courageous man ought not to allow himself to be beaten. Both victory and honor are noble. For they are desirable even when fruitless and reveal superior excellence (1367a).[20]

Victory and honor are noble and good in themselves, notwithstanding the consequences for the case in detail, and revenge is ultimately a claim of honor.[21] Taking revenge is, consequently, understood as a pleasure producing feeling. This is not only because it can satisfy agonistic impulses, but also because revenge is pleasant as such. Aristotle considers a person's anger when anticipating revenge as "far sweeter than honey dripping down the throat and spreading in men's hearts."[22] In an agonistic society, revenge is motivated by the hope that one might be prevailing over another individual and by the hope of not being put to shame.

We can assume that shared or comparable overarching categories are operative in Ancient Israelite culture with the analogy of the construct of honor and shame in Ancient Israel. This is corroborated by the shared fundamental fabric of the society as a community of kinship lineages. Seen through a legal anthropological lens, in honor-shame societies, to prevent a loss in honor, a member must usually answer another member through retaliation.[23] Consider the evaluation of the typical social alignment with friends in Proverbs and Ben Sira, their realization of the relevance of the social reputation of an opponent and their emphasis on establishing relationships with economically equitable, ideally honorable, peers.[24]

18 Ibid., 64 with reference to Davis, People of the Mediterranean, 90–99.110–125.

19 Cited from Cohen, Law, 65; cf. Aristotle, 1384a, 1385a.

20 Cited from Cohen, Law, 65. cf. Aristotle, 1367a.

21 The strive for honor can even be of more value than to live, so that an honorable death can be much more positive than a life in social defeat; ibid., 66 with reference to Andocides, 1.57–58.

22 Aristotle, 1378b, cited from Cohen, Law, 67.

23 Cohen, Law, 67, refers to 19th century Corsica, cf. Wilson, Feuding, 89–90; 203–204.

24 Cf., for instance, Prov 14,19–21; Sir 13,21–23; the parallel of the honor-shame concept invites further consideration.

5 Draco's Homicide Legislation

The mechanisms and rules of feuding in the private-public space are neither limited to forensic oratory, nor to the philosophical backdrop of the honor-shame society. Legislation from Athens, such as Draco's law, may serve as a litmus test pertaining to the highly regulated conflict settlement patterns of feuding in both Athens and Israel. The following traces selected aspects of Draco's law and juxtaposes aspects from biblical homicide law.[25] Draco's law is the first codified law on homicide that provides the basis of all later developments in law. An overarching question concerns its intent. Written from the perspective of a central power claiming to rule over homicide cases, the law seeks to curb feuding; an intention it shares with biblical homicide law in Exod 21, Deut 19, Num 35, Josh 20, Deut 4; all of which reflect on the level of the local jurisdiction about handling fatal assault cases by way of pointing to the option of asylum for the innocent slayer, thus offering a way to curb violence in feud ensuing from a killing.

> Axon
> Even if someone kills another unintentionally, he shall flee.
> The kings are to judge him guilty of homicide, whether he killed with his own hand or conspired to kill and the *ephetai* shall decide the case. If father or brother or sons are alive, they shall all grant pardon; otherwise, he who objects shall prevail. If these do not exist, relatives up to first cousin's son and first cousin shall grant pardon, if all are willing to pardon. Otherwise, he who objects, shall prevail. If none of these exists, and he kills unintentionally, and the Fifty-One, the *ephetai*, pass a verdict of unintentional homicide, then let ten phratry members admit him, if they are willing; let the fifty-one choose these men on the basis of birth. Let those who killed previously also be bound by this law.
> Relatives up to first cousin's son and first cousin shall issue a proclamation to the killer in public. First cousins, sons of first cousins, fathers-in-law, sons-in-law, and phratry members shall assist in the prosecution …[26]

The general intent of curbing violence as it ensues after fatal assault is typical for a state perspective. Draco's law intends "to suppress retaliatory killings and assert the jurisdiction of the state, to restrict participation in disputes arising from a homicide, and to encourage solidarity among the victim's kin."[27] When it seeks to curb kinship based retaliatory killings in response to homicide it argues out of a concern about the community at large vis-à-vis the intent of revenge of an individual kin. The following thoughts briefly

---

25 While later Athenian law and biblical law reflect various historical contexts of the respective societies, I here largely bracket them out.

26 The original law is suggested to date from 621/20 BCE; MacDowell, Law, 52. The text is from an Athenian inscription from 409/8 and has been restored with the aid of provisions cited in Demosthenes 23 and Demosthenes 43, quoted from Phillips, Avengers, 49–50.

27 Phillips, Avengers, 35. Explicit references to retaliatory killing in 7th century Athens are lacking, yet evidence from Homeric times suggests that the killer would voluntarily be exiled in order to avoid retaliatory killings, see ibid., 50. Homer mentions vengeance as the normal response to a homicide, Odysee, 3.196–197; 23, 118–122; see also Carawan, Rhetoric, 61 n. 55.

consider four relevant aspects: First, the jurisdiction; second, the underlying definition of homicide in Draco's law; third, the pardon of a slayer and, fourth details around the persecution of a manslayer.

Jurisdiction

The law begins with an assertion of trial adjudication: "Even (και) if someone kills another involuntarily, he shall stand trial." How is this to be interpreted in a society in which jurisdiction of homicide was traditionally with the respective members of the kin? In the extreme case of an assault with fatal outcome it is readily apparent how the honor-shame framework in the public square could become taxing for the community and that a feud over homicide could easily escalate, threatening to divide a society. Thus, the de-escalation as intent of the law is apparent, yet at the same time the interpretation of the first sentence of Draco's law is disputed. It has been suggested to read it as indicative that excludes compensation[28] and that thus deems compensation to be extralegal.[29] Scholars have also argued that, while Draco might indeed allow for compensation, the law seeks to regulate the institution in order to clarify procedure.[30] Phillips points to the absence of any technical term for a payment *(poine)* and thus presupposes that the family of the killed victim certainly received some form of compensation, yet the law's averseness to establish any specific wergild amounts for the aggressor's kin leaves open the specifics.[31] When considering biblical parallels, for instance, payments for wounding in a brawl could be related to Draco's law.[32] Other thematic parallels with biblical law are the topic of the jurisdiction, as in the case of the unknown slayer Deut 21,1–9[33] and, pondering jurisdiction in an intra-kin case is Absalom's revenge on Amnon 2 Sam 13,20–29. David as patriarch, while being angry about Absalom (v. 21) fails to take up his responsibility, remaining passive instead.

A comparative perspective is helpful when considering the institutional history and its levels. In Athens, beginning with Draco, the polis would claim jurisdiction over homicide cases as one genuine matter of kinship authority. Likewise, the network of asylum cities in Deuteronomy 19,1–12 was administered by Israel's elders that represented the jurisdiction in this community. It includes involving elders from another city. Slaying a citizen typically would trigger revenge from the kin of the victim. In such a case, in a local kinship based society the community would typically claim jurisdiction and demand authority over this particular area of conflict settlement that elders typically would hold in kinship legislation. Draco's law demonstrates the relevance of jurisdiction as a topic

28 Phillips, Avengers, 51.

29 See Glotz, Solidarité, 314–316; Treston, Poine, 221f.; Ruschenbusch, Φόνος. 129–154.

30 Glotz, Solidarité, 303; Ruschenbusch, Φόνος, 136f.; Gagarin, Early Greek Law, 15.139 n. 74.

31 Phillips, Avengers, 52. In Homer ποινή 'punishment' or 'price' is not used with the meaning of 'blood-price'; nor in Hesiod (Op. 749, 755).

32 Cf. the law on assault and injury Exod 21,18f. and 21,22–25, see on their interpretation for instance, Jackson, Wisdom-Laws, 172–187.

33 Cf. on this case Dietrich, Schuld.

of homicide legislation. Here, W. Oswald's reading of Deut as constitutional law[34] of the Persian province Yehud presents a particularly interesting angle on Deut 19,1–12, as this law indeed testifies to the public concern connected with homicide. The law claims authority over asylum cities that it derives from its constitutional nature, demonstrating this in disputed cases of homicide. The network of the cities of refuge had to ensure the public safety of a fugitive slayer. Thus, the discourse on revenge patterns functions as a symbolic placeholder for the fight over a community's very autonomy, in Judah typically threatened by colonizing powers.[35] The asylum regulations thus partake in a discourse about the community's right to their own jurisdiction.[36] The intrinsically public notion of fatal assault cases as they would typically be negotiated between the patriarchs of the kin groups involved, remains an ongoing concern, as the later laws in Num 35 and Josh 20 demonstrate.

Definition

Draco's law distinguishes between fatal assault, either indirectly caused through a conspiracy or through personal execution.[37] The oldest biblical homicide law in Exod 21,13f. also distinguishes two subcases in a case – counter case arrangement, yet along other lines. It distinguishes unintentional, accidental homicide as the first of two subcases (v. 13 "but if he has not intended it … you shall assign him a place where he may flee to.") from intentional manslayer as subcase two (v. 14), for which it denies asylum.[38] Beyond this difference, formal parallels can be found between the wording of Draco's law and biblical Exod 21,14: 'and when a man acts voluntarily against his neighbor …' which resembles the Greek: ἐὰν δέ τις that is used for the introduction וכי. Draco's law reads: καὶ ἐὰμ [μ]ὲ 'κ προνοί[α]ς [κ]τ[ένει τίς τινα φεύγ]ε [ν δ]ικάζεν δὲ τὸς βασιλέας αἴτιο[ν] φόν[ο] ἒ

34 Might one suggest a purely "religious" meaning of the legislation of Deuteronomy (Levinson, Reconceptualization)? Would it be more appropriate to understand Deut as "aspirational" rather than as realistic description in the matter?

35 See on the jurisdiction over the trial of the killer in biblical law for instance, Barmash, Homicide, 26f., and see the considerations on institutional aspects of the *Mishpatim* in the Covenant Code, Jackson, Wisdom-Laws, 406–411. From a legal anthropological point of view see the variants in jurisdiction in the four ideal-typical categories of elementary, semi-elementary, semi-complex and complex social structure, Rouland, Legal Anthropology, 167–169.

36 Oswald, Konzeptionen, 57.

37 Interestingly, Draco's law begins the word "and", ruling in the first place on non-premeditated killing. Only later, when the law clarifies the entitlement to claims against the slayer in the case of a killing does it adduces rules applicable to premeditated killing, Ruschenbusch, Φόνος, 33. Phillips, Avengers, 51 n. 73, assumes an earlier introduction dealing with premeditated killing, a passage that was at some point replaced by those of a new rule on homicide, as it stands now.

38 This has often been described as a development from an older notion of strict based liability ("Erfolgshaftung") to fault based liability, see Otto, Wandel, 33.

Furthermore, in both laws the kinship-aspects are relevant to determine the intent of the respective law.[39] Phillips reads Draco's law proscriptively[40] as a limitation of the responsibility for homicide to a killer and a conspirer, thus, as exclusion of eligibility of revenge for any other members of the slayer's kin.[41]

This poses an interesting question about the arrangement of unintentional vs. intentional killing in Exod 21,13f., namely if the distinction of the two subcases also primarily aims at limiting revenge with an analogous intent as Draco's law, in this case, restricting revenge to intentional slayer cases.[42] The development of homicide law in Deut 19,1–12 supports this. It singles out one member of the kin as a designated "avenger of blood" (vv. 6.12), thus restraining revenge to a single individual rather than allowing multiple members or the entire kin to engage in feuding.

Pardon

Some tendencies suggest Draco's law addresses a kinship-based society and problems that are specific for such a community. Consider the requirement that pardoning of a slayer through the victim's kin requires an unanimous vote.[43] It would take only one dissident from the victim's kin to jeopardize the pardoning. This points to the necessity of the entire kin of the victim to support this measure, which is the only way to prevent any retaliatory killing. Only the community at large with each member agreeing could ensure a killer's safety upon their return from exile.[44]

Prosecution of a manslayer

With regard to the prosecution of the killer it is safe to assume that the eligibility of the avenger from the kin of the victim that typically has chased the killer indeed varied, i. e., the kin of the victim would determine who was entitled to take revenge which was part of the freedom about revenge mechanisms that the kinship structure supports.[45] While

39 In detail, the law clarifies further possible circumstances. If no living kinsmen existed, ten men of the victim's phratry, cf. Lambert, Phratries, the large brotherhood, that all claimed to share a common presumed male ancestor, were entitled to take revenge on behalf of the victim. In this case, a fictitious chosen relative serves as a substitute for the kin. A kinship relation of the deceased victim to his avengers is kept up.

40 Phillips, Avengers, 53.

41 Ibid.

42 The law implies that a slayer by default would flee to escape the avenger, who would after a homicide be taking charge of revenge.

43 In Athens, it remains unclear exactly who among the victim's male relatives was eligible to issue a pardon: ten members of the victim's *phratry*, his large 'brotherhood', many of whom had no demonstrable mutual kinship ties, could pardon the killer. The possibility to grant a pardon depends first on the Fifty-one and the *ephetai* ruling first that the homicide was unintentional; in a second step the *phratry* members could agree to this, Phillips, Avengers, 55.

44 Ibid.

45 Draco's law assumes a public pursuit of the slayer by family members. In detail, the law describes summarily the aftermath and leaves open what specifically the relatives would choose to pursue the homicide (συνδιόκειν) and allows for an array of close relatives to be eligible of taking revenge. In the fourth century (Demosthenes 47.71–72), Athenians understood that Dra-

biblical law refrains from disclosing the technicalities of the designation of the avenger of blood, Deut 19,12 is outspoken about the specific function of the elders of the asylum city as critical judges in the matter that would protect accidental slayers and would only extradite an intentional manslayer to the avenger of blood of another city. Their function at the private-public interface is analogous to Deuteronomy's family laws in 21,15–21; 22,13–21a, 22–29; 24,1–4a; 25,5–10: The elders hold the urban-local jurisdiction.[46] Analogously, Draco's law negotiates interests of the community at large with an individual kin's intent of taking revenge. Indeed, three main intentions that underlie this law[47] all make sense in the context of negotiating an entitlement of acting out revenge of an individual kin and the disadvantageous effects of a feud for the collective. First, Draco's law draws homicide cases into 'official' trials, arguably with the intent to discourage unregulated revenge killings in order to de-escalate and to avoid a possibly impending feud. Second, a fierce law that limits pursuit to a small number of kin members of the victim, Draco's law redirects the victim kin's ardent wish of revenge into a path of institutional dispute settlement. Thirdly, Draco's law can be read as a positive command that superimposes the solidarity between the families of the victim and of the murderer and thus defines the private-public sphere. It connects the avenging party with the community as a whole, limiting for the sake of social cohesion retaliation of individual clans and, consequently, killers who were pardoned, could more often gain personal safety.[48]

Biblical homicide law in Deut 19,1–12 shares the intent to counterbalance the revenge of one kin against another. Suffice it to point to three aspects this law shares with Draco's law. First, the asylum city law illustrates the public square's function as forum of conflict settlement. Second, as representatives of their kin the elders of the asylum city play a dual pivotal role, as stakeholders of the asylum seeker when they administer retaliation and as stakeholders of the peace as the good of the community at large. Third,

co's law suggested that the right to prosecute lay with descendant first cousins once removed. Later Athenian practice is not conclusive as to the original intent. Cf. Phillips, Avengers, 55. The significance and the particular functions of the elders are not entirely clear. Can they serve as assistants in the prosecution? Phillips suggests that they were 'assistant prosecutors' or that they could have functioned as 'oath-helpers' who attested that the defendant was guilty, but who did not prosecute the lawsuit. See Glotz, Solidarité, 304f.; Thür, Witness, 165. Phillips, Avengers, 56 conjectures that Draco may possibly have equally authorized fathers-in-law or sons-in-law or members of the victim's *phratry* to prosecute a victim in case the first cousins were removed. Draco's rules require solidarity within the kin in the case of a homicide, as he commands the entire kin of the victim to act in unity and to signal their intent to persecute publicly (ἐν αγορᾶι) i.e., 'in public' (not in clandestine revenge).

46 Otto, Deuteronomium 12,1–23,15, 1690 with reference to the elders in Deut 21,19f.; 22,17–18; 25,8; see also ibid. for detailed thoughts on source-criticism and composition.

47 Phillips, Avengers, 56–57.

48 See on this also above, under pardon. In spite of its intentions, historically, Draco's law code receives a relatively sober verdict. Its deficiency of addressing the *demos* led to only a relative success and its use only over twenty-seven years until Solon's archonship. In other respects, Draco's homicide law was quite successful. The orator Antiphon asserts these were "the best and most hallowed of all laws" and praises their continuity that they had "always been the same regarding the same things." Antiphon, 5.14, quoted from Phillips, Avengers, 57.

the elders pivotal role dovetails with corresponding narratives, that assume the jurisdiction about granting asylum or retaliation is with the head of the kin. In narratives about killings, such as 2 Sam 13,21, the responsibility is foremost with the patriarch in charge, David as the ideal-typical elder. David becomes angry, yet he falls short of his fundamental function of administering conflict between Amnon and Absalom over the rape of Tamar.[49]

6 Outlook

Wolfgang Oswald developed the interpretation of Deuteronomy's law collection as a constitution based on a careful look at its adoption process. The comparative glimpses on biblical and Mediterranean law above sought to confirm that laws in Deuteronomy can indeed be read as laws for citizens as it demonstrated that the highly regulated public interaction pattern of feuding was operative between private opponents in Athens as well as in Judah. In detail, the example of homicide legislation allowed the identification of consistent themes, such as the jurisdiction, the sophisticated definition of homicide cases, the legal status of enmity, and aspects of the pardoning and of the prosecution of a manslayer. This comparative reading of homicide law in Deuteronomy has bearings on the hermeneutics of biblical law, for instance, it confirms the need to include forensic speeches in biblical sources. It also challenges the assumption that biblical law exclusively partakes in a tradition of legal thought, and it thus neither reflects everyday conflict settlement, nor provides a source for the reconstruction of legal procedure.[50]

Bibliography

Adam, K.-P., Hate and Enmity in Biblical Law, The Library of Hebrew Bible/Old Testament Studies, London/New York, 2022.

Antiphon, On the Murder of Herodes, in M. Gagarin and D.M. MacDowell (eds.), Antiphon and Andocides, Austin, 1998, 57–58.

Barmash, P., Homicide in the Biblical World, Cambridge, 2005.

Barmash, P., Homicide, in B.A. Strawn (ed.), The Oxford Encyclopedia of the Bible and Law, Oxford, 2015, 396–403.

---

49 Like Otto, Deuteronomium, 1690 for the family laws in Deuteronomy, Barmash, Homicide, 23–27, rightly emphasizes the relevance of kinship based structures in biblical homicide law; yet it seems less plausible that this is a systemic difference of applying talionic principles in biblical law as opposed to Mesopotamian cuneiform law's random relation between deed and punishment as Barmash sees this at play in the framework of state controlled cuneiform law in Mesopotamia. See critically Otto, Gesellschaftsstruktur, 236 n. 20.

50 A majority of scholars rejects any relation of biblical law to legal practice, as it would inappropriately introduce notions of a positive "rule of law", as an authority to which all parties in conflict would subscribe, yet Biblical Law is far from "positive" law; see the alternative interpretation of laws as "self-executing laws" that, unlike "positive law", were designed for self-implementation by the respective parties. Biblical law had a "narrative meaning" that could be grasped and applied without any third party adjudication, cf. Jackson, Wisdom-Laws, 24–29.

Berman, J., Created Equal: How the Bible Broke with Ancient Political Thought, Oxford, 2008, 51–80.
Carawan, E., Rhetoric and the Law of Draco, Oxford, 1998.
Christ, M. R., The Litigious Athenian, Baltimore, 1998.
Cohen, D., Law, Violence, and Community in Ancient Athens, Key Themes in Ancient History, Cambridge, 1995.
Davis, J., People of the Mediterranean, London, 1977.
Dietrich, J., Kollektive Schuld und Haftung: Religions- und rechtsgeschichtliche Studien zum Sündenkuhritus des Deuteronomiums und zu verwandten Texten, ORA 4, Tübingen, 2010.
Elster, J., Norms of Revenge, Ethics 100/4, 1990, 862–885.
Glotz, G., La solidarité de la famille dans le droit criminal en Grèce, Paris, 1904.
Herman, G., Morality and Behaviour in Democratic Athens: A Social History. Cambridge, 2006.
Jackson, B. S., Wisdom-Laws: A Study of the Mishpatim of Exodus 21:1–22:16, Oxford/New York, 2006.
Lambert, S. D., The Phratries of Attica, Ann Arbor, ^{2}1998.
Levinson, B., The Reconceptualization of Kingship in Deuteronomy and the Deuteronomistic History's Transformation of Torah, VT 51/4, 2001, 511–534.
MacDowell, D. M., The Law in Classical Athens, Ithaca, 1978.
McBride, S. D., Polity of the Covenant People: The Book of Deuteronomy, Interpretation 41/3, 1987, 229–244 [=J. Strong and S. Tuell (eds.), Constituting the Community: Studies on the Polity of Ancient Israel in Honor of S. D. McBride jr., Winona Lake, 2005, 17–33].
Oswald, W., Early Democracy in Ancient Judah: Considerations on Exodus 18–24 with an Outlook on Dtn 16–18, CV 52/2, 2010, 121–135.
Oswald, W., Die politischen Konzeptionen des Deuteronomiums als Teil des politischen Denkens der antiken Mittelmeerwelt, in C. Horst (ed.), Der Alte Orient und die Entstehung der Athenischen Demokratie, Classica et Orientalia 21, Wiesbaden, 2020, 55–70.
Oswald, W., Das Gesetz, das Volk und der König: Zum gesellschaftlichen Status und zur Funktion der Gesetze im Pentateuch, WO 44/1, 2014, 76–108.
Otterbein, K. F. and C. S. Otterbein, An Eye for An Eye, A Tooth for a Tooth: A Cross-Cultural Study of Feuding, AmA 67/6, 1965, 1470–1482.
Otto, E., Wandel der Rechtsbegründungen in der Gesellschaftsgeschichte des antiken Israel: Eine Rechtsgeschichte des „Bundesbuches", Ex XX 22–XXIII 13, Leiden, 1988.
Otto, E., Das Recht der Hebräischen Bibel im Kontext der antiken Rechtsgeschichte, ThR.NF 71/4, 2006, 389–421.
Otto, E., Gesellschaftsstruktur und Strafrecht in der Hebräischen Bibel, in R. Rollinger, M. Lang and H. Barta (eds.), Strafe und Strafrecht in den Antiken Welten: Unter Berücksichtigung von Todesstrafe, Hinrichtung und peinlicher Befragung, Wiesbaden, 2012, 233–247.
Otto, E., Deuteronomium 12,1–23,15, HThKAT, Freiburg i. Br./Wien, 2016.
Peletz, M. G., Kinship Studies in Twentieth Century Anthropology, Annual Review of Anthropology 24, 1995, 343–372.
Phillips, D. D., Avengers of Blood: Homicide in Athenian Law and Custom from Draco to Demosthenes, Hist.E 202, Stuttgart, 2008.
Roberts, S., The Study of Dispute in Anthropological Perspectives, in J. Bossy (ed.), Disputes and Settlements: Law and Human Relations in the West, Cambridge, 1983, 1–24.
Rouland, N., Legal Anthropology, Transl. P. G. Planel, London, 1994 (previously Paris, 1988).
Rüterswörden, U., Von der politischen Gemeinschaft zur Gemeinde: Studien zu Dt 16,18–18,22, BBB 65, Frankfurt a. M., 1987.

Ruschenbusch, E., Φόνος: Zum Recht Dracos und seiner Bedeutung für das Werden des athenischen Staates, Historia 9/2, 1960, 129–154 [=E. Ruschenbusch, Kleine Schriften zur griechischen Rechtsgeschichte, Philippika 10, Wiesbaden, 2005, 32–53].

Stackert, J., Rewriting the Torah: Literary Revision in Deuteronomy and the Holiness Legislation, FAT 52, Tübingen, 2007.

Stahl, M., Gesellschaft und Staat bei den Griechen: Vol. 2 Klassische Zeit, Paderborn, 2003.

Thür, G. The Role of the Witness in Athenian Law, in M. Gagarin and D. Cohen (eds.), The Cambridge Companion to Ancient Greek Law, New York, 2005, 146–169.

Todd, S. C., The Speeches of Lysias, The oratory of classical Greece, Austin, 2000.

Treston, H. J., Poine: A Study in Ancient Greek Blood-Vengeance, London, 1923.

Westbrook, R., A History of Ancient Near Eastern Law, HO, Section 1 The Near and Middle East 72, 2 vols., Leiden, 2003.

Wilson, S., Feuding, Conflict, and Banditry in Nineteenth Century Corsica, Cambridge, 1988.

Wolff, H. J., Demosthenes as Advocate: The Function and Methods of Legal Consultants in Classical Athens (with an epilogue by G. Thür), in E. Carawan (ed.), The Attic Orators, Oxford, 2007, 91–115.

Wormald, J., The Bloodfeud in Early Modern Scotland, in J. Bossy (ed.), Disputes and Settlements: Law and Human Relations in the West, Cambridge, 1983, 101–144.

Die Seuchen Ägyptens

Krankheit als Politikum

Ruth Ebach

Auf den ersten Blick scheint das Thema Krankheit, zumindest in vormodernen Gesellschaften ohne staatliches Gesundheitssystem, nicht unmittelbar mit dem Themenfeld der Politik verbunden zu sein, doch lassen sich beispielsweise in Bezeichnungen von Krankheiten Aspekte des Politischen entdecken.[1] Von kranken Personen sprechen verschiedene Texte des Alten Testaments (Num 12,7–16; 2 Kön 5; 1 Chron 21,14; 2 Chron 21,12–19 u. ö.). Es gibt einzelne Erkrankte sowie Epidemien und Pandemien, die das ganze Volk treffen. Bezüge zeigen sich sowohl in Erzähltexten als auch in Gebeten, besonders in den Psalmen (Ps 102,4–6), und den Fluch- und Segenstexten (Dtn 28). Krankheiten können von Gott selbst verursacht werden, sie bedrohen zugleich die soziale Stellung des Einzelnen[2] oder auch die gesamte Ordnung der Gemeinschaft.[3] Die folgenden Ausführungen blicken jedoch nicht allgemein auf das Phänomen von Krankheiten,[4] sondern beziehen sich auf einen spezifischen Typus: Die Krankheiten, die von außen nach Israel kommen. So können die Zuschreibung von Krankheiten an Nichtisraeliten und das Versprechen Gottes, Israel vor diesen zu bewahren, als Aspekte der kollektiven israelitischen Identitätsbildung im perserzeitlichen Juda ausgemacht werden. Im Deuteronomium und im Exodusbuch sind es die Krankheiten, die mit Ägypten verbunden sind.

1 Die „Krankheiten Ägyptens" im Deuteronomium und im Exodusbuch

Sowohl im Exodusbuch als auch im Deuteronomium ist an mehreren Stellen von Krankheiten die Rede, die als „ägyptisch" klassifiziert werden. An all diesen Stellen ist es Gott selbst, der diese Krankheiten über Israel bringen könnte und auch über Ägypten gebracht hat. Doch mit welcher Intention wird in den Texten diese Darstellungsweise gewählt? Es lohnt sich, die Passagen, in denen von den ägyptischen Krankheiten gesprochen wird, genauer in den Blick zu nehmen, um verstehen zu können, ob es sich jeweils um eine Anspielung auf die Plagen in Ägypten, die sowohl im priesterlichen als auch im

1 Und so mögen diese Gedanken, die sich besonders auf die Darstellungen von Krankheiten der „Anderen" im Exodusbuch und im Deuteronomium beziehen, den Jubilar als Kenner dieser Texte erfreuen.

2 Zur Verbindung der leiblichen und der sozialen Sphäre des Beters oder der Beterin im Kontext der Krankheit siehe Janowski, Anthropologie, 179f.

3 Siehe dazu Frevel, Art. Krankheit/Heilung, 301.

4 Zu diesem Phänomen siehe Wolff, Anthropologie, 209–211, Frevel, Art. Krankheit/Heilung, und Janowski, Anthropologie, 177–182.

nichtpriesterlichen Exodusnarrativ verankert sind, handelt, inwieweit reale Krankheiten im Blick sind und welche Funktion der Rede von ägyptischen Krankheiten in der politischen Beschreibung Israels in Differenz zu Ägypten zukommt.

1.1 Dtn 7,12–16: Die Abwesenheit aller Seuchen Ägyptens

Im Rahmen des deuteronomistischen[5] und in sich vielschichtigen Textes Dtn 7 wird Israel in den V. 12–16 auf Grundlage des Bundes eine gute und segensreiche Zukunft ausgemalt. Diese wird sich jedoch nicht automatisch einstellen, sondern wird an die Einhaltung der Rechtssätze geknüpft.

> [12] Und wenn ihr diese Rechtssätze hört und sie bewahrt und sie ausführt, dann wird Jhwh, dein Gott, dir gegenüber den Bund und die Freundlichkeit bewahren, die er deinen Vätern zugeschworen hat. [13] Und er wird dich lieben und dich segnen und dich zahlreich machen, er wird die Frucht deines Leibes und die Frucht deines Erdbodens, deines Getreides und deines Mosts und deines frischen Öls, den Wurf deiner Rinder und die Jungtiere deines Kleinviehs auf dem Erdboden, den er deinen Vätern zugeschworen hat, dir zu geben, segnen. [14] Du wirst mehr gesegnet sein als alle Völker, bei dir und bei deinen Tieren wird kein Unfruchtbarer und keine Unfruchtbare sein. [15] Und Jhwh wird von dir alle Krankheiten (חלי) und alle üblen Schwächungen/Seuchen Ägyptens (וכל־מדוי מצרים הרעים), die dir bekannt sind, abhalten, er wird sie nicht auf dich legen und sie all denen geben, die dich hassen. [16] Und du wirst alle Völker verschlingen, die Jhwh, dein Gott, dir gibt; dein Auge soll ihretwegen nicht betrübt sein und du sollst ihren Göttern nicht dienen, denn das ist ein Fallstrick für dich.

Gerade im letzten Vers zeigt sich die sich durchziehende, abgrenzende Tendenz des Kapitels anderen Völkern und besonders ihren Kulten gegenüber.[6] Der in V. 12–16 angekündigte Segen bezieht sich nicht allgemein auf einen kommenden Reichtum, auch wenn mit gut gedeihendem Getreide, Öl und Vieh durchaus ein gewisser Wohlstand verbunden ist. Der Fokus liegt jedoch auf der Gesundheit der Gemeinschaft. Denn neben der in den verschiedensten Facetten ausgemalten kommenden Fruchtbarkeit steht der Schutz vor allen Krankheiten. Auf dem Spiel steht das Überleben Israels.

---

5 Zur Datierung und literargeschichtlichen Analyse dieses Textes siehe Ebach, Fremde, 201–213. Die Verse 12–16aα erweisen sich als gedankliche und literarische Einheit. Vgl. auch Veijola, Deuteronomium, 201–204, der den Textabschnitt seiner bundestheologischen Bearbeitung zuweist, sowie Leuenberger, Segen, 314f. Zur deuteronomistischen Zuordnung siehe auch Otto, Deuteronomiumstudien II, 196f. Mit Achenbach, Israel, 236, kann der Abschluss von V. 16 einer noch jüngeren Bearbeitung zugeordnet werden. Mit dem Stichwort מוקש (Falle, Fallstrick) ist der Vers mit dem ebenfalls jungen V. 25 verbunden, vgl. Ebach, Fremde, 210.

6 Oswald, Staatstheorie, 129, spricht von einer „Feindseligkeit", die sich in Dtn 7 und anderen Erweiterungen des Deuteronomiums zeige.

Der Gott Israels selbst ist es, der im Rahmen seiner Segenshandlung auch aktiv die Verteilung der Krankheit in der Welt verursacht.[7] So kann er nicht nur die Seuchen von Israel fernhalten, er gibt sie stattdessen denjenigen, die das angesprochene Du hassen. Das Verhalten der Völker Israel gegenüber wird somit zum Kriterium ihres Wohlergehens. Krankheit ist folglich zum einen an ein Fehlverhalten gebunden und das Ergehen ganzer Völker ist mit ihrem Verhalten Israel gegenüber verknüpft. So wie nach Gen 12,1–3 der Segen für die Völker von ihrer positiven Haltung Israel gegenüber abhängt, gilt es nach Dtn 7 analog auch für dessen Kehrseite und damit für die Gefährdung der Gesellschaft durch Krankheit. Die Formulierung in Dtn 7,15 „alle, die dich hassen" ist dabei zunächst einmal sowohl offen für eine kollektive, auf ganze Völker bezogene Deutung, als auch für eine individuelle Deutung. Letztlich bezieht sich die Ankündigung auf all diejenigen, die nicht in die kollektive Größe des Du einbezogen sind.[8]

In Dtn 7,15 wird die Ankündigung der Krankheiten oder zumindest die der Seuchen mit einem konkreten Land verbunden: mit Ägypten. Hinzugefügt wird, dass Israel diese Seuchen bekannt sind, es wird also auf eine feststehende Größe Bezug genommen. Dies kann zunächst auf zwei Weisen verstanden werden und beide Interpretationsschwerpunkte finden sich in der exegetischen Literatur:

1. Die Krankheiten und Seuchen Ägyptens meinen die Plagen, die aus der Exodustradition bekannt sind. Im Mittelpunkt stünde dann ein entscheidendes Element der israelitischen Heilsgeschichte.
2. Es handelt sich um Krankheiten, die Israel und den Rezipierenden als typisch ägyptische Krankheiten bekannt sind.

Die in Dtn 7,15 verwendete Terminologie ist für die Einordnung der Bezeichnung weiterführend. Mit dem ersten Begriff, חלי, werden ganz generell Krankheiten bezeichnet (vgl. Jes 1,5; 53,3 u. ö.).[9] Diese können sich auf verschiedene Körperteile beziehen und auch mit unterschiedlichen Symptomen verbunden sein. So erkrankt etwa Asa nach 2 Chron 16,12 an den Füßen, während sich die Krankheit von Joram auf seine Eingeweide auswirkt (2 Chron 21,12–19). In den Beschreibungen der ägyptischen Plagen sucht man diesen Begriff jedoch vergeblich.

Das Lexem מדוה, der zweite Teil des Begriffspaares, wird in dieser Form nur an zwei Stellen in der Hebräischen Bibel verwendet. Neben Dtn 7,15 wird auch in Dtn 28,60 von מדוה מצרים gesprochen, die Verknüpfung mit Ägypten scheint somit entscheidend zu sein. Zwischen beiden Texten besteht jedoch eine klar erkennbare literarische Abhängigkeit.[10] Das Verb דוה und die andere Substantivbildung der Wurzel דְּוַי finden sich hin-

7 Zur Verursachung von Krankheit durch Jhwh siehe die Ausführungen bei Wolff, Anthropologie, 214–217.

8 In der Literargeschichte von Dtn 7 ist an dieser Stelle eine Verschiebung zu erkennen. So kommen in den jüngsten Ergänzungen verstärkt Einzelpersonen in den Blick, die auch aus der eigenen Gesellschaft stammen können. In Dtn 7,7–11 werden sie als die beschrieben, die Jhwh hassen. Siehe dazu Ebach, Fremde, 354, und 207f.213.

9 Siehe auch Ges[18], 354, und HALAT, 305.

10 Zu Dtn 28,58–62 siehe im Folgenden.

gegen weit häufiger. Bezeichnet wird jeweils die Schwäche, die durch verschiedene Ursachen erklärt wird. So kann gerade in den Reinheitsdiskussionen im Heiligkeitsgesetz die weibliche Menstruation gemeint sein (Lev 12,2; 15,33; 20,18), aber auch genereller ein geschwächter Zustand eines Menschen (Klgl 1,13; 5,17; Ps 41,4; Hiob 6,7).[11] Diese allgemeine Schwäche wird zudem mit dem menschlichen Herzen verbunden (Jes 1,5 in Verbindung mit der Krankheit des Kopfes; Jer 8,18; Klgl 1,22). Dies kann sich auf mentale Zustände der Schwäche oder der Krankheit beziehen, jedoch ist es vor allem mit der Schwäche des Herzens als Ursache des Ungehorsams gegenüber Gott verbunden, das zu dessen Strafaktion führt. Ein Negativbefund für die unterschiedlichen Belege für diese Wurzel ist jedoch bedeutsam: An keiner Stelle wird sie im Kontext der Plagen oder der Geschehnisse während des Exodus verwendet.

Neben den beiden *Begriffen* findet sich in Dtn 7,15 auch eine *Qualifizierung* als „alle *üblen* Schwächungen/Seuchen Ägyptens“ (וכל־מדוי מצרים הרעים). Diese Krankheiten sind übel, sind bösartig,[12] sie sind nicht nur einfach „schwer“.[13] Die Bezeichnung als רע findet sich in Bezug auf die zuvor genannte Krankheit (חלי) auch in Qoh 6,2. Hier wird der Begriff zum *moralischen* Urteil und zur Feststellung des allgemeinen Leidens. Im Deuteronomium wird mit diesem Begriff all das qualifiziert, was die Gemeinschaft bedroht und aus ihr fernzuhalten ist. Besonders greifbar ist dies in den בערת-Gesetzen, in denen dazu aufgefordert wird, alles Üble aus der Gemeinschaft wegzuschaffen (Dtn 13,6; 17,7.12; 19,19; 21,21; 22,21f.24; 24,7). Damit bedrohen diese üblen Krankheiten die Gesellschaft als solche und müssen, in diesem Fall durch die Einhaltung der Rechtssätze, ferngehalten werden.

1.2 Dtn 28,58–62: Die Krankheiten als Fluch

Wie ausgehend von der Bezeichnung als „ägyptische Seuche“ bereits erwähnt, steht Dtn 7,12–16 in engem Zusammenhang mit einem zweiten Text im Deuteronomium.[14] In Dtn 7 geht es um den Segen, Dtn 28 spricht hingegen vom Fluch, den Israel auf sich ziehen wird, wenn es die Gebote nicht hält. Die beiden Passagen können somit als zwei Seiten derselben Medaille erkannt werden. In einer ebenfalls nachexilischen Ergänzung[15] zu den älteren Fluchteilen in Dtn 28,58–62 werden die Krankheiten detaillierter als in Dtn 7 beschrieben:

> 58 Wenn Du alle Worte dieser Torah, die in dieses Schriftstück geschrieben sind, nicht zu tun bewahrst, diesen gewaltigen und furchtbaren Namen, zu fürchten, Jhwh, deinen Gott, 59 dann wird Jhwh deine Schläge schrecklich machen (מכתך) und die Schläge deiner Nachkommen (מכות זרעך), große und langanhaltende

11 Siehe auch Ges[18], 244f., und HALAT, 207.

12 Eine solche moralische Aufladung von Krankheiten ist auch in der Rede von bösartigen oder malignen Tumoren erkennbar.

13 So etwa in der Übersetzung von Lohfink, Jahwe, 104.

14 Zu den Bezügen zwischen Dtn 7,12–16, Dtn 28 und dem im Folgenden ebenfalls in den Blick genommenen Text Ex 23,20–33 siehe Leuenberger, Segen, 313.

15 Otto, Deuteronomium 12–34, 199f.

> Schläge (מכות), große und langanhaltende Krankheiten (חלים). [60] Er wird auf die alle Schwächungen/Seuchen Ägyptens zurückbringen (כל־מדוה מצרים), die du fürchtest, und sie werden an dir kleben. [61] Auch alle Krankheiten (חלי) und jeden Schlag (מכה), auch die, die nicht in diesem Torah-Schriftstück aufgeschrieben sind, wird Jhwh über dich bringen, bis du zugrunde gehen wirst. [62] Du sollst in kleiner Zahl übrigbleiben anstatt so zahlreich wie die Sterne am Himmel zu werden, weil du nicht auf die Stimme Jhwhs, deines Gottes, gehört hast.

Die Krankheiten werden hier nicht auf die gelegt, die Israel feindlich gesinnt sind, wie es in Dtn 7,15 im Segensfall angekündigt wird, sondern auf Israel selbst. Auf der Ebene der Terminologie findet sich in Dtn 28,59–61 gehäuft ein weiterer Begriff, der in Dtn 7,12–16 nicht verwendet wird. Hält sich Israel nicht an die Torah, so werden das angesprochene Du und die nachfolgenden Generationen von Schlägen (מכות) getroffen werden. Dieser Begriff wird häufig mit Plagen übersetzt,[16] sodass sich ein engerer Bezug zu den ägyptischen Plagen des Exodus ergeben würde. Diese Zuordnung kann durchaus durch den sprachlichen Befund gedeckt werden. Zwar findet sich das Substantiv nicht zur Bezeichnung der Plagen, das Verb נכה wird jedoch in der Beschreibung der Plagen häufiger gebraucht (Ex 3,20; 9,31; 12,12). Zugleich wird anhand dieser Stellen deutlich, wie breit die Verwendung des Verbs ist, da es sich auf Unheil bezieht, von dem Menschen, aber auch die Pflanzenwelt getroffen werden können. So bietet es sich an, auch bei dem Substantiv bei der generellen Wiedergabe als „Schläge"[17] zu bleiben, auch wenn es sich im Deutschen ungewohnt anhört, um den Blick nicht zu schnell zu verengen, zumal das Substantiv an keiner anderen Stelle zur Beschreibung der Exodusereignisse verwendet wird.[18] Es bezieht sich an anderer Stelle auch auf Krankheiten, die ein Volk treffen, aber nicht auf Ägypten, sondern auf Israel, wie in der Beschreibung der göttlichen Strafaktionen im Buch Numeri (Num 11,33). In Dtn 29,21 spielen Nichtisraeliten eine entscheidende Rolle, doch sind sie es, die die Schläge sehen, mit denen Jhwh Israel geschlagen haben wird.

Die Übersetzung als „Schläge" bewahrt auch die Verbindung zu den älteren Textpartien in Dtn 28, in denen das Verb נכה für die Beschreibung der göttlichen Strafaktionen benutzt wird. Dtn 28,27f. wird gemeinhin den älteren, deuteronomischen Teilen der Flüche in Dtn 28 zugeordnet:[19]

---

16 So z. B. die Lutherbibel von 1984 oder die Neue Zürcher Übersetzung, aber auch Otto, Deuteronomium 12–34, 1970, der jedoch, ibid., 2016, ebenfalls auf die Verbindung mit dem Verb נכה hinweist.

17 Zu den Belegen für „Schläge" und auch spezieller für von Gott gesandte Plagen siehe Ges[18], 670f.

18 Ein ähnliches Phänomen der Verbindung von Krankheiten mit Ägypten, die mit den Plagen verbunden werden können, aber nicht verbunden werden müssen, zeigt sich auch in anderen Texten. Wenn in Am 4,10 etwa auf die Pest (דבר) – im antiken Sinne – verwiesen wird, die Jhwh Ägypten geschickt hat, so kann hier durchaus an Ex 9 gedacht werden. An diesem Beispiel kann auch auf die Schwierigkeit der Übersetzung verwiesen werden, denn schon in der Septuaginta wird hier nicht auf eine konkrete Krankheit verwiesen, sondern allgemein auf den Tod (θάνατος).

19 Otto, Deuteronomium 12–34, 1995f.

> [27]Jhwh wird dich mit den Beulen Ägyptens (בשחין מצרים) schlagen (נכה), mit Geschwüren, Ausschlag und Schorf, von denen du nicht geheilt werden kannst. [28]Jhwh wird dich mit Wahnsinn, Blindheit und Verwirrtheit schlagen (נכה).

Wiederum ist die Ankündigung verschiedener Krankheiten mit der Nichterfüllung des Gesetzes verbunden und wiederum wird Ägypten genannt.[20] An dieser Stelle geht es nun um die ägyptischen Beulen. Das Substantiv שׁחין bezeichnet verschiedene Entzündungen und Geschwüre,[21] wie auch im direkten Kontext in Dtn 28,35, und ist eine häufig benutzte Krankheitsbeschreibung in der Hebräischen Bibel (vgl. Lev 13,18–23; 2 Kön 20,7; Hiob 2,7; Jes 38,28). Auch als Beschreibung der sechsten Plage wird es in Ex 9,8–12 verwendet. Doch ist dieser priesterliche Text[22] vermutlich jünger als der deuteronomische Fluch in Dtn 28,27–29. So kann hier eine Verbindung gesehen werden, doch legt es sich näher, dass sich die Verfasser der Plagenerzählungen an den Motiven bedient haben, die im allgemeinen kulturellen Gedächtnis bzw. den Gegenwartserfahrungen mit Ägypten verbunden waren.

Zu diesem doppelten Fluch findet sich in den Adê-Texten Asarhaddons, deren Verbindung zu Dtn 28 besonders Hans Ulrich Steymans zeigen konnte, in den Paragraphen 39f. eine ebenfalls doppelte Parallele. In diesen Paragraphen werden bei Vertragsbruch zwei göttliche Flüche ausgesprochen, die mit Krankheiten verbunden sind.[23] Dabei handelt es sich, wie in der Abfolge in Dtn 28,27–29 in dem mit dem Mondgott Sin verbundenen Fluch um die Ankündigung von äußerlichen Geschwüren und in dem mit dem Sonnengott Schamasch verbundenen Fluch um die Ankündigung von Blindheit. Im Gegensatz zu Dtn 28,27–29 werden diese Geschwüre jedoch nicht mit einem anderen Land verbunden. Die Einfügung dieses Elements führt verschiedene Exegeten dazu, die Verbindung zu Ägypten zu einem Schlüsselelement der Deutung zu machen. So schließt Gordon McConville aus diesem Unterschied: „Disease here is linked to Egypt and the memory of the enslaved past (cf. 7:15; contrast VTE, where the point is exclusion from worship).“[24] Tatsächlich wird in Dtn 28 durch die Krankheiten kein Ausschluss aus dem kultischen Bereich der Götter oder des Königs angesagt, wie es in den neuassyrischen Nachfolgeeiden der Fall ist, doch ist der Ausschluss aus der Gemeinschaft auf Grund von Krankheiten durchaus auch ein deuteronomisches und deuteronomistisches Motiv.[25] Die von McConville vorgenommene Zuordnung zu den Erfahrungen der Sklaverei in Ägypten in Dtn 28,27f. ist kein Einzelfall in der Auslegung. Noch häufiger wird der

20 Zu den Varianten in den Text-Traditionen und Handschriften und der Deutung der Geschwüre als Hämorrhoiden siehe Otto, Deuteronomium 12–34, 1973.

21 Ges[18], 1341.

22 Zur Zuordnung zur priesterlichen Plagenerzählung siehe Utzschneider und Oswald, Exodus 1–15, 220–222, und Albertz, Exodus 1–18, 156.

23 Zum Text siehe Steymans, Deuteronomium 28, 292–296.

24 McConville, Deuteronomy, 405.

25 Steymans, Deuteronomium 28, 293, macht darauf aufmerksam, dass es in den Flüchen der VTE explizit um kultische Exkommunikation durch die Hautkrankheiten geht, auf die in Dtn 28 dann nur angespielt wird. Zu beiden Flüchen siehe auch Otto, Deuteronomium 12–34, 1995f.

Bezug auf die israelitische Heilsgeschichte in Dtn 28,58–62 und Dtn 7,12–16 gesehen. Eckart Otto erkennt in der Anspielung auf die ägyptischen Plagen in Dtn 28 eine bewusste Intention der nachexilischen Verfasser. Da nun – anders als in Dtn 7,15 – nicht mehr die Feinde, sondern die nachexilischen Adressaten von den Plagen, die (auch) an die Plagen des Exodus erinnern, getroffen werden, die Gott über die Ägypter gebracht hatte, werde die Geschichte des Exodus zurückgenommen.[26] Etwas später im Text in Dtn 28,68 geht es explizit um das Zurückkehren nach Ägypten. In Bezug auf diese Ankündigung kann mit Rüterswörden von einer „Umkehrung der Heilsgeschichte" gesprochen werden.[27] Es stellt sich jedoch die Frage, ob dieser Bezug auch durch die Nennung der ägyptischen Krankheiten hergestellt werden soll. In dieser Interpretation würden in den Versen gleich zwei entscheidende Motive der Heilsgeschichte aufgehoben, denn neben dem Exodusbezug ist in Dtn 28,58–62 auch die Aufhebung der Mehrungsverheißung, zahlreich wie die Sterne am Himmel zu werden, in dieser Fluchandrohung erkennbar. Fraglich ist jedoch, ob die Bezeichnung der Krankheiten dieses Gewicht tragen kann. Für eine Entscheidung gilt es, die beiden Belege für mit Ägypten verbundene Krankheiten aus dem Exodusbuch hinzuzunehmen.

1.3 Ex 23,23–26 und Ex 15,25b–26: Gesundheit als Belohnung und Jhwh als Israels Heiler

Wie in Dtn 7,12–16 wird in Ex 15,25b–26 und Ex 23,23–26 auf die positiven Aspekte des Gehorsams hingewiesen. Und auch die in Ex 23,23–26 genannten kanaanäischen Völker, die Jhwh vernichten wird, sind, mit kleinen Unterschieden, die in Dtn 7,1 genannten (vgl. auch Dtn 20,17). Der Aufruf zur Zerstörung der Mazzeben, der in Dtn 7,5 formuliert ist, findet sich in der kurzen Passage Ex 23,23–26 (vgl. auch Ex 34,23). Wie in Dtn 7,12–16 sind zudem die Themen der Krankheit und der Unfruchtbarkeit miteinander verbunden.[28]

> 23 Wenn mein Bote vor dir hergeht und dich zu den Amoritern, den Hetitern, den Perisitern, den Kanaanitern, den Hiwwitern und den Jebusitern bringt, werde ich sie vernichten, 24 aber du sollst dich nicht vor ihren Göttern niederwerfen und ihnen dienen und nicht nach ihren Werken handeln, sondern du sollst sie auf jeden Fall umreißen und ihre Mazzeben zerbrechen. 25 Ihr sollt Jhwh, eurem Gott, dienen und er wird dein Brot und dein Wasser segnen und ich werde Krankheit (מחלה) aus deiner Mitte fernhalten. 26 Keine Fehlgeburt oder Unfruchtbarkeit wird es in deinem Land geben, ich werde die Zahl deiner Tage voll machen.

Auch die beiden Passagen im Exodusbuch sind untereinander verknüpft. Wie in Ex 23 wird auch in Ex 15,25b–26, als Abschluss der Mara-Episode, von Krankheit (מחלה) gesprochen, die bei Gesetzesobservanz von Israel abgehalten wird:

---

26 Otto, Deuteronomium 12–34, 2016.

27 Rüterswörden, Deuteronomium, 181.

28 Baentsch, Exodus, 211, erkennt hier einen direkten Zusammenhang zwischen dem guten Brot und Wasser und damit der gesunden Ernährung und dem Wohlergehen Israels ohne Krankheit. Gerade im Vergleich mit den Belegen im Deuteronomium ist jedoch wohl noch direkter an ein göttliches Eingreifen zu denken, durch das Krankheiten in die Gemeinschaft gebracht werden können.

> [25b] Dort gab er ihm Rechtssatzung und Vorschrift und dort stellte er es auf die Probe. [26] Und er sagte: Wenn Du genau auf die Stimme Jhwhs, deines Gottes, hörst, und tust, was recht in seinen Augen ist, auf seine Gebote hörst und alle seine Rechtssatzungen (כל־חקיו) hältst, dann will ich keine der Krankheiten (כל־המחלה), die ich (in) Ägypten gebracht habe, über dich bringen, denn ich bin Jhwh, dein Heiler (רפאך).

Die Motive von Recht und Gesundheit sind eng miteinander verknüpft.[29] In direkter Folge steht die Nennung von allen Rechtssatzungen (כל־חקיו) neben der von der ganzen Krankheit (כל־המחלה), die von Israel abgehalten wird.[30] Auf diese Weise wird die umfassende Dimension dieses Zusammenhangs betont. Doch handelt es sich erneut nicht einfach um Krankheiten im Allgemeinen, denn wiederum wird Israel an dieser Stelle von Ägypten abgesetzt. Die Krankheiten, die mit diesem Volk verbunden sind, sollen Israel gerade nicht treffen.[31] Die einzige konkrete Bezeichnung Jhwhs als Arzt oder Heiler im Alten Testament (vgl. aber etwa Dtn 32,39 in der Beschreibung von Jhwhs heilender Tätigkeit) ist somit prominent an die Gabe von Rechtsvorschriften gebunden.[32] Im Gegensatz zu den bisher besprochenen Passagen wird es also sehr wohl kranke Menschen in Israel geben, doch ihre Heilung wird durch den eigenen Gott ermöglicht.[33] Doch auch hier wird das *aktive* Auferlegen von Krankheiten durch den Gebotsgehorsam von Gott selbst ausgeschlossen. So geht es eigentlich nicht um die Heilung der Krankheiten, die von Gott wegen des Bruchs der Gebote auferlegt und dann doch gnädig durch ihn geheilt werden.[34]

29 Siehe dazu Dohmen, Exodus 1–18, 381.

30 Die Stellung im zweiten Satzteil ist besonders auffällig. Jacob, Exodus, 453, versteht die Nennung von כל־המחלה an dieser Stelle so, dass es sich um „die ganze, d. h. allgemeine, jeden treffende" Krankheit handelt, die mit dem vorher genannten untrinkbaren Trinkwasser verbunden werden kann.

31 Fischer und Markl, Exodus, 180 (Hervorhebung i. O.): „Auf dem Hintergrund der Zeichen von Ex 7–11 bedeutet die Zusage, vor all diesen Krankheiten verschont zu werden, eine Weiterführung des bereits dort eingeführten Motivs der Unterscheidung gegenüber Ägypten (ab 8,18) und *indirekt eine Segnung* (vgl. dazu die Flüche in Dtn 28,27.60)."

32 Auch die Verkündigung von Rechtssätzen in dieser Situation und damit vor der Ankunft am Sinai ist bemerkenswert. So ordnet Oswald, Staatstheorie, 228, den Text der Tora-Komposition zu, da durch die Gabe des Gesetzes an dieser Stelle eine Loslösung der Gesetzesgabe vom Gottesberg und dem Kultzelt erfolgt. Die zentrale Orientierung an Rechtssätzen, die in diesen Texten auch zur Basis der gesellschaftlichen Identität gemacht werden, führt zu einer Kategorisierung als „Verfassungspatriotismus" (so ausgeführt bei Utzschneider und Oswald, Exodus 1–15, 52). Zur genaueren Verortung und den Intentionen der Tora-Komposition, die nicht als eine Redaktion zu verstehen ist, sondern als Dachbegriff für nachpriesterliche Ergänzungen über einen längeren Zeitraum im spätperserzeitlichen und frühhellenistischen Jerusalem gemeint ist, siehe ibid., 52f.

33 Vgl. Albertz, Exodus 1–18, 266f.

34 So auch schon bei Hempel, Herr, 823. In dieser Richtung argumentieren jedoch Fischer und Markl, Exodus, 181, indem sie dem Bild des Heilers das des Richters gegenüberstellen.

Dass Ex 23,23–26, Dtn 7,12–16 und 28,58–62 auch literarisch in Verbindung miteinander stehen, legt sich durch die Überschneidungen im Wortlaut nahe.[35] Auch die Warnung vor der Verehrung anderer Götter und die Nennung der kanaanäischen Völker, die vor Israel vernichtet werden, zeigt die Verbindung zwischen Dtn 7 und Ex 23, wobei in Ex 23 der Bote Jhwhs eine zusätzliche Rolle in der Führung des Volkes spielt. Hinzu kommt die, terminologisch abweichende Nennung der Krankheiten (מחלה), die Jhwh über Ägypten bringt, in Ex 15,25f. Rainer Albertz weist beide Passagen des Exodusbuches besonders wegen der Nennung des Boten in Ex 23 seiner Malak-Redaktion zu.[36] Ähnlich urteilt auch Norbert Lohfink in seiner eindrücklichen Untersuchung der Bezeichnung Jhwhs als Arzt und der Literargeschichte der Belege. Die beiden Passagen des Exodusbuches haben sowohl im Vokabular als auch im Stil und in der Auswahl der Themen einen deutlichen Anklang an deuteronomistische Passagen.[37] Doch schon Lohfink zeigt, dass Ex 15,25f. weder vordeuteronomisch ist noch als deuteronomistisch im engeren Sinne bezeichnet werden kann, sondern priesterliche und deuteronomistische Texte bereits voraussetzt. Auf Grund dieser Relation verortet er die Passage im Kontext der Formierung des Pentateuch.[38] Alle vier Passagen, die mit den ägyptischen Krankheiten in Verbindung stehen, können somit auf relativ junge literarische Schichten des Pentateuch zurückgeführt werden und in der persischen Zeit verortet werden.

Auch die im Exodusbuch genannten Krankheiten werden bisweilen direkt mit den ägyptischen Plagen in Verbindung gebracht. So ordnet zum Beispiel Lohfink die Nennung als bewussten erzählerischen Rückverweis ein: „Er spricht von den Plagen, die Jahwe zugunsten Israels über Ägypten kommen ließ".[39] Lohfink argumentiert an dieser Stelle in expliziter Auseinandersetzung mit älteren Kommentaren, die gerade keine Verbindung zu den Plagen gesehen haben, sondern hier an Krankheiten denken, die aus Ägypten bekannt sind. So verweist gerade Bruno Baentsch darauf, dass die meisten Plagen gar nicht als Krankheiten im engeren Sinne verstanden werden können: „Aber Frösche, Hagel, Finsternis etc. sind nicht eigentlich מחלה; höchstens an das Sterben der Erstgeburt könnte gedacht werden."[40] Die Verwendung von כל in Ex 15 verweist aber auf eine Mehrzahl von Krankheiten, wie es auch in Dtn 7,15 der Fall ist. Lohfink argumentiert im Folgenden,[41] dass bei einer Diskussion um das Verständnis der Krank-

---

35 Siehe den Überblick der Überschneidungen zwischen Ex 23,20–33 und Dtn 7 bei Johnstone, Exodus 20–40, 198.

36 Zu Ex 15,25b–26 siehe Albertz, Exodus 1–18, 262; zum Profil dieser Redaktion ibid., 25, zu Ex 23,23–27 siehe Idem, Exodus 19–40, 132–134.

37 So stellvertretend bei Albertz, Exodus 1–18, 262.

38 Lohfink, Jahwe, 112–119, „Der Verfasser muß vielmehr einem Raum entstammen, der schon über Deuteronomisches und Priesterschriftliches zugleich verfügte." (ibid., 119).

39 Lohfink, Jahwe, 104. In ähnlicher Weise auch Michaeli, Livre de l'Exode, 141, der von Krankheiten und Plagen spricht, hier aber eine Erinnerung an die zuvor erzählten Ereignisse sieht. Albertz, Exodus 1–18, 262, deutet das Stichwort מחלה als Rückbezug auf die Plagen und sieht darin gerade einen Unterschied zu Dtn 7,15. Während es sich in Dtn 7,15 noch generell um eine Segensankündigung handelte, werde nun direkt auf die Plagen-Erzählung angespielt (ibid., 267).

40 Baentsch, Exodus, 143.

41 Vgl. Lohfink, Jahwe, 105f.

heiten als Plagen die Geschwüre der sechsten Plage üblicherweise übergangen werden, da diese meist als priesterlich angesehen werden. Bei einer nachpriesterlichen Datierung von Ex 15,25b–26 müsste jedoch auch diese Plage und damit eine weitere Krankheitserscheinung eingerechnet werden. Zudem könnten auch die erkrankten Tiere in diese Kategorie subsummiert werden. Und er betont weitere Parallelen, da er auch das Sterben der Erstgeburt von Menschen und Tieren als Krankheit ansieht und zudem die zuvor berichtete Mara-Episode als Gegenbild der ersten Plage versteht. So wird in beiden Situationen das Wasser untrinkbar, doch kann dieser Weg in den Tod von Israel unterbrochen werden, wenn sie, im Gegensatz zu den Ägyptern, auf die Worte Gottes hören.[42] Trotz dieser möglichen Verbindungen bleibt jedoch festzuhalten, dass die Plagen nicht als מחלה bezeichnet werden, was auch Johnstone dazu bringt, an dieser Stelle „endemic diseases for which Egypt was notorious“ gemeint zu sehen.[43]

So mögen die Krankheiten mit einem Teil der Plagen in Ägypten korrespondieren, eine Verknüpfung legt sich näher als in den diskutierten Belegen aus dem Buch Deuteronomium, doch sollte diese heilsgeschichtliche Anspielung nicht zu eindimensional gesehen werden. So liegt der Fokus an dieser Stelle eindeutig auf dem Phänomen der Erkrankung und nicht auf dem allgemeinen unheilbringenden Strafhandeln Gottes. Entscheidend ist, dass die Krankheit selbst mit Ägypten und nicht mit Israel verbunden ist. Bringt Jhwh eine Krankheit über Israel, so wird diese *von außen* auf das Volk übertragen.

2 Erinnerte Plagen oder allgemeine Krankheiten? – Politische Implikationen

Wie bereits erwähnt werden die Nennungen ägyptischer Krankheiten in den neueren Kommentaren und Auslegungen zu Ex 15,26; 23,25 und besonders zu Dtn 7,15 und 28,59–61 immer wieder als Rückbezug auf die Plagen während des Exodus aus Ägypten gewertet.[44] Durch diese Verknüpfung entstehen erhebliche theologische Konsequenzen, da damit das grundlegende Heilsereignis mit dem aktuellen Handeln Israels verknüpft wird.[45] Gerade die älteren Kommentare fragen, im Gegensatz dazu, nach konkreten Erfahrungen von Krankheit, die mit Ägypten verbunden wird.

42 Dohmen, Exodus 1–18, 380, weist hingegen eher auf die Unterschiede zwischen dem Motiv des Wasserwunders und der Bezeichnung Jhwhs als Arzt hin, da es sich bei ersterem nicht um eine Erzählung um das Thema Krankheit und Heilung handelt.

43 Johnstone, Exodus 1–19, 320. Für eine Übersicht über die verwendeten Bezeichnungen für die Plagen siehe ibid., 93.

44 Vgl. neben den im Folgenden genannten Auslegungen exemplarisch Rose, 5. Mose, 452, und Schmid, Erzväter, 146, der den Formulierungsreichtum in Bezug auf die Darstellung der Plagen aufzeigt.

45 Otto, Deuteronomium 1–11, 873f., führt zu Dtn 7,15 aus: „Das Motiv, das in der nachexilischen Fortschreibung, die das Deuteronomium in den Pentateuch einbringt, auf den Plagenzyklus des Exodusbuches anspielt, hat im Kontext von Dtn 7,12b–16 die Funktion, dem Segen, der sich auf die Natur in Gestalt von Mensch, Tier und Pflanzen richtet, eine geschichtliche Dimension prototypischen Geschehens zu verleihen, das an die Exodustradition anknüpft. So wie in Ägypten JHWH Plagen über die Ägypter brachte, werde er es zukünftig mit denen tun, die Moses Adressaten hassen. Hermeneutischer Schlüssel für die Transformation ist JHWHs Verheißung in Ex 15,26, er werde Israel keine Krankheiten bringen, die er Ägypten auferlegt habe.“

Doch kann die Rede von den ägyptischen Krankheiten sich auch in anderer Weise auf die Kenntnis Ägyptens durch die Israelitinnen und Israeliten beziehen. So kann es um ein allgemeines Wissen um Krankheiten in Ägypten gehen, das Israel in der Geschichtsdarstellung des Deuteronomiums beim Aufenthalt in Ägypten selbst erworben hat. Auf diese Weise verbindet etwa Veijola in Dtn 7,15 die Kenntnis der Krankheiten mit der israelitischen Geschichte. So geht er davon aus, dass das Motiv der Krankheit durch eine Aufnahme von Ex 23,25f. Einzug in die Argumentation in Dtn 7 erhalten hat. Doch hat sich seines Erachtens an dieser Stelle eine Umdeutung ergeben. So bezieht er zwar Ex 23,25f. auf die Plagen, denkt in Dtn 7,15 aber allgemeiner an Krankheiten, die das angesprochene Du in Ägypten kennengelernt hat, da es die Plagen aus eigener Erfahrung ja gerade nicht kennt.[46] Es bietet sich an, noch einen Schritt weiterzugehen und die Nennung der Seuchen von einer spezifischen Phase in der Geschichte Israels, in der man mit Ägypten Kontakt hatte, zu trennen. So ist die Rede von ägyptischen Krankheiten keine Besonderheit der alttestamentlichen Literatur, sondern kann breiter kulturgeschichtlich verankert werden.

Carl Steuernagel, Alfred Bertholet und Samuel Driver suchen im Gegensatz zu den heilsgeschichtlichen Bezügen nach konkreten Krankheiten, die in der Zeit der Abfassung der Texte mit Ägypten verbunden wurden. Sie denken an die Dysenterie,[47] verschiedene Augenkrankheiten und vor allem an die Elephantiasis, eine Erkrankung, die durch eine Störung des Lymphabflusses zum Anschwellen von Körperteilen führt.[48] Diese Erkrankung wird von verschiedenen antiken Schriftstellern als typische ägyptische Krankheit bezeichnet. Aus der Sichtweise der lateinischen Naturkundler Plinius und Lucretius ist diese Krankheit, die auch in Italien aufgetaucht ist, etwas, das aus Ägypten in die andere Gesellschaft eingedrungen ist. So beschreibt Plinius (d. Ä.):

> Wir haben bereits gesagt, daß die Elephantiasis (elephantiasim) in Italien nicht vor der Zeit Pompeius des Großen aufgetreten sei; auch sie beginnt ziemlich oft im Gesicht, und zwar zuerst an der Nase wie eine kleine Linse; dann vertrocknet am ganzen Körper die Haut, die verschiedenfarbige Flecken bekommt und ungleich

46 Veijola, Deuteronomium, 204 mit Anm. 491. Diese Argumentation setzt allerdings voraus, dass man nur das kennen kann, von dem man selbst betroffen war.

47 Auch bei der Dysenterie kann man erkennen, wie Beschreibungen und die Namensgebung zusammenhängen. So kommt der früher verwendete Name „Ruhr" vom Althochdeutschen *ruora*, das schlicht die Bewegung bezeichnet. In diesem Fall geht es also um die Bewegung, in die die Gedärme geraten (vgl. Duden, Herkunftswörterbuch, 687). So erklärt sich auch die Namensgleichheit mit den Flüssen „Ruhr" und „Rur".

48 Steuernagel, Deuteronomium, 80, sowie Bertholet, Deuteronomium, 27. Vgl. auch Driver, Deuteronomy, 103, der als Ursache für die Vielfalt der Krankheiten, die mit Ägypten verbunden sind, auf das dortige ungesunde Klima in manchen Perioden des Jahres verweist. Weinfeld, Deuteronomy 1–11, 374, nennt die Möglichkeit dieser Auslegung neben der Beziehung auf die ägyptischen Plagen. Houtman, Exodus, 308, spricht sich ganz dezidiert gegen eine Verknüpfung der Krankheiten in Ex 15,26 mit den ägyptischen Plagen aus. So werde Ägypten an dieser Stelle generell als ein Land dargestellt, in dem es häufig zu Krankheiten, insbesondere Hautkrankheiten und Augenkrankheiten, komme. Die medizinhistorische konkrete Rekonstruktion der Krankheiten fließt dabei bereits in die Paraphrase der Darstellung ein.

> wird, hier dick, dort dünn, anderswo hart oder rauh wie bei der Krätze; schließlich aber wird sie schwarz und drückt das Fleisch an die Knochen, wobei Zehen und Finger anschwellen. Dieses Übel ist in Ägypten vorherrschend und brachte, als die Könige von ihr befallen worden waren, auch dem Volk Verderben, da zu ihrer Heilung in den Bädern die Wannen mit Menschenblut versetzt wurden …[49]

Plinius denkt im Anschluss daran darüber nach, dass es manche Krankheiten gebe, die von außen kommen und dann nur kurz in einer anderen Region aufflammen – so wie diese Krankheit –, dass andere aber länger blieben. Lucretius weist darauf hin, dass es Krankheiten gebe, die nur in ganz bestimmten Gegenden vorkommen und hält fest, dass die Elephantiasis (*elephas morbus*) ausschließlich in Mittelägypten vorkomme.[50] Am Beispiel dieser beiden Naturdarstellungen wird deutlich, dass es bei der Herkunftsangabe von Krankheiten durchaus auch das Element der naturwissenschaftlichen Beschreibung gibt, das auf dieses Phänomen hinweist.[51] So ist die Verbindung Ägyptens mit besonderen Krankheiten nicht unbedingt auf eine Verknüpfung mit den Plagen im Exoduskontext angewiesen, sondern ein allgemeiner Topos, der sich aus konkreten Erfahrungen speist und dann zum Begriff wurde.[52]

In Bezug auf Israel und Ägypten kommt das Motiv der Zuschreibung von Krankheiten auch in umgekehrter Zuordnung vor. Israels Krankheiten werden als Grund dafür genannt, warum die Israeliten Ägypten verlassen mussten, Hekataios von Abdera schreibt, dass die Israeliten deshalb aus Ägypten vertrieben wurden, weil sie den Kult der ägyptischen Götter gefährdeten und darum Pest und Aussatz bekamen, und dass sich aus dieser Erfahrung eine Tendenz der Absonderung ergeben habe,[53] Manetho und Tacitus erwähnen ähnliche Motive.[54] Der Vorwurf, Epidemien zu bringen, ist ein gängiges Motiv in der polemischen, judenfeindlichen Literatur der Antike.[55]

---

49 Plinius, hist. nat. XXVI,5 (7f.).

50 Lucretius, rer. nat. VI, 1113–1115.

51 Eine veränderte Einstellung der Identifizierung von Krankheiten gegenüber ist auch in den verschiedenen Versionen der Lutherbibel erkennbar. So finden sich in der Ausgabe von 1912 noch mehr konkrete Krankheiten, während die Neurevision von 2017 eher das Erscheinungsbild benennt. So lautet zum Beispiel Dtn 28,27 in der Lutherübersetzung von 1912: „Der HERR wird dich schlagen mit Drüsen Ägyptens, mit Feigwarzen, mit Grind und Krätze, daß du nicht kannst heil werden." 2017 wird der Vers wiedergegeben mit: „Der HERR wird dich schlagen mit ägyptischem Geschwür, Beulen, Krätze und Ausschlag, dass du nicht geheilt werden kannst."

52 Diese Annahme passt zur Deutung, die Nelson, Deuteronomy, 103, für Dtn 28 vorschlägt: „The diseases endemic to life in Egypt were proverbial (28:27, 60)". Diese Sprichwörtlichkeit der ägyptischen Seuchen ist der Schlüssel zum Verständnis. Auch Kessler, Ägyptenbilder, 103, der die Krankheiten Ägyptens in Dtn 7 und 28 nur als ein eher unbedeutendes Nebenmotiv im Deuteronomium einordnet, sieht sie als „Hinweis auf das, was auch Israel drohen könnte".

53 Vgl. Bloch, Vorstellungen, 29–41.

54 Zur genaueren Darstellung der Quellen und den Belegen siehe Assmann, Moses, 54–72.

55 Tacitus, Hist. V,3–5, berichtet ebenfalls davon, aus den Quellen zu wissen, dass Mose und die Juden wegen einer Seuche aus Ägypten vertrieben wurden, um dadurch die Gesellschaft zu reinigen. An dieser Stelle ist das im Folgenden dargestellte Motiv der Verknüpfung von Unreinheit, Krankheit und Fremdheit greifbar. Im vierten Paragraphen führt Tacitus dann aus, dass die Tendenz der Ab-

In einer politischen Dimension ist die Zuschreibung erhellend. So ist die Verknüpfung von Krankheiten mit geographischen Nachbarn und politischen Größen ein häufiges Phänomen in der Kulturgeschichte. Hierbei werden reale, empirische Erfahrungen mit Stereotypen und Vorurteilen verbunden. Die fremde unterscheidet sich von der eigenen Gemeinschaft und das Kranke wird der Seite des Fremden zugeschrieben. Zunächst kann festgehalten werden, dass der Wunsch nach Abgrenzung sich auf beide Bereiche erstrecken kann. Der Soziologe Alois Hahn hat in einer empirischen Studie die Beziehung zwischen der Einstellung zu Fremden und zu AIDS untersucht. Dabei konnte er zeigen, dass dieselben Personen, die fremdenfeindliche Tendenzen zeigen, auch eine harte Abgrenzung von Menschen mit einer AIDS-Infektion suchen. Er erklärt:

> Die Kranken, zumal die AIDS-Kranken, stellen in der Sicht dieses Diskurses eine ähnliche Bedrohung dar wie die Asylanten. Die Kranken sind Fremde, und deshalb wird in dieser Perspektive vermutet, daß es umgekehrt die Fremden sind, von denen man am ehesten erwarten kann, daß sie Träger ansteckender Krankheiten sind.[56]

Soziale und gesundheitliche Abgrenzungen werden verbunden: „Das Fremde ist bedrohlich, und das Bedrohliche wird der Kategorie des Fremden zugeschlagen."[57] Die Benennung einer Krankheit über ein Land bzw. seine Bewohnerinnen und Bewohner kann als modernes Beispiel an den verschiedenen Namen der Syphilis nachvollzogen werden. Der früher in Deutschland verwendete Name war „französische Krankheit" (*maladie française*), in Frankreich wurde die Krankheit nach den Italienern benannt (*mal italien* oder *mal napolitain*), in Schottland nach den Engländern (*british-disease*), in Portugal und in den Niederlanden hieß sie die „spanische Krankheit", in Japan „chinesische Krankheit", in Russland „polnische Krankheit" und, um den Kreis zu schließen, in Polen „deutsche Krankheit".[58] Im Hintergrund dieser Bezeichnungen stehen konkrete Erfahrungen, die zumeist mit den Nachbarn verbunden werden, mit denen man in Kontakt war, doch wird durch diese Zuschreibung die gesamte Gemeinschaft, deren Namen man benutzt, mit dem Attribut der Krankheit verbunden.

Krankheit erreicht den einzelnen Menschen immer von außerhalb und wird oft durch Götter oder Dämonen auf den Einzelnen übertragen.[59] Gerade dieser Aspekt

---

grenzung, die zum Volk der Juden gehöre, sich in den Sitten äußere, die jeweils in Opposition zu den sonst gängigen Praktiken stünden. Auch in diesem Zusammenhang kommt er noch einmal auf den Aussatz zu sprechen und nennt die Erinnerung an diese göttliche Heimsuchung als Grund, warum die Juden kein Schwein essen, da dieses normalerweise von ebendieser Krankheit befallen wird.

56 Hahn, Konstruktion, 156.

57 Ibid.

58 Zu Bezeichnungen der Syphilis und dem politischen Aspekt sei stellvertretend auf die Darlegungen des portugiesischen Soziologen Boaventura de Sousa Santos, Descobrimentos, verwiesen. Die Erkenntnis, dass eine Verbindung von Krankheitserregern und Ländern zu fremdenfeindlichen Reaktionen führt, war ein Grund dafür, dass die verschiedenen Varianten des Corona-Virus nicht mehr, wie zu Beginn, nach dem Ort der Entstehung oder des ersten Auftretens bezeichnet wurden, sondern letztlich mit griechischen Buchstaben durchgezählt wurden.

59 Frevel, Art. Krankheit/Heilung, 301.

des von Außen-Kommens verschärft sich durch die Benennung der Krankheiten nach anderen Regionen, die ebenfalls außerhalb liegen. Denn durch die Zuschreibung der Krankheiten zu anderen Völkern wird diese Vorstellung auf eine kollektive Ebene übertragen. So muss verhindert werden, dass das Übel in die eigene Gemeinschaft eindringt, da, wie in Dtn 7,12 beschrieben, in der Mitte der eigenen Gemeinschaft Gott selbst ist. Krankheit wird hier der Reinheit im weiteren Sinne gegenübergestellt. So werden in der deuteronomistischen Gesellschaftsordnung etwa auch an den Genitalien verletzte Menschen (Dtn 23,2) und blinde und lahme Tiere (Dtn 15,21; vgl. Lev 22,24 und in Bezug auf Menschen das Sprichwort in 2 Sam 5,8) aus dem Bereich der Reinheit ausgeschlossen.[60] Besonders deutlich wird der Zusammenhang von Krankheit und Reinheit in den Regelungen von Lev 13, in denen vor allem Hautkrankheiten im Fokus sind.[61] Der Ausschluss von kranken Individuen kann auf den Ausschluss der Krankheit als solcher übertragen werden, wie es in den diskutierten Texten des Exodusbuches und des Deuteronomium geschieht.

Deuteronomische und deuteronomistisch geprägte Texte nehmen immer wieder Ägypten als Kontrastgesellschaft, um die eigene Gemeinschaft durch den Gegensatz beschreiben zu können. Auch Lohfink spricht von der Kontrastgesellschaft, die sich auf Basis des Gesetzesbezuges gerade in der deuteronomisch-deuteronomistischen Darstellung ergibt: „Hier sind Gott, Gesellschaftsentwurf und menschliche Gesundheit auf eine höchst eindeutige Weise zusammengebracht worden.“[62] Dies wird noch deutlicher, wenn man auch die Zuschreibung an Ägypten in dieser Dimension versteht. Die deuteronomistische Darstellung Ägyptens lebt insgesamt von der Vielfalt der Bezüge, die in ihrer Deutung nicht auf die Exodusbezüge beschränkt werden sollte, und zeichnet Ägypten in vielfältigen – bisweilen auch positiven – Bildern.[63] Denn die Darstellung in den Texten hängt letztlich von der jeweils aktuellen politischen Lage ab. Dass die meisten Begriffe für Krankheit mit der Qualifizierung als רע verbunden werden können, wie es in Dtn 7,15; 28,35; Qoh 6,2 und Hi 2,7 geschieht, führt gerade im Deuteronomium dazu, dass die Krankheiten als etwas angesehen werden, das aus der eigenen Gemeinschaft fernzuhalten ist. Krankheit ist ein Teil der Welt außerhalb, die perserzeitlichen Verfasser kreieren ihr Israel als abgegrenzten und reinen Raum.

---

60 Man denke nur an den deutschen Begriff „Aussatz“ für das griechische Lehnwort Lepra, der gar keine konkrete Krankheitsbezeichnung ist, sondern nur den Aspekt der örtlichen Separation deutlich macht, weil man sich außerhalb der Gemeinschaft aufzuhalten hat (vgl. Duden, Herkunftswörterbuch, 58).

61 Siehe dazu Frevel, Art. Krankheit/Heilung, 303.

62 Lohfink, Jahwe, 137, vgl. auch ibid., 152.

63 Insgesamt für einen Überblick über die verschiedenen Ägyptenbilder im Deuteronomium sei besonders auf Kessler, Ägyptenbilder, 102–105.125f., verwiesen, der von „Ägypten als Projektionsfläche für israelitische Probleme“ (ibid., 122) spricht. Auf die Nennungen der mit Ägypten verbundenen Krankheiten im Exodusbuch und Deuteronomium geht er aber nur sehr beschränkt ein, siehe ibid., 103.

Literatur

Achenbach, R., Israel zwischen Verheißung und Gebot. Literarkritische Untersuchungen zu Deuteronomium 5–11, EHS.T 422, Frankfurt a. M., 1991.

Albertz, R., Exodus, Band 1: Ex 1–18, ZBK.AT 2.1, Zürich, 2012.

Assmann, J., Moses der Ägypter. Entzifferung einer Gedächtnisspur, München/Wien, 1998.

Baentsch, B., Exodus – Leviticus – Numeri, HK 1,2, Göttingen, 1903.

Bertholet, A., Deuteronomium, KHC 5, Freiburg i. Br./Leipzig/Tübingen, 1899.

Bloch, R. S., Antike Vorstellungen vom Judentum. Der Judenexkurs des Tacitus im Rahmen der griechisch-römischen Ethnographie, Hist. 160, Stuttgart, 2002.

Dohmen, C., Exodus 1–18, HThKAT, Freiburg i. Br./Basel/Wien, 2015.

Driver, S. R., A Critical and Exegetical Commentary on Deuteronomy, ICC, Edinburgh, [3]1902.

Duden, Herkunftswörterbuch. Etymologie der deutschen Sprache, herausgegeben von der Dudenredaktion, Bd. 7, Mannheim et al., [3]2001.

Ebach, R., Das Fremde und das Eigene. Die Fremdendarstellungen des Deuteronomiums im Kontext israelitischer Identitätskonstruktionen, BZAW 471, Berlin/Boston, 2014.

Fischer, G. und D. Markl, Das Buch Exodus, NSKAT 2, Stuttgart, 2009.

Frevel, C., Art. Krankheit/Heilung, in A. Berlejung und C. Frevel (Hg.), Handbuch theologischer Grundbegriffe zum Alten und Neuen Testament, Darmstadt, [5]2016, 301–305.

Hahn, A., Die soziale Konstruktion des Fremden, in W. M. Sprondel (Hg.), Die Objektivität der Ordnungen und ihre kommunikative Konstruktion, FS Th. Luckmann, Frankfurt a. M., 1994, 140–163.

Hempel, J., „Ich bin der Herr, dein Arzt“ (Ex. 15,26), in ThLZ 82, 1957, 809–826.

Houtman, C., Exodus, Volume 2: Chapters 7:14–19:25, HCOT, Kampen, 1996.

Jacob, B., Das Buch Exodus, herausgegeben im Auftrag des Leo Baeck Instituts von Shlomo Mayer, Stuttgart, 1997.

Johnstone, W., Exodus 1–19, Smyth & Helwys Bible Commentary 2a, Macon, 2014.

Johnstone, W., Exodus 20–40, Smyth & Helwys Bible Commentary 2b, Macon, 2014.

Kessler, R., Die Ägyptenbilder der Hebräischen Bibel. Ein Beitrag zur neueren Monotheismusdebatte, SBS 197, Stuttgart, 2002.

Leuenberger, M., Segen und Segenstheologien im alten Israel. Untersuchungen zu ihren religions- und theologiegeschichtlichen Konstellationen und Transformationen, AThANT 90, Zürich, 2008.

Lohfink, N., „Ich bin Jahwe, dein Arzt“ (Ex 15,26). Gott, Gesellschaft und menschliche Gesundheit in einer nachexilischen Pentateuchbearbeitung (Ex 15,25b.26), in Idem (Hg.), „Ich will euer Gott werden“. Beispiele biblischen Redens von Gott, SBS 100, Stuttgart, 1981, 11–73.

Lukrez, Von der Natur, Lateinisch – Deutsch, herausgegeben und übersetzt von Herrmann Diels, Sammlung Tusculum, München, 1993.

McConville, J. G., Deuteronomy, Apollos Old Testament Commentary 5, Leicester/Downers Grove, 2002.

Michaeli, F., Le livre de l'Exode, Commentaire de l'Ancien Testament 2, Neuchâtel/Paris, 1974.

Nelson, R. D., Deuteronomy. A Commentary, OTL, Louisville, 2002.

Oswald, W., Staatstheorie im Alten Israel. Der politische Diskurs im Pentateuch und in den Geschichtsbüchern des Alten Testaments, Stuttgart, 2009.

Otto, E., Deuteronomiumstudien II. Deuteronomistische und postdeuteronomistische Perspektiven in der Literaturgeschichte von Deuteronomium 5–11*, in ZAR 15, 2009, 65–215.

Otto, E., Deuteronomium 1–11, Band 2: 4,44–11,32, HThKAT, Freiburg i. Br./Basel/Wien, 2012.

Otto, E., Deuteronomium 12–34, Band 2: 23,16–34,12, HThKAT, Freiburg i. Br./Basel/Wien, 2017.

Plinius Secundus d. Ä., Naturkunde. Lateinisch – Deutsch, Bücher XXVI/XXVII Medizin und Pharmakologie. Heilmittel aus dem Pflanzenreich, herausgegeben und übersetzt von Roderich König, Darmstadt, 1983.

Rose, M., 5. Mose, Band 2: 5. Mose 1–11 und 26–34. Rahmenstücke zum Gesetzeskorpus, ZBK. AT 5,2, Zürich, 1994.

Schmid, K., Erzväter und Exodus. Untersuchungen zur doppelten Begründung der Ursprünge Israels innerhalb der Geschichtsbücher des Alten Testaments, WMANT 81, Neukirchen-Vluyn, 1999.

Sousa Santos, B. de, Descobrimentos e Encobrimentos, *Revista crítica* de Ciências Sociais 38, 1993, 5–10.

Steuernagel, C., Das Deuteronomium übersetzt und erklärt, HK 1.3,1, Göttingen, [2]1923.

Steymans, H. U., Deuteronomium 28 und die *adê* zur Thronfolgeregelung Asarhaddons. Segen und Fluch im Alten Orient und in Israel, OBO 145, Freiburg i.Ue./Göttingen, 1995.

Tacitus, P. C., Historiae/Historien, Lateinisch – Deutsch, herausgegeben von Joseph Borst, München (Darmstadt), [5]1984.

Utzschneider, H. und W. Oswald, Exodus 1–15, IEKAT, Stuttgart, 2013.

Veijola, T., Das fünfte Buch Mose (Deuteronomium), Kapitel 1,1–16,17, ATD 8,1, Göttingen, 2004.

Weinfeld, M., Deuteronomy 1–11. A New Translation with Introduction and Commentary, AncB 5, New York, 1991.

Wolff, H. W., Anthropologie des Alten Testaments. Mit zwei Anhängen neu herausgegeben von Bernd Janowski, Gütersloh, 2010.

Mose als Gesetzgeber

Literatur- und religionsgeschichtliche Überlegungen zur Transformation der Gestalt Moses in der Formierung des Pentateuch

Konrad Schmid

1 Die Fragestellung

Die Vorstellung von Mose als Gesetzgeber[1] hängt in der Hebräischen Bibel in narratologischer Hinsicht vor allem an der Sinaiperikope in Ex 19 bis Num 10 und dem Deuteronomium (vgl. aber auch Neh 9,13f.), in terminologischer Hinsicht am deutlichsten an der Verbindung תורת משה „Tora Moses", die sich zwar nicht im Pentateuch selbst, aber in Nevi'im und Ketuvim findet.[2] Hinzu zu nehmen sind die Stellen im Deuteronomium, das als Moserede stilisiert ist, die von התורה הזאת „dieser Tora" sprechen (1,5; 4,8; 31,9.11; vgl. 4,4) und so auch die Vorstellung einer Mose-Tora implizieren – allerdings auf das Deuteronomium statt auf den gesamten Pentateuch fokussiert.[3]

Die nachfolgenden Überlegungen wenden sich der Frage zu, wie die Vorstellung Moses als Gesetzgebers in der Hebräischen Bibel literatur- und religionsgeschichtlich zu rekonstruieren sei.[4] In diesem Rahmen werden allerdings nur Umrisse zu entwerfen sein, zudem lassen sich manche Alternativen in der Rekonstruktion nicht eindeutig entscheiden und müssen offen bleiben. Diese Fragestellung ist ein gewisses Pendant zu derjenigen nach der Rekonstruktion der Vorstellung eines göttlichen Gesetzgebers, die im Pentateuch eng mit der Gestalt Moses als Mittlerfigur verbunden ist.[5] So kann die Hebräische Bibel sowohl von der תורת אלהים „Tora Gottes" (bzw. תורת יהוה „Tora Jhwhs")

---

1 Dieser Text ist im Rahmen des ERC Advanced Grants 833222 und mit Unterstützung des European Research Councils entstanden. Vgl. zur Funktion Moses als Gesetzgeber Lux, Hammurapi und Mose, 112–139; Otto, Die Tora des Mose; Otto, Das Gesetz des Mose; Gertz, Mose und die Ursprünge, 3–20; Römer, Moses, the Royal Lawgiver, 81–94; Schmid, Divine Legislation, 129–153; Knoppers, Moses and the Greek Lawgivers, 50–77; s. auch Graf, Moses Vermächtnis.

2 S. u. Anm. 7.

3 Vgl. García Lopez, Art. תורה; Sonnet, The Book Within the Book, 134–140.

4 Sie schliesst damit an die Problemstellung von Oswald, Israel am Gottesberg, an, vgl. auch idem, Auszug aus der Vasallität, 263–288; idem, Die Exodus-Gottesberg-Erzählung, 35–51; Utzschneider und Oswald, Exodus 1–15; Oswald, Das Gesetz, das Volk und der König, 76–108; idem, Politische Funktion, 111–127.

5 Vgl. Schmid, Gott als Gesetzgeber, 267–294. Nur der Dekalog ist gemäss Dtn 5,4f. direkt von Gott an das Volk Israel ergangen. Ex 20,18–21 scheint dies allerdings zu bestreiten. Vgl. dazu Köckert, Sinai, 13–37.

als auch der תורת משה „Tora Moses“ sprechen, ohne dass dabei zwingend unterschiedliche textliche Größen im Blick sein müssten.

Die Abschnitte dieser Untersuchung schreiten von den jüngsten zu den mutmaßlich älteren Stufen zurück. In zwei Schritten wird zunächst nach dem Gebrauch des Ausdrucks „Tora Moses“ in der Hebräischen Bibel zu fragen und die narrative Logik des Verhältnisses von Gottesgesetz und Mosegesetz im vorliegenden Pentateuch zu eruieren sein.[6] Dann sind sowohl die narrative Einbindung von Dekalog und Bundesbuch in die Exoduserzählung sowie die Gestaltung des Deuteronomiums als Mosegesetz zu diskutieren, die beide für die Vorstellung von Mose als Gesetzgeber – im einen Fall narrativ, im anderen Fall terminologisch angezeigt – von Bedeutung sind. Schliesslich soll eine tentative diachrone Rekonstruktion vorgeschlagen werden, welche literaturgeschichtlichen Etappen und welche religionsgeschichtlichen Veränderungen sich auf dem Weg zur Vorstellung von Mose als Gesetzgeber noch mit hinreichender Deutlichkeit erkennen lassen.

2 Die „Tora Moses“ in der Hebräischen Bibel

Der Ausdruck תורת משה „Tora Moses“ begegnet in der Hebräischen Bibel in Jos 8,31f.; 23,6; 1 Kön 2,3; 2 Kön 14,6; 2 Kön 23,25; Mal 3,22; Dan 9,11; Dan 9,13; Esr 3,2; 7,6; Neh 8,1; 2 Chr 23,18 und 30,16.[7] Unter diesen Stellen ist die Erwähnung der „Tora Moses“ besonders prominent in Mal 3,22. Sie bildet zusammen mit Jos 1,7–8.13 eine Inklusion um den gesamten Kanonteil Nevi'im (Josua bis Maleachi), die diesen der „Tora Moses“ unterordnet:

Jos 1,7f.13:

רק חזק ואמץ מאד לשמר לעשׂות
ככל־התורה אשר צוך משה עבדי
אל־תסור ממנו ימין ושׂמאול למען תשׂכיל
בכל אשר תלך:
לא־ימוש ספר התורה הזה מפיך
והגית בו יומם ולילה למען תשמר
לעשׂות ככל־הכתוב בו כי־אז תצליח
את־דרכך ואז תשׂכיל:
…
זכור את־הדבר אשר צוה אתכם משה
עבד־יהוה לאמר יהוה אלהיכם מניח
לכם ונתן לכם את־הארץ הזאת:

Mal 3,22:

זכרו תורת משה עבדי אשר צויתי אותו בחרב
על־כל־ישׂראל חקים ומשפטים:

Gedenkt der Tora Moses, meines Knechts, dem ich am Horeb für ganz Israel Satzungen und Rechte *geboten* habe.

6 Zur Frage einer Endgestalt des Pentateuch s. Blum, Endgestalt, 46–57. Zur Problematisierung der Kategorie „Gesetz“ s. Milstein, Making a Case. Sie interpretiert die Rechtsmaterialien des Pentateuch eher als „legal-pedagogical“ Unterweisung. S. dazu die kritische Besprechung von Otto in Bib. 104 (2023), 134–137.

7 Vgl. Weber, Tora JHWHs, 83, dort auch die weiteren Belege zu „Tora JHWHs“, „Tora Gottes“, „Tora“ + Suffix. In Jos 8,31; 23,6; 2 Kön 14,6; Neh 8,1 erscheint der Begriff „Tora Moses“ in Verbindung mit ספר „Buch“ / „Schriftstück“.

7 Nur sei recht fest und unentwegt, genau zu tun nach allem, was dir mein *Knecht Mose* geboten hat. Weiche nicht davon, weder zur Rechten noch zur Linken, auf dass du Erfolg hast auf allen deinen Wegen. 8 Von diesem Buch der *Tora* sollst du allzeit reden und darüber nachsinnen Tag und Nacht, dass du genau tust nach allem, was darin geschrieben steht; denn alsdann wird es dir auf deinen Wegen gelingen und wirst du Glück haben.

…

13 *Gedenkt* dessen, was euch *Mose, der Knecht Jhwhs, geboten* hat: „Jhwh, euer Gott, schafft euch Ruhe und gibt euch dieses Land.“

Die sachliche Ausrichtung der Nevi’im in ihrem Eröffnungstext in Jos 1 an der „Tora des Mose“ nimmt implizit die Vorstellung von Mose als Prophet *par excellence* (Dtn 34,10–12) auf und grenzt alle nachfolgenden „Propheten“ von Josua bis Maleachi von ihm qualitativ ab.[8]

Innerhalb der Ketuvim lässt sich eine ähnliche Prävalenz der Tora beobachten, vermutlich ist in der Tat der literarische Zusammenhang von Genesis bis Deuteronomium (oder nahe Vorstufen davon) im Blick:

ויאספו כל־העם כאיש אחד אל־הרחוב אשר לפני שער־המים
ויאמרו לעזרא הספר להביא את־ספר תורת משה אשר־צוה יהוה את־ישראל׃

> Und das ganze Volk versammelte sich einmütig auf dem Platz, der vor dem Wasser-Tor war, und sie sagten zu Esra, dem Schriftgelehrten, er möge das Buch der Tora Moses bringen, die Jhwh Israel geboten hatte. (Neh 8,1)

Hier wird die Tora mit Mose in Zusammenhang gebracht, wobei dabei weder zwingend noch unbedingt naheliegenderweise die Vorstellung von Mose als *Autor* der Tora impliziert sein muss.[9] Gleichzeitig wird erklärt, dass die „Tora Moses“ von Gott stamme und dessen Gebote für Israel enthalte („die Jhwh Israel geboten hatte“). In kanonischer Perspektive wird damit die Prävalenz der Tora vor anderen Schriften zum Ausdruck gebracht, was sich auch in ihrer quasi-kultischen Verehrung zeigt:[10]

8 Vgl. Schmid, Pentateuchredaktor, 183–197; Achenbach, A Prophet like Moses, 435–458.
9 Vgl. Schmid, From Amos to Ben Sira, 119f.
10 Vgl. Schmid, Der Kanon und der Kult, 523–546.

ויפתח עזרא הספר לעיני כל־העם כי־מעל כל־העם היה וכפתחו עמדו כל־העם:
ויברך עזרא את־יהוה האלהים הגדול ויענו כל־העם אמן אמן במעל ידיהם ויקדו וישתחו
ליהוה אפים ארצה:

> Und Esra öffnete das Buch vor den Augen des ganzen Volks – denn er stand höher als das ganze Volk. Und als er es öffnete, erhob sich das ganze Volk. [6] Und Esra pries Jhwh, den grossen Gott. Und das ganze Volk antwortete mit erhobenen Händen: Amen! Amen! Und sie verneigten sich, und mit dem Angesicht zur Erde warfen sie sich nieder vor Jhwh. (Neh 8,5f.)

Neh 8,8 bezeichnet dann das als „Tora Moses" eingeführte Buch abschliessend als „Tora Gottes" und hebt so die sakrale Qualität der Tora noch einmal hervor:

ויקראו בספר בתורת האלהים
מפרשׁ ושׂום שׂכל ויבינו במקרא:

> Und sie lasen vor aus dem Buch, aus der Tora Gottes, wobei Abschnitt für Abschnitt erklärt wurde, und sie leiteten zum Verstehen an, und man verstand, was vorgelesen wurde. (Neh 8,8)

Auch aus Ps 1,1f. ergibt sich eine klare Vorstellung der Vorordnung der Tora vor anderen Schriften:[11]

אשרי־האישׁ אשׁר לא הלך בעצת רשׁעים
ובדרך חטאים לא עמד
ובמושׁב לצים לא ישׁב:
כי אם בתורת יהוה חפצו
ובתורתו יהגה יומם ולילה:

> Wohl dem Mann,
> der nicht im Rat der Frevler geht
> und nicht auf dem Weg der Sünder steht,
> und nicht sitzt im Kreis der Spötter,
> [2] sondern sein Gefallen ist an der Tora Jhwhs
> und er sinnt über seiner Tora Tag und Nacht. (Ps 1,1f.)

Was ist hier mit der תורת יהוה „Tora Jhwhs" gemeint? Zunächst liegt es durchaus nahe, an den Pentateuch zu denken, doch geht die „Tora Jhwhs" wahrscheinlich darin nicht auf, sondern bezieht auch die Lektüre des Psalters selbst mit ein, der auch als „Tora Jhwhs" gelten kann. Das ergibt sich vor allem durch die Fünfteilung des vorliegenden Psalters, die diesen als „Tora Davids" in eine Analogie zur „Tora Moses" bringt, die beide

11 Vgl. dazu Janowski, Freude an der Tora, 18–31; LeFebvre, On His Law He Meditates, 439–450; Jones, Psalm 1, 537–551.

als Ausdruck der „Tora Jhwhs“ gelten können.[12] Der Sprachgebrauch von Ps 1 („Tora Jhwhs“) steht terminologisch der Chronik nahe. Diese Nähe muss nicht überraschen, denn der durch Ps 1 eingeleitete und die vier Doxologien in Ps 41; 72; 89 und 106 in fünf „Bücher“ strukturierte Psalter in seiner Endgestalt repliziert in seinem Leseablauf das chronistische Geschichtsbild, das in der Epoche Davids und Salomos (Buch I und II des Psalters) die Gründungszeit Israels sieht und mit der Restauration endet (Buch V des Psalters).[13]

Nevi'im im und Ketuvim sind also im Kontext des biblischen Kanons der Tora untergeordnet,[14] wobei in den Nevi'im die Tora im Rahmen dieser Perspektive eher als „Tora Moses“, in den Ketuvim hingegen eher als „Tora Gottes“ bezeichnet wird. Dieser unterschiedliche Sprachgebrauch könnte damit zusammenhängen, dass die Nevi'im als Gesamtzusammenhang stark von der Tora *qua* Pentateuch geprägt sind, während die Ketuvim eher theokratisch ausgerichtet sind.[15]

Doch wie ist diese Vorstellung der Tora Moses innerhalb des Pentateuch selbst verankert und entstanden? Dazu ist nun zunächst ein Blick auf die Rechtshermeneutik des vorliegenden Pentateuch zu werfen.

3 Die Zuordnung von göttlichem Sinaigesetz und der Gesetzgebung Moses im Ostjordanland

Das narrative und legislative Textgut des Pentateuch hält sich umfangmäßig etwa die Waage.[16] Die Rechtstexte finden sich an verschiedenen Stellen im Pentateuch,[17] konzentrieren sich aber einerseits auf die Sinaigesetzgebung in Ex 19 bis Num 10 sowie die Gesetzgebung im Ostjordanland im Deuteronomium. Der jetzige Leseablauf der Tora erweckt den Eindruck, dass das Deuteronomium als durch Mose interpretierte Weitergabe der Sinaigesetze an Israel zu verstehen sei,[18] so besonders in Dtn 1,5 (vgl. auch Dtn 4,1–2.5):

בעבר הירדן בארץ מואב הואיל משה באר את־התורה הזאת לאמר׃

> Jenseits des Jordan, im Land Moab, begann[19] Mose, diese Tora auszulegen.[20] (Dtn 1,5)

12 Vgl. Weber, Tora JHWHs.

13 Vgl. Kratz, Die Tora Davids, 1–34; Leuenberger, Konzeptionen.

14 Vgl. dazu Lohfink, Moses Tod, 481–494.

15 Zu den möglichen Gründen für den Sprachgebrauch der Ketuvim vgl. Jiang, God's Law, 444–458.

16 Zur Problematisierung dieser Unterscheidung am Beispiel der priesterlichen Texte vgl. Feldman, Story and Sacrifice. Richtig an dieser Kritik ist die Feststellung, dass alle Gesetzesmaterialien des Pentateuch in dessen Erzählung eingebunden sind.

17 Vgl. Gertz, Grundinformation, 221f.

18 Vgl. dazu Otto, Rechtshermeneutik, 490–514; Otto, Dtn 1,1–4,43, 268–274.

19 Vgl. Otto, Dtn 1,1–4,43, 303: „j'l (Hifil) bezeichnet einen Anfang (ThWAT III, 383 [H. Eising]) und dient der Abgrenzung der mosaischen Toraauslegung von der mit Num 36,13 beendeten Offenbarung JHWHs von Geboten und Gesetzen.“

20 Ges18, 120, übersetzt באר (Piel) in Dtn 1,5 mit „verdeutlichen, erklären“. Das Lexem findet sich noch in Dtn 27,8 und Hab 2,2. Lohfink (Deuteronomium 1,5, 233–251) hat vorgeschlagen,

Eine gewisse Ausnahme bilden in dieser Zuordnung von Sinaigesetzgebung und Deuteronomium die priesterlichen Gesetze. Diese scheinen von der Priesterschaft selbst jeweils aktualisiert werden zu können und bedürfen nicht der Generalauslegung durch Mose im Deuteronomium, wie aus Lev 10,16–20 deutlich wird:

> ואת שׂעיר החטאת דרשׁ דרשׁ משׁה והנה שׂרף ויקצף על־אלעזר ועל־איתמר בני אהרן הנותרם לאמר: מדוע לא־אכלתם את־החטאת במקום הקדשׁ ... וידבר אהרן אל־משׁה הן היום הקריבו את־חטאתם ואת־עלתם לפני יהוה ותקראנה אתי כאלה ואכלתי חטאת היום הייטב בעיני יהוה: וישׁמע משׁה וייטב בעיניו:
>
> Als aber Mose den Bock für das Sündopfer suchte, da war dieser schon verbrannt worden. Und er wurde zornig über Elasar und Itamar, die Söhne, die Aaron geblieben waren. Und er sprach: [17] „Warum habt ihr das Sündopfer nicht an heiliger Stätte gegessen? …“ [19] Aaron aber sprach zu Mose: „Siehe, heute haben sie ihr Sündopfer und ihr Brandopfer vor Jhwh dargebracht, und dann ist mir solches widerfahren. Und würde ich heute ein Sündopfer essen, wäre es Jhwh wohlgefällig?“ [20] Und Mose hörte es, und es war gut in seinen Augen. (Lev 10,16–20)

Mittels einer Erzählung wird hier erklärt, dass das von der Bestimmung des Mose abweichende und eigenmächtige Verhalten der Söhne Aarons doch legitim ist und in Moses Augen als „gut“ erscheinen kann. Damit ist in der Tora selbst die Möglichkeit von Adaptionen und Aktualisierungen verankert, die den „mosaischen“ Charakter der Tora nicht tangieren.[21] Deshalb kann diese kleine Episode als die „founding legend of priestly exegesis“ gelten.[22]

Die Gesetzgebung am Sinai – lokalisiert in der längsten erzählerischen „Fermate“ (mit Ausnahme von Ex 32–34) innerhalb des Pentateuch in Ex 19 bis Num 10 – spielt sich vorrangig zwischen Gott und Mose ab, das Volk Israel erfährt von den Gesetzen an diesem Ort selbst wenig. Einzelne Notizen gehen davon aus, dass Mose bereits am Sinai das eine oder andere an Israel übermittelt habe, so etwa das „Bundesbuch“ (20,22–23,33; vgl. Ex 24,7, verkündet in 24,3), das Sabbatgebot (Ex 31,12–17; verkündet in 35,1–3) und die Anweisungen zur Erstellung des Begegnungszelts (Ex 25–31; verkündet in Ex 34,32.34; Ex 35–40). Im narrativen Kontext von Exodus bis Numeri fehlt aber eine eindeutige Ausführungsnotiz, dass Mose auch tatsächlich restlos befolgt habe, was ihm beständig von Gott aufgetragen worden ist:

Dtn 1,5 im Sinne der Inkraftsetzung der zuvor Mose gegebenen Gesetze zu verstehen, vgl. dagegen aber Otto, Mose, der erste Schriftgelehrte, 273–284.

21 Vgl. Frevel, Verhältnis.

22 Vgl. Nihan, Priestly Torah, 602; idem, Narrative and Exegesis.

דבר אל־בני ישׂראל ואמרת אלהם

„Rede mit den Israeliten und sprich zu ihnen." (vgl. Lev 1,2; 4,2; 7,29; 11,2; 12,2; 15,2; 18,2; 19,2; 20,2; 21,1; 23,2.10.24.34; 24,2; 25,2; 27,2; Num 5,2.12; 6,2; 15,2.18.38; 19,2; 28,2; 34,2; 35,2; vgl. Lev 6,2.18; 22,2.18; Num 6,23; 8,2)

Erst durch die Abschiedsrede Moses im Ostjordanland, die sich im Deuteronomium findet, erhält Israel nach der erzählerischen Logik des vorliegenden Pentateuch die Gesetze, nach denen es im Land, in das es ziehen wird, zu leben hat. Die Idee – man kann auch sagen: das Postulat – der substanziellen, wenn auch interpretatorisch vermittelten Gleichartigkeit von Sinaigesetzgebung und Ostjordanlandgesetzgebung wird dabei – neben der Auslegungsnotiz Dtn 1,5 – über die Vorschaltung der beiden Dekaloge in Exodus 20 und Deuteronomium 5 gesichert. Das diachrone Verhältnis der beiden Texte zueinander ist breit diskutiert worden und wohl kaum in einem linearen Modell zu klären.[23] Von entscheidender Bedeutung ist aber die Platzierung der beiden Dekaloge in ihrem Grosskontext, der die grundlegende Identität dessen, was Gott Mose am Sinai gesagt hat, und dessen, was Mose an Israel im Ostjordanland weitergibt, gewährleistet. Der wichtigste Unterschied zwischen dem Exodus- und dem Deuteronomiumsdekalog – die Begründung des Sabbatgebots – lässt sich durchaus mit der Stellung der beiden Dekaloge im narrativen Ablauf des Gesamtpentateuch in Verbindung bringen: Das Sabbatgebot im Exodusdekalog weist auf die Schöpfung zurück, während der Deuteronomiumsdekalog den Fokus auf den Auszug aus Ägypten legen kann.

4 Die Mose-Exoduserzählung und die Rechtstexte im Exodusbuch

Mose wird im Buch Exodus, ohne dass dies explizit gesagt würde, zum Gesetzgeber allein durch den Umstand, dass im narrativen Gefüge der Exoduserzählung Rechtstexte eingehängt sind, die so mit der Mosefigur erzählerisch verknüpft werden. Mose ist dabei zwar eher Gesetzesempfänger als Gesetzgeber, doch zumindest bezüglich des Bundesbuchs stellt der vorliegende Text des Exodusbuchs klar: Mose hat dieses Israel vorgetragen, das Volk respondiert entsprechend:

ויקח ספר הברית ויקרא באזני העם ויאמרו כל אשׁר־דבר יהוה נעשׂה ונשׁמע׃

Und er nahm das Bundesbuch und las es dem Volk vor. Und sie sprachen: Alles, was Jhwh geredet hat, werden wir tun, und wir werden darauf hören. (Ex 24,7)

Die Übermittlung des Dekalogs an das Volk oder Mose ist im Exodusbuch nicht eindeutig dargestellt. Die Einleitung zum Dekalog in Ex 20,1 formuliert ganz offen, ohne Nennung eines Adressaten:

23 Vgl. die grundlegende Studie von Hossfeld, Der Dekalog, die sich vor allem auf einen synoptischen Vergleich der beiden Dekalogfassungen stützt und zur Priorität des Deuteronomiumsdekalogs tendiert. Vgl. zu ihm Graupner, Zum Verhältnis, 308–329. Umgekehrt erklärt Kratz, Dekalog im Exodusbuch, 205–238, die Entstehung des Dekalogs aus dem Kontext des Bundesbuches; etwas anders Oswald, Die politische Funktion, 111–127, 125. Vgl. weiter Köckert, Die Zehn Gebote; Markl, Der Dekalog; Otto, Dtn 4,44–11,32, 684–704.

וידבר אלהים את כל־הדברים האלה לאמר:

Und Gott redete alle diese Worte und sprach. (Ex 20,1)

Nach dem Dekalog (Ex 20,2–17) ist dann aber die Rede davon, dass das Volk nur Donner und Blitze wahrgenommen habe und den Wunsch äußert, dass Mose, aber nicht Gott mit dem Volk rede. Dtn 5,4f. versucht, auf eigene Weise diese Situation zu klären und hält fest, dass Gott einerseits „von Angesicht zu Angesicht" (פנים בפנים דבר יהוה) mit dem Volk gesprochen habe, gleichzeitig aber auch Mose „zwischen ihnen gestanden" habe (אנכי עמד בין־יהוה וביניכם).[24]

In diachroner Hinsicht war für die ältere Forschung klar, dass die Rechtssammlungen des Pentateuch, besonders der Dekalog und das Bundesbuch, den Pentateuchquellen zuzuordnen seien, wobei die Zuweisungen im Einzelnen wie im Grossen stark schwankten.[25] Der Sinai selbst hingegen sei, so etwa Wellhausen, von Anfang an unabhängig von der Rechtsthematik gewesen: „Die wahre und alte Bedeutung des Sinai ist ganz unabhängig von der Gesetzgebung. Er war der Sitz der Gottheit, der heilige Berg."[26] Erst in jüngerer Zeit ist – zumindest in literarischer Hinsicht – die Ursprünglichkeit dieser Idee grundsätzlich bestritten worden, so etwa von Christoph Levin: „Eine Sinai-Theophanie ohne Gesetz käme auf den bloßen Theaterdonner bei leerer Szene hinaus."[27]

In der Tat ist es aus erzähllogischen Gründen angezeigt, auf der literarischen Ebene mit einer Verbindung von Gotteserscheinung und Rechtsvermittlung am Sinai zu rechnen. Ob dabei Mose und gegebenenfalls auch dem Volk der Dekalog, das Bundesbuch oder beides übermittelt worden ist, wird wohl Gegenstand der Diskussion bleiben müssen.[28] Doch an dieser Einbindung der Rechtssammlungen in die Exoduserzählung

24 Vgl. dazu Otto, Dtn 4,44–11,32, 681–684.

25 Vgl. klassisch Zenger, Die Sinaitheophanie, 207–231.

26 Wellhausen, Prolegomena, 342.

27 Levin, Der Dekalog am Sinai, 165–191, 185; vgl. auch Oswald, Israel, 104f. Levin erläutert weiter: „Das Gesetz im Zusammenhang der Geschichte verlangt eine doppelte Einbindung. Es muß bei geeigneter Gelegenheit an geeignetem Ort von Jahwe proklamiert und anschließend von Israel in förmlicher Selbstverpflichtung angenommen werden. Der so entstehende Dreischritt: (I) Proklamation, (II) Wortlaut des Gesetzes und (III) Verpflichtung, bildet in der Tat das Grundgerüst der Sinaiperikope, die in dieser Weise sich um den Dekalog als ihren Mittelpunkt gruppiert. Der heutige umfangreiche, ja überladene Text ist entstanden, indem im Verlauf der schriftlichen Weiterüberlieferung jedes der drei Elemente durch zahlreiche Zusätze erweitert worden ist. (I) Die Proklamation, in den älteren Rahmen einer Gottesbegegnung des Mose auf dem Gottesberg eingesetzt, wurde schrittweise zur spektakulären Theophanie ausgebaut. (II) Der Wortlaut des Gesetzes erhielt durch Hinzufügen des Bundesbuches, der Reihe in Ex. xxxiv und schließlich der priesterschriftlichen Gesetzgebung ein alle Proportionen sprengendes Übermaß. (III) Und aus der Selbstverpflichtung Israels wurde ein Bundesschluß mit Bundesurkunde, Opfer und Blutritus, mit dem später der erste exemplarische Ungehorsam, Bestrafung und Bundeserneuerung (Ex. xxxii–xxxiv) und zuletzt eine der mittlerweile entstandenen Theophanie entsprechende Gottesschau (Ex. xxiv 1–2, 9–11) sich verbanden" (175).

28 Aus Dtn 5 lässt sich jedenfalls so viel entnehmen, dass hier der Exodusdekalog bereits in seinem narrativen Kontext vorausgesetzt ist, vgl. Köckert, Sinai.

hängt die Vorstellung von Mose als Gesetzgeber.[29] Wann aber sind Exoduserzählung und Rechtstexte literarhistorisch miteinander verbunden worden?

Diese Frage ist schwierig zu beantworten und es ist bezeichnend, dass etwa Stephen Germany sie in seiner umfassenden Rekonstruktion der Exodus-Landnahme-Erzählung weitgehend offen lässt.[30] Die Hauptschwierigkeit besteht darin, dass die literarischen (und mutmaßlich redaktionellen) Verhängungselemente zwischen Exoduserzählung und den Rechtssammlungen, namentlich dem Dekalog und dem Bundesbuch, vergleichsweise „atomistisch" gestaltet sind und wenig Rückschlüsse auf Schichtenzugehörigkeit und Datierung zulassen.[31]

Ein gewisser Anhaltspunkt lässt sich jedoch aus den das Bundesbuch eröffnenden Rechtsbestimmungen zur Sklavenfreilassung in Ex 21,2–11 erschließen.[32] Die prominente Funktion am Eingang des Bundesbuches sowie die spezifische Thematik könnten darauf hinweisen, dass dieser Rechtssatz aus theologischen Gründen hier platziert worden ist und möglicherweise mit dem Einbau des „Bundesbuches" in seinen erzählenden Kontext zusammenhängt: Die Befreiung Israels aus der Sklaverei ist das Thema des Exodusbuches.[33] Die in den Kontext der Exoduserzählung eingebauten Rechtsbestimmungen beginnen deshalb mit der Sklavenfreilassung.[34] Diese Interpretation lässt sich erhärten, wenn man auf die konkrete Formulierung dieses Gesetzes achtet. Es setzt in Ex 21,2 wie folgt ein:

כי תקנה עבד עברי שש שנים יעבד ובשבעת יצא לחפשי חנם

> Wenn du einen hebräischen Sklaven kaufst[35], soll er sechs Jahre dienen, im siebten aber soll er ohne Entgelt freigelassen werden. (Ex 21,2)

Die Anrede an den Sklavenbesitzer in der 2. Person steht „in Spannung zur folgenden Gesetzgebung",[36] die in der 3. Person gehalten ist. „Der Angeredete dürfte kaum ein Interesse haben, einen Sklaven zu erwerben, wenn er weiß, daß er ihn ohne Lösegeld nach einer gewissen Zeit wieder freizulassen hat."[37] Otto erschliesst aus der Parallelüberlieferung in Dtn 15,12, dass der Beginn dieses Rechtssatzes wohl wie folgt gelautet habe:[38]

---

29 Zu überlieferungsgeschichtlichen Spekulationen zu ursprünglichen Funktionen der Mose-Figur vgl. Edelman, Taking the Torah, 13–42.

30 Vgl. Germany, Exodus-Conquest, 135.

31 Vgl. im Einzelnen Schmid, Gottesrecht, 119–138; für den Dekalog besonders Köckert, Gesetz.

32 Zu möglichen Parallelen im Codex Hammurapi (§ 117) vgl. Albertz, Exodus 19–40, 87 Anm. 6.

33 Vgl. Oswald, Vasallität, 263–288; Arneth, Exodus der Sklaven, 109–124.

34 Explizit gemacht wird dieser Zusammenhang in der Aufnahme von Ex 21,1–11 in Dtn 15,12–18: „Und du sollst daran denken, dass du Sklave warst im Land Ägypten und dass Jhwh, dein Gott, dich befreit hat. Darum gebiete ich dir heute diese Sache (על־כן אנכי מצוך את־הדבר הזה היום)" (Dtn 15,15).

35 Zur Semantik vgl. Houtman, Bundesbuch, 81f., der statt „verkaufen" auch „übertragen" erwägt.

36 Otto, Wandel, 34.

37 Ebd.

38 Otto, Wandel, 35.

כי ימכר איש שש שנים יעבד ובשבעת יצא לחפשי חנם

Wenn ein Mann sich verkauft, soll er sechs Jahre dienen, im siebten aber soll er ohne Entgelt freigelassen werden. (Dtn 15,12)

Es wird offenbleiben müssen, ob man tatsächlich eine literarische oder mündliche Vorstufe zu Ex 21,2 so präzise rekonstruieren kann. Doch es ist richtig, dass Ex 21,2–11 in der von Otto genannten Hinsicht uneben ist. Man darf vermuten, dass sowohl der Einsatz mit der Anrede an eine 2. Person sowie die Hervorhebung, dass der künftige Sklave ein „Hebräer" sei, der Stellung am Anfang des in den narrativen Kontext der Exoduserzählung eingebundenen Bundesbuches geschuldet sind: Die Israeliten sollen daran erinnert werden, dass sie selber Sklaven in Ägypten waren und aus dieser Sklavenschaft befreit wurden. Es ist durchaus wahrscheinlich, dass das Gesetz zur Sklavenfreilassung eine gewisse Selbständigkeit besessen hat, doch seine Stellung am Anfang des Bundesbuches und der Ingress des Gesetzes sind ohne die Verbindung des Bundesbuches mit seinem Kontext kaum erklärbar.

Auch wenn die Verbindung von Exoduserzählung und Bundesbuch schwierig zu datieren ist, so dürfte doch die Rezeption von Ex 21,2–11 in Dtn 15,12–18[39] einen *terminus ante quem* markieren: Die Verknüpfung der Sklavenfreilassung mit dem Exodus ist dort so explizit, dass es nahe liegt, damit zu rechnen, dass Dtn 15,12–18 Ex 21,2–11 nicht als separaten Rechtssatz, sondern als Teil der Exoduserzählung kennt.

Ob nun dem Bundesbuch (bzw. einer Vorstufe davon) oder dem Dekalog die Priorität der Einbindung in den narrativen Kontext des Exodusbuchs zukommt, hängt besonders an der Einschätzung der literarhistorischen Genese des Dekalogs, aber auch an seiner theologiegeschichtlichen Profilierung.[40] Weder die stark hervorgehobene Forderung nach einer intoleranten Monolatrie noch die entschiedene Sabbatorientierung, aber auch nicht die unklare literarische Kontexteinbettung stützen die Annahme, dass der Dekalog als Rechtstext dem Bundesbuch bei seinem Einbau in die Exoduserzählung vorangegangen sei.

Ein Seitenproblem für die überlieferungsgeschichtliche Entstehung der Vorstellung Moses als Gesetzgeber ergibt sich aus der Frage, wie eng denn überhaupt Mose mit der Exoduserzählung selbst verknüpft ist. Sieht man sich die bekenntnishaften Bezugnahmen auf den Exodus in der Hebräischen Bibel an, so fällt auf, dass Mose in ihnen zunächst keine hervorgehobene Rolle gespielt zu haben scheint.[41] Vielmehr liegt der Akzent auf Gott selbst, der Israel aus Ägypten errettet und herausgeführt hat. Im „kleinen Schilfmeerlied" in Ex 15,21b etwa findet sich kein Hinweis auf Mose. Selbst das Lied als solches wird nicht von Mose, sondern von Mirjam gesungen.[42]

39 Vgl. dazu z. B. Lohfink, Fortschreibung?, 127–171; Schenker, Biblical Legislation, 23–41; Achenbach, Überlegungen, 247.

40 Vgl. oben, Anm. 21.

41 Vgl. Becker, Exodus-Credo, 81–100.

42 Zu Ex 15 vgl. Klein, Hymn and History, 516–527.

ותען להם מרים שׂירו ליהוה כי־גאה גאה סוס ורכבו רמה בים:

> Und Mirjam sang ihnen vor: „Singt Jhwh, denn hoch hat er sich erhoben, Pferd und Reiter hat er ins Meer geschleudert." (Ex 15,21)

Erst das „grosse Schilfmeerlied" Ex 15,1–18 wird auf Mose selbst zurückgeführt.[43] Auch in dem Exodus-Credo, das sich in der Hebräischen Bibel mit der Errichtung der beiden Heiligtümer in Bethel und Dan durch Jerobeam I. verbindet, kommt Mose nicht vor, sondern Gott – bzw. genauer „die Götter" im Plural, die Israel aus Ägypten heraufgeführt haben.

ויועץ המלך ויעשׂ שׁני עגלי זהב ויאמר אלהם רב־לכם מעלות ירושׁלם
הנה אלהיך ישׂראל אשׁר העלוך מארץ מצרים:

> Und der König liess sich beraten und fertigte zwei goldene Kälber an. Dann sprach er zu ihnen: „Lange genug seid ihr nach Jerusalem hinaufgezogen! Sieh, Israel, das sind deine Götter, die dich heraufgeführt haben aus dem Land Ägypten." (1 Kön 12,28)

Dan kam erst zur Zeit Jerobeam II. zu Israel, so dass 1 Kön 12,28 wohl eher dessen Epoche als diejenige von Jerobeam I. widerzuspiegeln scheint,[44] doch dies ändert nichts an der auffälligen Absenz Moses in diesem Weihespruch für die beiden Heiligtümer.

Viel diskutiert worden ist die Stelle Hos 12,14:

ובנביא העלה יהוה את־ישׂראל ממצרים ובנביא נשׁמר:

> Und durch einen Propheten führte Jhwh Israel herauf aus Ägypten, und von einem Propheten wurde es gehütet. (Hos 12,14)

Doch selbst wenn es sich hier um einen alten („hoseanischen") Text handeln sollte,[45] fällt die Nichtnennung des Namens „Mose" auf.

Mose scheint zwar eine historische Figur gewesen zu sein und er dürfte wohl in überlieferungsgeschichtlicher Hinsicht auch schon früh mit dem Exodus verbunden gewesen sein – worauf sein ägyptischer Name und dessen Orthographie (שׁ statt ס) hinweisen –,[46] doch seine prominente Stellung im Rahmen des Auszugs Israels aus Ägypten scheint er erst der literarischen Fixierung der Exodusüberlieferung – und möglicherweise deren Rezeption in Juda[47] – zu verdanken haben, die sich in das 7. Jh. v. Chr. ansetzen lässt. Die neuassyrische Ausgestaltung der Mose-Exodus-Erzählung brachte die Notwendigkeit mit sich, der Gestalt des assyrischen Grosskönigs eine Gegenfigur entgegenstellen zu können, so dass Mose mit königlichen und zugleich antiköniglichen

43 Vgl. Klein, Hymn and History, 516–527.

44 Vgl. z. B. Berlejung, Twisting Traditions, 24; Pakkala, Jeroboam Without Bulls, 501–525; Finkelstein, A Corpus, 262–289.

45 Vgl. auf der einen Seite Blum, Hosea 12, 291–321; auf der anderen Schott, Die Jakobpassagen, 1–26; Wöhrle, Jacob, 997–1014.

46 Vgl. im Überblick Blum, Der historische Mose, 37–63, s. auch Smend, Mose als geschichtliche Gestalt, 1–19; vgl. z. B. Otto, Mose. Ägypten und das Alte Testament; idem, Mose. Geschichte und Legende; Schmid, Der Pentateuch, 239–271; idem, Exodus, 258–268.

47 Vgl. dazu v. a. die Verbindung von Mose mit der „ehernen Schlange" im Tempel von Jerusalem (2 Kön 18,4 und Num 21,4–9). S. zur Diskussion Gertz, Hezekiah, und Schipper, Schlange.

Zügen ausgestattet werden konnte (vgl. bes. Ex 2,1–10).[48] Die Funktion Moses als Gegenstück zum assyrischen Grosskönig liefert übrigens einen weiteren Hinweis darauf, dass die Verbindung von Exoduserzählung und Rechtsmaterialien in den Frühphasen der ersten schriftlichen Fassungen in neuassyrischer Zeit anzunehmen ist, denn die neuassyrische Politik legte grossen Wert auf die Rechtsförmigkeit der Vasallenverhältnisse.[49]

5 Die historische Entwicklung des Deuteronomiums zum Mose-Gesetz

Die Rahmung des Deuteronomiums durch Dtn 1,5 und 31,9 macht für das vorliegende Buch deutlich, dass der dazwischen liegende Text als „Tora Moses" zu verstehen ist.[50] Das Deuteronomium passt sich so als Moses Tora, die Moses Auslegung der Sinaigesetzgebung enthält, in den erzählerischen Ablauf des Pentateuch ein, wie oben unter Abschnitt 3 beschrieben.

Es ist jedoch unklar, ob das deuteronomische Gesetz ursprünglich als Moserede gestaltet gewesen war, wie dies etwa von R. G. Kratz, aber auch anderen vertreten worden ist.[51] Kratz ist der Ansicht, dass sich zentrale Aussageelemente innerhalb von Dtn 12–26 auf den weiteren narrativen Kontext des Deuteronomiums im Hexateuch beziehen und deshalb das „Urdeuteronomium" von vornherein für seinen Kontext abgefasst worden sei. Schon die Historisierung im „ältesten paränetischen Rahmen 6,4–6 und 26,1–15.16" setze die „Situation der bevorstehenden Landnahme und folglich Mose als Sprecher der Gesetzesproklamation voraus."[52] Zu weiteren Historisierungen zählt er die „bevorstehende Erwählung des Ortes (12,14.18.21.26; 14,23–25; 15,20; 16,16; 17,8.10) und die Landgabe (15,4.7; 16,18.20; 19,1–3.8.10.17; 21,1)."[53] So hält er fest: „Die älteste Historisierung des dtn Gesetzes lebt also unausgesprochen, auf der jüngeren Stufe von 26,5–10 dann auch ausdrücklich von der Vorgeschichte in Ex.–Num. Sieht man in der Historisierung nicht nur einen Hinweis auf eine gedachte, sondern auf eine literarische Fortsetzung, so ist auch die Vorgeschichte als literarischer Kontext hinzuzunehmen."[54] Kratz vertritt allerdings selber die Auffassung, dass eine Deutung schon der ältesten Fassung des Deuteronomiums als Fortschreibung in seinem Kontext nicht zwingend angenommen werden muss. Sowohl die Erwähnung der Erwählung des Ortes wie auch der Landgabe „wäre in einem selbständigen Dtn möglich, wenn auch für ein Gesetzeswerk ziemlich merkwürdig".[55] Vorausgesetzt wäre dann die Historisierung zwar nicht in

48 Vgl. Otto, Mose und das Gesetz, 43–83; Gerhards, Die Aussetzungsgeschichte.

49 Vgl. z. B. Schmid, Anfänge politikförmiger Religion, 161–177.

50 Zum Topos der Selbstreferentialität vgl. Arnold, Deuteronomy's Book, 1–18, s. auch Sonnet, The Book Within the Book, 134–140.

51 Vgl. Kratz, Der literarische Ort, 101–120; idem, Hexateuch, 322; idem, Cultic Centralization, 121–144. S. auch Aurelius, Zukunft jenseits des Gerichts, 44; Pakkala, The Date, 388–401, 395f.; Germany, Bearbeitung, 43 Anm. 4; Dagegen z. B. Römer, Entstehungsphasen, 46–70, 56; MacDonald, Dating of Deuteronomy, 431–435.

52 Kratz, Der literarische Ort, 117f.

53 Kratz, Der literarische Ort, 117 Anm. 69. „In den Pl.-Zusätzen ist die Historisierung vorausgesetzt (vgl. z. B. 12,1.2–7.8–12)" (ebd.).

54 Kratz, Der literarische Ort, 118.

55 Kratz, Der literarische Ort, 118.

literarischer, sondern in konzeptioneller Hinsicht und man müsste sich fragen, welchen Zweck sie erfüllt.

Die Sachlage bezüglich der Erwählung des Kultortes einerseits und der Landgabe andererseits präsentiert sich allerdings sehr unterschiedlich. Beginnen wir mit dem zweiten Thema: Die Erwähnungen der Landgabe im deuteronomischen Korpus (15,4.7; 16,18.20; 19,1–3.8.10.17; 21,1) sind allesamt locker in ihrem Kontext verankert. Hinzu kommt, dass die Stellen in Dtn 16; 19; 21 in ihrer Zugehörigkeit zum „Urdeuteronomium" umstritten sind. Am deutlichsten lässt sich der Zusatzcharakter der Landgabe in Dtn 15,1–11, dem Gesetz über den Schuldenerlass (שׁמטה) erkennen. Hier erscheint der Ausblick auf die Landgabe in Dtn 15,4f.:

> אפס כי לא יהיה־בך אביון כי־ברך יברכך יהוה בארץ אשר יהוה אלהיך נתן־לך נחלה לרשתה:
> רק עם שמוע תשמע בקול יהוה אלהיך לשמר לעשות את כל המצוה הזאת אשר אנכי מצוך היום:

> Doch Arme wird es bei dir nicht geben, denn Jhwh wird dich segnen in dem Land, das dir Jhwh, dein Gott, zum Erbbesitz gibt, [5]wenn du auf die Stimme Jhwhs, deines Gottes, hörst und dieses ganze Gebot, das ich dir heute gebe, hältst und danach handelst. (Dtn 15,4f.)

Diese Präzisierung kann kaum anders denn als Nachtrag interpretiert werden, da sie den ihr zugrundeliegenden und voraufgehenden Rechtssatz (Dtn 15,1–3) geschichtstheologisch außer Kraft setzt und streng genommen überflüssig macht: Einen Schuldenerlass würde es ohne Arme nicht geben (müssen).

Anders stellt sich die Situation bezüglich der Erwählung des Kultortes dar. Tatsächlich fällt auf, dass schon im ältesten Teil des Zentralisationsgesetzes in Dtn 12,13f.[56] eine Adressierung an eine 2. Person erfolgt und die historische Fiktion des Textes vor der Landnahme vorausgesetzt wird.[57]

> השׁמר לך פן־תעלה עלתיך בכל־מקום אשר תראה:
> כי אם־במקום אשר־יבחר יהוה באחד שׁבטיך שׁם תעלה עלתיך
> ושׁם תעשׂה כל אשר אנכי מצוך:

> Hüte dich, dass du deine Brandopfer nicht an irgendeinem Ort darbringst, den du siehst, [14]sondern an dem Ort, den Jhwh in einem deiner Stämme erwählen wird. Dort sollst du deine Brandopfer darbringen, und dort sollst du alles tun, was ich dir gebiete. (Dtn 12,13f.)

Bezüglich der Ursprünglichkeit der futurischen Zeitform „wird erwählen" (יבחר) herrscht Unklarheit in der Forschungsdiskussion. Es ist denkbar, dass die Version des

56 Vgl. zur weithin akzeptierten Schichtung von Dtn 12 z. B. Römer, Deuteroomistic History, 56–65; idem, Entstehungsphasen, 55–68; Otto, Deuteronomium 12,1–23,15, 1147–1150 (mit ausführlichem Forschungsüberblick zu Dtn 12); Achenbach, Überlegungen zur Rekonstruktion, 225 Anm. 30.

57 Vgl. auch Dtn 12,18.21.26; 14,23–25; 15,20; 16,16; 17,8.10.

Samaritanus und der Septuaginta, „erwählt hat" (ἐκλέξηται), die ältere Lesart darstellt.[58] Dann würde sich die Frage der vorausgesetzten Sprechersituation aber nur teilweise vereinfachen, denn es bleibt die Anrede in der 2. Person, die textkritisch unstrittig ist. Ist hier mit der Vorstellung zu rechnen, dass Mose der Sprecher ist? Man könnte dies annehmen und so erklären, dass das literarisch noch selbständige Deuteronomium Teil einer „deuteronomistischen Bibliothek" gewesen sein könnte, die in vorexilischer Zeit auch ein auf die Darstellung der Regentschaft Josia zulaufendendes Werk Sam–Kön umfasst haben könnte,[59] und die die konzeptionelle Vorstellung des Deuteronomiums als Gesetz Moses, das Israel vor dem Einzug ins Land übermittelt wird, bereits voraussetzt. Eine andere Erklärung könnte auf die Annahme ausweichen, dass der ursprüngliche Text von Dtn 12 nicht mehr eruierbar sei.[60] Doch eine solche Theorie ist weder verifizierbar noch falsifizierbar.

Karel van der Toorn hat vorgeschlagen, dass die originale Fassung von Dtn 12,13–19 eine Königsverlautbarung gewesen sein mag, die man an die Tore der Ortschaften angeschlagen und so publiziert habe.[61] Öffentliche Vorleser hätten dies dann kundgemacht (vgl. Hab 2,2). Van der Toorn stützt sich dabei auf Ostracon 4 der Lachisch-Briefe: „Ich habe an den Türflügel des [Tors] geschrieben gemäß allem, was du mir geschickt hast."[62] Die erste Person hinter Dtn 12 wäre demnach ursprünglich weder Gott noch Mose, sondern der König gewesen. Auch wenn eine solche Annahme attraktiv erscheinen mag, so wird sie allerdings Hypothese bleiben müssen – sie lässt sich nicht erweisen.[63]

Norbert Lohfink hat aus Stellen wie Dtn 6,17 und 28,45 geschlossen, dass das Deuteronomium ursprünglich als Jhwh-Gesetz abgefasst gewesen und erst sekundär zum

58 Vgl. Schenker, Le Seigneur, 339–351; Schorch, Samari(t)an Identity, 143; Müller, Otto's Model, 305–311, 308. Anders Heckl, Form und Funktion, 191–208.

59 Römer, Entstehungsphasen, 59.

60 Lohfink, Fortschreibung?, 127–171, insbes. 142–148. Vgl. dazu Pakkala, The Date of the Oldest Edition, 389.

61 Van der Toorn, Scribal Culture, 12f.; 270f. Anm. 18; s. auch Morrow, Laws. Ähnlich Steymans, Deuteronomy and Tell Tayinat, 12: „Emergence of what would later on become Deuteronomy, possibly began with a pamphlet that communicates the centralisation of cult at the temple of Jerusalem in Hezekiah's reign before 701 BC. Whether the temple of Arad was given over to disuse in the 8th or 7th century BC became a matter of dispute. Recent reevaluation of the excavation records, however, speaks in favour of the idea that Hezekiah closed the rural temples before Senacherib's invasion in order to avoid the shame of Yhwh's sanctuaries being looted by the Assyrians [...]. This pamphlet is the kernel of Deuteronomy 12." Für die Plünderungsgefahr durch die Assyrer verweist er auf Pietsch, Die Kultreform Josias, 334–337.475. Eine noch frühere Ansetzung für erheblich grössere Textanteile des Dtn vertritt Richter, The Question of Provenance, 23–50, nach ihr stammt Dtn 4,44–27,26 aus der Eisenzeit I oder IIA, dagegen Berge, Are Economics a Key, 65–78.

62 Ostracon 4, vgl. TUAT I/6 (D. Conrad), 622, Conrad diskutiert die Alternative „Blatt" versus „Tür". S. auch Arnold, Number Switching, 173, der noch weitere, allerdings entfernte Belege aus Nuzi bringt.

63 Zu ihr würden die Überlegungen von MacDonald, The Date of the Shema, 765–782, passen, der Dtn 6,4f. nicht als theologische Einleitung und Begründung zum Urdeuteronomium mit seiner Zentralisationsforderung sieht. Anders aber Achenbach, Überlegungen zur Rekonstruktion des Urdeuteronomiums, 211–254; Arnold, Number Switching, 163–179.

Mose-Gesetz umgearbeitet worden sei.[64] Dafür würde auch die Beobachtung sprechen, dass das Dtn über weite Strecken hin als Auslegung des Bundesbuches gestaltet ist,[65] das – hält man an der Priorität von Ex 20,24, dem sogenannten Altargesetz ganz am Anfang des Bundesbuches, gegenüber Dtn 12,13f. fest[66] – so bereits über eine „theologische" Einleitung verfügte.[67] Wenn das Bundesbuch aber bereits in „theologisierter" Form vorlag, als das Dtn dessen Bestimmungen aufnahm und reinterpretierte, dann ist eine andere Gestalt des Dtn als Gottesgesetz kaum vorstellbar. Auch die seit den sechziger Jahren des 20. Jahrhunderts gesehene Abhängigkeit des Deuteronomiums von den neuassyrischen Vasallenverträgen als deren subversive Rezeption unterstützt die Annahme einer Gestaltung als Gottesgesetz bereits im 7. Jh.:[68] Das Deuteronomium setzt Gott selbst an die Stelle des assyrischen Grosskönigs als Subjekt absoluter Loyalitätsforderung – dazu passt die Stilisierung als Gottesrede, nicht aber als Moserede.

So spricht doch einiges dafür, dass die Entwicklung des Deuteronomiums (möglicherweise ausgehend von einer Königsproklamation) vom Jhwh-Gesetz zum Mosegesetz als Prozess zu rekonstruieren ist,[69] der sich am einfachsten mit dem Einbau des Deuteronomiums in den Pentateuch erklären lässt: Sobald das Deuteronomium mit seiner „Vorlage", dem Bundesbuch, in einem Textzusammenhang vereint war, ließ es sich als dessen Auslegung durch Mose interpretieren. Allerdings war damit ein doppelter Statusverlust des Deuteronomiums verbunden: Offenbarungstheologisch gehörte es nicht zur Sinai-, sondern „nur" zur Ostjordanlandgesetzgebung und es war als Mose-Gesetz nurmehr mittelbar an Gott zurückgebunden. Dieser Prozess der Zuschreibung abgestufter göttlicher Qualität fand dann in der Einschreibung des Heiligkeitsgesetzes in Lev 17–26 eine gewisse Fortsetzung, das sich an die Sinai-, und nicht an die Ostjordanlandgesetzgebung anschloss.

6 Ein rückschreitender Rückblick

Wie hat sich die Vorstellung von Mose als Gesetzgeber im Pentateuch entwickelt? Der vorliegende Pentateuch kennt Mose als Gesetzgeber vor allem im Deuteronomium, aber auch als Vermittler des Dekalogs und des Bundesbuchs an das Volk Israel. Im Rahmen der Gesamterzählung des Pentateuch ist die Vorstellung Moses als Gesetzgeber so gut verankert, dass der Pentateuch in Nevi'im und Ketivum fraglos als תורת משה, als „Tora

64 Vgl. Lohfink, Das Deuteronomium, 387–391. Vgl. auch Mayes, Deuteronomy, 36–54.

65 Vgl. z. B. Morrow, Scribing the Center; Levinson, Deuteronomy; Otto, Deuteronomium; Rüterswörden, Deuteronomium, 16; Levinson und Stackert, Covenant Code, 123–140; Gertz, Deuteronomy, 187–194; Arnold, Number Switching, 69 Anm. 23. Für ältere Vorstufen des Dtn s. den Forschungsüberblick bei Gertz, Gerichtsorganisation, 12–27; Milstein, Making a Case, 54 Anm. 2.

66 Vgl. dazu z. B. Schaper, Schriftauslegung und Schriftwerdung, 111–132; Otto, Deuteronomium 12,1–23,15, 1158f. 1166f.

67 Vgl. die Diskussion bei Schmid, Auf dem Weg zum Gottesrecht.

68 Vgl. Otto, Treueid und Gesetz, 1–52; differenziert Koch, Vertrag; vgl. bereits Weinfeld, Deuteronomy. Kritisch zur Übernahme neuassyrischer Vertragstheologie Crouch, Israel and the Assyrians. S. auch Morrow, Establish, 133–158; Pakkala, The Influence of Treaties, 159–183.

69 Vgl. z. B. Lohfink, Das Deuteronomium, 387–391; Otto, Dtn 1,1–4,43, 248.

Moses“, gelten kann. Auf der Stufe des vorliegenden Pentateuch ist auch klar, dass die Gesetzgebung mit dem Berg Sinai verknüpft ist (vgl. Ex 31,18; Lev 7,38; 25,1; 26,46; 27,34; Num 3,1).

Geht man in der Kompositionsgeschichte des Pentateuch zurück zur Priesterschrift,[70] so lässt sich hier eine doppelte Differenz erkennen: Zum einen beschränkt sich die Priesterschrift darauf, dass Mose von Gott Anweisungen zur Errichtung des Zeltheiligtums erhält. Mose ist als von Gott beauftragter Kultstifter gezeichnet, nicht aber als Gesetzgeber. Zum anderen scheint die Priesterschrift ursprünglich davon auszugehen, dass Gott mit Mose nicht auf dem Berg, sondern in der Wüste Sinai gesprochen hat. In der sogenannten „vorderen Sinaiperikope“ in Ex 19–24[71] werden der Priesterschrift in der Regel nach Ex 19,1.2a in Ex 24 die V. 15b–18a(α) zugewiesen,[72] worauf sich dann ab Ex 25 die Anweisungen zur Errichtung des Heiligtums anschliessen. Obwohl weitgehend Einstimmigkeit herrscht über die priesterschriftlichen Anteile in Ex 19–24, so hat doch W. Oswald in seiner Arbeit „Israel am Gottesberg“ einige Beobachtungen vorgetragen, die begründete Zweifel an der Zugehörigkeit von Ex 24,15b–18a zur Priesterschrift wecken. Dabei geht es nicht um eine Bagatelle, sondern mit der Zuweisung oder Nichtzuweisung dieses Abschnittes zur Priesterschrift steht auf dem Spiel, ob die priesterschriftliche Gesetzgebung auf dem Berg Sinai stattfindet oder nicht. Diese Verse bilden die szenische Einführung, die überhaupt die nachfolgende priesterschriftliche Darstellung der Errichtung des Zeltheiligtums in Ex 25–31 und 35–40 auf dem Berg Sinai spielen lässt. Wenn sie als nachpriesterschriftlich einzustufen sind,[73] dann kennt die Priesterschrift keine Kultgesetzgebung (wenn man die Anweisungen zum Zeltheiligtum so interpretieren will) auf dem Berg Sinai, sondern siedelt diese in der Wüste Sinai an. Eine Sozialgesetzgebung kennt die Priesterschrift nicht. Doch ihre Heiligtumstexte sind deutlich mit der Figur Moses verbunden, der als Kultgesetzgeber fungiert.

Innerhalb des nichtpriesterschriftlichen Bereichs ist die Verbindung von Exodus und Rechtsgebung überlieferungsgeschichtlich zwar locker, für die frühesten literarischen Fassungen allerdings durchaus anzunehmen. Je nach Rekonstruktion der ursprünglichen Sprechersituation in Ex 19f. fungiert Mose dabei eher als Gesetzesempfänger denn als Gesetzgeber, doch die Notiz Ex 24,4 lässt ihn bereits das Bundesbuch an Israel weitergeben. Die Nöte und Unklarheiten in der erzählerischen Einbindung des Exodus-

70 Zum priesterschriftlichen Exodusbericht vgl. Weimar, Exodusgeschichte; Römer, The Exodus Narrative, 157–174; Albertz, Exodus 1–18, 50–52; Schmid, Taming Egypt, 13–29; idem, Die Priesterschrift als antike Historiographie, 93–111. Zur literarhistorischen Diskussion um die Priesterschrift vgl. Hartenstein und Schmid, Abschied von der Priesterschrift?

71 Vgl. zur Forschungsgeschichte der Sinaiperikope, mit einem gewissen Fokus auf Ex 32–34, Schmid, Israel am Sinai, 9–40.

72 Vgl. die Diskussion bei Pola, Priestergrundschrift, 217; vgl. Perlitt, Bundestheologie, 157; Noth, Das zweite Buch Mose, 163; Janowski, Sühne, 303; Otto, Pentateuchredaktion, 61–111, 80; idem, Priesterschrift, 27 mit Anm. 91; vgl. zur Priesterschrift insgesamt idem, Das Gesetz des Mose, 179–193. Maiberger und Dohmen, Art. סִינַי, 834 umgrenzen den P-Anteil mit 24,14–18aα.

73 Vgl. im Anschluss an Oswald, Israel am Gottesberg, 205–210, Schmid, Der Sinai und die Priesterschrift, 114–127.

dekalogs in seinen narrativen Kontext[74] weisen darauf hin, dass der Dekalog gegenüber dem Bundesbuch wohl eher sekundär ist[75] und in Ex 20,18–21 erst mittelbar zum Gegenstand mosaischer Vermittlung an Israel geworden ist.

Literatur

Achenbach, R. „A Prophet like Moses" (Deuteronomy 18:15) – „No Prophet like Moses" (Deuteronomy 34:10). Some Observations on the Relation between the Pentateuch and the Latter Prophets, in T. B. Dozeman, K. Schmid, und B. J. Schwartz (Hg.), The Pentateuch. International Perspectives on Current Research, FAT 78, Tübingen, 2011, 435–458.

Achenbach, R., Überlegungen zur Rekonstruktion des Urdeuteronomiums, ZAR 24, 2018, 211–254.

Albertz, R., Exodus 1–18, ZBK, Zürich, 2017.

Albertz, R., Exodus 19–40, ZBK, Zürich, 2015.

Arneth, M., Der Exodus der Sklaven, KuD 59, 2013, 109–124.

Arnold, B. T., Number Switching in Deuteronomy 12–26 and the Quest for Urdeuteronomium, ZAR 23, 2017, 163–179.

Arnold, B. T., Deuteronomy's Book and Hammurapi's Stela. The Referent of „This Sēper" in Deuteronomy 28:58, VT 71, 2021, 1–18.

Aurelius, E., Zukunft jenseits des Gerichts. Eine redaktionsgeschichtliche Studie zum Enneateuch, BZAW 319, Berlin/New York, 2003.

Becker, U., Das Exodus-Credo. Historischer Haftpunkt und Geschichte einer alttestamentlichen Glaubensformel, in U. Becker und J. van Oorschot (Hg.), Das Alte Testament – ein Geschichtsbuch?! Geschichtsschreibung und Geschichtsüberlieferung im antiken Israel, ABG 17, Leipzig, 2005, 81–100.

Berge K., D. Vikander, P. Guillaume et al., Are Economics a Key To Dating Urdeuteronomium? A Response To Sandra Lynn Richter, JSOT 45, 2020, 65–78.

Berlejung, A., Twisting Traditions. Programmatic Absence-Theology for the Northern Kingdom in 1 Kgs 12:26–33* (the „Sin of Jeroboam"), JNSL 35, 2009, 1–42.

Blum, E. Gibt es die Endgestalt des Pentateuch?, in J. A. Emerton (Hg.), Congress Volume Leuven 1989, VT.S 43, Leiden, 1991, 46–57.

Blum, E., Hosea 12 und die Pentateuchüberlieferungen, in A. C. Hagedorn und H. Pfeiffer (Hg.), Die Erzväter in der biblischen Tradition. Festschrift für Matthias Köckert, BZAW 400, Berlin/New York, 2009, 291–321.

Blum, E., Der historische Mose und die Frühgeschichte Israels, HeBAI 1, 2012, 37–63.

Conrad, D., Ostracon 4, TUAT I/6, 622.

Crouch, C. L., Israel and the Assyrians. Deuteronomy, the Succession Treaty of Esarhaddon, and the Nature of Subversion, SBL Ancient Near East Monographs 8, Atlanta, 2014.

Donner, H. (Hg.), Wilhelm Gesenius. Hebräisches und Aramäisches Handwörterbuch über das Alte Testament, Berlin, ^{18}2013.

Edelman, D., Taking the Torah out of Moses? Moses' Claim to Fame Before He Became the Quintessential Lawgiver, in T. Römer (Hg.), La construction de la figure de Moïse. The Construction of the Figure of Moses, Trans.S 13, Paris, 2007, 13–42.

74 Vgl. oben, Anm. 21.

75 Darauf dürfte auch die implizite Diasporaorientierung des Dekalogs hindeuten: Er lässt sich, anders als etwa das Dtn, auch ausserhalb des Landes einhalten.

Feldman, L.M., Story and Sacrifice. Ritual, Narrative, and the Priestly Source, FAT 141, Tübingen, 2018.

Finkelstein, I., A Corpus of North Israelite Texts in the Days of Jeroboam II, HeBAI 6, 2017, 262–289.

Frevel, C., „Und Mose hörte (es), und es war gut in seinen Augen" (Lev 10,20). Zum Verhältnis von Literargeschichte, Theologiegeschichte und innerbiblischer Auslegung am Beispiel von Lev 10, in I. Müllner, L. Schwienhorst-Schönberger und R. Scoralick (Hg.), Gottes Name(n). Zum Gedenken an Erich Zenger, HBS 71, Freiburg i.Br./Basel/Wien 2012, 104–136.

García Lopez, F., Art. תורה, ThWAT VIII, Stuttgart, 1995, 597–637.

Gerhards, M., Die Aussetzungsgeschichte des Mose. Literar- und traditionsgeschichtliche Untersuchungen zu einem Schlüsseltext des nichtpriesterschriftlichen Tetrateuch, WMANT 109, Neukirchen-Vluyn, 2006.

Germany, S., The Exodus-Conquest Narrative. The Composition of the Non-Priestly Narratives in Exodus-Joshua, FAT 115, Tübingen, 2017.

Germany, S., Die Bearbeitung des deuteronomischen Gesetzes im Lichte biblischer Erzählungen, ZAW 131, 2019, 43–57.

Gertz, J.C., Die Gerichtsorganisation Israels im deuteronomischen Gesetz, FRLANT 165, Göttingen, 1994.

Gertz, J.C., Mose und die Ursprünge der jüdischen Religion, ZThK 99, 2002, 3–20.

Gertz, J.C., Hezekiah, Moses, and the Nehushtan. A Case Study for a Correlation between the History of Religion in the Monarchic Period and the History of the Formation of the Hebrew Bible, in J.C. Gertz, B.M. Levinson, D. Rom-Shiloni et al. (Hg.), The Formation of the Pentateuch. Bridging the Academic Cultures of Europe, Israel, and North America, FAT 111, Tübingen, 2016, 745–760.

Gertz, J.C. (Hg.), Grundinformation Altes Testament. Eine Einführung in Literatur, Religion und Geschichte des Alten Testaments, UTB 2745, Göttingen, 62019.

Gertz, J.C., Deuteronomy and the Covenant Code and their Cultural and Historical Contexts. Hermeneutics of Law and Innerbiblical Exegesis, ZAR 25, 2019, 187–194.

Graf, F.W., Moses Vermächtnis. Über göttliche und menschliche Gesetze, München, 2006.

Graupner, A., Zum Verhältnis der beiden Dekalogfassungen Ex 20 und Dtn 5. Ein Gespräch mit Frank-Lothar Hossfeld, ZAW 99, 1987, 308–329.

Hartenstein, F. und K. Schmid (Hg.), Abschied von der Priesterschrift? Zum Stand der Pentateuchdebatte, VWGTh 40, Leipzig, 2015.

Heckl, R., Überlegungen zu Form und Funktion der Zentralisationsformel im Konzept des samaritanischen Pentateuchs, zugleich ein Plädoyer für die Ursprünglichkeit der masoretischen Lesart, ZAR 22, 2017, 191–208.

Hossfeld, F.-L., Der Dekalog, Seine späten Fassungen, die originale Komposition und seine Vorstufen, OBO 45, Freiburg i.Ue./Göttingen, 1982.

Houtman, C., Das Bundesbuch. Ein Kommentar, DMOA 24, Leiden, 1997.

Janowski, B., Sühne als Heilsgeschehen. Traditions- und religionsgeschichtliche Studien zur priesterschriftlichen Sühnetheologie, WMANT 55, Neukirchen-Vluyn, 22000.

Janwoski, B., Freude an der Tora. Psalm 1 als Tor zum Psalter, EvTh 67, 2007, 18–31.

Jiang, S., God's Law and Theocracy. The Use of „YHWH's Torah" in Chronicles, ZAW 131, 2019, 444–458.

Jones, S., Psalm 1 and the Hermeneutics of Torah, Bib. 97, 2016, 537–551.

Klein, A., Hymn and History in Ex 15. Observations on the Relationship between Temple Theology and Exodus Narrative in the Song of the Sea, ZAW 124, 2012, 516–527.

Knoppers, G. N., Moses and the Greek Lawgivers. The Triumph of the Torah in Ancient Mediterranean Perspective, in D. Jaillard und C. Nihan (Hg.), Writing Laws in Antiquity. L'écriture du droit dans l'Antiquité, BZAR 19, Wiesbaden, 2017, 50–77.

Koch, C., Vertrag, Treueid und Bund. Studien zur Rezeption des altorientalischen Vertragsrechts im Deuteronomium und zur Ausbildung der Bundestheologie im Alten Testament, BZAW 383, Berlin/New York, 2008.

Köckert, M., Wie kam das Gesetz an den Sinai, in C. Bultmann, W. Dietrich und C. Levin (Hg.), Vergegenwärtigung des Alten Testaments. Beiträge zur biblischen Hermeneutik für Rudolf Smend zum 70. Geburtstag, Göttingen, 2002, 13–37.

Köckert, M., Die Zehn Gebote, München, 2007.

Kratz, R. G., Der Dekalog im Exodusbuch, VT 44, 1994, 205–238.

Kratz, R. G., Die Tora Davids. Psalm 1 und die doxologische Fünfteilung des Psalters, ZThK 93, 1996, 1–34.

Kratz, R. G., Der literarische Ort des Deuteronomiums, in R. G. Kratz und H. Spieckermann (Hg.), Liebe und Gebot. Festschrift für Lothar Perlitt, FRLANT 190, Göttingen, 2000, 101–120.

Kratz, R. G., Der vor- und nachpriesterschriftliche Hexateuch, in J. C. Gertz, K. Schmid und M. Witte (Hg.), Abschied vom Jahwisten. Die Komposition des Hexateuch in der jüngsten Diskussion, BZAW 315, Berlin/New York, 2002, 295–323.

Kratz, R. G., The Idea of Cultic Centralization and Its Supposed Ancient Near Eastern Analogies, in R. G. Kratz und H. Spieckermann (Hg.), One God – One Cult – One Nation. Archaeological and Biblical Perspectives, BZAW 405, Berlin/New York, 2010, 121–144.

LeFebvre, M., „On His Law He Meditates". What Is Psalm 1 Introducing?, JSOT 40, 2016, 439–450.

Leuenberger, M., Konzeptionen des Königtum Gottes im Psalter. Untersuchungen zu Komposition und Redaktion der theokratischen Bücher IV–V im Psalter, AThANT 83, Zürich, 2003.

Levin, C., Der Dekalog am Sinai, VT 35, 1985, 165–191.

Levinson, B. M., Deuteronomy and the Hermeneutics of Legal Innovation, New York, 1997.

Levinson, B. M. und J. Stackert, Between the Covenant Code and Esarhaddon's Succession Treaty. Deuteronomy 13 and the Composition of Deuteronomy, JAJ 3, 2012, 123–140.

Lohfink, N., Das Deuteronomium. Jahwegesetz oder Mosegesetz?, ThPh 65, 1990, 387–391 = idem, Studien zum Deuteronomium und zur deuteronomistischen Literatur III, SBAB 20, Stuttgart, 1995, 157–165.

Lohfink, N., Moses Tod, die Tora und die alttestamentliche Sonntagslesung, ThPh 71, 1996, 481–494.

Lohfink, N., Fortschreibung? Zur Technik von Rechtsrevisionen im deuteronomischen Bereich, erörtert an Dtn 12, Ex 21,2–11 und Dtn 15,12–18, in T. Veijola (Hg.), Das Deuteronomium und seine Querbeziehungen, SESJ 62, Helsinki/Göttingen, 1996, 127–171.

Lohfink, N., Deuteronomium 1,5 b'r 't htwrh hz't. Er verlieh dieser Tora Rechtskraft, in idem, Studien zum Deuteronomium und zur deuteronomistischen Literatur V, Stuttgart, 2005, 233–251.

Lux, R., Hammurapi und Mose. Gottesrecht und Königsrecht im Alten Orient und im Alten Testament, in idem, Jenseits des Paradieses. Vorträge und Bibelarbeiten zum Alten Testament, Leipzig, 2003, 112–139.

MacDonald, N., Issues in the Dating of Deuteronomy. A Response to Juha Pakkala, ZAW 122, 2010, 431–435.

MacDonald, N., The Date of the Shema (Deuteronomy 6:4–5), JBL 136, 2017, 765–782.

Maiberger P. und C. Dohmen, Art. סִינַי, ThWAT V, Stuttgart, 1986, 819–838.

Markl, D., Der Dekalog als Verfassung des Gottesvolkes. Die Brennpunkte einer Rechtshermeneutik des Pentateuch in Ex 19–24 und Dtn 5, HBS 49, Freiburg i. Br., 2007.
Mayes, A. D. H., Deuteronomy. Law of Moses or Law of God?, PIBA 5, 1981, 36–54.
Milstein, S., Making a Case. The Practical Roots of Biblical Law, New York, 2021.
Morrow, W. S., Scribing the Center. Organization and Redaction in Deuteronomy 14:1–17:13, SBL.MS 49, Atlanta, 1995.
Morrow, W. S., Have Attempts to Establish the Dependency of Deuteronomy on the Esarhaddon Succession Treaty (EST) Failed?, HeBAI 8, 2019, 133–158.
Morrow, W. S., The Laws in the Covenant Code and Deuteronomy as Dienstanweisungen, SJOT 37, 2023, 128–147.
Müller, R., Eckart Otto's Model of Urdeuteronomium and Deuteronomistic History, ZAR 23, 2017, 305–311.
Nihan, C., From Priestly Torah to Pentateuch. A Study in the Composition of the Book of Leviticus, FAT II/25, Tübingen, 2007.
Nihan, C., Narrative and Exegesis in Leviticus. On Lv 10 and 24,10–23, in W. Bührer (Hg.), Schriftgelehrte Fortschreibungs- und Auslegungsprozesse. Textarbeit im Pentateuch, in Qumran, Ägypten und Mesopotamien, FAT II/108, Tübingen, 2019, 207–242.
Noth, M., Das zweite Buch Mose. Exodus, ATD 5, Göttingen, 1959.
Oswald, W., Israel am Gottesberg. Eine Untersuchung zur Literaturgeschichte der vorderen Sinaiperikope Ex 19–24 und deren historischem Hintergrund, OBO 159, Freiburg i. Ue./Göttingen, 1998.
Oswald, W., Auszug aus der Vasallität. Die Exodus-Erzählung (Ex 1–14*) und das antike Völkerrecht, ThZ 67, 2011, 263–288.
Oswald, W., Die Exodus-Gottesberg-Erzählung als Gründungsurkunde der judäischen Bürgergemeinde, in K.-P. Adam, F. Avemarie und N. Yazanah (Hg.), Law and Narrative in the Bible and in Neighbouring Ancient Cultures, Tübingen, 2012, 35–51.
Oswald, W., Das Gesetz, das Volk und der König. Zum gesellschaftlichen Status und zur Funktion der Gesetze im Pentateuch, WdO 44, 2014, 76–108.
Oswald, W., Die politische Funktion des Dekalogs, in J. J. Krause, W. Oswald und K. Weingart (Hg.), Eigensinn und Entstehung der Hebräischen Bibel. Erhard Blum zum siebzigsten Geburtstag, FAT 136, Tübingen, 2020, 111–127.
Otto, E., Wandel der Rechtsbegründungen in der Gesellschaftsgeschichte des Antiken Israel. Eine Rechtsgeschichte des „Bundesbuches". Ex XX,22–XXIII,13, StB 3, Leiden, 1988.
Otto, E., Treueid und Gesetz. Die Ursprünge des Deuteronomiums im Horizont neuassyrischen Vertragsrechts, ZAR 2, 1996, 1–52.
Otto, E., Die nachpriesterschriftliche Pentateuchredaktion im Buch Exodus, in M. Vervenne (Hg.), Studies in the Book of Exodus. Redaction – Reception – Interpretation, BEThL 126, Leuven, 1996, 61–111.
Otto, E., Das Deuteronomium. Politische Theologie und Rechtsreform in Juda und Assyrien, BZAW 284, Berlin/New York, 1999.
Otto, E., (Hg.), Mose. Ägypten und das Alte Testament, SBS 189, Stuttgart, 2000.
Otto, E., Mose und das Gesetz. Die Mose-Figur als Gegenentwurf Politischer Theologie zur neuassyrischen Königsideologie im 7. Jh. v. Chr., in idem (Hg.), Mose. Ägypten und das Alte Testament, SBS 189, Stuttgart, 2000, 43–83.
Otto, E., Die Tora des Mose. Die Geschichte der literarischen Vermittlung von Recht, Religion und Politik durch die Mosegestalt, Hamburg, 2001.

Otto, E., Mose, der erste Schriftgelehrte. Deuteronomium 1,5 in der Fabel des Pentateuch, in D. Böhler und P. Hugo (Hg.), L'écrit et l'esprit. Études d'histoire du texte et de théologie biblique en hommage à Adrian Schenker, OBO 214, Freiburg i.Ue., 2005, 273–284.

Otto, E., Mose. Geschichte und Legende, München, 2006.

Otto, E., Das Gesetz des Mose, Darmstadt, 2007.

Otto, E., Rechtshermeneutik im Pentateuch, in idem (Hg.), Die Tora, Wiesbaden, 2009, 490–514.

Otto, E., Deuteronomium 1–11. Erster Teilband: 1,1–4,43, HThKAT, Freiburg i. Br., 2012.

Otto, E., Deuteronomium 1–11. Zweiter Teilband: 4,44–11,32, HThKAT, Freiburg i. Br., 2012.

Otto, E., Deuteronomium 12,1–23,15, HThKAT, Freiburg i. Br. 2016.

Pakkala, J., Jeroboam Without Bulls, ZAW 120, 2008, 501–525.

Pakkala, J., The Date of the Oldest Edition of Deuteronomy, ZAW 121, 2009, 388–401.

Pakkala, J., The Influence of Treaties on Deuteronomy, Exclusive Monolatry, and Covenant Theology, HeBAI 8, 2019, 159–183.

Perlitt, L., Bundestheologie im Alten Testament, WMANT 36, Neukirchen-Vluyn, 1969.

Pietsch, M., Die Kultreform Josias. Studien zur Religionsgeschichte Israels in der späten Königszeit, FAT 86, Tübingen, 2013.

Pola, T., Die ursprüngliche Priestergrundschrift, WMANT 70, Neukirchen-Vluyn, 1995.

Richter, S., The Question of Provenance and the Economics of Deuteronomy, JSOT 42, 2017, 23–50.

Römer, T., The So-Called Deuteronomistic History. A Sociological, Historical and Literary Introduction, London/New York, 2005.

Römer, T., Entstehungsphasen des „deuteronomistischen Geschichtswerks", in M. Witte, J. F. Diehl und K. Schmid (Hg.), Die deuteronomistischen Geschichtswerke. Redaktions- und religionsgeschichtliche Perspektiven zur „Deuteronomismus"-Diskussion in Tora und Vorderen Propheten, BZAW 365, Berlin/New York, 2006, 46–70.

Römer, T., The Exodus Narrative according to the Priestly Document, in S. Shectman und J. S. Baden (Hg.), The Strata of the Priestly Writings. Contemporary Debate and Future Directions, AThANT 95, Zürich, 2009, 157–174.

Römer, T., Moses, the Royal Lawgiver, in D. V. Edelman und E. Ben Zvi (Hg.), Remembering Biblical Figures in the Late Persian and Early Hellenistic Periods. Social Memory and Imagination, Oxford, 2013, 81–94.

Rüterswörden, U., Das Buch Deuteronomium, NSK.AT 4, Stuttgart, 2006.

Schaper, J., Schriftauslegung und Schriftwerdung im alten Israel. Eine vergleichende Exegese von Ex 20,24–26 und Dtn 12,13–19, ZAR 5, 1999, 111–132.

Schenker, A., The Biblical Legislation on the Release of Slaves. The Road from Exodus to Leviticus, JSOT 78, 1998, 23–41.

Schenker, A., Le Seigneur choisira-t-il le lieu de son nom ou l'a-t-il choisi? L'apport de la bible grecque ancienne à l'histoire du texte samaritain et massorétique, in A. Voitila und J. Jokiranta (Hg.), Scripture in Transition. Essays on Septuagint, Hebrew Bible, and Dead Sea Scrolls in Honour of Raija Sollamo, JSJ.S 126, Leiden, 2008, 339–351.

Schipper, B. U., Die „eherne Schlange". Zur Religionsgeschichte und Theologie von Num 21,4–9, ZAW 121, 2009, 368–387.

Schmid, K., Israel am Sinai. Etappen der Forschungsgeschichte zu Ex 32–34 in seinen Kontexten, in E. Blum und M. Köckert (Hg.), Gottes Volk am Sinai, VWGTh 18, Gütersloh, 2001, 9–40.

Schmid, K., Der Pentateuchredaktor. Beobachtungen zum theologischen Profil des Toraschlusses in Dtn 34, in T. Römer und K. Schmid (Hg.), Les dernières rédactions du Pentateuque, de l'Hexateuque et de l'Ennéateuque, BEThL 203, Leuven, 2007, 183–197.

Schmid, K., Der Sinai und die Priesterschrift, in R. Achenbach und M. Arneth (Hg.), „Gerechtigkeit und Recht zu üben" (Gen 18,19). Studien zur altorientalischen und biblischen Rechtsgeschichte, zur Religionsgeschichte Israels und zur Religionssoziologie, BZAR 13, Wiesbaden, 2009, 114–127.

Schmid, K., Anfänge politikförmiger Religion. Die Theologisierung politisch-imperialer Begriffe in der Religionsgeschichte des antiken Israel als Grundlage autoritärer und toleranter Strukturmomente monotheistischer Religionen, in A. Liedhegener (Hg.), Religion – Wirtschaft – Politik. Forschungszugänge zu einem aktuellen transdisziplinären Feld, Zürich/Baden-Baden, 2011, 161–177.

Schmid, K., Der Kanon und der Kult. Das Aufkommen der Schriftreligion im antiken Israel und die sukzessive Sublimierung des Tempelkultes, in A. Berlejung und R. Heckl (Hg.), Ex oriente Lux. Studien zur Theologie des Alten Testaments, ABG 39, Leipzig, 2012, 523–546.

Schmid, K., Der Pentateuch und seine Theologiegeschichte, ZThK 111, 2014, 239–271.

Schmid, K., Divine Legislation in the Pentateuch in its Late Judean and Neo-Babylonian Context, in P. Dubovský, D. Markl und J.-P. Sonnet (Hg.), The Fall of Jerusalem and the Rise of the Torah, FAT 107, Tübingen, 2016, 129–153.

Schmid, K., Taming Egypt. The Impact of Persian Imperial Ideology and Politics on the Biblical Exodus Account, in M. Popović (Hg.), Jewish Cultural Encounters in the Ancient Mediterranean and Near Eastern World, JSJ.S 178, Leiden, 2017, 13–29.

Schmid, K., Die Priesterschrift als antike Historiographie. Qellen und Darstellungsweise der politischen und religiösen Geschichte der Levante in den priesterschriftlichen Erzelternerzählungen, in M. Brett und J. Wöhrle (Hg.), The Politics of the Ancestors. Exegetical and Historical Perspectives on Genesis 12 – 36, FAT 124, Tübingen, 2018, 93–111.

Schmid, K., Gott als Gesetzgeber. Entstehung und Bedeutung des Gottesrechts der Tora im Rahmen der altorientalischen Rechtsgeschichte, ZThK 118, 2021, 267–294.

Schmid, K., Exodus: Die biblische Überlieferung und ihre historischen Hintergründe in der neueren Forschungsdiskussion, ZPT 73, 2021, 258–268.

Schmid, K., From Amos to Ben Sira. Some Questions and Answers on the Intellectual History of Authorship in the Hebrew Bible, in S. Ammann, K. Pyschny und J. Rhyder (Hg.), Authorship and the Hebrew Bible, Tübingen, 2022, 115–133.

Schmid, K., Auf dem Weg zum Gottesrecht. Die Theologisierung des Bundesbuchs, in L. Maskow und J. Robker (Hg.), Kritische Schriftgelehrsamkeit in priesterlichen und prophetischen Diskursen. Festschrift für Reinhard Achenbach zum 65. Geburtstag, BZAR 27, Wiesbaden, 2022, 119–138.

Schorch, S., The Construction of Samari(t)an Identity from the Inside and from the Outside, in R. Albertz und J. Wöhrle (Hg.), Between Cooperation and Hostility. Multiple Identities in Ancient Judaism and the Interaction with Foreign Powers, JAJ.S 11, Göttingen, 2013, 135–149.

Schott, M., Die Jakobpassagen in Hosea 12, ZThK 112, 2015, 1–26.

Smend, R., Mose als geschichtliche Gestalt, HZ 260, 1995, 1–19 = idem, Zwischen Mose und Karl Barth, Tübingen, 2009, 1–25.

Sonnet, J.-P., The Book Within the Book. Writing in Deuteronomy, BI.S 14, Leiden, 1997, 134–140.

Steymans, H. U., Deuteronomy and Tell Tayinat, VeE 34, 2013, 1–13.

van der Toorn, K., Scribal Culture and the Making of the Hebrew Bible, Cambridge, MA, 2007.

Utzschneider H. und W. Oswald, Exodus 1–15, IEKAT, Stuttgart, 2013.

Weber, B., Meint die Tora JHWHs in Psalm 1,2 (auch) den Psalter? Erkundungen zur Reichweite des Tora-Begriffs, BN 178, 2018, 75–102.

Weimar, P., Untersuchungen zur priesterschriftlichen Exodusgeschichte, FzB 9, Würzburg, 1973.

Weinfeld, M., Deuteronomy and the Deuteronomic School, Oxford, 1972.

Wellhausen, J., Prolegomena zur Geschichte Israels, Berlin, ³1886.

Wöhrle, J., Jacob, Moses, Levi. Pentateuchal Figures in the Book of the Twelve, in J.C. Gertz, B.M. Levinson, D. Rom-Shiloni et al. (Hg.), The Formation of the Pentateuch. Bridging the Academic Cultures of Europe, Israel, and North America, FAT 111, Tübingen, 2016, 997–1014.

Zenger, E., Die Sinaitheophanie. Untersuchungen zum jahwistischen und elohistischen Geschichtswerk, FzB 3, Würzburg, 1971.

Politics of Holiness in the Torah Republic

Mark G. Brett

The Pentateuch presents a complex social imagination, embracing multiple perspectives that have been mediated by scribes at work over a number of centuries and in several different geographical locations. On this general point, most biblical scholars can agree. Unfortunately, there is no consensus on how to describe the formation of the Pentateuch when it comes to details, and even the most basic questions around the development of a fitting historical methodology remain unresolved. Nevertheless, there is broad agreement that we can distinguish in many instances between Priestly and Deuteronomic discourse, bearing in mind that there are a number of texts that seem to reflect the influence of both streams of tradition. Diachronic theories of literary sources and redactions rely on the root metaphor of textual layers or "strata," perhaps trading on associations with geology or archaeology, but the metaphor is misleading when we turn to consider the five books of Moses taken as a whole. Reading the Torah as a whole requires a more synchronic method, which considers not just one layer at a time (and perhaps even a reconstructed social group who produced each layer), but rather, an appreciation for the combination of all the layers. Wolfgang Oswald made the stimulating suggestion in his ground-breaking *Staatstheorie im Alten Israel* that the complex politics of the Pentateuch can be described as a "Torah republic," and the present essay may be considered an appreciative response to this proposal.[1]

1 Methodological Preliminaries

While there are some analogies that might be observed between the Torah and ancient Greek or Roman models of democracy or republic, the details of such comparisons will not be in focus in the present discussion.[2] It may be more accurate to say that the Pentateuch presents a "constitutional theocracy"[3] more than it does a republic, but noting the characteristic absence of monarchic authority from all these ancient polities will be sufficient for our purposes, at least to begin with. Contrary to the common intercultural expectation in ancient Western Asia, the Torah's legal collections stem from the national deity rather than from a king, and there is a distinctive emphasis on processes of political consent.[4] Deuteronomy accommodates the idea of kingship in one of its laws, but this

1 Oswald, Staatstheorie, 219–224.
2 See the judicious overview in Knoppers, Greek Lawgivers, 50–77.
3 Markl, Gottes Volk, 301, 307.
4 Oswald, Early Democracy, 121–135, highlights the notion of popular consent; cf. Assmann, Herrschaft, 49.

is merely a possibility rather than a necessity. If there were to be kings at some point, the resulting social order could be characterized as a constitutional monarchy; the king would be subject to divinely constituted torah, with Levitical priests holding the crown accountable to that torah (Deut 17:14–20).[5]

Secondly, the over-arching methodology in this discussion will be synchronic but certainly not indifferent to history. While the term "synchronic" is often linked to "final form" exegesis or text-immanent approaches, these branches of biblical study have wandered a good distance away from Ferdinand de Saussure's original contrast between synchronic and diachronic research.[6] In relation to the study of semantics, a diachronic interest tracks lexical items through the successive changes of a language system, whereas a synchronic study describes the choices available to a particular generation, regardless of any lexical pre-history. There is nothing inherently contradictory between these two types of enquiry. Thus, James Barr established long ago that etymological meanings are usually irrelevant to understanding the linguistic choices available to particular authors or editors, but this fact has no necessary impact on the viability of diachronic semantics as a branch of linguistics.[7] Similarly, a synchronic interest in the study of literature attends to the textual repertoire available at a particular time, in order to understand the likely communicative implicatures.[8] The communicative purposes of the makers of the Pentateuch can be discerned via allusions to a vast range of texts, older and younger, inside and outside the Torah itself. Accordingly, we will consider not just the relationships between the older and younger legal literature, but also the implied interactions with the book of Joshua and the prophetic books.

Thirdly, there is no generally valid method for correlating redactional layers with the social history of particular groups. In the case of the Hexateuchal redactions, it is indeed very likely that the pronounced focus on Shechem reflects social interests in the north.[9] In the case of the Pentateuchal redactions, however, matters are more complicated. I will argue that the interests reflected in the Torah extend from northern to southern territories, but also to diaspora groups living far from an imagined centre within the promised land. Whether this wide embrace can be aligned with one particular scribal school is questionable, but even scholars who envisage multiple and competing schools of thought – each locked in ideological conflict with the others – have to explain the compromises reflected in the received composite texts.[10] To frame this point as a question: why has the diversity of Priestly and non-Priestly materials been substantially retained, rather than

5 Levinson, First Constitution, 1853–1888.

6 Brett, Biblical Criticism, 104–111; Blum, Sinn und Nutzen, 16–30.

7 With reflection on his earlier linguistic work, Semantics, see Barr, Synchronic, 1–14.

8 Linguists adopted the term "implicature" from speech act theory so as to highlight the probability of communicative intentions and likely inferences, as opposed to the certainty of a logical implication. See, e.g., Huang, Pragmatics; Cruse, Meaning in Language; Chapman, Pragmatics.

9 Oswald, Staatstheorie, 204–218; Albertz, Formative Impact, 53–74; Brett, Canaanites.

10 See, e.g., Jeon, Reed Sea, who concludes that "The different scribal circles maintained their own identities while cooperating with each other to formulate a single authoritative text" (333); similarly, "This scribal compromise reflects a more stabilized religio-political reality of the community

extensively amended and harmonized in the way that we find in Chronicles and later works in Hellenistic times?

It will be necessary of course to reflect on biblical texts that have been identified in recent research as Pentateuchal redactions. At the same time, it will not be possible to restrict our attention to such a limited corpus of texts. A skeletal list of redactions may well point to focal editorial concerns, but each editorial addition would also need to be read in relation to the surrounding texts to be included within the larger literary "horizon" – the older materials with varying purposes and emphases, potentially quite different from the overall purposes and emphases of the Pentateuch as such.[11] The retention of all these layers represent choices made by those who created the Torah of Moses in five books.

It seems that the editorial choices made in the formation of the Pentateuch did not place as high a priority on the kind of literary coherence that is being sought at points even in the Septuagint translations, let alone in Chronicles. Textual fluidity was the norm in Persian and Hellenistic times, and the MT cannot be taken as a straightforward witness to the earliest version of the Torah or "Proto-Pentateuch," but the scale of extensive rewriting within Chronicles has a different character from the more complex literary diversity that has been retained within the Pentateuch. To foreshadow the overall argument, I will suggest that this diversity most likely reflects the number of quite different audiences who are envisaged for the Torah. A perceived need to hold together the social interests of northern, southern and diaspora kinship groups under a single Torah has apparently over-ridden interests in literary or legal coherence, at least on points of detail. In contrast, for example, the political centre of the pan-Israelite vision in Chronicles has clearly shifted to Jerusalem,[12] and by implication, the scribes who produced Chronicles have not felt the need to maintain the distinctive diversity of social interests that is evident in the Pentateuch's narratives and laws.

Having sketched out these methodological preliminaries, we can now turn to examine the main indicators of the complex politics of the Pentateuch.

2 Towards One Holy Nation

In Gen 12:1–3, Abram is promised the legacy of one "great nation." For our present purposes, we can recognize that this divine promise in Gen 12:1–3 is "Yahwistic" without presuming any particular theory of composition. Here it is important to recognize that the idea of one great nation is entirely different from the Priestly account in Genesis 17, where El Shaddai promises Abram "many nations" and changes the ancestor's name in order to entrench this internationalized vision.[13] The Priestly tradition in Genesis has stepped back from any picture of a single nation in order to articulate a different model of political theology, one within which the ancestors do not even know the name of

of Yehud during the mid-/late Persian period, when the Elders and Priestly groups agreed upon a coexistence probably after a long period of struggle for hegemony" (336).

11 Regarding the "horizon" metaphor, see Brett, Nations, 116–117.

12 Knoppers, Jews and Samaritans, 71–101; Jonker, Defining, 190–225.

13 Brett, Dissemination, 87–107; Wöhrle, Abraham, 23–39.

the national deity (Exod 6:2–3). Accordingly, these ancestors are shared among many nations. The historical fact of Israelite kingship amongst Abraham's descendants is acknowledged in Gen 17:6, but the monarchs of Israel and Judah are not endowed with any theological significance for the ongoing life of the children of Israel. The social norms of holiness arrive in Exodus, along with the name of the national deity and cultic regulations. The Pentateuchal editors have given the Priestly political vision a national preface in Gen 12:2, without yet signaling the holiness of this imagined nation.[14]

Deuteronomy also prescinds from the language of holiness in some contexts and speaks instead of a "great nation" (גוי גדול in Deut 4:7–8; 26:5), conceding that comparisons with even greater and mightier nations would be possible (Deut 4:38; 9:1; 11:23). Israel's lesser standing vis-à-vis these greater nations is compensated for in Deuteronomy, however, by a holiness that belongs to the divine choice of Israel at the foundation of the nation. Israel rises "high above all nations" not so much as a nation but as a "holy people" (עם קדוש in 7:6; 14:2, 21; 26:19; 28:9). The later texts in Deuteronomy may also be responding to earlier Priestly tradition, but there are some key differences in the concepts of holiness that are in evidence. While some practices are linked with a notion of holiness (Deut 14:21; 23:14), the Deuteronomic holiness is relatively "static" in contrast with Priestly traditions;[15] holiness is not so much an aspiration mediated by priests, but rather, a previously established reality for Israel as a chosen people.

As already noted, within the narrative framework of the Priestly traditions, Abraham and Sarah are the father and mother of many nations, and curiously, so is Jacob in Gen 35:11. This expansive social vision has been over-written by editors who highlight only the central line of ancestral descent (Abraham, Isaac, and Jacob) which leads to a singular nationhood. There are good reasons to think that it was Pentateuchal redactors who wove together the divine promises into an oath (שבע) sworn to this single line of ancestors. According to Konrad Schmid's account, this distinctive oath terminology was strategically placed in Gen 50:24; Exod 32:12; 33:1; Num 32:11 and Deut 34:4.[16] The oath formula is missing from Leviticus, however, and the Holiness Code provides another kind of synthesis, weaving an exodus covenant (Lev 26:44–45) together with three ancestral covenants:

> I will remember my covenant with Jacob, and also my covenant with Isaac, and also my covenant with Abraham I will remember. And the land, I will remember (Lev 26:42).

Leviticus refers to human oaths but not to divine oaths, and the wording of Lev 26:42 suggests that this text does not belong to the distinctive list that includes Gen 50:24;

---

14 My claim here is not that Gen 12:2 is necessarily a Pentateuchal redaction, but whatever its compositional origin might have been, this text now sits within the Pentateuchal "horizon"; the text is amenable to the larger construction of a single holy nation in Exodus through Deuteronomy. See Brett, Locations, 50–53.

15 Regev, Holiness, 243–261.

16 Schmid, Late Persian Formation, 242–244.

Exod 32:12; 33:1; Num 32:11 and Deut 34:4. This is the first of several reasons why it would be difficult to see H as the Pentateuch redactor, as some scholars have suggested.[17]

However, the transformation from "holy people" to "holy nation" in Exod 19:3b–6 marks a distinctive development, and this could indeed be understood as a Pentateuch redaction.[18] The suggestion of a "kingdom of priests" can hardly be reduced to Deuteronomistic composition:

> 3b Thus you shall say to the house of Jacob, and declare to the children of Israel: 4 You yourselves saw what I did to Egypt, and how I bore you on eagles' wings and brought you to myself. 5 Now, if you obey my voice and observe my covenant, you shall be my treasured possession out of all the peoples. For the whole earth is mine, 6 but you shall be for me a kingdom of priests and a holy nation (גוי קדוש).

Certainly, the term translated as "treasured possession" (סגלה) comes from Deuteronomic rather than Priestly tradition (Deut 7:6; 14:2; 26:18), but this reveals a dialogue with a range of earlier texts rather than a development of a single Deuteronomistic tradition.[19] Instead of foreshadowing H's democratizing idea of holiness (notably in Lev 19:2[20]), Exodus 19:3b–6 points to the priestly theocracy that is laid out in Numbers. The "kingdom of priests" reflects a late synthesis of traditions that responds to the demise of native monarchs.[21] A different kind of ethnic solidarity is imagined – one which does not depend on monarchic sovereignty.

The theocratic vision in Numbers cannot be immediately conflated with earlier political concepts deriving from H. Most importantly, the hierarchy of priests and Levites is essential to the priestly theocracy, but the Triteuch in Genesis through Leviticus is essentially "Levite-less."[22] The possibility that lay people can participate in the preparation of cultic offerings is presumed in the rhetoric of Leviticus, rather than requiring the mediating ministry of Levites.[23] If H were the Pentateuch redactor, then we would expect to see the cultic roles for Levites mentioned in the Holiness Code, and not just brief reference to Levitical cities in Lev 25:32–33.[24] The Levitical families mentioned in Exod

17 E.g., Otto, Holiness Code, 139–144. Cf. Knohl, Who Edited?, 359–367.

18 Otto, Holiness Code, 140.

19 Brett, Locations, 60–62, responding to Oswald, Lawgiving, 169–192.

20 Knohl, Sanctuary, 180–192. A popular holiness is also assumed in relation to the dietary laws in Lev 11:43–45 and Lev 20:24–26. Nihan, Clean and Unclean, 401–432.

21 Ska, Exegesis, 139–164.

22 Frevel, Ending, 140.

23 This is reflected for example in the use of נפש כי in Lev 2:1; 4:2, 27; 5:1, 4, 15, 17, which does not even seem to distinguish between persons on the basis of gender (Watts, Leviticus 1–10, 178–184, 249). The LXX translation has evidently removed this lay element, as noted by Hieke, Levitikus, 150. See further, Feldman, Story, 56–58; Berner, Laien, 3–28.

24 Similarly, the regulations in Exodus contain no hint that the ark may be the special responsibility of Levites (Exod 25:10–22; 26:33–34; 37:1–9; 40:20–21), as suggested in Deut 10:8; 31:9, 25–26. The "work of the Levites" under Ithamar in Exod 38:21 remains undefined but provides a bridge into Numbers that was built retrospectively (cf. Num 4:28, 33; 7:8). See Samuel, Von Priestern, 246–300.

6:14–27 have no cultic functions in Exodus and Leviticus, and this late genealogical note foreshadows the rise of Phinehas and the Levitical family structure in Numbers.[25] The sudden appearance of Levites in Exod 32:25–29 is anomalous in the narrative world of the Triteuch.[26]

The Pentateuch redactors have interwoven their picture of a theocratic nation into the earlier materials with remarkably reserved scribal interventions. Nevertheless, by providing a single line of descent – Abraham, Isaac and Jacob – leading to a single priestly nation, the Pentateuch redaction has managed to combine the competing circles of Priestly and Deuteronomic conversation. Remarkably, the scribal parties have agreed that a monarch is not essential, but what about the concepts of territory that may be associated with nationhood (as implied in Gen 10:20, for example, where peoples are organized according to clans, languages, lands, and nations)? The question of geographical imagination has not been resolved so readily, and in particular, the centrality of Jerusalem has not been resolved.

3 Centralities and Peripheries of the Torah Republic

Both the centre and the periphery of Israel's territory remain contested in the Pentateuch. Not only are there minor variations on the extent of the promised land, but there is a glaringly obvious discrepancy around the eastern boundary – whether it should be seen as the Jordan River or the Euphrates. Elsewhere I have argued that the Euphrates mapping belongs to a Hexateuchal imaginary (with its counter-imperial territorial imagination centred on Shechem), but another view sees the Euphrates map as Deuteronomistic.[27] Either way, the Priestly concept of a promised "land of Canaan" located only west of the Jordan is remarkably modest in its scope, and very different from an empire-wide territory that stretches from the river of Egypt to the Euphrates (Gen 15:18; Deut 1:7; 11:24; 34:1 [SamP]; Josh 1:4). The Pentateuchal editors have not seen fit to mediate these alternative perspectives other than by simply including them all.

The removal of Joshua from the Torah implies that the actual possession of land is not as essential to political community as the law.[28] Most of the foundational events take place outside the promised land. It is even possible to read the Pentateuch as "a myth of origins for a diasporic Israel."[29] Sabbath, circumcision and food laws would be particularly relevant in exile and diaspora, as is often observed, where holiness might be maintained away from the promised land with its sacred sites. But the Torah's geographical

25 Achenbach, Vollendung, 110–123; Albertz, Exodus, 116–32. Regarding the correlations between Exod 6:14–27 and Chronicles, see Achenbach, Theocratic Reworking, 61–66.

26 Brett, Locations, 61.

27 Havrelock, Two Maps, 649–667; Wazana, Boundaries, 97–126; Brett, Nations, 113–130. Römer, Cult Centralization, 89, interprets the Euphrates mapping not in terms of counter-imperial mimicry as I have suggested, but simply as an embrace of diaspora communities.

28 Otto, Holiness Code, 149. This distinction cannot be pressed too far, however, since much of the Torah is concerned with land promises, acquisition and allocation of landholdings, maintaining the sanctity of the land, and threats of exile.

29 Schmid, Diaspora, 79.

imagination functions in a variety of different ways to sustain a tension between centres and peripheries.

For example, even within the ancestral land promises, the needs of diaspora communities have been recognized. Konrad Schmid has recently highlighted this point, arguing that the divine promise to Jacob in Gen 28:14 presents a diaspora blessing, which he translates along with the NRSV in the following way:

> And your offspring shall be like the dust of the earth (הארץ), and you shall spread abroad to the west and to the east and to the north and to the south; and all the families of the earth (האדמה) shall be blessed in you and in your offspring.

The experience of diaspora is also reflected in the next verse (28:15), but in a manner that suggests a temporary condition to be overturned by divine action in the long run: "I will bring you back to this land (אל האדמה הזאת)." The land mentioned in 28:16 then draws attention to a northern site: Jacob realizes that Yhwh was present in Bethel – in a northern place, and not just in the south. Any suggestion that this northern encounter is merely a transient curiosity or aberration, perhaps part of a journey to Jerusalem, is undermined by the range and richness of northern-orientated texts in Genesis.[30] Among the sacred locations in the north, Bethel and Shechem are prominent in Genesis, and more broadly in Hexateuchal traditions.

The allusion to diaspora in Gen 28:14 is echoed in Gen 13:14–16, Schmid suggests.[31] Again there is a pronounced tension between promised land and dispersion, especially as the reader moves from v. 16 to 17. Yhwh urges Abram to:

> [14] look from the place where you are, northward and southward and eastward and westward; [15] for all the land that you see I will give to you and to your offspring forever. [16] I will make your offspring like the dust of the earth (הארץ), so that if one can count the dust of the earth, your offspring also can be counted. [17] Rise up, walk through the length and the breadth of the land (הארץ), for I will give it to you.

In v. 17, it is clear that הארץ means promised land rather than a global "earth," and hence the NRSV translators have chosen "land," evidently to imply a more limited expanse. The location of this divine promising is, however, not so clear. Perhaps we are to infer from 13:3–4 that Abram is in Bethel, and then he would be viewing the promised land from a northern vantage point. But then in 13:18, he settles in Hebron and builds another altar to Yhwh. Thus, we can conclude that these Yahwistic altars are spread throughout the land (although not in Salem/Jerusalem).[32]

---

30 Brett, Locations, 57–58, with a critical response to Blum, Jacob Tradition, 181–211.

31 Schmid, Diaspora, 81–82.

32 Elsewhere I have suggested that the Hexateuchal editors have laid claim to Abram's Yahwistic altars in Shechem (Gen 12:6–7), between Bethel and Ai (12:8; 13:4), in Hebron (13:18), and Isaac's altar in Beersheba (26:25). All these texts apparently belong to the pan-Israelite Hexateuchal imaginary that unifies northern and southern memories, even if the texts come from different hands. Brett, Nations, 115, n.10.

There is no shedding of blood depicted on these particular altars, so the editors have agreed that the Priestly concern for properly regulated blood offerings at a sacred site can wait until Exodus and Leviticus have introduced the relevant laws. An altar law is then provided in Exod 20:24, but this is a difficult text in some respects and subject to a range of interpretations. Recently, Cynthia Edenburg has affirmed the view that the awkward grammar indicates a late response to the centralization law in Deuteronomy 12.[33] The reverse is also possible, but for our present purposes the dating of the original composition is relatively unimportant. Whether the text is older or younger, it belongs within an editorial horizon that allows for multiple altars. The Pentateuch editors have thereby accommodated the use of altars by diaspora communities who live at distance from any central temple. In Edenburg's view, "This quite late overwriting of the Covenant Code altar law implies that Diaspora Yahwists are not at a disadvantage but may enjoy the blessing of their god through Yahweh piety."[34]

A second element in her argument relates more directly to my effort to describe the tensions between centralities and peripheries in the Pentateuch. She argues that a concern for diaspora communities is reflected especially in the Holiness Code and H redactions; holiness is required of all the children of Israel, wherever they may live. A diaspora focus is indicated especially by the legal formula בכל מושבתיכם ("in all your settlements") which is used nine times in the Pentateuch in passages that can be attributed to the Holiness School.[35] In almost every case, she suggests, the rites described do not require proximity to an altar: Exod 12:20 (Mazzot); 35:3 (Sabbath); Lev 3:17; 7:26 (abstaining from the fat or blood of an offering); Lev 23:3, 21, 31 (Sabbath); Num 35:29 (homicide). The exception she identifies, however, is in Lev 23:14 (cf. ממושבתיכם in 23:17 "*from* your settlements"), which seems to require that the first fruits be brought to a temple.

In particular, the Sabbath observances deserve some elaboration here. To begin with, there is no language of holiness in the oldest Sabbath law in Exod 23:12, nor in the earliest layer of P,[36] and it is very likely that H editors are responsible for introducing the idea of a holy sabbath.[37] The seventh day was sanctified by Elohim according to Gen 2:2–3 (arguably an H addition to the Priestly creation narrative in Genesis 1), but none of the characters in Genesis are aware of the concept of holiness. The creation narrative quietly lays the groundwork for later legislation, especially when Gen 1:14 speaks of "signs, appointed times, days and years." The "appointed times" (מועדים) are generally seen in the later laws as timeframes within which sanctification was still required by priestly offerings.[38] Because it was God who pronounced the sabbath sacred in Gen 2:3, one

33 Edenburg, Messaging, 213–214, following Levin, Deuteronomium, 98–99; Johnstone, Exodus 20.24b, 211–218.

34 Edenburg, Messaging, 214.

35 Similar observations are made by Weyde, Festivals, 73; Brett, Marriage, 59. Cf. the discussion and critique in Rhyder, Centralizing, 104–108, 293–304.

36 For critical reviews of the literature that seeks to discover a Sabbath practice within earlier P texts, see Rhyder, Centralizing, 337–340; Boorer, Vision, 54–58.

37 See the recent discussions in Achenbach, Sabbath, 18–32; Carr, Standing, 17–41.

38 Schwartz, *Miqra' Qodesh*, 11–24.

might infer that no priest would be needed to sanctify the seventh day, and this would suit diaspora conditions. Leviticus 23 accordingly lists the appointed times and festivals but then notes that the Sabbath is excluded from this list:

> 37 These are the appointed times of Yhwh, which you shall celebrate as times of holy convocation, for presenting to Yhwh offerings by fire – burnt offerings and grain offerings, sacrifices and drink offerings, each on its proper day – 38 apart from the sabbaths of Yhwh, and apart from your gifts, and apart from all your votive offerings, and apart from all your freewill offerings, which you give to Yhwh.

Interestingly, Lev 24:8 prescribes priestly offerings to be made at a sanctuary on Sabbath days, but the priests are not required to declare the day itself to be holy. In sum, the Holiness Code provides for priestly actions at a central sanctuary on the Sabbath as well as non-priestly observances in diaspora.

As many scholars have pointed out, however, this H scenario is contradicted in Lev 23:3, where the list of "appointed times" begins with the Sabbath.[39] In my view, it is reasonable to assume that an H editor in Gen 2:2–3 would agree with Lev 23:37–38 that the Sabbath would not need to be proclaimed by a priest and thus would not be listed as an appointed time. Subsequently, adopting a different view, Lev 23:3 could then belong to Pentateuch redaction, along with Num 28:2 and 29:39, which lists the Sabbath along with the other מועדים.[40] But this compositional debate makes little difference to my primary argument: the Pentateuchal horizon embraces the centralizing imperatives of cultic practice along with the requirement for diaspora communities to maintain the holiness of a priestly nation.

4 From Many Prophets to the One

A few texts seem to suggest that Moses can be seen as a founder prophet, whose mediating role established the line of charismatic leaders who carried the torah in their hands (2 Kgs 17:13). This scenario may be implied by the promise in Deut 18:15, made by Moses to the people: "Yhwh your God will raise up a prophet like me from among your citizens". But Deut 34:10 contests this genial view of succession: "Never again did there arise in Israel a prophet like Moses." The retrospective assessment most likely comes from

39 Milgrom assigned v. 3 to a secondary exilic H redactor, emphasizing that for the author of Lev 23:37–38 the Sabbath is neither a מועד nor a מקרא קדש. Similarly, Num 28:2 and 29:39 "erroneously" include the Sabbath (which is mentioned in 28:9–10) among the מועדים, and this peculiar error is attributed to the same redactor responsible for Lev 23:3. Milgrom, Leviticus 23–27, 1954–1956.

40 Achenbach, Sabbath, 28, finds Pentateuch composition in Gen 2:2–3 and Lev 23:3, but my view preserves a sharper distinction between H and Pentateuch compositions. Similarly, the death penalty for Sabbath breaches in Exod 31:15b and 35:2b is very different from the כרת penalty in Exod 31:14 (which is more characteristic of H), so there is reason to doubt whether this death penalty belongs to the H regulations relating to the Sabbath. The death penalty in Exod 31:15b and 35:2b could belong to a later redactor who supplemented H's כרת penalty in 31:14. Notably, the death penalty for a breach of Sabbath in Num 15:32–36 exhibits "few obvious H features," according to Baden, Numbers 15, 360 n. 28.

the Pentateuch redactors, who are concerned to emphasize the unique authority of Moses, and their intervention has striking implications.[41] Specifically in relation to our theme of holiness, the relationship between the Pentateuch and Ezekiel comes into focus.

The numerous verbal similarities between Ezekiel and the Holiness Code have often been observed. A correlation is evident, for example, between the regulation in the Holiness Code "You shall keep my Sabbaths and revere my sanctuary" (Lev 19:30 // 26:2) and a pronouncement of judgment in Ezek 23:38, "They have defiled my sanctuary on the same day, and profaned my Sabbaths." Recent research has investigated the chronological questions provoked by such comparisons: is this correlation evident because Ezekiel has transformed the earlier legal material into accusations, or the reverse, because the legal formulations have drawn from Ezekiel?[42]

Before attempting to answer this question, some differences between the Sabbath traditions also need to be noted: Ezekiel describes the obligations of a prince to provide offerings on the Sabbath (Ezek 45:17; 46:12), yet fails to mention a high priest, whereas H envisages a high priest presiding over Sabbath offerings at a sanctuary in Lev 24:5–9 without mentioning the obligations of a prince. Importantly, none of the cultic instructions in Ezek 43–46 invoke the memory of law-giving at Sinai or the role of Moses in mediating the law.[43] The wealth of legal discourse in Ezekiel begs for at least one allusion to the law of Moses, but there is none to be found.[44] Without surveying all the relevant details that have been observed in previous research, I will assume that it is much more likely that most of Ezekiel's legal discourse was known to H, and that H has deliberately elided some aspects of the Ezekiel tradition.

Adopting this approach, Eckart Otto has recently shown how some of the key wording in Ezek 34:23–31 and 37:24–28 has been reshaped in Lev 26:3–13. Most importantly, the reception of the Ezekiel material in Leviticus 26 has eliminated the role of the prince or king in a restored Jerusalem, while retaining the central sanctuary and Yhwh's sanctification of the people. Instead of the divine promise of a Davidic "covenant of peace" found in Ezek 34:25 and 37:26, the ברית שלום is connected with the Sinai covenant and made conditional on law observance (Lev 26:3). In effect, the Holiness Code becomes an alternative to the draft constitution in Ezek 40–48.[45]

The Holiness Code provides its own post-exilic vision of salvation in Lev 26:39–45. The envisaged redemption in the land is conditional upon confession of sin, including confession of the iniquities of the ancestors:

41 Otto, Deuteronomium, 228–229; Römer and Brettler, Deuteronomy 34, 401–419.

42 Arguing for the chronological priority of the Holiness Code, see for example Lyons, Transformation, 1–32, with a summary of his earlier work. Müller, Leviticus 26, 207–228, surveys the possibilities for reversing the direction of influence. Similarly Carr, Formation, 301 n. 101.

43 Rhyder, Divine Authorship, 160–163.

44 Ezekiel adopts the H-like combination of חקתי and משפטי more than a dozen times: Ezek 5:6, 7; 11:20; 18:9, 17, 19; 20:11, 13, 16, 19, 21, 24; 37:24; 44:24.

45 Otto, Prophetentheorie, 159.

> [41b] If then their uncircumcised heart is humbled and they make amends[46] for their iniquity, [42] then will I remember my covenant with Jacob; I will remember also my covenant with Isaac and also my covenant with Abraham, and I will remember the land. (26:41b–42)

Otto compares this text with a Pentateuch redaction in Deut 30:6 that seems to echo the circumcision of the heart motif that is found in Jer 31:31–34.[47]

> Moreover, Yhwh your God will circumcise your heart and the heart of your seed, so that you will love Yhwh your God with all your heart and with all your soul, in order that you may live. (Deut 30:6)

There is, however, a very clear difference between Lev 26:41 and Deut 30:6 in that the Holiness Code retains the emphasis on human agency (requiring the humbling of uncircumcised hearts), whereas the Pentateuchal redaction in Deuteronomy 30 has accepted the need for divine initiative in circumcising the communal heart, as suggested in Jeremiah 31. This is an additional reason for concluding that there is no evidence of Pentateuchal redaction in Lev 26:41–42.

In sum, a number of contrasts suggest themselves: (1) the PentRed establishes Moses as the prophet above all other prophets, but instead of explicitly mentioning prophets as such, the HC revises prophetic discourse; (2) while it may be the case that the PentRed accepts the prophetic idea that God will ultimately circumcise the heart, the HC does not propose to see divine agency in this way; (3) the PentRed accepts the Deuteronomic elevation of cultic Levites, but the HC does not; (4) the PentRed synthesizes the ancestral promises into a single divine oath made to Abraham, Isaac and Jacob, but the HC does not; (5) the differences between HC and Numbers confirm that Numbers adds some key theocratic elements to the politics of holiness after the HC, and these post-HC theocratic elements can be aligned in some way with isolated additions to the Triteuch; (6) in contrast with Ezekiel, the HC envisages no prince at the centre of a covenant of peace; (7) *contra* the Hexateuchal traditions, a Shechemite sanctuary does not sit at the centre of communal life in the HC, and *contra* Ezekiel 40–48, neither does Jerusalem.

5 Conclusion

This last point leads us to a somewhat paradoxical conclusion: although the HC and Deuteronomy both exhibit centralizing tendencies, neither tradition identifies the precise geographical centre of their social imagination.[48] It follows that neither the temple

46 The lexical choice of ירצו ("make amends") is applied also to the land's own agency and personhood in Lev 26:34, 43 (cf. 2 Chr 36:21). The land is not seen as inherently sacred, but it is called to "geographical holiness," as Stackert (Sabbath, 250) puts it. Cf. Joerstad, Environmental Ethics, 48–58.

47 Otto, Prophetentheorie, 161. The chronology of these texts is disputed, but the substance of the comparison here does not require resolution of diachronic questions. It is possible that an expansion of the PentRed knows of Jer 31:31–34. See the discussion in Rossi, Conflicting, 202–225; cf. Newsom, Spirit, 47, 77–80.

48 Rhyder, Centralizing, 398–407.

in Jerusalem nor the temple in Samaria have been given preference in the formation of the Pentateuch, and this amounts to a remarkable example of political negotiation when the nations of Israel and Judah were so clearly divided historically. Perhaps the kinship relationships between priestly families were sufficient to overcome older political rivalries, at least for much of the fifth century BCE, but the initially good relationships with Samaria proved unstable over time.[49] The prophetic books and Ezra-Nehemiah make their preference for the south abundantly clear, as does Chronicles in a more genial fashion. The Torah republic was equipped with an extraordinary political resilience that could sustain even diaspora communities, centred on a homeland yet also affirming mutual belonging from afar.

The social interests behind the formation of the Pentateuch were clearly more diverse than the monological focus on Samaria in the Hexateuchal narrative arc. The theocratic Pentateuch envisages a priesthood above other authorities, but not in the manner of the earlier Priestly literature; the internationalism of Genesis 17 was transformed into a model of nationhood that can hold together dispersed citizens within a single holy nation (גוי קדוש). This no doubt contributed greatly to the resilience of ancient Judaism, although the emphasis in other literature on the centrality of Jerusalem eventually contributed, perhaps inevitably, to fractured relationships with Samaria. Accordingly, the interpretation of the Torah in the Ezra tradition reflects an ethnic fissure between Samarians and Judeans in Hellenistic times.

Bibliography

Achenbach, R., Die Vollendung der Tora: Studien zur Redaktionsgeschichte des Numeribuches im Kontext von Hexateuch und Pentateuch, BZAR 3, Wiesbaden, 2003.

Achenbach, R., Sabbath in Genesis 1:1–2:3 and in the Pentateuch, in S. Ramond and R. Achenbach (eds.), Aux commencements – Création et temporalité dans la Bible et dans son contexte culturel, Wiesbaden, 2019, 18–32.

Achenbach, R., Theocratic Reworking in the Pentateuch: Proto-Chronistic Features in the Late Priestly Layers of Numbers and Their Reception in Chronicles, in J. Jeon and L. C. Jonker (eds.), Chronicles and the Priestly Literature of the Hebrew Bible, BZAW 528, Berlin, 2021, 51–78.

Albertz, R., Exodus, Vol. I: Exodus 1–18, ZBK.AT 2.1, Zurich, 2012.

Albertz, R. The Formative Impact of the Hexateuchal Redaction: An Interim Result, in F. Giuntoli and K. Schmid (eds.), The Post-Priestly Pentateuch: New Perspectives on Its Redactional Development and Theological Profiles, FAT 101, Tübingen, 2015, 53–74.

Assmann, J., Herrschaft und Heil: Politische Theologie in Ägypten, Israel und Europa, München, 2000.

Baden, J. S., The Structure and Substance of Numbers 15, VT 63, 2013, 351–363.

Barr, J., The Semantics of Biblical Language, Oxford, 1961.

Barr, J., The Synchronic, the Diachronic and the Historical: A Triangular Relationship?, in J. C. de Moor (ed.), OTSt 34, Leiden, 1995, 1–14.

Berner, C., Wie Laien zu Leviten wurden: Zum Ort der Korachbearbeitung innerhalb der Redaktionsgeschichte von Num 16–17, BN 152, 2012, 3–28.

49 Houston, Salem, 327; Brett, Imperial Context, 443–462; Hensel, Debating, 27–47.

Blum, E., Von Sinn und Nutzen der Kategorie 'Synchronie' in der Exegese, in W. Dietriech (ed.), David und Saul im Widerstreit – Diachronie und Synchronie im Wettstreit: Beiträge zur Auslegung des ersten Samuelbuches, OBO 206, Göttingen, 2004, 16–30.
Blum, E., The Jacob Tradition, in C. A. Evans, J. N. Lohr and D. L. Petersen (eds.), The Book of Genesis: Composition, Reception and Interpretation, Leiden, 2012, 181–211.
Boorer, S. The Vision of the Priestly Narrative, AIL 27, Atlanta, 2016.
Brett, M. G., Biblical Criticism in Crisis: The Impact of the Canonical Approach to Old Testament Studies, Cambridge, 1991.
Brett, M. G., The Politics of Marriage in Genesis, in D. J. A. Clines, K. Richards and J. L. Wright (eds.), Making a Difference: Essays on the Bible and Judaism in Honor of Tamara Cohn Eskenazi, Sheffield, 2012, 49–59.
Brett, M. G., The Priestly Dissemination of Abraham, HeBAI 3, 2014, 87–107.
Brett, M. G., Yhwh among the Nations: The Politics of Divine Names in Genesis 15 and 24, in M. G. Brett and J. Wöhrle (eds.), The Politics of the Ancestors: Exegetical and Historical Perspectives on Genesis 12–36, FAT 124, Tübingen, 2018, 113–130.
Brett, M. G., Locations of God: Political Theology in the Hebrew Bible, New York, 2019.
Brett, M. G., The Imperial Context of the Pentateuch, in J. S. Baden and J. Stackert (eds.), The Oxford Handbook of the Pentateuch, New York, 2021, 443–462.
Brett, M. G., The Canaanites were then in the Land, and Other Shechemite Ironies, HTR 116, 2023, 173–189.
Carr, D. M., The Formation of the Hebrew Bible: A New Reconstruction, New York, 2011.
Carr, D. M., Standing at the Edge of Reconstructable Transmission-History: Signs of a Secondary Sabbath-Oriented Stratum in Genesis 1:1–2:3, VT 70, 2020, 17–41.
Chapman, S., Pragmatics, Basingstoke, 2011.
Cruse, C., Meaning in Language: An Introduction to Semantics and Pragmatics, Oxford, 2011.
Edenburg, C., Messaging Brothers in Distant Lands, HeBAI 11, 2022, 204–223.
Feldman, L. M., The Story of Sacrifice: Ritual and Narrative in the Priestly Source, FAT 141, Tübingen, 2020.
Frevel, C., Ending with the High Priest: The Hierarchy of Priests and Levites in the Book of Numbers, in C. Frevel, T. Pola and A. Schart (eds.), Torah and the Book of Numbers, FAT II 62, Tübingen, 2013, 138–163.
Havrelock, R., The Two Maps of Israel's Land, JBL 126, 2007, 649–667.
Hensel, B., Debating Temple and Torah in the Second Temple Period: Theological and Political Aspects of the Final Redaction(s) of the Pentateuch, in M. Witte, J. Schröter and V. M. Lepper (eds.), Torah, Temple, Land: Constructions of Judaism in Antiquity, TSAJ 184, Tübingen, 2021, 27–47.
Hieke, H., Levitikus: Erster Teilband, 1–15, HThKAT, Freiburg i. Br., 2014.
Huang, Y., Pragmatics, Oxford, 2007.
Houston, W., Between Salem and Mount Gerizim: The Context of the Formation of the Torah Reconsidered, JAJ 5, 2014, 311–334.
Jeon, J., From the Reed Sea to Kadesh: A Redactional and Socio-Historical Study of the Pentateuchal Wilderness Narrative, FAT 159, Tübingen, 2022.
Joerstad, M., The Hebrew Bible and Environmental Ethics: Humans, Nonhumans, and the Living Landscape, Cambridge, 2019.
Johnstone, W., Exodus 20.24b: Linchpin of Pentateuchal Criticism or Just a Further Link between the Decalogue and the Book of the Covenant?, in R. Rezetko, T. Lim and W. B. Aucker

(eds.), Reflection and Refraction: Studies in Biblical Historiography in Honour of A. Graeme Auld, VT.S 113, Leiden, 2006, 207–222.

Jonker, L. C., Defining All-Israel in Chronicles, FAT 106, Tübingen, 2016.

Knohl, I., The Sanctuary of Silence: The Priestly Torah and the Holiness School, Minneapolis, 1995.

Knohl, I., Who Edited the Pentateuch?, in T. B. Dozeman, K. Schmid and B. J. Schwartz (eds.), The Pentateuch: International Perspectives on Current Research, FAT 78, Tübingen, 2011, 359–367.

Knoppers, G. N., Moses and the Greek Lawgivers: The Triumph of the Torah in Ancient Mediterranean Perspective, in D. Jaillard and C. Nihan (eds.), Writing Laws in Antiquity – L'écriture du droit dans l'Antiquité, BZAR 19, Wiesbaden, 2012, 50–77.

Knoppers, G. N., Jews and Samaritans: The Origins and History of Their Early Relations, Oxford, 2013.

Levin, C., Das Deuteronomium und der Jahwist, in idem, Fortschreibungen: Gesammelte Studien zum Alten Testament, BZAW 316, Berlin, 2003, 96–110.

Levinson, B. M., The First Constitution: Rethinking the Origins of Rule of Law and Separation of Powers in Light of Deuteronomy, Cardozo Law Review 27, 2006, 1853–1888.

Lyons, M. A., Transformation of Law: Ezekiel's Use of the Holiness Code (Leviticus 17–26), in W. A. Tooman and M. A. Lyons (eds.), Transforming Visions: Transformations of Text, Tradition, and Theology in Ezekiel, Eugene, 2010, 1–32.

Markl, D., Gottes Volk im Deuteronomium, BZAR 18, Wiesbaden, 2012.

Milgrom, J., Leviticus 23–27, AB 3B, New York, 2001.

Müller, R., A Prophetic View of the Exile in the Holiness Code: Literary Growth and Tradition History in Leviticus 26, in E. Ben Zvi and C. Levin (eds.), The Concept of Exile in Ancient Israel and Its Historical Contexts, BZAW 404, Berlin, 2010, 207–228.

Newsom, C. A., The Spirit within Me: Self and Agency in Ancient Israel and Second Temple Judaism, New Haven, 2021.

Nihan, C., The Laws about Clean and Unclean Animals in Leviticus and Deuteronomy and Their Place in the Formation of the Pentateuch, in T. B. Dozeman, K. Schmid and B. J. Schwartz (eds.), The Pentateuch: International Perspectives on Current Research, FAT 78, Tübingen, 2011, 401–432.

Oswald, W., Staatstheorie im Alten Israel: Der politische Diskurs im Pentateuch und in den Geschichtsbüchern des Alten Testaments, Stuttgart, 2009.

Oswald, O., Early Democracy in Ancient Judah: Considerations on Ex 18–24 with an Outlook on Dtn 16–18, CV 52, 2010, 121–135.

Oswald, O., Lawgiving at the Mountain of God (Exodus 19–24), in T. Dozeman, C. A. Evans and J. N. Lohr (eds.), The Book of Exodus: Composition, Reception, and Interpretation, VT.S 164, Leiden, 2014, 169–192.

Otto, E., Das Deuteronomium im Pentateuch und Hexateuch: Studien zur Literaturgeschichte von Pentateuch und Hexateuch im Lichte des Deuteronomiumrahmens, FAT 30, Tübingen, 2000.

Otto, E., The Holiness Code in Diachrony and Synchrony in the Legal Hermeneutics of the Pentateuch, in S. Shectman and J. Baden (eds.), The *Strata of the Priestly Writings:* Contemporary Debate and Future Directions, AThANT 95, Zürich, 2009, 135–156.

Otto, E., Die nachexilische Prophetentheorie im Abschluss der Sinai-Offenbarung in Lev 26 und im Abschluss des Pentateuchs in der nachexilischen Fortschreibung des Deuteronomiums in Dtn 28–31*, in L. Maskow and J. Robker (eds.), Kritische Schriftgelehrsamkeit in priesterlichen und prophetischen Diskursen: Festschrift für Reinhard Achenbach zum 65. Geburtstag, BZAR 27, Wiesbaden, 2022, 151–162.

Regev, E., Priestly Dynamic Holiness and Deuteronomic Static Holiness, VT 51, 2001, 243–261.

Samuel, H., Von Priestern zum Patriarchen: Levi und die Leviten im Alten Testament, BZAW 448, Berlin, 2014.

Rhyder, J., Centralizing the Cult: The Holiness Legislation in Leviticus 17–26, FAT 134, Tübingen, 2019.

Rhyder, J., Divine Authorship: Diverse Images of Yhwh as Legislative Author in the Pentateuch and Beyond, in S. Ammann, K. Pyschny and J. Rhyder (eds.), Authorship and the Hebrew Bible, FAT 158, Tübingen, 2022, 155–173.

Römer, T.C. and M. Brettler, Deuteronomy 34 and the Case for a Persian Hexateuch, JBL 119, 2000, 401–19.

Römer, T.C., Cult Centralization and the Publication of the Torah Between Jerusalem and Samaria, in M. Kartveit, G.N. Knoppers and S. Schorch (eds.), The Bible, Qumran and the Samaritans, SJ 104, Berlin, 2018, 79–92.

Rossi, B., Conflicting Patterns of Revelation: Jer 31,33–34 and Its Challenge to the Post-Mosaic Revelation Program, Bib. 98, 2017, 202–225.

Schmid, K., The Late Persian Formation of the Torah: Observations on Deuteronomy 34, in O. Lipschits, G.N. Knoppers and R. Albertz (eds.), Judah and the Judeans in the Fourth Century B.C.E., Winona Lake, 2007, 236–245.

Schmid, K., The Diaspora as a Blessing for the Nations: The Case of Gen 28:14, in B. Hensel, D. Nocquet and B. Adamczewski (eds.), Yahwistic Diversity and the Hebrew Bible: Tracing Perspectives of Group Identity from Judah, Samaria, and the Diaspora in Biblical Traditions, Tübingen, 2020, 79–89.

Schwartz, B.J., Miqra' Qodesh and the Structure of Leviticus 23, in C.S. Ehrlich, A. Runesson and E. Schuller (eds.), Purity, Holiness, and Identity in Judaism and Christianity, WUNT 305, Tübingen, 2013, 11–24.

Ska, J.-L., The Exegesis of the Pentateuch: Exegetical Studies and Basic Questions, FAT 66, Tübingen, 2009, 139–164.

Stackert, J., The Sabbath of the Land in the Holiness Legislation: Combining Priestly and Non-Priestly Perspectives, CBQ 73, 2011, 239–250.

Watts, J.W., Leviticus 1–10, HCOT, Leuven, 2013.

Wazana, N., All the Boundaries of the Land: The Promised Land in Biblical Thought in Light of the Ancient Near East, trans. Liat Qeren, Winona Lake, 2013.

Weyde, K.W., The Appointed Festivals of YHWH: The Festival Calendar in Leviticus 23 and the Sukkot Festival in Other Biblical Texts, FAT II 4, Tübingen, 2004.

Wöhrle, J., Abraham Amidst the Nations: The Priestly Concept of Covenant and the Persian Imperial Ideology, in R.J. Bautch and G.N. Knoppers (eds.), Covenant in the Persian Period, Winona Lake, 2015, 23–39.

Die Jotham-Fabel in Richter 9,8–15 im Kontext von 8,28–9,21

Heinz-Dieter Neef

1 Aufgabe

Wolfgang Oswald[1] geht in seinem klugen und weiterführenden Buch über die „Staatstheorie im Alten Israel"[2] mit prägnanten Bemerkungen auf die Jotham-Fabel ein.[3] Er schreibt zu der Fabel: „Sie desavouiert weniger den Königsaspiranten als vielmehr diejenigen, die einen König wollen. Die Erzählung führt aus, was die Qualifizierung „*be-emet*" nur andeutet – und umgekehrt: Die Fabel illustriert, was die Erzählung sagen will. Und die will König und Königsmacher zusammen verurteilen: die Zedern, d. h. die Sichemiten, die sich einen Mörder zum König machen, und den Dornstrauch, d. h. den König, der seine Brüder umbringt. Der zweiseitige Tun-Ergehen-Zusammenhang, die gegenseitige Schädigung der Verbündeten, prägt die gesamte Darstellung (9,20 → 9,24 → 9,56f.)."[4] Nach Oswald geht es in der Abimelech-Erzählung um die grundsätzliche Ablehnung eines Königtums *in Sichem* bzw. *aus Sichem*. Sie traktiere das Thema in ausdrücklicher Fokussierung auf Sichem. Dies erklärt er durch die Einrichtung des Heiligtums in Sichem, womit die Abimelech-Erzählung als Teil der spätperserzeitlichen Debatte um die Legitimität dieses Heiligtums erscheine (Ri 9,6). Die Abimelech-Erzählung markiere eine weitere Etappe in der Baal-Polemik (Ri 9,4.46) des Alten Testaments, indem sie den Kult im Heiligtum von Sichem als Baalsdienst verurteile. Tatsächlich habe dieser Kult natürlich Jahwe gegolten, und zwar in der Gestalt, wie er sich in nachexilischer Zeit in Jerusalem ausgebildet hatte, d. h. in Gestalt der dtr und priesterlichen Bundestheologie. Mit der Übernahme der Mosetora durch die Samarier sei diese Form der Jahwe-Verehrung auch in den Norden gekommen (vgl. Dtn 27,9f.; Jos 24,25). Die Abimelech-Erzählung lehne diese ganze Entwicklung ab und polemisiere scharf gegen den samarisch-sichemitischen Jahwe-Dienst, indem sie ihn als Baalsdienst verunglimpfe. „Baal-Berit" sei die Verhöhnung des in Sichem verehrten Jahwe. In Ri 9 gehe es um eine scharfe Warnung an die Samarier, jeden Versuch zur Restitution einer eigenen Monarchie zu unterlassen.

---

1 Mit dieser Studie grüße und gratuliere ich Wolfgang Oswald herzlich zu seinem 65. Geburtstag. Ich wünsche ihm weiterhin Gesundheit und Gottes reichen Segen. Er ist seit mehreren Jahrzehnten mein geschätzter Fakultätskollege an der evangelisch-theologischen Fakultät der Eberhard-Karls-Universität Tübingen. Ich bin sehr dankbar für diese gemeinsame Zeit, in der ich Wolfgang Oswald als einen überaus freundlichen und kompetenten Kollegen schätzen gelernt habe.

2 Oswald, Staatstheorie.

3 Oswald, Staatstheorie, 215–218.

4 Oswald, Staatstheorie, 216.

In kritischer Würdigung dieser These soll die Jothamfabel in dieser Studie einer Exegese im Kontext von Ri 8,28–9,21 unterzogen werden, um dann abschließend die Fragen nach der Eigenständigkeit, ihrer zeitlichen Einordnung sowie ihrer Aussageabsicht beantworten zu können.[5]

2 Übersetzung, textkritische und philologische Anmerkungen zu 8,28–9,21

2.1 Übersetzung

8,28 Midian wurde vor den Israeliten gedemütigt, so dass sie ihr Haupt nicht mehr erheben konnten. Das Land hatte daraufhin 40 Jahre Ruhe in den Tagen Gideons. 29 Und Jerubbaal, der Sohn des Joasch ging hin und wohnte in seinem Haus. 30 Und Gideon hatte siebzig Söhne, die aus seiner Lende hervorgegangen waren, denn er hatte viele Frauen. 31 Und seine Nebenfrau in Sichem gebar ihm ihrerseits einen Sohn und er gab ihm den Namen Abimelech. 32 Und Gideon, der Sohn des Joasch, starb im hohen Alter und er wurde im Grab des Joasch begraben im Ophra der Abiesriter.

33 Als Gideon gestorben war, kehrten sich die Israeliten ab und hurten hinter den Baalim her und machten für sich den Baal-Berit zum Gott. 34 Und die Israeliten erinnerten sich nicht an Jahwe ihren Gott, der sie aus der Hand aller ihrer Feinde ringsum gerettet hatte. 35 Und sie handelten nicht freundlich gegenüber dem Haus Jerubbaal-Gideons, entsprechend all dem Guten, das er an Israel getan hatte.

9,1 Und Abimelech, der Sohn Jerubbaals, ging nach Sichem[a] zu den Brüdern seiner Mutter und redete zu ihnen und der ganzen Sippe des Hauses des Vaters seiner Mutter: 2 „Redet doch in die Ohren aller Herren[b] von Sichem: was ist besser für euch: Wenn über euch siebzig Mann, alle Söhne Jerubbaals, herrschen oder wenn über euch ein Mann allein herrscht? Gedenkt daran, dass ich euer Gebein und euer Fleisch bin!“ 3 Und die Brüder seiner Mutter redeten seinetwegen alle diese Worte in die Ohren aller Herren[b] von Sichem.[a] Und ihr Herz neigte sich Abimelech zu, denn sie sagten: „Unser Bruder ist er.“ 4 Und sie gaben ihm siebzig Silberstücke aus dem Tempel des Baal-Berit und Abimelech warb damit haltlose und zuchtlose Männer an. Und sie folgten ihm. 5 Und er kam in das Haus seines Vaters nach Ophra[c] und tötete seine Brüder, die Söhne Jerubbaals, siebzig Mann, auf einem Stein. Und Jotham, der Sohn Jerubbaals, der Jüngste, blieb übrig, denn er hatte sich versteckt. 6 Und alle Herren von Sichem und das ganze Bet-Millo versammelten sich und gingen hin und machten Abimelech zum König bei der Terebinthe bei der Mazzebe[d], die in Sichem stand. 7 Und sie gaben Jotham Nachricht und er machte sich auf und stellte sich auf den Gipfel des Berges Garizim, erhob seine Stimme und rief aus[e], er sagte zu ihnen:
Hört auf mich, ihr Herren von Sichem, damit Gott auf euch hört!
8 Die Bäume gingen in der festen Absicht, einen König über sich zu salben.
Sie sagten zu dem Ölbaum: „Sei bitte König über uns!“

5 Im Rahmen dieser Studie kann auf die reichhaltige Literatur zur Jotham-Fabel nur begrenzt eingegangen werden.

9 Und der Ölbaum sagte zu ihnen:
„Habe ich schon mein Fett aufgegeben, das Götter[f] und Menschen an mir ehren,
und soll ich hingehen, um über den Bäumen zu schweben?“
10 Und die Bäume sagten zu dem Feigenbaum: „Geh du hin, sei bitte König über uns!“
11 Und der Feigenbaum sagte zu ihnen:
„Hab ich schon meine Süße und meinen besten Ertrag aufgegeben,
und soll ich hingehen, um über den Bäumen zu schweben?“
12 Und die Bäume sagten zu dem Weinstock: „Geh du hin, sei König über uns!“
13 Und der Weinstock sagte zu ihnen:
„Habe ich schon meinen Most aufgegeben, der Götter und Menschen erfreut,[g]
und soll ich hingehen, um über den Bäumen zu schweben?“
14 Und alle Bäume sagten zu dem Dornstrauch: „Mache du dich auf, sei König über uns!“
15 Und der Dornstrauch antwortete den Bäumen:
„Wenn ihr mich wahrhaftig zum König über euch salben wollt,
kommt, bergt euch in meinem Schatten! Wenn aber nicht, soll Feuer aus dem Dornstrauch schlagen und die Zedern des Libanon verzehren!“
16 Und jetzt! Wenn ihr wahrhaftig und redlich gehandelt und Abimelech zum König gemacht habt, und wenn ihr Gutes an Jerubbaal und seinem Haus getan habt und
wenn ihr entsprechend dem Tun seiner Hände an ihm getan habt 17 – mein Vater hat für
euch gekämpft und wagte sein Leben daran[h] und rettete euch aus der Gewalt Midians,
18 ihr aber habt euch heute gegen das Haus meines Vaters erhoben, seine Söhne, siebzig Mann, auf einem Stein getötet und Abimelech, den Sohn seiner Magd, über die Herren
von Sichem[i] zum König gemacht, weil er euer Bruder ist – 19 wenn ihr wahrhaftig und
redlich gehandelt habt an Jerubbaal und seinem Haus am heutigen Tag, dann freut
euch[j] an Abimelech, damit auch er sich an euch freuen kann. 20 Wenn aber nicht, soll
Feuer von Abimelech ausgehen und die Herren von Sichem und Bet-Millo verzehren und[k] Feuer gehe aus von den Herren von Sichem und von Bet-Millo und verzehre Abi-
melech.“ 21 Und Jotham lief davon und floh und ging nach Beer[l]. Er blieb dort, fern von
Abimelech, seinem Bruder.

2.2 Textkritische Anmerkungen

a. LXX[A] zählt das He locale zum Namen hinzu.
b. LXX[A+B] geben בעלי mit *τῶν ἀνδρῶν* wieder; sie differenzieren offenbar nicht zwischen בעל und איש.
c. LXX[A+B]: Ephrata.
d. l c BHS Mazzebe.
e. LXX[B] liest „er weinte“; vielleicht liegt hier eine Verschreibung von *ekalesen* zu *eklausen* vor.
f. LXX[A+B] stimmen in der singularischen Wiedergabe von אלהים mit θεός überein. LXX möchte ebenso wie Targum jegliche polytheistische Vorstellung ausschließen.
g. LXX[A] weicht von MT ab: „… die von Gott gegebene Fröhlichkeit der Menschen …“
h. l מנגדו – s. BHS z.St. – Haplographie von Waw.
i. LXX[A+B] lesen *τοὺς ἄνδρας Σικιμων*.

j. LXX[A] erweitert mit „ihr sollt gesegnet sein."
k. LXX[A] wiederholt „wenn aber nicht"; durch die Wiederholung wird verdeutlicht, dass die Unzufriedenheit sowohl von Abimelech als auch von den Männern der Stadt ausgehen kann.[6]
l. LXX[A]: Ραρα

2.3 Philologische Anmerkungen

V. 28: Das Modal- bzw. Iterationsverb יסף Qal kann hier im Sinne von „nicht nochmals tun" übersetzt werden.[7]

V. 2: Der Infinitiv constructus משל dient in V. 2a zweimal als Subjekt eines Nominalsatzes.[8] – Der Komparativ wird in V. 2a mit dem Fragewort מה + Adjektiv טוב ohne *min comparativum*, aber mit einer folgenden Doppelfrage zum Ausdruck gebracht.[9]

V. 3: In V. 3a gibt die Präposition על die Veranlassung der Rede der Brüder seiner Mutter wieder: „… und die Brüder seiner Mutter sprachen über ihn."[10] In V. 3b ersetzt das Perfekt אמרו wegen des vorangehenden כי ein Imperfekt consecutivum.[11]

V. 5: Die Hinzufügung von אחת bei אבן in V. 5a betont die Aussage „auf einem einzigen Stein."[12]

V. 6: Die Übersetzung von מצב (V. 6b) mit „Belagerungswall"[13] scheint mir höchst unsicher zu sein. Zwar trifft die Übersetzung mit „Wall" für Jes 29,3 zu, doch für Ri 9,6 ist dies vom Zusammenhang her kaum möglich. Die Inthronisation Abimelechs wird an einem markanten Punkt vorgenommen. So versteht offenbar auch LXX[A+B] die Stelle. Hier hilft in der Tat Jos 24,26 weiter, wo von einem Stein berichtet wird, der unter einer Terebinthe errichtet wird. Von daher bleibt zu fragen, ob nicht doch wie vorgeschlagen (BHS) „Mazzebe" zu lesen ist: „Malstein-Terebinthe"[14]. Verbindungen von „Terebinthe" + Nomen sind nicht selten: Gen 12,6 „Wahrsager-Terebinthe"; Ri 9,37 „Wahrsager-Terebinthe".[15]

6 Karrer und Kraus, Septuaginta Deutsch, 267.
7 Vgl. noch Ri 2,21; 10,13; 13,21. Jenni, Vollverb und Hilfsverb, 11–35, bes. 20.
8 Joüon und Muraoka, Grammar, § 124b; Waltke und O'Connor, Biblical Hebrew Syntax, 36.2.1b; 36.3.1a.
9 Joüon und Muraoka, Grammar, § 141g; Waltke und O'Connor, Biblical Hebrew Syntax, 14.4c.
10 Nach Brockelmann, Hebräische Syntax, § 110e beschreibt על hier die Grundlage einer Stimmung.
11 Meyer, Hebräische Grammatik, § 101/3a.
12 Waltke und O'Conner, Grammar, 13.8.
13 Dietrich und Arnet, Ausgabe des Hebräischen und Aramäischen Lexikons, 587.
14 Donner, Gesenius, 62.
15 Die Lesart „Mazzebe" übernehmen u. a. Budde, Richter, 72; Hertzberg, Josua, Richter und Ruth, 200; Soggin, Judges, 166; Becker, Richterzeit und Königtum, 188. Im Unterschied dazu übernimmt Groß, Richter, 480, die Übersetzung „Belagerungswall."

V. 7: Die Rede Jothams wird mit ויאמר ל eingeleitet, das im Unterschied zu ויאמר אל einen familiären Charakter hat.[16] In V. 7b leitet das Verb אמר den Imperativ ein.[17] Dieser dient als Aufforderung zum Hören. V. 7bγ wird dann mit *w*ᵉ vor ישמע eingeleitet: „… damit …“[18]

V. 8: Der Vers wird mit einem Infinitiv absolutus + finiter Verbform eröffnet.[19] Der Infinitiv absolutus hat eine die finite Verbform betonende Funktion. Diese Funktion übernimmt er auch in V. 8; m. E. sollte er hier im Sinne von „mit der festen Absicht“ übersetzt werden. Wenig präzise ist die Angabe von W. Gesenius, der den Inf. absolutus an dieser Stelle deutet mit: „offenbar nur im Interesse einer gewissen Volltönigkeit …“[20] S.N. Callaham übersetzt die Stelle mit: „The trees went *hurriedly* to anoint a king for themselves …“[21] J. Joosten schreibt zum Beginn des Verses mit Infinitiv absolutus: „The non-use of WAYYIQTOL in the initial clause probably flows from the necessity to begin a story with at least some background information.“[22] Die beiden Formen von הלך nehmen offenkundig Bezug auf 8,29; 9,1.6.7. Der Infinitiv absolutus steht nie am Anfang einer Rede oder einer Erzählung. In Verbindung mit dem Verb הלך begegnet er sowohl vor (vgl. etwa Gen 31,30; Ri 4,9; Jer 50,4; Ps 126,6) als auch nach der finiten Verbform (vgl. Gen 26,13; Ri 14,19; 19,23; 2 Sam 3,16.24; 5,10; 13,19; 16,13; 18,25; 2 Kön 2,11; Jes 3,16; 20,2; Jer 41,6; Sach 8,21; 1 Chr 11,9).[23] Der Adhortativ in V. 8b betont im Unterschied zum Imperativ stärker die untergeordnete Position des Sprechers gegenüber dem Adressaten und wirkt dadurch höflicher.[24] Im Unterschied zu V. 8b wird in V. 14 bei der Anrede des Dornstrauchs zweimal der reguläre Imperativ לך und מלך verwendet. Dies ist sicherlich bewusste Komposition.

V. 9: Die Form החדלתי ist nicht einfach zu bestimmen. Handelt es sich um 1. Sg. com. Perfekt Hif. oder um 1. Sg. com. Perfekt Qal + *He interrogativum*? In den Wörterbüchern wird sie in der Regel als Perfekt Qal + *He interrogativum* gedeutet.[25] J. Joosten interpretiert die Form als *forma mixta* aus הֶחָדלתי Qal und הֶחְדלתי Hif.[26] Die Verbindung von Qamäs und Schwa signalisiere kein Chateph-qamäs, sondern „indicates two alternative ways of reading the form.“[27] Die Vokalisation am Anfang mit הֶ spricht für *He*-

16 Jenni, Rede, 48–64, bes. 60.

17 Jenni, Verwendungen des Imperativs, 246–248.

18 Waltke und O’Conner, Biblical Hebrew Syntax, 33.4b.

19 Joüon und Muraoka, Grammar, § 49a; Bauer und Leander, Historische Grammatik, 317f.

20 Gesenius, Hebräische Grammatik, § 113o.

21 Callaham, Modality, 205.

22 Joosten, Verbal System, 165.

23 Zum Infinitiv absolutus in V. 9 vgl. auch die erhellenden Bemerkungen von Bartelmus, Jothamfabel, 53–79, bes. 65–67.

24 Vgl. dazu die überzeugenden Untersuchungen von Jenni, Presidential Address, 151–165, bes. 157f.

25 Gesenius, Hebräische Grammatik, 325; Dietrich und Arnet, Ausgabe des Hebräischen und Aramäischen Lexikons, 280.

26 Joosten, הֶחֳדַלְתִּי forma mixta?, 96f.

27 Joosten, הֶחֳדַלְתִּי forma mixta?, 97; weitere Erklärungsversuche finden sich bei Gesenius, Hebräische Grammatik, § 63k; Bauer und Leander, Historische Grammatik, 208t; 239k; 351.

interrogativum. Er erkennt zudem in der Form ein „Modal QATAL". Diese Verwendung des Perfekts sei selten. Das modale Qatal drücke „modal statements expressing different varieties of *irrealis*" aus.[28] Die Beispiele dazu reflektierten einen Prozess der „Neutralisation". Er deutet diese Verwendung des Perfekt als „semantic development".[29] Die Vokalisation mit Chateph-qamäs erklärt sich m. E. einfach als lautliche Angleichung an das Qamäs-chatuph in מָלְכָה: V. 8.10.12.14 und auch מָתְקִי: V. 11.[30]

V. 10: Die Vokalisation des Imperativs (V. 10b) ist ungewöhnlich. Vielleicht wirkt hier der Adhortativ in V. 8bß noch nach.[31] Denkbar ist auch, dass der ursprüngliche *u*-Laut hier noch nachwirkt.[32]

V. 15: Nach אם folgt ein Nominalsatz, der in der Apodosis mit zwei Imperativen weitergeführt wird.[33] In V. 15 werden zwei Bedingungen gegenübergestellt, von denen die zweite die erste aufhebt; die zweite kann in diesem Fall allein aus einer Negation bestehen (vgl. noch 9,20).[34]

V. 16: בתמים wird hier und in V. 19 nicht als Adjektiv, sondern als Substantiv verwendet.[35] In diesem Vers liegt die Stilfigur der Aposiopese vor.[36]

3 Exegese von Ri 8,28–9,21

3.1 Ri 8,28–35 Gideons Tod

Der Schlussabschnitt der Gideon-Überlieferung beginnt in V. 28 mit den beiden Elementen „Beugenotiz" und „Ruhenotiz" des deuteronomistischen Rahmens.[37] Die Beugeformel wird in V. 28aß mit „so dass sie ihr Haupt nicht weiter erheben konnten" präzisiert. In V. 28b schließt sich die Ruheformel an. Die sonst im Richterbuch übliche „Richternotiz" mit dem Hinweis auf die Zeit des Richtens fehlt in 8,28f.[38] Sie ist vielleicht durch die Angabe „in den Tagen Gideons" kompensiert. Das Fehlen dieser Notiz könnte aber auch mit dem Auftreten Abimelechs zusammenhängen, dessen rücksichtsloses Drängen hin zur Königsmacht offenbar unmittelbar nach Gideons Tod einsetzte.[39]

28 Joosten, Verbal System, 208.

29 Joosten, Verbal System, 208.

30 Zur Verwendung der Verbform als Perfektform siehe die Übersetzung; die Existenz eines „Modal QATAL" ist m. E. fraglich; wie sollte es sich vom Perfekt consecutivum unterscheiden?

31 Vgl. zur Form Joüon und Muraoka, Grammar, § 112j.

32 Bauer und Leander, Historische Grammatik, 306 l; vgl. jedoch dagegen Gesenius, Hebräische Grammatik, § 46d.

33 Gesenius, Hebräische Grammatik, § 159v.

34 Brockelmann, Hebräische Syntax, § 169a.

35 Waltke und O'Connor, Biblical Hebrew Syntax, 14.3.3d.

36 Gesenius, Hebräische Grammatik, § 167a.

37 Vgl. dazu Neef, Geschichte, 129–160.204.

38 Siehe dazu die Tabelle bei Neef, Geschichte, 204.

39 Vgl. dazu auch Scherer, Überlieferungen, 347f. Nach Scherer ist der „Sache nach damit ausgesagt, dass die vierzigjährige Ruhe so lange währte wie Gideons verbleibende Lebenszeit."

In V. 32 findet sich mit der Notiz vom Tod Gideons das letzte Element des deuteronomistischen Rahmens. Im Vergleich mit Ri 2,19; 3,11; 4,1; 12,7 enthält sie deutlich mehr Elemente: Hinweis auf das hohe Alter, Begräbnisort Ophra, Abiesriten.[40] Zusammen mit der Notiz vom „hohen Alter" führen alle Angaben in die Gideon-Überlieferung zurück: Gideon, der Sohn des Joasch – 6,11.29; 7,14; Joasch – 6,29–31; 7,14; 8,13.29.32; Ophra – 6,11.24; 8,27; Abiesriter – 6,11.24.

Die beiden Rahmenelemente „Beugenotiz" und „Ruhenotiz" werden durch die Angaben zu Gideon und seinen Söhnen in V. 29–31 unterbrochen. In V. 29 wird Gideon mit „Jerubbaal, der Sohn des Joasch" eingeführt. Diese Bezeichnung hat eine Doppelfunktion, denn sie führt zurück in die Gideon-Überlieferung (6,22; 7,1) und bereitet zugleich die Abimelech-Erzählung in Kapitel 9 vor. Sie versteht sich offenkundig als Analogiebildung zu „Gideon, der Sohn des Joasch" (6,29; 7,14; 8,13.32). Das Interesse des Verfassers liegt in der Vorbereitung der Abimelech-Erzählung: 9,1.2.5.16.19.24.28.57:

8,29: Und *Jerubbaal,* der Sohn des Joasch, ging hin und wohnte in seinem Haus.

9,1: Und Abimelech, der Sohn *Jerubbaals*, ging nach Sichem …

Überleitende und vorbereitende Funktion kommt auch V. 30 mit seinem Hinweis auf die siebzig leiblichen Söhne Gideons zu. Diese spielen gleich zu Beginn der Gideon-Erzählung eine wichtige Rolle; zum einen in der Frage Abimelechs an die Männer von Sichem (9,2), zum anderen in der Beschreibung ihrer Tötung durch Abimelech (9,5.18). Der Verfasser von V. 30 legt zudem besonderes Gewicht auf die Aussage der Leiblichkeit der Söhne Gideons[41] sowie deren Herkunft von „vielen Frauen". Der Hinweis auf Gideons in Sichem lebende Nebenfrau findet sich nur in V. 31. Sie spielt in der Abimelech-Erzählung keine Rolle mehr. Der Vers gibt mit dem Hinweis auf die Geburt Abimelechs die Grundlage und Begründung[42] für Ri 9.

V. 33–35 schließen mit V. 28–32 die Gideon-Überlieferung ab und leiten konsequent in die Abimelech-Erzählung über. Nach dem Tod Gideons fallen die Israeliten wieder von Gott ab, „huren" (זנה) hinter den Baalim her (V. 33a), machen Baal-Berit zu ihrem Gott (V. 33b) und gedenken nicht mehr an Jahwe, ihren Gott und Retter (V. 34). Der Sache nach sind diese Beschreibungen mit den beiden ersten Rahmenelementen identisch, in denen den Israeliten das Tun des Bösen (2,11; 3,7.12; 4,1; 6,1; 10,6; 13,1) sowie der Abfall an die Fremdgötter vorgeworfen wird (2,11–13; 3,7; 10,6). In der Begrifflichkeit unterscheiden sie sich durch die Verwendung des Verbs זנה (vgl. 8,27b) und זכר sowie dem Hinweis auf den „Baal-Berit-Gott". Letzterer ist sicherlich mit 9,4 zu verbinden, wo von einem Tempel des „Baal-Berit" die Rede ist. Es finden sich zudem begriffliche Gemeinsamkeiten mit den Rahmenelementen: die Israeliten (2,11 u.ö.; 8,32f.); Baalim (2,12 u.ö.; 8,33); Elohim (2,12; 8,33); der Hinweis auf die Befreiung von den Fein-

40 Ri 10,1–5; 12,7–15.

41 Die Wendung „… die aus seiner Lende herausgegangen waren …" begegnet im Richterbuch nur hier (vgl. sonst noch Gen 46,26).

42 So mit Richter, Untersuchungen, 236f.

den ringsum (8,34b) zeigt inhaltliche Parallelen zu 6,9; 10,11f., in 6,9; 10,15b begegnet ebenso wie in 8,34 נצל Hif. V. 35 liest sich als Vorbereitung der Tötung der Söhne Gideons durch Abimelech (9,5).

Der Abschnitt 8,28–35 ist zweifellos als Abschluss der Gideonüberlieferung sowie als Einleitung der Abimelecherzählung zu verstehen.[43]

3.2 Der literarische Ort von 8,28–35

Die Frage nach dem literarischen Ort dieses Abschnittes ist nicht leicht zu beantworten. In der Forschung wird sie recht unterschiedlich gesehen[44] und meist mit dem Hinweis auf eine mehrphasige redaktionelle Entstehung beantwortet.[45] Das Problem dieses Abschnittes ist ein doppeltes. Zum einen finden sich Verse, die mit großer Wahrscheinlichkeit zur deuteronomistischen Bearbeitung gezählt werden können: V. 28 + V. 32; zum anderen nehmen diese Verse, v.a. V. 32, ältere Überlieferung auf. Die in V. 29–31 greifbare Überlieferung fußt ebenfalls auf älteren Angaben und führt ebenso wie V. 33–35 in die Gideonüberlieferung zurück: 6,32; 7,1; 6,9. Von daher bleibt zu fragen, ob nicht der ganze Abschnitt V. 28–35 einem deuteronomistischen Redaktor zugeordnet werden kann, der mit Hilfe der Rahmenelemente in V. 28 und V. 32 sowie älterer Tradition (V. 30f.) eine Überleitung zur Abimelecherzählung geschaffen hat. Dabei ist die Übernahme dieser älteren Tradition aus 9,1–6 nicht ausgeschlossen. Hierbei bleibt zu fragen, ob man wirklich von einer ursprünglichen strikten Trennung von Gideon- und Abimelecherzählung ausgehen sollte. In 1 Sam 12,11 wird immerhin „Jerubbaal" (8,29.35; 9,1.2.5) genannt, was auf eine enge Verbindung von Gideon- und Abimelech-Überlieferung schließen lässt. *Terminus ad quem* dieser Überleitung kann dem deuteronomistischen Geschichtswerk zugeordnet werden. Die Überlieferungen dagegen sind m.E. vordeuteronomistisch und wohl vor 722 v. Chr. zu datieren.

3.3 9,1–6 Die Tötung der Gideonsöhne

Die umfangreiche Abimelecherzählung setzt in V. 1 mit dem Hinweis auf den Weg Abimelechs nach Sichem ein, wobei der Ausgangspunkt seines Weges offen bleibt. V. 1 bietet keinen erzählerischen Neueinsatz,[46] da Abimelech bereits in 8,31 als Sohn Gideons und seiner Nebenfrau eingeführt worden ist. Ebenso ist Gideons zweiter Name „Jerubbaal" bekannt (6,32; 8,29). Der Hinweis auf die Brüder Abimelechs nimmt die Notiz von den siebzig Söhnen Gideons in 8,30 auf. V. 1b dient der Einleitung der wörtlichen

43 So auch Scherer, Überlieferungen, 347.

44 Scherer, Überlieferungen, 347.352, erkennt in 8,29*.30.32 die älteste Schicht, in V. 29 „Jerubbaal". 31.35 sieht er Erweiterungen (vordeuteronomistisch), 8,28.33f ordnet er einer deuteronomistischen Bearbeitung zu.

45 Nach Groß, Richter, 387f.: V. 30.32 Abschluss der vordeuteronomistischen Gideonerzählung; V. 28 Rahmenformel Dtr^{R}, V. 29.31 erste postdtr und V. 33–35 zweite jüngere postdtr Überlieferung zur Abimelecherzählung. Becker, Richterzeit und Königtum, 183f. rechnet V. 33–35 zu DtrN. Vgl. noch Moenikes, Ablehnung, 110–113.

46 Groß, Richter, 486.495.

Rede Abimelechs. Als Adressaten dieser Rede werden die siebzig Söhne Gideons sowie „die ganze Sippe des Hauses des Vaters seiner Mutter" genannt. So zeigt sich, dass V. 1 an 8,28–32 anknüpft und diesen Abschnitt weiterführt: vgl. 8,29 mit 9,1aα.

V. 2 gibt die Rede Abimelechs an die „Brüder seiner Mutter" wieder. Diese sollen die Herren von Sichem vor die Entscheidung stellen, ob sie siebzig Herrscher oder nur einen Herrscher über sich dulden wollen. Die Rede von den „Herren von Sichem" (V. 2a) meint hier offenbar die führenden Kreise von Sichem. Die Wendung kommt dreizehnmal in Ri 9 vor und bindet somit die Erzählung zusammen.[47] In V. 46f. ist zweimal von den „Herren des Turms von Sichem", in V. 51 von den „Herren der Stadt" und in V. 57 von den „Männern Sichems" die Rede. Mit der Alternativfrage „entweder – oder" möchte sich Abimelech ins rechte Licht setzen und sich als Herrscher über Sichem anbieten. „*Ich* bin besser für euch als siebzig Männer" suggeriert er damit den Sichemiten. Mit dem Hinweis auf seine engsten familiären Verbindungen mit Sichem führt er das beste aller möglichen Argumente an.[48]

Abimelechs Forderung des Herrscheramtes steht in deutlichem und bewusstem Kontrast zu Gideons Ablehnung eines Amtes (8,22f.). Während die Israeliten an Gideon herantraten, damit er Herrscher über sie werde, tritt umgekehrt Abimelech aus eigenen Stücken an die Sichemiten heran.[49] Während Gideon das Herrscheramt ablehnt, pocht Abimelech geradezu darauf. Die Rede vom „Herrschen" weist deutlich auf die Jotham-Fabel voraus: V. 8.10.12.14.

Abimelechs „Brüder seiner Mutter" gehen auf dessen Forderung ein und unterbreiten den Wunsch „allen Herren von Sichem" (V. 3). Diese lassen sich deshalb überzeugen, weil sie Abimelech als Bruder ansehen (V. 2b). Sie unterstützen ihn mit einem hohen Geldbetrag aus dem „Tempel des Baal-Berit" (8,33b), wodurch sich Abimelech eine Art Söldnertruppe erkaufen kann. Die Mitglieder dieser Truppe werden äußerst negativ beschrieben, denn sie sind „haltlos" und „zügellos". Die Wendung אנשים ריקים kann geradezu mit „Gesindel" übersetzt werden (V. 4; vgl. Ri 11,3). Ebenso wie in V. 2 zeigt sich hier der Kontrast zwischen Gideon und Abimelech. Gideon nimmt die besten Männer (6,27; 7,2–7), Abimelech dagegen wählt sich „Gesindel" aus.

In V. 5 wird schonungslos mit dem Hinweis auf die Tötung der siebzig Abimelech-Brüder die wahre Gesinnung Abimelechs offengelegt. Es heißt zwar, dass er sie getötet hat, doch lässt sich die Annahme der Mitwirkung der Söldner nicht von der Hand weisen. Die Brutalität des Vorgehens zeigt sich in der Wendung „auf einem Stein" (V. 5a), was wohl so viel wie „plötzlich und unvorbereitet" heißen soll.[50] Mit dem Hinweis auf die Rettung Jothams (V. 5b) wird die Fabel vorbereitet (V. 7–15). Der Abschnitt V. 1–6 wird mit dem Hinweis auf die Königserhebung Abimelechs in Sichem abgeschlossen (V. 6aγ).

Bezüglich der literarischen Einordnung macht V. 1–6 einen recht geschlossenen Eindruck. Trotzdem hat man vor allem in V. 2 und V. 5 Spannungen und Unebenheiten ge-

---

47 9,2.3.6.7.18.20 (bis).23 (bis).24.25.26.39.

48 Vgl. u. a. Gen 29,14; 2 Sam 19,13f.

49 Vgl. Zeph 3,4.

50 Vgl. 1 Sam 14,33f.; 2 Kön 10; 11,1–3.

sehen. So sieht U. Becker in V. 2 bezüglich der genannten Orte deutlich eine Spannung zu V. 5. Während V. 2 offenbar voraussetze, dass sich die siebzig Männer als Herrscher in Sichem aufhalten, befinden sie sich nach V. 5 eindeutig in Ophra, der Heimatstadt Jerubbaals.[51] Dazu ist kritisch zu sagen, dass von einer Herrschaft der siebzig Männer freilich nicht die Rede ist. Sie gelten vielmehr als Herrschaftsanwärter,[52] von daher kann man hier keine Spannung konstruieren.

T. Veijola bezweifelt die Glaubwürdigkeit und ursprüngliche Zugehörigkeit von V. 5b zu V. 1–6. Er begründet dies mit V. 5a, wonach Abimelech „seine Brüder, die Söhne Jerubbaals, siebzig Männer" tötete. Nach V. 2 sei „siebzig" die Gesamtzahl der Brüder Abimelechs gewesen. V. 5b gehe also von der Fiktion aus, Jerubbaal habe siebzig Söhne neben Abimelech und Jotham gehabt. Dies widerspreche der Einleitung von 9,2.5a sowie 8,30–31, wo ja mit siebzig Söhnen Gideons und Abimelech gerechnet werde. „Die Eintragung von 9,5b und somit auch die Fabel in ihrem heutigen Kontext müssen also von *einer noch jüngeren Hand* herrühren."[53]

Veijolas Überlegung kann jedoch nicht recht überzeugen, da zum einen der symbolische Charakter der Zahl „siebzig" zu beachten ist[54] und zum anderen hier das stilistische Verfahren vorliegt, nach dem zunächst von einer Gruppe als ganzer gesprochen, dann aber ein Glied daraus wieder ausgenommen wird: Gen 7,23; Ex 12,10; 1 Sam 16,5,10f., 1 Kön 19,10; 2 Kön 11,1f.[55]

Als Fazit lässt sich zu V. 1–6 festhalten: Der Abschnitt V. 1–6 ist literarisch einheitlich und knüpft eng an 8,29–35 an. Die enge Verbindung mit 8,29–35 lässt fragen, ob hier wirklich ein redaktioneller, die Abimelech-Episode mit den Gideon-Erzählung verbindender Text vorliegt, bei dem die ursprüngliche Einleitung weggebrochen sein soll.[56] M.E. sprechen die genannten Elemente durchaus dafür, 9,1–6 in enger Beziehung zur Gideon-Erzählung zu sehen, wobei deren Abschluss in 8,29–31.33.35 durchaus mit Angaben aus 9,1–6 gebildet sein kann.

3.4 9,7–15 Die Jotham-Fabel

Mit V. 7 beginnt ein neuer Abschnitt, denn nun wird der Blick auf Jotham und seine Fabel gelenkt. Jotham, der das Massaker an seinen Brüdern überlebt hat, bekommt von den Herren von Sichem die Nachricht der Königserhebung Abimelechs (V. 7aα). Daraufhin begibt er sich unverzüglich auf den Berg Garizim, um seine Fabel kundzugeben. Der Text ist nicht an weiteren Angaben zu Jotham und der Fabel interessiert.

Die Fabel beginnt mit einem Höraufruf an die Herren von Sichem (V. 7b). Er ist aufgrund der Nennung von „Sichem" eng mit V. 1–6 vernetzt: V. 2.3.6.7. V. 7b zeigt als Ziel von Jothams Rede, die Aufmerksamkeit Gottes zu wecken. Jotham versteht sich gleichsam als Mittler zwischen Gott und den Herren von Sichem.

---

51 Becker, Richterzeit und Königtum, 185.

52 Moenikes, Ablehnung, 114.

53 Veijola, Königtum, 107.

54 Moenikes, Ablehnung, 115f.

55 Moenikes, Ablehnung, 115f.; Groß, Richter, 487.

56 Richter, Untersuchungen, 300–303; Groß, Richter, 486f.

Die Fabel wird in V. 8 mit dem Hinweis eröffnet, dass die Bäume sich einst aufmachten, um einen König über sich zu salben. Die Verwendung des Verbs „gehen“ (הלך) ist wohl kein Zufall, sondern ein Hinweis auf das „Sich-aufmachen“ הלך von Jerubbaal (8,29), Abimelech (9,1), Sichemiten (9,6) und Jotham (9,7). Der Hinweis auf die „Bäume“ zeigt, dass es sich um eine *Pflanzen*fabel handelt. Da die Herren von Sichem angeredet sind (V. 7b), wird mit dem Hinweis der Salbung eines Königs durch die „Bäume“ klar ein Bezug zwischen beiden hergestellt. Die „Herren von Sichem“ agieren so wie die Bäume der Fabel.

Die Königssuche der Bäume wird mit der Anfrage bei dem Ölbaum eröffnet (V. 8). Diese besteht in der Bitte der Bäume, König über sie zu werden. Die Bitte wird als Adhortativ zum Ausdruck gebracht. Im Anschluss an die Bitte folgt unverzüglich die ablehnende Antwort, in der der Ölbaum auf sein kostbares Fett hinweist, das er noch nie verschwendet hat. Die Kostbarkeit seines Fettes wird mit dem Hinweis darauf, dass das Fett Götter und Menschen ehrte, enorm gesteigert. Die Rede vom „Schweben über den Bäumen“ ist Bild für ein negatives, sinnloses Tun (V. 9).[57]

Der zweite Adressat der Bäume ist der Feigenbaum (V. 10a). Auch er wird von den Bäumen angesprochen. Die Anrede ist im Vergleich zu derjenigen beim Ölbaum mit „geh du“ (V. 10b) erweitert. Damit soll offenbar die Dringlichkeit ihrer Bitte betont werden. Im Anschluss an die Bitte folgt unverzüglich die ablehnende Antwort, in der der Feigenbaum auf die Süße und den besten Ertrag seiner Früchte hinweist, die er keinesfalls verschwenden möchte. Die Rede vom „Schweben über den Bäumen“ (V. 11b) ist wie beim Ölbaum Bild für ein negatives, sinnloses Tun.

Der dritte Adressat der Bäume ist der Weinstock (V. 12a). Auch er wird von den Bäumen angesprochen. Die Art der Anrede ist identisch mit derjenigen beim Feigenbaum. Im Anschluss an die Bitte folgt unverzüglich die ablehnende Antwort, in der der Weinstock auf seinen Most hinweist. Die Kostbarkeit seines Mostes wird wie beim Ölbaum mit dem Hinweis darauf, dass er Götter und Menschen erfreue (V. 13a), enorm gesteigert. Die Rede vom „Schweben über den Bäumen“ (V. 13b) ist wie bei Ölbaum und Feigenbaum Bild für ein negatives, sinnloses Tun.

Der vierte und letzte Adressat der Bäume ist der Dornstrauch (V. 14f.).[58] Er wird von den Bäumen nach den Absagen von Ölbaum, Feigenbaum und Weinstock zuletzt angesprochen. Im Unterschied zur Anrede bei den anderen Bäumen wird er nicht im Adhortativ, sondern im Imperativ angesprochen (V. 14b). Ebenfalls geht er auf die Anfrage der Bäume ein. Allerdings stellt er folgende Alternative: Wenn sie ihn zum König salben, sollen sie sich in seinem Schatten bergen. Wenn sie dies jedoch nicht tun, werden sie vom Feuer verzehrt. Die Antwort des Dornstrauchs zeigt eindrücklich die Ausweglosigkeit, in die sich die Bäume manövriert haben. Sie sind dem Dornstrauch von nun an hoffnungslos ausgeliefert. Dies wird zum einen in der Rede vom sich Bergen im Schatten des Dornstrauches ausgedrückt. Da dieser keine Blätter hat, ist das sich bergen unter

57 Vgl. dazu Ebach und Rüterswörden, Jothamfabel, 11–18, 13.

58 Siehe Gesenius, Hebräische Grammatik, 43: Bocksdorn; Ps 58,10; Gen 50,10f.

ihm unmöglich. Zum anderen kann der Dornstrauch zur tödlichen Waffe für die Bäume werden, da Feuer von ihm ausgehen kann.

Aufbauskizze:

V. 7b	„Hört“
V. 8a	Die Königssuche der Bäume
V. 8b	1. Bitte: *Ölbaum*
V. 9	Antwort: Verschwendung von Fett und Schweben über den Bäumen?
V. 10	2. Bitte: *Feigenbaum*
V. 11	Antwort: Verschwendung von Süße und Schweben über den Bäumen?
V. 12	3. Bitte: *Weinstock*
V. 13	Verschwendung von Most und Schweben über den Bäumen?
V. 14	4. Bitte: *Dornstrauch*
V. 15	Kommt! – Wenn nicht ...– Feuer

Die Jothamfabel zeigt einen klaren klimaktischen Aufbau (V. 15) auf einem „hohen dichterischen Niveau.“[59] Wesentliche Kennzeichen sind die Stilmittel der Wiederholung, der Wechsel von Rede und Gegenrede sowie derjenige von Aufforderung und Ablehnung. Im Zentrum der Fabel stehen die Anrede an einen Adressaten, die Bitte an ihn sowie dessen Antwort:

Vers	*Anrede*	*Bitte*	*Antwort*	*positiv*	*negativ*
8bf.	Ölbaum	König sein	Ölbaum	Fett	Schweben?
10f.	Feigenbaum	König sein	Feigenbaum	Süße	Schweben?
12f.	Weinstock	König sein	Weinstock	Most	Schweben?
14f.	Dornstrauch	König sein	Dornstrauch	Schatten	Feuer!

Diese kleine Skizze zeigt, dass das Begehren der Leute aus Sichem auf eine Katastrophe hinausläuft. Entweder liefern sie sich ganz dem Dornstrauch aus oder wenn sie dies nicht tun, werden sie vernichtet werden.

3.5 9,16–21 Jothams Rede und Flucht

Mit dem betont am Anfang von V. 16 stehenden ועתה wird ein doppeltes erreicht: Zum einen werden die Herren von Sichem von Jotham ungemein stark zum genauen Hinhören aufgefordert, zum anderen wird damit die Deutung der Fabel im Sinne von „*Damit möchte ich euch folgendes sagen*!“ eingeleitet. Formal liegt in der Rede Jothams V. 16–20 ein kompliziertes Bedingungsgefügte vor. Die Protasis setzt in V. 16aß mit dem ersten אם „wenn“ ein, es folgen in V. 16b zwei weitere mit „wenn“ eingeleitete Vordersätze, die unterbrochen von einem Attributivgefüge in V. 17f. in V. 19 mit einer vierten Protasis

59 Richter, Untersuchungen, 283.

weitergeführt werden. Die Apodosis findet sich dann in V. 19b, eingeleitet mit einem Imperativ: אם (V. 16aß) … שמחו (V. 19b).

Das erste Bedingungsgefüge knüpft mit der adverbiellen Bestimmung באמת an die Fabel an (V. 15a). Die adverbielle Bestimmung wird mit der inhaltlich ähnlichen Aussage בתמים erweitert und bildet somit mit der ersten ein Hendiadyoin. Beide beschreiben inhaltlich den Aspekt der Wahrhaftigkeit. Mit dem Hinweis auf die Einsetzung Abimelechs als König in V. 16aγ wird an das in V. 6 berichtete Geschehen angeknüpft.

Die zweite mit אם eingeleitete Protasis knüpft an das in 9,5 berichtete Geschehen von der Tötung der Jerubbaalssöhne an.

Die dritte und vierte Protasis (V. 16bß.19a) tragen inhaltlich keine neuen Aspekte ein, sondern dienen offenkundig der Bekräftigung im Sinne von „wenn es gewiss so ist…"

Die mit אשר eingeleiteten Attributsätze erläutern לו in V. 16bß. In V. 17 wird auf Gideons rettendes Handeln zurückgeblickt, wobei deutlich eine Antithese zum Tun Abimelechs hergestellt wird. V. 18 wendet sich dem frevlerischen Handeln der Sichemiten (→ V. 4f.) mitsamt ihrer Königswahl Abimelechs (V. 6.16aßγ) zu. In V. 17 und V. 18 ist deutlich der Kontrast zwischen Gideon (V. 17) und den Sichemiten betont (V. 18).

Das erste Bedingungsgefüge wird mit einem Imperativ in der Apodosis abgeschlossen. Wenn die Sichemiten wirklich nach bestem Wissen und Gewissen gehandelt haben, dann dürfen sie sich ebenso wie Abimelech freuen – aber nur unter dieser Voraussetzung.

Ein zweites verneintes Bedingungsgefüge schließt sich in V. 20 an. Seine Besonderheit besteht in der äußerst kurz gefassten Protasis, die nur aus „wenn nicht" (V. 20aα) besteht. Diese ist paraphrasierend so zu verstehen: „Wenn ihr Abimelech nicht wahrhaftig und redlich zum König gemacht habt, dann…" Dieses zweite Bedingungsgefüge knüpft also unmittelbar an das erste an (V. 16–19). Die Apodosis besteht aus insgesamt vier Gliedern: 1. „Feuer soll ausgehen"; 2. „Feuer soll die Herren von Sichem und Bet-Millo verzehren"; 3. „Feuer gehe aus von den Herren von Sichem und Bet-Millo"; 4. „Feuer verzehre Abimelech".

Der Abschnitt wird in V. 21 mit dem Hinweis auf die Flucht Jothams nach Beer abgeschlossen. Der Vers lenkt so den Blick auf V. 7 zurück, wo von dem Auftreten Jothams auf dem Garizim gesprochen wird: V. 7 → V. 21.

In formaler Hinsicht zeigt das Bedingungsgefüge einen geschlossenen Aufbau:

a) Viermal steht in der Protasis V. 16–19 die Konjunktion „wenn", wobei dreimal „wenn" mit Waw copulativum versehen wird.
b) Viermal findet sich in unmittelbarem Anschluss an die Konjunktion eine adverbielle Bestimmung: „wahrhaftig und redlich" (V. 16a); „Gutes" (V. 16b); „entsprechend dem Tun seiner Hände" (V. 16b); „wahrhaftig und redlich" (V. 19a).
c) An dritter Stelle ist viermal die Verbform „ihr habt gehandelt" (V. 16a; V. 16b (bis); V. 19) zu finden.
d) Die vierte Stelle ist mit Objekten (V. 16a+b) und weiteren auf Jerubbaal und sein Haus bezogenen Bestimmungen besetzt (V. 16a; V. 16b [bis]; V. 19a)
e) Die mit einem Imperativ eröffnete Apodosis in V. 19b ist ebenso wie die Protasis klar aufgebaut: Herren von Sichem – Abimelech – und Abimelech – Herren Sichems.

In inhaltlicher Hinsicht ist das Bedingungsgefüge ebenfalls geschlossen, denn Jotham ruft die Herren von Sichem zur Prüfung ihres bisherigen Handelns auf. Dazu gehören die Attributsätze in V. 18.19a, die sich auf die Taten Gideons (Ri 6–8), die Tötung von siebzig Gideonbrüdern (9,4f.) und die Einsetzung Abimelechs als König (V. 6) zurückbeziehen. Es bleibt deshalb zu fragen, ob die in der Literatur oft zu findende These, V. 16b–19a seien sekundär und deshalb auszuscheiden, wirklich im Recht ist. Nach W. Groß sei eine „Überfüllung"[60] zu beobachten. Könnte das wiederholte Bedingungsgefüge dagegen nicht auch als Stilmittel der Betonung gedeutet werden? Jotham appelliert mit klaren Worten an die Herren von Sichem, ihren Entschluss, Abimelech zum König zu machen, noch einmal gründlich zu überdenken. Kritisch bleibt auch die These Veijolas zu hinterfragen, nach der V. 16b–19a literarhistorisch DtrN zuzuordnen seien. Eine deuteronomistische Sprache ist m. E. in diesen Versen nicht zu finden.[61]

4 Fazit: Die Jothamfabel als Verurteilung des Königtums Abimelechs

Abschließend sollen nach der Exegese der Jotham-Fabel die Fragen nach ihrer Eigenständigkeit (1), ihrer zeitlichen Einordnung (2) sowie ihrer Aussage (3) beantwortet werden.

ad 1: Sehe ich recht, so geht eine große Zahl von Auslegern von der Eigenständigkeit der Fabel aus. Nach W. Richter sei die eigenständige Fabel 9,8–15 unverändert von einem oder mehreren Bearbeitern in 9,1–7.16a.19b–21.23f.41–45.56f. sowie in den Erzählkranz V. 26–40.46–54 eingearbeitet worden.[62] Dieser These hat R. Bartelmus 1985 mit überzeugenden Argumenten widersprochen. Diese sollen aufgenommen und mit weiteren Beobachtungen gefestigt werden:

Die Fabel fügt sich sehr gut in den Kontext von 9,1–21 ein und bezieht sich mehrfach auf den Kontext in V. 1–6.16–21. Jotham versteht sich als Mittler zwischen Gott und den Herren von Sichem: V. 7b und V. 2.3.6. V. 16aß beziehen sich mit der adverbiellen Bestimmung באמת auf die Fabel zurück (V. 15a). V. 16aγ bezieht sich deutlich auf V. 6 und V. 21 verweist auf V. 7 zurück.

Die Fabel wird in V. 8 mit dem Verb הלך „gehen" eingeführt, wodurch eine Verbindung mit 8,29; 9,1.6.7. hergestellt wird. Wäre die Fabel ursprünglich eigenständig und unverändert eingefügt worden, hätte sie nie mit einer *figura etymologica* und einem Infinitiv absolutus eröffnet werden dürfen, denn der Infinitiv absolutus begegnet nie am Anfang einer Rede oder Erzählung.[63]

Das Adverb ועתה „und jetzt" in V. 16aα dient keineswegs als Zeichen für einen deutlichen Einschnitt, sondern im Gegenteil als Bindeglied zwischen einer Sprechsituation hin zur aktuellen Situation des Redenden.[64] Es handelt sich dabei um „ein makrosyn-

60 Groß, Richter, 488.

61 Veijola, Königtum, 105–111; so auch Becker, Richterzeit und Königtum, 196f.

62 Diese These wird mit leichten Änderungen u. a. vertreten von Veijola, Königtum, 103–107; Crüsemann, Widerstand, 32–42; Fritz, Abimelech, 129–147; Becker, Richterzeit und Königtum, 206; Würthwein, Abimelech, 12–28, bes. 18; Moenikes, Ablehnung, 143–150; Jans, Abimelech, 193f. 216–218.300f.; Groß, Richter, 494.

63 S. o. „Philologische Anmerkungen" zu V. 8. Vgl. dazu Bartelmus, Jothamfabel, 64–67.

64 S. dazu die Beobachtungen von Jenni, Verwendung von ʿattā, 43–50, bes. 46.

taktisches Signal für die Zusammengehörigkeit von Textblöcken, das vor allem mitten in Reden dort einsetzt, wo der Text ‚umkippt', d.h. wo der Redner zum eigentlichen Anliegen kommt, für das die vorher erwähnten Sachverhalte gewissermaßen nur ein Vorspiel waren."[65]

Die These der Eigenständigkeit der Jothamfabel lässt die Frage nach ihrem ursprünglichen Sitz im Leben entstehen. Diese kann aber sehr schwer beantwortet werden. Es bleibt auch offen, wer diejenigen gewesen sein sollen, die die Jothamfabel in Ri 9 eingefügt haben.

ad 2: Wolfgang Oswald deutet Ri 9 auf dem Hintergrund der spätperserzeitlichen Debatte um die Legitimität des Heiligtums in Sichems. Ri 9 verurteile den Kult im Heiligtum von Sichem als Baalsdienst. Diese Deutung lege sich aufgrund der Nennung von „Sichem" und den „Herren von Sichem" nahe. Mit dieser Zuordnung werden die Aussagen von Ri 9 mitsamt der Jothamfabel in die Zeit um 350 v. Chr. verlagert.[66] Ist diese Datierung wahrscheinlich? Sie ist unter archäologischen Gesichtspunkten insofern problematisch, als Sichem nach einer Brandkatastrophe zu Beginn des 5. Jh. verlassen wurde und erst um ca. 350 v. Chr. wieder aufgebaut wurde.[67] Mit dieser Datierung fällt eine literarhistorische Zuordnung von Ri 9 sehr schwer. Wie könnte eine Datierung aussehen? M.E. muss man zunächst davon ausgehen, dass die Jothamfabel mitsamt ihrem Kontext 9,1–21 in die beginnende bzw. frühe Königszeit zu datieren ist. Die Fabel und ihr Kontext können nicht älter sein als die Institution, auf die sie anspielen.[68] Unter archäologischen Gesichtspunkten erlitt die Stadt um 1100 v. Chr. schwere Zerstörungen. Sie wurde erst um 900 v. Chr. wieder neu befestigt.

Die Abimelech-Tradition ist zweifellos schon zu Beginn der Königszeit bekannt. Dies zeigt die Notiz in 2 Sam 11,21, wo Joab seinen Boten zu David schickt und eine mögliche Reaktion Davids auf den Kampf wiedergibt mit den Worten:

> Warum seid ihr so nahe an die Stadt herangerückt im Kampf? Wisst ihr nicht, dass von der Mauer geschossen wird? Wer erschlug Abimelech, den Sohn Jerubbaals? Warf nicht eine Frau einen Mühlstein auf ihn von der Mauer, sodass er in Tebez starb?

Hier liegt eine deutliche Anspielung an das in Ri 9,50–57 berichtete Geschehen. Der Tod Abimelechs durch eine Frau hat sich tief in das Bewusstsein eingegraben, auch wenn einige Aussagen dazu widersprüchlich sind.[69] Aber diese Widersprüche zeigen m. E. die Lebendigkeit der Überlieferung.

---

65 Bartelmus, Jothamfabel, 67.

66 In dieses Jahrhundert datiert auch Römer, Hebrew Bible, 185–203, bes. 200–203 die Jothamfabel; er sieht die Fabel als eine „Hellenistic insertion" (202) in Ri 9; vgl. dazu Kellenberger, Once Again.

67 Vgl. Wimmer, Art. Sichem; vgl. auch Albertz, Religionsgeschichte, 583.

68 So mit Richter, Untersuchungen, 291f.; Bartelmus, Jothamfabel, 76.

69 Bei dem Hinweis, dass Abimelech durch einen von einer Frau geworfenen Mühlstein ums Leben gekommen sei, ergeben sich zahlreiche Fragen und Ungereimtheiten. Die Herkunft des Mühlsteins bleibt offen. Warum befand er sich auf dem Dach des Turmes? Wie groß und wie schwer war der Stein? Worin liegt die Bedeutung von רצץ Hif.? Wie verhält sich die Notiz in 2 Sam 11,21, wonach

ad 3: Die Jothamfabel wird in der Regel zu den antiköniglichen Texten gerechnet: u. a. 1 Sam 8,4f.19f.; Hos 7,7; 8,4.[70] Bezüglich Ri 9,7–15 ergibt sich jedoch die Frage, in welcher Weise hier Kritik am Königtum geübt wird. Lässt sich die Fabel als fundamentale Kritik an der „Institution Königtum" verstehen oder muss hier spezifiziert werden? M. E. muss man die Jothamfabel als *scharfe Kritik am Königtum Abimelechs*[71] interpretieren: in der Weise, wie er sein Königtum mit Gewalt und rücksichtslosem Beseitigen von Mitbewerbern durchgeführt hat, kann und darf es keinen Bestand haben. Für diese Interpretation spricht m. E. die Einbindung der Fabel in den Kontext von 8,29–9,21, der Hinweis in 9,56, wonach Gott die Bosheit Abimelechs auf ihn selbst zurückfallen ließ und so das Böse, das er seinen siebzig Brüdern angetan habe, ihm vergolten habe. Nicht zuletzt spricht auch die Gattung der Fabel für diese Interpretation, denn die Fabel ist zweifellos „nach Herkunft und Wesen zunächst situationsgebunden und darf nicht von vornherein losgelöst von ihrem Sitz im Leben als freischwebende Maxime nach der Art eines Sprichwortes aufgefasst werden."[72]

Auch wenn wir der Datierung der Fabel durch Wolfgang Oswald nicht folgen können, so stimmen wir seiner Beobachtung, dass die Jotham-Fabel das illustriere, was die Erzählung sagen möchte, vorbehaltlos zu. Fabel und Erzählung gehören zusammen, sie plädieren beide für die grundsätzliche Ablehnung des Königtum Abimelechs. Der historische Ort der Fabel ist Abimelechs gescheiterter Versuch, ein Königtum in Israel zu etablieren. Ob Fabel und Erzählung darüber hinaus auf eine grundsätzliche Kritik an der „Institution Königtum (in Israel?) in allen seinen Schattierungen" zielen, ist m. E. nicht sicher.

Literatur

Albertz, R., Religionsgeschichte Israels in alttestamentlicher Zeit, GAT 8/1–2, Göttingen, 1992.

Bartelmus, R., Die sogenannte Jothamfabel – eine politisch-religiöse Parabeldichtung. Anmerkungen zu einem Teilaspekt der vordeuteronomistischen israelitischen Literaturgeschichte (1985), in idem, Auf der Suche nach dem archimedischen Punkt der Textinterpretation, Zürich, 2002, 53–79.

Bauer, H. und P. Leander, Historische Grammatik der hebräischen Sprache des Alten Testaments, Halle, 1922 (Nachdruck 1962).

Becker, U., Richterzeit und Königtum. Redaktionsgeschichtliche Studien zum Richterbuch, BZAW 192, Berlin/New York, 1990.

Brockelmann, C., Hebräische Syntax, Neukirchen, 1956.

Budde, K., Das Buch der Richter, KHC VII, Freiburg i. Br./Leipzig/Tübingen, 1897.

Callaham, S. N., Modality and the Biblical Hebrew Infinitive Absolute, AKM 71, Wiesbaden, 2010.

---

der Mühlstein Abimelech sofort tötete, zu derjenigen von der Tötung durch seinen Diener? Nach 2 Sam 11,21 wirft die Frau den Stein von einer „Mauer" und nicht vom Dach eines Turmes.

70 Dies wird pointiert u. a. von Crüsemann, Widerstand, 19–41 vertreten.

71 So u. a. Weiser, Einleitung, 64f.; Herrmann, Geschichte Israels, 163.

72 Jenni, Distel und Zeder, 165–175, Zitat 165f. Jenni verweist in diesem Zusammenhang auf die feste Verankerung der Pflanzenfabel in 2 Kön 14,9 im Kontext von 2 Kön 14,8–14.

Crüsemann, F., Der Widerstand gegen das Königtum. Die antiköniglichen Texte des Alten Testamentes und der Kampf um den frühen israelitischen Staat, WMANT 49, Neukirchen-Vluyn, 1978.

Dietrich, W. und S. Arnet (Hg.), Konzise und aktualisierte Ausgabe des Hebräischen und Aramäischen Lexikons zum Alten Testament, Leiden/Boston, 2013.

Donner, H. (Hg.), Wilhelm Gesenius Hebräisches und Aramäisches Handwörterbuch über das Alte Testament, Heidelberg/Dordrecht/London et al., [18]2013.

Ebach, J. und U. Rüterswörden, Pointen in der Jothamfabel, BN 31, 1986, 11–18.

Fritz, V., Abimelech und Sichem in Jdc. IX, VT 32, 1982, 129–147.

Groß, W., Richter, HThKAT, Freiburg i. Br./Basel/Wien, 2009.

Herrmann, S., Geschichte Israels in alttestamentlicher Zeit, München, [2]1980.

Hertzberg, H. W., Die Bücher Josua, Richter und Ruth, ATD 9, Göttingen, [5]1973.

Jans, E., Abimelech und sein Königtum, ATSAT 66, St. Ottilien, 2001.

Jenni, E., Distel und Zeder. Hermeneutische Überlegungen zu 2 Kö 14:8–14, in Studia Biblica et Semitica. Theodoro Christiano Vriezen, Wageningen, 1966, 165–175.

Jenni, E., Einleitung formeller und familiärer Rede im Alten Testament durch *`mr `l* und *`mr l-* , in idem, Studien zur Sprachwelt des Alten Testaments II, hg. von J. Luchsinger et al., Stuttgart, 2005, 48–64.

Jenni, E., Presidential Address: Höfliche Bitte im Alten Testament (2001), in idem, Studien zur Sprachwelt des Alten Testaments II, hg. von J. Luchsinger et al., Stuttgart, 2005, 151–165.

Jenni, E., Verwendungen des Imperativs im Biblisch-Hebräischen, in idem, Studien zur Sprachwelt des Alten Testaments II, hg. von J. Luchsinger et al., Stuttgart, 2005, 246–248.

Jenni, E., Vollverb und Hilfsverb mit Infinitiv-Ergänzung im Hebräischen (1998), in idem, Studien zur Sprachwelt des Alten Testaments II, hg. von J. Luchsinger et al., Stuttgart, 2005, 11–35.

Jenni, E., Zur Verwendung von ʿattā im Alten Testament (1972), in idem, Studien zur Sprachwelt des Alten Testaments, Stuttgart, 1997, 43–50.

Joosten, J., הֶחֳדַלְתִּי forma mixta?, ZAW 102, 1990, 96–97.

Joosten, J., The Verbal System of Biblical Hebrew. A New Synthesis Elaborated on the Basis of Classical Prose, JBS 10, Jerusalem, 2012.

Joüon, P. und T. Muraoka, A Grammar of Biblical Hebrew, SubBi 14/I–II, Rom, 1996 (Nachdruck).

Kellenberger, E., Once Again: The Fabel of Jotham (Judg 9) and Aesop, Sem. 60, 2018, 131–137.

Meyer, R., Hebräische Grammatik. Mit einem bibliographischen Nachwort von Udo Rüterswörden, Berlin, 1992.

Moenikes, A., Die grundsätzliche Ablehnung des Königtums in der Hebräischen Bibel. Ein Beitrag zur Religionsgeschichte des Alten Israel, BBB 99, Weinheim, 1995.

Neef, H.-D., Geschichte, Schuld und Rettung. Studien zur Redaktion, Komposition und Theologie von Ri 1,1–3,30, WMANT 162, Göttingen, [2]2023.

Oswald, W., Staatstheorie im Alten Testament. Der politische Diskurs im Pentateuch und in den Geschichtsbüchern des Alten Testaments, Stuttgart, 2009.

Richter, W., Traditionsgeschichtliche Untersuchungen zum Richterbuch, BBB 18, Bonn, 1966.

Römer, T., The Hebrew Bible and Greek Philosophy and Mythology – Some Case Studies, Sem. 57, 2015, 185–203.

Scherer, A., Überlieferungen von Religion und Krieg. Exegetische und religionsgeschichtliche Untersuchungen zu Richter 3–8 und verwandten Texten, WMANT 105, Neukirchen-Vluyn, 2005.

Septuaginta Deutsch. Das griechische Alte Testament in deutscher Übersetzung, hg. von W. Kraus und M. Karrer, Stuttgart, 2009.

Soggin, J. A., Judges. A Commentary, OTL, London, [2]1987.

Veijola, T., Das Königtum in der Beurteilung der deuteronomistischen Historiographie. Eine redaktionsgeschichtliche Untersuchung, STAT 198, Helsinki, 1977.

Waltke, B. K. und M. O'Connor, An Introduction to Biblical Hebrew Syntax, Winona Lake, 1990.

Weiser, A., Einleitung in das Alte Testament, Göttingen, [6]1966.

Wilhelm Gesenius' Hebräische Grammatik völlig umgearbeitet von E. Kautzsch, Leipzig, 1909 (Nachdruck Hildesheim, 1977).

Wimmer, J., Art. Sichem, WiBiLex, 2011, online unter www.bibelwissenschaft.de/stichwort/28513/.

Würthwein, E., Abimelech und der Untergang Sichems. Studien zu Jdc. 9, in idem, Studien zum Deuteronomistischen Geschichtswerk, BZAW 227, Berlin, 1994, 12–28.

Zur Entwicklung der politischen Argumentation in Ezechiel 17

Thomas Krüger

Das Buch Ezechiel ist eine interessante Quelle für die Entwicklung des politischen Denkens in der Hebräischen Bibel.[1] Dieser Beitrag untersucht das Kapitel Ez 17 als ein Beispiel für die Entwicklung politischer Argumentation und politischen Denkens im Ezechielbuch. Laut Duden versteht man unter „Politik" gewöhnlich (1) ein „auf die Durchsetzung bestimmter Ziele besonders im staatlichen Bereich und auf die Gestaltung des öffentlichen Lebens gerichtetes Handeln von Regierungen, Parlamenten, Parteien, Organisationen o. Ä." oder (2) ein „taktierendes Verhalten, zielgerichtetes Vorgehen".[2] Das Verhalten des judäischen Königs Zedekia gegenüber den Königen von Babylonien und Ägypten, das in Ez 17 kritisch betrachtet wird, kann in beiderlei Sinn als politisch betrachtet werden. In lockerer Anlehnung an soziologische Theorien einer funktionalen Differenzierung kann man den Bereich der Politik, in dem es zentral um Macht geht, unterscheiden vom Bereich des Rechts, der Moral, der Religion u. a.[3] Blickt man aus dieser Perspektive auf Ez 17, so zeigt sich, dass im Fortgang des Textes die zunächst im engeren Sinne politische Argumentation um rechtliche und moralische und dann auch um religiöse Gesichtspunkte angereichert wird.

Die Einleitung des Textes bereitet die Leser*innen (bzw. Hörer*innen) vor auf ein „Rätsel" bzw. „Gleichnis",[4] das ihnen von Jahwe vorgelegt und durch den Propheten Ezechiel übermittelt wird:

> 1 Und das Wort Jahwes kam zu mir: 2 Mensch, lege dem Haus Israel ein Rätsel vor und ein Gleichnis, 3 und sage: So hat der Herr Jahwe gesagt: …

Ein Gleichnis fordert seine Rezipierenden dazu heraus, es zu deuten, und ein Rätsel will von ihnen gelöst werden. Der so angekündigte Text ist also nicht nur „textimmanent"

---

1 „Ezekiel remains a rich resource for the creation and development of political thought in the Hebrew Bible" (Nevader, Ezekiel and Politics, Abschnitt 4.).

2 Www.duden.de/rechtschreibung/Politik. Vgl. auch Hofmann, Politikwissenschaft, 14–18. Nevader (Ezekiel and Politics, Abschnitt 1.) definiert „politics with Mark W. Hamilton as being 1) the operations of the state and its functionaries as they undertake the responsibilities of its administration, 2) the structures and practices of individuals embedded in the apparatus of the state, and 3) the intellectual reflection either underlying or reflecting upon the behaviors of the various strata of leadership in society (Hamilton 2018)."

3 Vgl. etwa Schimanek, Differenzierung.

4 *ḥydh* „Rätsel(frage), doppelsinnige Rede", *mšl* „Spruch, Sprichwort, Weisheitsspruch, Gleichnis, Spottlied" (Übersetzungsmöglichkeiten nach KAHAL). Mit Zimmerli (Ezechiel, 378) kann man Ez 17,3–10 formal als „Tier- und Pflanzenfabel […] mit Elementen der Rätselfrage" charakterisieren. Zur kommunikativen Funktion vgl. u. a. Dus, Parábolas, 51–93, bes. 77–93.

zu lesen, mit Blick auf das, was der Text sagt, sondern auch „texttranszendent", mit Blick auf das, worauf der Text verweist.

V. 3ff. erzählt von Vögeln und Pflanzen, zunächst von einem großen Adler oder Geier (*nšr*)[5] und einer Zeder (*ʾrz*):

> 3 … Der große Adler (bzw. Geier) mit großen Flügeln, langen Schwingen, vollem Gefieder, der ein buntes Federkleid hatte, kam zum Libanon und nahm den Wipfel der Zeder weg. 4 Den obersten ihrer Schösslinge riss er ab und brachte ihn in ein Händler-Land (bzw. ins Land Kanaan), in eine Kaufleute-Stadt setzte er ihn.

Dass ein großer Vogel einen Zweig von einem Baum abreißt und wegträgt, kann man sich gut vorstellen. Dass er diesen Zweig an einem anderen Ort einpflanzt,[6] wird kaum jemand schon einmal beobachtet haben. Die Erzählung präsentiert also kein alltägliches Geschehen. Sie spielt aber durchaus in der Alltagswelt, wie die Ortsangaben deutlich machen, auch wenn sie nicht ganz eindeutig sind.[7] „Der Libanon" bezeichnet in der Hebräischen Bibel meist eine Gebirgskette auf dem Gebiet des heutigen Staates Libanon, kann aber auch als Chiffre für Jerusalem verstanden werden (vgl. 1 Kön 7,2; Jer 22,6.23).[8] Mit „Land Kanaan" ist in der Regel ungefähr das Gebiet der antiken Staaten Juda und Israel gemeint, es kann aber (verstanden als „Händler-Land") auch zur Bezeichnung Babyloniens verwendet werden (Ez 16,29). Dementsprechend wäre „eine Kaufleute-Stadt" dann auf Jerusalem oder Babylon zu beziehen. Der Text lässt also offen, ob der Adler den Zedernzweig vom Libanon nach Jerusalem gebracht hat, vom Libanon nach Babylon oder von Jerusalem nach Babylon. Während der Adler frei beweglich und aktiv ist, sind die Zeder und ihr Zweig lokal fixiert und passiv. Sie sind Gegenstände des Handelns des Adlers. Warum dieser tut, was er tut, und was er damit bezweckt, wird ebenso wenig erzählt, wie was aus der Zeder und dem von ihr abgerissenen Zweig wird.

Mit V. 5 beginnt im Szenenbild von V. 3f. eine neue Szene:

> 5 Und er nahm einen von den Sprösslingen des Landes und gab ihn in ein Saatfeld, eine Wiese an reichlichem Wasser. Er setzte ihn ans Ufer wie eine Weide.[9] 6 Und er wuchs und wurde zu einem Weinstock, der sich ausbreitete, von niedriger Höhe. Seine Ranken wandten sich ihm zu, und seine Wurzeln blieben unter ihm. Und er wurde zu einem Weinstock, brachte Triebe hervor und ließ Zweige wachsen.

---

5 Vgl. dazu Brownlee, Ezekiel 1–19, 261–263.

6 Das Verb *śym* Qal („setzen") kann sowohl im Sinne von „einpflanzen" als auch im Sinne von „ablegen" verstanden werden (vgl. KAHAL). In V. 5 macht der Kontext klar, dass es dort „einpflanzen" bedeutet.

7 Vgl. Greenberg, Ezekiel 1–20, 282f.310. Brownlee (Ezekiel 1–19, 264) nimmt an, dass „in the historical context of 591 B.C., most auditors would think of a Phoenician city as Tradersville, but Ezekiel's cryptic reference is to Babylon." Odell (Ezekiel, 209) erwägt, ob Babylonien durch die Bezeichnung „Land Kanaan" als „a land of promise" für die Exilierten gekennzeichnet werden soll.

8 Vgl. Greenberg, Ezekiel 1–20, 310.

9 Wörtlich: Er machte ihn zu einer Weide bzw. einem Ufergewächs.

Der Ort, dem der Sprössling des Landes entnommen wird, und der Platz, an den er verpflanzt wird, scheinen nicht weit voneinander entfernt zu sein. Ob es sich dabei um den Libanon, Jerusalem oder Babylonien handelt, bleibt offen.[10] Der Weinstock ist ein niedrigeres Gewächs als eine ausgewachsene Zeder, kann aber mit einem Zedernsteckling in puncto Größe durchaus konkurrieren. Während in V. 4 nichts darüber gesagt wird, wo in der Stadt genau der Zedernzweig eingepflanzt wird, spricht V. 5 von dem gut bewässerten Boden, in den der Weinstock gepflanzt wird.[11] Im Gegensatz zum Zedernsteckling scheint der Adler dem Weinstock (zumindest bei der Anpflanzung) mehr Aufmerksamkeit und Fürsorge zu schenken. Trotz seiner (verglichen mit einer ausgewachsenen Zeder, nicht aber einem Zedernsetzling) geringen Höhe[12] wächst und gedeiht der Weinstock. Dass seine Ranken sich ihm zuwenden, ist vermutlich so zu verstehen, dass er aufrechtstehend gezogen wird, so dass sich die Ranken horizontal nicht weit vom Stamm entfernen.[13] Wo sich der Adler aufhält, nachdem er den Weinstock eingepflanzt hat, wird nicht gesagt.

Mit V. 7 nimmt die Erzählung eine überraschende Wendung:

> [7] Und da war noch ein anderer[14] großer Adler (bzw. Geier) mit großen Flügeln und vollem Gefieder. Und schau, dieser Weinstock streckte seine Wurzeln ihm entgegen, und seine Ranken streckte er aus zu ihm, damit er ihm mehr zu trinken gebe als die Beete, in die er gepflanzt war. [8] In ein gutes Feld an reichlichem Wasser war er eingepflanzt worden, sodass er Zweige treiben und Frucht tragen und ein prächtiger Weinstock werden konnte.

Wo sich der zweite große, aber anscheinend etwas weniger eindrucksvolle Adler befindet, sagt der Text nicht. Unklar bleibt auch, wie sich der Weinstock die Wasserversorgung durch den zweiten Adler vorstellt. Der erste Adler gießt den Weinstock ja nicht, sondern hat ihn in einen gut bewässerten Boden gepflanzt. Wünscht sich der Weinstock, vom zweiten Adler an eine noch besser mit Wasser versorgte Stelle verpflanzt zu werden? Oder will er vom zweiten Adler direkt gegossen werden? (Wenn ja: Wie sollte man sich das vorstellen?)

Indem der Weinstock seine Wurzeln vom Ufer weg und (samt seinen Ranken) dem zweiten Adler zuwendet,[15] verschlechtert er zunächst einmal seine Wachstumsbedin-

---

10 Das zuletzt genannte Land ist das „Land Kanaan" in V. 4. Vielleicht wird der Ausdruck in V. 4 und V. 5 mit unterschiedlicher Referenz verwendet, was zum „Rätsel"-Charakter des Textes passen würde.

11 Vgl. Dalman, Arbeit und Sitte 4, 325.

12 Vgl. demgegenüber die große, bis unter die Wolken reichende Höhe des Weinstocks, von dem in Ez 19,10–14 die Rede ist (V. 11).

13 Vgl. Dalman, Arbeit und Sitte 4, 328f. Siehe auch de.wikipedia.org s.v. Reberziehung (dort den Abschnitt zur Buscherziehung). Oft wird dagegen angenommen, dass mit „ihm" der Adler gemeint ist. Dann ist aber schwer zu verstehen, was es bedeuten soll, dass die Wurzeln des Weinstocks unter dem Adler sein sollen, zumal wenn sich dieser nicht mehr am Ort des Weinstocks befinden sollte.

14 Mit *G(SV)* lese ich *ʾḥr* statt *ʾḥd* (siehe BHS).

15 Verwandelt er sich damit in einen „kriechenden" Weinstock? Vgl. Dalman, Arbeit und Sitte 4, 330, und de.wikipedia.org s. v. „Reberziehung" (dort: „Kriechende Erziehung").

gungen. Das wird durch die Feststellung in V. 8 unterstrichen, die überdies die Frage aufwirft, was ein Weinstock eigentlich noch mehr wollen kann als „Zweige zu treiben, Frucht zu tragen und ein prächtiger Weinstock zu werden". Das Verhalten des Weinstocks erscheint demnach sinnlos und wenig erfolgversprechend. Letzteres stellt Jahwe in V. 9f. ausdrücklich fest:

> 9 Sprich: So hat der Herr Jahwe gesagt: Wird er gedeihen? Wird er nicht seine Wurzeln herausziehen und seine Frucht verderben, und werden nicht alle seine frischen Triebe vertrocknen? Er wird vertrocknen, und es braucht keinen starken Arm und nicht viele Leute, um ihn von seinen Wurzeln zu heben. 10 Und wenn[16] er eingepflanzt bleibt (bzw. ist), wird er gedeihen? Wird er nicht vertrocknen, wenn ihn der Ostwind trifft? In den Beeten, in denen er sprosst, wird er vertrocknen.

Wenn diese Übersetzung den Sinn des syntaktisch und semantisch nicht ganz einfachen Abschnitts einigermaßen trifft, scheinen V. 9 und V. 10 zwei Möglichkeiten für die Zukunft des Weinstocks ins Auge zu fassen.[17] Zum einen ist damit zu rechnen, dass der erste Adler („er") den Weinstock, der nicht mehr richtig wächst, herausreißt und vertrocknen lässt, was ihm nicht schwerfallen wird, da er durch die Abwendung seiner Wurzeln von der Wasserversorgung nicht mehr stark verwurzelt ist (V. 9). Zum anderen ist zu erwarten, dass der Weinstock, durch seine Abwendung von der Wasserversorgung geschwächt, im Ostwind verdorren wird, selbst wenn ihn der Adler, der ihn gepflanzt hat, in seinem Beet stehen lässt (V. 10). Man kann V. 9f. aber auch drittens in dem Sinne lesen, dass der zweite Adler den Weinstock herauszieht (V. 9) und in ein neues Beet verpflanzt (V. 10)[18] und ihn dabei so sehr beschädigt, dass er nach der Verpflanzung verdorrt. Dass der Wunsch des Weinstocks nach einer besseren Bewässerung durch den zweiten Adler sich erfüllen könnte, wird hingegen nicht für möglich gehalten.[19]

In V. 9 kommt innerhalb des Rätsels bzw. Gleichnisses erstmals Jahwe zur Sprache. Er greift aber nicht in das Geschehen ein, sondern fragt als Urheber der Fabel deren Rezipierenden nach den Erfolgsaussichten des Weinstocks. Damit will er sie zu einer kritischen Beurteilung des Geschehens bewegen. Ob die Rezipierenden die Möglichkeit haben, das Geschehen zu beeinflussen, ist nicht klar. Wenn ja, könnte man annehmen, dass Jahwe das Geschehen indirekt zu beeinflussen versucht, indem er Menschen zum Eingreifen bewegt.

16 Ich interpretiere *whnh* hier als Einleitung eines Bedingungssatzes. Vgl. KAHAL s.v. *hinnê* Nr. 10.

17 Vgl. Schöpflin, Composition, 114.

18 Brownlee (Ezekiel 1–19, 266) nimmt an, dass schon V. 8 von der Verpflanzung des Weinstocks durch den zweiten Adler spricht. Vgl. NRSV: „[7] … From the bed where it was planted [8] it was transplanted …"

19 Midrasch Schemot Rabba 44 geht davon aus, dass man einen „Weinstock, wenn sein Herr haben will, dass er recht gut werden soll, von einem Orte ausreißt und ihn an einen andern Ort verpflanzt und er dadurch wirklich besser wird" (Wünsche, Schemot Rabba, 308). Vgl. Dalman, Arbeit und Sitte 4, 325.

Da Adler/Geier, Zeder und Weinstock im alten Orient öfter mit königlicher Herrschaft konnotiert sind,[20] ist es durchaus denkbar, dass die Rezipierenden von V. 3–10 die Erzählung auch schon ohne die in V. 11–15 folgende Deutung auf die Vorgänge in Jerusalem im Zeitraum von 597 bis 587 beziehen konnten.[21] Der erste Adler ist dann der babylonische König Nebukadnezzar II., der den judäischen König Jojachin (den Zweig vom Wipfel der Zeder) nach Babylon deportiert hat. An seiner Stelle hat Nebukadnezzar Jojachins Onkel Mattanja alias Zedekia (den Weinstock) als König eingesetzt. Nach einiger Zeit kündigte Zedekia Nebukadnezzar die Gefolgschaft auf, wozu er vielleicht durch den ägyptischen Pharao Psammetich II. (den zweiten Adler bzw. Geier) veranlasst wurde, auf dessen Unterstützung (und später die seines Nachfolgers Apries) er sich verließ.[22]

Die Darstellung dieser Vorgänge in der Bildrede soll ihren Rezipierenden eine kritische Bewertung dieser Vorgänge nahelegen. Sie reduziert diese auf ein Beziehungsproblem zwischen Königen (Nebukadnezzar, Jojachin, Zedekia und Psammetich/Apries), wobei Nebukadnezzar nur mit Jojachin und Zedekia interagiert, Zedekia mit Nebukadnezzar und Psammetich/Apries, und Psammetich/Apries nur mit Zedekia. Zwischen Jojachin und Zedekia und zwischen Nebukadnezzar und Psammetich/Apries finden keine Interaktionen statt. Im Fokus der Bildrede steht der Loyalitätswechsel Zedekias von Nebukadnezzar zu Psammetich/Apries, der als unbegründet und aussichtslos kritisiert wird. Dieses Urteil dürfte mit dem Nebukadnezzars übereinstimmen.[23] Am deutlichsten zeigt sich diese imperiale Perspektive bei einem Vergleich der Darstellung der Einpflanzung des Weinstocks in Ez 17 („an reichlichem Wasser“) mit dem Bericht über die Ausplünderung Jerusalems (einschließlich des Tempels Jahwes) durch die Babylonier vor der Einsetzung Zedekias in 2 Kön 24,13–16 oder mit dem Eintrag in der Babylonischen Chronik über die Jahre 626–594:

> JAHR 7 (598/97), Monat Kislev. Der König von Akkad bot seine Truppen auf und zog nach Ḫattu und schlug gegen Juda (sein Lager) auf und nahm die Stadt am 2. Adar ein. Den König nahm er gefangen. Einen König nach seinem Herzen setzte er darin ein. Seine schwere Abgabe na[hm er entgegen un]d brachte (sie) nach Babylon.[24]

Im Ezechielbuch lässt sich das „Rätsel und Gleichnis“ von Ez 17,3–10 vergleichen mit der „Totenklage über die Fürsten von Israel“ in Ez 19, die den Untergang von Königen

20 Vgl. Lang, Kein Aufstand, 32–41.

21 Vgl. dazu Weippert, Textbuch, 399.400–402.407–408; Oswald & Tilly, Geschichte Israels, 63f.

22 Dass Zedekia vielleicht auch im Vertrauen darauf handelte, dass Jahwe Jerusalem vor einem Angriff der Babylonier beschützen würde (vgl. Hardmeier, Prophetie, 169ff. 247ff.), kommt in Ez 17 nicht in den Blick.

23 Wie eine Reihe anderer Prophezeiungen in Ez 1–32 (und im Jeremiabuch) lässt sich die Bildrede in Ez 17,3–10 als „pro-babylonisch“ charakterisieren. (Vgl. zur pro-babylonischen Tendenz des Ezechielbuchs insgesamt Nevader, Ezekiel and Politics, Abschnitt 2.2.2.) Eine Option für Jojachin und die Gola (Saur, Zeder, 312; Rom-Shiloni, Nature Imagery, 99–100.109) kann ich dagegen in Ez 17,1–21 nicht erkennen (zu V. 22–24 siehe weiter unten).

24 Weippert, Textbuch, 417.

und ihren Müttern (bzw. der Königsdynastie oder der Königsherrschaft?) in Juda im Bild von Löwinnen und einem Weinstock beklagt, dem Orakel gegen die Bewohner Jerusalems in Ez 15, das diese als „Holz des Weinstocks" darstellt, und der Weissagung gegen den König von Ägypten in Ez 31, die ihn (wie Assur?) als Zeder beschreibt und vielleicht eine ältere Klage über den Untergang des Jerusalemer Königshauses aufnimmt und transformiert. Nach Karl-Friedrich Pohlmann haben diese Texte (in ihrem Grundbestand) „in der sie prägenden Form der Toten- bzw. Untergangsklage (vgl. 19,1–9*; 19,10–14; Ez 31*) oder als reines Bildwort (15,2–4*) ursprünglich nicht als Zukunfts- bzw. Unheilsansagen fungiert", sondern „dürften im kurzen Abstand zu den Ereignissen von 587 v. Chr. entstanden sein".[25] Es wäre aber auch vorstellbar, dass es sich dabei um Unheilsankündigungen in der literarischen Form antizipierter Totenklagen handelt, die dann schon vor 587 entstanden sein könnten.[26]

Wegen des dort ebenfalls verwendeten Weinstock-Bilds steht Ez 19,10–14 Ez 17,3–10 am nächsten. Anders als in Ez 17 repräsentiert der Weinstock in Ez 19 nicht einen König, sondern die „Mutter" eines Königs (V. 10). Damit kann (wie auch mit der Löwin in V. 2ff.) Hamutal, die Mutter Joahas' und Zedekias gemeint sein oder auch Jerusalem, Israel oder das Jerusalemer Königshaus (wobei die Löwin und der Weinstock nicht auf dasselbe verweisen müssen).[27] Ihr Niedergang wird (retrospektiv oder antizipierend) beklagt. Warum es dazu kam, wird nicht gesagt. Jahwe spielt dabei keine Rolle.

In Ez 17 repräsentiert der Weinstock einen einzelnen König (Zedekia). Sein Verhalten wird dargestellt und vor dessen für ihn desaströsen Konsequenzen gewarnt. Aus der Perspektive des Textes liegen sie noch in der Zukunft (was nicht ausschließt, dass seine Verfasser schon darauf zurückblicken). Dass mit dem König auch Jerusalem bzw. das Jerusalemer Königtum zugrunde gehen wird, wird nicht gesagt.[28] Zedekias Politik gegenüber den Königen von Babylonien und Ägypten wird in Ez 17,3–10 kritisch beurteilt unter den Gesichtspunkten von Macht und Ohnmacht, Freiheit und Abhängigkeit, Gedeihen und Verderben. Man kann diese Perspektive als genuin „politisch" bezeichnen. Rechtliche, moralische oder religiöse Erwägungen spielen in Ez 17,3–10 keine Rolle.[29] Das ändert sich in V. 11–18.

> 11 Und das Wort Jahwes kam zu mir: 12 Sag doch zum Haus der Widerspenstigkeit: Versteht ihr nicht, was das bedeutet? Sag: Schaut, der König von Babel kam

25 Pohlmann, Ezechiel, 69f.; vgl. Idem, Hesekiel, 242–246.292–297; Idem, Ezechielstudien; Garscha, Studien; Saur, Zeder, 304–309.317f. Schöpflin (Composition, 117f.) betrachtet Ez 17 und 19 dagegen als relativ junge Texte, die „rather pre-shape a metaphorical technique found among the latest OT texts" wie z. B. Dan 7f. (ibid., 117).

26 Vgl. Hardmeier, Art. Totenklage.

27 Siehe z. B. Fuhs, Ezechiel, 100f.

28 Vielleicht wird deswegen Zedekia nicht wie Jojachin als Spross der Zeder (d. h. des Königshauses?) dargestellt.

29 Von daher wäre zu fragen, ob es stimmt, „that there is no functional differentiation in the ancient Near East between religion and politics", wie Nevader (Ezekiel and Politics, Abschnitt 1.) meint. Vielleicht sollte man eher sagen, dass die Bereiche Politik und Religion im Alten Orient und in der Hebräischen Bibel nicht stark voneinander getrennt, aber durchaus voneinander unterschieden waren.

nach Jerusalem und nahm seinen König und seine Fürsten und brachte sie zu sich nach Babel. [13] Und er nahm einen von den Nachkommen des Königshauses *und schloss einen Vertrag mit ihm und ließ ihn einen Eid ablegen* und nahm die Widder (d. h. Gewalthaber) des Landes weg, [14] damit das Königtum niedrig blieb und sich nicht erheben konnte, *damit es den Vertrag mit ihm einhielt und Bestand hatte.* [15] Und er lehnte sich gegen ihn auf und sandte seine Boten nach Ägypten, damit man ihm Pferde gebe und viele Leute. Wird er Erfolg haben (gedeihen)? Wird einer davonkommen, der so etwas tut? *Wer einen Vertrag bricht, wird der davonkommen?*

[16] *So wahr ich lebe, Spruch des Herrn Jahwe: Am Ort des Königs, der ihn zum König gemacht hat und dessen Eid er missachtet und dessen Vertrag er gebrochen hat, bei ihm, in Babel wird er sterben!* [17] Und der Pharao wird ihn im Kampf nicht mit einem großen Heer und einem zahlreichen Aufgebot beschützen, wenn man eine Sturmrampe aufschüttet und einen Belagerungswall baut, um viele Menschen zu vernichten. [18] *Er hat den Eid missachtet und den Bund gebrochen. Und schau, er hat seine Hand gegeben*[30] *und all das getan: Er wird nicht davonkommen!*

In diesem Abschnitt, der vielleicht erst später an V. 1–10 angefügt wurde, wird die vorhergehende Bildrede im Klartext erläutert. Dabei führen die oben kursiv markierten Textteile, die möglicherweise nochmals später in V. 11–18* eingefügt wurden,[31] einen neuen Gesichtspunkt in die Beurteilung Zedekias ein: den Vasallenvertrag (*bryt*), den Nebukadnezzar Zedekia unter Eid (*ʾlh*) auferlegt hat. Mit seiner Rebellion gegen den babylonischen König und seiner Hinwendung zum König von Ägypten bricht Zedekia diese vertragliche Verpflichtung. Unter der Voraussetzung einer gerechten Weltordnung soll und wird er damit nicht davonkommen (V. 15). V. 16 erwartet dementsprechend, dass Zedekia (wie zuvor Jojachin) nach Babylonien deportiert werden und dort sterben wird. Der Pharao wird ihm nicht beistehen (V. 17) – vielleicht auch, weil Zedekia, der bereits einen Vasalleneid und -vertrag gebrochen hat (V. 18), für ihn kein attraktiver Vasall und Vertragspartner ist.

V. 11–18 setzen die „rein politische" Argumentation von V. 3–10 voraus und ergänzen sie um den Aspekt des Eid- und Vertragsbruchs. Damit bringen sie einen rechtlichen und moralischen Gesichtspunkt in die Beurteilung der Politik Zedekias ein. Dieser bestätigt und bekräftigt aber nur, was im vorangehenden Text ohnehin schon klar war: Zedekia soll und wird scheitern – bzw. musste scheitern, falls die Verfasser dieses Abschnitts schon auf 587 zurückblicken.

Die Möglichkeit, Recht und Moral *kritisch* gegenüber „rein politischen" Erwägungen ins Spiel zu bringen (bzw. das Verständnis von „Politik" durch Recht und Moral zu erweitern und zu verändern), wird im Text nicht realisiert. Man könnte aus einem rechtlichen und moralischen Blickwinkel ja durchaus auch fragen, ob ein aufgezwungener Vertrag und ein erzwungener Eid bindend sind und sein sollen. Ja, man könnte

30 Zur Bekräftigung des Vertrags bzw. des Eides.
31 Vgl. Pohlmann, Hesekiel, 251f.

aus einem rechtlichen und moralischen Blickwinkel noch grundsätzlicher fragen, ob es richtig ist, dass Großkönige ihre Macht gegenüber Kleinstaaten und deren Herrschern so ausüben, wie es die Adler im Umgang mit den Pflanzen hier tun. Solche Überlegungen stellt Ez 17,11–18 nicht an. Der Hinweis auf den Vertragsbruch Zedekias bekräftigt hier nur rhetorisch ein schon längst feststehendes negatives Urteil über seine Politik.

Das gilt auch für den religiösen Gesichtspunkt, dass Jahwe in den Vertrag zwischen Zedekia und Nebukadnezzar involviert ist, der dann in V. 19–21 neu eingebracht wird.[32]

> 19 Darum, so hat der Herr Jahwe gesagt: So wahr ich lebe, *meinen Eid*, den er missachtet, und *meinen Vertrag*, den er gebrochen hat, werde ich auf seinen Kopf geben! 20 Und ich werde mein Netz über ihn ausspannen, und er wird in meinem Jagdnetz gefangen werden. Und ich werde ihn nach Babel bringen und werde dort mit ihm ins Gericht gehen, weil[33] er *mir untreu geworden* ist. 21 Und seine ganze Elitetruppe[34] und[35] all seine Scharen werden durch das Schwert fallen, und die, die übrig bleiben, werden in alle Winde zerstreut werden. Und ihr werdet erkennen, dass ich, Jahwe, gesprochen habe.

Zedekia hat *Jahwes* Eid verachtet und *Jahwes* Vertrag gebrochen (V. 19). Dahinter dürfte die Überlegung stehen, dass Jahwe, neben anderen Göttern, als Garant und Zeuge des Vertrags zwischen Zedekia und Nebukadnezzar angerufen wurde.[36] Insofern ist Zedekia mit seinem Eid- und Vertragsbruch nicht nur Nebukadnezzar, sondern auch Jahwe untreu geworden (*mʿl*). Dementsprechend wird Jahwe selbst ihn nach Babylon bringen und dort bestrafen (V. 20). Die politischen Vorgänge, von denen in Ez 17 die Rede ist, sind also zugleich rechtliche und religiöse Vorgänge. Zedekias Vertragsbruch gegenüber Nebukadnezzar ist zugleich ein Treuebruch gegenüber Jahwe, und Nebukadnezzars (erwartete) Bestrafung Zedekias ist zugleich Jahwes „Gericht" über ihn.

Dass Jahwe einen Vertrag zwischen einem judäischen und einem ausländischen König als „meinen Vertrag" bezeichnet und seine Einhaltung fordert, ist ein für die prophetische Tradition in der Hebräischen Bibel ungewöhnlicher Gedanke.[37] Wo in den Prophetenschriften von einem „Vertrag" die Rede ist, wird üblicherweise (wie im vorangehenden Kapitel Ez 16) davon ausgegangen, dass Israel (bzw. Juda oder Jerusalem) ver-

32 Mit Pohlmann (Hesekiel, 252f.) kann man erwägen, dass hier wiederum eine spätere Fortschreibung von V. 11–18 vorliegt.

33 Ich lese *ʿl* statt *mʿlw* (siehe BHS).

34 Ich lese *mbḥrw* statt *mbrḥw* (siehe BHS).

35 Mit einigen Handschriften lese ich *wkl* statt *bkl* (siehe BHS).

36 „All Neo-Assyrian treaties appear to have been sworn agreements, witnessed and sworn by the gods of both contracting parties" (Parpola und Watanabe, Treaties, XXXVII). Man kann vermuten, dass die Neu-Babylonier diese Praxis weitergeführt haben, vgl. Jursa, Review Charpin, 299f. – Dagegen nimmt Greenberg (Ezekiel 1–20, 322) an, dass es hier um einen Bund zwischen Jahwe und Israel geht (vgl. Ez 16,59).

37 Vergleichbar ist der Vertrag Josuas mit den Gibeonitern in Jos 9, der bindend ist, obwohl er auf Täuschung und Irrtum beruht, weil er mit einem Eid bei Jahwe besiegelt wurde (V. 19). Für die Behandlung des Themas „Vertrag" im Ezechielbuch außerhalb von Ez 17 vgl. Strong, Ezekiel's Concept of Covenant.

traglich an Jahwe gebunden ist (oder sein wird). Bündnisse mit anderen Völkern und Herrschern werden deshalb eher kritisch gesehen.[38]

In Ez 17 dient der religiöse Gesichtspunkt hingegen nur der rhetorischen Verstärkung der bisherigen politischen, rechtlichen und moralischen Überlegungen. Jahwe ist es, der die von Macht, Recht und Moral gesteuerten politischen Vorgänge je nachdem sanktioniert (wie den Aufstand Zedekias gegen Nebukadnezzar) oder initiiert (wie die Bestrafung Zedekias durch Nebukadnezzar). Jahwe hat den Vertrag zwischen Nebukadnezzar und Zedekia offenkundig akzeptiert (er hätte sich ja gegen seine Anrufung als Zeuge und Garant wehren können), und er respektiert die ihm daraus erwachsenen Verpflichtungen.[39] Nach Zedekias Vertragsbruch steht Jahwe auf der Seite Nebukadnezzars.[40]

V. 22–24 kehren wieder zur Bildrede zurück – und lassen die in V. 11–19 eingeführten rechtlichen, moralischen und religiösen Gesichtspunkte wieder ganz außer Betracht[41] (abgesehen davon, dass Jahwe nun als treibende Kraft des Geschehens auftritt).

> 22 So hat der Herr Jahwe gesagt: Und ich werde etwas vom Wipfel der hohen Zeder nehmen,[42] von den obersten ihrer Schösslinge werde ich einen zarten abreißen. Und ich werde ihn einpflanzen auf einem hohen und aufragenden Berg (bzw. Gebirge).
> 23 Auf dem hohen (bzw. höchsten) Berg (bzw. Gebirge) Israels werde ich ihn einpflanzen. Und er wird Zweige treiben und Frucht tragen und eine prächtige Zeder werden. Und unter ihr werden alle Vögel wohnen, alles, was Flügel hat. Im Schatten ihrer Zweige werden sie wohnen.
> 24 Dann werden alle Bäume des Feldes erkennen, dass ich, Jahwe, einen hohen Baum erniedrigt und einen niedrigen Baum erhöht habe, dass ich einen grünen Baum habe vertrocknen lassen und den vertrockneten Baum habe erblühen lassen. Ich, Jahwe, habe gesprochen und werde es tun.

So wie der große Adler Nebukadnezzar in V. 3 pflanzt nun Jahwe den Setzling einer Zeder ein. Anders als Nebukadnezzar ist Jahwe nicht daran interessiert, dass das von ihm gepflanzte Gewächs klein bleibt, sondern er will, dass es wächst, Frucht bringt und alle Vögel des Himmels beherbergt.[43] Wo die Zeder steht, von der Jahwe einen Spross ab-

38 Dagegen erscheint die Bündnispolitik Asas in 1 Kön 15 den Verfassern dieses Textes offensichtlich (noch?) unproblematisch. 2 Kön 16 stellt die ähnliche Politik Ahas' deutlich kritischer dar.

39 Nebukadnezzar hat ihm auch keinen Anlass zu einer Änderung seiner Einstellung gegeben. Es geht Zedekia (und Juda) unter Nebukadnezzar ja gut.

40 V. 21 weitet den Blick aus von Zedekia auf seine Armee. Sie soll in alle Winde zerstreut werden und erkennen, dass Jahwe Zedekias und ihr Schicksal vorhergesagt hat. Hier kommt erstmals in Ez 17 in den Blick, dass Zedekia nicht alleine handelt, sondern mindestens von seiner Armee unterstützt wird.

41 Deshalb könnte es sich hier wieder um eine spätere Ergänzung des vorangehenden Textes handeln (oder um die ursprüngliche Fortsetzung von V. 1–8 oder 1–10).

42 Mit BHS streiche ich das unverständliche *wntty*.

43 Das spricht gegen Levensons (Theology, 80) Ansicht, dass in Ez 17,22–24 „YHWH is to the messiah as Nebuchadnezzar is to Zedekiah". Der König habe hier „little or no independence" (ibid., 84), vgl. die Kritik bei Duguid, Leaders, 44f. Zutreffend ist aber, dass Ez 17,22–24 von einem König spricht, der außenpolitisch keine „Machtpolitik" betreibt (auch wenn seine Herrschaft vielleicht nicht gerade „an affront to power politics" ist, wie Levenson [ibid.] meint).

reißt, wird nicht gesagt. Es liegt aber nahe anzunehmen, dass es dieselbe Zeder ist, von der schon in V. 3–4 die Rede war. Dann handelt es sich bei dem von ihr abgerissenen Sprössling nicht um den exilierten Jojachin oder einen seiner Nachkommen, sondern um einen anderen Sprössling des Jerusalemer Königshauses.[44] Dafür spricht auch, dass es sich um eine hohe Zeder handelt.[45] Das trifft auf den Zedernspross von V. 3f. kaum zu – es sei denn, zwischen V. 4 und V. 22 sei längere Zeit vergangen, in der die Zeder Jojachin zu einem großen Baum heranwachsen konnte.[46] Mit dem „hohen Berg Israels" (*hr mrwm yśrʾl*)[47] kann, muss aber nicht Jerusalem (und seine nähere Umgebung) gemeint sein. Es kommen z. B. auch Bethel, Samaria oder der Garizim in Frage, wenn nicht einfach unspezifisch das Bergland Israels gemeint ist.[48]

Von den beiden Adlern aus V. 3–10 ist nun nicht mehr die Rede. Finden sie sich unter den Vögeln, die auf den Zweigen der Zeder wohnen? Wohl eher nicht, denn die Herrscher der Völker werden in V. 22–24 allem Anschein nach allesamt als „Bäume des Feldes" dargestellt. Dass Jahwe einen hohen Baum erniedrigt und einen niedrigen Baum erhöht hat, einen grünen Baum hat vertrocknen und einen vertrockneten Baum hat erblühen lassen, wird sich im Kontext am ehesten auf den Niedergang der judäischen Monarchie unter Jojachin und Zedekia und ihren späteren Wiederaufstieg beziehen. Daran sollen die anderen Herrscher erkennen, dass Jahwe das Geschick seines Volkes und seiner Herrscher bestimmt (wobei er nach dem vorangehenden Kontext zumindest bei der Erniedrigung Zedekias auf dessen Fehlverhalten reagiert). Dass Jahwe auch mit den Herrschern anderer Völker entsprechend verfahren kann und verfährt, sagt der Text nicht.

Die Möglichkeit einer solchen Ausweitung der politischen Perspektive ist aber in der Verfügung Jahwes über fremde Völker und Herrscher zur Bestrafung Zedekias (in Ez 17) und Jerusalems (in Ez 16) angelegt. In den Weissagungen des Ezechielbuchs über ausländische Herrscher wird sie dann realisiert. Hier wird dann auch deutlich eine Zukunft der Völkerwelt ins Auge gefasst, in der nicht einfach Jahwe als Super-Imperator

44 So z. B. auch Duguid, Leaders, 45: „there remains a future for the Davidic line [bzw. noch offener: für eine Königsherrschaft in Juda bzw. Israel, T. K.]. The concrete details of the shape of that future are, however, not spelled out in this passage." Ähnlich Fuhs, Ezechiel, 92f. Demgegenüber wird meist angenommen, dass Ez 17,22–24 von einem Nachfolger Jojachins spricht (vgl. z. B. Nihan, Davidic Kingship, 94; so auch noch Krüger, Geschichtskonzepte, 334). Vgl. auch Patton, Hope, 90–127.

45 Das gilt auch, wenn man *hrmh* auf *mṣmrt* bezieht, statt auf *hʾrz*: „vom hohen Wipfel der Zeder" statt „vom Wipfel der hohen Zeder".

46 Die Libanonzeder ist „ein relativ langsam wachsender Baum, der nach den ersten zehn Jahren Höhen bis 3,0 m erreicht". Ausgewachsen kann sie „Höhen bis zu 40 m und einen Kronendurchmesser von 30 m" erreichen. www.waldwissen.net/de/waldwirtschaft/waldbau/kurzportrait-libanonzeder.

47 Mit Pohlmann (Hesekiel, 254) kann man erwägen, ob es sich bei V. 23aα um einen „erläuternde[n] Nachtrag" handelt, „der klarstellen soll, daß der ‚hohe Berg' in V. 22 die ‚Bergeshöhe Israels' ist."

48 Meist wird dagegen angenommen, dass Jerusalem bzw. der Zion gemeint ist, so z. B. Duguid, Leaders, 44 (und Krüger, Geschichtskonzepte, 335). Das wird im vorliegenden Textzusammenhang durch Ez 16,59–63 nahegelegt, in Ez 17,22–24 selbst aber nicht so deutlich gesagt. In Ez 40–48 liegen die neue Hauptstadt Israels und der neue Tempel allem Anschein nach nicht in der Gegend von Jerusalem. „[T]he city is not named Jerusalem (Ezek 48:35) and, according to the division of land into strips equal in width (Ezek 48:8), does not geographically map on to where Jerusalem ought to be. This is not Zion restored!" (Nevader, Ezekiel and Politics, Abschnitt 2.4.2.).

die Macht menschlicher Könige überbietet. Wenn er große Imperatoren untergehen lässt, geschieht das,

> damit keiner der Bäume am Wasser wegen seines hohen Wuchses überheblich wird und seinen Wipfel bis in die Wolken ausstreckt, und damit nicht die Mächtigen unter ihnen, die Wasser trinken, in ihrer Überheblichkeit stehen bleiben. Denn sie alle sind dem Tod preisgegeben, (sie müssen hinab) in die tiefste Unterwelt, mitten unter die Menschen, zu denen, die hinabsteigen in die Grube (Ez 31,14).[49]

Zwischen dieser Hoffnung, dass die Erfahrung des Niedergangs von Großmächten andere von Großmachtambitionen abhält,[50] und der politischen Polemik in Ez 17,1–10 liegt eine längere Entwicklung des Verständnisses politischer Verhältnisse und Vorgänge, von der sich einige Etappen in Ez 17 niedergeschlagen haben. Wie lange diese Entwicklung dauerte,[51] wie sie von neuen Erfahrungen und anderen Texten beeinflusst wurde, und inwiefern die jeweils gewonnenen Einsichten von bleibendem Interesse sind,[52] wäre eingehender und ausführlicher zu untersuchen, als es im Rahmen dieses Beitrags möglich war.

Literatur

Brownlee, W. H., Ezekiel 1–19, WBC 28, Waco, 1986.

Dalman, G., Arbeit und Sitte in Palästina. Bd. 4: Brot, Öl und Wein, Gütersloh, 1935.

Duguid, I. M., Ezekiel and the Leaders of Israel, VT.S 56, Leiden, 1994.

Dus, R. A., Las Parábolas del Reino de Judá. Lingüística textual y comunicación (Ez 17; 19 y 21), Paraná, 2003.

Fuhs, H. F., Ezechiel 1–24, NEB.AT, Würzburg, 1984.

Garscha, J., Studien zum Ezechielbuch. Eine redaktionskritische Untersuchung von 1–39, EHS.T 23, Bern/Frankfurt, 1974.

Greenberg, M., Ezekiel 1–20, AncB, Garden City, 1986.

Hamilton, M. W., A Kingdom for a Stage. Political and Theological Reflection in the Hebrew Bible, FAT 116, Tübingen, 2018.

---

49 Vgl. die Weissagung der Wiederherstellung Ägyptens als unbedeutendes Königreich, das Israel keinen Anlass mehr geben wird, auf es zu vertrauen, in Ez 29,13–16.

50 Leider scheint es in Wirklichkeit eher so zu sein, dass der Niedergang von Großmächten die Großmachtambitionen anderer weckt und befeuert.

51 M. E. sollte man nicht von vornherein ausschließen, dass sich in den Texten des Ezechielbuchs auch die Entwicklung des Denkens Ezechiels niedergeschlagen hat. Das würde aber nichts am Befund der konzeptionellen Uneinheitlichkeit des Buches und möglicher konzeptioneller Entwicklungen ändern. Dass das Buch keine antibabylonischen Texte enthält und den Untergang des neubabylonischen Reichs nicht thematisiert, könnte ein Hinweis darauf sein, dass seine Textsubstanz auf die Exilszeit zurückgeht, was aber spätere Bearbeitungen keineswegs ausschließt (die u. a. in den Differenzen zwischen *G* und *M* erkennbar werden).

52 Dass die internationalen Beziehungen nicht nur von Macht und Eigeninteressen, sondern auch von Recht und Moral bestimmt sein sollten, und dass imperiale Großmächte oft (immer?) instabil werden und zugrunde gehen, sind Einsichten, die auch heute noch zumindest bedenkenswert sind.

Hardmeier, C., Art. Totenklage (AT), WiBiLex, 2007, online unter www.bibelwissenschaft.de/stichwort/36058/.
Hardmeier, C., Prophetie im Streit vor dem Untergang Judas, BZAW 187, Berlin/New York, 1990.
Hofmann, W., N. Dose und D. Wolf, Politikwissenschaft, UTB 2837, Konstanz, [3]2015.
Jursa, M., Review of Dominique Charpin, „Tu es mon sang". Les alliances dans le Proche-Orient ancient. Docet Omnia 4. Paris, 2019, VT 71, 2021, 298–300.
Krüger, T., Geschichtskonzepte im Ezechielbuch, BZAW 180, Berlin/New York, 1989.
Lang, B., Kein Aufstand in Jerusalem, SBB, Stuttgart, [2]1981.
Levenson, J. D., Theology of the Program of Restoration of Ezekiel 40–48, HSM 10, Missoula, 1976.
Nevader, M., Ezekiel and Politics, in C. Carvalho (Hg.), The Oxford Handbook of Ezekiel, Oxford, 2020.
Nihan, C., Reconsidering Davidic Kingship in Ezekiel, in D.V. Edelman und E.B. Zvi (Hg.), Leadership, Social Memory and Judean Discourse in the Fifth-Second Centuries BCE, Worlds of the Ancient Near East and Mediterranean, Sheffield, 2016, 89–110.
Odell, M.S., Ezekiel, Smyth & Helwys Bible Commentary, Macon, 2005.
Oswald, W. und M. Tilly, Geschichte Israels, Geschichte Kompakt, Darmstadt, 2016.
Parpola, S. und K. Watanabe, Neo-Assyrian Treaties and Loyalty Oaths, SAA II, Helsinki, 1988.
Patton, M.H., Hope for a Tender Sprig: Jehoiachin in Biblical Theology, BBR 16, Winona Lake, 2017.
Pohlmann, K.-F., Ezechiel, Darmstadt, 2008.
Pohlmann, K.-F., Ezechielstudien, BZAW 202, Berlin, 1992.
Pohlmann, K.-F., Das Buch des Propheten Hesekiel (Ezechiel), ATD 22,1/2, Göttingen, 1996/2001.
Rom-Shiloni, D., Nature Imagery in the Interplay between Different Metaphors in the Book of Ezekiel, in D. Verde und A. Labahn (Hg.), Networks of Metaphors in the Hebrew Bible, BETL 309, Leuven, 2020, 93–109.
Saur, M., Eine prächtige Zeder, in R. Ebach und M. Leuenberger (Hg.), Tradition(en) im alten Israel, FAT 127, Tübingen, 2019, 303–320.
Schimanek, U., Differenzierung, gesellschaftliche, in J. Kopp und A. Steinbach (Hg.), Grundbegriffe der Soziologie, Wiesbaden, [12]2018, 67–72.
Schöpflin, K., The Composition of Metaphorical Oracles within the Book of Ezekiel, VT 55, 2005, 101–120.
Strong, J., Ezekiel's Concept of Covenant, in C. Carvalho (Hg.), The Oxford Handbook of Ezekiel, Oxford, 2020.
Weippert, M., Historisches Textbuch zum Alten Testament, GAT 10, Göttingen, 2010.
Wünsche, A., Der Midrasch Schemot Rabba, Bibliotheca Rabbinica 18, Leipzig, 1882.
Zimmerli, W., Ezechiel, BKAT 13,1/2, Neukirchen-Vluyn, 1969/1979.

Politische Poesie

Die Funktion der poetischen Gestaltung politischer Aussagen am Beispiel der Fremdvölkersprüche des Buches Amos (Am 1,3–2,3)

Matthias Hopf

Prophetische Texte sind poetisch gestaltet – dies wird zumeist als Grundregel in der alttestamentlichen Exegese hingenommen.[1] Nur selten wird demgegenüber gefragt, *warum* ausgerechnet eine poetische Sprachgestaltung für die häufig hochpolitischen Aussagen der alttestamentlichen Prophetie als angemessen betrachtet wurde.[2] Dieser Frage möchte ich mich im Folgenden widmen. Dazu sollen am Beispiel der sog. Fremdvölkersprüche des Amosbuches (Am 1,3–2,3) und hier insbesondere an der ersten Strophe über Damaskus einige Möglichkeiten durchgespielt werden, die allerdings als sich gegenseitig ergänzend und bereichernd zu verstehen sind. Alle Strophen sind auf die eine oder andere Weise (außen-)politisch, insofern es darin um einen Diskurs über das richtige Zusammenleben verschiedener Gemeinwesen geht.[3]

1 Am 1,3–2,3 im Überblick

Zunächst erscheint es aber ratsam, einen kurzen Überblick über diesen Text zu bieten. Insgesamt gibt es sechs Fremdvölkersprüche über Damaskus, Gaza, Tyros, Edom, Ammon und Moab, zwei davon recht kurz und vier ausführlichere, sowie zwei weitere Strophen über Juda und Israel (Am 2,4–16). Letztere möchte ich hier allerdings außer Acht lassen, einmal aus Platzgründen, aber auch, weil anzunehmen ist, dass beide eher Reaktionen auf die ältere Form der ausführlichen „Fremdvölkersprüche" darstellen.[4] Für

1 Vgl. nur die häufig zu findende Prämisse literargeschichtlicher Entscheidungen, poetische Textteile im Vergleich mit narrativen als älter zu betrachten; vgl. dazu u. a. die (allerdings kritische) Darstellung bei Sensenig, Jehoiachin, 53–56, in Bezug auf Jeremia. Diese Annahme hat wohl auch nach wie vor manches für sich (vgl. dazu v. a. die Überlegungen in Abschnitt 2.2), gleichwohl beantwortet sie nicht die Frage nach dem Warum der poetischen Gestaltung.

2 Vgl. aber Jindo, Poetry, in Bezug auf Jeremia, der dabei jedoch einen ganz anderen Pfad in seiner Darstellung einschlägt. Im Übrigen geht selbst Raabe, Oracles, 247–253, in seiner rhetorischen Analyse der jesajanischen Fremdvölkersprüche nicht auf die hier gestellte Frage ein.

3 Vgl. dazu auch die Definition von Politik bei Herms, Art. Politik I, 1449; dass dies nicht erst im alten Griechenland beginnt, zeigt insbesondere Oswald, Art. Staat, Punkt 1.1.

4 V. a. die extrem lange Israelstrophe (Am 2,5–16) dürfte eine freie Ausgestaltung der älteren literarischen Form „Fremdvölkerspruch" sein, vgl. dazu auch die Darstellung der Unterschiede in der formalen Gestaltung bei Kessler, Amos, 66; anders aber Dahmen und Fleischer, Joel/Amos, 147. Zusätzlich ist die Judastrophe (Am 2,4f.) gemeinsam mit den anderen „Kurzstrophen" ebenfalls als sekundär zu betrachten, vgl. dazu auch Abschnitt 1.1.

die Frage nach der Motivation der poetischen Gestaltung politischer Aussagen sind diese beiden Strophen daher von nachrangiger Bedeutung. Inhaltlich werden allen Völkern explizit „Verbrechen“ vorgeworfen, wobei die verwendete Vokabel (פשע) einen rechtlichen Klang hat,[5] was *per se* eine politische Note in den textlichen Diskurs einträgt.[6] Hinzu kommen die konkreten Vorwürfe der jeweiligen Strophen, welche die Aussagen als Kommentare zu historischen Situationen mit hochpolitischer Botschaft ausweisen.

1.1 Historische Einordnung

Hinsichtlich der Diachronie sind folgende Punkte zu betonen: So stellt zunächst der gesamte Zyklus Am 1–2 wohl die erste größere Erweiterung des ursprünglichen Kerns des Amosbuches in Am 3–6 dar und damit die erste Stufe der Amosrezeption.[7] Am 1–2 wird dabei meist als Reaktion auf das Ende des Nordreichs nach 722 v. d. Z. verstanden.[8] Mit Kessler halte ich es jedoch für möglich, wenn nicht wahrscheinlich, dass Grundelemente in die Mitte des 8. Jh. zurückreichen.[9] Dies zeigt sich insbesondere in der engen inhaltlichen Verbindung mit der Botschaft im historischen Nukleus des Buches.[10]

Über diese absolute Einordnung in die zweite Hälfte des 8. Jh. mit seinen außen- wie innenpolitisch äußerst bewegten Zeiten hinaus ist noch auf einen wichtigen internen Wachstumsprozess in Am 1,3–2,3 hinzuweisen. Die Strophen 3 und 4 nämlich – also jene zu Tyros und Edom (sowie übrigens auch die über Juda) – dürften dem Zyklus ihrerseits noch sekundär zugewachsen sein. Dies lässt sich insbesondere an ihrer deutlich kürzeren Form festmachen, da sie zentrale Elemente der sog. „Langstrophen“ nicht aufweisen.[11] Darauf wird gleich noch einmal zurückzukommen sein.

1.2 Elemente der poetischen Gestaltung

Die poetische Sprachform schließlich lässt sich sehr schön just an diesen sechs Gestaltungselementen der Langstrophen verdeutlichen – hier exemplifiziert an der ersten Strophe über Damaskus: die Botenspruchformel כה אמר יהוה; die Zahlenspruch-Wendung über die „drei und vier Verbrechen“, die nicht zurückgenommen werden; die dreifache

5 Vgl. Ringgren und Seebass, Art. פֶּשַׁע, 793–797 u. ö.

6 Interessant ist, dass diese Verbrechen nicht unbedingt gegen Israel (oder Juda) gerichtet sind. Vielmehr werden sie als allgemeine „Kriegsverbrechen“ oder gar „Verbrechen gegen die Menschlichkeit“ dargestellt (so Kessler, Amos, 51.63). Dabei werden diese Untaten der fremden Völker im Gesamtzusammenhang natürlich nicht einfach nur zum Selbstzweck präsentiert im Sinne von „seht her, wie übel sich diese Völker verhalten“, sondern um dann insbesondere in der Israelstrophe die Pointe gegen das eigene Volk zu verstärken, weswegen die Fremdvölkersprüche selbstverständlich immer auch als ein innenpolitischer Diskurs über die eigene Identität Israels zu verstehen sind. Diese auch schon von Jeremias, Völkersprüche, 166, hervorgehobene enge Verbindung kann für den Moment jedoch ausgeblendet werden.

7 Ich folge hierbei, wie auch sonst weitgehend, der sehr plausibel vorgetragenen literargeschichtlichen Einordnung von Kessler, Amos, 80–86.

8 Vgl. insbesondere Fritz, Fremdvölkersprüche, etwa 37f.

9 Vgl. Kessler, Amos, 84–86; anders aber Eidevall, Amos, 105 (730er Jahre).

10 Vgl. Kessler, Amos, 82.

11 Darüber besteht weithin Einmütigkeit, vgl. zuletzt etwa Kessler, Amos, 48–52.81.

Begründung, jeweils eingeleitet mit על; die Wendung zum Schicken von Feuer und Verbrennen der Paläste; vier weitere Stichoi mit Drohungen; sowie der Abschluss mit אמר יהוה.[12] Diese sechs Elemente stellen *per se* bereits ein Zeichen hoher „Poetizität" dar, um es mit dem Literaturtheoretiker Roman Jakobson auszudrücken. Ihm zufolge sind Texte umso stärker poetisch, je mehr darin das Augenmerk darauf liegt, *wie* sie gestaltet sind. Jakobson nennt diese Konzentration auf das Wie der Gestaltung die „poetische Sprachfunktion" – im Gegenüber zum Was des ausgesagten Inhalts, was Jakobson als „referentielle Sprachfunktion" bezeichnet.[13] Wenn ein Text also zumindest tendenziell stärker auf das Wie der Gestaltung ausgerichtet ist als auf Was des Gesagten, liegt eine hohe Poetizität vor.[14]

Allein an der wiederkehrenden Gestaltung der Strophen 1, 2, 5 und 6 mit den folgenden sechs Elementen ist also bereits eine grundlegende Poetizität abzulesen. Doch dies setzt sich in den Elementen selbst fort: So bildet die einleitende Botenspruchformel כה אמר יהוה in den Langstrophen mit dem abschließenden אמר יהוה[15] eine *inclusio.* Die Rede von den drei und vier Verbrechen ruft die Kleingattung des Zahlenspruchs auf.[16] Wir finden zudem das Stilmittel der elliptischen Redeweise in Form der Wendung לא אשיבנו, „ich werde ihn nicht zurückbringen". Deren Deutung ist zwar umstritten, aber wohl auf den nicht explizierten Zorn Gottes zu beziehen.[17] Das dreifache על zur Begründung bildet weiterhin eine Anapher.[18] Mit am wichtigsten aber ist dann die regelmäßige Durchsetzung des Textes mit metaphorischer und/oder metonymischer Sprache. Konkret liegt dies in der ersten Strophe u. a. vor in

12 Vgl. auch Kessler, Amos, 48f.; Fritz, Fremdvölkersprüche, 27, hingegen zählt nur fünf, weil er innerhalb der Strafandrohungen nicht unterscheidet zwischen der durchgängig vorhandenen Ankündigung von Feuer und den nur in den Langstrophen auftretenden weiteren Drohungen.

13 Vgl. hierzu insgesamt Jakobson, Linguistik, 94 u. ö.

14 Es sei allerdings angemerkt, dass ich im weiteren Verlauf das Merkmal der poetischen Sprachfunktion stärker für sich betrachten werde und weniger in Opposition zur referentiellen sehe, als dies Jakobson tut; vgl. auch weiter unten Abschnitt 2.3.

15 In der Gaza-Strophe ist diese Schlusswendung noch durch אדני erweitert, was zwar bisweilen text- oder literarkritisch ausgeschieden wird (vgl. etwa Wolff, Dodekapropheton 2, 161), m. E. aber ohne zwingenden Grund.

16 Vgl. auch Wolff, Dodekapropheton 2, 166f.

17 So m. E. recht plausibel Kessler, Amos, 3, mit Verweis auf Ps 78,38 und Hi 9,13; in der Pragmatik ähnlich (Aufweis der Unausweichlichkeit; so auch Jeremias, Völkersprüche, 166, insbesondere mit Verweis auf die Visionen), wenngleich mit anderem Bezug (Wort Gottes bzw. Strafe) Pfeifer, Denkformenanalyse, oder schon Wolff, Dodekapropheton 2, 160 (dort auch weitere Deutungsmöglichkeiten); vgl. auch die kurze Diskussion bei Eidevall, Amos, 102f. Eine recht komplizierte Deutung schlägt Ceresko, Janus Parallelism, vor, der hierin einen „Janus-Parallelismus" sieht, d. h., dass sich die Phrase sowohl auf das davor als auch auf das danach Stehende bezieht. In jedem Fall handelt es sich zwar nicht im engeren Sinne um eine grammatikalische Ellipse, so doch aber um eine auf der semantischen Ebene.

18 Auch das wiederkehrende Metrum in den Strophen könnte man anführen (vgl. etwa Wolff, Dodekapropheton 2, 169 u. ö.), wobei ich dieses aufgrund der notorischen Komplexität von Metrumsfragen im Hebräischen nur als ein nachrangiges Argument anführen würde.

- der militärischen Bedeutung des landwirtschaftlichen Bilds vom Dreschschlitten (V. 3),
- der exemplarischen Benennung der Könige Hasael und Hadad in V. 4 für sämtliche aramäischen Herrscher sowie deren Volk,
- dem „Riegel" von Damaskus als *pars pro toto* in V. 5,
- der Doppeldeutigkeit des „Sitzers" in V. 5, der sich auf das Sitzen auf dem Thron wie auf das Wohnen im Lande beziehen kann,
- der Wendung des „Entblößens" in V. 5, welche eine Exilierung umschreibt.

Und last, but not least kehrt auch das wichtige poetische Merkmal des *parallelismus membrorum* regelmäßig in den Texten wieder.

Analoges ließe sich für die anderen Strophen aufzeigen, selbst wenn in den Kurzstrophen nicht sämtliche Merkmale auftreten. In jedem Fall wird deutlich, dass Am 1,3–2,3 eine hochpoetische Textpassage ist – auch weil die vorgetragene Liste an Gestaltungsphänomenen sicher nicht abschließend ist, sondern nur die auffälligsten Elemente beschreibt.

2 Die Funktion(en) der poetischen Sprachform

Die Frage lautet aber ja nun, warum derart auffällige Sprachformen gewählt wurden, um die außenpolitischen Aussagen[19] zu transportieren. Im Folgenden schlage ich dafür fünf Deutungsaspekte vor, die – wie gesagt – eher additiv als alternativ zu verstehen sind.

2.1 Übernahme ritueller Sprachformen

Eine erste Interpretation operiert stark über den Gedanken der Übernahme von Sprachformen aus anderen Sozialbereichen – ein Phänomen, das häufiger in prophetischen Texten zu beobachten ist.[20] So liegt es nahe, den Blick insbesondere auf Vorlagen aus rituellen Kontexten zu lenken, weswegen entsprechende Deutungen bereits des Öfteren vorgetragen wurden. Bspw. wurde in der älteren Literatur vermutet, dass ein Bezug zu den Segen-und-Fluch-Passagen in rechtlichen Kontexten bestehen könnte, also in Verträgen, Staatsverträgen oder Rechtskorpora.[21] Ich halte derartige Referenzen allerdings für eher unwahrscheinlich.[22] Nicht nur, dass die Sprachformen und Inhalte dort jeweils andere sind; auch die zwar prinzipiell ähnliche wenn-dann-Struktur jener Texte ist gänzlich anders gelagert. Während dort nämlich Eventualfälle beschrieben sind, also Formen von Potentialis, handelt Amos von den konkreten Androhungen Gottes an die

19 Bzw. im Fall der Israelstrophe natürlich auch die innen- bzw. sozialpolitischen Aussagen, auf die hin die Gesamtkomposition zweifellos ausgerichtet ist, vgl. Kessler, Amos, 66, bzw. ähnlich schon Barton, Oracles, 3 u. a.

20 Man denke bspw. nur an die Verfremdung des sog. Wehe-Wortes aus dem Trauerkontext; vgl. Hardmeier, Texttheorie, 373–388 u. ö.

21 Vgl. insbesondere Hillers, Treaty-Curses, 88f.

22 Ähnliches gilt auch für Ächtungstexte aus dem Mittleren Reich sowie für die Überlegungen zu einem Fluchritual bei einem Bundesfest, wie Wolff, Dodekapropheton 2, 175–179, bereits gezeigt hat, auch wenn Bentzen, Background, 87f., diese Texte mehr zu einem weitläufigeren Vergleich herangezogen hat. Auch Barton, Oracles, 59, steht einem Aufgreifen „internationalen Rechts" durch Amos sehr skeptisch gegenüber.

Nachbarvölker, die – dem Selbstverständnis der Passage nach zumindest – eher als Realis zu verstehen sind.

Für plausibler halte ich daher die Deutung vor dem Hintergrund ritueller Texte im engeren Sinne, in welchen derartige Segen-und-Fluch-Vorstellungen ebenfalls auftreten.[23] Nicht zuletzt politische Orakel aus Mesopotamien eignen sich hier grundsätzlich zum Vergleich, wie folgendes Beispiel demonstriert. Es handelt sich um ein Orakel an den neuassyrischen König Assurbanipal vermutlich im Vorfeld seines Feldzugs gegen Elam:

> [1] Worte, [die die Elam]er(?) [betreffen]. [2] Wie folgt spricht [der Gott(?)]: [3] „Ich bin fort[gegangen, ich bin her]gekommen." [4] Fünfmal, sechsmal sagte er (dies), (und) danach: [5] „Aus der Oberseite der *[nar]'antu*-Waffe bin ich hergekommen. [6] Die Schlange, die in ihrem Inneren war, habe ich herausgezogen [7] (und) durchtrennt." „So wie ich die *nar'antu*-Waffe [8] zertrümmert habe, so werde ich auch Elam [9] zertrümmern. Seine Armee (wörtlich: [Elams?] „Kräfte") wird er (der assyrische König?) dem Boden [Rs. 1] gleichmachen." Und: „Derartig [2] werde ich Elam den Garaus machen."[24]

Die Ähnlichkeiten liegen m. E. auf der Hand: Es liegt zitierte göttliche Rede über ein fremdes Volk vor sowie metaphorische Sprache und Vernichtungsandrohungen; es gibt sogar ein Zahlenspruch-Element. Die konditionale Struktur fehlt zwar, dürfte aber in der grundsätzlichen Kommunikationssituation der Orakelbefragung vorauszusetzen sein.[25]

Gleichzeitig möchte ich betonen, dass es mir mit diesem Vergleich nicht darum geht, derartige Texte als direkte literarische Vorlagen zu postulieren, sondern darum, sprachliche und inhaltliche Verwandtschaften aufzuzeigen, welche die Kommunikationssituation erhellen.[26] Der entscheidende Punkt ist daher: Es scheint mir wahrscheinlich zu sein, dass Ritualsprache eines – wohl nicht mehr näher zu bestimmenden[27] – Ritus im Hintergrund steht,[28] dass also eine spezifische Kommunikationssituation vorausgesetzt wird, die sich gegen eine Gruppe von Feinden richtet.[29]

---

23 Vorschläge in diese Richtung stammen insbesondere von Hayes, Oracles, 90–92 bzw. 292–302 u. ö., sowie Christensen, Transformations, 71 u. ö., daneben aber auch von Geyer, Mythology, 179–182, der allerdings Klagelieder als Hintergrund sieht (ähnlich wieder Geyer, Look, 83). Vgl. zudem den Überblick bei Graybill, Oracles, 388f.

24 Pientka-Hinz, Omina, 56f. Der Text liegt auch zeitlich vergleichsweise nahe an den Amos-Texten.

25 Gegen Wolff, Dodekapropheton 2, 166.

26 Ähnlich bereits Bentzen, Background, 87f. Auch die Heranziehung eines mesopotamischen Beispiels sollte nicht als zu allgemeines Urteil eines Bezugs auf diesen Kulturbereich verstanden werden. Vermutlich nämlich würde die Zusammenstellung mit Referenzpassagen aus anderen Kontexten ähnliche Ergebnisse hervorbringen.

27 Vgl. in diesem Sinne auch den gegenüber Gattungszuweisungen sehr skeptischen Barton, Oracles, 15.

28 Dies ist letztlich auch aus den Aussagen von Cryer, Prophet, abzuleiten, der die große Nähe prophetischen und priesterlichen Wirkens herausstellt. Dass sich hingegen Jeremias, Völkersprüche, z. B. 171, so deutlich gegen eine Mündlichkeit der Texte positioniert, dürfte mit einer zu starken Fokussierung auf „inspirierte" und spontane Mündlichkeit zusammenhängen, welche die Möglichkeit von Texten ausblendet, die für die mündliche Performanz konzeptioniert sind (und dies evtl. auch schriftlich).

29 Ob dies nun „Ächtungstexte", „purgatory rites" (so Bentzen, Background, 93 u. ö.), Orakel oder andere Textformen sind, fällt hier darum m. E. auch nicht allzu sehr ins Gewicht.

Eine verwandte Situation dürfte in der Bileamerzählung innerhalb des Alten Testaments dargestellt sein, wenn Bileam in Num 22–24 Israel verfluchen soll, damit Moab dieses Gegners Herr werden könne.[30] Natürlich handelt es sich dabei um eine fiktionale Narration, aber sie transportiert dennoch einen bekannten und m. E. vergleichbaren Kommunikationszusammenhang.

Ein Problem dieser Deutung ist allerdings, dass sie zwar die historischen Hintergründe erhellt und durch den rituellen Bezug eine gewisse Plausibilität schafft. Gleichwohl ist hier immer noch zu fragen, weshalb dies nicht auch in Prosaform gestaltet sein kann.

2.2 Performanzbezug

Dies führt mich zu einer zweiten Deutung, die zwar mit der ersten zusammenhängt, aber noch grundsätzlicherer Natur ist: dem Performanzbezug. Es ist nämlich ein grundlegendes Kennzeichen von Texten aus Performanzkontexten, dass ihnen eine hohe Poetizität eignet – dass also ein großes Augenmerk auf dem Wie der Sprachgestaltung liegt. Dies gilt für Dramentexte,[31] liturgisch-rituelle Texte der Vergangenheit und Gegenwart gleichermaßen wie für Reden, Preacher- und Poetry-Slams etc.[32] Es kommt daher nicht von Ungefähr, wenn die poetische Sprachform zumindest implizit mit dem Auftrittscharakter in Verbindung gebracht wurde – so etwa bei Hans Walter Wolffs „Auftrittsskizzen" für Hosea, Klaus Baltzer für Deuterojesaja oder Helmut Utzschneider für Micha.[33] Weitere ließen sich nennen. Dass in einem solch rituell-performativen Verständnis dann auch Vorstellungen von „Magie"[34] oder zumindest von autopoietischer Wirkung enthalten sein dürften, liegt auf der Hand.

In diesem Aspekt wird zumindest ansatzweise ein motivierendes Element für eine poetische Gestaltung erkennbar, nämlich dahingehend, dass eine hohe Poetizität eine Grundkonstante in diesem Bereich darstellt. Die Gründe *hierfür* wiederum werden im weiteren Verlauf deutlich werden.

2.3 Sprachliche Prägnanz

Greift man nochmals auf Roman Jakobsons poetische Sprachfunktion zurück, zeigt sich nämlich eine zentrale Wirkung solch poetischer Gestaltung: Indem die Sprache auf sich selbst verweist, verweist sie gleichzeitig auf die darin enthaltene Botschaft. In die-

---

30 Dies schlagen auch schon Hayes, Oracles, 90–92, und Christensen, Transformations, 22–28, vor.

31 Insbesondere in Dramentexten der Klassik mit ihrer Gestaltung durch Metrum und Reim sticht dies ins Auge.

32 Man sollte natürlich den Umkehrschluss vermeiden, dass jeder Text mit hoher Poetizität auch ein Performanztext ist. Das legt sich zwar bei vielen alttestamentlichen Texten nahe – vgl. für prophetische Texte etwa Utzschneider, Art. Drama (AT) (inkl. verschiedener Literaturhinweise), oder für das Hld Hopf, Liebesszenen. Allerdings sollten dann möglichst noch weitere Elemente eines Performanz-Potentials hinzutreten, nämlich Lexis, Opsis und Plot, vgl. Hopf, Liebesszenen, 41–60.

33 Vgl. Wolff, Dodekapropheton 1, XXV u. ö.; Baltzer, Deutero-Jesaja, 29–38; Utzschneider, Micha, 11–16. Wichtig ist nur zu beachten, nicht von „Drama" im hellenistischen Sinn zu sprechen, sondern besser von der „universellen Gattung" (Utzschneider, Gottes Vorstellung, 269–298) Performanz bzw. für Texte mit Erika Fischer-Lichte, Performativität, 138–145, von „struktureller Performanz".

34 Vgl. auch schon Cryer, Prophet, 83f.

ser Hinsicht müssen m. E. auch die Jakobsonschen Überlegungen modifiziert werden, da referentielle und poetische Sprachfunktion für die Beurteilung von Poetizität nicht zwangsläufig in Opposition stehen müssen. Dies zeigt sich auch im Fall von Am 1–2, wo gerade *durch* die Elemente der poetischen Sprachfunktion eine Verstärkung der enthaltenen Botschaft eintritt, und zwar über den Aspekt der Rekurrenz. Diese ist unter den verschiedenen Möglichkeiten der poetischen Gestaltung ein wichtiges Element der Hebräischen Poesie.[35]

Rekurrenz ist durch die Wiederholung *per se* ein verstärkendes Stilmittel. Gleichzeitig wird im wiederkehrenden Aufbau der Langstrophen in Am 1–2 auch das Dazwischen mitbetont, das Proprium der jeweiligen Strophen. Oder ganz konkret: Die rekurrierenden Elemente der Botenspruchformel und der Abschlusswendung betonen die Göttlichkeit des dazwischen stehenden Verdikts. Der Zahlenspruch von den drei und vier Verbrechen markiert die Umfänglichkeit der Untaten. Und im Proprium wird schließlich pointiert ein plastisches Bild dieser Untaten gezeichnet, welches in die wiederkehrende göttliche Vernichtungstat mündet, die teils rekurrierend, teils proprietär formuliert ist. So entsteht ein Zusammenspiel aus Repetition und Proprium, welches eine enorme sprachliche Prägnanz entfaltet – und so hochgradig einprägsam ist, was selbstverständlich die Wirkung der Worte erhöht.

2.4 Affektiv-emotionale Aufladung

Ein weiterer Aspekt poetischer Sprache verstärkt die Wirkung der Worte zusätzlich: Im Fall von Am 1–2 ist nämlich die Wahl der verwendeten Sprachbilder stark affektiv-emotional aufgeladen.

An dieser Stelle erscheinen zwei kurze Zwischenbemerkungen zur Gefühlsforschung im Alten Testament sinnvoll. Zum einen sei angemerkt, dass ich die Bezeichnung „affektiv" der sprachlichen Umsetzung von Gefühlswelten im Alten Testament eigentlich etwas angemessener finde[36] als den Terminus „emotional", der jedoch verbreiteter ist. Aus diesem Grund spreche ich hier von „affektiv-emotional". Zum anderen rekurriere ich für die Rekonstruktion der in den Texten enthaltenen Affekte/Emotionen auf den methodologischen Artikel von Susanne Gillmayr-Bucher und hier genauer auf den Aspekt der Wortwahl, also dass affektiv-emotional aufgeladene Lexeme in einem Text verwendet werden.[37]

Auf dieser Basis zeigt sich, dass Am 1–2 durch Verwendung u. a. der Lexeme פשע („Verbrechen"), der verschiedenen Kriegsbilder u. v. m. eine ganze Reihe affektiv-emotional konnotierte Wörter und Sprachbilder enthält.[38] Diese zielen zusätzlich auf die Beeinflussung der Rezipierenden. Gleichzeitig ist dies kein auf Am 1–2 beschränkter

35 Vgl. etwa Weber, Toward a Theory, 166. Ich wäre allerdings zurückhaltender als er, die Rekurrenz als das zentrale Element zu beschreiben; in Weber, Art. Poesie, Punkt 3, fasst er poetische Merkmale tatsächlich weiter.

36 Vgl. schon Hopf, Recht, 233, sowie im Grundsatz bereits Hopf, Gefühl, 100f.

37 Vgl. Gillmayr-Bucher, Emotion, und hier insbesondere 284.

38 Ein genauer Nachweis dieser Aufladungen ist im Rahmen dieses Beitrags nicht im Detail zu leisten. Vgl. aber grundsätzlich dazu Hopf, Recht, 239–246.

Effekt. Poetische Texte sind häufig dezidiert auf die Evozierung affektiv-emotionaler Reaktionen ausgerichtet, was mit mehreren der Poesie inhärenten Sprachphänomenen zusammenhängt, so u. a.:[39]

- sehr gezielte und auf den Kontext abgestimmte Wortwahl,
- die hohe Dichte metaphorischer Sprache,
- oder schlicht die Verwendung von beschreibenden Elementen wie Adjektiven etc., die *per se* gerne in affektiv-emotionale Richtung tendieren.

Insofern scheint es nicht zu gewagt zu sein, der poetischen Gestaltung einen expliziten Gestaltungs*willen* zuzubilligen, welcher auf die affektiv-emotionale Beeinflussung der Rezipierenden abzielt.[40]

2.5 Intentionale Offenheit

Ein letzter Aspekt der Funktion poetischer Sprache geht noch in eine andere Richtung: Dieser eignet nämlich ganz grundsätzlich ein hohes Maß an Polyvalenz und Vieldeutigkeit. Dies mag zunächst wie ein Widerspruch zur weiter oben beschriebenen Prägnanz wirken. Allerdings ist dem entgegenzuhalten, dass die Betonung einer bestimmten Botschaft durch sprachliche Prägnanz nicht einer Offenheit des Inhalts eben dieser Botschaft zuwider steht. Dass poetische Sprache polyvalent ist, liegt in jedem Fall darin begründet, dass sie in aller Regel durch eine sehr knappe Ausdrucksweise wie durch eine umfangreiche Verwendung von Sprachbildern charakterisiert ist. Beides führt fast zwangsläufig zu Mehrdeutigkeiten.

In Am 1–2 sieht man dieses Phänomen sehr deutlich. Die Damaskusstrophe ist hierbei noch recht konkret durch die Benennung zweier historischer Herrscher. Die anderen hingegen bezeichnen die jeweiligen Volksgruppen ganz generell.[41] Ja, mehr noch: Tatsächlich ist zu überlegen, dass die verschiedenen Namen gar nicht unbedingt für die konkreten Ethnien stehen, sondern als Chiffren für sämtliche Feinde zu interpretieren sind.[42] Auffällig ist nämlich, dass die wirklich großen Feinde Israel-Judas im ausgehenden 8. Jh. gänzlich fehlen: Weder Ägypten noch die Großmächte Mesopotamiens werden genannt.[43] Und da in den beiden Kapiteln auch sonst eine große sprachliche Offenheit vorliegt, liegt die Annahme einer weitergehenden Interpretation über die konkreten Nachbarvölker hinaus durchaus nahe.

---

39 Vgl. dazu auch grundsätzlich Winko, Art. Emotion, 158f., wo allerdings auch die kulturelle Variabilität der (affektiv-)emotionalen Kodierungen betont wird.

40 In diesem Sinne schon Barton, Oracles, 3f., wenngleich ohne Fundierung in der Emotionsforschung.

41 Dies kann auch für die Damaskusstrophe erwogen werden, sofern man die Nennung von Hasael und Hadad als Eponyme versteht; in diesem Sinne wohl Wolff, Dodekapropheton 2, 189.

42 Vgl. grundsätzlich auch Hagedorn, Anderen, 297 (wenngleich für spätere Texte, was aber m. E. analog auf Amos übertragbar ist); bzw. noch deutlicher Hagedorn, Foreigners, 437f.; oder zuletzt wieder Langley, Vindication, 174.

43 Vgl. Kessler, Amos, 85f. Die durchaus plausible Erklärung von Hagedorn, Anderen, 293, für Nahum, dass vermieden werden soll, Diasporawohngebiete zu nennen, greift für die Amostexte aus dem 8. Jh. nicht.

Dieser Gedanke lässt sich insbesondere in der durch die Kurzstrophen zu Tyros und Edom erweiterten Fassung wahrscheinlich machen. Es sticht nämlich ins Auge, dass durch die Nennung dieser beiden Nachbarn sozusagen der „Ringschluss" vollzogen wird: Tyros im Norden an der Küste, Damaskus im Norden und Nordosten, Ammon im Osten, Moab im Südosten, Edom im Süden und Gaza bzw. die Philister im Südwesten und Westen an der Küste.[44] So dürfte durch die Nennung dieser nun sechs Gegner impliziert sein, dass sämtliche Feinde um Israel herum gemeint sind – und vermutlich unabhängig von den explizit benannten konkreten Ethnien. Die sechs Fremdvölker werden transparent hin auf *alle* Feinde in *allen* Himmelsrichtungen,[45] mit denen insbesondere Israel dann im weiteren Textverlauf kontrastiert wird.

Der eigentliche Zweck einer solchen sprachlichen Offenheit liegt m. E. in der daraus resultierenden *interpretativen* Offenheit.[46] Die Polyvalenzen ermöglichen spätere Reinterpretationen in neuen historischen Kontexten – ganz abgesehen davon, dass sich ein Prophet auch weniger angreifbar macht in der Kommentierung seiner Zeit, wenn seine Botschaft offener für verschiedene Interpretationen ist. Insofern halte ich es für sehr wahrscheinlich, dass eine intentionale Polyvalenz in Sprache und Botschaft schon früh ein leitendes Gestaltungsprinzip alttestamentlicher Prophetie gewesen sein dürfte.

3 Zusammenfassung

Ich fasse kurz zusammen: Die Fremdvölkersprüche sind hochpolitische Kommentare zur außenpolitischen Lage in der zweiten Hälfte des 8. Jh. mit einer eminent hohen Poetizität. Als Gründe für die Wahl jener Sprachform legen sich dabei – insbesondere unter Heranziehung der Theorien Roman Jakobsons – folgende Deutungen nahe: Zunächst ist davon auszugehen, dass historische Sprachformen aus anderen Sozialbereichen übertragen wurden. Dabei stellen geprägte Formen ritueller Sprache eine plausible Parallele dar – und hier insbesondere politische Orakel, wie sie u. a. aus dem mesopotamischen Kontext bekannt sind. Damit geht ein enger innerer Konnex einher zwischen den poe-

44 Es ist natürlich darauf hinzuweisen, dass dabei die Feinde nicht in dieser Reihenfolge genannt werden. Ich wäre allerdings ohnehin skeptisch, dieser Abfolge zu großes Gewicht beizumessen (gegen Wolff, Dodekapropheton 2, 175–177 u. a.) – gerade in der hier vorgetragenen Deutung einer inhaltlichen Offenheit spielt diese nämlich eine nachrangige Rolle, selbst wenn eine Anordnung in der Reihe der „corners of the world" (Bentzen, Background, 90) nicht ausgeschlossen ist; vgl. schließlich auch den Überblick bei Steinmann, Order, dessen eigene Gliederung nach Stadtstaat und Nation m. E. aber eine zu neuzeitlich gedachte Differenzierung ist.

45 Ähnlich auch van Wieringen, Oracles, 210, allerdings ohne den Hinweis auf die Erzeugung dieser Umkreisung durch die Erweiterung vermittels der Kurzstrophen. Ein verwandtes Phänomen beschreibt Berlin, Oracle, 181–183, für Zephania, indem sie die dort beschriebenen Nationen (Kanaan, Philister, Ammon, Moab, Kusch) vor dem Hintergrund der Völkertafel in Gen 10 deutet; ähnlich Hagedorn, Anderen, 296, wenn er Kusch und Ninive als „die äußersten Punkte der bekannten Welt" versteht (vgl. aber auch die kritische Auseinandersetzung mit Gen 10 a. a. O., 308–312). In jedem Fall wird so erst wirklich die „Universalität des göttlichen Gerichts" (Jeremias, Völkersprüche, 167) deutlich, da erst auf dieser interpretativen Stufe *alle* Völker in den Blick treten.

46 Ähnlich auch Beuken, Philistia, 59, für Jesaja. Letztlich ist dies im Grunde schon durch die Aussagen von Liwak, Großmächte, 207f., zur Metapher mit impliziert.

tischen Sprachformen und wahrscheinlichen Performanzen der Texte. Gleichzeitig zielen insbesondere zwei Aspekte poetischer Sprache auf eine Verstärkung der Botschaft, nämlich einerseits die sprachliche Prägnanz der Passagen und andererseits die markante affektiv-emotionale Aufladung.[47] Vielleicht am entscheidendsten ist jedoch, dass eine intentionale Offenheit in Sprache und Botschaft – ein inhärentes Merkmal von Poesie – bereits auf einer sehr frühen Entwicklungsstufe des Textes Am 1–2, nämlich mindestens auf Ebene der Erweiterung durch die Kurzstrophen, ein zentrales Prinzip der Textgestaltung gewesen sein dürfte. Politische Poesie *will* deutungsoffen sein – und ist gerade darin hochpolitisches Handeln.[48]

Literatur

Baltzer, K., Deutero-Jesaja, KAT 10,2, Gütersloh, 1999.

Barton, J., Amos's Oracles against the Nations. A Study of Amos 1.3–2.5, SOTSMS 6, Cambridge, 1980.

Bentzen, A., The Ritual Background of Amos i 2–ii 16, OTS 8, 1950, 85–99.

Berlin, A., Zephaniah's Oracle against the Nations and an Israelite Cultural Myth, in A. B. Beck, A. H. Bartelt, P. R. Raabe et al. (Hg.), Fortunate the Eyes That See. Essays in Honor of David Noel Freedman in Celebration of His Seventieth Birthday, Grand Rapids, 1995, 175–184.

Beuken, W. A. M., Must Philistia Carry On Wailing? The Enduring Message of a Prophetic Oracle Addressed to a Hostile Nation (Isa. 14.28–32), in P. McCosker (Hg.), What Is It That the Scripture Says? Essays in Biblical Interpretation, Translation, and Reception in Honour of Henry Wansbrough, OSB, LNTS 316, London, 2006, 50–60.

Ceresko, A. R., Janus Parallelism in Amos's „Oracles Against the Nations" (Amos 1:3–2:16), JBL 113, 1994, 485–493.

Christensen, D. L., Transformations of the War Oracle in the Old Testament Prophecy. Studies in the Oracles Against the Nations, HDR 3, Missoula, 1975.

Cryer, F. H., Der Prophet und der Magier, in R. Liwak und S. Wagner (Hg.), Prophetie und geschichtliche Wirklichkeit im alten Israel. Festschrift für Siegfried Herrmann zum 65. Geburtstag, Stuttgart, 1991, 79–88.

Dahmen, U. und G. Fleischer, Die Bücher Joel und Amos, NSK.AT 23/2, Stuttgart, 2001.

Dietrich, J., Hebräisches Denken. Denkgeschichte und Denkweisen des Alten Testaments, BThSt 191, Göttingen, 2022.

Eidevall, G., Amos. A New Translation with Introduction and Commentary, AYB 24G, New Haven, 2018.

Fischer-Lichte, E., Performativität. Eine Einführung, Edition Kulturwissenschaft 10, Bielefeld, ²2012.

---

47 Interessant ist daran, dass solche klar rhetorischen Sprachmerkmale in diesen Texten enthalten sind, ohne dass das Hebräische eine explizite Rhetoriktheorie entwickelt hätte. Ob der Mangel einer solchen überlieferten Theorie jedoch auf ein fehlendes Bewusstsein für die entsprechenden Phänomene hinweist, scheint mir doch eher fraglich. Das hebräische Denken ist immerhin insgesamt recht arm an expliziten Metadiskursen, was aber einfach auch nur heißen kann, dass das Denken zweiter Ordnung etwas versteckter auftritt, vgl. dazu insbesondere Dietrich, Denken, 155–163 u. ö.

48 Was ein weiteres Mal die Wichtigkeit des Ansatzes des Jubilars unterstreicht, wie er ihn bspw. in Oswald, Politikwissenschaft, oder mit weitem Blick in Oswald, Staatstheorie, programmatisch niedergelegt hat.

Fritz, V., Die Fremdvölkersprüche des Amos, VT 37, 1987, 26–38.
Geyer, J. B., Mythology and Lament. Studies in the Oracles about the Nations, SOTSMS, Hants, 2004.
Geyer, J. B., Another Look at the Oracles about the Nations in the Hebrew Bible. A Response to A. C. Hagedorn, VT 59, 2009, 80–87.
Gillmayr-Bucher, S., Emotion und Kommunikation, in C. Frevel (Hg.), Biblische Anthropologie. Neue Einsichten aus dem Alten Testament, QD 237, Freiburg i. Br., 2010, 279–290.
Graybill, R., The Jeremian Oracles against the Nations, in L. Stulman und E. Silver (Hg.), The Oxford Handbook of Jeremiah, Oxford, 2021, 386–404.
Hagedorn, A. C., Looking at Foreigners in Biblical and Greek Prophecy, VT 57, 2007, 432–448.
Hagedorn, A. C., Die Anderen im Spiegel. Israels Auseinandersetzung mit den Völkern in den Büchern Nahum, Zefanja, Obadja und Joel, BZAW 414, Berlin, 2011.
Hardmeier, C., Texttheorie und biblische Exegese. Zur rhetorischen Funktion der Trauermetaphorik in der Prophetie, BEvT 79, München, 1978.
Hayes, J. H., The Oracles Against the Nations in the Old Testament. Their Usage and Theological Importance, Princeton, 1964.
Herms, E., Art. Politik. I. Sozialwissenschaftlich, RGG[4] 6 2008, 1449–1451.
Hillers, D. R., Treaty-Curses and the Old Testament Prophets, BibOr 16, Rom, 1964.
Hopf, M., Liebesszenen. Eine literaturwissenschaftliche Studie zum Hohenlied als einem dramatisch-performativen Text, AThANT 108, Zürich, 2016.
Hopf, M., Ein Gefühl der Heiligkeit? Einige Beobachtungen zu „religiösen Gefühlen" im Heiligkeitsgesetz, in A. Haußmann, N. Schleicher und P. Schüz (Hg.), Die Entdeckung der Inneren Welt. Religion und Psychologie in theologischer Perspektive, PThGG 36, Tübingen, 2021, 97–121.
Hopf, M., Recht, Ethos und Heiligkeit. Eine rechtshermeneutische und rechtanthropologische Studie zum Heiligkeitsgesetz (Habilitationsschrift, maschinenschriftlich), Zürich, 2022.
Jakobson, R., Linguistik und Poetik [1960], in idem, Poetik. Ausgewählte Aufsätze 1921–1971, swt 262, Frankfurt a. M., [3]1993, 83–121.
Jeremias, J., Völkersprüche und Visionsberichte im Amosbuch, in idem, Hosea und Amos. Studien zu den Anfängen des Dodekaprophetons, FAT 13, Tübingen, 1996, 157–171.
Jindo, J. Y., On Poetry and Prophecy in Jeremiah, in L. Stulman und E. Silver (Hg.), The Oxford Handbook of Jeremiah, Oxford, 2021, 191–216.
Kessler, R., Amos, IEKAT, Stuttgart, 2021.
Langley, A., The Vindication of YHWH in Ezekiel's Oracles against the Nations, in H. Bezzel, U. Becker und M. de Jong (Hg.), Prophecy and Foreign Nations. Aspects of the Role of the „Nations" in the Books of Isaiah, Jeremiah, and Ezekiel, FAT II 135, Tübingen, 2022, 163–176.
Liwak, R., Die altorientalischen Großmächte in der Metaphorik der Prophetie, in R. Liwak und S. Wagner (Hg.), Prophetie und geschichtliche Wirklichkeit im alten Israel. Festschrift für Siegfried Herrmann zum 65. Geburtstag, Stuttgart, 1991, 206–230.
Oswald, W., Staatstheorie im alten Israel. Der politische Diskurs im Pentateuch und in den Geschichtsbüchern des Alten Testaments, Stuttgart, 2009.
Oswald, W., Art. Staat (AT), WiBiLex, 2013, online unter www.bibelwissenschaft.de/stichwort/30238/.
Oswald, W., Das Alte Testament und die Politikwissenschaft – eine einführende Sondierung, ThR 79, 2014, 135–160.
Pfeifer, G., Denkformenanalyse als exegetische Methode, erläutert an Amos 1,2–2,16, ZAW 88, 1976, 56–71.

Pientka-Hinz, R., Akkadische Texte des 2. und 1. Jt. v. Chr. 1. Omina und Prophetien, in B. Janowski und D. Schwemer (Hg.), Omina, Orakel, Rituale und Beschwörungen, TUAT.NF 4, Gütersloh, 2008, 16–60.

Raabe, P. R., Why Prophetic Oracles against the Nations, in A. B. Beck, A. H. Bartelt, P. R. Raabe et al. (Hg.), Fortunate the Eyes That See. Essays in Honor of David Noel Freedman in Celebration of His Seventieth Birthday, Grand Rapids, 1995, 236–257.

Ringgren, H. und H. Seebass, Art. פָּשַׁע *pāšaʿ*. פֶּשַׁע *pæšaʿ*, ThWAT 6, 1989, 791–810.

Sensenig, M. L., Jehoiachin and His Oracle. A Jeremianic Scribal Framework for the End of the Deuteronomistic History, PHSC 31, Piscataway, 2020.

Steinmann, A. E., The Order of Amos's Oracles Against the Nations: 1:3–2:16, JBL 111, 1992, 683–689.

Utzschneider, H., Micha, ZBK.AT 24,1, Zürich, 2005.

Utzschneider, H., Gottes Vorstellung. Untersuchungen zur literarischen Ästhetik und ästhetischen Theologie des Alten Testaments, BWANT 175, Stuttgart, 2007.

Utzschneider, H., Art. Drama (AT), WiBilex, 2016, online unter www.bibelwissenschaft.de/stichwort/200072/.

van Wieringen, A. L. H. M., The Oracles Against the Nations in Isaiah, Amos and Zephaniah. A Text-Immanent Reader's Perspective, in R. J. Bautch, J. Eck und B. M. Zapff (Hg.), Isaiah and the Twelve. Parallels, Similarities and Differences, BZAW 527, Berlin, 2020, 205–222.

Weber, B., Art. Poesie (AT), WiBiLex, 2007, online unter www.bibelwissenschaft.de/stichwort/31132/.

Weber, B., Toward a Theory of the Poetry of the Hebrew Bible. The Poetry of the Psalms as a Test Case, BBR 22, 2012, 157–188.

Winko, S., Art. Emotion, in A. Nünning (Hg.), Metzler Lexikon Literatur- und Kulturtheorie, Stuttgart, [4]2008, 158–159.

Wolff, H. W., Dodekapropheton 1. Hosea, BKAT XIV/1, Neukirchen-Vluyn, [2]1965.

Wolff, H. W., Dodekapropheton 2. Joel und Amos, BKAT XIV/2, Neukirchen-Vluyn, 1969.

Schöpfungsherrschaft

Schöpfungstheologische Aspekte in der judäischen Königsideologie

Bernd Janowski

Die Einführung des Königtums markiert einen tiefen Einschnitt in der Religions- und Sozialgeschichte des frühen Israel. Die Befugnisse des mit dem Titel „König" (*mælæk*) ausgestatteten Amtsträgers erstreckten sich auf den Beamtenapparat, die Verwaltung, die Gerichts- und Kultorganisation, die Wirtschaft, die Bautätigkeit und das Militärwesen.[1] Sie führten Schritt für Schritt zur Zentralisierung der Herrschaft, entfalteten im Nord- und im Südreich unterschiedliche Dynamiken und wurden durch prägnante Formen der Herrschaftslegitimation abgestützt.[2]

Im Folgenden stehen die schöpfungstheologischen Aspekte des judäischen Königtums im Vordergrund. Mit der Figur des Königs ist ein Mensch gemeint, der „die Gemeinschaft [verkörpert], für die er in der weltlichen wie in der religiösen Sphäre einstehen muss"[3] und der in seinem politischen Handeln die Herrschaft des Schöpfers abbildet. Mit J. Assmann kann man diese Herrschaftsform als „Schöpfungsherrschaft" bezeichnen:

> Schöpfungsherrschaft ist diejenige Herrschaft, die die Herrschaft des Schöpfers über seine Schöpfung auf Erden abbildet und sich dadurch legitimiert. Daher versteht sie sich erstens als *Statthalterschaft* und zweitens als *Nachfolge* des Schöpfergottes, d.h. als Fortsetzung einer Herrschaft, die dieser zu Anbeginn selber über seine Schöpfung ausgeübt hat und die dann über verschiedene Göttergenerationen und mythische Heroen durch die Kette historischer Dynastien bis zum gegenwärtigen Herrscher gekommen ist. Im Zeichen der Schöpfungsherrschaft sind Staatsordnung und Weltordnung identisch und damit auch zivile und religiöse Tugend.[4]

1 S. dazu Niemann, Herrschaft; Weippert und Janowski, Art. Königtum, 513–519; Frevel, Geschichte Israels, 97–200 und Oswald, Königtum, 200–214.

2 S. dazu Schmitt, Herrschaftsrepräsentation und Müller, Herrschaftslegitimation, 195–224.

3 Hartenstein und Krispenz, Art. König, 272.

4 Assmann, Ma'at, 243 (H.i.O.). Auf politischer Ebene wird die „Ordnung" (ägypt. *ma'at*) mit besonderem Nachdruck in den Feldzügen durchgesetzt, die die Pharaonen der 18. Dyn. (1540–1292 v. Chr.) gegen Nubien und die Levante führten. Die Feinde Ägyptens, so Assmann, „sind Vertreter des Chaos. Es kommt darauf an, sie außerhalb der Grenzen zu halten, die nicht nur als Grenzen des Landes im Sinne einer politischen Einheit, sondern als Grenzen der geordneten Welt überhaupt verstanden werden" (idem, Krieg, 176), s. dazu auch Keel, Welt, 270–285; Otto, Krieg, 28–37; Müller, Herrschaftslegitimation, 207–210 und Allon, War, 18–30.

„Schöpfungsherrschaft" ist aber nicht nur eine ägyptische und altorientalische Form der Herrschaftsausübung,[5] sie lässt sich auch an alttestamentlichen Texten wie 2 Sam 23,3f.; Ps 2; 72; 110 u. a. festmachen.[6] Dass es dabei, trotz mannigfacher Motivübernahmen, signifikante Unterschiede zu den ägyptischen und altorientalischen Konzepten gibt, liegt auf der Hand. Die spezifisch judäisch-israelitische Herrschaftskonzeption liegt in der judäischen Königsideologie vor, der zufolge der irdische König als Sohn des himmlischen Königs „geboren" und in sein Amt bzw. in seine Handlungsrolle eingesetzt wurde. Der Grundtext ist der zur Gruppe der Königspsalmen gehörende Ps 2. Ihm und weiteren Texten (II) wenden wir uns nach einem Überblick über die Schöpfungsmotive in den Königspsalmen (I) vor allem zu. Am Ende werden die Hauptergebnisse zusammengefasst (III).

I Schöpfungsmotive in den Königspsalmen – Überblick

Im Psalter bilden die Königspsalmen (Ps 2; 18; 20/21; 45; 72; 89; 101; 110; 132; 144) keine in sich geschlossene Teilsammlung oder Textgruppe. Vielmehr sind sie über den gesamten Psalter verteilt, wobei nach dem Proömium Ps 1–2 den Psalmenbüchern I–III (Ps 3–41; 42–72; 73–89) ein stärkeres Gewicht zukommt als den Psalmenbüchern IV–V (Ps 90–106; 107–150), in denen das Motiv der Königsherrschaft JHWHs vorherrscht (Ps 93; 96–99; 145 u. a.).[7] Zwar wurde das Königtum in Juda/Israel nicht mythisch begründet wie im ägyptischen *Mythos von der Geburt des Gottkönigs* oder in der *Sumerischen Königsliste*,[8] doch folgt seine religiöse Legitimation in wichtigen Aspekten wie der Geburt des Königs (Ps 2,7; 110,3), der Salbung (2 Sam 2,4; 5,3; 2 Kön 1,39, älteste Deutung in 1 Sam 16,1ff.), der Titulatur (2 Sam 23; Jes 9,5), dem Königsprotokoll (Ps 2,7ff., vgl. 1 Kön 11,12), der Einsetzung „zur Rechten Gottes" (Ps 110,1, vgl. Mt 22,44; Apg 2,34f.; Hebr 1,13 u. a.) und der Übergabe der Königsinsignien (Ps 21,4.6) ägyptischen und kanaanäischen (?) Vorbildern. In der mittleren und späten Königszeit kamen assyrisch-babylonische Einflüsse hinzu.[9]

---

5 Nach der neuassyrischen Königsideologie handelt der König im Krieg in direkter Entsprechung zum Gott Assur und präsentiert sich damit als Hüter der Weltordnung, s. dazu Maul, König, 201–214, ferner Otto, Krieg, 37–75 und Müller, Herrschaftslegitimation, 210–212.

6 Auf diese Texte geht Oswald, Staatstheorie, 72.109, nur ganz summarisch ein.

7 S. dazu den Überblick bei Zenger, Art. Königspsalmen, 510–513; Saur, Königspsalmen, 3–23.269–282 u. a. Gegenüber den einseitigen Theorien, die Königspsalmen entweder aus dem *vorexilischen Hofzeremoniell* abzuleiten oder als Ausdruck des *nachexilischen Messianismus* zu verstehen, plädiert Zenger für „eine historisch und theologisch differenzierende Sichtweise [...], die einerseits mit einzelnen vorexil. K.[önigspsalmen] bzw. mit einer vorexil. Grundfassung mehrerer K.[önigspsalmen] rechnet, die in Verbindung mit dem historischen Jerusalemer Königtum standen (Ps 18; 20; 21; 45 und vielleicht 101), und die andererseits eine nachexil. Fortschreibung dieser Psalmen sowie die Neuformulierung von K.[önigspsalmen] annimmt [...]" (Zenger, Art. Königspsalmen, 511).

8 S. dazu die Texte bei Janowski, Schöpfungsglaube, 541f.554f.

9 S. dazu Albertz, Religionsgeschichte, 175f.; Weippert und Janowski, Art. Königtum, 516f.; Müller, Herrschaftslegitimation, 195–224 und Schmitt, Religionen, 125–135. Der judäische König ist nicht ein „Bild Gottes" wie der Mensch nach Gen 1,26f. (s. dazu Janowski, Schöpfungsglaube, 61–70), sondern Gottes „Erwählter" (Ps 89,4.20), Gottes „Sohn" (2 Sam 7,14; Ps 2,7, vgl. Ps 89,27) oder

Was die Schöpfungsmotivik angeht, so begegnen in den Königspsalmen die Motive *„Der König als Gottessohn“*, *„Der König als Segensmittler“* und *„Gott als Chaoskämpfer“*:

Ps 2 und 110: Der König als Gottessohn

„Ich will erzählen von der Setzung JHWHs:
Er sagte zu mir:
‚Mein Sohn bist du,
ich habe dich heute geboren!‘“ (Ps 2,7)

Mit dir sind Gaben (?) am Tag deiner Macht.
Auf heiligen Bergen, aus dem Mutterleib der Morgenröte
habe ich dich wie Tau geboren. (Ps 110,3)[10]

Ps 21 und 72: Der König als Segensmittler

4 Ja, du kommst ihm entgegen mit Segnungen an Gutem,
du setzt seinem Haupt eine Krone aus Feingold auf.
5 Leben erbat er von dir, du hast es ihm gegeben,
Länge der Tage für immer und ewig.
6 Groß ist seine Ehre durch deine Rettung,
Majestät und Hoheit legst du ihm an.
7 Denn du machst ihn zu Segnungen für immer,
du beglückst ihn mit Freude bei deinem Angesicht. (Ps 21,4–7)

5 ‹Er möge lange leben› mit/vor der Sonne
und vor dem Mond von Geschlecht zu Geschlecht.
6 Er komme herab wie der Regen auf die Mahd,
wie Regenschauer, ‹die› das Land ‹benetzen›.
7 Es sprosse in seinen Tagen der Gerechte
und Fülle des Heils sei, bis kein Mond mehr ist.
16 Es sei Fülle an Korn im Land,
auf dem Gipfel der Berge woge es.
Wie der Libanon blühe seine Frucht
und seine Halme wie das Kraut des Landes.
17 Es bleibe sein Name alle Zeit,
vor der Sonne sprosse sein Name.
Und es sollen sich in ihm segnen,
alle Nationen ihn glücklich preisen. (Ps 72,5–7.16f)

Gottes „Erstgeborener“ (Ps 89,28), den JHWH selber „geboren“ hat (Ps 2,7; 110,3, vgl. Ez 28,13). Er kann sogar als „Gott“ bzw. „Göttlicher“ tituliert werden (Ps 45,7).

10 Das ist nur *eine* von mehreren möglichen Übersetzungsmöglichkeiten, s. dazu unten 177f.

Ps 89: Gott als Chaoskämpfer

10 Du beherrschst das Toben des Meeres,
erheben sich seine Wogen – du besänftigst sie.
11 Du hast Rahab zerschlagen wie einen Durchbohrten,
mit deinem starken Arm hast du deine Feinde zerstreut.
12 Dein ist der Himmel, dein auch die Erde,
der Erdkreis und was ihn erfüllt, du hast sie gegründet.
13 Norden und Süden, du hast sie geschaffen,
Tabor und Hermon jubeln über deinen Namen.
14 Du hast einen Arm voller Heldenkraft,
stark ist deine Hand, erhoben deine Rechte.
15 Gerechtigkeit und Recht sind die Stütze deines Throns,
Gnade und Wahrheit gehen vor deinem Angesicht her. (Ps 89,10–15)

Auf diese Texte sowie ihre Sachparallelen in anderen biblischen Büchern soll im Folgenden genauer eingegangen werden.

II Der König als Gottessohn und Segensmittler – Textbeispiele

Die israelitisch-judäische Königsideologie[11] ist nur im Kontext der Symbolsysteme der altvorderasiatischen Religionen – primär Ägyptens, Mesopotamiens und Ugarits/Nordsyriens – angemessen zu verstehen.[12] Gemäß der judäischen Königsideologie ist der königliche „Sohn Gottes" der Segensmittler *par exellence.* Dass diese Handlungsrolle durchaus ambivalente Züge tragen kann, macht der Königspsalm Ps 2 deutlich.

1 Der himmlische König und sein irdischer Sohn

1.1 Psalm 2

Zusammen mit Ps 1 bildet Ps 2 das „Eingangsportal" des Psalters.[13] Ebenso wie Ps 1 hat er keine Überschrift, dafür aber am Ende eine Seligpreisung (V. 12b), die mit dem Makarismus von Ps 1,1 („Glücklich der Mann ...") eine Art Rahmen bildet:

I Aufbegehren der Völker/Könige und Reaktion JHWHs

1 Warum sind Völker unruhig geworden, und sinnen Nationen Nichtiges, 2 stellen sich auf die Könige der Erde, und haben Fürsten sich zusammen getan gegen JHWH und gegen seinen Gesalbten?	1f.: Sprecherperspektive *Könige der Erde*

11 Zu den Legitimationsprinzipien der Königsherrschaft im Nord- und im Südreich, die sich weniger diametral gegenüberstehen, als dies noch von der älteren Forschung mit ihrem Gegensatz „charismatisch" *vs.* „dynastisch" behauptet wurde, s. Schmitt, Herrschaftsrepräsentation, 125f.

12 Vgl. Müller, Herrschaftslegitimation, 195–224, und Schmitt, Herrschaftsrepräsentation, 126.

13 S. dazu Hartenstein und Janowski, Psalmen, 1–6 (Janowski).

3 „Wir wollen zerreißen ihre Fesseln	3: Zitat: Rede der Völker
und von uns werfen ihre Stricke!“	
4 Der im Himmel thront, lacht,	4f.: Sprecherperspektive
der Herr spottet über sie.	*JHWH im Himmel*
5 Dann wird er zu ihnen reden in seinem Zorn,	
und in seiner Glut wird er sie erschrecken:	
6 „Ich habe meinen König eingesetzt	6: Zitat: Rede JHWHs
auf Zion, meinem heiligen Berg.“	

II Rede des Königs

7 „Ich will erzählen von der Setzung JHWHs:	7aα: Einleitung
Er hat zu mir gesprochen:	
‚Mein Sohn bist du!	7aβ–9: Zitat: Rede JHWHs
Ich habe dich heute geboren!	
8 Erbitte von mir,	
und will ich (dir) Völker als deinen Erbbesitz geben	
und als deinen Grundbesitz die Enden der Erde.	
9 Du kannst sie zerschmettern mit eisernem Stab,	
wie Töpferware kannst du sie zerschlagen!‘“	

III Aufforderung an die Könige/Richter

10 Und jetzt, ihr Könige, kommt zur Einsicht,	10: Einleitung (→ 2)
lasst euch belehren, ihr Richter der Erde!	
11 Dient JHWH mit Furcht	11f.: Weitere Aufforderungen
und preist (ihn) mit Beben!	
12a Küsst den Sohn, damit er nicht zürnt,	12a (→ 5)
und ihr (nicht) auf dem Weg zugrunde geht,	
denn schnell entflammt sein Zorn!	

Makarismus

12b Glücklich alle, die sich in ihm bergen![14]	12b: Segenswunsch (→ Ps 1,1)

Ps 1 und 2 sind nicht nur durch die Seligpreisung miteinander verbunden (Ps 1,1/2,12b), sondern auch durch mehrere Stichworte aufeinander bezogen. Während Ps 1 mit dem für den Gesamtpsalter charakteristischen Bild vom *Lebensweg* des/r Gerechten schließt (V. 6) und diesen vom Weg der Frevler absetzt, werden in Ps 2 die Könige und Richter der Erde vor ihrem Weg in den Untergang gewarnt (V. 12). Und während die *Tora* nach Ps 1,2 vom Gerechten bei Tag und bei Nacht „gemurmelt“ bzw. „rezitiert“ wird (*hāgāh*), machen die Nationen nach Ps 2,1 „vergebliche Pläne“, weil sie „Nichtiges sinnen“ (*hāgāh*

14 Zur Übersetzung und Textkritik (besonders von V. 6) s. Hartenstein und Janowski, Psalmen 57–60 (Hartenstein).

rîq).[15] Auf diese Weise werden die Leitbegriffe und Grundmotive beider Texte „übereinandergelegt oder ineinandergeschoben“[16], so dass man von einer Bedeutungsebene auf die andere wechseln kann.

Dieses Phänomen, das die neuere Psalmenforschung als Stichwort- und Motivverkettung (*concatenatio*) bezeichnet, zeigt, dass die einzelnen Bilder und Motive einen über die vordergründige Bedeutung hinausreichenden Sinn besitzen. Das gilt gerade auch für Ps 2, seine Stellung im Psalter und seine Rezeptionsgeschichte im antiken Judentum und im Neuen Testament.[17] Was die masoretische Textgestalt angeht, so ist „die Frage nach dem *Verständnis der Königsvorstellungen* entscheidend: Ist der Psalm ein *altes Überlieferungsstück* einer vorexilischen Königsideologie?“[18]. Während H. Gunkel diese Frage bejahte, haben andere Ausleger den Text als Zeugnis nachexilischer Zukunftserwartungen verstanden. Mit der neueren Psalmenforschung ist demgegenüber mit einem Textwachstum zu rechnen,[19] demzufolge V. 7–9 ein älteres Traditionsstück der vorexilischen Jerusalemer Königsideologie darstellt, das von zwei, in nachexilischer Zeit hinzugefügten Abschnitten gerahmt wird.[20]

Der erste Abschnitt (V. 1–6) dieser dreiteiligen Komposition gibt aus der Perspektive eines ungenannten Sprechers zunächst eine Situationsbeschreibung, die die Beziehung zwischen dem himmlischen (V. 4a) und dem irdischen Herrscher (V. 2b) zum Thema hat.[21] Ihnen stellen sich die Völker und Könige der Erde (V. 2aα) entgegen. Dieser Gegensatz von „Himmel“ und „Erde“ ist für die Raumsymbolik des Psalms ebenso konstitutiv wie die mit dem Gottesbergmotiv (V. 6) verbundene *axis mundi*-Konzeption (s. Abb. 1).[22]

Im dritten Abschnitt (V. 10–12) wird aus dem im mittleren Teil (V. 7–9) dargestellten Verhältnis zwischen JHWH und König die Konsequenz gezogen, indem die Könige und Richter der Erde zur Einsicht und Anerkennung dieses Verhältnisses aufgefordert werden. Der wohl redaktionell hinzugefügte Makarismus (V. 12b) zieht die Linien schließlich bis zu „allen“ aus, die dieser Aufforderung Folge leisten und sich damit im Schutz- und Lebensraum Gottes bergen.

Zwischen den beiden Rahmenabschnitten V. 1–6 und V. 10–12 steht das vorexilische Traditionsstück V. 7–9, in dem die Nähe zwischen Gott und König als *Vater/Sohn*-Beziehung bestimmt wird. Dies ist das kompositorische und entstehungsgeschichtliche Zentrum des Psalms. Nach einer Einleitung aus dem Mund des Königs (V. 7aα), in der er sich

15 Zur Funktion von *hāgāh* als Kontrastmotiv in Ps 1 und 2 s. Hartenstein, Psalm 2, 175.

16 Lohfink, Psalmengebet, 12.

17 Zur Rezeptionsgeschichte s. Hartenstein und Janowski, Psalmen, 122–125 (Hartenstein).

18 Hartenstein, Psalm 2, 159 (H.i.O.).

19 Im Einzelnen sind die Positionen sehr unterschiedlich, s. dazu idem, Psalm 2, 160 Anm. 4.

20 So mit idem, Psalm 2, 164–167 gegenüber einer oft vertretenen Viergliedrigkeit (V. 1–3 / V. 4–6 / V. 7–9 / V. 10–12). Zur Datierung von V. 1–6 und V. 10–12 s. Hartenstein und Janowski, Psalmen, 74–77 (Hartenstein).

21 Zu den mit dem „Messias“-Titel verbundenen Herrschererwartungen s. den entsprechenden Exkurs bei Hartenstein und Janowski, Psalmen, 82–87 (Hartenstein).

22 S. dazu Hartenstein, Psalm 2, 169f.; Hartenstein und Janowski, Psalmen, 67–69 (Hartenstein), ferner Seybold, Poetik, 214f., und Leuenberger, Konzeptionen, 42–45.

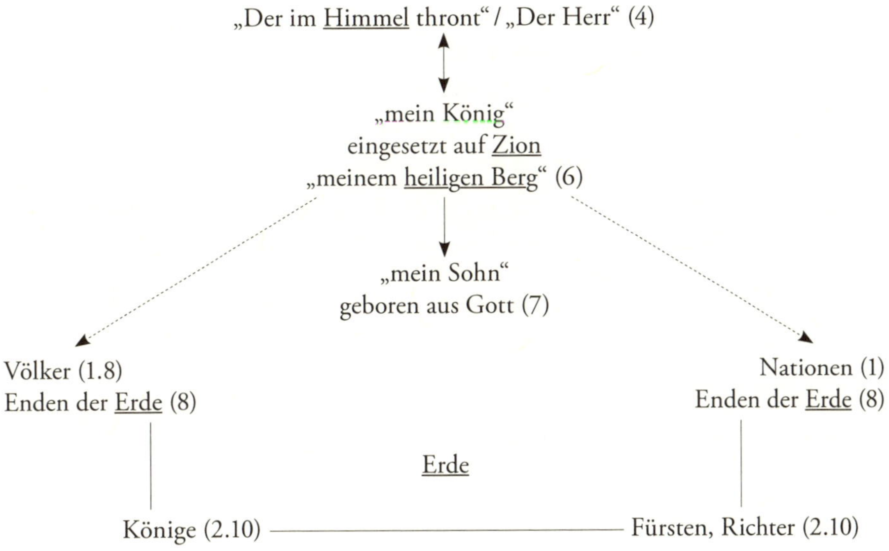

Abb. 1: Zur Raumsymbolik von Ps 2 (nach F. Hartenstein)

an seine Inthronisation und den damals erfolgten Zuspruch Gottes erinnert (Perfekt: „er hat zu mir gesprochen"), folgt in V. 7aβ das Zitat der feierlichen Deklaration JHWHs:

> „Mein Sohn (*ben*) bist du!
> Ich habe dich heute geboren (*jālad*)!"

Dieser Text enthält drei aufeinander bezogene Aspekte: den *Sohnestitel*, die *Geburtsaussage* und den *Zeitmarker „heute"*. Was den Zeitmarker angeht, so ist damit der feierliche Moment der Thronbesteigung gemeint, in dem sich die Geburt aus Gott vollzieht. Gerade dieser Aspekt ist ein Hinweis darauf, dass es in Ps 2,7 nicht um eine Zeugung, sondern um eine Geburt geht.[23] Für eine Geburtsaussage spricht auch der religionsgeschichtliche Kontext, wie er vor allem, wenn auch nicht ausschließlich, im ägyptischen *Mythos von der Geburt des Gottkönigs* aus dem Neuen Reich vorliegt.[24] Das Motiv der Geburt aus Gott ist im Alten Testament noch dreimal belegt, zum einen in Dtn 32,18 (Israel), zum anderen in Ps 90,2 (Weltschöpfung) und schließlich in Ps 110,3 (Königsideologie):[25]

---

23 Vgl. Grohmann, Fruchtbarkeit, 75.78f. u. ö. Zur Doppelbedeutung von *jālad* als „zeugen" und „gebären" s. eadem, Fruchtbarkeit, 72–75, und Hartenstein und Janowski, Psalmen, 105 (Hartenstein).

24 Zum Text s. Janowski, Schöpfungsglaube, 541f. Daneben ist mit syrisch-kanaanäischen und neuassyrischen Einflüssen zu rechnen, s. dazu Grund, Gott, 108–110; Grohmann, Fruchtbarkeit, 77f.; Hartenstein und Janowski, Psalmen, 98–107 (Hartenstein); Irsigler, Gottesbilder, 418 Anm. 185 u. a.

25 Zu Ps 110,3 s. im Folgenden.

> Den Felsen, der dich geboren hat (*jālad*), hast du missachtet,
> und du hast den Gott vergessen, der dich unter Wehen gebärt (*ḥjl* Pol.). (Dtn 32,18)[26]
>
> Bevor Berge geboren wurden (*jld* Pu.)
> und du Erde und Erdkreis unter Wehen hervorbrachtest (*ḥjl* Pol.),
> von Ewigkeit zu Ewigkeit bist du, Gott! (Ps 90,2)[27]

Wenn man für Ps 2,7 den Bezug auf eine Geburt annimmt, so wird damit „ein besondere Beziehungsqualität und Nähe intendiert. Diese Nähe dient der Legitimierung“[28]. Die Vorstellung von der Gottessohnschaft hat demnach physische und mythische Dimensionen. Beide Dimensionen finden in der Metapher der *Geburt aus Gott* ihren symbolischen Ausdruck. Der juridische Begriff einer Adoption wird dem nicht gerecht.[29]

1.2 Psalm 110

Wie in Ps 2,7 stößt man auch in dem nachexilischen Königspsalm Ps 110[30] auf das Mythologem von der Geburt des Königs aus Gott – sofern man am Ende von V. 3b statt des Substantivs „deine Jugend“ (*jaldutækā*) mit LXX und anderen antiken Texttraditionen die Verbform „ich habe dich geboren“ (*jᵉlidîtkā* liest:

> 1 *Bezogen auf David, ein Psalm.*
>
> Es sprach der Herr zu meinem Herrn: Setze dich zu meiner Rechten,
> bis ich deine Feinde zum Schemel deiner Füße mache.
> 2 Den Stab deiner Macht wird der Herr von Sion aussenden,
> und (so) herrsche inmitten deiner Feinde.
> 3 Mit dir ist die Herrschaft am Tag deiner Macht
> im Glanz der Heiligen;
> aus dem Leib habe ich dich hervorgebracht (noch) vor dem Morgenstern.
> μετὰ σοῦ ἡ ἀρχὴ ἐν ἡμέρᾳ τῆς δυνάμεώς σου
> ἐν ταῖς λαμπρότησιν τῶν ἁγίων·
> ἐκ γαστρὸς πρὸ ἑωσφόρου ἐξεγέννησά σε.
> 4 Der Herr hat (es) geschworen und wird (es) nicht bereuen:
> Du bist Priester (bis) in Ewigkeit nach der Ordnung Melchisedeks.
> 5 Der Herr zu deiner Rechten hat am Tag seines Zorns Könige zermalmt.
> 6 Er wird unter den Völkern richten (und sie) mit Niederlagen sättigen;
> er wird die Häupter vieler auf dem Land zermalmen.

---

26 S. dazu Grohmann, Fruchtbarkeit, 77; Grund, Gott, 105f. u. a. Der gebärende „Fels“ ist eine Metapher für Gott.

27 S. dazu Grohmann, Fruchtbarkeit, 80–93; Grund, Gott, 103–105 u. a.

28 Grohmann, Fruchtbarkeit, 79, vgl. Saur, Königspsalmen, 34; Hartenstein und Janowski, Psalmen, 106 (Hartenstein) u. a.

29 Vgl. Grund, Gott, 110; Irsigler, Gottesbilder, 419 u. a.

30 Zur Datierung s. Hossfeld und Zenger, Psalmen 101–150, 204 (Zenger).

[7] Aus dem Bach am Weg wird er trinken.
Deshalb wird er das Haupt erheben. (Ps 109[110]^{LXX})[31]

Zunächst: Der Psalm gliedert sich in zwei Teile, in den *Gottesspruch* V. *1–3 und in den *Gottesschwur* V. 4–7. Der erste Teil beginnt in V. 1* mit der Position des Königs zur Rechten Gottes (sog. *sessio ad dextram*) und über seinen Feinden („Schemel für deine Füße") und endet in V. 3 mit einer rätselhaften Deklaration JHWHs. Demgegenüber enthält der zweite Teil einen Schwur, der sich zum einen auf die Stellung des Priesterkönigs („nach der Weise Melchisedeks", vgl. Gen 14,18ff.) und zum anderen auf die Unterwerfung seiner Feinde bezieht. Zwischen beiden Teilen gibt es zahlreiche Wortaufnahmen und semantische bzw. motivliche Bezüge (Gottesname JHWH, „mein Herr"/ „der Herr", „zu meiner Rechten"/„zu deiner Rechten", Unterwerfung/Niederschlagung der Feinde u. a.):

Überschrift

[1*] *Von David. Ein Psalm.*

Gottesspruch: Throngenossenschaft mit JHWH

[1*] Spruch JHWHs zu meinem Herrn:
„Setze dich zu meiner Rechten,
bis ich lege deine Feinde als Schemel für deine Füße!"
[2] Den Stab deiner Macht streckt JHWH aus von Zion,
herrsche inmitten deiner Feinde!
[3] Mit dir sind Gaben (?) am Tag deiner Macht.
Auf heiligen Bergen, aus dem Mutterleib der Morgenröte
habe ich dich wie Tau geboren.[32]

oder:

Bei dir ist Adel am Tag deiner Kraft,
auf heiligem Bergland aus dem Mutterleib, aus der
Morgenröte ‹ › habe ich dich geboren.[33]

31 Übersetzung Kraus und Karrer (Hg.), Septuaginta Deutsch. Übersetzung, 866, s. zur Interpretation Hengel, Psalm 110, 43–73; Bons, Psalm 110, 122–145 und Tilly, Psalm 110, 146–170.

32 Vgl. Salo, Königsideologie, 312. Zu Textrekonstruktion von V. 3 s. auch Grund, Gott, 115, die *nedābôt* statt mit „freiwillige Gaben" mit „Edle" und *mišḥār* bzw. *šaḥar* (+ *min*) statt mit „Morgenröte" mit „erstes Morgenlicht" übersetzt. Zum Verständnis s. auch Gese, Natus, 138: „[…] in dieser Morgenröte des neuen Tages [wird] das Pendant zu dem ‚heute' von Ps 2,7 stecken: aus diesem werdenden Tag heraus wird der Davidide als Gottessohn geboren, nämlich am Tag der Inthronisation. Diese göttliche Geburt wird durch den Raum des Zion und durch die Zeit der Thronbesteigung definiert".

33 So Gese, ebd.

Auf heiligen Bergen aus dem Mutterschoß der Morgenröte
– gleichwie Tau – habe ich dich gezeugt.[34]

Gottesschwur: Priester wie Melchisedek

4 Geschworen hat JHWH und bereut es nicht:
„Du bist ein Priester für alle Zeiten
nach der Weise Melchisedeks."
5 Der Herr ist zu deiner Rechten,
er hat zerschmettert am Tag seines Zorns Könige.
6 Er hält Gericht unter den Völkern – voll von Leichen.
Er hat zerschmettert Häupter auf (der) weiten Erde.
7 Aus einem Bach am Weg trinkt er,
deshalb erhebt er (das) Haupt.

Die eigentliche *crux interpretum* des Textes ist V. 3, dessen masoretische Textgestalt (MT) unverständlich ist. Wörtlich übersetzt lautet sie:

> Dein Volk ist ganz bereitwillig/Freiwilligkeiten am Tag deiner Macht.
> In heiligem Schmuck, aus dem Mutterleib der Morgenröte (?)
> ist/wurde dir der Tau deiner Jugend.[35]

Wenn man der obigen Rekonstruktion und Übersetzung von V. 3 durch H. Gese, A. Grund, R.S. Salo und H. Irsigler folgt, bleibt zu beachten, dass der aus Ps 2,7 bekannte Terminus „Sohn" hier nicht fällt. Dennoch ist die Aussageintention einer „mythisch-physischen Abstammung des Königs von der Gottheit"[36] und damit die *Vater/Sohn*-Konstellation deutlich, die im Kontext der ägyptischen und altorientalischen Königsideologie einige Plausibilität besitzt.

Diese Konstellation wird zunächst in das rezeptionsgeschichtlich wirksame *Motiv des Sitzens zur Rechten Gottes* gefasst, für das es Vorbilder in der ägyptischen Herrschaftsrepräsentation (s. Abb. 2) gibt[37] und das für die neutestamentliche Christologie zentral geworden ist (vgl. 1 Kor 15,25; Röm 8,34; Mk 12,35–37 par. u. ö.). Berücksichtigt man überdies die ägyptische Vorstellung der

> Abkunft des Königs vom Sonnengott, dessen morgendlicher Aufgang zwischen den Horizontbergen in Ikonographie und Epigraphik in zahlreichen Zeugnissen als Geburt dargestellt ist, wird dessen sonnengleiche Geburt auf heiligen Bergen unmittelbar einsichtig. Mit *b^e har^e rê qodæš* (Pl.) ist dabei kaum unmittelbar der

34 So Irsigler, Gottesbilder, 420, teilweise ähnlich Saur, Königspsalmen, 205.

35 So Krusche, Königtum, 229.230–233.246–248, der MT (samt Vokalisation) folgt. Zu weiteren Textrekonstruktionen s. Janowski, Schöpfungsglaube, 260f.

36 Irsigler, Gottesbilder, 420.

37 S. dazu Keel, Welt, 240.246f. Kritisch gegenüber einer topographischen Auffassung des Motivs vom *Sitzen zur Rechten Gottes*, d. h. des im Süden (= rechts) des Tempels gelegenen Königspalastes, wie sie von Keel, Welt, 241.247, vertreten wird, s. Hossfeld und Zenger, Psalmen 101–150, 206f. (Zenger).

Abb. 2: Pharao Haremhab „zur Rechten" des Gottes Horus sitzend (18. Dyn., 1345–1318 v. Chr.), Keel, Welt, 240 Abb. 353.

Zion gemeint (vgl. anders Ps 2,6), sondern die kosmisch dimensionierten Berge, durch die Himmel und Erde miteinander verbunden sind. Nach Ps 87,1 sind diese heiligen Berge jedoch der Ort, wo der Zion gegründet wird – ebenfalls entsprechend der weit verbreiteten Vorstellung, dass der Ort des Tempels sich symbolisch mit dem mythischen Ort des Sonnenaufgangs überschneidet.[38]

Die mythisch gefärbte Sprache und Vorstellungswelt von Ps 110,3 – die vom vorliegenden masoretischen Text (MT) geglättet wurde – bringt, wie die religions- und motivgeschichtlichen Zusammenhänge verdeutlichen, eine Dimension in der *Gott/König*-Beziehung zur Geltung, die deren Geheimnis wahrt und zugleich ‚anschaulich' macht.

2 Die Frucht der Gerechtigkeit

Wie wir sahen, wird der judäische König nach Ps 2 von JHWH „durch einen Akt der Erwählung zu seinem ‚Sohn' (legitimiert), dem er ‚Weltherrschaft' zuspricht"[39], die dieser durch die Unterwerfung der Völker und Könige der Erde durchsetzen soll (Ps 2,7–9, vgl. Ps 110,*1f.5f.). Diese Herrschaftsausübung wird – auch wenn bei Ps 2,8 „für die

38 Grund, Gott, 116f. mit Abb. 1. Die Verfasserin, die ihre Ausführungen am Beispiel der Deckenmalerei im Grab Ramses' VI. (1142–1135 v. Chr.) veranschaulicht, nimmt dabei Bezug auf die Darstellung der ägyptischen Sonnentheologie der 18./19. Dyn. (1540–1186 v. Chr.) und deren Geburtsmetaphorik bei Janowski, Rettungsgewissheit, 136–153 (mit Abb. 20–30), s. zu dieser Thematik auch Keel, Welt, 224–233, und Keel und Schroer, Schöpfung, 108–121.

39 Irsigler, Gottesbilder, 418.

(Völker-)Welt Gerechtigkeit und Fruchtbarkeit durch das Handeln des Königs mitzuhören (ist)“[40] – in Ps 2,9 „mit Bildern imperialer Symbolik“[41] ausgemalt. Daneben gibt es innerhalb und außerhalb des Psalters eine andere Traditionslinie, in der es um die Bewahrung der kosmischen Ordnung und die Sicherung der Prosperität geht. Neben Ps 21,7 sind die Hauptbelege für diese Vorstellung 2 Sam 23,3f und Ps 72,5–7.16f.

2.1 2 Samuel 23,3f.

Anders als der hethitische Großkönig und der ägyptische Pharao wurde der judäische König nicht als „(Ewige) Sonne“, „Meine Sonne“ o. ä.[42] bezeichnet. Vielmehr war das Epitheton „Sonne“, wie etwa Ps 84,12 zeigt, dem Königsgott JHWH vorbehalten:

> [11] Fürwahr – ein Tag in deinen Vorhöfen ist besser als tausend in meiner Kammer!
> Lieber auf der Schwelle im Haus meines Gottes liegen als weilen in den Zelten des Frevels!
> [12] Denn Sonne (*šæmæš*) und Schild (*māgen*) ist JHWH, Gnade und Ehre schenkt JHWH,
> er versagt nicht Gutes denen, die in Rechtschaffenheit wandeln.
> [13] JHWH Zebaoth, glücklich ist der Mann, der dir vertraut! (Ps 84,11–13)

Dennoch war auch die judäische Königsideologie von solarer Symbolik geprägt. So heißt es in dem weisheitlich geprägten, als JHWH-Rede an David stilisierten Maschal über den idealen Herrscher in 2 Sam 23,3f.:

> [3] Der Gott Israels hat gesprochen, der Fels Israels hat zu mir geredet:
> „Wer gerecht herrscht über die Menschen,
> der herrscht in der Furcht Gottes
> [4] und (ist) wie das Licht des Morgens (*’ôr boqær*), (wenn) die Sonne aufstrahlt (*zāraḥ*),
> ein Morgen ohne Wolken,
> vom Morgenglanz, vom Regen (kommt) Grünes aus der Erde.“[43]

Der gerechte Herrscher gleicht dem aufstrahlenden *Licht des Morgens* und dem *Regen*, der das Gras hervorsprießen lässt.[44] Es gibt in 2 Sam 23,3b–4 eine implizite Verbindung zwischen dem „Grünen“ (V. 4b), das durch die lebenspendende Morgensonne // den be-

---

40 Hartenstein und Janowski, Psalmen, 109 (Hartenstein).

41 Dies., ebd. (Hartenstein).

42 S. dazu Stähli, Solare Elemente, 27 Anm. 142–143; Smith, Solar Language, 34–39, und Janowski, Rettungsgewissheit, 101 Anm. 477; 168f.

43 Zur Spätdatierung und Interpretation von 2 Sam 23,3b–4 s. Mathys, Dichter, 157–164; Salo, Königsideologie, 247 u. a.

44 Zur Motivkombination *Morgenlicht und Regen* s. Hos 6,3; Ps 72,5f. (s. im Folgenden) u. a. In Spr 16,15 ist vom leuchtenden Angesicht des Königs und seinem Wohlgefallen die Rede, das wie ein belebender Regen wirkt: „Wenn das Angesicht des Königs leuchtet (*’ôr*), ist Leben, und sein Wohlgefallen ist wie eine Wolke von Spätregen“, s. dazu Hartenstein, Angesicht, 187–190. Zu einer sachlich vergleichbaren Aussage im Amarnabrief EA 169,7–10 s. ebd. 188 Anm. 129.

lebenden Regen hervorgelockt wird, und den „Menschen“ (V. 3b), die unter der gerechten Herrschaft des Königs gedeihen. Dies wird durch die Kontrastaussage in V. 5–7 bestätigt, wonach die Illoyalen nicht „sprossen“, sondern wie verwehte Dornen (V. 6a) „im Feuer“ (= Hitze der Sonne?) verbrannt werden (V. 7b).

2.2 Psalm 72

Eine der Kernaussagen der judäischen Königsideologie – die Korrelation von *gerechter Herrschaft* und *lebenspendendem Licht (// belebendem Regen)* – prägt auch den spätvorexilischen Ps 72.[45] Der König dieses Psalms gleicht dem alles belebenden Licht der Sonne und dem Regen, der das Land benetzt und erblühen lässt. Dieses Motiv der *Frucht der Gerechtigkeit* ist der Leitgedanke, der die Grundschicht V. *1aβ–17[46] bestimmt und der auch die Schlussdoxologie V. 18f. motiviert hat:

> 5 ‹Er möge lange leben› vor der Sonne
> und vor dem Mond von Geschlecht zu Geschlecht.
> 6 Er komme herab wie der Regen auf die Mahd,
> wie Regenschauer, ‹die› das Land ‹benetzen›.[47]
> 7 Es sprosse in seinen Tagen der Gerechte
> und Fülle des Heils sei, bis kein Mond mehr ist.
>
> 16 Es sei Fülle an Korn im Land,
> auf dem Gipfel der Berge woge es.
> Wie der Libanon blühe seine Frucht
> und seine Halme wie das Kraut des Landes.
> 17 Es bleibe sein Name alle Zeit,
> vor der Sonne sprosse sein Name.
> Und es sollen sich in ihm segnen,
> ihn glücklich preisen alle Nationen.

Die Motivkombination *Fruchtbarkeit und Regierungsdauer*, wie sie in diesen Versen zum Ausdruck kommt, ist auch in mesopotamischen, hethitischen, nordwestsemitischen und achämenidischen Texten und Bildern häufig belegt.[48] Frühe Beispiele sind der Prolog des Kodex Urnammu (ca. 2111–2098 v. Chr.), die Hymne Lipiteschtars von Isin, die berühmte Wandmalerei aus Mari oder der Prolog und Epilog des Kodex Hammurapi (1792–1750 v. Chr.). Auch in neuassyrischer Zeit gibt es prominente Texte wie etwa eine Inschrift Asarhaddons (681–669 v. Chr.), in der die Themenaspekte „Regierungsdauer“

---

45 Zur Datierung und Interpretation von Ps 72 s. außer den Kommentaren noch Arneth, Sonne; Janowski, Frucht, 157–197; Saur, Königspsalmen, 132–197; Becker, Psalm 72, 123–140; Dietrich, Psalm 72, 144–160; Salo, Königsideologie, 205–273; Krusche, Königtum, 183–213 u. a.

46 Zur literarkritischen Problematik s. die Hinweise bei Janowski, Anthropologie, 448 Anm. 19 und zuletzt Krusche, Königtum, 189–194, der für V. *1aβ–17 Einheitlichkeit postuliert und diesen „Grundpsalm“ insgesamt nachexilisch datiert.

47 Zu den textkritischen Problemen in V. 5f. s. Janowski, Frucht, 166 mit Anm. 50f. u. a.

48 S. dazu auch Salo, Königsideologie, 247–251 u. a.

(VIII,6–9), „Recht und Gerechtigkeit“ (VIII,14–16) sowie „Fruchtbarkeit“ (IX,14–20) aufeinander bezogen werden:[49]

> VIII,6 Meine priesterliche Nachkommenschaft möge 7 sie die Fundamente 8 von Esagila und Babel 9 für ewige Zeit standhalten.
>
> VIII,14 In Recht und Gerechtigkeit möge ich 16 ihre (sc. der Götter) Untertanen hüten 15.
>
> IX,14 Regengüsse und Hochwasser, (15) Gelingen der Ernte, Reichlichkeit 16 des Getreides, Fülle 17 und Überfluss mögen sie (sc. die Götter) in meinem Lande 18 bewirken; 19f. sie mögen das Getreide haufenweise aufschütten.

Trotz dieser Motivähnlichkeit ist nicht mit einer literarischen Abhängigkeit von Ps 72,*1aβ–17 vom neuassyrischen Text zu rechnen. Vielmehr ist davon auszugehen, dass „das königszeitliche Juda an der allgemeinen *koine* seiner Zeit teilgenommen [hat]; die Rede von einem spezifischen Einfluss ist hierbei fehl am Platz“[50]. Im Rahmen dieser *koine* dürften die relevanten nordwestsemitischen Texte Ps 72 aufgrund der geographischen Nähe näher stehen als die mesopotamischen, hethitischen oder achämenidischen Zeugnisse.[51]

Im Blick auf Ps 72 ist zu beachten, dass die den König betreffenden Bitten von V. 5ff.16f. an JHWH adressiert sind, weil allein er „und nicht etwa die Sonne [...] Spender jenes ‚ewigen Lebens‘“[52] ist. Wie einst vom Sonnengott gehen auch nach Ps 72 Recht und Gerechtigkeit von JHWH aus, der diese ‚Lebensgaben‘ dem König übergibt, damit dieser *sein*, d.h. JHWHs Volk „richte“:

1* Gott, gib deine *Rechtsentscheide* dem König und deine *Gerechtigkeit* dem Königssohn!	Gott → König
2 Er richte (*dîn*) dein Volk in *Gerechtigkeit* und deine Elenden mit *Recht*.	↓ König → Volk//Elende

Gemäß der altorientalischen und ägyptischen Königsideologie,[53] aber mit deutlich anderer Aussageintention ist der judäische König nach V. 2–4//V. 12–14 der *Segensmittler*, der die von JHWH empfangenen Gaben weitergibt, indem er den Elenden zum Recht verhilft:

> 2 Er richte (*dîn*) dein Volk in Gerechtigkeit
> und deine Elenden mit Recht.
> 3 Es sollen die Berge Heil tragen für das Volk
> und die Hügel durch Gerechtigkeit.

---

49 Zu den folgenden Textzitaten s. Janowski, Schöpfungsglaube, 270f.

50 Salo, Königsideologie, 251, vgl. 259.

51 S. dazu vor allem Dietrich, Psalm 72, 144–160.

52 Stähli, Solare Elemente, 27.

53 Ein Beispiel für Mesopotamien ist der Prolog und Epilog des *Kodex Hammurapi* und für Ägypten der *Kulttheologische Traktat* aus der Zeit Hatschepsuts, s. dazu die Texte bei Janowski, Schöpfungsglaube, 545.589–592.

[4]Er richte (*šāpaṭ*) die Elenden des Volkes,
er rette (*jšʿ* Hif.) die Söhne des Armen und zerschlage den Unterdrücker.

[12]Ja, er rette (*nṣl* Hif.) den Armen, der (um Hilfe) schreit,
und den Elenden und den, der keinen Helfer hat.
[13]Er erbarme sich (*ḥûs*) des Geringen und Armen
und rette (*jšʿ* Hif.) das Leben der Armen.
[14]Aus Bedrängnis und Gewalt erlöse er (*gāʾal*) ihr Leben,
und kostbar sei ihr Blut in seinen Augen.

Wie eng der Zusammenhang zwischen V. 1a*.b (JHWH → König) und V. 2 (König → Volk // Elende) ist, wird durch die Terminologie (*mišpāṭ, ṣædæq/ ṣedāqāh*) und die poetische Gestalt (Chiasmus) unterstrichen. JHWH ist die *Quelle des Rechts* (vgl. Zeph 3,5), das durch Vermittlung des Königs „seinem Volk" Rettung und Hilfe bringen soll. Die Herrschaft des Königs wird dabei nach zwei Seiten hin entfaltet: der König ist *soziale Instanz* für die Armen und Schwachen (V. 2–4 // V. 12–14) und *Mittler des göttlichen Segens* in Natur und Gesellschaft (V. 5–7 // V. 16f.). Damit wird die altorientalische Vorstellung vom Sonnengott als Spender von Recht und Gerechtigkeit rezipiert, aber im Horizont der judäischen Königsideologie transformiert. Denn im Vordergrund steht nach Ps 72 das Bild des irdischen Herrschers und seines Amtes (V. *2–17) und im Hintergrund dasjenige des göttlichen Königs (V. 1aβ.b), der die Quelle von Gerechtigkeit und Segen ist.

Seinen Ursprung hat dieser Zusammenhang in der Präsenz des Leben gewährenden und erhaltenden Schöpfergottes, wie es etwa der nachexilische Ps 85 in poetischer Bildsprache deutlich macht:

[11]Güte und Wahrheit sind sich begegnet,
Gerechtigkeit und Friede haben sich geküsst.
[12]Wahrheit sprosst aus der Erde hervor, — Erde
und Gerechtigkeit blickt vom Himmel herab. — Himmel
[13]Ja, JHWH gibt das Gute,
und unser Land gibt seinen Ertrag.
[14]Gerechtigkeit geht vor seinem Angesicht einher,
und bestimmt den Weg seiner Schritte.

In V. 11f. ist von vier personifizierten Heilsgrößen – Güte, Wahrheit, Gerechtigkeit, Heil – die Rede, die vertikal und horizontal miteinander verknüpft sind: Nach der *horizontalen Bewegung* in V. 11 („sich begegnen // „[sich] küssen") folgt in V. 12 eine *vertikale Bewegung*, wobei (menschliche) Wahrheit wie eine Pflanze aus der Erde *emporsprosst* und (göttliche) Gerechtigkeit wie die Sonne vom Himmel *herabblickt*. Beide, Wahrheit und Gerechtigkeit, bewegen sich aufeinander zu und werden sich begegnen, genauer: sie sind sich bereits begegnet (V. 11a)!

V. 13 legt demgegenüber die Metaphorik des Heils auf den Ernteertrag aus (V. 13b), den JHWH als „das Gute" gibt (V. 13a). Mit V. 14 kehrt der Text zu der *horizontalen*, alle Bereiche der Wirklichkeit durchwaltenden Präsenz der Gerechtigkeit Gottes zurück, die vor ihm hergeht und der Spur seiner Schritte folgt. Das Ziel der Aussage ist also „der doppelte Treffpunkt in der Präsenz Gottes". Doppelt ist dieser Treffpunkt deswegen, weil es um die Präsenz Gottes *im Himmel wie auf Erden* geht und weil seine Gerechtigkeit die die Natur und Gesellschaft belebende Gestalt dieser Präsenz ist.

III Der Hüter der Weltordnung – Resümee

Das Thema „Schöpfung und Königtum" ist für die Kulturen des Alten Orients und Ägyptens von zentraler Bedeutung. Das gilt auch für das Alte Testament. Konstitutiv dafür sind mehrere Leitvorstellungen, die in den entsprechenden Texten mit unterschiedlicher Gewichtung auftreten und vielfältig miteinander verknüpft sind. Dazu gehören vor allem:[54]

- Die *Legitimation* des Königs durch den Nationalgott JHWH und seine besondere Beziehung zu ihm, die durch die „Geburt aus Gott" begründet wird (Ps 2,7; 110,3, vgl. 2 Sam 7,14; Ps 89,27f. u. a.)
- Die *Herrschaft* des Königs, die ihren Ausdruck in der Abwehr der Feinde und in der Überwindung der chaotischen Mächte findet (Ps 2,8f.; 21,*9ff.; 89,10ff.; 110,1f.5f. u. a.)
- Die *Durchsetzung* von Recht und Gerechtigkeit und damit die Inganghaltung der Weltordnung und die Bewahrung ihrer Stabilität (Ps 72,2ff.12ff. u. a.)
- Die *Sicherung* der natürlichen und wirtschaftlichen Prosperität des Landes und seiner Bewohner (Ps 72,5ff.16f., vgl. 2 Sam 23,3f.; Ps 21,4.7; Spr 16,15)

Es geht bei diesen Leitvorstellungen im Kern um die Bewahrung der Weltordnung, d. h. um die Frage, wie die Herrschaft des Schöpfers über seine Schöpfung durch königliches/menschliches Handeln abgebildet und fortgesetzt werden kann. J. Assmann spricht in diesem Zusammenhang von „Schöpfungsherrschaft"[55]. Die wichtigsten Kontexte dieser Herrschaftsform sollen abschließend noch einmal resümiert und mit Jes 11,6–9 um einen weiteren Beleg ergänzt werden.

1 Gottessohn und Segensmittler

Fundamental für das Thema „Schöpfung und Königtum" ist zunächst die genuin religiöse Dimension der judäischen Königsideologie. Diese ergibt sich zum einen aus der direkten Gottesbeziehung des Königs (*Gottessohnschaft*: Ps 2,7; 110,3), zum anderen aus der Übernahme seines Richtertums unmittelbar von JHWH (*Soziale Instanz*: Ps 72,1f.) und schließlich aus den Wirkungen, die seine gerechte Herrschaft in Natur und Gesellschaft entfalten (*Segensmittler*: Ps 72,2–4.5–7 // 12–14.16f.). Von besonderer Bedeutung sind dabei die *mythologischen Aspekte* der Herrschaftssymbolik, wie sie in Ps 110,3 zu Tage treten. Auch die *solare Symbolik* verleiht der judäischen Königsideologie Züge, die einer auf das Weltganze – d. h. auf den Zusammenhang von Natur-, Rechts- und Sozialkosmos – bezogenen Perspektive verpflichtet sind:

---

54 S. dazu auch den Überblick bei Hartenstein und Krispenz, Art. König, 277f.; Müller, Herrschaftslegitimation, 195–224; Schmitt, Religionen, 125–135 und Saur, König, 119–135.

55 S. dazu oben 169, ferner Hartenstein und Krispenz, Art. König, 274f.

[5] ‹Er (sc. der König) möge lange leben› vor der Sonne
und vor dem Mond von Geschlecht zu Geschlecht.
[6] Er komme herab wie der Regen auf die Mahd,
wie Regenschauer, ‹die› das Land ‹benetzen›.
[7] Es sprosse in seinen Tagen der Gerechte
und Fülle des Heils sei, bis kein Mond mehr ist. (Ps 72,5–7)

Dass Anspruch und Wirklichkeit dabei häufig genug auseinanderklafften, nimmt den Impulsen, die mit dieser Perspektive verbunden sind, nichts von ihrer kontrafaktischen Bedeutung.

2 Göttlicher Hirte und königlicher Mensch

Der Zusammenhang von Schöpfung und Königtum prägt aber nicht nur das Verhältnis von Gott und König. Er lässt sich auch in der Motivik des „göttlichen Hirten" und des „königlichen Menschen" erkennen. Während die Könige Israels/Judas in den vorexilischen Texten nie und JHWH nur selten[56] „Hirte (Israels)" genannt werden, wird der Hirtentitel ab der Exilszeit auf JHWH bezogen, der sich um seine Herde Israel kümmert und für sie sorgt (Ez 34,11ff.).[57] Der Vertrauenspsalm Ps 23 greift diese Metaphorik auf und macht sie zu einem Topos der persönlichen Frömmigkeit („JHWH ist *mein* Hirte" V. 1b). Eine weitere Transformation der judäischen Herrschaftstradition „bestand darin, die Aussagen, die im Alten Orient und in Ägypten über den König gemacht werden, auf den Menschen allgemein zu beziehen"[58]. Dies zeigt sich an der Metapher des königlichen Menschen, dessen Mittlerstellung zwischen Gott und den Tieren in Ps 8,6–9 beschrieben wird:[59]

[6] Du hast ihn wenig niedriger gemacht als Gott,
und mit Ehre und Hoheit hast du ihn gekrönt (*ʿṭr* Pi.).
[7] Du hast ihn zum Herrscher gemacht (*mšl* Hif.) über die Werke
deiner Hände,
alles hast du gelegt unter seine Füße:
[8] Kleinvieh und Rinder, sie alle,
und auch die Tiere des Feldes,
[9] die Vögel des Himmels und die Fische des Meeres,
was immer dahinzieht auf den Pfaden der Meere.

56 Etwa in Ps 80,2.
57 S. dazu Janowski, Schöpfungsglaube, 273–276.
58 Hartenstein und Krispenz, Art. König, 278.
59 S. dazu Janowski, Schöpfungsglaube, 278–286.

3 Herrscher der Zukunft

Ps 8 stellt nicht die letzte Transformation des Themas „Schöpfung und Königtum" dar. Die nachexilische Herrscherverheißung Jes 11,1–9,[60] die mit V. 1–5 eine „auffallende Nähe zur traditionellen vorderorientalischen Königsideologie"[61] aufweist, wird in V. 6–9 durch die Bilder vom eschatologischen Tierfrieden fortgeschrieben. Von besonderer Aussagekraft ist dabei der abschließende V. 9, der ein Gegenbild zu Gen 6,11–13 zeichnet:

> 6 Und Gast sein wird der Wolf beim Lamm
> und der Leopard wird beim Böckchen lagern,
> Jungstier und Junglöwe ‹werden› zusammen ‹fett›,
> und ein kleiner Knabe leitet sie. …
> 9 Nichts Böses und nichts Verderbliches wird man tun (*šḥt* Hif.)
> auf meinem ganzen heiligen Berg,
> denn voll sein wird das Land von der Erkenntnis JHWHs
> wie von Wassern, die das Meer bedecken. (Jes 11,6.9)

> 11 Und die Erde war verdorben (*šḥt* Nif.) vor Gott,
> und die Erde füllte sich mit Gewalt.
> 12 Und Gott sah die Erde und siehe, sie war verdorben (*šḥt* Nif.),
> denn verdorben hatte (*šḥt* Hif.) alles Fleisch seinen Weg auf der Erde.
> 13 Und Gott sagte zu Noah:
> „Das Ende allen Fleisches ist vor mich gekommen,
> denn voll ist die Erde von Gewalt von ihnen her,
> und siehe, ich bin dabei, sie zu vernichten mit der Erde." (Gen 6,11–13)

Während V. 9a mit dem negierten Verb *šḥt* Hif. („verderben, schlecht handeln") einen kontrastiven Bezug zu dem „Verderben" markiert, das nach Gen 6,11f. die Flut ausgelöst hat, greift V. 9b mit dem Verb *mālē'* („voll sein") kontrastiv die Thematik von Gen 6,11b.13aβ auf. Damit erhält der *eschatologische* Tierfrieden eine *protologische* Dimension. Zentral ist dabei die Überführung der Gewalt „allen Fleisches", also von Menschen und Tieren, in die „Erkenntnis JHWHs", die das Land „wie Wasser" bedecken wird. Der Ort, an dem dies Wirklichkeit wird, ist „mein ganzer heiliger Berg", d. h. der Zion. Wenn hier „die Unterdrückten und Armen endlich zu ihrem Lebensrecht kommen, bricht an diesem Ort der Schöpfung die Gottesherrschaft an"[62].

Literatur

Albertz, R., Religionsgeschichte Israels in alttestamentlicher Zeit, GAT 8/1–2, Göttingen, 1992.
Allon, N., War and Order in Eighteenth Dynasty Egypt (1550–1295 BCE), ZÄS 148, 2021, 18–30.
Arneth, M., „Sonne der Gerechtigkeit". Studien zur Solarisierung der Jahwe-Religion im Lichte von Psalm 72, BZAR 1, Wiesbaden, 2000.

60 Zu diesem Text s. Janowski, Anthropologie, 237–239.456–458.
61 Schmid, Herrschererwartungen, 66.
62 Zenger, Verheißung, 147.

Assmann, J., Krieg und Frieden im alten Ägypten. Ramses II. und die Schlacht bei Kadesch, Mannheimer Forum 84, 1983, 175–231.

Assmann, J., Ma'at. Gerechtigkeit und Unsterblichkeit im Alten Ägypten, München, 1990.

Becker, U., Psalm 72 und der Alte Orient. Grenzen und Chancen eines Vergleichs, in A. Berlejung und R. Heckl (Hg.), Mensch und König. Studien zur Anthropologie des Alten Testaments, HBS 53, Freiburg i. Br./Basel/Wien, 2008, 123–140.

Bons, E., Die Septuaginta-Version von Psalm 110 (109 LXX). Textgestalt, Aussagen, Auswirkungen, in D. Sänger (Hg.), Heiligkeit und Herrschaft. Intertextuelle Studien zu Heiligkeitsvorstellungen und zu Psalm 110, BThSt 55, Neukirchen-Vluyn, 2003, 122–145.

Dietrich, J., Psalm 72 in its Ancient Syrian Context, in A. Zernecke, J. Stökl und C. L. Crouch (Hg.), Mediating Between Heaven and Earth. Communication with the Divine in the Ancient Near East, London, 2012, 144–160.

Frevel, C., Geschichte Israels, KStTh 2, Stuttgart, [2]2018.

Gese, H., Natus ex virgine, in idem (Hg.), Vom Sinai zum Zion. Alttestamentliche Beiträge zur biblischen Theologie, BEvTh 64, München, 1974, 130–146.

Grohmann, M., Fruchtbarkeit und Geburt in den Psalmen, FAT 53, Tübingen, 2007.

Grund, A., „Aus Gott geboren". Zu Geburt und Identität in der Bildsprache der Psalmen, in D. Dieckmann und D. Erbele-Küster (Hg.), Du hast mich aus meiner Mutter Leib gezogen". Beiträge zur Geburt im Alten Testament, BThSt 75, Neukirchen-Vluyn, 2006, 99–120.

Hartenstein, F., „Der im Himmel thront, lacht" (Ps 2,4). Psalm 2 im Wandel religions- und traditionsgeschichtlicher Kontexte, in D. Sänger (Hg.), Gottessohn und Menschensohn. Exegetische Studien zu zwei Paradigmen biblischer Intertextualität, BThSt 67, Neukirchen-Vluyn, 2004, 158–188.

Hartenstein, F., Das Angesicht JHWHs. Studien zu seinem höfischen und kultischen Bedeutungshintergrund in den Psalmen und in Exodus 32–34, FAT 55, Tübingen, 2008.

Hartenstein, F. und B. Janowski, Psalmen (BK 15/1,1–2), Neukirchen-Vluyn, 2012/2015.

Hartenstein, F. und J. Krispenz, Art. König, Gott als König, in M. Fieger, J. Krispenz und J. Lanckau (Hg.), Wörterbuch alttestamentlicher Motive, Darmstadt, 2013, 272–279.

Hengel, M., Ps 110 und die Erhöhung des Auferstandenen zur Rechten Gottes, in C. Breytenbach und H. Paulsen (Hg.), Anfänge der Christologie, FS F. Hahn, Göttingen, 1991, 43–73.

Hossfeld, F.-L. und E. Zenger, Psalmen 101–150, HThKAT, Freiburg i. Br./Basel/Wien, 2008.

Irsigler, H., Gottesbilder des Alten Testaments. Von Israels Anfängen bis zum Ende der exilischen Epoche, I–II, Freiburg i. Br./Basel/Wien, 2021.

Janowski, B., Rettungsgewissheit und Epiphanie des Heils. Das Motiv der Hilfe Gottes „am Morgen" im Alten Orient und im Alten Testament, WMANT 59, Neukirchen-Vluyn, 1989.

Janowski, B., Die Frucht der Gerechtigkeit. Psalm 72 und die judäische Königsideologie, in idem (Hg.), Der Gott des Lebens. Beiträge zur Theologie des Alten Testaments 3, Neukirchen-Vluyn, 2003, 157–197.

Janowski, B., Anthropologie des Alten Testaments. Grundfragen – Kontexte – Themenfelder, Tübingen, 2019.

Janowski, B., Biblischer Schöpfungsglaube. Religionsgeschichte – Theologie – Ethik, Tübingen, 2023.

Keel, O., Die Welt der altorientalischen Bildsymbolik und das Alte Testament. Am Beispiel der Psalmen, Göttingen, [5]1996.

Keel, O. und S. Schroer, Schöpfung. Biblische Theologien im Kontext altorientalischer Religionen, Göttingen, [2]2008.

Kraus, W. und M. Karrer (Hg.), Septuaginta Deutsch. Das griechische Alte Testament in deutscher Übersetzung, Stuttgart, 2009.

Krusche, M., Göttliches und irdisches Königtum in den Psalmen, FAT II/109, Tübingen, 2019.
Leuenberger, M., Konzeptionen von Frieden (und Krieg) im alten Orient und in der Hebräischen Bibel, BN 187, 2020, 15–38.
Lohfink, N., Psalmengebet und Psalterredaktion, ALW 34, 1992, 1–22.
Mathys, H.-P., Dichter und Beter. Theologen aus spätalttestamentlicher Zeit, OBO 132, Freiburg Ue./Göttingen, 1994.
Maul, S. M., Der assyrische König – Hüter der Weltordnung, in K. Watanabe (Hg.), Priests and Officials in the Ancient Near East, Heidelberg, 1999, 201–214.
Müller, R., Herrschaftslegitimation in den Königtümern Israel und Juda. Eine Spurensuche, in C. Levin und R. Müller (Hg.), Herrschaftslegitimation in vorderorientalischen Reichen der Eisenzeit, ORA 21, Tübingen, 2017, 189–230.
Niemann, H. M., Herrschaft, Königtum und Staat. Skizzen zur soziokulturellen Entwicklung im monarchischen Israel, FAT 6, Tübingen, 1993.
Oswald, W., Staatstheorie im Alten Israel. Der politische Diskurs im Pentateuch und in den Geschichtsbüchern des Alten Testaments, Stuttgart, 2009.
Oswald, W., Königtum und Staat, in W. Dietrich (Hg.), Die Welt der Hebräischen Bibel. Umfeld – Inhalte – Grundthemen, Stuttgart, ²2021, 200–214.
Otto, E., Krieg und Frieden in der Hebräischen Bibel und im Alten Orient, Stuttgart, 1999.
Salo, R. S., Die judäische Königsideologie im Kontext der Nachbarkulturen. Untersuchungen zu den Königspsalmen 2, 18, 20, 21, 45 und 72, ORA 25, Tübingen, 2017.
Saur, M., Die Königspsalmen. Studien zur Entstehung und Theologie, BZAW 340, Berlin/New York, 2004.
Saur, M., Der gerechte König. Überlegungen zum Zusammenhang von Königspsalmen und JHWH-König-Psalmen, in A. Brodersen, F. Neumann und D. Willgren (Hg.), Intertextualität und die Entstehung des Psalters. Methodische Reflexionen – Theologiegeschichtliche Perspektiven, FAT II/114, Tübingen, 2020, 119–135.
Schmid, K., Herrschererwartungen und -aussagen im Jesajabuch. Überlegungen zu ihrer synchronen Logik und ihren diachronen Transformationen, in idem (Hg.), Prophetische Heils- und Herrschererwartungen, SBS 194, Stuttgart, 2005, 37–74
Schmitt, R., Bildhafte Herrschaftsrepräsentation im eisenzeitlichen Israel, AOAT 283, Münster, 2001.
Schmitt, R., Die Religionen Israels / Palästinas in der Eisenzeit, ÄAT 94, Münster, 2020.
Smith, M. S., The Near Eastern Background for Solar Language for Yahweh, JBL 109, 1990, 29–39.
Stähli, H.-P., Solare Elemente im Jahweglauben des Alten Testaments, OBO 66, Freiburg i.Ue./ Göttingen, 1985.
Tilly, M., Psalm 110 zwischen hebräischer Bibel und Neuem Testament, in D. Sänger (Hg.), Heiligkeit und Herrschaft. Intertextuelle Studien zu Heiligkeitsvorstellungen und zu Psalm 110, BThSt 55, Neukirchen-Vluyn, 2003, 146–170.
Weippert, M. und B. Janowski, Art. Königtum, NBL 2, 1995, 513–519.
Zenger, E., Art. Königspsalmen, NBL 2, 1995, 510–513.
Zenger, E, Die Verheißung Jes 11,1–10: universal oder partikular?, in J. van Ruiten und M. Vervenne (Hg.), Studies in the Book of Isaiah, BEThL 132, Leuven, 1997, 137–147.

Das Lied der Hanna zwischen Psalm 73 und Psalm 75

Eine ‚sozialpolitische' Lektüre

Joachim J. Krause

1 Einleitung: Das Lied der Hanna als eigenständiger Psalm

Die so genannte Jugendgeschichte Samuels in 1 Sam 1–3 bietet, wie Wolfgang Oswald treffend notiert, eine „Legitimation des Legitimators" und bereitet so die Schlüsselrolle Samuels bei der Etablierung der Staatsform der Monarchie nach den Samuelbüchern vor.[1] Eingebettet in diesen Zusammenhang ist das große Lied der Hanna, der Mutter des Samuel, und ihr Jubelruf „Erhöht ist mein Horn dank Jhwh!" Gleich zu Beginn der Geschichte haben wir Hanna kennengelernt. Sie war vormals – vor ihrem Lied und dem Statuswechsel, von dem sie darin singt – eine angefochtene, geschmähte Frau. Ihr Horn war gerade nicht erhöht.[2] Geehrt wurde sie zwar von ihrem Mann Elkana. Aber der hat noch eine andere Frau, Peninna. Und während Peninna dem Elkana Kinder geboren hatte, war Hanna bis dato kinderlos geblieben. „Jhwh hatte ihren Mutterleib verschlossen", wie der Erzähler – es wird wohl ein Mann gewesen sein – lapidar feststellt (1 Sam 1,6): Anlass für bittere Kränkungen und Erniedrigung durch Peninna.

So schwer dies alles an Hanna zieht – wir hören, dass sie weint und nicht mehr essen will –, lässt sie doch den Mut nicht sinken. Denn ihre Hoffnung ist auf ihren Gott gerichtet. Anlässlich der jährlichen Wallfahrt der Familie nach Schilo bittet sie Jhwh, ihr einen Sohn zu schenken, und gelobt, diesen Sohn in seinen Dienst zu stellen. Tatsächlich wird Hanna schwanger, bringt einen Sohn zur Welt, nämlich Samuel, und als dieser alt genug ist, bringt ihn Hanna ihrem Gelübde entsprechend an den Tempel zu Schilo.[3] Und da nun jubelt sie und singt ihr Lied (1 Sam 2,1–10[4]):

> 1 Froh ist mein Herz dank Jhwh,
> erhöht ist mein Horn dank Jhwh!
> Weit aufgetan hat sich mein Mund gegen meine Feinde,
> denn ich freue mich über deine Hilfe.

---

1 Oswald, Staatstheorie im Alten Testament, 57.

2 Zum Folgenden vgl. etwa auch Janowski, Anthropologie des Alten Testaments, 51.

3 Zur Kultausübung der Hanna vgl. Janowski, Konfliktgespräche mit Gott, 45.

4 Übersetzung nach Krause, Mundi inversi, 430–431; dort finden sich auch annotierte Hinweise zu Textkritik und Übersetzung, die hier nicht wiederholt werden. Aus der seitdem erschienenen bzw. mir bekannt gewordenen Literatur sei besonders auf die umfassende Bestandsaufnahme bei Kratz, Textual Supplementation, sowie die auf die griechische Überlieferung konzentrierten Studien von Aejmelaeus, Hannah's Psalm in the Septuagint, und Kreuzer, Lied der Hanna, hingewiesen.

[2] Keiner ist heilig wie Jhwh; ja, es ist keiner außer dir,
und keiner ist ein Fels wie unser Gott.
[3] Redet nicht so viel hochmütiges Zeug,
nichts Vermessenes gehe aus eurem Mund;
denn ein Gott der Erkenntnis ist Jhwh,
und von ihm sind (immer schon) Taten geprüft worden.
[4] Der Gewaltigen Bogen ist zerbrochen,
aber Strauchelnde haben sich mit Kraft gegürtet.
[5] Satte haben sich um Brot verdingt,
aber Hungerleider haben endgültig Feierabend gemacht.
Die Unfruchtbare hat sieben geboren,
aber die Kinderreiche welkt dahin.
[6] Jhwh tötet und macht lebendig,
lässt hinabsteigen ins Totenreich und hat (auch schon) heraufgeführt.
[7] Jhwh macht arm und reich,
erniedrigt und erhöht.
[8] Er richtet den Geringen auf aus dem Staub,
aus dem Abfall erhöht er den Armen,
um ihnen einen Sitz zu geben bei den Edlen
und sie einen Ehrenthron erben zu lassen.
Fürwahr, Jhwh gehören die Säulen der Erde,
und er hat den Erdkreis auf sie gestellt.
[9] Die Füße seiner Frommen bewahrt er,
aber die Gottlosen kommen um in der Finsternis.
Fürwahr, durch (eigene) Kraft ist niemand stark.
[10] Die gegen Jhwh streiten, werden zerbrochen.
Der Höchste donnert im Himmel,
Jhwh richtet die Enden der Erde.
Er verleihe Macht seinem König
und erhöhe das Horn seines Gesalbten!

Ein denkwürdiges Lied, das nicht von ungefähr aufbewahrt worden ist: in ebenmäßiger Form entfaltet es einen geradezu revolutionären Inhalt.[5] Das Lied lässt sich gliedern in einen äußeren Rahmen in V. 1–2 und 10aα^2–b, einen inneren Rahmen in V. 3 und 9–10aα^1 und einen davon umschlossenen Kern in V. 4–8.[6] Der äußere Rahmen setzt den Ton mit Lobpreis und Dank für Jhwhs Hilfe, und er schließt mit dem Bild des himmlischen Herrschers, der Macht verleiht auf Erden. Der innere Rahmen schärft ein, dass niemand durch eigene Kraft etwas vermag, schon gar nicht gegen Jhwh; darauf werden diejenigen, die es dennoch versuchen, direkt angesprochen. Im Zentrum steht

5 „Selbstverständlichkeit und Sicherheit“ der Sprachgestalt stehen in „Spannung zu der Ungeheuerlichkeit dessen, was inhaltlich ausgesagt wird“ (Becker-Spörl, Hanna, 90).

6 So bereits Krause, Mundi inversi, 429–431, in Anlehnung an Fokkelman, Narrative Art, 75.

die ungeheuerliche und doch wie selbstverständlich eingeführte[7] Beschreibung einer verkehrten Welt, in der „die Ohnmächtigen mächtig gemacht werden“ durch Jhwh.[8]

Dieses Lied wird also Hanna in den Mund gelegt. Es passt auch zu ihrer Erfahrung, geht darin aber nicht auf. Das Lied handelt von der ganzen Welt, nicht nur der persönlich von Hanna erfahrenen. Dieser literarischen Beobachtung korrespondiert die literarkritische, dass das Lied einigermaßen lose in seinem Kontext sitzt. Das lässt sich sogar ‚empirisch‘ erheben, nämlich durch den Vergleich der drei maßgeblichen Textgestalten der Septuaginta (LXX), eines fragmentarisch erhaltenen Manuskripts aus Qumran (4QSam[a]) und des masoretischen Textes (MT). Fasst man 1 Sam 1,28 und 2,11, gleichsam die Nahtstellen, an denen das Lied in die Erzählung eingebunden ist, in den Blick, so zeigt sich, dass diese Einbindung in den drei Versionen auf drei unterschiedliche Weisen realisiert worden ist.[9] Der Psalm, den wir das Lied der Hanna nennen, ist also wohl doch eher als komponierte Einheit an seinen jetzigen Platz gesetzt und nicht erst für diesen Kontext verfasst worden.

Daher ist und bleibt es wichtig zu fragen, warum und vor allem wozu Hanna gerade dieser Psalm in den Mund gelegt worden ist.[10] Es ist ebenso wichtig, im Unterschied zu der ersten Frage allerdings in der bisherigen Forschung eher noch zu wenig bedacht worden, wie der Psalm selbst durch diese Kontextualisierung interpretiert wird. Beides setzt nun aber voraus, dass man den Psalm zunächst einmal für sich sprechen lässt, ihn sozusagen in eigenem Recht, also abgesehen von der Einbindung in die Erzählung liest, dafür aber umso mehr darauf achtet, in welchen anderen Kontexten er möglicherweise steht und sich ausspricht – mit anderen Worten, dass wir ihn so interpretieren, wie wir es, wenn er uns im Buch der Psalmen überliefert wäre, schon mangels Alternative tun müssten.[11]

---

7 Dietrich, Samuel, 106: „fast, als handele es sich um eine allen bekannte Banalität.“

8 Krause, Mundi inversi, 431–438, mit dem Zitat 438.

9 S. dazu Tov, Sequence Differences, 416; idem, Editions, 434–436; Kratz, Textual Supplementation, 34–36, und zuletzt Kreuzer, Lied der Hanna, 75–77. Zur Textbezeugung in 4QSam[a] vgl. Aejmelaeus, Hannah's Psalm in 4QSam[a].

10 Vgl. v. a. Mathys, Dichter und Beter, 126–135; Hutzli, Erzählung, 160–161; Neef, Hannas Lobgesang im Kontext, und zuletzt Firth, Hannah's Prayer, hier bes. 30ff. Dass V. 5b den Anknüpfungspunkt bot, um das Lied zu dem der Hanna zu erklären, ist eine oft ausgesprochene Vermutung (z. B. von Bar-Efrat, Samuel, 76), die auch mir einleuchtet. Aber zu welchem Ende? Hier erscheint mir nach wie vor (vgl. Krause, Mundi inversi, 437) beachtenswert, dass das Thema des Königtums und insbesondere dessen Einrichtung, das im Finale von V. 10b anklingt, im kompositionellen Kontext der Samuelbücher durchaus schlüssig zu deuten ist (skeptischer diesbezüglich zuletzt Kratz, Textual Supplementation, 45). Zumal wenn sich der Verdacht erhärten lassen sollte, dass auch der äußere Rahmen in V. 1 (2) und 10 bei der bzw. zum Zweck der Einarbeitung geschaffen wurde (vgl. die Indiziensammlung bei Kratz, Textual Supplementation, der in dieser Frage allerdings unentschieden bleibt; ein zwingender Nachweis dürfte sich ohnehin kaum führen lassen), spräche dies dafür, dass das Lied gleichsam als Ouvertüre der Samuelbücher dieses Thema antönen soll: wie der unwahrscheinlichste aller Könige gesalbt wird, und zwar von Samuel (zu letzterem Aspekt s. auch oben, bei Anm. 1).

11 Vgl. Sneed, Social World, 192, der Hannas Danklied als konventionellen Psalm anspricht: „it could be ripped out of its context here and placed in the Psalter without any ill effect.“ Eine auf den Kern

Eine solche Analyse des Liedes als eigenständiger Psalm ist umso mehr angezeigt, als sich dies in jeder Hinsicht lohnt: im Blick auf seine Sachgehalte ebenso wie auf die gestochene Sprache, im Blick auf textgeschichtliche wie literarkritische Probleme, für die Frage nach verarbeiteten Traditionen und ihren jeweiligen Trägergruppen etc. *Eines* dieser Probleme will ich im Folgenden herausgreifen. Es ist allerdings nicht beliebig gewählt, sondern ein – erstaunlicherweise gar nicht oft als solcher wahrgenommener – Anstoß, von dem aus sich grundsätzliche Perspektiven auf den Psalm im Ganzen, sein diachrones bzw. traditionsgeschichtliches Profil und seine pragmatische Ausrichtung ergeben.

Besagtes Problem liegt in V. 3: „Redet nicht so viel hochmütiges Zeug, nichts Vermessenes gehe aus eurem Mund; denn ein Gott der Erkenntnis ist Jhwh, und von ihm sind immer schon Taten geprüft worden." Ins Auge sticht die Anrede in der zweiten Person: „Redet nicht…!" Es ist die einzige Stelle im gesamten Psalm, an der menschliche Adressaten – ungewöhnlich genug in einem Gebet – direkt angesprochen werden. Und so überraschend diese Anrede laut wird, so unklar bleibt, wer eigentlich angeredet wird. Bekräftigt wird dieser Appell gegen Hybris und hochmütiges Reden durch die im Zusammenhang geradezu drohend klingende Überzeugung, dass Jhwh erkennt und wahrnimmt, was geschieht, und dass er es auch ahndet – er „prüft" menschliches Handeln.

Diese Ansprache wirft zwei grundsätzliche Fragen oder vielleicht treffender Fragekreise auf. Der eine Fragekreis klang gerade schon an, er ist von elementarer Bedeutung für das Verständnis des Verses: Wer wird angesprochen? Worauf? Und damit schließlich auch: von wem? Wenn das geklärt ist, kann und muss die andere Frage gestellt werden: Wie passt der Appell von V. 3 zu den anderen Teilen des Psalms, besonders zu dessen Kern in den direkt anschließenden V. 4–8? Zur Beantwortung der beiden Fragen werden sich zwei andere Psalmen als erhellend erweisen, Psalm 73 und Psalm 75.

2 Die Ansprache im Lied der Hanna und Psalm 73

Beginnen wir vorne mit unseren Fragen zu 1 Sam 2,3: Wer wird angesprochen, worauf, und von wem? Vorderhand, d. h. in dem literarischen Kontext, in dem das Lied jetzt steht, mögen diese Fragen gar nicht als solche erscheinen, umso mehr aber, wenn wir das Lied als eigenständigen Psalm lesen. Die scharfe Zurechtweisung ungenannter Kontrahenten, die Vertrauensbekundung, dass Jhwh deren Hochmut, der das Ich angreift und zutiefst verunsichert, wahrnimmt und ahndet – im Kontext der in 1 Sam 1 eingeführten Konstellation hört man dies aus Hannas Mund, und mit ein wenig Phantasie könnte man sich ausmalen, wie sie dies ihrer Widersacherin Peninna und deren Claqueuren entgegenschleudert. So wären alle Fragen geklärt.

Aber wie ist die Ansprache ohne diesen – doch wohl an den Psalm herangetragenen – Erzählkontext zu verstehen? Hier kann uns ein anderer Kontext weiterhelfen: der eines Diskurses, wie er besonders markant in Ps 73,1–12, aber auch an etlichen anderen

in V. 4–8 konzentrierte Interpretation unter besonderer Berücksichtigung des Topos der verkehrten Welt habe ich in Krause, Mundi inversi, 429–438, vorgelegt. Dort noch nicht berücksichtigt werden konnten die drei wichtigen, je unterschiedlich ausgerichteten neuen Studien von Kratz, Textual Supplementation; Paszko, Mundus inversus, 177ff., und Firth, Hannah's Prayer.

Stellen des Psalters dokumentiert ist. Was für die Wahl des Vergleichstextes aus Ps 73 spricht, wird schon bei der ersten Lektüre deutlich werden; auf einige der Parallelen zu unserem Lied – zur eindeutigen Bezeichnung nenne ich es weiterhin das Lied der Hanna – gehe ich dann gleich noch im Detail ein. In der vorliegenden Form lautet der Text wie folgt:

> 1 Ein Psalm Asafs.
> Ja doch, gut zu Israel[12] ist Gott,
> zu jenen, die reinen Herzens sind.
> 2 Ich aber, fast wäre ich gestrauchelt mit meinen Füßen[13],
> um ein Haar wären meine Schritte ausgeglitten.
> 3 Denn ich beneidete die Prahler[14],
> da ich das Heil der Gottlosen sah.[15]
> 4 Fürwahr, Qualen kennen sie nicht,[16]
> gesund[17] und wohlgenährt ist ihr Leib[18].
> 5 Menschliche Mühsal kennen sie nicht,
> wie Menschen geplagt werden sie nicht.
> 6 Daher ist Hochmut ihr Halsschmuck,
> das Gewand der Gewalttat bedeckt sie.
> 7 Aus Fett geht ihr Frevel[19] hervor,
> die (bösen) Pläne[20] ihres Herzens quellen über[21].
> 8 Sie höhnen, reden böse,
> Unterdrückung[22] reden sie von oben herab.
> 9 Sie haben ihren Mund an den Himmel gesetzt,

12 So die wahrscheinlich redaktionelle Fassung, die MT bezeugt, der aber nach plausibler Vermutung die ursprüngliche Formulierung לַיָּשָׁר אל* zugrunde gelegen haben dürfte; s. z. B. BHS app. crit., zur Begründung Duhm, Psalmen, 278; Gunkel, Psalmen, 316; Kraus, Psalmen, 664; Seybold, Psalmen, 281; Hossfeld und Zenger, Psalmen 51–100, 332.

13 Mit dem Ketib als lectio difficilior, vgl. Hossfeld und Zenger, Psalmen 51–100, 332–333; Freuling, ‚Wer eine Grube gräbt…', 133 mit Anm. 177.

14 Für eine Deutung auf Astralwesen vgl. Seybold, Psalmen, 283. Aus metrischen Gründen wird gelegentlich konjektural ergänzt zu בהון הוללים* „den Reichtum der Prahler" (so z. B. Gunkel, Psalmen, 316).

15 Wörtlich: „Das Heil der Gottlosen sah ich."

16 Satzeinteilung gegen MT: לָמוֹ תָּם*. Für eine Begründung aus dem Kontext des Psalms vgl. Hossfeld und Zenger, Psalmen 51–100, 333.

17 S. Anm. 16.

18 Vermutungsweise Deutung des Hapax legomenon.

19 Behelfsweise Lesung, vgl. LXX ἡ ἀδικία αὐτῶν; ähnlich und mit gut abgewogener Diskussion Neuber, Affirmation und Anfechtung, 184–186. Der Satz bleibt aber schwierig, vgl. Duhm, Psalmen, 279–280; Gunkel, Psalmen, 311.317; Kraus, Psalmen, 663–664; Seybold, Psalmen, 280–281; Hossfeld und Zenger, Psalmen 51–100, 331.333.

20 Vgl. aber die Problemanzeige bei Gunkel, Psalmen, 317.

21 Vgl. Janowski, Anthropologie des Alten Testaments, 496: „es quellen über die Einbildungen des Herzens." Pesch. עבדו* ist lectio facilior.

22 Gegen die masoretische Verseinteilung zum zweiten Kolon zu ziehen (so auch LXX).

ihre Zunge geht auf der Erde einher[23].
10 Darum wendet sich das Volk ihnen zu,
gierig schlürfen sie ihre Worte.[24]
11 Sie sagen: Wie sollte Gott etwas wissen?
Gibt es denn etwa Erkenntnis beim Höchsten?
12 Sieh', das sind die Gottlosen;
stets sorglos, mehren sie ihr Vermögen[25].

Soweit der erste Teil des aus drei großen Teilen aufgebauten Psalms.[26] Man braucht keine Lupe, um die Parallelen zum Lied der Hanna wahrzunehmen – und das heißt in erster Linie zu dem hier fraglichen V. 3, wo sich die Berührungen auffallend häufen. Da ist zum einen das Motiv des hochmütigen Redens. Wird es in 1 Sam 2,3a zum Ausdruck gebracht durch die eigenwillige Wendung „Hohes reden" (דבר Pi. + גבהה גבהה) – um die Emphase nachzuahmen, habe ich „hochmütiges Zeug" übersetzt –, so kann man in Ps 73 geradewegs die Bilder dazu finden. Vorbereitet durch die Rede von „Prahlern" (הוללים V. 3)[27] und ihrem „Hochmut" (hier גאוה V. 6) wird beschrieben, wie diese auch als „Gottlose" (רשעים V. 3) bezeichneten Prahler „von oben herab" (ממרום V. 8) „Unterdrückung reden" (דבר Pi. + עשק ebd.); „sie haben ihren Mund an den Himmel gesetzt" (V. 9).[28] Und da ist zum anderen, jeweils unmittelbar mit diesem Motiv verbunden, das im präzisen Sinne theologische Problem: „Wie sollte Gott etwas wissen" (ידע) – gemeint ist: von dem, was wir tun –, „gibt es denn etwa Erkenntnis" (יש דעה) bei ihm? Das fragen selbstgewiss und höhnisch die Prahler in Ps 73,11. Wie eine Antwort darauf klingt 1 Sam 2,3b: Ein „Gott der Erkenntnis" (אל דעות) ist Jhwh, er „prüft Taten" (תכן Nif. + עללות)!

Außer diesen Parallelen zu 1 Sam 2,3, also dem vorderen Teil des inneren Rahmens, den wir im Lied der Hanna festgestellt haben, sind auch Berührungen von Ps 73 mit 1 Sam 2,9, dem hinteren Teil des inneren Rahmens, zu nennen. Wie in Ps 73,3.12, so ist auch hier von „Gottlosen" (רשעים) die Rede. Und wie dort bietet deren typisierende Zeichnung – zweifellos auch Überzeichnung – die Kontrastfolie für die, die sich gerade nicht zu den „Frevlern" (so die gängigere Wiedergabe von רשעים) halten. In 1 Sam 2,9

23 Mit der verschiedentlich vorgeschlagenen Lesung תְּהַלֵּךְ (vgl. z. B. BHS app. crit.).

24 Beide Kola werfen verwickelte textkritische Probleme auf, die auf das Verständnis der konkreten Aussage durchschlagen und allenfalls Leseversuche erlauben (für eingehende Diskussionen s. Irsigler, Psalm 73, 24–27; Neuber, Affirmation und Anfechtung, 186–188). Die hier gewählte Wiedergabe setzt folgende textkritische Entscheidungen voraus: in V. 10a die Lesung ישוב* (mit dem Qere) in Verbindung mit עם אליהם* (so z. B. auch Kraus, Psalmen, 664; Hossfeld und Zenger, Psalmen 51–100, 333), in V. 10b die (noch freiere) Konjektur ומִלֵּיהֶם יָמֹצּו* (vorgeschlagen von Gunkel, Psalmen, 318).

25 Weiser, Psalmen, 344, übersetzt: „werden sie reich." Den Doppelsinn des Wortes stellt Duhm, Psalmen, 280, heraus: „Vermögen und (daraus erwachsende) Macht."

26 Zur Gliederung vgl. Hossfeld und Zenger, Psalmen 51–100, 337–338.

27 Vgl. oben, Anm. 14.

28 Zur Bildsprache von V. 9 vgl. auch Neuber, Affirmation und Anfechtung, 197–198.223–234, die unter Bezug auf den Merismus Himmel/Erde herausarbeitet, dass das Reden der Gottlosen „den gesamten Raum" einnimmt (das Zitat 197–198).

steht der ausdrückliche Gegenbegriff „Fromme“ (חסידים). In idiomatischer Diktion wird von diesen Frommen gesagt, dass ihr Wandel (wörtlich: ihre „Füße“ רגלים) von Jhwh „bewahrt“ (שמר) wird, während das betende Ich in Ps 73 bekennt, vor Neid auf die Gottlosen (V. 3) beinahe vom rechten Weg abgekommen zu sein: „fast wäre ich gestrauchelt mit meinen Füßen (רגלים)“ (V. 2).

Die Problemstellung, die Ps 73 entfaltet, haben wir nun bereits ansatzweise in den Blick bekommen. Durch die Augen des Ich sehen wir die gewalttätige Hybris der Gottlosen. In ihrem Hochmut reden sie nicht nur böse daher (V. 8), sie handeln auch so – sie „reden Unterdrückung“ (ebd.). Ihre Gottlosigkeit kommt offenbar in konkreten sozialen Konstellationen zum Ausdruck, und sie geht zu Lasten derer, die ökonomisch und politisch unten sind – unter den Gottlosen. In Ps 94, der in das gleiche Horn stößt, wird dies – gewiss mit Klischees, aber auch die sind ja aufschlussreich – ausbuchstabiert: Die Gottlosen „zertreten“ und „erniedrigen“ die, die dort als Jhwhs Eigentum bezeichnet werden (V. 5), sie „morden“ Witwen, Waisen und schutzbefohlene Fremde (V. 6). Mit nüchterneren Worten: In kühl kalkulierter Vorteilsmaximierung entziehen sich die Gottlosen der Verantwortung, die ihre privilegierte soziale Stellung mit sich bringt. Dabei suchen sie ihren gemeinschaftsschädigenden und darin gottwidrigen Wandel keineswegs zu verbergen; nach Ps 73 stellen sie ihn vielmehr regelrecht zur Schau: Hochmut ist ihr „Halsschmuck“, Gewalttat ihr „Gewand“ (Ps 73,6). Der Gipfel des Ganzen ist aber, in den Augen des Ich, dass die Gottlosen angesichts dieser Konstellation wenn nicht Gottes Existenz, so doch seine Macht bzw. den Willen, diese auszuüben, in Abrede stellen.[29] Auf das entsprechende Zitat in V. 11 läuft die Problembeschreibung zu, aus ihr folgt das vorläufige Fazit von V. 12: „Sieh’, das sind die Gottlosen; stets sorglos, mehren sie ihr Vermögen.“

Und genau daraus erwächst die Anfechtung, die das Ich von Ps 73 so verunsichert:[30] Die gewalttätige Gottlosigkeit hat Erfolg! In seiner eigenen Gottesfurcht möchte das Ich annehmen, dass es jenen, die so handeln, gerade nicht gut gehen kann – aber es geht ihnen gut![31] In V. 3 wird diese Irritation auf *ein* Wort gebracht: שלום רשעים, das „Heil“, das „Wohlergehen“, das „pralle Lebensglück“[32] der Gottlosen. Damit nicht genug, die Gottlosen selbst bohren in der Wunde dieser theologischen Differenzerfahrung, sie feixen über die vermeintliche Einfalt derer, die sich anders entscheiden (V. 11). Was damit zur Debatte gestellt wird, ist ein traditioneller Lehrsatz weisheitlichen Denkens im Alten Testament: über den Zusammenhang von Tun und Ergehen. Und insofern mit dem

29 Vgl. dazu die abgewogene Einschätzung bei Saur, Where Can Wisdom Be Found?, 195. Hossfeld und Zenger, Psalmen 51–100, 341, sprechen von „praktische[m] Atheismus“.

30 Zum Folgenden s. etwa Saur, Where Can Wisdom Be Found?, 195; Janowski, Anthropologie des Alten Testaments, 498; Longman III, Fear of the Lord, 67.187, und zuletzt Wanke, Psalm 73, 346–347. Vgl. auch bereits Gunkel, Psalmen, 312, und Buber, Recht und Unrecht, 973–976.

31 „[T]he psalmist shares his exasperation and frustration that the world did not work as his theology informed him it would.“ (Longman III, Fear of the Lord, 187).

32 So mit einem treffenden Ausdruck von Freuling, ‚Wer eine Grube gräbt …‘, 272. Vgl. ferner Hossfeld und Zenger, Psalmen 51–100, 340.

geschilderten Problem – es ist das Problem des Hiob[33] – fundamentale Zweifel an der Gültigkeit dieses Zusammenhangs angesprochen werden, um sie einer diskursiven Bearbeitung zugänglich zu machen, wird zugleich deutlich, wo Ps 73 des Näheren einzuordnen ist: nämlich unter die kritische Weisheit, in der die intellektuelle Krise reflektiert wird, die das Auseinanderklaffen von Lehrsatz und Lebenserfahrung auslösen kann.[34] In *diesem* Resonanzraum, den Ps 73 gemeinsam mit Parallelen wie z. B. Ps 94 oder eben dem Buch Hiob eröffnet, beginnt auch die Ansprache von 1 Sam 2,3 zu klingen.

Aber bleiben wir noch einen Moment bei Ps 73 und der bisher offen gelassenen Frage, wo eigentlich das Ich steht. Rechnet es sich selbst zu jenen, die von den Gottlosen unterdrückt werden? Die Vermutung könnte nahe liegen,[35] zumal im Licht von Vergleichstexten, die unzweideutig diese Perspektive einnehmen. Aber hier – wie auch bei Hiob – ist es offenbar anders. Das Ich gesteht offen ein, die Gottlosen nicht nur beneidet zu haben (V. 3), sondern von ihrem Handel und Wandel angezogen worden zu sein (V. 2). Das zeigt deutlich: Das Ich hätte selbst so handeln *können*. Auch das Ich wäre in der Lage, seine Interessen ohne Skrupel und soziale Folgenabschätzung durchzusetzen und „Unterdrückung zu reden". Dies bestätigt V. 15. Dort, im zweiten Teil des Psalms, in dem das Ich auf seine vergeblichen Versuche zurückblickt, die im ersten Teil geschilderte Krise denkerisch zu bewältigen, konkretisiert es, worin sein Abirren vom rechten Weg bestanden hätte: „Wenn ich gesagt hätte: Ich will ebenso reden, siehe, ich hätte treulos gehandelt (בגדתי) am Geschlecht deiner Kinder (דור בניך)."[36] Das Ich ist also nicht Opfer, es leidet nicht selbst unter den Unterdrückern; sondern es leidet daran, dass die Unterdrückung nicht geahndet wird.[37] Genauer gesagt, das Ich leidet daran, dass die Entscheidung der Gottlosen, die nicht seine eigene ist, es aber sein könnte, zu Heil, Wohlergehen und der sorglosen Mehrung des Vermögens verhilft.

Umso mehr fragt sich natürlich, worin die Entscheidung des Ich gründet; und erneut kommen dabei theologische Differenzen in den Blick. Es ist eine andere Interpretation der Jhwh-Religion, die hier den Graben markiert zwischen selbsterklärten Frommen und ihren zu Gottlosen erklärten Gegnern. Das Ich bzw. die Gruppe, die es ansprechen soll, fühlt sich offenbar einer Auffassung verpflichtet, die Rainer Albertz auf den Begriff „Solidaritätsverpflichtung […] der Jahwereligion" gebracht hat.[38] Albertz, der die hier am Beispiel von Ps 73 rekonstruierte Kontroverse auf breiterer Basis beschrieben hat, schließt von daher auf eine regelrechte „Aufspaltung der Oberschicht" entlang religiös-ethischer Konfliktlinien, deren sozialgeschichtlichen Hintergrund er in spezifischen geopolitischen (imperialen) und ökonomischen Entwicklungen ab der Mitte des 5. Jh. v. Chr. sucht.[39] Hier ist nicht der Ort, dieser historischen Hypothese im Einzelnen

33 Statt vieler s. Saur, Where Can Wisdom Be Found?, 195–196 („the constellations of Job").

34 Vgl. Freuling, ‚Wer eine Grube gräbt…', 268–280.

35 Vgl. Irsigler, Psalm 73, passim, und noch idem, Suche nach Gerechtigkeit, 92.

36 Auf diesen Zusammenhang machen Oeming und Vette, Psalmen, 178, aufmerksam.

37 So mit Albertz, Religionsgeschichte, Bd. 2, 545, Anm. 40, gegen die Deutung H. Irsiglers (vgl. oben, bei Anm. 35).

38 Albertz, Religionsgeschichte, Bd. 2, 546.

39 Vgl. Albertz, Religionsgeschichte, Bd. 2, 536–576, das Zitat 541.

nachzugehen. Festzuhalten ist aber, wie konkret sich die Problemkonstellation von Ps 73 unter dieser Voraussetzung nachzeichnen lässt. Da stehen sich eben nicht allein gottlose Reiche und von diesen unterdrückte fromme Arme gegenüber; den gottlosen Reichen stehen auch fromme Reiche gegenüber, die für einen anderen Sozialvertrag plädieren – mit theologischen Argumenten.

Das Ich von Ps 73 präsentiert sich als Paradigma für diesen dritten Teil einer dreigespaltenen Gesellschaft. Es will, es soll andere, die vor derselben Entscheidung stehen, von der Solidaritätsverpflichtung überzeugen, die seines Erachtens untrennbar mit der Verehrung Jhwhs verbunden ist. An solcher Überzeugungsarbeit bestand offensichtlich Bedarf:[40] Selbst das jetzt so prinzipienfeste Ich wäre vormals um ein Haar falsch abgebogen (V. 2).[41] Nach alledem ist Ps 73 weniger ein Gebet denn ein weisheitliches Lehrstück. Anders als in 1 Sam 2,3 werden die intendierten Adressaten zwar nicht direkt angesprochen. Aber dass das Problem und die Art, wie es entfaltet wird, ansprechen soll, ist offenkundig.[42]

Was wir aus dem Vergleich mit Ps 73 für das Verständnis der Ansprache in 1 Sam 2,3 gewinnen, ist also zunächst eine begründete Vermutung zum ursprünglichen Ort des Diskurses, der hier so plötzlich aufblitzt. Viel deutlicher, als wir sie aus dem Munde der aufgewühlten, angefochtenen, triumphierenden Hanna zu hören vermögen, nehmen wir die weisheitlich-lehrende Absicht wahr. Zugleich zeichnet sich in diesem Licht auch ab, *was* hier gelehrt werden soll und wem. Im Zusammenhang der Erzählung gelesen, ordnet man die Ansprache intuitiv anders zu – und überhört damit die theologische Sachfrage, auf die sie sich mutmaßlich bezieht; entsprechend blass müsste auch die Auslegung der theologischen Sätze von V. 3b bleiben. Wenn man das Lied aber für sich und im Zusammenhang mit Parallelen im Psalter liest, zeigt sich: Gegen den im Zuge der kritischen Weisheit diskutierten Zweifel wird eingeschärft: Jhwh prüft, er *ahndet* Taten. An welche Art von Taten dabei konkret gedacht ist, wird in V. 3a zwar nicht ausbuchstabiert. Aber dass sich der angeprangerte Hochmut nicht bloß in rein theologischer Weise gegen den Höchsten richtet, sondern gegen die minderprivilegierten Nächsten, kann man mit Gründen annehmen. Diese soziale und letztlich auch politische Dimension legt nicht nur der Vergleich mit Ps 73 nahe, sie wird auch ausdrücklich angesprochen im folgenden Kern des Liedes, V. 4–8. Allerdings scheint die Perspektive dort eine ganz andere zu sein – womit ich bei meinem zweiten Fragekreis und dem zweiten Vergleichstext bin.

---

40 Albertz, Religionsgeschichte, Bd. 2, 546: „Der theologische Streit und auch die Schärfe, mit der er geführt wurde, werden nur verständlich, wenn man annimmt, daß die Haltung der sog. ‚Frevler' in der Realität ausgesprochen überzeugend und anziehend war."

41 Vielleicht ist von daher auch die – allerdings schon textkritisch schwierige (s. o., Anm. 24) – Aussage von V. 10 zu verstehen.

42 Das gesteht auch Irsigler, Suche nach Gerechtigkeit, 83, zu, wenn er Ps 73 als „Gebetsmonolog vor Gott" mit doppelter Sprechrichtung bestimmt. Vgl. dazu noch Hossfeld und Zenger, Psalmen 51–100, 335.

3 Die Ansprache als Teil des Liedes und Psalm 75

Wenn wir nun ein vertieftes und, so hoffe ich, sachgemäßeres Verständnis der Ansprache in 1 Sam 2,3 gewonnen haben, hat sich dadurch die zweite Frage, die der Vers aufwirft, eher noch verschärft: Wie passt die Ansprache, wie passt dieser scharfe Appell zu den übrigen Teilen des Psalms, besonders zu dessen Herzstück in den direkt anschließenden V. 4–8? Jhwh ahndet unsolidarisches Handeln – sagen sich solche, die über entsprechende Handlungsmacht verfügen. Das passt, wie gesehen, in einen weisheitlichen Diskurs, wie ihn zum Beispiel Ps 73 bezeugt, das passt auch zu 1 Sam 2,9–10aα^1, dem V. 3b korrespondierenden Teil des hinteren Rahmens. Aber wie passt die Ansprache, wie passt der ganze weisheitliche Diskurs der Rahmenstücke zu der Darstellung einer verkehrten Welt, die dazwischensteht?

Ab V. 4 wird in eindrücklichen Bildern beschrieben, wie die gewohnte, erfahrbare Lebenswelt Kopf steht.[43] Die vermeintlich normalen sozioökonomischen Verhältnisse sind in ihr genaues Gegenteil verkehrt. Wir sehen „Gewaltige", deren Bogen zerbrochen ist (V. 4), „Satte", die sich um Brot verdingen, ehemalige „Hungerleider", die dies nicht mehr nötig haben (V. 5). V. 7a fasst lapidar zusammen: „Jhwh macht arm und reich". Und an die Armen, die reich gemacht werden, richtet sich diese Darstellung offenbar auch, wie spätestens in V. 8a deutlich wird. דל und אביון, die „Geringen" und „Armen", ihnen gilt die entschiedene Parteinahme, sozusagen die Option des Psalms für die Armen. Feierlich wird versprochen: Jhwh selbst richtet die Geringen und Armen auf „aus dem Staub" (V. 8). Diese tröstliche, geradezu seelsorgerliche Zusage an die, die am Boden liegen, von den Gewaltigen getreten werden, passt eher schlecht als recht zu der eindringlichen Erinnerung von V. 3b, Jhwh prüfe und ahnde Taten, und sie passt gar nicht zu dem warnenden Appell von V. 3a.[44] Denn dass es die Geringen und Armen sein sollten, die hochmütig und vermessen daherreden, erscheint schon für sich genommen abwegig, erst recht im Licht unseres Vergleichs mit Ps 73. Natürlich kann man einwenden und argumentieren, dass die Warnung von V. 3 eben auch nicht für dieselben Ohren bestimmt ist wie die tröstliche Hoffnungsperspektive von V. 8 – aber damit hat man schon zugestanden, dass in den unterschiedlichen Teilen des Liedes unterschiedliche Perspektiven nebeneinanderstehen; ich komme darauf zurück.

Lassen wir uns zuvor aber noch einmal von Ps 73 anregen und spielen die dort rekonstruierte Konstellation – eine in sich gespaltene Oberschicht, gottlose versus fromme Reiche – konkret durch. Dann wird nämlich deutlich, dass nicht nur der Skopus in V. 8a, sondern die gesamte Darstellung der V. 4–8 sperrig zu stehen käme im Rahmen einer weisheitlich-diskursiven Selbstvergewisserung solidarisch gesinnter Großbürger. Die Oberen unten und die Unteren oben, an einer *solchen* Lösung des Problems, wie sie hier unter Adaption des Topos der verkehrten Welt visionär vor Augen gestellt wird,[45] konnte keinem Mitglied der Oberschicht gelegen sein, ob auf die Belange der Armen und eine entsprechende theologische Tradition ansprechbar oder nicht. Das belegt auch

43 Vgl. dazu Krause, Mundi inversi, 431–433.

44 Anders Firth, Hannah's Prayer, 28–29.

45 Man vergleiche die eschatologischen Hoffnungsperspektiven in Mal 3,19–21 oder Jes 29,17–21.

die Art, wie im dritten Teil von Ps 73 das Problem des betenden Ich gelöst wird, nämlich durch die ihm von Jhwh in stiller Meditation eröffnete Erkenntnis, dass das Glück der Gottlosen, unter dem das Ich jetzt leidet, dereinst als Scheinglück entlarvt werden wird (V. 18–20), während das wahre Glück das ist, in dem das Ich jetzt schon lebt, nämlich Gott nahe zu sein (V. 23–26).[46] Manche Ausleger sprechen von einer „geradezu mystischen Lebensgemeinschaft“ mit Gott.[47] Von einer großen Inversion, die die sozioökonomischen Verhältnisse vom Kopf auf die Füße stellt, ist jedenfalls keine Rede – wenig verwunderlich angesichts der Tatsache, dass sich das Ich dann selbst unten im Staub wiederfinden würde.

Vor diesem Hintergrund ist es umso interessanter, dass es noch einen anderen Psalm gibt, der enge Parallelen mit 1 Sam 2,3, darüber hinaus aber auch mit dem Lied der Hanna im Ganzen aufweist. Es handelt sich um Ps 75, der sich wie folgt ins Deutsche bringen lässt:

> 1 Dem Musikmeister: Nach der Weise Verdirb nicht. Ein Psalm Asafs. Ein Lied.
> 2 Wir danken dir, Gott, wir danken;[48]
> die deinen Namen anrufen, erzählen von deinen Wundern.[49]
> 3 Wenn meine Zeit gekommen ist,[50]
> werde ich selbst gerecht richten.
> 4 Mag wanken die Erde mit all ihren Bewohnern,[51]
> ich selbst habe ihre Säulen festgemacht.[52] – Sela.
> 5 Ich sage (hiermit)[53] zu den Prahlern[54]: Prahlt nicht!
> und zu den Gottlosen: Erhebt nicht das Horn!

46 S. dazu etwa Gillmayr-Bucher, Gefürchtet, bewundert und überwunden, 85–86; Schmidt, Grundunterscheidung, 74–75.

47 Hossfeld und Zenger, Psalmen 51–100, 347. Vgl. die eingehende Erörterung bei Pola, Gott fürchten und lieben, 106–112.

48 Zur Diskussion um die Wiedergabe der *qāṭal*-Formen s. einerseits Hossfeld und Zenger, Psalmen 51–100, 373–374 (mit inhaltlicher Begründung einer vergangenheitlichen Übersetzung), andererseits Gunkel, Psalmen, 327 (gattungskritischer Vergleich u. a. mit 1 Sam 2,1).

49 Verseinteilung und konjekturale Emendation zu וְקֹרְאֵי בְשׁ'* (vgl. BHS u. ö.) in Anlehnung an die alten Versionen (so z. B. auch Kraus, Psalmen, 683–684 u.v. a.). Der Verweis auf die spezifische Rede vom Namen in den Nachbarpsalmen, insbesondere in Ps 74,7.10.18.21, eröffnet vielleicht auch für den vorliegenden MT eine Verständnismöglichkeit (so Hossfeld und Zenger, Psalmen 51–100, 374). Ob dieses Verständnis das ursprünglich intendierte ist, bleibt dabei aber offen bzw. wird durch die psalterredaktionelle Argumentation gerade fraglich.

50 Zur Schwierigkeit des dunklen Ausdrucks s. Duhm, Psalmen, 290.

51 In diesem Sinne fassen den Satz etwa auch Duhm, Psalmen, 290; Weiser, Psalmen, 354, auf.

52 Zur Bedeutung des Motivs im Kontext vgl. Krause, Mundi inversi, 434, und – etwas anders – Jeremias, Die Erde ‚wankt‘, 232–233.

53 So mit Gunkel, Psalmen, 328. S. auch Jeremias, Kultprophetie und Gerichtsverkündigung, 117.

54 S. o., Anm. 14.

6 Erhebt euer Horn nicht in die Höhe,
sprecht nicht[55] mit gerecktem Hals Vermessenes![56]
7 Denn nicht von Osten oder Westen
noch aus der Wüste (kommt) Erhöhung[57].[58]
8 Fürwahr, Gott ist Richter!
Diesen erniedrigt und jenen erhöht er.
9 Ja, ein Becher ist in Jhwhs Hand,
und gärender Wein voll Würze;
er schenkt davon aus[59].
Ja, seine Hefe müssen sie schlürfen,
trinken müssen alle Gottlosen der Erde.
10 Ich aber, ich will allezeit verkünden[60],
ich will lobsingen dem Gott Jakobs.

55 Double Duty der Negation im ersten Kolon.

56 Beliebt ist, anstelle von MT „Hals" wie LXX „Fels" (צור) zu lesen (z. B. Gunkel, Psalmen, 328–329; Kraus, Psalmen, 684; Seybold, Psalmen, 291). Dann kann, unter entsprechender Ausdeutung von מרום im ersten Kolon, der ganze Parallelismus als Warnung vor einem Verhalten gelesen werden, das sich unmittelbar und ausschließlich gegen Gott richtet. So explizit etwa Seybold, Psalmen, 290: „Richtet euer Horn nicht gegen die Höhe! Redet nicht Vermessenes gegen den Felsen." Doch ist schon mit dem idiomatischen und in der Komposition des Psalms fest verankerten Ausdruck „Horn" eine Metapher eingeführt, zu der die – zugegebenermaßen weniger gebräuchliche (vgl. aber Hi 15,26) – des Halses durchaus passt. Insofern kann MT hier beibehalten werden – und mit ihm die komplexere Vorstellung eines gemeinschafts- und *darin* auch gottwidrigen Gebarens.

57 Für die Auffassung als Inf. cstr. von רום Hif. spricht der leitwortartige Gebrauch des Verbums im unmittelbaren Kontext der V. 5–6 und 8 (vgl. auch V. 11).

58 Im Ganzen kann man sich des Eindrucks nicht erwehren, dass der Vers im Zuge der Textüberlieferung entstellt worden ist (vgl. die Durchsicht der Vorschläge zum Verständnis von MT bei Gunkel, Psalmen, 329); freilich drängt sich keine konjekturale Lösungsmöglichkeit auf (vgl. den Versuch bei Gunkel, Psalmen, 329).

59 Aus metrischen Gründen erscheint der Satz zu kurz, und da LXX ἐκ τούτου εἰς τοῦτο bietet, wird er gerne entsprechend ergänzt (z. B. Gunkel, Psalmen, 329; Kraus, Psalmen, 684). Die Aussage erscheint dann aber, wenn auch vielleicht „ausdrucksvoller" (Gunkel, Psalmen, 329), weniger klar als in MT (Gunkels Übersetzung „er kredenzt von einem zum anderen" [Gunkel, Psalmen, 326] ist nach Jer 25,17ff. vorgestellt [Gunkel, Psalmen, 328]).

60 Einerseits vermisst man hier in der Tat ein Objekt, insofern ist die häufig vorgenommene Änderung des Textes in אָגִיל*, wenn nicht im strengen Sinne nötig (zu Hossfeld und Zenger, Psalmen 51–100, 374: „unnötig"), so doch jedenfalls nicht unmotiviert. Andererseits übersieht sie den Zusammenhang mit V. 2b (der wiederum übersteigert erscheint, wenn Jensen, Psalm 75, 418, erklärt: „The object is נפלאותיך [...] of v. 2b"; vgl. ferner Botha, Honour of the Righteous, 324), was in der Abwägung dafür sprechen kann, versuchsweise bei MT zu bleiben. Es wäre zu erwägen, einen Ersatz für das vermisste Objekt in der Aussage von V. 11 zu sehen – zumal wenn diese als Zitat eines Jhwh-Wortes aufgefasst wird (s. u., Anm. 61); so auch Tournay, Seeing and Hearing God, 183, der übersetzt: „I will declare *this* forever" (im Original ohne Hervorhebung). – Unter diesen Voraussetzungen verstärkte sich der angesprochene Zusammenhang von V. 10 mit V. 2 noch, insofern auch dort auf die Rede von der Verkündigung seiner Verehrer das Zitat eines Jhwh-Wortes folgt (ähnlich beobachtet bei Oeming und Vette, Psalmen, 187.191).

11 Aber alle Hörner der Gottlosen werde ich abhauen[61],
die Hörner des Gerechten werden erhöht.

Ein leidenschaftliches Stück Literatur – und kompliziert zu lesen. Die Schwierigkeit liegt vor allem darin, dass man sich wiederholt fragt, wessen Worte das nun sind, und nicht sieht, wer sie spricht. Ohne die Geschichte der Forschung, die sich an diesem Problem entzündet hat, noch einmal aufzurollen,[62] lässt sich für unsere Zwecke feststellen: Nachdem in V. 2 zunächst eine Wir-Gruppe das Wort führt, schließt in V. 3–4 unvermittelt eine Ich-Rede an, die von ihrem Inhalt her nur eine Rede Gottes sein kann. Noch verwirrender, zumindest auf den ersten Blick, ist das Ende, wo mit den V. 10 und 11 zwei Aussagen nebeneinanderstehen, die beide in Ich-Rede ergehen, aber schwerlich vom selben Ich stammen: Die erste kann kaum eine Gottesrede, die zweite kaum eine Menschenrede sein.[63] V. 10 wird daher Menschen- und V. 11 Gottesrede sein. Für letzteres spricht eben auch der Befund in V. 3, wo das Zitat der Gottesrede ohne jede Einleitung beginnt; zu ersterem fügt sich, dass schon in den vorangehenden V. 8–9 sehr prononciert *über* Gott gesprochen wird. Bleibt die Frage nach V. 5–7, die auf das Zitat der Gottesrede in V. 3–4 folgen. Hier, im Zentrum des Psalms, findet sich eine direkte Ansprache an eine Ihr-Gruppe, in diesem Fall explizit als „die Gottlosen" (הרשעים) identifiziert. „Ich sage hiermit zu den Prahlern: Prahlt nicht!" (V. 5a). „Ich sage" – wer sagt das? Auf den ersten Blick könnte man meinen, hier setze sich die Gottesrede fort. Näher besehen, ist aber wohl eher davon auszugehen, dass der Sprecher, in dessen Mund das vorangehende Gotteswort laut geworden ist, nun in eigener Autorität zu reden beginnt.[64] Offenbar spricht er zu der und zugleich für die Wir-Gruppe (vgl. V. 10 mit V. 2), deren Wort den Auftakt gebildet hat (V. 2).

Ps 75 weist, wie gesagt, auffällige Parallelen zu der Ansprache in 1 Sam 2,3 *und* zum Lied der Hanna im Ganzen auf.[65] Da ist zunächst die profilierte theologische Vorstellung von Gott als Richter. In Ps 75 begegnet sie gleich doppelt, in der Ich-Aussage von V. 3 und als Vertrauensbekenntnis des Sprechers in V. 8 (an beiden Stellen formuliert mit שׁפט), im Hannalied finden wir sie im äußeren Rahmen in 1 Sam 2,10aβ (mit דין). In unmittelbarem Zusammenhang damit steht in Ps 75 die Vorstellung von Gott als Gründer der Welt und Gebieter über ihre Stabilität (V. 4), und auch sie finden wir in ganz ähnlicher Form im Hannalied, wo sie den Abschluss der Darstellung der ver-

61 „Man erwartet 3.P.m." (Seybold, Psalmen, 291) – oder hat das wörtliche Zitat einer Jhwh-Rede vor sich. Zumal im Licht von V. 3–4, wo unzweifelhaft ein solches Zitat vorliegt, hat diese Auffassung die größere Wahrscheinlichkeit für sich. (Anders, aber kaum überzeugend Gunkel, Psalmen, 328, der das Wort dem Beter zutraut: „Ja, er selber fühlt sich in seiner Begeisterung stark genug, mitzuwirken an dem Verderben der Gottlosen".)

62 S. v. a. Jeremias, Kultprophetie und Gerichtsverkündigung, 117–119, zur Kritik besonders Gerstenberger, Psalms, Bd. 2, 82.84 (z.St.) und idem, Psalms, Bd. 1, 82–83 (am Beispiel von Ps 12).

63 Zum Problem s. bereits oben, Anm. 61.

64 Zur Begründung s. Gerstenberger, Psalms, Bd. 2, 82–83; Hossfeld und Zenger, Psalmen 51–100, 375–376.

65 Darauf hat zuvor insbesondere Tournay, Seeing and Hearing God, 183–184, hingewiesen.

kehrten Welt bildet (1 Sam 2,8b). Wie Ps 75,4 deutlich zeigt, wird die Vorstellung hier dazu eingesetzt, ein im wörtlichen Sinne grundstürzendes, alles auf den Kopf stellendes „Weltgericht“[66] Gottes affirmativ zu thematisieren.[67] Worin dieses Gericht besteht, wird in Ps 75 auf die Formel vom Erniedrigen (שפל Hif.) der Hohen und Erhöhen (רום Hif.) der Niedrigen (V. 8b) gebracht. Im Lied, wo der formelhafte Ausdruck ebenfalls begegnet (1 Sam 2,7b), wird dies, wie gesehen, in der Darstellung der verkehrten Welt anschaulich entfaltet (V. 4–8 im Ganzen).

Vor dem Hintergrund dieser Gemeinsamkeiten muss nun umso mehr ins Auge fallen, dass auch die Ansprache in 1 Sam 2,3 eine direkte Parallele in Ps 75 findet. Genau wie im Lied der Hanna werden menschliche Adressaten – die hier, wie bereits erwähnt, ausdrücklich als „Gottlose“ identifiziert werden (V. 5; s. ferner V. 9; vgl. Ps 73,3.12; 1 Sam 2,9a) –, in direkter Rede angesprochen; und auch hier besteht die Ansprache in einer scharfen Warnung vor Hybris und hochmütigem Reden: „Prahlt nicht!“ „Erhebt nicht das Horn!“ „Sprecht nicht Vermessenes!“ (Ps 75,5–6). Zur Formulierung wird dabei zum einen das Wort עתק verwendet (V. 6b), das ich hier wie in 1 Sam 2,3a mit „Vermessenes“ übersetzt habe. Außerhalb unserer beiden Stellen kommt es nur noch in Ps 31,19 und 94,4 vor; letzter Beleg steht im unmittelbaren Kontext der oben bereits herangezogenen Beschreibung der Gottlosen als solcher, die Jhwhs „Eigentum“ „zertreten“ und „erniedrigen“ (V. 5), die sozial Schwache und Schutzbefohlene „morden“ (V. 6). Zum anderen sticht in Ps 75 die betont wiederholte Formulierung der Warnung mit dem Motiv des (selbst aufgerichteten) Horns heraus (V. 5b.6a); dies umso mehr, als es im abschließenden Zitat der Gottesrede noch einmal, und wiederum doppelt, aufgenommen wird (V. 11a.b). Dass im letzten der insgesamt vier Belege in Ps 75 das Bild nicht mehr als Element der Mahnung, sondern als heilvolle Zusage an die Hörerinnen und Hörer eingesetzt wird, korrespondiert der prominenten Verwendung des Motivs im äußeren Rahmen des Hannaliedes, wo es mit Lobpreis der Hilfe Jhwhs und dem hoffnungsfrohen Ausblick auf seinen Gesalbten Anfang und Schluss markiert (1 Sam 2,2a.10b).

Soweit die Parallelen zwischen 1 Sam 2 und Ps 75. Auch hier ist der Vergleich aber kein Selbstzweck, sondern soll dem besseren Verständnis des Hannaliedes dienen. Was also gewinnen wir für die Frage, von der wir ausgegangen sind: wie der scharfe Appell an solche, die in Wirtschaft und Gesellschaft das Sagen haben (1 Sam 2,3), zu der unmittelbar folgenden, geradezu revolutionär anmutenden Darstellung einer verkehrten Welt und deren Parteinahme für die sozial Deklassierten (V. 4–8) passt? Wichtig ist aus meiner Sicht der Blickwinkel. In Ps 75 wird die Problematik, die in 1 Sam 2,3 aufblitzt und die wir auch in Ps 73 rekonstruieren konnten, aus der Perspektive derjenigen thematisiert, auf die sich Hybris, Hochmut und mutmaßlich entsprechendes Handelsgebaren der „gottlosen“ Reichen konkret auswirken. Eindrücklich ablesen kann man diesen Zusammenhang bzw. die gesellschaftliche Konstellation an der leitmotivi-

66 So mit einem Ausdruck von Hossfeld und Zenger, Psalmen 51–100, 382 (in der Auslegung von Ps 75). Vgl. ferner z. B. noch Gunkel, Psalmen, 328; Kraus, Psalmen, 687.

67 S. dazu Krause, Mundi inversi, 433–434 (unter Kontrastierung mit Prov 30,21–23). Ähnlich bereits Weiser, Psalmen, 355.

schen Verbindung der Ansprache in Ps 75,5–6 mit der finalen Gottesrede in V. 11: „Erhebt nicht das Horn!“ – „Alle Hörner der Gottlosen werde ich abhauen, die Hörner des Gerechten werden erhöht.“ So wie die Hörner der Gottlosen von Jhwh abgehauen werden – oder noch pointierter: *indem* die Hörner der Gottlosen abgehauen werden –, werden die Hörner des Gerechten, mit dem sich die Adressatinnen und Adressaten identifizieren sollen, erhöht.[68] Und ich stimme Erhard Gerstenbergers Auslegung zu, wenn er betont, das Motiv des Horns symbolisiere hier politische und ökonomische Macht.[69] Im Ganzen würde ich Ps 75 daher in den Kontext einer gruppenbezogenen Frömmigkeit einordnen, deren Ausdrucksformen wir auch andernorts im Psalter bezeugt finden, besonders eindrücklich zum Beispiel in Ps 12. Mit dem eingeführten Begriff kann man von einer „Armenfrömmigkeit“ sprechen, die Hintergründe ihrer Entstehung sind wohl in den bereits angesprochenen ökonomischen Entwicklungen ab der Mitte des 5. Jh.[70] zu suchen.[71]

Diese realen, sozialgeschichtlich zu rekonstruierenden – oder etwas vorsichtiger: mit Gründen zu postulierenden – Entwicklungen spiegeln sich also in beiden zum Vergleich herangezogenen Psalmen, Ps 73 *und* Ps 75. Der entscheidende Unterschied liegt aber darin, von welchem Standpunkt aus sie in den Blick gefasst werden. Der Unterschied liegt darin, wo das Ich steht und welches Problem es von diesem Standpunkt aus wahrnimmt. Dem Ich von Ps 73 stellt sich das Theologen-Problem, wie verlässlich der Lehrsatz vom Tun-Ergehen-Zusammenhang ist.[72] Auch dieses Problem kann durchaus existentiell bedrängen, ich will es nicht beschönigen.[73] Aber das Leiden daran ist eher ein geistig-geistliches.[74] In Ps 75 sehen wir die Sache dagegen mit den Augen derjenigen, die die „Unterdrückung“, die die Gottlosen reden (vgl. Ps 73,8), am eigenen Leib erfahren – weil sie unten sind. Und so, wie diese Perspektive Ps 75 von Ps 73 trennt, so verbindet sie ihn mit 1 Sam 2.

4 Schluss: Das Lied der Hanna zwischen Psalm 73 und Psalm 75

Man kann das Ergebnis des Vergleichs auch so zusammenfassen: In 1 Sam 2 finden wir *beide* Perspektiven, die in Ps 73 *und* die in Ps 75 wahrgenommene, in einem Psalm. Welche weitergehenden Schlüsse sind daraus zu ziehen?

In einem früheren Beitrag zum Topos der verkehrten Welt habe ich mit Blick auf das Hannalied die These zur Diskussion gestellt: „In der ausgeprägten Form, in der sie uns im Psalm der Hanna begegnet, gehört die Adaption und entschiedene Umformung

---

68 Zu diesem Konnex vgl. auch Botha, Honour of the Righteous, 330.

69 Gerstenberger, Psalms, Bd. 2, 83 („political and economic strenght“).

70 S. o., bei Anm. 39.

71 Zur Diskussion s. u. a. Lohfink, Anawim-Partei; Albertz, Religionsgeschichte, Bd. 2, 569–576; Levin, Poor; Bremer, Armentheologie; idem, Wo Gott sich auf die Armen einlässt.

72 S. o., S. 195–196.

73 Gunkel, Psalmen, 312: „nicht um eine Nebensache handelt es sich dabei, sondern um eine Frage, von der das ganze Dasein der Religion abhängig zu sein [scheint]“.

74 Sneed, Social World, 387, spricht pointiert von einer „intellectual crisis of the psalmist“. Vgl. ferner etwa die Auslegungen zur Stelle bei Weiser, Psalmen; Kraus, Psalmen.

der mundus-inversus-Vorstellung in den Kontext der Armenfrömmigkeit, wie sie sich in Jehud im Zuge der sozialen Krise ab der zweiten Hälfte des 5. Jh. entwickelt und gerade in eindringlichen Psalmgebeten niedergeschlagen hat."[75] Das war auf die neuartige Darstellung der verkehrten Welt gemünzt, in der der Topos genau andersherum eingesetzt wird, als vor dem Hintergrund der altorientalischen und auch älteren alttestamentlichen Traditionsgeschichte eigentlich zu erwarten, nämlich als Vision einer *besseren* Welt.[76] Angeregt von der Arbeit an diesem Topos, bezog sich die These gleichwohl auf das Lied im Ganzen, insofern ich dieses für eine in sich geschlossene literarische Einheit hielt und nach wie vor halte.[77] Mit der bewusst unscharf formulierten Verortung im „Kontext der Armenfrömmigkeit" wollte ich dabei der literatursoziologisch schwierigen, aus meiner Sicht unzureichend geklärten Frage Rechnung tragen, wie genau die Komposition eines elaborierten literarischen Psalms aus den sozialen Vollzügen der vermuteten Konventikelfrömmigkeit sozioökonomisch Minderprivilegierter heraus zu erklären sein könnte. Meine (in besagtem Beitrag unausgesprochene) Vermutung dazu lautet, dass das Lied im weiteren *Umfeld* armenfrommer Kreise geschaffen wurde, konkret: in mit ihnen sympathisierenden Kreisen der Oberschicht, also dort, wo mit einiger literatursoziologischer Plausibilität auch die Entstehung der so genannten Weisheitspsalmen, unter ihnen zum Beispiel Ps 73, verortet wird.

Das Lied der Hanna als literarische Komposition aus Kreisen einer „frommen", auf die Problematik der sozioökonomischen Entwicklungen ansprechbaren Oberschicht – wenn sich diese Vermutung bewähren sollte, so erklärt sie ungezwungen, dass in einem Lied, das sich im Kern um die Situation derer dreht, die „unten" sind, zugleich auch die Probleme der mutmaßlichen Autoren und ihrer primären Adressaten zur Sprache kommen. Denn genau dies geschieht in der Ansprache von 1 Sam 2,3. Was diese Ansprache bietet, ist eine lehrhafte Selbstvergewisserung solcher, die nicht arm sind und trotzdem fromm sein wollen, die reich sind, aber nicht gottlos handeln wollen. Diese Selbstvergewisserung wird herausgefordert durch die Provokation alternativer, vermeintlich smarterer Lebensentwürfe. In dieser Stoßrichtung und sogar in manchen Wortlauten sind die Ansprache in 1 Sam 2,3 und der ihr korrespondierende hintere Teil des inneren Rahmens bemerkenswert nahe bei der ausführlichen Entfaltung, die wir in Ps 73 finden.

In diesen Rahmen, der den bekannten Weisheitspsalmen parallelisiert werden kann, ist nun aber mit V. 4–8 ein Stück aufgenommen worden, das gleichen Ursprungs zu sein scheint wie die unmittelbareren Ausdrucksformen armenfrommer Konventikel, wie sie sich etwa in Ps 12; Ps 14 oder eben Ps 75 finden. Das Stück mochte sich zur Verwendung in diesem weisheitlichen Rahmen angeboten haben, weil sich mit ihm die Ansprache von 1 Sam 2,3 untermauern lässt (s. u.); zumal die Gewaltigen und Satten in V. 4 und 5a voranstehen, womit sich eine Anknüpfung an den Appell von V. 3 ergab.[78] Aber das

75 Krause, Mundi inversi, 439–440.

76 Zum Ganzen vgl. Krause, Mundi inversi, bes. 438–439.

77 S. dazu Krause, Mundi inversi, 436–437, in Auseinandersetzung mit der These einer Kompilation zweier ursprünglich je eigenständiger Lieder bei Dietrich, Samuel, 77–82.

78 Vgl. Bar-Efrat, Samuel, 79.

Stück selbst ist kein Produkt weisheitlicher Schriftstellerei, sondern von einer echten Armenfrömmigkeit geprägt. Dafür spricht zum einen die Vorstellung einer vollkommenen Inversion der gewohnten sozioökonomischen Verhältnisse, die in dieser Drastik dann wohl doch nicht ausbuchstabiert worden wäre von Autoren der Oberschicht und in den eigenständigen Weisheitspsalmen auch nicht ausbuchstabiert wird. Dafür spricht zum anderen auch der Skopus in V. 8a, insofern hier deutlich wird, auf welche Hörerinnen und Hörer die Darstellung zielt, wer sich mit ihr identifizieren soll: דל und אביון, der Geringe und der Arme.

Das Lied der Hanna, das auch angesichts der ergebnislosen Diskussion um seine Gattung schon länger als genuin literarisches Werk bewertet wird,[79] wäre demnach eine Art Kunstlied, komponiert unter Verwendung heterogener Materialien: ein Zeugnis echter Armenfrömmigkeit, überliefert in einem weisheitlichen Rahmen. Damit ist eine differenzierte entstehungsgeschichtliche Hypothese angedeutet, die meine bisherige Darstellung[80] um traditionskritische Tiefenschärfe ergänzt. Zu dieser Differenzierung haben mich inhaltlich-konzeptionelle Überlegungen veranlasst, die ich hier anhand des Vergleichs des Liedes mit Ps 73 und Ps 75 zu illustrieren versucht habe. Bemerkenswerterweise wird die entsprechende Analyse des Liedes, insbesondere die Abgrenzung des Kernstücks in 1 Sam 2,4–8 von einer in sich gestuften Rahmenbildung, in ihren wesentlichen Zügen auch aus anderer methodischer Warte bestätigt, nämlich durch die umfassende textgeschichtliche (‚empirische') Untersuchung, die Reinhard Kratz jüngst vorgelegt hat.[81] Auf Grundlage eines breit angelegten Vergleichs von MT, LXX und 4QSam[a] unterscheidet er einen älteren Kern in V. 4–8a von sukzessiven Erweiterungen. Unbeschadet der anders gelagerten Deutung des vorliegenden Liedes durch Kratz (im Licht von V. 10b liest er es als „Königspsalm"[82]), werte ich die Konvergenz der Ergebnisse als Bestätigung der hier vorgelegten Untersuchung.

Bleibt am Ende die Frage, warum die unbequeme Vision einer anderen, besseren Welt, in der alle Verhältnisse vom Kopf auf die Füße gestellt sind, überhaupt Verwendung fand bei der Komposition eines Liedes, das in seiner vorliegenden Fassung von und für Gutsituierte geschrieben ist. Wie so häufig in einer historischen Philologie, können wir nur mutmaßen – dank der inhaltlich-konzeptionellen Profilierung der Bestandteile nun aber immerhin mit Gründen. Das Stück, das im Zentrum steht, bezeugt die wohl aus persönlichen Erfahrungen, die in armenfrommen Kreisen erzählt und weitererzählt wurden, extrapolierte Gewissheit, dass Jhwh die Welt mit einem Mal umkehren kann – zugunsten derer, die jetzt unten sind. Mit der Komposition des Liedes wird diese Gewissheit in einen neuen Kontext gestellt und auf ihre Konsequenzen für den religiös-ethischen Binnendiskurs der Oberschicht befragt. Die Lektion lautet im Kern: „Durch eigene Kraft ist niemand stark" (1 Sam 2,9b). Daher kann sich niemand, der

79 Zur Forschungsgeschichte s. Hossfeld, Aufwertung, 247–248; Dietrich, Samuel, 70; zu besagter Einschätzung Stoebe, Buch Samuelis, 105–106; Mathys, Dichter und Beter, 129.

80 Krause, Mundi inversi, 436.

81 Kratz, Textual Supplementation.

82 Kratz, Textual Supplementation, 44.

jetzt stark ist, seiner Sache sicher sein – und sollte so handeln gegen die Schwachen, dass seine Taten Bestand haben vor dem Richterstuhl Jhwhs (V. 3b). Mit dieser abgewogenen Position steht das Lied der Hanna tatsächlich genau zwischen Ps 73 und Ps 75.

Literatur

Aejmelaeus, A., Hannah's Psalm in 4QSam[a], in P. Hugo und A. Schenker (Hg.), Archaeology of the Books of Samuel. The Entangling of the Textual and Literary History, VT.S 132, Leiden/Boston, 2010, 23–37.

Aejmelaeus, A., Hannah's Psalm in the Septuagint. Text, Translation, and Commentary, in R. Lillas-Schuil, G. Samuelsson, G. A. Walser et al. (Hg.), ‚Må de nu förklara…' Om bibeltexter, religion, litteratur. Festskrift för Staffan Olofsson, LIR.Skrifter, Göteborg, 2018, 19–37.

Albertz, R., Religionsgeschichte Israels in alttestamentlicher Zeit. Bd. 2: Vom Exil bis zu den Makkabäern, GAT 8/2, Göttingen, ²1997.

Bar-Efrat, S., Das Erste Buch Samuel. Ein narratologisch-philologischer Kommentar, BWANT 176, Stuttgart, 2007.

Becker-Spörl, S., ‚Und Hanna betete, und sie sprach…'. Literarische Untersuchungen zu 1 Sam 2, 1–10, THLI 2, Tübingen, 1992.

Botha, P. J., ‚The Honour of the Righteous will be Restored'. Psalm 75 in Its Social Context, OTEs 15, 2002, 320–334.

Bremer, J., Die Armentheologie als eine Grundlinie einer Theologie des Psalters, HeBAI 5, 2016, 350–390.

Bremer, J., Wo Gott sich auf die Armen einlässt. Der sozio-ökonomische Hintergrund der achämenidischen Provinz *Yəhūd* und seine Implikationen für die Armentheologie des Psalters, BBB 174, Göttingen, 2016.

Buber, M., Recht und Unrecht. Deutung einiger Psalmen (1952), in idem, Werke. Bd. 2: Schriften zur Bibel, München/Heidelberg, 1964, 951–990.

Dietrich, W., Samuel. Bd. 1: 1 Sam 1–12, BK VIII/1, Neukirchen-Vluyn, 2011.

Duhm, B., Die Psalmen, KHC XIV, Tübingen, ²1922.

Firth, D. G., Hannah's Prayer as Hope for and Critique of Monarchy, in S. Kipfer und J. M. Hutton (Hg.), The Book of Samuel and Its Response to Monarchy, BWANT 228, Stuttgart, 2021, 23–37.

Fokkelman, J. P., Narrative Art and Poetry in the Books of Samuel. Bd. IV: Vow and Desire (I Sam. 1–12), SSN, Assen, 1993.

Freuling, G., ‚Wer eine Grube gräbt…'. Der Tun-Ergehen-Zusammenhang und sein Wandel in der alttestamentlichen Weisheitsliteratur, WMANT 102, Neukirchen-Vluyn, 2004.

Gerstenberger, E. S., Psalms, Teil 1: With an Introduction to Cultic Poetry, FOTL XIV, Grand Rapids, 1988.

Gerstenberger, E. S., Psalms, Teil 2, FOTL XV, Grand Rapids/Cambridge, 2001.

Gillmayr-Bucher, S., Gefürchtet, bewundert und überwunden – Die ‚Anderen' in Psalm 73, in M. Grohmann und Y. Zakovitch (Hg.), Jewish and Christian Approaches to Psalms, HBS 57, Freiburg i. Br./Basel/Wien et al., 2009, 77–93.

Gunkel, H., Die Psalmen, Göttingen, ⁶1986.

Hossfeld, F.-L., Die Aufwertung Hannas durch ihren Lobgesang 1 Sam 2,1–10, in I. Riedel-Spangenberger und E. Zenger (Hg.), ‚Gott bin ich, kein Mann'. Beiträge zur Hermeneutik der biblischen Gottesrede, Festschrift für Helen Schüngel-Straumann zum 65. Geburtstag, Paderborn/München, 2006, 246–258.

Hossfeld, F.-L. und E. Zenger, Psalmen 51–100, HThKAT, Freiburg i. Br./Basel/Wien, 2000.

Hutzli, J., Die Erzählung von Hanna und Samuel. Textkritische und literarische Analyse von 1. Samuel 1–2 unter Berücksichtigung des Kontextes, AThANT 89, Zürich, 2007.

Irsigler, H., Die Suche nach Gerechtigkeit in den Psalmen 37, 49 und 73, in idem, Vom Adamssohn zum Immanuel. Gastvorträge Pretoria 1996, ATSAT 58, St. Ottilien, 1997, 71–100.

Irsigler, H., Psalm 73 – Monolog eines Weisen. Text, Programm, Struktur, ATSAT 20, St. Ottilien, 1984.

Janowski, B., Anthropologie des Alten Testaments. Grundfragen – Kontexte – Themenfelder, Tübingen, 2019.

Janowski, B., Konfliktgespräche mit Gott. Eine Anthropologie der Psalmen, Göttingen, [6]2021.

Jensen, J. E., Psalm 75. Its Poetic Context and Structure, CBQ 63, 2001, 416–429.

Jeremias, J., Die Erde ‚wankt' (1997), in idem, Studien zur Theologie des Alten Testaments, hg. von F. Hartenstein und J. Krispenz, FAT 99, Tübingen, 2015, 229–240.

Jeremias, J., Kultprophetie und Gerichtsverkündigung in der späten Königszeit Israels, WMANT 35, Neukirchen-Vluyn, 1970.

Kratz, R. G., Textual Supplementation in Poetry. The Song of Hannah as a Test Case, in J. L. Wright und S. M. Olyan (Hg.), Supplementation and the Study of the Hebrew Bible, BJSt 361, Providence, Rhode Island, 2018, 21–50.

Kraus, H.-J., Psalmen. 2. Teilbd.: Psalmen 60–150, BK XV/2, Neukirchen-Vluyn, [5]1978.

Krause, J. J., Mundi inversi. Der Topos der verkehrten Welt in Proverbien 30,21–23 und 1 Samuel 2,4–8, in J. J. Krause, W. Oswald und K. Weingart (Hg.), Eigensinn und Entstehung der Hebräischen Bibel. Erhard Blum zum siebzigsten Geburtstag, FAT 136, Tübingen, 2020, 419–440.

Kreuzer, S., Das Lied der Hanna (1 Sam 2,1–10 und Ode 3). Beobachtungen zu seiner Einbettung und zu seiner Entwicklung, in V. Bachmann, A. Schellenberg und F. Ueberschaer (Hg.), Menschsein in Weisheit und Freiheit. Festschrift für Thomas Krüger, OBO 296, Leuven/Paris/Bristol, 2022, 73–88.

Levin, C., The Poor in the Old Testament. Some Observations, in idem, Fortschreibungen. Gesammelte Studien zum Alten Testament, BZAW 316, Berlin/New York, 2003, 322–338.

Lohfink, N., Von der ‚Anawim-Partei' zur ‚Kirche der Armen'. Die bibelwissenschaftliche Ahnentafel eines Hauptbegriffs der ‚Theologie der Befreiung', Bib. 67, 1986, 153–176.

Longman III, T., The Fear of the Lord is Wisdom. A Theological Introduction to Wisdom in Israel, Grand Rapids, 2017.

Mathys, H.-P., Dichter und Beter. Theologen aus spätalttestamentlicher Zeit, OBO 132, Freiburg i.Ue./Göttingen, 1994.

Neef, H.-D., Hannas Lobgesang im Kontext. Beobachtungen zu 1 Sam 2,1–10 im Kontext der Samuelbücher, in J. J. Krause, W. Oswald und K. Weingart (Hg.), Eigensinn und Entstehung der Hebräischen Bibel. Erhard Blum zum siebzigsten Geburtstag, FAT 136, Tübingen, 2020, 241–258.

Neuber, C., Affirmation und Anfechtung. Untersuchungen zu den Reden der Gegner in den Psalmen, HBS 93, Freiburg i. Br./Basel/Wien, 2019.

Oeming, M. und J. Vette, Das Buch der Psalmen. Psalm 42–89, NSK.AT 13/2, Stuttgart, 2010.

Oswald, W., Staatstheorie im Alten Israel. Der politische Diskurs im Pentateuch und in den Geschichtsbüchern des Alten Testaments, Stuttgart, 2009.

Paszko, P., *Mundus inversus* nei cantici femminili dell'Antico Testamento, AnBib Dissertationes 227, Rom, 2019.

Pola, T., Gott fürchten und lieben. Studien zur Gotteserfahrung im Alten Testament, BThSt 57, Neukirchen-Vluyn, 2007.

Saur, M., Where Can Wisdom Be Found? New Perspectives on the Wisdom Psalms, in M. R. Sneed (Hg.), Was There a Wisdom Tradition? New Prospects in Israelite Wisdom Studies, AIL 23, Atlanta, 2015, 181–204.

Schmidt, W. H., Eine Grundunterscheidung des Glaubens. Wirken Gottes und Handeln des Menschen, Rheinbach, 2020.

Seybold, K., Die Psalmen, HAT I/15, Tübingen, 1996.

Sneed, M. R., The Social World of the Sages. An Introduction to Israelite and Jewish Wisdom Literature, Minneapolis, 2015.

Stoebe, H. J., Das erste Buch Samuelis, KAT VIII/1, Gütersloh, 1973.

Tournay, R. J., Seeing and Hearing God with the Psalms. The Prophetic Liturgy of the Second Temple in Jerusalem, JSOT.S 118, Sheffield, 1991.

Tov, E., Different Editions of the Song of Hannah and of Its Narrative Framework, in idem, The Greek and Hebrew Bible. Collected Essays on the Septuagint, VT.S 72, Leiden/Boston/Köln, 1999, 433–455.

Tov, E., Some Sequence Differences between the Masoretic Text and the Septuagint and Their Ramifications for Literary Criticism, in idem, The Greek and Hebrew Bible. Collected Essays on the Septuagint, VT.S 72, Leiden/Boston/Köln, 1999, 411–418.

Wanke, G., Psalm 73 an der Grenze zwischen Weisheit und Eschatologie, in R. Müller, U. Nõmmik und J. Pakkala (Hg.), Fortgeschriebenes Gotteswort. Studien zu Geschichte, Theologie und Auslegung des Alten Testaments, Festschrift für Christoph Levin zum 70. Geburtstag, Tübingen, 2020, 343–351.

Weiser, A., Die Psalmen. 2. Teil: Psalm 61–150, ATD 15, Göttingen, [8]1973.

Unpolitischer Zion als Lebensraum

Die nachexilische Zion-Segen-Theologie des Wallfahrtspsalters 120–134

Martin Leuenberger

1 Hinführung

Die Verarbeitung der traumatischen Exilskrise und die Gewinnung zukunftsträchtiger Lebensverhältnisse und -perspektiven stellen für die „israelitische" Bevölkerung in und außerhalb von Yehud während der Perserherrschaft anerkanntermaßen eminente Herausforderungen dar. Natürlich steht hier nicht mehr die „Entdeckung des Politischen" zur Debatte, sondern vielmehr der Umgang mit den geopolitischen Rahmenbedingungen und das Ausloten regionalpolitischer (Un-)Möglichkeiten. Für den Pentateuch und die Geschichtsbücher hat W. Oswald den vielstimmigen Diskurs epochenübergreifend nachgezeichnet, indem er grundlegende Funktionen und Leistungen politischer Strukturen und institutioneller Konzeptionen ins Licht gerückt hat.[1] Neben diesen in einem enger gefassten Sinn politischen Modellen finden sich in der Hebräischen Bibel, zumal in anderen Literaturbereichen und -gattungen, aber auch weitere, wenn man so will *unpolitische Identitätskonstruktionen*, die vergleichbare Funktionen und Leistungen wahrnehmen.

Der späte Psalter, der sich politisch unter das Dach der Perserherrschaft stellt und darin seine theokratischen Konzeptionen von Jhwhs Königsherrschaft entwickelt, stellt bekanntlich ein herausragendes Beispiel dafür dar. Dabei geht es sehr wohl auch um lebensweltliche und gesellschaftliche Verhältnisse, die ein gelingendes, an der Verehrung Jhwhs orientiertes Leben ermöglichen. Einen dafür besonders spannenden, weil zugleich profilierten und gut greifbaren Fall stellt der sog. *Wallfahrtspsalter Ps 120–134* dar: Innerhalb der genannten perserzeitlichen Rahmenbedingungen wird hier eine umfassende Orientierung der kollektiven Lebenspraxis „Israels" an Zion entwickelt, die auf ältere, staatszeitliche Zionstraditionen zurückgreift, diese jedoch für die nachexilischen Gegebenheiten und Erfordernisse adaptiert. Leitend ist die wieder hergestellte Präsenz des Königsgottes Jhwh präzis im zweiten Jerusalemer Tempel (statt der Stadt insgesamt), die auf den städtischen Lebensraum der betenden Gemeinschaft ausstrahlt. Dabei gewinnt Zion sowohl unter Rückgriff auf ältere Motive und Traditionen als auch durch

1 S. programmatisch Oswald, Staatstheorie, den Forschungsbericht von idem, Politikwissenschaft sowie exemplarisch zum Exodusbuch und zum Dekalog idem, Leadership; idem, Funktion.
Ich danke dem Tübinger Kollegen für die stets verlässliche und angenehme Zusammenarbeit nunmehr während rund eines Dutzend Jahren und wünsche ihm von Herzen zahlreiche weitere produktive Jahre!

Entwicklung neuer Züge (etwa als feminine, z. T. auch personifizierte Stadt und Frau[2]) wieder eine zentrale Orientierungsfunktion. Dabei Allerdings fällt im weiteren Horizont der politischen Diskurse eben auf, dass hier eine weitgehend unpolitische Form der Jerusalem-Orientierung (und am Rande auch altehrwürdiger Institutionen wie der Monarchie [s. u. zu Ps 132]) propagiert wird: Im Wallfahrtspsalter kommt *Zion* hauptsächlich *als unpolitischer, alltäglicher Lebensraum für die geschwisterliche Gemeinschaft der Beter* zur Sprache, wie im Folgenden genauer gezeigt werden soll.

Dabei zeichnet sich die in der Psalterforschung schon früh und mit Recht weithin anerkannte Komposition inhaltlich durch eine *einzigartige nachexilische Zion-Segen-Theologie* aus: Sie besitzt eine Gesamtkontur, die sich konzeptionell, theologiegeschichtlich sowie psalterredaktionell (unter Einschluss von Ps 135f.) profilieren lässt. Namentlich die kosmologischen, zionstheologischen und anthropologischen Perspektiven führen dem Psalmen- und Psalterbeter plastisch vor Augen, dass und wie der in/auf dem Zion wohnende Königsgott Jhwh den aus der (gar weltweiten) Ferne sich dorthin bewegenden „Wallfahrer*innen" seinen Schutz und Segen spendet. Sie, die ihrerseits als geschwisterliche Gemeinschaft Jhwh in Zion „segnen", werden von ihm in ihrem unpolitischen, agrarisch bestimmten Alltag – auch fern von Zion – mit allen Lebensgütern und gelingenden Lebensverhältnissen versorgt.

Nähert man sich der Sammlung *im Horizont des Gesamtpsalters* an, dann fällt sofort auf, dass die theokratischen Psalmenbücher IV–V insgesamt nur punktuell und eher kleinräumig zionstheologische Akzente aufweisen. Im Unterschied zu den bekannten Zionspsalmen in Buch II und III, die als korachitische Zionstheologien phasenweise auch den sich formierenden Psalter kompositionell und konzeptionell wesentlich mitprägen[3], wird der hintere Teil des Psalters nach der tiefen Zäsur zwischen Ps 89 und 90 insgesamt von den Leitkonzeptionen der Königsherrschaft Jhwhs dominiert.[4] Innerhalb dieser Rahmenkonzeptionen können zwar durchaus nach wie vor zionstheologische Akzente gesetzt werden,[5] die auch theologiegeschichtlich interessant sind, die aber eben keine psalterkompositionell dominante Gesamtbedeutung (mehr) gewinnen (s. bes. 93,5; 99,2; 102,13–23; 110,2; 137,3ff.; 146,10; 147,2.12; 149,2). Die eine prominente Ausnahme zu diesem Befund stellt eben der Wallfahrtspsalter dar, dessen Zion-Segen-Theologie nun ausführlicher erörtert werden soll.

---

2 S. dazu im Einzelnen die folgenden Beobachtungen. Die hier genannte, im weiteren zionstheologischen Horizont einschlägige Feminisierung und Personifizierung Zions erfolgt andernorts bekanntlich prominenter, insbes. in Jes 49–54; 60–62.

3 Vgl. hierzu demnächst Leuenberger, Zion, Kap. 12–14.

4 S. dazu mit Lit. Leuenberger, Konzeptionen; idem, Theologie; idem, Trägerkreise.

5 Ähnliches gilt m. E. ja für die Königspsalmen 101, 110, 132 und 144 mit ihrer transformierten, aber weiterhin in Zion/Jerusalem zentrierten Königstheologie (s. nur Ps 101,2.7f.; 110,1f.[3.]4; 132,3ff.11f.17; 144,2.10 und zur Diskussion Saur, Königspsalmen, bes. 283ff. sowie neuerdings Krusche, Königtum, bes. 350ff. [Lit.]).

2 Der Wallfahrtspsalter Ps 120–134 mit dem psalterkompositionellen Hymnenschluss Ps 135f. – eine Ablauflesung der zionstheologischen Hauptaussagen

Der Wallfahrtspsalter 120–134 bildet eine vielfältig und eng vernetzte Sammlung oder Komposition – vielleicht die deutlichste im gesamten Psalter – und ist als solche entsprechend unstrittig[6]. Dies gilt auch für ihre Gesamtkonzeption, die man, wie in der Hinführung geschehen, mit K. Seybold als „Zion-Segen-Theologie“ bestimmen kann:[7] Der in oder auf dem Zion wohnende Königsgott spendet den „Wallfahrern“[8] seinen Schutz, Frieden und Segen und versorgt sie in ihrem unpolitisch gezeichneten, vielmehr wesentlich agrarisch bestimmten Alltag mit allen Lebensgütern.

Insofern stellt die wohl in der fortgeschrittenen Perserzeit des 5./4. Jh. zusammengestellte – noch selbständige – Sammlung Ps 120–134 mit E. Zenger in der Tat ein Paradebeispiel für eine „Neuinterpretation der vorexilischen Zionstheologie“, also für eine „‚neue‘ Zionstheologie“ in nachexilischer Zeit dar[9]. Um sie zu erschließen, kommen nun die wichtigsten zionstheologischen Aussagen in einer Ablauflesung in ihrem (syn- und diachronen) Kontext zur Sprache.

6 Vgl. nur Leuenberger, Konzeptionen, 306f.; seither bes. Hossfeld und Zenger, Psalmen, 391ff. (Zenger); Zenger, Zion; idem, Wallfahrtspsalmen; Levin, Ascent sowie das Referat von Dyma, Wallfahrt, 258ff. Dies betrifft freilich nicht die Gliederung im Einzelnen, die m.E. in Ps 120–125, 126–129 und 130–134 dreimal den Ablauf „Klage/Bitte → Dank“ vollzieht (s. Leuenberger, Konzeptionen, 307f.), und auch nicht die vergleichsweise sehr intensiv untersuchte Redaktionsgeschichte (s. dazu im Folgenden jeweils Leuenberger, Konzeptionen, 300ff. [Lit.] und die neuen Arbeiten von Hossfeld und Zenger, sowie von Zenger und von Levin).
In unserem Zusammenhang ist dabei vorab wichtig, dass die sieben *Zionsbelege* Ps 125,1; 126,1; 128,5; 129,5; 132,13; 133,3; 134,3 schon quantitativ die größte Dichte im Psalter aufweisen und diachron mit Ausnahme von Ps 126,1 sehr wahrscheinlich durchgehend der den selbständigen Wallfahrtspsalter schaffenden Redaktion zuzuschreiben sind (s. Leuenberger, Konzeptionen, 306 Anm. 132; s. jetzt auch Levin, Ascent, 390.395ff.; noch später sei aber wohl Ps 125 insgesamt; dagegen sieht Körting, Zion, 140ff. bereits wesentliche Traditionsbestandteile), aber – außer der Rezeption in Ps 135f. (s.u.) – keine sammlungsübergreifenden Vernetzungen schaffen. Letztere sind auch sonst nicht griffig zu erheben, abgesehen von den David-Überschriften wohl erst im Horizont des werdenden Gesamtpsalters und zuvor v.a. der שיר ה/למעלות-Überschrift im Zuge der Einstellung in den Psalter (Seybold, Wallfahrtspsalmen, 73; s.a. Levin, Ascent, 384ff.).
In der Konsequenz heißt dies, dass die Sammlung 120–134 weitestgehend unverändert in den werdenden Psalter eingestellt und so auch die Zionstheologie übernommen und in Ps 135f. im Psalterhorizont breiter eingebunden wird.

7 Seybold, Wallfahrtspsalmen, 67; s. Leuenberger, Konzeptionen, 306 Anm. 132; jetzt auch Levin, Ascent, 399 und breit Hossfeld und Zenger, Psalmen, 403ff. (Zenger).

8 Das Verständnis der Überschrift und der Anordnung der Einzelpsalmen bleibt deutungsoffen und variiert entsprechend (s. die hilfreiche Übersicht von Hossfeld und Zenger, Psalmen, 392ff. [Zenger]). Für uns ist die Tempelorientierung zentral, die auch bei einem Bezug auf die (einmalige) Rückkehr aus dem Exil bzw. der Diaspora (so etwa wieder Levin, Ascent, 382.399f.) vorliegt.

9 So Hossfeld und Zenger, Psalmen, 403 (Zenger) bzw. Zenger, Zion, 69, wie er dann im Vergleich mit dem Grundbestand von Ps 42–48 weiter profiliert.

2.1 Die Anfangsgruppe Ps 120–125

In der doppelten Exposition der Sammlung in *Ps 120f.* bittet zunächst in Ps 120 der einzelne Beter, der unter Feinden (als mythischen Völkern in Nord und Süd der Weltbildhorizontalen [V. 5] wie v. a. als Lügner [V. 2f.] und Friedenshasser [V. 6]) lebt, im bewährten Jhwh-Vertrauen (V. 1) um Rettung (נצל V. 2) und Frieden (V. 7). Und Ps 121 führt aus, dass der auf der Weltbildvertikalen seine Augen zu „den (höchstens indirekt auf Zion bezogenen) Bergen" erhebende Beter Hilfe (עזר V. 1f.; vgl. auch 124,8) von Jhwh erwartet, der als Schöpfer von Himmel und Erde (V. 2; vgl. auch 124,8; 134,3) und als nicht schlummernder (נום) „Hüter Israels (שומר ישראל)" (V. 4; שמר 6x im Psalm) und des (nicht unter Chaosbedrohung „wankenden [מוט]" [V. 3]) Beters (V. 5) in allen Lebenslagen bis in Ewigkeit (V. 3–8) gezeichnet wird.

Eine zionstheologische Prägung fehlt in diesem agrarischen Lebensalltag also fast völlig und kann höchstens volksetymologisch über einen Bezug von שלם auf Jerusalem assoziiert werden (welche Linie dann in Ps 122,6–8 für Jerusalem sowie in 125,5 und 128,6 für Israel weiterläuft).

Demgegenüber rückt der städtische Horizont Jerusalems erstmals mit *Ps 122* prominent in den Fokus, den man thematisch als Zionslied bezeichnen kann und der kompositionell eine Mittelstellung im ersten Bogen einnimmt (wie es dann für Ps 132 im dritten Bogen der Fall ist). Das Beterkollektiv „geht" zwar zum Haus Jhwhs (V. 1.9), aber von Ps 120f. her eine eigentliche „Bewegung vom Rande der Welt hin zu Jerusalem als Mitte dieser Welt" auszumachen,[10] ist doch eine sehr steile Lesart. Die (wohl redaktionell) rahmende Tempelperspektive[11] wird dabei mit einer Stadtsicht auf das mehrfach explizit genannte „Jerusalem" kombiniert,[12] die die festgefügte Stadt mit ihren Toren, Mauern und Palästen[13] herausstellt (V. 2f.7) und sie, teils in direkter Anrede, preist:

ירושלם הבנויה כעיר	122,3	Jerusalem, die (du) gebaut (b)ist als Stadt,
שחברה לה יחדו		die in sich fest verbunden ist.

Und ihr wird (ob zum Abschied, kann man wiederum nur fragen) wiederholt Frieden gewünscht (V. 6–8), wie es in bes. schöner sprachlicher Assonanz V. 6 formuliert, der vermutlich ein Friedenszitat einleitet:

10 So Zenger, Zion, 71; s. Hossfeld und Zenger, Psalmen, 427 (Zenger). Mit Recht hält Dyma, Wallfahrt, 276 für den vermeintlich am klarsten verortbaren Ps 122 fest: „Der Situationsbezug des Psalms ist nicht eindeutig".

11 Ergänzt wird sie (wohl mehrheitlich redaktionell) in V. 4f. um die Aspekte des (priesterlichen) Gebots (עדות) und des (dtr.) Gottesnamenslobs, hinzu kommen die (etwa auch nach Körting, Zion, 28f. chronistischen) Traditionen der Stämmeversammlung und des göttlich-königlichen Rechtsvollzugs (משפט).

12 Jerusalem begegnet hier in der größten Dichte des Psalters (s. sonst v. a. 79,1.3; 137,5–7; 147,2.12), wobei die Belege (122,2f.6; 125,2; 128,5 bis auf den letzten wohl traditionell sind – im Unterschied zu Zion [s. o. Anm. 4]).

13 V. a. ארמון nimmt wahrscheinlich Ps 48 auf (im Psalter nur 48,4.14; 122,7), damit verbunden gilt dies vielleicht auch für חיל (s. Ps 48,14 u. ö.; so mit Zenger, Zion, 83f; Hossfeld und Zenger, Psalmen 101–150, 462, s.a. 455f. [Zenger]).

שאלו שלום ירושלם ישליו אהביך	122,6	Erbittet den Frieden Jerusalems: „Sicher mögen leben die, die dich lieben.“

Frieden bedeutet hier also vorab in traditioneller Weise Schutz und Sicherheit, auch wenn dies mit Blick nicht auf die Völkerwelt, sondern nach innen auf die Bewohner (V. 6.8) und den Tempel (V. 9) geschieht.

Aufs Ganze amalgamieren sich hier somit zionstheologische Traditionselemente zu Stadt und Tempel,[14] wobei sie nun unter nachexilischen Verhältnissen auf den durch Gottespräsenz im Tempel gewährten (V. 9) Lebensraum für die geschwisterliche Gemeinschaft (V. 8) abheben.

Im Folgenden bietet *Ps 123* wieder ein traditionelleres Klagelied des Einzelnen, in dem das betende Individuum, das in seinem Umfeld verachtet wird (V. 3f.), den (nach der Redaktion) im Himmel thronenden Jhwh (V. 1) um gnädigen Beistand (חנן) bittet (V. 2f.). Und in *Ps 124* dankt Israel kollektiv Jhwh für sein Mit-Sein (היה ל V. 1f.) gegen menschliche Anfeindungen und „segnet (ברך)“ ihn (V. 6), der Hilfe bietet und (redaktionell) wieder als Schöpfer von Himmel und Erde tituliert wird (V. 8).[15] Zu diesem Dank[16] gehört m. E. auch noch das Vertrauenslied *Ps 125*, das (wohl redaktionell) das Gottesverhältnis der bedrohten Betergruppe mit demjenigen des (aufgrund der implizit vorausgesetzten Präsenz Jhwhs) nie wankenden (מוט) Berges Zion und des von Bergen schützend umgebenen Jerusalem vergleicht (V. 1f.).[17]

הבטחים ביהוה כהר ציון לא ימוט לעולם ישב	125,1	Die auf Jhwh vertrauen sind wie der Berg Zion: Nicht wankt er, auf ewig thront/wohnt/ bleibt er.
ירושלם הרים סביב לה ויהוה סביב לעמו מעתה ועד עולם	2	Jerusalem – Berge sind rings um sie, und Jhwh ist rings um sein Volk, von nun an und bis auf ewig.

So möge Jhwh den Guten Gutes tun und „Friede über Israel“ geben (V. 5; 128,6).

14 Eine „klare Trennung von Tempel und Stadt“ (so Steiner, Stadt Gottes, 122) liegt in der Komposition gerade nicht vor (wie z. B. auch Dyma, Wallfahrt, 278 betont).

15 Dass die Formel hier und in Ps 134,3 redaktionell aus 121,2 eingefügt wird (s. Leuenberger, Konzeptionen, 301 Anm. 115; Hossfeld und Zenger, Psalmen, 424.485f. [Zenger]), reicht kaum aus, um hier den Abschluss des ersten Teilbogens festzumachen, und auch nicht, um aus der kompositionellen Anlage zu erschließen, dass hier „der Israel rettende Gott der Zionsgott“ ist (so Hossfeld und Zenger, Psalmen, 485 [Zenger]).

16 Gegenüber der häufig vertretenen Abgrenzung zwischen Ps 124 und 125 sprechen die formgeschichtliche Entsprechung und die thematischen Verbindungen (Dank/Vertrauen, Hilfe/Schutz, Israel-Horizont) für ein Ende der Teilsammlung mit Ps 125 (s. Leuenberger, Konzeptionen, 308f.).

17 Diesen Duktus bringt Beyerlin mit seinem Titel „Weisheitliche Vergewisserung mit Bezug auf den Zionskult“ (zu) prägnant zum Ausdruck und führt aus: Der „sapientiale Psalmist“ „entdeckt Affinitäten zwischen Zion/Jerusalem und dem, was weisheitliche Einsicht lehrt“ (idem, Vergewisserung, 62; s. dazu differenzierend Körting, Zion, 62.64f.).

Folglich beschränken sich in Ps 123–125 die zionstheologischen Aussagen (neben die man die Verortung Jhwhs im Himmel und dessen Schöpfertätigkeit stellen kann) auf die dienende Funktion zur Erschließung des Gottesverhältnisses der Beter in Ps 125.

2.2 Die Mittelgruppe Ps 126–129

Der Mittelteil mit Ps 126–129 beschreibt eine vergleichbare Bewegung, greift als Einsatzpunkt aber das Zion-Stichwort aus Ps 125 auf und setzt es für den bäuerlichen Lebensalltag um. Das Bittgebet *Ps 126* blickt freudig auf das Exilsende vor den Augen der Völker (V. 3) zurück,

בשוב יהוה את־שְׁבוּת צוין	126,1*	als Jhwh (wieder zurück)wandte das Geschick[18] Zions.

Dieser großpolitisch-geschichtliche Umschwung wird nun aber v. a. auch für das Geschick der Betergemeinschaft erbeten (V. 4), der so reiche Ernte gewünscht wird (V. 6). Die poetische Weisheitslehre in *Ps 127* präzisiert dazu, dass es für das Gelingen allen menschlichen Mühens, namentlich um Haus und Stadt, im Hintergrund Jhwhs selbst bedarf, was auch für Nachkommenschaft gilt (V. 3ff.). Letztere wird neben dem Genuss des erarbeiteten Ertrags auch im Makarismus (אשרי) des weisheitlichen Zwillings *Ps 128* genannt (V. 2f.), und zwar wiederum unter der Bedingung der Jhwh-Furcht (V. 1.4), der dann freilich diese familiären Segnungen zugesagt werden. Mit V. 5a bindet die Redaktion den Segen Jhwhs wieder zionstheologisch ein:

יברכך יהוה מציון	128,5	Es segne dich Jhwh vom Zion,
וראה בטוב ירושלם כל ימי חייך		und schaue auf das Gute Jerusalems all deine Tage.

Und V. 5b ergänzt (angesichts des Bezugs auf den Beter womöglich bereits im Grundbestand) die Stadtperspektive, und so wünscht V. 6 dem Beter langes Leben und dann ausweitend auch Israel Frieden.[19] Den Israel-Zion-Horizont führt jetzt das Danklied *Ps 129* weiter, indem es auf die vom gerechten Jhwh vereitelten Bedrängnisse Israels von Jugend an durch die Frevler zurückblickt (V. 1ff.) und diese dann (redaktionell) als „Zionshasser (שנאי ציון)“ näherbestimmt (V. 5), die wie Gras untergehen mögen (V. 6f.); ihnen verweigert man den „Segen Jhwhs (ברכת־יהוה)“, den man sonst mit performativer Vollmacht „im Namen Jhwhs (בשם יהוה)“ (oder auch lokal „vom Haus Jhwhs aus“ im Parallelismus Ps 118,26) vollziehen kann:

18 Der hier mit einigen Handschriften gegenüber שִׁיבַת MT (s.a. mit Hi. Sfire III,24f: KAI 224 [Donner/Röllig, KAI 1, 57; 2, 265]) geänderte Ausdruck (s. V. 4) fällt semantisch nicht stark ins Gewicht, dürfte sprachlich jedoch als geprägte Wendung zu verstehen sein (s. zum Ganzen nur Hossfeld und Zenger, Psalmen 101–150, 501 [Zenger], der etwas verkürzt übersetzt: »Als JHWH zurückkehrte nach Zion«).

19 Es ist gut denkbar, dass V. 5f. insgesamt redaktionell sind (so Körting, Zion, 71; Hossfeld und Zenger, Psalmen, 538 [Zenger]; s. noch ohne V. 5b.6a Leuenberger, Konzeptionen, 303 Anm. 123).

ברכנו אתכם בשם יהוה 129,8b Wir segnen euch (hiermit) im Namen Jhwhs.

Die so dankend endende Mittelsammlung greift mit Ausnahme von Ps 127[20] auf Zionstradition zurück, funktionalisiert diese jedoch durchwegs im Blick auf die Beter: Einerseits dient Zion als Paradigma für das Geschick der Beter (Ps 126) bzw. als deren Lebensumfeld (Ps 128), von dem via Negation die Zion hassenden Frevler abgegrenzt werden (Ps 129). Andererseits wird vorab der Segen auf Jhwh vom Zion zurückgebunden (Ps 128[f.]), womit die Teilgruppe abgerundet wird. So kann man zusammenfassen, dass hier „die vom Zionsgott gesegnete Lebenswelt jener Menschen, die auf den Zionsgott als ihre Lebensmitte setzen", entfaltet wird.[21]

2.3 Die Schlussgruppe Ps 130–134

Die Schlusssammlung der Ps 130–134 hebt in *Ps 130* mit der Klage des sündigen (s. עון V. 3.8) Beters aus der abgründigen (Wasser-)Tiefe an, der auf den vergebenden Jhwh (V. 4) „hofft (קוה)" und „harrt (יחל)" (V. 5). Dieses Harren weitet die Redaktion in V. 7f. dann mit Verweis auf Jhwhs Gnade und Erlösung von Sünden für Israel aus. Im kurzen *Vertrauenspsalm 131* hat wieder das betende Individuum seine „Seele" vor Jhwh „besänftigt (שוה)" und „beruhigt (דמם)" (V. 2), und so wiederholt er (redaktionell), dass auch Israel auf Jhwh harren möge (V. 3).

Das eng verbundene Diptychon fokussiert mithin ganz auf den Beter und sein inneres Gottesverhältnis, das ohne Bilder aus der agrarischen Lebenswelt und auch ganz ohne Zionstheologie zur Sprache kommt.

Demgegenüber dreht sich der vergleichsweise lange *Königspsalm 132* im Zentrum des Schlussbogens ganz um den erwählten Zion und den dort von Jhwh auf den Thron gesetzten davidischen König.[22] Eingesetzt wird in der nachexilischen Situation mit der Bitte einer wir-Gruppe (s. V. 6f.) für „David", der – wie bes. unter Aufnahme von Ladetraditionen (Erzählung 1 Sam 4–6; 2 Sam 6; Ladespruch Num 10,35) und Dynastieverheißung (2 Sam 7) formuliert wird – für den „Starken Jakobs" (V. 2.5)[23] einen „Ort

20 Dass die Salomo-Überschrift Haus und Stadt neu als Tempel und Jerusalem perspektiviere (so Zenger, Wallfahrtspsalmen, 186f.; Hossfeld und Zenger, Psalmen, 519f.532f. [Zenger]), ist doch sehr weit hergeholt.

21 So Hossfeld und Zenger, Psalmen, 497 (Zenger) für Ps 126–128, wogegen m. E. eben Ps 127 auszuklammern und Ps 129 einzuschließen ist.

22 So auch Müller, Ps 132: „Im Vordergrund steht die Geschichte Davids, [...] Genauso wichtig sind aber die zahlreichen zionstheologisch geprägten Motive" (209). M.E. angemessen präzisiert er dann die „deutliche[.] Abstufung: Auf dem Zion will Jahwe für immer thronen, und hier soll für immer ein Gesalbter auf Davids Thron sitzen, freilich nur unter der Bedingung des Toragehorsams" (218), was für die Zukunft erwartet werde (219; insofern ist gegenüber einer kollektiven Deutung Davids auf das Volk, wie sie z. B. Emmendörffer, Gott, 244.247, vertritt, Vorsicht geboten). Hier lässt sich auch die Nähe der Verfasser zum chronistischen Denken greifen (s. 199f.), das in seinem Tempelweihgebet Ps 132 rezipiert (s. bes. 2 Chron 6,41f.).

23 Hier von Jes 49,26; 60,16 (neben Gen 49,24 die einzigen Belege) einen zionstheologischen Horizont einzutragen (so Müller, Ps 132, 209; s.a. Emmendörffer, Gott, 245 Anm. 608), ist ziemlich gewagt, aber nicht auszuschließen.

(מקום)“ und „Wohnungen (משכנות)“ gefunden hatte (V. 5): Bis heute kann man hier freudig (s. V. 9) den königlich imaginierten Jhwh vor dem „Thronschemel seiner Füße (הדם רגליו)“ verehren (V. 7; s. Ps 99,5), da er selbst (und nicht etwa nach chronistischer Art die Lade [1 Chr 28,2]) dort seine „Ruhestätte (מנוחה)“ und „machtvolle Lade (ארון עזך)“ hat (V. 8). So möge Jhwh der davidischen Dynastie weiter beistehen. Die neue Redeeinleitung in V. 11 leitet den Schwur Jhwhs ein, die Davididen für immer auf ihrem Thron sitzen lassen, wenn sie Jhwhs (dtr.) „Bund (ברית)“ und (priesterliches) „Zeugnis (עדות)“ halten (V. 11f.). Begründet wird dies in den wahrscheinlich redaktionellen V. 13–16[24] breit mit der Erwählung der wohl feminin gezeichneten (Stadt) Zion zum Präsenzort für immer:

כי בחר יהוה בציון אוה למושב לו	132,13	Denn erwählt hat Jhwh Zion, hat sie begehrt für sich zum Wohnsitz:
זאת מנוחתי עדי עד פה אשב כי אותיה …	14	„Dies ist meine Ruhestätte für immer, hier werde ich wohnen, denn ich habe sie begehrt. …“

Und so strömt Jhwhs Segen von Zion, das vermutlich feminin als Stadt, nicht aber personifiziert als Frau gedacht wird, aus für die Armen, die Priester (V. 15f.) und für David gegen dessen Feinde (V. 17f.).

Evaluiert man diese *zionstheologischen Akzentuierungen*, so wird das traditionell grundlegende Wohnen Jhwhs in Zion breit vorausgesetzt und findet in singulärer Weise seine *doppelte Begründung im göttlichen Erwählen und Begehren*. Dabei speist sich das (vermutlich auf Ps 78,68 zurückgreifende) Erwählen (zusammen mit dem Ort, der Ruhestätte sowie dem Bund) aus dtr. Vorstellungen, während das emotional aufgeladene Begehren für Jhwh singulär formuliert (s. nur noch anders Hos 10,10), aber sachlich der Liebe Gottes zum Zion (Ps 78,68) entspricht. Mithin zeigen die genannten Einzelaussagen wieder eine (spät)nachexilische Synthese unterschiedlicher Traditionen (ergänzend auch noch chronistischer Prägung), die ein neues Gesamtgefälle ergibt: Eigentümlich ist aufs Ganze die dialektische *Verbindung mit dem davidischen Königtum*, das über die (eigenständig akzentuierte) Ladetradition die Erwählung Zions durch Jhwh heilsgeschichtlich erst ermöglicht hat (im Unterschied zur mythisch-urzeitlich seit je bestehenden Sonderstellung von Zion als Gottesberg und -stadt in den vorexilischen Traditionen),[25] umgekehrt aber von der *nunmehr unverbrüchlichen Gottespräsenz* dort abhängt und dieser seine Zukunft verdankt. Schließlich fügen sich die *priesterlichen Aspekte* und der *von Zion ausströmende Segen Jhwhs für die dort Lebenden* (namentlich

24 Vgl. Leuenberger, Konzeptionen, 305 Anm. 127; s.a. Levin, Ascent, 383.398; für Einheitlichkeit votieren jetzt auch Körting, Zion, 110.118 oder Hossfeld und Zenger, Psalmen, 616, s. aber 626 (Zenger), und erstaunlich kritisch gegenüber literarischen Vorstufen oder Zusätzen bleibt auch Müller, Ps 132, 206.213 Anm. 64.

25 Dass die „Erwählung Zions durch Jhwh“ der Ladeüberführung und Königsdynastie, dass sie „all diesen Geschehnissen zeitlich und sachlich voraus[geht]“, wie Körting, Zion, 113, meint, ebnet das Profil von Ps 132 m. E. zu stark ein.

für die in diesem Zusammenhang überaus seltenen Armen, aber auch für den König selbst, der also nicht als Segensmittler wie etwa in Ps 72 fungiert) jetzt gut in den Wallfahrtspsalter ein.

Das weisheitliche Lob *Ps 133* beschreibt das „gute“ und „liebliche (נעים)“ Zusammenleben der (kultischen) Brüder mit den beiden agrarischen Fülle-Metaphern (s. Gen 27,28.39; 2 Sam 1,21) des über „Aaron“ herabrinnenden (Salb-)Öls und des auf „die Berge Zions (הררי ציון)“ herabrinnenden Hermontaus: Hier spendet Jhwh den Segen in Form von Leben bis in Ewigkeit. Der redaktionelle Hymnus *Ps 134* fordert die im Tempel (בית־יהוה) stehenden Knechte imperativisch dazu auf, die Hände im/zum Heiligtum (קדש) zu erheben: (ו)ברכו את־יהוה: „(Und) segnet Jhwh!“ (V. 1f.). So kann V. 3 als Schluss des Psalms wie des Wallfahrtspsalters den gegenläufigen Segensvollzug durch den Schöpfergott Jhwh vom Zion wünschen:[26]

יברכך יהוה מציון	134,3	Es segne dich Jhwh vom Zion,
עשה שמים וארץ		der gemacht hat Himmel und Erde.

Das Psalmenpaar 133f., das fast so eng zusammengehört wie Ps 130f., umschreibt somit das *heilvolle Zusammenleben der Jhwh-Gemeinschaft auf dem Zion*, das seine Spitze in der *reziproken* Segnung Jhwhs durch die Betenden und dieser durch Jhwh erreicht.

Diese *zionstheologische Heilssphäre* der Schlusssammlung 130–134 wird näherhin durch Ps 132 eingeleitet und letztmals begründet. So wird Zion-Jerusalem zum segensreichen Ort der Gottespräsenz und der dort lebenden Bevölkerung, „der kultischen Haus- und Lebensgemeinschaft auf dem Zion“.[27] Diese Zion-Segen-Theologie kann nun im Anschluss an den Textdurchgang – nach einem Blick auf Ps 135f. – konzeptionell gebündelt werden.

2.4 Das geschichtstheologische Hymnenpaar Ps 135f.

Denn die beiden Geschichtshymnen *Ps 135f.* bildeten entstehungsgeschichtlich vermutlich zunächst den psalterkompositionellen Abschluss des Psalters 2–136* – F.-L. Hossfeld und E. Zenger bezeichnen ihn als „Zionspsalter“[28] –, auch wenn in der jetzt vor-

26 Die Segensformel entspricht Ps 128,5 und gehört integral zur Segensredaktion des Wallfahrtspsalters (s. Leuenberger, Konzeptionen, 303 Anm. 123). Traditionsgeschichtlich ist die Formel יברכך יהוה breit verankert im alten Israel (Dtn 14,24.29; Jer 31,23; Rut 2,4 u. a.; s. epigraphisch Witwenbitte-Ostrakon Z.1; s.a. KAjr 3.6,7f.), lässt sich also nicht auf den priesterlichen Segen (Num 6,24; KHin 1,14f.; 2,5f.) engführen, auch nicht von einer entsprechend konstruierten Szenerie in V. 1f. her (so Hossfeld und Zenger, Psalmen, 652f.654ff. [Zenger]). Spezifisch ist eben vielmehr wiederum die Verankerung auf dem Zion.
Auch die Schöpferformel ist wie in Ps 124,8 sicherlich redaktionell, wie weithin anerkannt ist (s. nur Leuenberger, Konzeptionen, 301 Anm. 115).

27 So Zenger, Zion, 74.

28 Hossfeld und Zenger, Psalmen, 19, s. 662.677.682 (Zenger).

liegenden Psalterkomposition allein der Hallelujah-Psalm 135 den Teilbogen ab Ps 118 abrundet und Ps 136 den Schlussbogen Ps 136–150 eröffnet.[29]

Ps 135 setzt mit dem vierfachen Aufruf „lobt (הללו)“, auch an die Jhwh-Diener im Tempel (V. 1–3), ein und schließt so explizit an Ps 134,1 an, um dieses Gotteslob dann im Horizont der Götter, der Schöpfung und der Geschichte zu begründen (V. 4–18). So kann abschließend wiederum vierfach der Imperativ „segnet (ברכו)“ an Israel, Aaron, Levi und die Jhwhfürchtigen ergehen (V. 19–21), der das generelle Gotteslob bündelt und explizit als Segnung zuspitzt:

ברוך יהוה מציון	135,21	Gesegnet ist/sei Jhwh vom Zion,
שכן ירושלם		der wohnt in Jerusalem –
הללו יה		Hallelujah!

Im genannten dreifach universalen Horizont übernimmt und wiederholt Ps 135 so die Segnung des seinerseits Segen spendenden Jhwhs aus Ps 133f.[30], die auf diese Weise in die übergreifende (Hodu-)Hallelujah-Struktur von Psalmenbuch V eingebunden wird. Und Ps 136 führt mit seinem Refrain diese Segnung als umfassenden, schöpfungs- und geschichtstheologisch verankerten „Preisdank (הודו)“ Gottes durch, der in der „gesegneten“ Versorgung allen Fleisches mit Nahrung gipfelt:

נתן לחם לכל בשר	136,25	Der Brot gibt allem Fleisch –
כי לעולם חסדו		ja, auf ewig währt seine Gnade.
הודו לאל השמים	26	Preist den Gott des Himmels –
כי לעולם חסדו		ja, auf ewig währt seine Gnade.

Damit ist deutlich, dass Ps 135f. die Zionstheologie in der Ausprägung des Wallfahrtspsalters mit der auf Zion zentrierten Segnung Jhwhs durch die Betenden und dieser durch Jhwh vom Zion substanziell aufnimmt und als Abschluss des „Zionspsalters“ 2–136* prominent gewichtet.

In diesem Gesamthorizont sind noch zwei kurze Ergänzungen anzufügen: Erstens nimmt der *Geschichtshorizont* von Ps 135f. nicht nur Ps 132 auf, sondern im größeren Psalterablauf (von Psalmenbuch V) auch die Ursprungsgeschichte von Exodus bis Landnahme in Ps 111–118 mit dem ägyptischen Hallel Ps 113–118. Und zweitens fungiert in diesem Horizont der alphabetakrostichische *Torapsalm 119*[31] als großes Gegengewicht

29 Vgl. nur Leuenberger, Konzeptionen, 267ff.312ff.369ff. (Lit.) und Levin, Psalm 136 sowie seither insbes. Hossfeld und Zenger, Psalmen, 19ff.

30 Auch darüber hinaus erweist sich Ps 135 als vielfältig rezipierender Redaktionspsalm, der namentlich Ps 118 aufgreift und mit dem ebenfalls redaktionellen Ps 136 zusammen den doppelten Hymnenschluss bildet (s. nur Leuenberger, Konzeptionen, 313ff.; Hossfeld und Zenger, Psalmen, 406.662ff.670f [Zenger]; Zenger, Wallfahrtspsalmen, 187; Levin, Ascent, 384).

31 Vgl. zur redaktionsgeschichtlichen Verortung auf dieser Ebene Hossfeld und Zenger, Psalmen, 388f.406 (Zenger); Leuenberger, Konzeptionen, 299f.369ff., wogegen Levin, Ascent, 384 Ps 119 erst in einem jüngeren Psalterhorizont hinzunimmt.

zum Wallfahrtspsalter. Damit wird auf der einen Seite die Zion-Segen-Theologie an die Einhaltung der Tora von Ps 119 gebunden und auf der anderen Seite *erhält eben diese Tora ihren spezifischen Ort in Jerusalem* (wie es im Kleinen wiederum ähnlich Ps 132 tut). Aufs Ganze wird somit die skizzierte zionstheologische Schlussspitze mit ihrer Tora-Herkunft und ihrer Überführung der Tora in umfassenden Zions-Segen breiter in die „Universalgeschichte" innerhalb der Königsherrschaft Jhwhs eingezeichnet. Wenn man mit guten Gründen von einem Zionspsalter 2–136* spricht, gilt es daher diese Gesamtverortung und -perspektivierung der Zionstheologie mit einzubeziehen.

3 Bündelung: Die nachexilische Zion-Segen-Theologie des Wallfahrtspsalters

Wie sich an den Einzelbelegen gezeigt hat, entfaltet der Wallfahrtspsalter in der Tat eine nachexilische Zionstheologie, die eine eigenständige Gesamtkontur besitzt, die konzeptionell und theologiegeschichtlich wie eingangs vorweggenommen summiert werden kann: Der in oder auf dem Zion wohnende Königsgott Jhwh spendet seinen Schutz und Segen den Betenden, die ihrerseits als geschwisterliches Kollektiv Jhwh in Zion „segnen". Es liegt mithin eine dezidiert unpolitische Zionstheologie und Weltsicht vor, die sich in einer agrarischen Lebenswelt bewegt und alle hierfür relevanten Lebensgüter und Lebensverhältnisse erstrebt. Näherhin sind dabei die folgenden Einzelzüge charakteristisch:

- Das *Gottesbild* führt die Vorstellung des im Tempel auf Zion wohnenden und thronenden Königsgottes weiter. Dieser Wohnort wird im Einzelnen vielfältig benannt, sei es traditionell zionstheologisch als Haus, Tempel oder Heiligtum, sei es ergänzend als Ort oder Ruhestätte (Ps 132,5.8.14). Neben weiteren Gottesbildern (etwa des Hüters [Ps 121,3ff.]), die die göttliche Segensvermittlung vielfältig konkretisieren, tritt nun prominent hervor, dass der Königsgott vom Zion auch Schöpfer von Himmel und Erde ist, sodass sich Zionszentrierung und kosmologischer Universalismus verbinden.
- Im Blick auf das *Weltbild* ist in diesem Zusammenhang dann auch das Changieren zu nennen, das zwischen der irdischen Gottespräsenz Jhwhs im Zionstempel und seinem Thronen im Himmel erfolgt (explizit in Ps 123,1): Dies führt die traditionelle Vertikalachse in der Weltmitte fort, differenziert aber fallweise ausdrücklich, ohne darin einen Widerspruch zu sehen. Die Hauptpointe besteht daher nach wie vor in der verlässlichen Gottespräsenz in Zion, die so den irdischen Segen des transzendenten Schöpfer- und Königsgottes vermittelt.
- Für das Weltzentrum *Zion-Jerusalem* – zu dem Jhwh weiterhin eine Spezialrelation pflegt, die z. T. auch in innovativen Aussagen formuliert wird (s. bes. das Erwählen und Begehren in Ps 132,13) – spielen neben den genannten Heiligtumsbezeichnungen weiter auch die traditionelle Prädizierung als Berg(e) (Ps 125,2; 133,3) eine wichtige Rolle. Deutlicher als bisher verbindet sich dabei Zion mit Jerusalem, das insbesondere die Stadttradition mit den Motiven der Tore, Mauern, Paläste beibehält (s. o. Anm. 10ff.) oder sie weiterentwickelt mit ihrer Feminisierung (Ps 132,13ff.) oder mit ihrer Festigkeit (Ps 122,3). Insgesamt heben diese Aussagen aber darauf ab, der dort lebenden Gemeinschaft sicheren Lebensraum zu bieten. Das lässt sich dort bes.

plastisch greifen, wo einzelne Zionsvorstellungen stärker als bisher funktionalisiert werden und als Vergleiche für die Beter*innengemeinschaft dienen (s. bes. Ps 125,1f.; 126,4 128,5; 129,5; 132,15ff.).

- Diese Gemeinschaft der Beter*innen zeichnet sich durch ein geschwisterliches *Menschenbild* aus, das durch die gemeinsame Orientierung an (oder gar dem Lebensvollzug in) Zion konstituiert wird. So wird der einzelne Mensch in seiner lebensweltlichen Hilfs- und Rettungsbedürftigkeit (Ps 120f.; 124,8) sowie seiner kreatürlichen Begrenztheit und „Sündhaftigkeit" (Ps 130f.) immer in den kollektiv-gemeinschaftlichen Horizont „Israels" eingebunden (s. nur Ps 121,4; 130,8; 131,3, wobei z.T. auch völkerweite Diasporaperspektiven anklingen können [s. Ps 120,3ff.; 124,1ff.; 129,1ff.]). Konkret besteht dieses Israel dabei jedoch vorwiegend aus den agrarisch lebenden Menschen und Familien in ihren Nöten und Freuden: Gerade sie bilden am Schluss die kultische Lebensgemeinschaft im Haus Jhwhs (Ps 133[f.]), auch wenn daneben (bes. in Ps 132f[f.]) durchaus gesellschaftlich differenziert und sowohl das Königs- wie das Priesterbild mit neuen Akzenten versehen wird. Das muss und kann hier nicht weiter ausgeführt werden, erinnert sei aber an die priesterliche Prägung, die sich etwa bei der Rechtsbelehrung (z.B. Ps 132,9) und den göttlichen Geboten (s. bes. Ps 122,4; 132,12) gezeigt hat.
- All diese Aspekte bündeln sich in dem von Jhwh gespendeten *Segen vom Zion* aus: Er gewinnt terminologisch zwar erst im hinteren Teil ab Ps 128,4, mit unübersehbarer Spitze in Ps 132,15–134,3, an Profil, bestimmt der Sache nach aber den gesamten Wallfahrtspsalter. Denn Segen erfährt man einzeln und im Familienverbund im agrarischen Alltagsleben, namentlich beim Pflügen, Aussäen und Ernten; hinzu kommen generell Arbeitsertrag, langes Leben und insbesondere Nachkommenschaft (Ps 127f.). Aber der Segen umfasst auch Jhwhs Behüten (s.o.), Hilfe und Rettung (s.o.), gnädiges Beistehen (s. Ps 123,2f.) und Mit-Sein (s. Ps 124,1f.), das auch Schutz vor (individuellen bis völkerpolitischen) Anfeindungen gewährt. Zugespitzt wird diese Segenswirkung im Frieden, der vorab nach „Innen", für den Einzelnen, für Israel und für Jerusalem, erhofft und erbeten wird (s. Ps 120,7; 122,6–8; 125,5; 128,6).
- In theologiegeschichtlicher Hinsicht gilt es dabei ergänzend zwei Entwicklungen bes. hervorzuheben: Erstens zeigt die Gesamtkonstellation, dass hier ein eigenständiger Erfahrungshorizont der nachexilischen „Zionsgemeinschaft" vorliegt, auf deren segensreiche Versorgung abgehoben wird. Namentlich die formelhafte Prädizierung Jhwhs als des Schöpfers von Himmel und Erde, die in ihrer partizipialen Fügung auch das schöpferische Wirken in der Gegenwart einschließt, bringt dies zum Ausdruck. Darum geht es bei der *creatio continua* in erster Linie, wie auch die gehäuften Rettungs- und Vertrauensaussagen unterstreichen; dagegen verschwindet die in der vorexilischen Tradition der Schöpfungserhaltung dominierende *Chaosbekämpfung im Bereich des Kosmos und der Völkerwelt* völlig aus dem Blick (und schwingt allenfalls nur noch ganz indirekt in dem Nicht-Wanken des Beters [Ps 121,3] oder in den Anfeindungsaussagen nach [s. Ps 124,4f.]).
- Zweitens bedeutet dies auch, dass *keine völkerpolitische Konstellation* mehr erörtert wird: Es fehlt im klassischen Sinne die Besiegung der die Chaosmächte repräsentie-

renden Weltkönige durch den Großkönig Jhwh (Zebaot) auf Zion (Ps 48* und 46*). Aber es findet sich auch keine nachexilisch gewandelte Völkerbefriedung oder -integration (Ps 46,9ff.; 48,10ff.; 76; 47,10; 87). Vielmehr konzentriert sich der Zionssegen auf „Israel“, auch wenn bisweilen völkerweite Horizonte aufscheinen.

Insgesamt kann man daher noch einmal mit E. Zenger summieren: Der lebensweltlich umfassend versorgende Segen des königlichen Zionsgottes für die ihn verehrende Gemeinschaft der bedürftigen Israeliten ist „nicht eine anonyme Segensaura, sondern Gabe des Schöpfers von Himmel und Erde, der einerseits im Himmel thront und der sich andererseits den Zion erwählt hat, um von dort bzw. von seinem „Haus“ aus, das dort ist, seine Segensgaben zu verteilen“.[32]

Psalterredaktionell bildet eben diese (in den Rahmen der Königsherrschaft Jhwhs eingezeichnete[33]) zionstheologische Konzeption eigener Ausprägung den markanten Schluss und Gipfel des werdenden Psalters in der Fassung von Ps 2–136*; damit gewinnt die Zionstheologie nach dem korachitischen Stadium ein letztes Mal eine prägende (wenn auch den Anfang nicht gleichermaßen bestimmende) Bedeutung für den werdenden Gesamtpsalter.

4 Ausblick

Blickt man von hier aus auf den letzten großen Kompositionsbogen des Psalters in Ps 136–150 aus, so stellt sich wieder das für den hinteren Teil übliche Bild ein: Die zionstheologischen Akzente beschränken sich auf Einzelpassagen. Perspektivisch sind gleichwohl noch zwei Kurzüberlegungen interessant: (1) Der direkt im Anschluss folgende *Volksklagepsalm 137* „gedenkt“ mit „Zions- und Jhwhliedern“ (V. 3f.) kontrafaktisch zur erzählten Welt der klassischen Zionstheologie: Er hält an ihr fest und erbittet von Jhwh ihre Wiederherstellung, wofür es auch der Feindbesiegung bedarf. (2) Im *Schlusshallel Ps 146–150* finden sich nochmals drei markante zionstheologische Aussagen, die ein gewisses Gewicht besitzen: 146,10 betont, dass Jhwh, „dein Gott, Zion“ „für ewig als König herrschen wird/soll (ימלך ... לעולם)“; nach 147,2 baut Jhwh Jerusalem (wieder) auf (בונה ירושלם יהוה), sodass Zion-Jerusalem Jhwh, deinen Gott [sc. Zions] rühmt und lobt (שבח/הלל); und in 149,2 „jauchzen die Söhne Zions über ihren König (בני־ציון יגילו במלכם)“.

Somit vollzieht also auch das Schlusshallel eine breite Traditionssynthese, wie sie für die späten Psalmen generell kennzeichnend ist: Unter Integration von schöpfungs-, geschichts-, weisheits-, tora-, armentheologischen und weiteren Aspekten wird Jhwh „zuallererst [als] der in Zion/Jerusalem gegenwärtige König“ vergewissert.[34]

Unter Einbezug der redaktions- und kompositionsgeschichtlichen Schlussposition lässt sich die Bedeutung der Zionstheologie wie folgt bündeln: Nach erneutem Rekurs auf die *Exilserfahrung als bleibende Herausforderung* jeder nachexilischen Zionstheolo-

32 Zenger, Wallfahrtspsalmen, 184.

33 Vgl. Leuenberger, Konzeptionen, 310.369ff.

34 So noch einmal Hossfeld und Zenger, Psalmen, 808 (Zenger); s. 807ff. zu Einzeldifferenzierungen.

gie (Ps 137) wird die sich in der Gegenwart realisierende Königsherrschaft Jhwhs *in Zion* verortet, sodass Zion-Jerusalem vorab als unpolitischer Lebensraum für und sogar als Verkörperung der Psalmenbeter*innen erscheint. Dabei wird die Zionstheologie (1) zunächst *in die Königsherrschaft Jhwhs eingebunden*, die schöpfungs- und geschichtstheologisch grundgelegt wird (Ps 135f.; 146f.), aber sich gegenwärtig (in Nahrungsversorgung und Rettung der Bedürftigen [Ps 136; 146ff.]) als wirkmächtig erweist. (2) Näherhin wird Zion zum einen als von Jhwh selbst gebaute (Ps 147,2.13; s. 102,17) und befriedete *Stadt* (Ps 147,14; s. bes. 122,6ff.) gezeichnet; und (3) zum andern findet eine zumal im Psalter markante *Personifizierung sowohl als Frau und Mutter wie auch als Verkörperung der Betergemeinschaft* (Ps 146,10; 147,12f.), die zuletzt als Zionssöhne (Ps 149,2) das Völkergericht durchführen, statt.

Damit bleibt – nach dem Wallfahrtspsalter als Abschluss eines konzeptionell stark zionstheologisch geprägten Psalters 2–136* – die Zionstheologie in dieser unpolitischen Fassung auch im jetzt vorliegenden Psalter masoretischer Anlage von partieller und theologiegeschichtlich aufschlussreicher Bedeutung, wird aber eben ganz in die umfassende Königsherrschaft Jhwhs eingebunden, die ebenfalls in weithin unpolitischer, auf elementare Erfahrungsdimensionen der Versorgung mit Nahrung und Kleidung zentrierter Ausprägung vorliegt, was freilich ein eigenes Thema wäre.

Literatur

Dyma, O., Art. Völkerwallfahrt/Völkerkampf, WiBiLex, 2013, online unter https://www.bibelwissenschaft.de/stichwort/34263/.

Emmendörffer, M., Der ferne Gott. Eine Untersuchung der alttestamentlichen Volksklagelieder vor dem Hintergrund der mesopotamischen Literatur, FAT 21, Tübingen, 1998.

Hossfeld, F.-L. und E. Zenger, Psalmen 101–150, HThKAT, Freiburg i. Br./Basel/Wien, 2008.

Körting, C., Zion in den Psalmen, FAT 48, Tübingen, 2006.

Krusche, M., Göttliches und irdisches Königtum in den Psalmen, FAT II 109, Tübingen, 2019.

Leuenberger, M., Die Jhwh-König-Theologie der formativen Psalter-Redaktion und ihre Trägerkreise, in F.-L. Hossfeld, J. Bremer und T. M. Steiner (Hg.), Trägerkreise in den Psalmen, BBB 178, Göttingen, 2017, 61–95.

Leuenberger, M., Die theokratische Theologie des Psalters, in K. Trampedach und A. Pečar (Hg.), Theokratie und theokratischer Diskurs. Die Rede von der Gottesherrschaft und ihre politisch-sozialen Auswirkungen im interkulturellen Vergleich, CHT 1, Tübingen, 2013, 39–53.

Leuenberger, M., Gott in Zion. Zionstheologien im alten Israel (in Vorbereitung für 2024).

Leuenberger, M., Konzeptionen des Königtums Gottes im Psalter. Untersuchungen zu Komposition und Redaktion der theokratischen Bücher IV–V innerhalb des Psalters, AThANT 83, Zürich, 2004.

Levin, C., The Edition of the Psalms of Ascent, in C. Levin und E. Ben Zvi (Hg.), Centres and Peripheries in the Early Second Temple Period, FAT 108, Tübingen, 2016, 381–400.

Levin, C., Psalm 136 als zeitweilige Schlußdoxologie des Psalters, in idem, Fortschreibungen. Gesammelte Studien zum Alten Testament, BZAW 316, Berlin/Boston, 2003, 314–321.

Müller, R., David und die Lade, Zion und der Gesalbte. Geschichte und Zukunft des Königtums nach Ps 132, in F. Hartenstein und T. Willi (Hg.), Psalmen und Chronik, FAT II 107, Tübingen, 2019, 206–219.

Oswald, W., Das Alte Testament und die Politikwissenschaft – Eine einführende Sondierung, ThR 79, 2014, 135–160.

Oswald, W., Concepts of Leadership in the Book of Exodus, in K. Pyschny und S. Schulz (Hg.), Debating Authority. Concepts of Leadership in the Pentateuch and the Former Prophets, BZAW 507, Berlin/Boston, 2018, 17–29.

Oswald, W., Die politische Funktion des Dekalogs, in J. J. Krause, W. Oswald und K. Weingart (Hg.), Eigensinn und Entstehung der Hebräischen Bibel. E. Blum zum siebzigsten Geburtstag, FAT 136, Tübingen, 2020, 111–127.

Oswald, W., Staatstheorie im Alten Israel. Der politische Diskurs im Pentateuch und in den Geschichtsbüchern des Alten Testaments, Stuttgart, 2009.

Saur, M., Die Königspsalmen. Studien zur Entstehung und Theologie, BZAW 340, Berlin/Boston, 2004.

Seybold, K., Die Wallfahrtspsalmen. Studien zur Entstehungsgeschichte von Psalm 120–134, BThSt 3, Neukirchen-Vluyn, 1978.

Steiner, T. M., Stadt Gottes, Zion und Jerusalem in Ps 87 und 122. Psaltertheologische Überlegungen zu einem konkreten Ort, in C. Frevel (Hg.), „Mit meinem Gott springe ich über Mauern." Interreligiöse Horizonte in den Psalmen und Psalmenstudien, HBS 96, Freiburg i. Br., 2020, 112–129.

Zenger, E., Die Komposition der Wallfahrtspsalmen Ps 120–134. Zum Programm der Psalterexegese, in M. Ebner und B. Heininger (Hg.), Paradigmen auf dem Prüfstand. Exegese wider den Strich. FS für K. Müller zu seiner Emeritierung, NTA 47, Münster, 2004, 173–190.

Zenger, E., Zion – Ort des Segens. Beobachtungen zur Theologie des Wallfahrtspsalters Ps 120–134, in N. C. Schnabel (Hg.), Laetare Jerusalem. Festschrift zum 100jährigen Ankommen der Benediktinermönche auf dem Jerusalemer Zionsberg, JThF 10, Münster, 2006, 64–103.

Rache und Überwindung der Rache

Zur Komposition und politischen Intention von Psalm 137–138

Jakob Wöhrle

Die Klagepsalmen des Volkes sind durch und durch politische Texte, ja, es sind politische Gebete.[1] In diesen Gebeten werden nationale Nöte vor Gott gebracht, insbesondere Erfahrungen feindlicher Übergriffe und Krieg. Es werden die Verfehlungen des eigenen Volkes, die zu solchen Notlagen führten, bekannt. Es werden die Vergehen anderer Völker, der Feinde des Volkes, benannt. Und es wird vor Gott um Abwendung der Not gebeten, um die Restitution des eigenen Volkes, aber auch um die Ahndung der Vergehen der Feinde.

In den Klagen des Volkes wird also in Reaktion auf erfahrenes Leid, auf Gewalt und Krieg, um Vergeltung, ja, um Rache gebeten – und dies mit teils recht drastischen Erwartungen. Die erbetenen Strafen reichen von körperlichen Züchtigungen bis zum Tod der Feinde und ihrer Nachkommen.

Eben deshalb sind diese Klagegebete, die dann gerne verallgemeinernd als Rachepsalmen bezeichnet werden, immer wieder in die Kritik geraten. Die in diesen Gebeten geäußerte Bitte um Vergeltung wird etwa als mit dem Feindesliebegebot unvereinbar und so, ausgesprochen oder unausgesprochen, als vor- und unchristlich dargestellt.[2]

In neuerer Zeit wurde demgegenüber aber mehrfach herausgestellt, dass eine solch pauschale Kritik an den sogenannten Rachepsalmen nicht gerechtfertigt ist. So hat insbesondere Erich Zenger darauf hingewiesen, dass die Rachepsalmen eben nicht von der Erwartung ungezügelter Gewalt bestimmt sind, sondern einen Ausgleich der Tat in der Rückführung der Tat auf den Täter erwarten.[3] Zudem betont Zenger, dass in den Rachepsalmen die Rache allein von Gott her erwartet wird. Die Rachepsalmen sind somit gerade vom Verzicht auf eigene Rache bestimmt. Die Arbeiten von Zenger und anderen konnten also das besondere inhaltliche und theologische Profil der sogenannten Rachepsalmen herausstellen und so überzogene Kritik an diesen Psalmen als unbegründet erweisen.

Noch zu wenig wurde aber bislang mit Blick auf die sogenannten Rachepsalmen die Funktion und damit auch die politische Intention der hier belegten Rachevorstellungen beachtet. Zudem wurde die Frage nach der Überwindung der Rache noch zu wenig

1 So zurecht Berlejung, Wider die Freuden, 268, mit Blick auf Psalm 137.

2 Zur Kritik an den sogenannten Rachepsalmen (und vergleichbaren Texten im Alten Testament) vgl. etwa den Überblick bei Hartenstein, Gott, bes. 111–115.

3 Zenger, Gott der Rache.

behandelt. Diesen beiden Aspekten soll im Folgenden anhand der beiden Psalmen 137 und 138 nachgegangen werden.

Gewidmet sei dieser Aufsatz dem verehrten Freund und Tübinger Kollegen Wolfgang Oswald. In den Arbeiten von Wolfgang Oswald haben die im Alten Testament belegten politischen Diskurse – darunter auch die Frage nach dem Verhältnis Israels zu den Völkern – stets eine besondere Rolle gespielt.[4] So ist zu hoffen, dass ihm die folgenden Ausführungen eine kleine Freude bereiten.

1 Ein Gebet wider das Verdrängen: Psalm 137

Ps 137 gehört zu den wenigen Gebeten des Psalters, die an einer sehr konkreten Situation orientiert sind. Der Psalm setzt die Exilierung von Teilen des Volkes nach Babylonien voraus und thematisiert deren Ergehen, deren Nöte, deren Hoffnungen und Erwartungen dort im Exil:

> [1] An den Flüssen von Babel saßen wir
> und weinten, als wir des Zion gedachten.
> [2] An die Pappeln in seiner Mitte
> hängten wir unsere Leiern.
> [3] Ja, dort forderten von uns die, die uns weggeführt hatten, Lieder
> und unsere Bedränger Freude: Singt uns eins von den Zionsliedern!
> [4] Wie könnten wir ein Lied Jhwhs singen
> auf fremdem Boden?
>
> [5] Wenn ich dich vergesse, Jerusalem,
> dann verdorre meine Rechte.
> [6] Meine Zunge klebe an meinem Gaumen,
> wenn ich deiner nicht gedenke,
> wenn ich Jerusalem nicht aufsteigen lasse
> an den Gipfel meiner Freude.
>
> [7] Gedenke, Jhwh, den Edomitern den Tag Jerusalems,
> die sagten: Legt bloß, legt bloß, bis auf den Grund.
> [8] Tochter Babel, du zur Verwüstung Bestimmte:[5]
> Wohl dem, der dir vergilt,
> was du uns angetan hast.
> [9] Wohl dem, der deine Kinder packt
> und am Felsen zerschlägt.

In Ps 137 wird also zunächst, in V. 1–4, die Trauer der Exilierten dargestellt, die diese im Gedenken an den Zion überfällt, und es werden Anfeindungen von Seiten der

4 Vgl. neben dem grundlegenden Werk Oswald, Staatstheorie, etwa idem, Revision; idem, Erzeltern; idem, Foreign Marriages.

5 Zur Übersetzung von השדודה vgl. Zenger, Psalm 137, 686, sowie die umfänglichen Darlegungen bei Rabe, Tochter Babel.

Babylonier genannt. In V. 5f. folgt ein Schwur, mit dem beteuert wird, dass Jerusalem nicht vergessen werden darf. Der Psalm endet in V. 7–9 mit Rachewünschen gegen die Edomiter und die Babylonier.

Unter den bisherigen Ansätzen zu Ps 137 wird häufig davon ausgegangen, dass dieser Psalm bereits am Beginn der Exilszeit verfasst wurde und somit ganz unmittelbar die Situation der Angehörigen des Volkes nach deren Ankunft im babylonischen Exil widerspiegelt.[6] Die den Psalm abschließenden Rachewünsche werden dann zumeist als direkte, ja, als ungeschminkte Reaktion auf das von den Exulanten erfahrene Leid verstanden.

Zu beachten ist aber die besondere Zeitstruktur von Ps 137.[7] Der Psalm beginnt in V. 1–4 mit einem im Perfekt formulierten Rückblick auf vergangene Geschehnisse in Babylon. Es folgt in V. 5f. der präsentisch formulierte Schwur, Jerusalem nicht zu vergessen. Und die den Psalm abschließenden, in V. 7–9 belegten Rachewünsche zielen auf ein noch ausstehendes, von der Zukunft erst noch erwartetes Geschehen.

Die so beschriebene Struktur von Ps 137 und dabei insbesondere die Tatsache, dass im ersten Teil des Psalms auf vergangene Geschehnisse zurückgeblickt wird, spricht dann doch aber eher dagegen, dass dieser Psalm bereits am Beginn der Exilszeit verfasst wurde. Der Psalm scheint vielmehr vorauszusetzen, dass die Exilierung des Volkes schon einige Zeit zurückliegt. Ps 137 stammt somit frühestens aus der fortgeschrittenen Exilszeit, wahrscheinlicher sogar aus nachexilischer Zeit.

Ein solche Spätdatierung von Ps 137 wurde schon öfter erwogen.[8] Allerdings wird bei diesen alternativen Ansätzen dann stets davon ausgegangen, dass der Psalm nicht nur zeitlich, sondern auch geographisch nicht mehr ins Exil gehört, sondern vielmehr im Land, unter den Rückkehrern aus dem Exil, entstanden ist. Hierfür wird insbesondere auf das in Ps 137,1.3 belegte שם („dort") verwiesen, das eine räumliche Distanz zu dem Ort der hier am Beginn des Psalms geschilderten Ereignisse, also zum Ort des Exils, voraussetze.[9] Dies ist aber keinesfalls zwingend. Denn das hier in 137,1.3 belegte שם bezieht sich doch auf die zu Beginn von 137,1 belegte Ortsangabe על נהרות בבל („an den Flüssen von Babel"). Es zielt also nicht ganz allgemein auf Babylonien / das babylonische Exil, sondern auf den spezifischen Ort der in 137,1–4 geschilderten Ereignisse in Babylonien. Eine räumliche Distanz zum Ort des Exils ist hier nicht erkennbar.[10] Die inhaltliche Anlage des Psalms, insbesondere die im zweiten Teil 137,5f. zum Ausdruck kommende

6 Vgl. etwa Freedman, Structure, 187; Spieckermann, Heilsgegenwart, 116; Seybold, Psalmen, 509; Gerstenberger, Psalms Part 2, 395; Michel, Gott, 175; Ahn, Psalm 137, 274.

7 Siehe hierzu Kellermann, Psalm 137, 49; Krüger, An den Strömen, 80–81; Zenger, Psalm 137, 687.

8 So schon Gunkel, Psalmen, 580, und sodann Kraus, Psalmen II, 905; Kellermann, Psalm 137, 51–52; Krüger, An den Strömen, 79; Körting, Zion, 82; Zenger, Psalm 137, 688; Berges, Lied Jhwhs, 362; Berlejung, Wider die Freuden, 265; Klein, Sehnsucht, 172.

9 Vgl. Gunkel, Psalmen, 580; Kraus, Psalmen II, 905; Kellermann, Psalm 137, 49; Krüger, An den Strömen, 79; Berlejung, Wider die Freuden, 265.

10 So auch Michel, Gott, 175: „Die Ferndeixis kann sich auch konkret auf die Flüsse Babels und die Pappeln in ihrer Mitte beziehen, dann ist jeder neue, nicht ortsidentische Standpunkt des Sängers denkbar."

Sorge, Jerusalem nicht mehr wert zu schätzen und zu vergessen, sprechen dann aber im Gegenteil dafür, dass der Psalm gerade nicht in Jerusalem, sondern in Babylonien, unter den dort befindlichen Angehörigen des Volkes, entstanden ist.

Bei Ps 137 handelt es sich also um ein erst in nachexilischer Zeit in Babylonien entstandenes Gebet. Vor diesem Hintergrund soll nun zunächst der in V. 1–4 belegte Rückblick betrachtet werden.

1.1 Der Rückblick in Psalm 137,1–4

Bei dem in Ps 137,1–4 belegten Rückblick auf die Situation und die Erfahrungen der nach Babylonien Exilierten wird zunächst in V. 1f. auf deren Trauer verwiesen. Die Exulanten saßen an den Flüssen von Babel und weinten, ja, sie weinten im Gedenken an den Zion. Hintergrund der hier beschriebenen, im Gedenken an den Zion aufkommenden Trauer dürfte wohl gleichermaßen die Zerstörung des Jerusalemer Tempels wie auch die den Exulanten widerfahrene räumliche Trennung vom Zion und somit von ihrer einstigen Heimat sein.

Die Trauer der Exulanten äußert sich sodann nicht nur in ihrem Weinen, sondern auch darin, dass sie ihre Musikinstrumente in die Bäume hängten. Für die Leier, mit der sonst freudige Gesänge begleitet wurden, hatten sie keine Verwendung. Es herrschte unter ihnen Trauer und keine Freude.

Neben der Trauer, die die Angehörigen des Volkes im Gedenken an den Zion bestimmt, wird zu Beginn von Ps 137, nun in V. 3f., aber auch noch auf ein weiteres Geschehen zurückgeblickt. Die Babylonier forderten von den Exulanten, dass sie freudige Lieder vom Zion singen.

Wie schon häufig gesehen, handelt es sich bei dieser Aufforderung gleich in mehrfacher Hinsicht um eine massive Provokation und Demütigung der Exulanten.[11] Denn zunächst ignorierten die Babylonier mit ihrer Forderung nach freudigen Liedern doch die Situation und das Empfinden der Exulanten, die eben von Trauer und nicht von Freude bestimmt waren.

Eine besondere Demütigung besteht sodann darin, dass die Babylonier von den Exulanten gerade Zionslieder forderten. In den Jerusalemer Zionsliedern wurde ja die hervorragende Bedeutung des Zion und des auf dem Zion stehenden Tempels besungen.[12] Der Jerusalemer Tempel war doch aber gerade von den Babyloniern zerstört worden. Dass also gerade die Babylonier von den judäischen Exulanten Zionslieder und somit freudige Lieder über das von ihnen zerstörte Jerusalemer Heiligtum verlangten, kann nur als besondere Demütigung angesehen werden.[13]

---

11 Vgl. hierzu insbesondere Zenger, Psalm 137, 690, sowie Körting, Zion, 78.

12 Vgl. bes. Ps 46; 48, und zur Geschichte der Zionstradition etwa Otto, Art. Zion; Hartenstein, Wehe.

13 So meint etwa Zenger, Psalm 137, 690: „Mitten in Babylon, dem Zentrum jener Macht, die den Zion liquidiert hat, sollen sie die Unerschütterlichkeit des Zion und die Erwähltheit des Zion durch JHWH als den Ort seiner Präsenz in der Welt besingen – was durch die geschichtlichen Ereignisse nun vor aller Welt als große Selbsttäuschung entlarvt zu sein scheint."

Und so wehrten sich die Exulanten gegen die Forderung der Babylonier. Auf fremdem Boden konnten sie keine freudigen Lieder singen.[14]

In Ps 137,1–4 wird also auf die frühere Situation der nach Babylonien verbrachten Exulanten zurückgeblickt. Diese Situation war von Trauer im Gedenken an den Zion wie auch von Provokationen und Demütigungen von Seiten der Babylonier geprägt.

1.2 Der Schwur in Psalm 137,5f.

Im Anschluss an den Rückblick auf die frühere Situation der nach Babylonien Exilierten wird in Ps 137,5f. ein Schwur vorgebracht. Die als Beter vorgestellte Person schwört, dass ihr die Hand verdorre und die Zunge am Gaumen festklebe, wenn sie Jerusalem vergisst und seiner nicht mehr gedenkt.

Beachtenswert ist dabei, dass mit dem hier genannten „Vergessen" (שׁכח) nicht, wie häufig vorausgesetzt, der Prozess nachlassender, verblassender Erinnerung angesprochen ist. Der Begriff שׁכח bezeichnet nach alttestamentlichem Verständnis nicht nur ein solches, eher passives Geschehen. שׁכח bezeichnet an zahlreichen Stellen vielmehr die Vernachlässigung, die aktive Abwendung von bestehenden sozialen oder religiösen Bindungen.[15]

So wird im Alten Testament etwa die Vernachlässigung der materiellen oder ideellen Unterstützung von Verwandten und Freunden als ein Akt des Vergessens bezeichnet.[16] Und besonders häufig wird im Alten Testament das Aufgeben religiöser Traditionen und Bindungen als Vergessen dargestellt.[17] Insbesondere im Deuteronomium und in der deuteronomistischen Literatur findet sich mehrfach die Darstellung, dass die Menschen Gott selbst, seine Gebote oder seinen Bund vergessen und sich anderen Göttern zuwenden.[18] Eindrücklich ist sodann auch die folgende, in Jes 65,11 belegte Aussage:

> Ihr aber, die ihr Jhwh verlasst, die ihr meinen heiligen Berg vergesst (שׁכח),
> die ihr für Gad einen Tisch bereitet und für Meni den Mischkrug füllt.

In Jes 65,11 wird also – vergleichbar mit Ps 137,5 und mit demselben Verb שׁכח – das Vergessen des heiligen Berges, des Jerusalemer Tempelbergs, genannt. Zudem wird den Angesprochenen vorgeworfen, dass sie Jhwh verlassen, sich also aktiv von ihm abwenden und fremden Göttern, den Göttern Gad und Meni, zuwenden. In diesem Zusammenhang kann doch auch das hier genannte Vergessen des heiligen Berges, das Vergessen des Zion, nur als eine aktive Handlung verstanden werden. Es beschreibt das Aufgeben der bisherigen Bindung an den Zion.

---

14 Umstritten ist, ob die in Ps 137,4 belegte Aussage ganz prinzipiell besagt, dass auf fremdem Boden keine Zionslieder gesungen werden können, vgl. etwa Gunkel, Psalmen, 579; Freedman, Structure, 194; Spieckermann, Heilsgegenwart, 118; Körting, Zion, 83, oder ob dies nur angesichts der konkreten Situation der Deportation an einen solchen Ort gilt, so Ahn, Psalm 137, 282–283; Zenger, Psalm 137, 691. Im Kontext von Psalm 137, der doch sehr deutlich auf die besondere Situation im Exil ausgerichtet ist, dürfte wohl die letztere Position zu bevorzugen sein.

15 Vgl. Preuß, Art. שׁכח, bes. 1320–1322.

16 Gen 40,23; Ps 31,13; Hiob 19,14.

17 Jer 3,21; 13,25; 18,15; 23,27; Ez 23,35; Hos 2,15; Ps 9,18; 44,18.21; 78,7.11; 106,13.21; Spr 2,17.

18 Dtn 4,23; 6,12; 8,11.14.19; 26,13; Ri 3,7; 1 Sam 12,9; 2 Kön 17,38.

Von hier aus ist dann aber auch der in Ps 137,5f. belegte Schwur, dass Jerusalem nicht vergessen werden soll, wie auch der parallel hierzu vorgebrachte Schwur, dass Jerusalem gedacht werden soll, nicht einfach gegen die Gefahr verblassender Erinnerung gesprochen. Der hier belegte Schwur ist vielmehr gegen das Aufgeben, ja, gegen die aktive Abwendung von der bislang bestimmenden Bindung an Jerusalem gerichtet.[19]

Der in Ps 137,5f. belegte Schwur wendet sich somit gegen die Gefahr, dass die im Exil lebenden Angehörigen des Volkes ihre bisherige Bindung an Jerusalem und somit ihre bisherigen religiösen Traditionen aufgeben; eine Gefahr, die mit fortschreitender Zeit im Exil zunehmend gegeben war. Denn die judäischen Exulanten konnten im Exil ein relativ freies, selbständiges Leben führen. Wie biblische und außerbiblische Texte zeigen, konnten sie Häuser bauen, Äcker bewirtschaften, Handel treiben und sogar zu einem gewissen Reichtum kommen.[20] So haben sich nicht wenige in ihrem neuen Leben eingerichtet. Ja, mehr noch, zumindest Teile des Volkes haben sich schon recht bald an ihre neue Umgebung, an die babylonische Kultur und wohl auch an die babylonische Religion angepasst. Sie gaben ihren Kindern babylonische Namen und standen auch dem religiösen Leben der Babylonier offen gegenüber.

Gegen eben diese Entwicklungen wendet sich der in Ps 137,5f. belegte Schwur. Er wendet sich dagegen, dass die frühere Bindung an Jerusalem aufgegeben wird, wie sie in der am Beginn des Psalms genannten Trauer im Gedenken an Jerusalem zum Ausdruck kam. Der Psalm wendet sich somit gegen das Einrichten in den neuen Lebensumständen, ja, gegen das Anpassen an die neuen Lebensumstände, das unter Verlust der eigenen Tradition und somit letztlich unter Verlust der eigenen Identität geschehen würde.

Von hier aus sind nun die am Ende von Ps 137 belegten Rachewünsche zu betrachten.

1.3 Die Rachewünsche in Psalm 137,7–9

Am Ende von Ps 137 werden Rachewünsche vorgebracht, die gegen die Edomiter und die Babylonier gerichtet sind. So wird Jhwh in V. 7 dazu aufgerufen, der Edomiter zu gedenken, dass sie am Tag Jerusalems, also am Tag der Zerstörung Jerusalems, dazu aufgerufen haben, die Stadt bis zum Grund einzureißen. V. 8f. sind sodann an die als „Tochter Babel" bezeichnete Stadt Babylon gerichtet und es wird derjenige selig gepriesen, der der Tochter Babel ihr Tun vergilt, der ihre Kinder packt und sie an den Felsen schleudert.

---

19 Krüger, An den Strömen, 81–82, versteht Psalm 137 als ein Bekenntnis der Rückkehrer gegenüber der im Lande verbliebenen Bevölkerung, dass sie sich während ihrer Zeit in Babylonien nicht von Jhwh und Jerusalem abgewandt haben; vgl. auch Berges, Lied Jhwhs, 362; Berlejung, Wider die Freuden, 265. Diese These wird der geographischen Verortung des Psalms (s. o.) wie überhaupt der inhaltlichen Anlage des Psalms wohl kaum gerecht, wird hier doch mit keinem Wort ein solcher Konflikt zwischen den Rückkehrern und den im Lande Verbliebenen angesprochen. Richtig ist an der These aber, dass das in Ps 137,5–6 belegte Bekenntnis als ein Bekenntnis der bleibenden Treue zu und der aktiven Bindung an Jerusalem zu verstehen ist.

20 Vgl. nur das in Jer 29 belegte „Sendschreiben an die Exilierten" sowie die Al-Yahudu-Tablets (Pearce und Wunsch, Documents) und die Texte des Muraššû-Archivs (Stolper, Entrepreneurs); zu der in Ps 137 vorausgesetzten Situation im Exil vgl. auch Becking, Memory, 290–296; Berlejung, Wider die Freuden, 276–283.

Die in Ps 137,7–9 belegten Rachewünsche sind mit den Edomitern und den Babyloniern gegen die beiden Völker gerichtet, die passiv und aktiv an der Zerstörung Jerusalems beteiligt waren. So wird den Edomitern an mehreren Stellen des Alten Testaments vorgeworfen, dass sie den Judäern bei der Eroberung Jerusalems durch die Babylonier nicht beigestanden haben, sondern sich am Schicksal der Judäer und insbesondere an der Zerstörung Jerusalems durch die Babylonier erfreut haben.[21]

Während nun bei dem ersten, gegen die Edomiter gerichteten Rachewunsch in Ps 137,7 kein konkretes Vergeltungshandeln genannt wird, mit dem ihr Verhalten gerächt werden soll, wird in 137,8f. für die Babylonier erwartet, dass ihre Kinder gepackt und getötet werden. Anlass dieser ausgesprochen massiven Erwartung eines gewaltsamen Strafhandelns dürften die von den Babyloniern begangenen Gewalttaten am judäischen Volk sein. So lässt etwa Jer 51,20–23 erkennen, dass die Babylonier im Rahmen der Eroberung Jerusalems auch gegen Kinder vorgingen und diese töteten.[22] Der in Ps 137,8f. belegte, gegen die Babylonier gerichtete Rachewunsch drückt somit – wie in V. 8 auch deutlich ausgesprochen – die Erwartung aus, dass dieses Tun der Babylonier, also deren eigenes gewaltsames Vorgehen gegen Kinder, vergolten wird und auf sie zurückkommt.[23]

Beachtenswert ist sodann, wie schon häufig gesehen wurde, dass bei den in Ps 137,7–9 belegten Rachewünschen nicht erwartet wird, dass die Angehörigen des Volkes selbst das ihnen geschehene Leid vergelten, dass sie selbst an ihren Feinden Rache nehmen. Denn der erste, gegen die Edomiter gerichtete Rachewunsch ist direkt zu Gott gesprochen und stellt die Rache an den Edomitern Gott anheim. Der zweite, gegen Babylon und die Babylonier gerichtete Rachewunsch ist als Seligpreisung formuliert und erwartet das Vorgehen einer nicht näher genannten, vom eigenen Volk aber zu unterscheidenden Größe. Zudem wird auch dieser gegen Babylon gerichtete Rachewunsch im Kontext des vorliegenden, als Gebet gestalteten Psalmtextes vor Gott gesprochen, so dass auch hier die Rache letztlich Gott anheimgestellt wird.[24]

Es zeigt sich bei den in Ps 137 belegten Rachewünschen somit im Konkreten, was Erich Zenger und andere für die alttestamentlichen Rachepsalmen insgesamt herausgestellt haben:[25] Die in den Rachepsalmen erwartete Rache ist nicht als ungezügeltes Gewalthandeln zu verstehen, sondern als Rückführung der widerfahrenen Tat auf den Täter. Und es wird in den Rachepsalmen nicht die eigene Rache an den Feinden erwar-

21 Vgl. bes. Ez 25,12–14; 35,1–15; Klgl 4,21.

22 Zu der (wohl auch literarischen) Verbindung von Ps 137,9 zu Jer 51,20–23 sowie zu weiteren Verbindungen zwischen Psalm 137 und Jeremia 51 siehe etwa Michel, Gott, 187; Zenger, Psalm 137, 695–697; Berges, Lied Jhwhs, 363–364; Klein, Sehnsucht, 168–170.

23 Vgl. Zenger, Psalm 137, 695–696.

24 So auch Ahn, Psalm 137, 288; Zenger, Psalm 137, 697; Klein, Sehnsucht, 164; gegen Spieckermann, Heilsgegenwart, 121: „Der Rachewunsch wird […] aus der Gottesbindung entlassen und gerät zum gott-losen Racheschrei."

25 Vgl. Zenger, Gott der Rache, bes. 129–163, sowie mit Blick auf Ps 137 Brueggemann und Bellinger, Psalms, 575–576.

tet oder erbeten. Der Rachewunsch wird vielmehr vor Gott gebracht; die Ausführung der Rache wird Gott überlassen. Von eigener Rache wird gerade abgesehen.

Darüberhinausgehend ist bei Ps 137,7–9 nun aber die spezifische Funktion der hier belegten Rachewünsche im Kontext des vorliegenden Psalms beachtenswert. Wenn nämlich die vorangehenden Überlegungen richtig sein sollten, dass dieser Psalm zu einer Zeit verfasst wurde, als sich Teile der Exulanten bereits in ihren neuen Lebensumständen einrichteten und an die Gegebenheiten in Babylonien, ja, an die babylonische Kultur und Religion anpassten, und wenn es richtig sein sollte, dass Ps 137 gegen derartige Tendenzen gerichtet ist und gegen derartige Tendenzen für das Festhalten an den alten Bindungen, für das Festhalten an den eigenen Traditionen und somit für den Erhalt der eigenen Identität eintritt, dann sind doch auch die den Psalm abschließenden Rachewünsche vor eben diesem Hintergrund zu verstehen.

Die hier in Ps 137,7–9 belegten Rachewünsche gehen dann nämlich nicht einfach auf „spontane Wut“[26] oder einen „unrehearsed emotional outbrake“[27] zurück; sie zeigen schon gar nicht den „glühenden Hauch des alten Judentums, das sich auf Haß und Rache versteht“.[28] Mit den hier belegten Rachewünschen, die ja in V. 7 erneut unter das Stichwort des „Gedenkens“ gestellt sind, wird vielmehr im Anschluss an den in V. 5f. belegten Schwur festgehalten, dass nicht nur die alte Bindung an Jerusalem nicht aufgegeben werden darf, sondern dass auch die früheren Taten der Feinde nicht vergessen werden dürfen. Auch die Rachewünsche sind somit gegen das Einrichten in den neuen Lebensumständen, das Anpassen an die neuen Lebensumstände gerichtet. Sie wenden sich gegen ein Anpassen an die neuen Lebensumstände unter den einstigen Feinden des Volkes, das unter Absehen, ja, unter Verdrängen der Demütigungen und der Gewalterfahrungen, die den Angehörigen des Volkes von ihren einstigen Feinden zugefügt wurden, geschieht.

Im Anschluss an den vorangehenden Schwur, Jerusalem nicht zu vergessen, wird mit dem in Ps 137,7–9 belegten Rachewünschen also daran festgehalten, dass auch die Taten der einstigen Feinde nicht vergessen, nicht verdrängt werden dürfen. Die Formulierung als Rachewunsch, in dem Gott zur Rache an den einstigen Feinden aufgerufen wird, ermöglicht es dabei, auf das geschehene Unrecht in all seiner Härte zu verweisen, an diesem geschehenen Unrecht festzuhalten und zugleich eine eigene gewaltsame Reaktion auf dieses Unrecht, also eigene Rache an den Feinden, zu unterbinden. Der Rachewunsch hält die Taten der Feinde fest, stellt die Rache an diesen Taten aber allein Gott anheim.

Von diesen Überlegungen zu Ps 137 herkommend fällt dann doch aber insgesamt ein neues Licht auf die Bedeutung der sogenannten Rachepsalmen. Denn von Ps 137 her kann gesagt werden, dass mit den Rachepsalmen insgesamt festgehalten wird, dass nach der Erfahrung von Leid, von Unrecht, von Gewalt der Weg heraus aus diesen Erfahrungen hin zu neuer Gemeinschaft mit den einstigen Verursachern von Unrecht

26 Sals, Biographie, 211.
27 Ahn, Psalm 137, 288.
28 Gunkel, Psalmen, 580.

und Gewalt nicht unter Verdrängen dieser Erfahrungen erfolgen kann und soll. Die Rachepsalmen wenden sich gegen einen Umgang mit erfahrenem Leid, bei dem unter Verdrängen dieser Erfahrungen ein Teil der eigenen Geschichte, ja, der eigenen Identität aufgegeben würde. Die Rachepsalmen sind somit insgesamt als Gebete zu verstehen, die wider das Verdrängen der Erfahrung von Leid und Gewalt bei Gott einen Ort geben.

Offen bleibt dabei aber die Frage nach der Überwindung der Rache. Für diese Frage ist nun der auf Ps 137 folgende Ps 138 zu betrachten.

2 Die Erwartung neuer Gemeinschaft: Psalm 138

Zu den bedeutenden Erkenntnissen der neueren alttestamentlichen Forschung gehört die Einsicht, dass das biblische Buch der Psalmen, der Psalter, nicht als zusammenhanglose Sammlung einzelner Gebete anzusehen ist. Bei dem Psalter handelt es sich vielmehr um eine – wohl über einen längeren Zeitraum gewachsene – bewusst gestaltete Komposition.[29] Als Konsequenz aus dieser Erkenntnis folgt dann, dass die Psalmen des Psalters nicht nur für sich, sondern auch im Kontext des Psalters ausgelegt sein wollen und dass sich von ihrem Kontext im Psalter über den Einzelpsalm hinausgehende Sinndimensionen ergeben.

Dies gilt nun auch für den Zusammenhang der beiden benachbarten Psalmen 137 und 138, der bislang noch zu wenig beachtet wurde.[30] So steht in Ps 138:

> 1 Von David.
>
> Ich lobe dich mit meinem ganzen Herzen,
> vor den Göttern musiziere ich dir.
> 2 Ich werfe mich nieder zu deinem heiligen Tempel hin,
> ich lobe deinen Namen wegen deiner Güte und deiner Treue.
> Denn du hast über alles groß gemacht deinen Namen und dein Wort.
>
> 3 Als ich rief, antwortetest du mir.
> Du weckst in meiner Seele Kraft.

29 Vgl. nur Wilson, Editing; Millard, Komposition; Zenger, Psalter.

30 In der bisherigen Forschung wird Psalm 137 zumeist als Abschluss der vorangehenden Sammlung der Wallfahrtspsalmen 120–134 und der beiden daran anschließenden Geschichtspsalmen 135–136 gelesen; vgl. etwa Millard, Komposition, 40; Berges, Lied Jhwhs, 366; Scoralick, Gerechtigkeit, 135–136; Klein, Sehnsucht, 165–167. Den Verbindungen zu dem folgenden Psalm 138 wurde dagegen weit weniger Aufmerksamkeit geschenkt; vgl. aber Krüger, An den Strömen, 83; Zenger, Lieder, 40–49; idem, Psalm 137, 697–699. Zu beachten ist aber etwa, dass in den verschiedenen Psalm-Handschriften von Qumran die Abfolge der Psalmen gerade in den letzten beiden Psalmbüchern 90–106 und 107–150 an sich noch ausgesprochen ungefestigt erscheint; siehe hierzu Flint, Psalms Scrolls. Es finden sich hier zahlreiche Divergenzen zur masoretischen Abfolge der Psalmen. So belegt denn auch die große Psalmrolle 11QPs[a] die beiden Geschichtspsalmen 135–136 nicht an ihrem vorliegenden Ort, sondern zwischen den Psalmen 132; 119 einerseits und 145; 154 andererseits. Die beiden Psalmen 137 und 138 stehen in dieser Handschrift aber nebeneinander. Das zeigt, dass diese beiden Psalmen schon in alter Zeit als zusammengehörig angesehen wurden, während die in der gegenwärtigen Forschung betonte Verbindung von Psalm 137 zu Psalm 135–136 nicht von Bedeutung war.

4 Es sollen dich loben, Jhwh, alle Könige der Erde,
denn sie haben die Worte deines Mundes gehört.
5 Sie sollen singen auf den Wegen Jhwhs:
Ja, groß ist die Herrlichkeit Jhwhs.
6 Ja, erhaben ist Jhwh, doch er schaut auf Niedriges,
und das Hohe erkennt er von Ferne.

7 Wenn ich gehe inmitten der Not,
lässt du mich leben trotz des Zorns meiner Feinde.
Du streckst deine Hand aus, und deine Rechte hilft mir.
8 Jhwh führt meine Sache,
Jhwh, deine Güte währt ewig,
von den Werken deiner Hände lass nicht ab.

Ps 138 beginnt also in V. 1f. mit dem Lob eines einzelnen Beters. Es wird sodann in V. 3 auf eine nicht näher ausgeführte Zuwendung Jhwhs zum Beter verwiesen. In V. 4–6 werden die Könige der Erde zum Lob aufgerufen. Der Psalm endet in V. 7f. mit einem Vertrauensbekenntnis.

Interessant ist nun, dass Ps 138 die Situation in einem fremden Land voraussetzt. So heißt es in V. 1, dass die als Beter vorgestellte Person „vor den Göttern" (נגד אלהים), also vor fremden Gottheiten, ihr Lob vorbringt. Dies kann wohl nur so verstanden werden, dass das Gebet in einem Umfeld entstanden ist, in dem andere, fremde Götter verehrt werden.[31]

Zu beachten ist zudem die in V. 2 belegte Aussage, dass sich der Beter „zu Jhwhs heiligem Tempel hin" (אל היכל קדשך) niederwirft. Das Gebet ist somit zum Jerusalemer Tempel hin gesprochen; es ist auf den Jerusalemer Tempel ausgerichtet.[32] Auch dies spricht dafür, dass Ps 138 die Situation in einem fremden Land voraussetzt.

In Ps 138 wird dann zunächst in V. 1f. dargestellt, wie in dieser Situation, also in einem fremden Land, Gott gelobt wird. Gott wird für seine Zuwendung, für seine Treue, ja, für seinen großen Namen gelobt. Angesichts dieser Zuwendung und Treue wird für Gott musiziert, und es wird zu ihm und zu seinem Tempel hin gebetet.

Und in dieses Lob sollen nach V. 4–6 auch die Könige der Erde einstimmen. Auch sie sollen musizieren, sie sollen singen und die Herrlichkeit und Erhabenheit Jhwhs bekunden.

Der so beschriebene Ps 138 kann nun ohne weiteres als Fortführung von Ps 137 verstanden werden.[33] Denn wie Ps 137 setzt eben auch Ps 138 die Situation in einem frem-

31 Vgl. Dahood, Psalms III, 276; Seybold, Psalmen, 512; Hossfeld, Psalm 138, 706.

32 Vgl. Dahood, Psalms III, 277; Seybold, Psalmen, 512; Hossfeld, Psalm 138, 706. Es wird allerdings immer wieder angenommen, dass die Wendung אל היכל קדשך gerade voraussetzt, dass sich der Beter im Jerusalemer Tempel befindet und dort von den Vorhöfen her zum Allerheiligsten hin sein Gebet spricht; vgl. etwa Gunkel, Psalmen, 583; Kraus, Psalmen II, 911; Gerstenberger, Psalms Part 2, 398; Allen, Psalms, 514. Dies trifft aber wohl kaum den Sinn des vorliegenden Textes. Da Ps 138 auch sonst die Situation in einem fremden Land voraussetzt, zielt die hier in 138,2 belegte Aussage אשתחוה אל היכל קדשך, vergleichbar etwa mit Jona 2,8, auf ein in der Fremde zum Tempel hin gesprochenes Gebet.

33 So in Ansätzen auch Krüger, An den Strömen, 83; Zenger, Lieder, 48–49; idem, Psalm 137, 699.

den Land voraus. Doch anders als Ps 137 wird hier nun gerade gelingendes Leben in solch einem fremden Land dargestellt.

So ist das Leben der Angehörigen des Volkes in der Fremde nicht mehr, wie in Ps 137,1–4, von Trauer bestimmt, angesichts derer keine Musik und keine freudigen Lieder möglich sind. Stattdessen wird in Ps 138,1f. dargestellt, wie in einem fremden Land für Gott gesungen und musiziert wird.

Dabei wird entgegen der in Ps 137,5f. angesprochenen Gefahr, dass die Angehörigen des Volkes in der Fremde ihre Bindung an Jerusalem aufgeben könnten, in Ps 138,2 betont, dass die Freude und das Lob gerade in Richtung auf den Jerusalemer Tempel vorgebracht werden. Jerusalem ist nicht vergessen, sondern Ziel des hier vorgebrachten Gotteslobs.

Aber mehr noch: Während in Ps 137 zunächst in V. 3f. demütigende Provokationen von Seiten der Bewohner des fremden Landes dargestellt werden und am Ende des Psalms in V. 7–9 mit massiven Rachewünschen festgehalten wird, dass die Taten der einstigen Feinde nicht vergessen werden dürfen, werden nun in Ps 138,5f. die Könige der Erde aufgerufen, in das Lob einzustimmen. Statt Rache erwartet Ps 138 ein in der Gemeinschaft mit den Angehörigen der Völker vorgebrachtes Gotteslob.

Psalm 137		**Psalm 138**
1–4: keine Musik; kein Gesang	→	1: Musik; Gesang
5f.: Gefahr, Jerusalem zu vergessen	→	2: Gebet in Richtung Jerusalem
7–9: Rachewünsche	→	5f.: Lob in Gemeinschaft mit Völkern

Im vorliegenden Zusammenhang des Psalters nimmt Ps 138 also die in Ps 137 vorausgesetzte Situation des Lebens in einem fremden Land auf, geht aber über Ps 137 hinaus, insofern hier nun gelingendes Leben in einem fremden Land dargestellt wird. Dabei wird in Ps 138 ein Leben in einem fremden Land präsentiert, das gerade nicht unter Aufgabe der einstigen Bindungen, unter Aufgabe der eigenen Traditionen und somit unter Aufgabe der eigenen Identität, sondern unter Erhalt der Bindung an die eigene Herkunft, unter Erhalt der eigenen Tradition, der eigenen Identität geschieht. Und auf dieser Grundlage wird ein gelingendes Leben in einem fremden Land präsentiert, das in Überwindung des einstigen Rachewunsches von der Erwartung neuer Gemeinschaft mit den Bewohnern des fremden Landes bestimmt ist.

Im Nebeneinander der Psalmen 137 und 138 wird somit ein Weg dargestellt, der in Reaktion auf erfahrenes Leid durch den Rachewunsch hindurch hin zur Überwindung der Rache führt. Es wird ein Weg dargestellt, bei dem das erfahrene Leid nicht verdrängt, sondern im Rachewunsch vor Gott gebracht wird, bei dem aber auch über den Rachewunsch hinausgegangen wird, hin zur Erwartung neuer Gemeinschaft.

Eine vergleichbare Abfolge von Rache und Überwindung der Rache findet sich neben Ps 137–138 auch noch an anderen Stellen im Psalter. So ist etwa die Psalmgruppe

73–86 von Klagen, insbesondere von Volksklagen angesichts der Zerstörung Jerusalems bestimmt, in denen teils ausgesprochen massive Rachewünsche gegen die Feinde des Volkes vorgebracht werden. In Ps 87 wird dann aber erwartet, dass sich die Völker gerade in Jerusalem zu einer neuen Gemeinschaft zusammenschließen, dass sie dort singen und Jhwh anbeten. Am Ende des Psalters enthält Ps 149 nochmals umfassende Rachewünsche gegen die Feinde des Volkes. Der letzte Psalm des Psalters, Ps 150, endet dann aber mit dem Aufruf: „Alles, was Odem hat, lobe den Herrn." Ja, mit diesem, am Ende des Psalters vorgebrachten Aufruf zum universalen Gotteslob, läuft der gesamte Psalter auf die Erwartung neuer Gemeinschaft mit den Völkern zu. Der Psalter ist also von einem mehrfachen Weg durch den Rachewunsch hindurch hin zur Überwindung der Rache und der Erwartung neuer Gemeinschaft geprägt.

3 Fazit

Die sogenannten Rachepsalmen gehören zweifellos zu den schwierigen Texten des Alten Testaments. In diesen Psalmen wird in Reaktion auf erfahrenes Leid ein gewaltsames Eingreifen Gottes erbeten, das in teils ausgesprochen drastischen, gewalttätigen Bildern dargestellt wird.

Beachtenswert ist aber, wie Ps 137 zeigt, dass den Rachepsalmen und den in ihnen belegten Rachewünschen eine – auch und gerade in politischer Hinsicht – bedeutsame Intention zukommt. In Reaktion auf erfahrenes Leid, auf Unrecht und Gewalt wird mit den Rachepsalmen festgehalten, dass der Weg heraus aus solchen Erfahrungen hin zu neuer Gemeinschaft mit den einstigen Gewalttätern, Gegnern und Feinden nicht unter Verdrängen dieser Erfahrungen erfolgen kann und soll. Denn mit dem Verdrängen dieser Erfahrungen würde doch ein Teil der eigenen Geschichte, ja, ein Teil der eigenen Identität verloren gehen. Die Rachepsalmen können somit als Gebete wider das Verdrängen verstanden werden. In diesen Gebeten werden Worte bereitgestellt, um erfahrenes Leid vor Gott zu bringen und so vor Gott festzuhalten, wobei die Reaktion auf dieses Leid allein Gott selbst überlassen wird.

Bedeutend ist sodann, dass die Psalmen des Psalters, wie das Nebeneinander von Ps 137 und 138 zeigt, nicht bei dem Wunsch nach Rache stehenbleiben. Die Rache behält in den Psalmen nicht das letzte Wort. Im Kontext des Psalters wird vielmehr immer wieder aufs Neue über den Rachewunsch hinausgegangen hin zur Überwindung der Rache. Es wird ein Weg dargestellt vom Rachewunsch hin zur Erwartung neuer Gemeinschaft, die nun aber gerade unter Erhalt der eigenen Geschichte, unter Erhalt der eigenen Identität aufgerichtet wird. Die Erfahrung von Leid, von Unrecht und Gewalt wird nicht verdrängt, sondern erhält vor Gott ihren Ort. Aber sie wird hineingenommen in ein umfassenderes Geschehen, in ein Geschehen, das vom Rachewunsch zur Überwindung der Rache, zur Erwartung neuer Gemeinschaft führt.

Literatur

Ahn, J., Psalm 137. Complex Communal Laments, JBL 127, 2008, 267–289.

Allen, L.C., Psalms 101–50, revised, WBC 21, Nashville, 2002.

Becking, B., Memory and Forgetting in and on the Exile. Remarks on Psalm 137, in E. Ben Zvi und C. Levin (Hg.), Remembering and Forgetting in Early Second Temple Judah, FAT 85, Tübingen, 2012, 279–299.

Berges, U., „Wie können wir singen das Lied Jhwhs auf dem Boden der Fremde?“ (Ps 137,4). Zum Spannungsfeld von Gewalt und Gotteslob, in K. Schiffner et al. (Hg.), Fragen wider die Antworten, FS J. Ebach, Gütersloh, 2010, 356–368.

Berlejung, A., Wider die Freuden und Vergeßlichkeiten des Exils. Überlegungen zu Ps 137, in A. Grund et al. (Hg.), Ich will dir danken unter den Völkern. Studien zur israelitischen und altorientalischen Gebetsliteratur, FS B. Janowski, Gütersloh, 2013, 265–287.

Brueggemann, W. und W.H. Bellinger, Psalms, NCBC, New York, 2014.

Dahood, M., Psalms, Bd. 3: 101–150, AB 17A, Garden City, 1970.

Flint, P.W., The Psalms Scrolls from the Judaean Desert. Relationships and Textual Affiliations, in G. Brooke und F. García Martínez (Hg.), New Qumran Texts and Studies. Proceedings of the First Meeting of the International Organization for Qumran Studies, Paris 1992, StTDJ 15, Leiden, 1994, 31–52.

Freedman, D.N., The Structure of Psalm 137, in H. Goedicke (Hg.), Near Eastern Studies in Honor of William Foxwell Albright, Baltimore/London, 1971, 187–205.

Gerstenberger, E.S., Psalms Part 2 and Lamentations, FOTL 15, Grand Rapids, 2001.

Gunkel, H., Die Psalmen, HK 2, Göttingen, ([4]1928) [5]1968.

Hartenstein, F., „Wehe, ein Tosen vieler Völker…“ (Jesaja 17,12). Beobachtungen zur Entstehung der Zionstradition vor dem Hintergrund des judäisch-assyrischen Kulturkontakts, in idem, Das Archiv des verborgenen Gottes. Studien zur Unheilsprophetie Jesajas und zur Zionstheologie der Psalmen in assyrischer Zeit, BThSt 74, Neukirchen-Vluyn, 2011, 127–174.

Hartenstein, F., Ein zorniger und gewalttätiger Gott? Zorn Gottes, „Rachepsalmen“ und „Opferung Isaaks“ – neuere Forschungen, VuF 58, 2013, 110–126.

Hossfeld, F.-L., Psalm 138, in idem und E. Zenger, Psalmen 101–150, HThKAT, Freiburg i.Br./Basel/Wien, 2008, 703–713.

Kellermann, U., Psalm 137, ZAW 90, 1978, 43–58.

Klein, A., Sehnsucht nach Zion und Wunsch nach Vergeltung. Theologien des Exils in Psalm 137, in C. Körting und R. G. Kratz (Hg.), Fromme und Frevler. Studien zu Psalmen und Weisheit, Tübingen, 2020, 159–172.

Körting, C., Zion in den Psalmen, FAT 48, Tübingen, 2006.

Kraus, H.-J., Psalmen, Bd. 2, BK 14/2, Neukirchen-Vluyn, 1960.

Krüger, T., „An den Strömen von Babylon…“ Erwägungen zu Zeitbezug und Sachverhalt in Psalm 137, in R. Bartelmus (Hg.), Sachverhalt und Zeitbezug. Semitistische und alttestamentliche Studien, FS A. Denz, Jenaer Beiträge zum Vorderen Orient 4, Wiesbaden, 2001, 79–84.

Michel, A., Gott und Gewalt gegen Kinder im Alten Testament, FAT 37, Tübingen, 2003.

Millard, M., Die Komposition des Psalters. Ein formgeschichtlicher Ansatz, FAT 9, Tübingen, 1994.

Oswald, W., Staatstheorie im Alten Israel. Der politische Diskurs im Pentateuch und in den Geschichtsbüchern des Alten Testaments, Stuttgart et al., 2009.

Oswald, W., Die Revision des Edombildes in Numeri XX 14–21, VT 50, 2000, 218–232.

Oswald, W., Die Erzeltern als Schutzbürger. Überlegungen zum Thema von Gen 12,10–20 mit Ausblick auf Gen 20; 21,22–34 und Gen 26, BN 106, 2001, 79–89.

Oswald, W., Foreign Marriages and Citizenship in Persian Period Judah, JHS 12.6, 2012.

Otto, E., Art. Zion, RGG⁴ 8, Tübingen, 2005, 1874–1876.
Pearce, L. E. und C. Wunsch, Documents of Judean Exiles and West Semites in Babylonia in the Collection of David Sofer, CUSAS 28, Bethesda, 2014.
Preuß, H. D., Art. שכח, ThWAT 7, Stuttgart et al., 1993, 1318–1323.
Sals, U., Die Biographie der „Hure Babylon“. Studien zur Intertextualität der Babylon-Texte in der Bibel, FAT II/6, Tübingen, 2004.
Scoralick, R., Gerechtigkeit und Gewalt. Psalm 137 in kanonischer Lektüre, in N. C. Baumgart und M. Nitsche (Hg.), Gewalt im Spiegel alttestamentlicher Texte, EThS 43, Würzburg, 2012, 123–137.
Seybold, K., Die Psalmen, HAT 15, Tübingen, 1996.
Spieckermann, H., Heilsgegenwart. Eine Theologie der Psalmen, Göttingen, 1989.
Stolper, M. W., Entrepreneurs and Empire. The Murašû Archive, the Murašu Firm, and Persian Rule in Babylonia, UNHAII 54, Leiden, 1985.
Rabe, N., „Tochter Babel, die verwüstete!“ (Psalm 137,8) – textkritisch betrachtet, BN 78, 1995, 84–103.
Wilson, G. H., The Editing of the Hebrew Psalter, SBL.DS 76, Chico, 1985.
Zenger, E., Der Psalter als Buch. Beobachtungen zu seiner Entstehung, Komposition und Funktion, in idem (Hg.), Der Psalter in Judentum und Christentum, HBS 18, Freiburg i. Br./Basel/Wien, 1998, 1–57.
Zenger, E., Ein Gott der Rache? Feindpsalmen verstehen, Freiburg i. Br., 2003.
Zenger, E., Lieder der Gotteserinnerung. Psalm 137 im Kontext seiner Nachbarpsalmen, in M. Theobald und R. Hoppe (Hg.), „Für alle Zeiten zur Erinnerung“ (Jos 4,7). Beiträge zur biblischen Gedächtniskultur, SBS 209, Stuttgart, 2006, 25–50.
Zenger, E., Psalm 137, in F.-L. Hossfeld und idem, Psalmen 101–150, HThKAT, Freiburg i. Br./Basel/Wien, 2008, 684–701.

Ist das Hohelied politisch?

Überlegungen zum Königtum in der mediterranen Liebespoesie

Anselm C. Hagedorn

1 Einleitung

Dass das Hohelied politisch ist, war für Martin Luther eine Selbstverständlichkeit.[1] Gleich zu Beginn seiner 1530–1531 gehaltenen Vorlesung über das Hohelied erteilt er jedweder wörtlichen oder allegorischen Auslegung eine Absage:

> Neque enim unquam assentiemur iis, qui putant esse amatorium Carmen de filia Pharaonis a Salomonis admanta. Neque hoc placet, ut exponamus de coniunctione Dei et Synagogae. Aut sicut Tropologistae de anima fideli.[2]

Stattdessen ordnet er das Hohelied den Schriften zu, die von Salomon verfasst sein sollen (*extant tres libri Salomonis in scriptura sancta*). Während sich Proverbien – so Luther – eher um den Haushalt drehe sowie generelle Lebensanweisungen gebe (*maxima ex parte est Oeconomicus et communia vitae huius morum praecepta proponit*), werden Kohelet und das Hohelied von ihm eindeutig der politischen Sphäre zugeordnet. Er führt aus:

> Tertius est praesens liber, qui inscribitur Canticum canticorum. Is proprie ad Ecclesiasten pertinet. Est enim Encomium politiae, quae temporibus Salomonis in pulcherrima pace floruit.[3]

Den Grund, das Hohelied als *encomium politiae* zu charakterisieren, findet Luther im Vergleich mit anderen ‚Liedern' in der Bibel und postuliert, dass diese immer zum Ruhm der eigenen Taten gesungen werden. Dies tut also auch Salomo:

> Quemadmodum enim in sacra scriptura qui scripserunt cantica, de rebus a se gestis ea scripserunt. Sic Salomon per hoc poema nobis suam politian commendat et quasi Encomium pacis et praesentis status reipublicae instituit. In quo gracias Deo agit pro sunimo illo beneficio, pro externa pace.[4]

---

1 Zu Luthers Hoheliedauslegung vgl. Kallas, Luther, 323–341; Gutmann, Liebe und Herrschaft, 179–240; Carty, Martin Luther's Political Interpretation, 449–467; Saarinen, Recognition, 196–216. Zur Textüberlieferung der Vorlesung vgl. Albrecht, Handschriftliches, 305–312; Thyen, Hohelied-Vorlesung, 62–77 und Engammare, Le Cantique des Cantiques, 305.

2 WA 31/2, 589, 25–28.

3 WA 31/2, 591, 22–24.

4 WA 31/2, 591–592.

Bereits im Vorwort zu der Vorlesung hatte Luther eine scharfe Trennung zwischen Alltagssprache (*vulgaribus verbis*) und der Poesie der Könige (*maginificis et figuratis verbis*) gezogen und hervorgehoben, dass in dieser Form Dinge besungen werden, die dem gemeinen Hörer (*vulgus*) verborgen bleiben:

> Sicut enim Reges et Principes solent, meditantur et canunt amatoria carmina, quae vulgus accipit de Sponsa aut amica cantata, cum tamen politiae et populi sui statum his depingant… Ad eundem modum fecit Salomon in hoc suo Cantico, utitur magnificis et Rege tanto dignis verbis in rebus suis describendis.[5]

Damit ist der Text einer Interpretation als Lieder der Liebe zwischen zwei ‚Privatpersonen' endgültig entzogen. „Es wird hier also keine erotische Situation ausgemalt. Es ist kein Liebeslied, das auf den ‚privaten' Bereich des intimen erotischen Lebens und Erlebens zu beziehen wäre."[6] Er teilt die tiefe Skepsis gegenüber der ‚romantischen' Liebe und kann sich – wie selten vor J. G. Herder – einer allegorischen Deutung nicht entziehen. Dabei wird dem Individuum die Fähigkeit abgesprochen, solche Poesie zu erfassen bzw. in dieser Art der Dichtung präsent zu sein.[7] Stattdessen formuliert Luther in seiner Hoheliedauslegung eine dezidiert politische Theologie.[8] Im Zuge dieser Theologie verwischt Luther zunehmend traditionelle Geschlechterkonstruktionen, indem er Männlichkeit vom (sozialen) Status her denkt.[9] So ist er in der Lage, klassische weibliche Tugenden (z. B. Milde, Zärtlichkeit und Demut) auf Salomo zu übertragen.[10] Trotz dieser fraglosen interpretatorischen Innovation[11] bleibt Luther dabei, Liebe und Intimität strikt hierarchisch zu denken.

5 WA 31/2, 587–588.

6 Gutmann, Liebe und Herrschaft, 182.

7 Vgl. bereits im Vorwort (WA 31/2, 587, 26–29): *Non de privata aliqua Historia sicut aliae Cantiones in sacris literis, sed de toto ac durabili aliquo regno seu populo, in quo Dens assidue multa et ingentia miracula edit ac potentiam suam ostendit conservando et tuende illum adversus omnes insultus diaboli et mundi.*

8 Eine gänzliche Enterotisierung gelingt Luther jedoch nicht, wenn er daran festhält, dass die Öffentlichkeit als intime Lebenswelt zu deuten sei (Gutmann, Liebe und Herrschaft, 198) und er sogar vorschlägt, dass der Staat als sexuell attraktive Frau zu sehen sei: *es formosissima mulier, nulla plus petit similis in orbe terrarum, quia habes leges, prophetas, doctores, praedicatores. Ipsa ignorat se formosam, ideo oportet indicare, ut sciat se formosam* (WA 31/2, 620 zu Hld 1,8); im Gegensatz hierzu wird in der Auslegung von Hld 1,2 der Kuss lediglich als Analogie für die eigentliche Intention des Hohelieds interpretiert (*et certo statuere et non dubitare, quod deus nos amet et ducatum Saxoniae, et sine dubitiatione pronunciare: deus osculatur nos* [WA 32/2, 595, 8–10]).

9 Vgl. Saarinen, Recognition, 212: „One clear historical finding seems to be that masculinity, in the medieval and early modern world, was constructed in many different ways, depending on social class and education."

10 Vgl. die grundlegende Studie zur Rolle der gesellschaftlichen Klassen in der Konstruktion von Männlichkeit durch Talkenberger, Konstruktion, 29–74.

11 Luthers politische Interpretation wird kaum rezipiert; lediglich der Kommentar zu Hld aus der Feder von Caspar Heunisch (1687) versucht eine kirchengeschichtliche Deutung (vgl. hierzu Koch, Umgang, 288–289).

Es ist diese Konzeption von Liebe und Romantik aus der Feder männlicher Autoren, die von Seiten der feministischen Theorie zunehmend hinterfragt wird.[12] Neben dieser Kritik an patriarchalen Strukturen, die auch die Konstruktion von Liebe, Erotik und Romantik durchziehen, wird im inner-feministischen Diskurs breit darüber diskutiert, wie mit Liebe, Erotik und Romantik überhaupt umzugehen ist. Im Blick auf das Hohelied ist diese Diskussion besonders interessant, da dieses biblische Buch in diesem Diskurs oftmals eine entscheidende Rolle spielt.[13] Neben der Möglichkeit, dass wir es hier mit dem Text aus der Feder einer Frau in der Bibel zu tun haben,[14] wird insbesondere der inklusive Charakter der beschriebenen Liebe betont.[15] Im Rahmen dieser Kritik wird dann u. a. auch der Begriff des Politischen notwendigerweise weit gefasst und nicht länger lediglich auf die Sphäre des Staates beschränkt. So definiert etwa das comité invisible, ein anonymes französisches Autorenkollektiv, wie folgt: „Est politique tout ce qui a trait à la rencontre, au frottement ou au conflit entre formes de vie, entre régimes de perception, entre sensibilités, entre mondes *dès lors que ce contact atteint un certain seuil d'intensité.*“[16]

In dem Moment, in dem jedwede Form von ‚Machtverhältnissen' zwischen Individuen wie etwa die Verteilung von Ressourcen oder Status dem Politischen zugeordnet wird, ist folglich auch die erotische Sphäre eine Form von *politics*.[17] Umgekehrt kann Eros – gerade in Athen – für den politischen Diskurs nutzbar gemacht werden.[18] Es ist diese breite Definition von Politik und politischem Diskurs, die es uns erlaubt, nach

12 So formuliert etwa Kurt, Radikale Zärtlichkeit, 16 etwas plakativ: „Sie [d. h. Erzählungen von der Liebe (A. H.)] existieren, weil *weiße* bürgerliche cis Männer in den letzten Jahrhunderten Gewalt und Macht und infolgedessen Zeit und Muße hatten – jedenfalls mehr Zeit und Muße als etwa ihre Frauen und Bediensteten, deren Arbeitskraft sie im Haushalt und anderswo ausbeuteten –, die romantische Liebe in dieser Form zu imaginieren“ (Hervorhebung im Original); anders und differenzierter Illouz, Liebe, 29, die daran festhält, „daß die Liebe sowohl das Patriarchat als auch die Institution der Familie in Frage gestellt hat.“

13 Vgl. etwa die Ausführungen in Kristeva, Geschichten, 85–101 und auch bell hooks, All about love, v, stellt ihrer Studie über die Liebe ein Zitat aus Hld 3,4 (עד שמצאתי את שאהבה נפשי אחזתיו ולא ארפנו) voran. Diese ‚unkritische' Annäherung an das Hohelied ist zu Recht kritisiert worden, vgl. Exum, Ten Things, 24–35.

14 Vgl. hierzu grundlegend Goitein, Women, 1–33 sowie Halton und Svärd, Women's Writing, für altorientalische Parallelen für weibliche Autorenschaft.

15 „Throughout the Song, Eros is inclusive; the love between two welcomes the love and companionship of many“ (Trible, Love's Lyrics, 117).

16 comité invisible, Maintenant, 60; Hervorhebung im Original; dt. Übersetzung in Unsichtbares Komitee, Jetzt, 49: „Politisch ist alles, was mit Begegnung, mit Reibung oder Konflikt zwischen Lebensformen, Wahrnehmungsweisen, Sensibilitäten, Welten zu tun hat, sobald dieser Kontakt einen gewissen Intensitätsgrad erreicht hat.“

17 Kulturanthropologen sind sich bewusst, dass eine einseitige Reduktion von Politik auf die Fähigkeit, ‚Zwang' auszuüben, „has obscured our appreciation of systems such as these, in which power never settles in the hands of any one group or individual but is continually funnelled back and forth between coalitions“ (Finnegan, Politics of Eros, 698).

18 Vielleicht nirgendwo so deutlich ausgedrückt wie in der Grabrede des Perikles in Thukydides 2.43.1: τὴν πόλεως δύναμιν καθ' ἡμέραν ἔργῳ θεωμένους καὶ ἐραστὰς γιγνομένους αὐτῆς. Zum Konzept generell vgl. etwa Calame, Poetics, 91–109 und Zaccarini, Love, 473–489 sowie die ausführlichen Studien durch Wohl, Love among Ruins und Ludwig, Eros and Polis, der postuliert „that

der ‚politischen' Dimension des Hohelieds zu fragen. Es soll in dem folgenden Beitrag also nicht darum gehen, ob sich das Hohelied konkret in den politischen Diskurs des Alten Testaments eingliedern lässt oder ob es eine bestimmte Staatstheorie propagiert. Vielmehr wollen wir überlegen, ob sich Anklänge an Staatsformen finden lassen, die den Liebesdiskurs des Paares beeinflussen. Dementsprechend werden wir hier von der Rolle des Königs im Hohelied ausgehen. Neben Salomo (Hld 1,1.5 [כיריעות שלמה];[19] 3,7.9.11; 8,11.12) erscheint ein namenloser König in Hld 1,4.12; 7,6.[20] Auch wenn das Verhältnis von Salomo zu diesem anonymen König noch zu klären sein wird, halten wir bereits hier fest, dass Salomo weder mit dem liebenden Mann im Hohelied gleichzusetzen ist noch mit einem der Sprecher.

2 Das hellenistische Königtum als Hintergrund und Folie

Die Repräsentation nach außen war integraler Bestandteil der hellenistischen Herrschaftsideologie.[21] Das Königtum – außerhalb Spartas eigentlich eine zutiefst ungriechische Institution – wurde wie auf einer Bühne öffentlich aufgeführt.[22] Dabei wurden – seit Alexander dem Großen – bewusst achämenidische und griechische Elemente der Repräsentation vermischt.[23] Der Grund für diese Form der Repräsentation lag ganz wesentlich in der Art, wie ptolemäische und seleukidische Könige ihr Königtum interpretierten. Jedes öffentliche Auftreten eines hellenistischen Herrschers zeigt ihn sowohl als Mann als auch als Repräsentanten der Institution der Königsherrschaft.[24] Im Rahmen dieser Konzeption von Herrschaft ist das ‚Charisma' des Königs integraler Bestandteil der sozialen Ordnung.[25] Hierbei ist es nicht Ziel der politischen Ideologie, die Realität

---

a political theory that forgets about eros smooths over human motivations, leaving out important, albeit rare, motivations, and misrepresenting the more common ones in crucial situations" (18).

19 Im Gefolge von Wellhausen, Prolegomena, 213 wird oftmals zu שַׂלְמָה (vgl. Tg. Gen 15,19) geändert, um eine Parallele zu Kedar herzustellen. Die Versionen geben keinen Anlass für eine solche Änderung (LXX ὡς δέρρεις Σαλωμων; V *sicut pelles Salomonis*; in 6Q6 ist lediglich die Lesung [ש]לֹ֯מֹ֯[ה] möglich; sowohl Tg als auch Cant.R 1:5 §4 setzen ‚Salomo' voraus); vgl. die ausführliche Diskussion in Gerhards, Hohelied, 175, Anm. 97.

20 Graetz, Schir ha-Schirim, 90–91, gefolgt von Wilcke, Farewell, 58–62, hat vorgeschlagen, in Salomo ein Codewort für Ptolemaios zu sehen; dies ist ein attraktiver Vorschlag, der aber im Licht der unterschiedlichen Sichtweisen auf den ‚anonymen' König und Salomo (s. u.) schwer zu begründen ist.

21 Zum hellenistischen Königtum vgl. Gruen, Hellenistic Kingship, 116–125; Ma, Kings, 177–195; Gehrke, Victorious King, 73–98.

22 Vgl. Plutarch, *Demetr.* 41.3: … οἱ δὲ ἄλλοι, καὶ μάλιστα Δημήτριος, ὡς ἐπὶ σκηνῆς τὸ βάρος ὑποκρίνοιντο καὶ τὸν ὄγκον τοῦ ἀνδρός.

23 Vgl. Fredricksmeyer, Alexander the Great, 136–166 und für die Fortführung und Weiterentwicklung der unter Alexander begonnenen Gebräuche vgl. Wallace, Court, 1–30.

24 So auch Strootman, Courts, 42: „Whenever a Seleukid or Ptolemaic king appeared in public he appeared both as man and as the incarnation of royalty, with all the appropriate signs of power and authority".

25 Nach Geertz, Centers, 122–123 kann Charisma nur existieren „[…] in a society where its leading ideas come together with its leading institutions to create an arena in which the events that most vitally affect its members' lives take place […]. It is a sign, not of popular appeal or inventive craziness but of being near the heart of things."

der Herrschaft zu verschleiern. Vielmehr scheinen in der Darstellung des Königtums die reale und die imaginierte Welt zusammenzufallen. So bemerkt Diodor etwa im Blick auf das Spektakel des Antiochus IV.:

> οὗτος δὲ τὴν ἐναντίαν λαβὼν διάθεσιν συνήγαγεν σχεδὸν ἀπὸ πάσης τῆς οἰκουμένης τοὺς ἐπιφανεστάτους ἄνδρας εἰς τὴν πανήγυριν, καὶ πάντα τὰ τοῦ βασιλείσου μέρη διαφερόντως ἐκόσμσεν, εἰς ἕνα δὲ τόπον ἀνθροίσας καὶ καθάπερ ἐπὶ σκηνὴν ἀναβιβάσας τὴν βασιλείαν ἅπασαν ἐποίησε μηδὲν ἀγνοεῖν τῶν περὶ αὐτόν.
>
> Er [Antiochus IV. (A. H.)] wiederum hatte eine umgekehrte Auffassung und versammelte zum Fest die angesehensten Männer der ganzen Welt. Er schmückte alle Teile seiner königlichen Residenz prächtig, und indem er so an einem einzigen Platze seine ganze königliche Macht wie auf einer Bühne ausstellte, bewirkte er, daß von allem, was ihn betraf, nichts verborgen blieb.[26]

Diese Offenheit bestätigt indirekt C. Geertz' Sichtweise, dass im Ritual die reale und imaginierte Welt identisch und dass beide in einem System symbolischer Formen verschmolzen sind.[27] Die ostentative Darstellung von Pracht, Schönheit und Reichtum sollte den Eindruck erwecken, dass es erstrebenswert bzw. vorteilhaft sei, Teil des königlichen Herrschaftssystems zu sein.[28] Besonders deutlich wird dies in einem bei Duris von Samos überlieferten Gedicht auf Demetrios I. Poliorktes anlässlich seines Einzugs in Athen im Jahre 291/290 v. Chr. Hier werden die ‚Freunde' des Herrschers (οἱ φίλοι), die ihn begleiten, mit Sternen verglichen, die um die Sonne (also um Demetrios) kreisen:

> σεμνόν τι φαίνεθ' οἱ φίλοι πάντες κύκλωι,
> ἐν μέσοισι δ' αὐτός
> ὅμοιον ὥσπερ οἱ φίλοι μὲν ἀστέρες
> ἥλιος δ' ἐκεῖνος.[29]

Von Seiten des Königs werden diese Bestrebungen noch dadurch intensiviert, dass hellenistische Herrscher sich grundsätzlich damit konfrontiert sehen, ihre Herrschaftsansprüche mit regionalen Vorstellungen in Einklang bringen zu müssen.[30] Es ist die Spannung zwischen der tiefen Eingebundenheit in lokale Prozesse mit selbstbewussten und eigenständigen Traditionen und dem eigenen Herrschaftsanspruch, die die Institution des hellenistischen Königtums bestimmt.[31] Umgekehrt sorgt diese Mischung von Ele-

---

26 Diodor 31.16.1; dt. Übersetzung nach Wirth, Diodorus, 147.

27 „In a ritual, the world as lived and the world as imagined, fused under the agency of a single set of symbolic forms, turn out to be the same world [...]" (Geertz, Religion, 112).

28 Strootman, Courts, 46–47.

29 FGH 76 Fr. 13,8–10.

30 Vgl. hierzu Herz, Hellenistische Könige, 27–40; Ma, Kings, 179 spricht hier von „chameleon quality".

31 Ma, Kings, 186, hebt hervor, dass diese unterschiedlichen Rollen, die der König spielen muss, ebenfalls der Einheit des Staates dienen: „The diversity of roles played by the kings only reinforces the unitary ideology: it shows the existence of the boundary-crossing kings, whose multiplicity in interaction expresses identity of purpose and authority. Conversely, the existence of a central

menten in der Repräsentation auch dafür, dass Aspekte der Herrschaft nicht nur lang bekannt erscheinen, sondern auch eigenständig aufgenommen und literarisch transformiert werden können.[32]

Die Sphäre des Erotischen gehört ebenfalls zu den Attributen des Herrschers und das Königslob ist wie selbstverständlich Teil der Beschreibung alltäglicher Situationen. Theokrits 14. Idyll ist ein Gespräch zwischen Aeschinas und Thyonichos über dessen Beziehungsprobleme mit der lieblichen Kyniska (ἐμὲ δ' ἁ χαρίεσσα Κυνίσκα | ὑβρίσδει [14.8–9]).[33] Der Ausgangspunkt dieser Probleme war ein Symposium (ἧς πότος ἁδύς [14.17]), im Verlauf dessen Aeschinas lernen musste, dass Kyniska nicht in ihn, sondern in den Sohn eines Nachbarn verliebt ist.[34] Da Aeschinas als Therapie für seinen Liebeskummer es ohnehin erwägt auszuwandern (πλευσοῦμαι κἠγὼν διαπόντιος [14.55]), schlägt ihm Thyonichos vor, in Ägypten sein Glück zu versuchen. Um diesen Vorschlag zu untermauern, stimmt er nun ein Loblied auf Ptolemaios II. Philadelphos (283/282–246 v. Chr.) an:

> ⟨ἐνὶ πρά⟩ τοισιν ἄριστος·
> εὐγνώμων, φιλόμουσος, ἐρωτικός, εἰς ἄκρον ἁδύς,
> εἰδὼς τὸν φιλέοντα, τὸν οὐ φιλέοντ' ἔτι μᾶλλον,
> πολλοῖς πολλὰ διδούς, αἰτεύμενος οὐκ ἀνανεύων
> οἷα χρὴ βασιλῆ'
>
> ⟨Unter den Ersten⟩ der Beste. Einfühlsam, ein Freund der Musen und Mann der Leidenschaft, äußerst angenehm; er kennt den Freund, und noch besser, kennt er den Feind; gibt vielen vieles, sagt nicht ‚nein', wenn er um etwas gebeten wird, so wie sich's für einen König gebührt.[35]

Besonders auffällig ist hier, dass Ptolemaios als ἐρωτικός bezeichnet wird – die Liebesfreuden gehören also zu den zu preisenden ‚Tugenden' des Königs.[36] Bereits in der pseudoaristotelischen Verfassung der Athener wird ähnlich von Hipparchus formuliert, und

---

authority creates the value of local privilege, granted by the ruling power, and in contrast with an unprivileged and directly ruled elsewhere."

32 Vgl. hierzu Barbour, Eastern King, 183–195 und Wright, Ben Sira, 76–91.

33 Zum Kontext des 14. Idylls vgl. Fountoulakis, Rethinking Gender, 267–294 sowie Kyriakou, Theocritus, 12–18.

34 Nur im 14. Idyll mündet bei Theokrit die enttäuschte Liebe in verbaler und physischer Gewalt gegen die Frau: τᾶμος ἐγώ, τὸν ἴσαις τὺ Θυώνιχε, πὺξ ἐπὶ κόρρας | ἤλασα, κἄλλαν αὖθις. ἀνειρύσσασα δὲ πέπλως | ἔξω ἀπῴχετο θᾶσσον. ἐμὸν κακόν, οὔ τοι ἀρέσκω; | ἄλλός τοι γλυκίων ὑποκόλπιος; ἄλλον ἰοῖσα | θάλπε φίλον. τήνῳ τὰ σὰ δάκρυα μᾶλα ῥέοντω (14.34–38).

35 Theokrit, Id. 14,60–64. Text nach Gow, Theocritus I, 106; dt. Übersetzung nach Höschele, Theokrit, 113; vgl. auch Herodas, 1.27–36.

36 Vgl. auch Theokrit, Idyll 17.110–134 und hier besonders 128–130 (τᾶς οὔτις ἀρείων | νυμφίον ἐν μεγάροισι γυνὰ περιβάλλετ' ἀγοστῷ, | ἐκ θυμοῦ στέργοισα κασίγνητόν τε πόσιν τε). Dover, Theocritus, 196 bemerkt – mit Hinweis auf FHG 234, fr. 4 – „Ptolemy Philadelphos was far from secretive about his own love-affairs; no doubt he was proud of his lovers' beauty, and the man in the street thought better of a warm ruler than of a cold one."

es ist durchaus möglich, dass Theokrit auf diese Passage zurückgreift.[37] Weiterhin wird Ptolemaios wie der ideale Trinkpartner beschrieben, und es ist erstaunlich, wie selbstverständlich Aeschinas und Thyonichos die Rhetorik des hellenistischen Hofes übernehmen, auch wenn die Stimme des Dichters sich bewusst zu sein scheint, dass alle ‚Freundschaft' mit dem König allenfalls fiktiv sein kann.[38]

3 Die Sehnsucht nach dem König (Hld 1,2–4)

Die Anthologie von Liebesliedern beginnt unvermittelt mit dem Ausdruck der Sehnsucht der Frau, ehe sich in Hld 1,5–6 eine Selbstschilderung anschließt.[39]

> [2]Er küsse[40] mich mit den Küssen[41] seines Mundes,
> ja,[42] besser ist deine Liebe[43] als Wein.
> [3]An Geruch[44] sind deine Salben gut,
> Turaq-Öl ist dein Name,[45]

---

37 Vgl. Ps.-Aristoteles, *Ath.*, 18.1: ὁ δὲ Ἵππαρχος παιδιώδης καὶ ἐρωτικὸς καὶ φιλόμουσος ἦν, (καὶ τοὺς περὶ Ἀνακρέοντα καὶ Σιμωνίδην καὶ τοὺς ἄλλους ποιητὰς οὗτος ἦν ὁ μεταπεμπόμενος).

38 So auch Burton, Function, 241–242; Hunter, Encomium, 34–36; Clayman, Rulers, 563.

39 „With the poem's first word […] desire bursts suddenly and dramatically onto the scene" (Exum, Song of Songs, 92).

40 נשק$_1$ im Kontext von Liebesbeziehungen zwischen Frau und Mann ist im Alten Testament selten (nur Hld 1,2; 8,1 sowie Prov 7,13); in der Umwelt vgl. etwa KTU^3 1.17 I,39–40 (*bm . nšq . aṯth* | [xxxxx].*b ḥbqh . hmḥmt*; dt. Übersetzung in TUAT III/6, 1263) sowie KTU^3 I.23,49–50 (*yhbr . špthm . yš*q | *hn . špthm . mtqtm . mtqtm . k lrmn*[m]; dt. Übersetzung in TUAT II/3, 355) sowie die Belege in CAD 11 (N/II), 57–60. Die Mehrzahl der 31 Belege für נשק$_1$ entfallen auf Küsse zwischen Männern, meist im verwandtschaftlichen Kontext (Gen 27,26.27; 29,13; 33,4; 45,15; 48,10; 50,1; Ex 4,27; 18,7; 1 Sam 10,1; 20,41; 2 Sam 14,33). Gen 29,11 ist der einzige Beleg für einen Kuss zwischen Mann und Frau außerhalb des engen Kontextes der Familie; Rut 1,9.14 belegt Küsse zwischen Frauen, erneut im Kontext der Familie.

41 Verbalnomen von der Wurzel נשק$_1$ nur Hld 1,2 und Prov 27,6 (beide Belege im Plural).

42 Das כי ist als affirm. Partikel zu verstehen (vgl. JM §164b; Ges^{18}, 539), da der zweite Stichos keine Begründung für die Küsse liefert (vgl. Jes 3,24 [כי תחת יפי]; Sir 15,1; 34,7; 40,14; 43,5). So auch Albright, Archaic Survivals, 2; Müller, Hohelied, 12; Murphy, Song of Songs, 125.

43 LXX liest hier ὅτι ἀγαθοὶ μαστοί σου ὑπὲρ οἶνον („Wohltuend sind deine Brüste, mehr als Wein" [LXX^D]), scheint also – wie auch in 1,4; 4,10; 6,1; 7,13 – an hebr. דַּדֶּיךָ zu denken (דד im Alten Testament nur Ez 23,3.8.21; Prov 5,19, immer von der weiblichen Brust). In Hld wird für die Brüste der Frau allerdings immer שדים benutzt (1,13; 4,5; 7,4.8.9; 8,1.8.10) und von der Brust des Mannes ist gar nicht die Rede (in 5,14b heißt es lediglich מעיו עשת שן מעלפת ספירים). Für eine ausführliche Diskussion der Textkritik des Verses vgl. Martin, Multiple Originals, 99–136; Kingsmill, Song of Songs, 85–88 argumentiert im Rahmen ihrer allegorischen Auslegung, dass דד die vormasoretische Lesart gewesen sein muss.

44 LXX übersetzt das ל nicht und gleicht an 4,10 an (καὶ ὀσμὴ ἱματίων σου ὑπὲρ πάντα τὰ ἀρώματα). Driver, Hebrew Notes, 134 gefolgt von Gerleman, Hohelied, 94 interpretiert als *lamed emphaticum*; Albright, Archaic Survivals, 2 gefolgt von Loretz, Studien, 4 Fn. 4, denkt an ein komparativisches Lamed; wir folgen Jenni, Lamed, 281–282, der Hld 1,3 unter der Rubrik „normative Relationen" den „Wahrnehmungsabstrakta" zuordnet.

45 Hld 1,3aβ ist eine textkritische crux; vgl. die ausführliche Diskussion in Rendsburg und Young, שֶׁמֶן תּוּרַק, 383–396. Das Hauptproblem ist die fehlende Kongruenz; bestimmt man תורק als Impf.

deswegen lieben die jungen Frauen[46] dich.
[4]Nimm mich mit Dir, wir wollen eilen,[47]
der König hat mich in seine Gemächer gebracht;
wir wollen jubeln und uns an dir freuen,[48]
deine Liebe wollen wir höher preisen als Wein;
zu Recht,[49] lieben sie dich.[50]

Auf engstem Raum wechseln die Sprecherinnen und geben den Versen den Eindruck, es handle sich um Lieder, „die schon bis zur Fragmentierung zersungen sind“.[51] Neben dem selbstverständlichen Nebeneinander von Sprecherin und anderen Frauen finden wir direkte Anrede an den Geliebten durch die Frau (1,2b.3a.4a), sowie Aufforderungen im Jussiv (1,2a) und eine Aussage in der Afformativkonjugation (1,4b_1). Man bekommt den Eindruck, als wolle der zügige Wechsel der Adressaten es ermöglichen, „die Verliebtheit und Sehnsucht in ihrer Unbestimmtheit und Offenheit zu schildern“.[52] Zusammengehalten werden die Verse durch die Klammer 1,3b (על כן עלמות <u>אהבוך</u>) und 1,4bγ (מישרים <u>אהבוך</u>), in denen in der 3. Person von Frauen die Rede ist und der Mann ange-

f. Hof'al zu ריק (so HALAT, 1145; Ges[18], 1241), kann es sich nur schwerlich auf שמן oder שם beziehen (auch wenn fehlende Kongruenz im Hebräischen durchaus vorkommen kann [Belege bei Rendsburg, Diglossia, 69–83], folgt lediglich in Gen 32,9 sowie 1 Kön 19,4 (K) ein fem. auf ein m. Nomen). Graetz, Shir ha-Shirim, 127 konjiziert auf der Grundlage von Est 2,3.9.12 תמרוק; weiterhin wird auf der Basis der LXX μύρον ἐκκενωθὲν ὄνομά σου in מורק (Pt. m. Hof'al) geändert (so auch BDB, 937). 6Q6 ist wenig hilfreich, da lediglich ein מ am Beginn der Zeile lesbar ist; ein folgendes ר ist möglich und hat den Herausgeber in DJD III (Baillet) bewogen vorzuschlagen, hier מר]קחת מורקה („eine ausgegossene Salbenmischung“ [vgl. מרקחת in Ex 30,25; 2 Chr 16,14, aber siehe auch מרקח in Hld 5,13]) zu rekonstruieren; anders jedoch jetzt Elgvin, Literary Growth, 73–75, der nun ש]מי [ ] שמך[rekonstruieren möchte. Wir folgen einem Vorschlag von R. Abraham b. Isaak ha-Levi TaMaKH und sehen in שמן תורק eine Ölart, die vielleicht nach dem Herkunftsort benannt ist (וי״א כי תורק שם עיר באמררו את תרצה ואת תורק ושם השמן הנבחר [Text nach Feldman, Commentary, 60]); so auch Budde, Hohelied, 2 mit Hinweis auf einen Vorschlag von G. Bickell, der hier das im Talmud belegte Nomen תרקי („Thrakien“; Belege in Jastrow, Dictionary, 1702) liest und an thrakisches Rosenöl denkt (leider ist Bickells Aufsatz, auf dessen Manuskript sich Budde bezieht, nie erschienen) sowie Fox, Song of Songs, 98.

46 עלמה in Hld nur 1,3 und 6,8; sonst im Alten Testament nur Gen 24,43; Ex 2,8; Jes 7,14; Prov 30,19 und Ps 68,26 (hier im Pl.) sowie in dem musikalischen Ausdruck על עלמות in Ps 46,1; 1 Chr 15,20.

47 LXX glättet und erweitert den Text und zieht אחריך zu נרוצה: εἵλκυσάν σε, ὀπίσω σου εἰς ὀσμὴν μύρων σου δραμοῦμεν; vgl. die Diskussion in Auwers, Cantique, 191–194 und de Crom, LXX Song of Songs, 42–45.

48 6Q6 liest נשמחה [ונגילה. Dies kann entweder als Angleichung an Ps 45,16 verstanden werden (שמחת וגיל) oder schlicht ein Zeichen von „scribal licence and creativity“ (Elgvin, Literary Growth, 76) sein.

49 Vgl. JM §126d.

50 LXX möchte 1,4bγ auf den König beziehen: εὐθύτης ἠγάπησέν σε („Aufrichtig hat er sich in dich verliebt“ [LXX[D]]). 6Q6 liest מישרים אהובים[; Elgvin, Literary Growth, 76 sieht hier einen „earlier and more sensual text“ überliefert und punktiert מְשָׂרִים אהובים, um dann zu übersetzen: „they (your breasts) are loved by the nobles/officials“.

51 Müller, Das Hohelied, 12.

52 Keel, Das Hohelied, 48.

sprochen ist. Wer die jungen Frauen (עלמות) sind, wird nicht gesagt. Mit Blick auf 6,8 (ששים המה מלכות ושמנים פילגשים ועלמות אין מספר) ist vielleicht hier an Teile des Hofstaats gedacht, was zur Erwähnung des Königs passte.[53]

Im Gegensatz zu den einschlägigen Passagen aus den Erzelternerzählungen (Gen 12,10–20; 20,1–18; 26,1–11), wird der ‚Zugriff' eines Herrschers auf die Frau nicht als Gefahr wahrgenommen. Vielmehr scheint die weibliche Stimme sich tatsächlich vorzustellen, „kein Geringerer als der König habe gerade nach ihr Verlangen und werde sie in sein Haus bringen."[54] Die Szenerie in Hld 1,2–4 erinnert an Elemente aus Psalm 45, wenn die Frau in 45,12 aufgefordert wird: ויתאו המלך יפיך כי הוא אדניך והשתחוי לו. Der Rekurs auf das Machtgefälle (כי הוא אדניך) fehlt im Hohelied, da hier ganz die erotische Anziehungskraft im Vordergrund steht. Wie in Hld 1,2–4 scheinen auch andere junge Frauen Teil der Szenerie zu sein, wenn es in Ps 45,15 heißt: לרקמות תובל למלך בתולות אחריה רעותיה מובאות לך. Es ist diese fehlende Exklusivität der Beziehung, die dann den Mann an anderen Stellen im Hohelied (6,8–9; 8,12) die Geliebte dezidiert von den Königinnen und Haremsdamen absetzen lässt. Wie auch in Hld 1,12 (s. u.) ist es die Stimme der Frau, die die Sehnsucht nach der königlichen Sphäre artikuliert.

Bleibt die Frage nach der Funktion dieser Sehnsucht, am höfischen Leben Teil zu haben. Konkrete politische Einflussnahme scheint nicht imaginiert zu sein, da die Interaktion zwischen Frau und König vollständig ausgeblendet wird. Auch an anderer Stelle steht der (staunende) Anblick im Vordergrund, wenn in Hld 3,11 eine feminine Gruppe aufgefordert wird

> 11 Geht heraus[55]
> und seht an, Töchter Zions,[56] den König Salomo,
> mit dem Kranz,[57] mit dem ihn seine Mutter bekränzte,
> am Tag seiner Hochzeit,[58]
> am Tag seiner Herzensfreude.

53 Loretz, Studien, 4–5 scheidet die beiden Teilverse sowie das Wort מלך aus, da hier eine „nachträglich geschaffene Königstravestie" vorliege.

54 Zakovitch, Hohelied, 115.

55 Die Form צְאֶינָה (vgl. JM §78b) ist ungewöhnlich und vielleicht dem parallelen Imperativ רְאֶינָה geschuldet. Zahlreiche Kommentatoren ziehen, unter Ignorierung des מ, בנות ירושלם aus 3,10bβ zu צאינה, um so einen Chiasmus zu erreichen (so etwa Keel, Das Hohelied, 127; Pope, Song of Songs, 413; Murphy, Song of Songs, 150; Exum, Song of Songs, 138). Will man das מ erklären, ist man gezwungen, אהבה in 3,10bα in אבנים (‚Steine') zu ändern (so etwa Gerleman, Hohelied, 139).

56 בנות ציון fehlt in der Septuaginta; im Alten Testament sonst nur Jes 3,16.17; 4,4 (vgl. auch בני ציון היקרים in Thr 4,2). Ob der Begriff sich wirklich einer „wohl allegorische[n] Auslegung, die an die Liebe Jahwes zu Israel als Tochter Zions denkt", verdankt (so Müller, Hohelied, 37 Anm. 192) ist fraglich, da die Jesajapassagen eher an vornehme Jerusalemerinnen denken lassen.

57 Das Bekränzen des Bräutigams bleibt jüdischer Brauch; vgl. etwa bSot 49a, wenn eben dieses Bekränzen zur Zeit Vespasians verboten wird (בפולמוס של אספסיינוס גזרו על עטרות חתנים ועל האירוס).

58 חתנה ist *hap. leg.*, aber siehe חתן ‚sich verschwägern' etwa in Gen 34,9; Dtn 7,3; Jos 23,12; 1 Kön 3,1 sowie חָתָן ‚Bräutigam' z. B. in Jes 61,10; 62,5; Jer 7,34; 16,9; 25,10; 33,11; Joel 2,16; die Septuaginta übersetzt mit νύμφευσις, was ebenfalls ein Neologismus ist (Auwers, Cantique, 86); vgl. aber νυμφεύω ‚heiraten' von einem Mann in Euripides, *I.A.* 461; idem, *Med.*, 625 sowie Orph., *H.* 18.13.

Wie auch an anderer Stelle im Hohelied (vgl. etwa Hld 7,1–7), werden in Hld 1,2–4 die Elemente der (politischen) Macht ignoriert und lediglich der Luxus sowie das Leben am Hofe werden bewusst in der Dichtung aufgenommen. Damit reagieren die Kreise, in denen das Hohelied entstanden ist, vielleicht auf den spürbaren Verlust von Einfluss, da der ptolemäische Hof und Staat nun andere Wege der Machtsicherung vorzuziehen scheint.[59] Somit werden die Dinge imitiert, die ‚erreichbar' scheinen und die sich problemlos auf die Welt der Verfasser übertragen lassen. Es wird also nicht in erster Linie der Unterschied betont, sondern vielmehr die (imaginierte) Erreichbarkeit. Nimmt man den hellenistischen Hintergrund im Hohelied ernst, erscheint vielleicht auch die Bezeichnung der Geliebten als Schwester und Braut (אחתי כלה [Hld 4,9.10.12; 5,1]) in einem königlichen Licht.[60] Im Ptolemäerreich war die Endogamie ausschließlich ein königliches Privileg. Es war insbesondere Ptolemaios II. nicht daran gelegen, „die Geschwisterehe als Heiratsmuster für seine Hofgesellschaft zu propagieren, sondern als königliches Privileg, das die übergeordnete Position des Herrscherpaares unterstrich".[61] Trotz dieser Zentrierung auf den Herrscher wird die Geschwisterehe auch im Königshaus nicht die Regel.[62] Wenn wir das biblische Verbot der Geschwisterehe im Alten Testament (Lev 18,9.11; 20,17; Dtn 27,22) im Kopf behalten, wird deutlich, dass der Rekurs auf den König durch die Frau hier von anderen Motiven geleitet wird. Der Blick auf das Enkomium auf Ptolemaios II. aus der Feder Theokrits kann hier vielleicht Möglichkeiten der Antwort eröffnen.

> Οἵα δ' ἐν πινυταῖσι περικλειτὰ Βερενίκα
> ἔπρεπε θηλυτέρῃς, ὄφελος μέγα γειναμένοισι.
> τᾷ μὲν Κύπρον ἔχοισα Διώνας πότνια κούρα
> κόλπον ἐς εὐώδη ῥαδινὰς ἐσεμάξατο χεῖρας.
> τῷ οὔπω τινὰ φαντὶ ἁδεῖν τόσον ἀνδρὶ γυναικῶν,
> ὅσσόν περ Πτολεμαῖος ἑὴν ἐφίλησεν ἄκοιτιν.
> ἦ μὰν ἀντεφιλεῖτο πολὺ πλέον. ὧδέ κε παισὶ
> θαρσήσας σφετέροισιν ἐπιτρέποι οἶκον ἅπαντα,
> ὁππότε κεν φιλέων βαίνῃ λέχος ἐς φιλεούσης·
> ἀστόργου δὲ γυναικὸς ἐπ' ἀλλοτρίῳ νόος αἰεί,
> ῥηΐδιοι δὲ γοναί, τέκνα δ' οὐ ποτεοικότα πατρί.
> κάλλει ἀριστεύουσα θεάων πότν' Ἀφροδίτα,
> σοὶ τήνα μεμέλητο·

Und wie ragte die hochberühmte Berenike unter den klugen Frauen hervor, ein wahrer Segen für ihre Eltern! Auf ihren duftenden Busen presste die hehre Tochter Diones, die über Kypros herrscht, ihre schlanken Hände. Aus diesem Grund hat, wie man sagt, noch nie eine Frau ihrem Mann so sehr gefallen, wie Ptolemaios seine Gattin liebte. Dessen Liebe aber erwiderte sie wahrlich mit

59 So bereits Müller, Vergleich, 30–31.

60 Vgl. bereits Keel, Das Hohelied, 152 mit Hinweis auf die Reinheitsbestrebungen der Ptolemäer.

61 Keel, Das Hohelied, 135. Zur Regierungszeit Ptolemaios II. vgl. Huß, Ägypten, 251–331.

62 Vgl. Ager, Familiarity Breeds, 1–34.

> noch größerer Leidenschaft. So kann wohl ein Mann den gesamten Haushalt guten Mutes seinen Kindern anvertrauen, wenn er, voll Liebe, sich in das Bett einer ihn liebenden Gemahlin begibt. Eine Frau ohne Liebe jedoch denkt stets nur an fremde Männer, leicht fallen ihr die Geburten, doch nicht ähneln die Kinder dem Vater. Aphrodite, der Göttinnen Königin, die du von herausragender Schönheit bist, jene Frau lag dir am Herzen.[63]

Der Fokus liegt hier auf der Innigkeit und Einzigartigkeit der Liebe, die nur noch mit der Liebe zu den eigenen Eltern verglichen werden kann.[64] Die Verwandtschaftsbeziehung wird (vielleicht bewusst) verschleiert. Gleichzeitig bietet die Poesie Einblicke in die Welt des Palastes – der Dichter lädt die Zuhörer ein, an der Liebe teilzuhaben. Vielleicht übernehmen die Dichter des Hohelieds diesen Aspekt der Einzigartigkeit der höfischen Welt, wenn sie beide Begriffe der Intimität – Schwester und Braut – zusammenführen.[65] Anderes bleibt ausgeblendet, wenn vernachlässigt wird, dass im Enkomium des Theokrit Liebe, Beischlaf und Treue Kodierungen für die dynastische Einheit sein sollen. Nur am Rande muss hier noch darauf hingewiesen werden, dass Theokrit Berenike durch die Liebesgöttin Aphrodite in eine Unsterbliche verwandeln lässt:

> Κύπρι Διωναία, τὺ μὲν ἀθανάταν ἀπὸ θνατᾶς,
> ἀνθρώπων ὡς μῦθος, ἐποίησας Βερενίκαν,
> ἀμβροσίαν ἐς στῆθος ἀποστάξασα γυναικός·
> τὶν δὲ χαριζομένα, πολυώνυμε καὶ πολύναε,
> ἁ Βερενικεία θυγάτηρ Ἑλένᾳ εἰκυῖα
> Ἀρσινόα πάντεσσι καλοῖς ἀτιτάλλει Ἄδωνιν.

> Kypris, Tochter Diones, du hast, wie sich die Menschen erzählen, Berenike aus einer Sterblichen in eine unsterbliche Göttin verwandelt, indem du Ambrosia in die Brust der Frau tröpfeltest. Dir zu Gefallen, Herrin, reich an Namen und reich an Tempeln, verwöhnt die Tochter Berenikes, die der Helena gleicht, Arsinoë, den Adonis mit allerlei schönen Dingen.[66]

Das Hohelied beschreitet hier andere Wege, wenn die Geliebte problemlos als Göttin dargestellt werden kann.[67] Der Wunsch nach Teilhabe am höfischen Leben wird in Hld 1,12 erneut durch die Frau zum Ausdruck gebracht, wenn es heißt:

---

63 Theokrit, Id. 17.34–46; Text nach Gow, Theocritus I, 132; dt. Übersetzung nach Höschele, Theokrit, 139.141.

64 Vgl. Theokrit, Id. 17.121–125: ὧν ἔτι θερμὰ κονία |στειβομένα καθύπερθε ποδῶν ἐκμάσσεται ἴχνη, | ματρὶ φίλᾳ καὶ πατρὶ θυώδεας εἵσατο ναούς· | ἐν δ' αὐτοὺς χρυσῷ περικαλλέας ἠδ' ἐλέφαντι | ἵδρυται πάντεσσιν ἐπιχθονίοισιν ἀρωγούς.

65 Zur Rolle der Königin am hellenistischen Hof vgl. Caneva, Courtly Love, 25–57 sowie Coşkun, Berenike, 191–233.

66 Theokrit, Id. 15.106–111; Text nach Gow, Theocritus I, 116; dt. Übersetzung nach Höschele, Theokrit, 125; vgl. auch Theokrit, Id. 17.45–50.

67 Vgl. hierzu Müller, Menschen, 375–395.

12 Solange[68] der König bei seiner Tafelrunde[69] ist,
gibt[70] meine Narde[71] ihren Duft[72].

68 עד gefolgt von שֶׁ in Hld noch 2,7.17; 3,4.5; 4,6; 8,4 sowie Ri 5,7 und Ps 123,2. Mit der Ausnahme von Hld 1,12 folgt immer ein Verbum; zur Diskussion siehe Barr, Hebrew עַד, 601; Keel, Das Hohelied, 67 erwägt eine räumliche Bedeutung von עד („Bis dorthin…"). Zur gewählten Übersetzung vgl. Brockelmann, Syntax, §163b.

69 מסב ‚Tafelrunde' (so HALAT, 571 gefolgt von Ges[18], 701) in dieser Bedeutung nur hier (sonst im Alten Testament noch 1 Kön 6,29; 2 Kön 23,5 [pl.] sowie Ps 140,10); anders Dahood, Love and Death at Ebla, 96, der auf der Grundlage eines Wirtschaftstextes aus Ebla *ma-sà-bù* mit מסב verbinden möchte und dann an ein rundes Kissen denkt (ähnlich bereits Budde, Hohelied, 5 [„bedeutet es *Ruhepolster*, so teilt sie es mit ihm"]). Da aber auch die von ihm vorgeschlagene Übersetzung „while the king was on his cushion" sich auf den Kontext eines Gelages beziehen kann, erscheint diese Interpretation kaum anders; bShab 63a kennt breite und schmale Liegen (במסב רחב או במסב קצר), auf denen man zu Tische liegt, und verbindet diese mit Promiskuität (וכולן לזנות). LXX übersetzt מסב mit ἀνακλίσις; das Wort gehört – wie auch νάρδος – zu einer Gruppe von 30 griechischen Wörtern, die in der Septuaginta nur im Hohelied belegt sind; vgl. die Liste in Auwers, Le Cantique des Cantiques, 85. In IG I^2 330 = $Syll^3$ 102 ist das Wort in einem „Verzeichnis von Geräthschaften [sic] und Möbeln, wie sie zur Ausstattung eines Schlafzimmers gehören" aus Athen aus dem Jahre 414/413 v. Chr. belegt (Köhler, Hermokopideninschriften, 396 mit Verweis auf Pollux, X.32ff.).

70 Budde, Hohelied, 5 gefolgt von Rudolph, Hohe Lied, 127 möchte נִתֵּן punktieren, um die Dauer hervorzuheben.

71 Im Alten Testament nur Hld 1,12; 4,13.14. Hebr. נרד wird in der Regel mit *Nardostachys jatamansi* identifiziert; so Löw, Flora der Juden III, 482–488 gefolgt von Moldenke und Moldenke, Plants of the Bible, 148–149; Zohary, Pflanzen, 205; Musselman, Dictionary, 100–101. Theophrastus, *H.P.* 9.7.2 weiß, dass fast alle Duftpflanzen aus Indien oder Arabien kommen (τὰ δὲ ἄλλα πάντα τὰ εὔοσμα οἷς πρὸς τὰ ἀρώματα χρῶνται, τὰ μὲν ἐξ Ἰνδῶν κομίζεται κἀκεῖθεν ἐπὶ θάλατταν καταπέμπεται, τὰ δ' ἐξ Ἀραβίας), dementsprechend wird auch die Narde aus Indien importiert (οἱ δ'ἐξ Ἰνδῶν καὶ ταῦτα καὶ τὴν νάρδον καὶ τὰ ἄλλα ἢ τὰ πλεῖστα). Der *Periplous Maris Erythrai* § 39 erwähnt die Narde als Handelsgut aus dem indischen Hafen Barbarikon (ἀντιφορτίζεται δὲ κόστος, βδέλλα, λύκ<ι>ον, νάρδος καὶ καλλεανὸς λίθος κτλ.); vgl. Brodersen, Periplus, 60–61. In Theophrastus, *H.P.* 9.7.3 ist die Narde Teil einer allgemeinen Liste von Pflanzen, die für Parfüm benutzt werden (οἷς μὲν οὖν εἰς τὰ ἀρώματα χρῶνται σχεδὸν τάδε ἐστί). In *AP* 6.254 wird das Öl der Narde benutzt, um das (falsche) Haar zu parfümieren: καὶ τοὺς ναρδολιπεῖς ἀλλοτρίους πλοκάμους; vgl. auch Horaz, Carm 2.11.13–17 (*cur non sub alta vel platano vel hac | pinu iacentes sic temere et rosa | canos odorati capillos, | dum licet, Assyriaque nardo | potamus uncti?*) und in *AP* 6.250 scheint die Narde als Liebeselixier zu dienen: καὶ ἐς κυανότριχα χαίτην | νάρδον, ὑπὸ γλαυκῆς κλειομένην ὑάλου κτλ. Im akkadischen Abwehrzauber-Ritual Maqlû kann die Narde mit Reinheit verbunden werden, wenn es heißt: *ina maḫ-ri-ku-nu e-te-lil ki-ma* Ú.KI.KAL / *e-te-bi-ib az-za-ku ki-ma la-ár-di* (Text nach Lenzi, Akkadian Prayers, 162–163; dt. Übersetzung in TUAT.NF 136–140). Origenes (II 9,1) scheint zu wissen, dass die Narde erst ihren Geruch absondert, wenn man an ihr reibt: *In specie dramatis hoc uidetur ostendi, quod post haec uerba ingressa sit sponsa ad sponsum et unguentis suis unxerit eum, ac miro quodam genere, quasi nardus, quae prius odorem non dederat, cum esset apud sponsam, tunc dederit odorem suum, cum corpus contigit sponsi, ut non tam ille ex nardo odorem quam nardus ex ipso sumpsisse uideatur* (Text nach Fürst und Strutwolf, Kommentar, 278). So bekäme der Vers noch eine weitere erotische Konnotation. Im Jubiläenbuch (Jub 3,27; 16,24) ist die Narde Teil der Räucheropfer, die Adam und Abraham darbringen (in der ähnlichen, ebenfalls auf Ex 30,34 basierenden, Liste in Sir 24,15 fehlt die Narde); in bKer 6a (vgl. jJoma 4,4) gehören שיבולת נרד zum Räucherwerk am Tempel. Die Ausnahme zum Wohlgeruch bietet das Targum zum Hohelied; hier wird in der Paraphrase zu Hld 1,12 (in 4,13–14 steht רשק „wohlriechende Pflanze" statt נרד) die Narde als stinkend

Der Vers ist über die Stichworte מלך und ריח mit 1,2–4 verbunden. Im Nahkontext fehlen belastbare Stichwortverbindungen, was dazu geführt hat, den Vers als ein „versprengtes Fragment aus einem verlorengegangenen Liede" zu charakterisieren.[73] Die jetzige Position dürfte der Erwähnung des Pharaos in 1,9 sowie dem צרור המר in 1,13 geschuldet sein.[74] Nach Hld 1,2–4 kehrt 1,12 zum Umfeld des Königs und seines Hofes zurück. Im Fortgang der Gedichte nimmt 1,12 die Aussage von 1,4 auf und beschreibt nun eine Szene innerhalb des Palastes. Die Szene erinnert an die Symposia der griechischen Aristokratie, von deren Imitation im jüdischen Kontext Sir 31,12–32,5 zu berichten weiß.[75] Dementsprechend wäre das Gelage des Königs dann die Spitze der Gesellschaft.[76] Da Frauen beim klassischen Symposion nur als Dienerinnen, Hetären oder Flötenspielerinnen anwesend waren, die Frau hier aber als (gleichberechtigte?) Teilnehmerin imaginiert wird, erleben wir hier vielleicht eine Szenerie, wie sie erst in hellenistischer Zeit bekannt ist, wenn nach den Veränderungen durch Alexander den Großen auch zunehmend Frauen bei Symposia anwesend waren.[77] Die beschriebene Szene ist auffällig friedlich – nichts, was sonst in der klassischen Periode Symposia ausmachte (z. B. Trunkenheit), wird hier dargestellt. Überhaupt ist auffällig, dass man im Hohelied zwar trunken vor Liebe werden kann (שתו ושכרו דודים [5,1bβ]), aber sonst Trunkenheit keinerlei Rolle zu spielen scheint;[78] selbst im Weinhaus (בית היין [2,4aα]) ist von übermäßigem Alkoholgenuss nicht die Rede.[79] Vielleicht spiegelt die ‚Zivilisierung' des Weingenusses die Veränderungen in der Kultur der Gelage in hellenistischer Zeit in Teilen der Oberschicht wider, bei denen es nun mehr um die Darstellung der eigenen Werte als um übermäßigen Weingenuss geht.[80]

---

bezeichnet (כן סריאו כנרדא דריחיה ביש לחדא); vielleicht ist dies Ausdruck einer generellen Skepsis von Tg. gegenüber Parfüm und Kosmetik (Alexander, Targum, 91 Anm. 95).

72 ריח „Duft" im Hld noch 1,3; 2,13 (+ נתן q.); 4,10.11; 7,9.14 (+ נתן q.).

73 Müller, Das Hohelied, 18.

74 Nach Gerleman, Hohelied, 109 werden 1,12–14 durch das Thema „Wohlgeruch des Geliebten" zusammengehalten; bei dieser Interpretation wird jedoch übersehen, dass sich נרדי נתן ריחו in 1,12 auf die Frau bezieht; besser Exum, Song of Songs, 111: „Perfumes convey the appeal the lovers have for each other. Pleasing smells might function as an aphrodisiac".

75 Vgl. Sauer, Jesus Sirach, 223–227 sowie Murray, Symposia, 15–27 und Cameron, Callimachus, 71–103 für den veränderten Kontext der Symposia in hellenistischer Zeit.

76 So richtig, Keel, Hohelied, 67, der allerdings von einer räumlichen Trennung von Frau und König ausgeht.

77 Vgl. Vössing, Mensa regia, 128–129.225–226. Vielleicht steht diese Sitte auch im Hintergrund von Dan 5,2, wenn die שגלתה als Teilnehmerinnen beim Festmahl erwähnt werden; allerdings weiß Herodot, 5.18 zu berichten: … νόμος ἐστὶ τοῖσι Πέρσῃσι, ἐπεὰν δεῖπνον προτιθώμεθα μέγα, τότε καὶ τὰς παλλακὰς καὶ τὰς κουριδίας γυναῖκας ἐσάγεσθαι παρέδρους.

78 Die Ausnahme mag vielleicht Hld 8,2b sein, wenn die Frau spricht: אשקך מיין הרקח מעסיס רמני.

79 Vgl. Murphy, Song of Songs, 136, der auf die ähnliche Atmosphäre von Hld 1,12 und 2,4 hinweist.

80 In Theokrit, Id. 17.16–33 wird ein friedliches Symposium auf dem Olymp beschrieben, „quite the opposite of the drunken and murderous brawls with which Greek tradition often associated Macedonia, promotes the civilized Hellenic values that Ptolemy sought to promulgate as characteristics of his rule […] Here, even Heracles behaves well" (Hunter, Encomium, 110).

Der König bleibt in der ganzen Szene merkwürdig unbeteiligt. Es ist die Frau bzw. ihr betörender Geruch, der ‚aktiv' dargestellt wird. Die kurze Szene suggeriert, dass die Frau die ‚Macht' hat, zum König vorzudringen, vielleicht ein Ausdruck ihres Selbstbewusstseins. Da die Frau erst an anderer Stelle im Hohelied als Fürstentochter (בת נדיב in 7,2) tituliert wird, ist sie hier vielleicht Repräsentantin des sich emanzipierenden Bürgertums. Die Reaktion des Königs wird nicht geschildert. Nur wenn man 1,12 im Lichte von 1,13–14 liest, wird die kurze Szene fortgesetzt,[81] aber auch dann bleibt der (königliche) Mann seltsam unbeteiligt. In Hld 7,6b (מלך אסור ברהטים) wird dann aber deutlich, dass sich der König der Frau nicht entziehen kann.

Es scheint wenig plausibel, dass die Frau den Geliebten mit Salomo gleichsetzt; vielmehr setzen sich die Salomopassagen im Hohelied „kritisch mit jeder Form von übersteigerter, pseudogöttlicher Form von Königsherrschaft" auseinander.[82] Überhaupt ist eine Identifikation des anonymen Königs mit Salomo schwierig.[83] Dies hängt ganz wesentlich damit zusammen, dass – von der Überschrift einmal abgesehen – Salomo beinahe nur durch Dinge, die ihm zugeschrieben werden, im Hohelied präsent ist.[84] „He is not the lover in the poem, nor one of the speakers. The Song is not ‚about' him, and yet he casts his shadow over it."[85] Vielleicht wird der Anklang an bzw. die Identifikation mit einer historischen Person, mit der sich konkrete politische Konzeptionen verbinden, bewusst gemieden.[86]

4 Schluss

Die Sehnsucht nach dem König bzw. der Wunsch, am höfischen Leben teilhaben zu können, ist im Hohelied nicht Ausdruck politischer Ambitionen, und die Faszination für den hellenistischen Hof mündet nicht in den konkreten Wunsch nach einer hellenistischen Herrschaft, auch wenn diese natürlich der Realität entspricht. Der Grund

81 So etwa Peetz, Emotionen, 105, die dann aber zugeben muss: „Inhaltlich führen die Verse 13 und 14 das königliche Fest der Liebenden, wie es in Vers 12 angedeutet wird, weiter aus – wenn auch mit anderen Worten und Bildern."

82 Birnbaum, Salomo, 261 und ähnlich Spencer, Song, 667–692, der zu dem Schluss kommt: „I have argued that from its very first lines the Song has appropriated a royal fiction and Solomonic figuration, not merely to enhance the inestimable worth of the couple's love, but also to *distance* their relationship – to carve out safe spaces, emotional refuges – from oppressive Solomon-type realms" (689).

83 Whedbee, Paradox, 266–278 schlägt demgegenüber vor, die königlichen Passagen bzw. die Bezüge auf Salomo als Ausdruck einer gewissen, dem Hohelied eigenen Komik zu sehen, die den „subversive spirit of the Song, representing an inversion of customary roles in patriarchal and royal society" deutlich machen will (268).

84 Hld 1,5 (יריעות שלמה); 3,7 (מטתו שלשלמה); 3,9 (אפריון עשה לו המלך שלמה); 3,11 (עטרה); 8,11 (כרם היה לשלמה).

85 Exum, Song of Songs, 90.

86 In der hellenistisch-römischen Welt wird Salomo „neben Mose zu dem großen weisen Lehrer der Geheimwissenschaften längst vor den ersten griechischen Philosophen" (Hengel, Judentum, 239). Die bereits in biblischer Zeit einsetzende Verschiebung des Schwerpunkts vom Tempelbauer zum exemplarischen Weisen ermöglicht eine Identifikation mit ihm auch nach Verlust von Tempel und Staat. Dabei wird gerade in der Spätzeit das bereits im Alten Testament teilweise eingetrübte Bild des strahlenden Königs gerade nicht rezipiert.

hierfür könnte sein, dass in der griechischen Literatur die wachsende Einflussnahme von Frauen auf den hellenistischen König als Zeichen seiner Schwäche und extrem kritisch gesehen wurde.[87] Stattdessen rekurriert die biblische Dichtung auf die Einzigartigkeit der Liebe, ohne jedoch – wie etwa bei Theokrit – die Ehe in den Vordergrund zu rücken. Es geht also eher darum, die Machbarkeit auszudrücken und der Möglichkeit Ausdruck zu verleihen, dass man in der Lage ist, an der herrschenden Kultur zu partizipieren. Der erotische Pluralismus der biblischen Liebesdichtung scheint eine konkrete politische Botschaft zu transportieren, wenn deutlich gemacht wird, dass sich ptolemäische Herrschaftskonzeptionen problemlos in die Lieder der Sehnsucht integrieren lassen.[88] Dabei werden durchaus eigene Akzente gesetzt, wenn manche Auswüchse des höfischen Lebens kritisch gesehen werden (Hld 6,8–9). Auch im Blick auf die Konstruktion von Liebe und Verlangen kann festgehalten werden, dass der Eros sein Subjekt dazu antreibt, die Begrenzungen seines jetzigen Daseins zu überschreiten, über sich hinauszuwachsen und dabei insbesondere das Risiko einzugehen, sich selbst zu verlieren.[89] So entwirft das Hohelied auch im Blick auf die höfische Gesellschaft der Ptolemäer eine Gegenwelt, die beinahe mühelos politische Realitäten integrieren kann ohne jemals – auch das ist ein Unterschied zu Theokrit – zu einem Enkomium der Herrschaft zu werden.

Literatur

Ager, S. L., Familiarity Breeds. Incest and the Ptolemaic Dynasty, JHS 125, 2005, 1–34.

Albrecht, O., Handschriftliches zu Luthers Auslegung des Hohenliedes, ARG 4, 1907, 305–312.

Albright, W. F., Archaic Survivals in the Text of Canticles, in D. Winton Thomas und W. D. McHardy (Hg.), Hebrew and Semitic Studies presented to G. R. Driver in Celebration on his Seventieth Birthday 20 August 1962, Oxford, 1963, 1–7.

Alexander, P. S., The Targum of Canticles, The Aramaic Bible 17a, London/New York, 2003.

Auwers, J.-M., Le Cantique des Cantiques, La Bible d'Alexandrie 19, Paris, 2019.

Barbour, J., The Eastern King in the Hebrew Bible. Novelistic Motifs in Early Jewish Literature, in T. Whitmarsh und S. Thompson (Hg.), The Romance between Greece and the East, Cambridge, 2013, 183–195.

Barr, J., Hebrew עַד, Especially at Job i.18 and Neh. vii.3, in J. Barton (Hg.), Bible and Interpretation. The Collected Essays of James Barr, Vol. III: Linguistics and Translation, Oxford, 2014, 596–609.

Birnbaum, E., „Just call me Salomo?" Hld 3,6–11 und 8,11–12 als Fallbeispiele der Hoheliedinterpretation, in L. Schwienhorst-Schönberger (Hg.), Das Hohelied im Konflikt der Interpretationen, ÖBS 47, Frankfurt a. M., 2017, 233–264.

Brockelmann, C., Hebräische Syntax, Neukirchen, 1956.

87 Vgl. etwa Polybios 14.11.5 über Ptolemaios Philopator: τοῦ δὲ Φιλοπάτορος βασιλέως Πτολεμαίου οὐκ Ἀγαθόκλεια ἡ ἑταίρα ἐκράτει ἡ καὶ πᾶσαν ἀνατρέψασατὴν βασιλείαν; sowie auch Plutarch, Kleomenes 33.2 (ὁ μὲν γὰρ βασιλεὺς αὐτὸς οὕτω διέφθαρτο τὴν ψυχὴν ὑπὸ γυναικῶν καὶ πότων ὥστε, ὁπότε νήφοι μάλιστα καὶ σπουδαιότατος αὐτοῦ γένοιτο, τελετὰς τελεῖν καὶ τύμπανον ἔχων ἐν τοῖς βασιλείοις ἀγείρειν, τὰ δὲ μέγιστα τῆς ἀρχῆς πράγματα διοικεῖν Ἀγαθόκλειαν τὴν ἐρωμένην τοῦ βασιλέως καὶ τὴν ταύτης μητέρακαὶ πορνοβοσκὸν Οἰνάνθην).

88 Zum Begriff des erotischen Pluralismus vgl. Wilcke, Farewell, 78.

89 Vgl. Ludwig, Eros and Polis, 14.

Brodersen, K., Periplus Maris Erythraei. Zweisprachige Ausgabe, Opuscula 3, Speyer, 2021.
Budde, K., Das Hohelied, in K. Budde, A. Bertholet und D. G. Wildeboer (Hg.), Die Fünf Megillot, KHC XVII, Freiburg i. Br./Leipzig/Tübingen, 1898, ix–48.
Burton, J., The Function of the Symposium Theme in Theocritus' Idyll 14, GRBS 33, 1992, 227–245.
Calame, C., The Poetics of Eros in Ancient Greece, Princeton/Oxford, 1999.
Cameron, A., Callimachus and his Critics, Princeton, 1995.
Caneva, S. G., Courtly Love, Stars and Power. The Queen in Third-Century Royal Couples, through Poetry and Epigraphic Texts, in M. A. Harder, R. F. Regtuit und G. C. Wakker (Hg.), Hellenistic Poetry in Context, Hellenistica Groningana 20, Leuven/Paris/Walpole, 2014, 25–57.
Carty, J. A., Martin Luther's Political Interpretation of the Song of Songs, The Review of Politics 73, 2011, 449–467.
Clayman, D. L., Rulers and Patrons in Theocritus, in P. Kyriakou, E. Sistakou und A. Rengakos (Hg.), Brill's Companion to Theocritus, Leiden/Boston, 2021, 559–583.
comité invisible, Maintenant, Paris, 2017.
Coşkun, A., Berenike Phernophoros and Other Virgin Queen in Early-Ptolemaic Egypt, Klio 104, 2022, 191–233.
Dahood, M., Love and Death at Ebla and Their Biblical Reflections, in J. H. Marks und R. M. Good (Hg.), Love and Death in the Ancient Near East. Essays in Honor of Marvin H. Pope, Guilford, 1987, 93–99.
de Crom, D., LXX Song of Songs and Descriptive Translation Studies, De Septuaginta Investigationes 11, Göttingen, 2019.
Dover, K. J., Theocritus. Select Poems, London, ²1992.
Driver, G. R., Hebrew Notes on ‚Song of Songs' and ‚Lamentations', in W. Baumgartner, O. Eissfeldt, K. Elliger et al. (Hg.), Festschrift für Alfred Bertholet zum 80. Geburtstag, Tübingen, 1950, 134–146.
Elgvin, T., The Literary Growth of the Song of Songs during the Hasmonean and Early-Herodian Periods, CBET 89, Leuven, 2018.
Engammare, M., Qu'il me baise des baisers de sa bouche. Le Cantique des Cantiques à la Renaissance. Étude et bibliographie, Traveaux d'Humanisme et Renaissance 277, Genf, 1993.
Exum, J. C., Ten Things Every Feminist Should Know About The Song of Songs, in A. Brenner and C. R. Fontaine (Hg.), The Song of Songs. A Feminist Companion to the Bible, The Feminist Companion to the Bible (Second Series), Sheffield, 2000, 24–34.
Exum, J. C., Song of Songs. A Commentary, OTL, Louisville, 2005.
Feldman, L. A., R. Abraham b. Isaac ha-Levi TaMaKH – Commentary on the Song of Songs. Based on MSS and Early Printings with an Introduction, Notes, Variants and Comments, SSN 9, Assen, 1970.
Finnegan, M., The Politics of Eros. Ritual Dialogue and Egalitarianism in Three Central African Hunter-Gatherer Societies, JRAI (N.S.) 19, 2013, 697–715.
Fountoulakis, A., Rethinking Gender Roles and Generic Identities. Sexual Jealousy in Theocritus, *Id.* 14 and Lucian, *Dial. Meretr.* 15 and 8, in C. Cusset, C. Kossaifi and R. Poignault (Hg.), Présence de Théocrite, Collection Caesarodunum 50–51, Clermont-Ferrand, 2017, 267–294.
Fox, M. V., The Song of Songs and the Ancient Egyptian Love Songs, Madison, 1985.
Fredricksmeyer, F., Alexander the Great and the Kingdom of Asia, in A. B. Bosworth und E. J. Baynham (Hg.), Alexander the Great in Fact and Fiction, Oxford, 2000, 136–166.
Fürst, A. und H. Strutwolf, Origenes – Kommentar zum Hohelied, Origenes Werke mit deutscher Übersetzung 9/1, Berlin/Boston, 2016.

Geertz, C., Religion as a Cultural System, in idem, The Interpretation of Cultures. Selected Essays, New York, 1973, 87–125.

Geertz, C., Centers, Kings, and Charisma. Reflections on the Symbolics of Power, in idem, Local Knowledge. Further Essays in Interpretative Anthropology, New York, 1983, 121–146.

Gehrke, H.-J., The Victorious King. Reflections on the Hellenistic Monarchy, in N. Luraghi (Hg.), The Splendors and Miseries of Ruling Alone. Encounters with Monarchy from Archaic Greece to the Hellenistic Mediterranean, Studies in Ancient Monarchies 1, Stuttgart, 2013, 73–98.

Gerleman, G., Ruth – Das Hohelied, BK XVIII, Neukirchen-Vluyn, ²1981.

Gerhards, M., Das Hohelied. Studien zu seiner literarischen Gestalt und theologischen Bedeutung, ABG 35, Leipzig, 2010.

Goitein, S. D., Women as Creators of Biblical Genres, Prooftexts 8, 1988, 1–33.

Gow, A. S. F., The Greek Anthology – Theocritus I. Introduction, Text, and Translation, Cambridge, ²1952.

Gow, A. S. F., The Greek Anthology – Theocritus II. Commentary, Appendix, Indexes, and Plates, Cambridge, ²1952.

Graetz, H., Schir ha-Schirim שר השירים oder das salomonische Hohelied, Wien, 1871.

Gruen, E. S., Hellenistic Kingship. Puzzles, Problems, and Possibilities, in P. Bilde, T. Engbert-Perdersen, L. Hannestad et al. (Hg.), Aspects of Hellenistic Kingship, Studies in Hellenistic Civilization 7, Aarhus, 1996, 116–125.

Gutmann, H.-M., Über Liebe und Herrschaft. Luthers Verständnis von Intimität und Autorität im Kontext des Zivilisationsprozesses, GTA 47, Göttingen, 1991.

Halton, C. und S. Svärd, Women's Writing of Ancient Mesopotamia. An Anthology of the Earliest Female Authors, Cambridge, 2018.

Hengel, M., Judentum und Hellenismus. Studien zu ihrer Begegnung unter besonderer Berücksichtigung Palästinas bis zur Mitte des 2. Jh.s v. Chr., WUNT 10, Tübingen, ³1988.

Herz, P. Hellenistische Könige. Zwischen griechischen Vorstellungen vom Königtum und Vorstellungen ihrer einheimischen Untertanen, in A. Small (Hg.), Subject and Ruler. The Cult of the Ruling Power in Classical Antiquity. Papers presented to a conference held in The University of Alberta on April 13–15, 1994, to celebrate the 65th Anniversary of Duncan Fishwick, JRAr.S 17, Ann Arbor, 1996, 27–40.

hooks, h., All about love. New Visions, New York, 2001.

Höschele, R., Theokrit Gedichte. Griechisch / Deutsch, Reclams Universal-Bibliothek 19419, Ditzingen, 2016.

Hunter, R., Encomium of Ptolemy Philadelphus, Berkeley/Los Angeles/London, 2003.

Huß, W., Ägypten in hellenistischer Zeit 332–30 v. Chr., München, 2001.

Illouz, E., Warum Liebe weh tut. Eine soziologische Erklärung, Berlin, 2011.

Jastrow, M., A Dictionary of the Targumim, the Talmud Babli and Yerushalmi, and the Midrashic Literature I–II, Brooklyn, 1967.

Jenni, E., Die Präposition Lamed, Die Hebräischen Präpositionen 3, Stuttgart, 2000.

Kallas, E., Martin Luther as Expositor of the Song of Songs, LuthQ 2, 1988, 323–341.

Keel, O., Das Hohelied, ZBK 18, Zürich, ²1992.

Kingsmill, E., The Song of Songs and the Eros of God. A Study in Biblical Intertextuality, OTM, Oxford, 2009.

Koch, E., Beobachtungen zum Umgang mit dem Hohenlied in Theologie und Frömmigkeit des Luthertums im 16. bis 18. Jahrhundert, in idem, Studien zur Theologie- und Frömmigkeitsgeschichte des Luthertums im 16. bis 18. Jahrhundert, Text und Studien zum Protestantismus des 16. bis 18. Jahrhunderts 3, Waltrop, 2005, 285–306.

Köhler, U., Hermokopideninschriften, Hermes 23, 1888, 392–401.

Kristeva, J., Geschichten von der Liebe, Edition Suhrkamp 1482, Frankfurt, 1989.

Kurt, Ş., Radikale Zärtlichkeit. Warum Liebe politisch ist, Hamburg, [6]2021.

Kyriakou, P., Theocritus and His Native Muse. A Syracusan Among Many, Trends in Classics Supplementary Volume 71, Berlin/Boston, 2018.

Lenzi, A. (Hg.), Reading Akkadian Prayers and Hymns. An Introduction, ANEM 3, Atlanta, 2011.

Löw, I., Die Flora der Juden III. Pedaliaceae – Zygophyllaceae, Veröffentlichungen der Alexander Kohut Memorial Foundation 3, Wien/Leipzig, 1924.

Loretz, O., Studien zur althebräischen Poesie 1. Das althebräische Liebeslied. Untersuchungen zur Stichometrie und Redaktionsgeschichte des Hohenliedes und des 45. Psalms, AOAT 14/1, Neukirchen-Vluyn, 1971.

Ludwig, P. W., Eros and Polis. Desire and Community in Greek Political Theory, Cambridge, 2002.

Ma, J., Kings, in A. Erskine (Hg.), A Companion to the Hellenistic World, Blackwell Companion to the Ancient World, Malden/Oxford, 2003, 177–195.

Martin, G. D., Multiple Originals. New Approaches to Hebrew Bible Textual Criticism, SBL Text Critical Studies 7, Atlanta, 2010.

Moldenke, H. N. und A. I. Moldenke, Plants of the Bible, The Kegan Paul Library of Religion and Mysticism, London, 2002.

Müller, H. P., Vergleich und Metapher im Hohenlied, OBO 56, Göttingen, 1984.

Müller, H. P., Das Hohelied, in H. P. Müller, O. Kaiser und J. A. Loader, Das Hohelied – Klagelieder – Das Buch Ester, ATD 16/2, Göttingen, [4]1992, 3–90.

Müller, H. P., Menschen, Landschaften und religiöse Erinnerungsreste. Anschlußerörterungen zum Hohenlied, ZThK 91, 1994, 375–395.

Murphy, R. E., The Song of Songs. A Commentary in the Book of Canticles or Song of Songs, Hermeneia, Minneapolis, 1990.

Murray, O., Hellenistic Royal Symposia, in P. Bilde, T. Engberg-Pedersen, L. Hannestand et al. (Hg.), Aspects of Hellenistic Kingship, Studies in Hellenistic Civilization 7, Aarhus, 1996, 15–27.

Musselman, L. J., A Dictionary of Bible Plants, Cambridge, 2012.

Peetz, M., Emotionen im Hohelied. Eine literaturwissenschaftliche Analyse hebräischer Liebeslyrik unter Berücksichtigung geistlich-allegorischer Auslegungsversuche, HBS 81, Freiburg i. Br., 2015.

Pope, M. H., Song of Songs, AncB 7C, New York, 1977.

Rendsburg, G. A., Diglossia in Ancient Hebrew, AOS 72, New Haven, 1990.

Rendsburg, G.A. and I. Young, שֶׁמֶן תּוּרַק *šɛmɛn turaq* (Song 1:3), in F.E. Greenspahn und G.A. Rendsburg (Hg.), Le-ma'an Ziony. Essays in Honor of Ziony Zevit, Eugene, 2016, 383–396.

Rudolph, W., Das Buch Ruth – Das Hohe Lied – Die Klagelieder, KAT XVII/1–3, Gütersloh, 1962.

Saarinen, R., Recognition and Masculinity. Luther on the Song of Songs, in M. Kaklos, H. J. Koskinen und R. Palmén (Hg.), Recognition and Religion. Contemporary and Historical Perspectives, Routledge New Critical Thinking in Religion, Theology and Biblical Studies, Abingdon, 2019, 196–216.

Sauer, G., Jesus Sirach / Ben Sira, ATD.A 1, Göttingen, 2000.

Spencer, F. S., Song of Songs as Political Satire and Emotional Refuge. Subverting Solomon's Gilded Regime, JSOT 44, 2020, 667–692.

Strootman, R., Courts and Elites in the Hellenistic Empires. The Near East After the Achaemenids, c. 330 to 30 BCE, Edinburgh Studies in Ancient Persia, Edinburgh, 2014.

Talkenberger, H., Konstruktion von Männerrollen in württembergischen Leichenpredigten des 16.–18. Jahrhunderts, in M. Dinges (Hg.), Hausväter, Priester, Kastraten. Zur Konstruktion von Männlichkeit in Spätmittelalter und Früher Neuzeit, Göttingen, 1998, 29–74.

Thyen, D., Martin Luthers Hohelied-Vorlesung von 1530/31, Siegener Pädagogische Studien 23, 1977, 62–77.

Trible, P., Love's Lyrics Redeemed, in A. Brenner (Hg.), A Feminist Companion to The Song of Songs, The Feminist Companion to the Bible 1 (First Series), Sheffield, 1993, 100–120.

Unsichtbares Komitee, Jetzt, Nautilus Flugschrift, Hamburg, 2017.

Vössing, K., Mensa regia. Das Bankett beim hellenistischen König und beim römischen Kaiser, BzA 193, München, 2004.

Wallace, S., Court, Kingship and Royal Style in the Early Hellenistic Period, in A. Erskine, L. Llewellyn-Jones und S. Wallace (Hg.), The Hellenistic Court. Monarchic Power and Elite Society from Alexander to Cleopatra, Swansea, 2017, 1–30.

Wellhausen, J., Prolegomena zur Geschichte Israels, Berlin, ^{6}1927.

Whedbee, J. W., Paradox and Parody in the Song of Solomon. Towards a Comic Reading of the Most Sublime Song, in A. Brenner (Hg.), A Feminist Companion to The Song of Songs, The Feminist Companion to the Bible 1 (First Series), Sheffield, 1993, 266–278.

Wilcke, C., Farewell to Shulamit. Spatial and Social Diversity in the Song of Songs, Jewish Thought, Philosophy, and Religion 2, Berlin/Boston, 2017.

Wirth, G., Diodorus – Griechische Weltgeschichte Fragmente (Buch XXI–XL). Erster Halbband: Einleitung und Übersetzung, BGrL 67, Stuttgart, 2008.

Wohl, V., Love among Ruins. The Erotics of Democracy in Classical Athens, Princeton/Oxford, 2002.

Wright, B., Ben Sira on Kings and Kingship, in T. Rajak, S. Pearce, J. Aitken et al. (Hg.), Jewish Perspectives on Hellenistic Rulers, Hellenistic Culture and Society 50, Berkeley/Los Angeles/London, 2007, 76–91.

Zaccarini, M., What's Love got to do with it? *Eros*, Democracy, and Pericles' Rhetoric, GRBS 58, 2018, 473–489.

Zakovitch, Y., Das Hohelied, HThKAT, Freiburg i. Br./Basel/Wien, 2004.

Zohary, M., Pflanzen der Bibel. Vollständiges Handbuch, Stuttgart, ^{2}1983.

Ein Götterpaar JHWH und Aschera – kultische Realität oder akademisches Konstrukt?*

Erhard Blum

Die Entdeckung einer Hand voll althebräischer Inschriften in den 1970er Jahren, die von „JHWH und seiner Aschera“ (יהוה ואשרתה) sprechen, haben in der alttestamentlichen und altorientalischen Forschung bekanntlich eine langanhaltende Diskussion ausgelöst, die vielfach zu grundlegend veränderten Sichtweisen der JHWH-Religion in der israelitischen/judäischen Königszeit führte.[1] Das in sich vielfältige Spektrum von Hypothesen wird durch zwei Grundpositionen bestimmt: Nach der einen, die in einem aktuellen Beitrag als Mehrheitsposition gilt,[2] wurde in den Königreichen Israel und Juda ein (kleines) Pantheon verehrt, das zumindest aus JHWH und der Göttin Aschera als seiner Gemahlin/Parhedros bestand, und dies gleichermaßen im offiziellen Staatskult wie in der privaten Frömmigkeit.[3] Auf der anderen Seite des Meinungsspektrums steht die Sicht, wonach „Aschera“ in den Inschriften nicht der (Gottes)Name einer (eigenständig handelnden) Göttin ist, sondern die Bezeichnung eines Kultobjekts, dem innerhalb des JHWH-Kultes eine Bedeutung zukam. Letzteres lässt sich relativ leicht mit den sog. Ascheren der alttestamentlichen Überlieferung zur Königszeit verbinden, für Ersteres (Aschera als Parhedros) werden neben den Texten insbesondere auch ikonographische Befunde angeführt. Diese und weitere Daten sollen im Folgenden ebenfalls einbezogen werden. Für eine Beantwortung der Titelfrage bleiben jedoch die epigraphischen Texte zentral, mehr noch, sie weisen Züge auf, die bei genauer Prüfung eine deutliche Beantwortung der Frage nahelegen.

---

* Mit den folgenden religionsgeschichtlichen Überlegungen grüße ich meinen Tübinger Kollegen Wolfgang Oswald, verbunden mit einem herzlichen Dank für die langjährige vertrauensvolle Zusammenarbeit am Lehrstuhl Altes Testament I.

1 C. Uehlinger konnte 1997 sogar formulieren, „the discovery of the Kuntillet ʿAjrud inscriptions“ „undoubtedly gave the most dramatic impetus to the study of Israelite and Judahite religious history since the decipherment of the cuneiform alphabetic texts from Ugarit” (idem, Cult Statuary, 97).

2 Leuenberger, Yahweh, 179. Zur vielstimmigen Forschungsgeschichte mag hier (ohne Anspruch auf Vollständigkeit) der Verweis auf einige Monographien genügen: Olyan, Asherah; Wiggins, Reassessment; Hadley, Cult of Asherah, und besonders differenziert Frevel, Aschera.

3 Diese Sicht hat wohl zusätzliche Akzeptanz durch die Integration in mitunter beeindruckend geschlossene Gesamtbilder der Religionsgeschichte Israels gewonnen. Siehe hierzu vor allem Köckert, Wandlungen Gottes, und davor schon (mit einer vermittelnden Position) Albertz, Religionsgeschichte, 131–135.

1 Die inschriftlichen Belege für יהוה ואשרתה

Die uns interessierende Phrase ist bisher fünfmal belegt, davon viermal in einer Wegstation an der Fernhandelsroute vom Roten Meer zum Mittelmeer, die von einem nordisraelitischen König (Joasch bzw. [eher] Jerobeam II.) in der ersten Hälfte des 8. Jh.s vermutlich aufgebaut sowie jedenfalls mit eigenem Personal unterhalten wurde. Der fünfte Beleg wurde in einer Grabkammer in Ḫirbet el-Kôm (westlich von Hebron), gefunden, eingeritzt in den Fels über der Darstellung einer großen Hand (2. Hälfte 8. Jh. bzw. um 700 v. Chr.).[4] „JHWH" und „seine *'ašera*" sind gerade in dieser Inschrift syntaktisch besonders auffällig zugeordnet. Deshalb setzen wir mit diesem Text (Kom[8]:3)[5] ein. Er lautet nach der üblichen Lesung mit Zeilenzählung und in Sätzen angeordnet:[6]

(1)	Urijahu, der Reiche, hat es geschrieben	אריהו . הע֯שר . כתבה	(1)
(2)	Gesegnet war/sei Urijahu durch JHWH.	ברך . אריהו . ליהוה	(2)
(3)	Und vor seinen Feinden hat er ihn durch seine *'ašera* gerettet.	ומצריה לאשרת֯ה֯ הו֯שע לה	(3)
(4)	[Er hat es geschrieben] durch Onijahu.[7]	לאניהו	(4)

Wie auch immer das Segenswort in dem Partizipialsatz von Zeile (2) aufzufassen ist, als Aussage über Urijahus vergangenes Leben oder/und als Wunsch eines auch nach dem Tod weitergehenden Segens, Zeile (3) nennt danach ein Handeln JHWHs an Urijahu, das zweifellos exemplarisch für das ihm widerfahrene Gotteswirken steht. Dabei kommt nun auch „seine [scil. JHWHs] *'ašera*" in den Blick, *durch die* JHWH Urijahu vor seinen Feinen gerettet habe. M.a.W., der Segen erscheint in Kom(8):3 explizit nicht als ein gemeinsames Handeln von „JHWH und seiner Aschera",[8] vielmehr ist es JHWH, der *mittels*[9] der *Aschere* als einer zu ihm (JHWH) gehörigen Größe gewirkt hat.

4 Der Literatur zufolge wurde die Inschrift in den späten 1960er Jahren entdeckt, nachdem Material aus derselben Grabanlage im Handel aufgetaucht war. Eine erste Publikation erfolgte durch Dever, Material.

5 Die Notierung orientiert sich an Renz und Röllig, Handbuch I.

6 Die hier zugrunde gelegte Lesung der schwer zu entziffernden Inschrift geht auf die wegweisende Publikation von Lemaire, Inscriptions, zurück; vgl. auch Hadley, Inscription; eadem, Cult of Asherah, 84–105; für eine eingehende Darstellung und Diskussion strittiger Fragen siehe Renz und Röllig, Handbuch I, 202–211. Lemaires Vorschlag einer Umstellung von לאשרתה hinter das *Waw* von ומצריה (variierend gefolgt von Ahituv, Echoes, 220–224) erscheint methodisch problematisch und wird hier nicht übernommen.

7 Die Vermutung ist, dass der nach links versetzte Ausdruck לאניהו in Z. 4 über den „zitierten" Text hinweg elliptisch auf die Einleitung in Z. 1 zurückgreift und den aktuellen Schreiber der Zeilen nennt, „durch den" der verstorbene Urija das Segenswort schreiben ließ (alternativ: „[Geschrieben] von Onjahu"). Nicht einzuordnen sind die beiden Einritzungen am unteren Rand des herausgemeißelten Wandstücks (אשרתה und לאשרתה); siehe Renz und Röllig, Handbuch III, Taf. XX.

8 Siehe bereits Tigay, Israelite Religion, 175, und danach wiederholt in der Literatur.

9 J. Jeremias (Jeremias und Hartenstein, JHWH, 115f.) wendet ein, dass die Präposition ל biblisch nicht im Sinn von „durch" gebraucht werde, und schlägt alternativ „um … willen" vor. Tatsächlich kann man auch eine offenere Bedeutung, etwa im Sinne von „in Bezug auf" erwägen. Ich folge hier

In Kuntillet ʿAjrud würde sich gemäß M. Leuenberger dagegen ein anderes Bild zeigen: „The blessing is provided typically by Yahweh and his Asherah *in cooperation*."[10] Trifft diese Annahme zu? Der Segensspruch auf Pithos A (KA 3.1) gibt in dieser Hinsicht keine nähere Auskunft, denn die Inschrift, die in den ersten ca. zwei Dritteln bei der Nennung des Absenders und mehrerer Adressaten sehr fragmentarisch ist, schließt danach mit dem Zuspruch: „Ich segne euch hiermit bei[11] JHWH Šomron und seiner *ʾašera*."

Anders verhält es sich bei zwei Texten auf Pithos B, der offenbar komplett restauriert werden konnte. KA 3.6 und 3.9 lassen sich, soweit lesbar, nach Sätzen und Kommunikationsebenen folgendermaßen gliedern (Zeilenzählung mit tiefgestellter Ziffer):

KA 3.6

Gesagt hat $_2$Amaryaw:	אמר $_2$אמריו
Sa$_3$ge [meinem] Herrn:	א$_3$מר ל.אדנ[י]
$_4$Bist du wohlauf?	$_4$השְׁלםֹ . את .
$_5$Ich segne dich hiermit bei J$_6$HWH[12] Teman $_7$und seiner *ʾašera*:	$_5$ברכתך לי$_6$הוה תמן $_7$ולאשרתה
Er se$_8$gne dich	יב$_8$רך[13]
und behüte dich!	וישמרך
$_9$Und er sei mit $_{10}$meinem $_9$Herrn [...	$_9$ויהי עם אדנ$_{10}$י [...

gleichwohl Emerton, YHWH, 332, der auf passivische Konstruktionen verweist, in denen ל die handelnde Größe bezeichnet, und die Verwendung bei aktiven Verben als biblisch (zufällig) nicht belegte Variante erklärt. Zum Sachhintergrund siehe im Folgenden unter 2.

10 Leuenberger, Yahweh, 183 (Hervorhebung im Original).

11 Die Übersetzung „Ich segne dich *bei* GN" impliziert eine Ellipse aus „Ich segne dich: Sei gesegnet durch/von GN" oder ähnlich. Dementsprechend kann die deutsche Wiedergabe des ל in den Inschriften variieren.

12 Die Übersetzungen der Syntagmen יהוה ת(י)מן(ה) (analoges gilt für יהוה שמרן) als Apposition oder mit deutschem Genitiv implizieren nicht, dass das hebräische Syntagma als Constructus-Verbindung zu interpretieren wäre. Möglich ist die geläufige Erklärung als Breviloquenz/Ellipse (Gesenius und Kautzsch, Grammatik, 421f. §125h, z. B. „J. [der Gott von] Sam."; Joüon, Grammaire, 400 §131o) oder als akkusativische Näherbestimmung (ibid., 380 §126h, 383 §127c; Brockelmann, Syntax, 73 §81a, 92 §100a, z. B. „J. [der in] Sam. [ist]"). Zur Sache vgl. die eingehenden Ausführungen von J.A. Emerton (New Light, 3–9; Yahweh, 325); einer Constructus-Verbindung, die Emerton ebenfalls für möglich gehalten hat, stehen jedoch Syntax und Semantik unserer Inschriften entgegen; siehe unten Anm. 25.

13 Vermutlich zu lesen יברךּ mit regressiver Assimilation des ePP 2.P.m.sg. an den 3. Radikal.

KA 3.9[14]

[Gesagt hat PN1]	[PN1 אמר]
[Sage PN2:]	[אמר ל PN2]
[Ich segne dich hiermit] bei JHWH des Südens[15] und seiner *'ašera*.	ברכתך]ליׄהוה . התמׄן . ולאשרתה .
$_2$[Ja, JHWH,[16]]alles, worum er gebeten wird von einem Mann,	$_2$אכן יהוה] כל אשר . ישאל . מאש .
gewährt er!	חנן האׄ
Und hat er (scil. der Mann) kein Brot,[17]	ואןׄ פתה .
so gibt er ihm zur Genüge[18] $_3$nach seinem Herzen.	ונתן לדׄיׄהוׄ . $_3$כלבבׄה

In KA 3.6 wird der performativ zugesprochene Segen in den weiteren Sätzen nahezu biblisch entfaltet, sowohl hinsichtlich der Lexeme als auch der Verbalformen (Jussiv); vgl. zu Beidem insbesondere Num 6,24–26. In 3.9 folgt auf den (mutmaßlichen) Segenszuspruch eine anspruchsvoll formulierte zweiteilige Sentenz, die JHWH als verlässlichen Versorger und Nothelfer vor Augen stellt. In beiden Texten ist demnach JHWH als die wirkende Macht vorgestellt und hervorgehoben und nur er.[19] Von einer „Kooperation" mit „seiner Aschera" ist gerade nicht die Rede. Bereits für Keel/Uehlinger bildete dies ein wesentliches Argument dafür, dass „Jahwes Aschera" „nicht gleichrangig neben Jahwe (stand)".[20] Gleichwohl bleibt wesentlich, dass die Segensworte rekurrent „bei JHWH und seiner *'ašera*" zugesprochen werden. Von Kom(8):3 her löst sich die Spannung mit der anschließenden Konzentration auf JHWH als Akteur dahingehend auf, dass er *durch* seine Aschera als Wirkgröße handelt.

Nicht zuletzt findet diese Erklärung nun eine Bestätigung durch einen weiteren Text, ebenfalls aus Kuntillet ʻAjrud. Es handelt sich um den vierten und umfangreichsten Segenszuspruch, der nicht auf einem Pithos steht, sondern besonders sorgfältig und pro-

---

14 Zu den Problemen der Inschrift und zu der hier vorgeschlagenen Lesung vgl. Blum, Wandinschriften, 43–47.

15 Im Gesamtbefund bietet sich für die Form mit Artikel (הת[י]מן; vgl. auch unten Anm. 24) das Verständnis als Appellativum („der Süden") an; siehe Blum, Kuntillet ʻAjrud 4.1, 18* Anm. 28. Sicherheit gibt es in der Frage allerdings nicht.

16 Während אכן eine rein tentative Ergänzung darstellt, ist יהוה als Casus Pendens, auf den sich חנן הא zurückbezieht, syntaktisch gefordert.

17 In masoretischer Orthographie: וְאֵין פִּתּוֹ. Zu Syntax vergleiche Jer 4,23: „Ich schaute … zu den Himmeln (השמים); sie hatten kein Licht (וְאֵין אוֹרָם)."

18 Lesung mit McCarter, Inscribed Pithos 2, 172 (mit Anm. 4). Sie kann sich auf die in der Editio princeps gebotene Nachzeichnung (Aḥituv, Eshel und Meshel, Inscriptions, 99, Fig. 5.41) stützen.

19 In diesem Sinne bereits Tigay, Israelite Religion, 174 mit Anm. 90. Auch in der weiteren Diskussion wurde dies wiederholt notiert, so z. B. nachdrücklich in Sommer, Bodies of God, 47f.

20 Keel und Uehlinger, Göttinnen, 268.270.

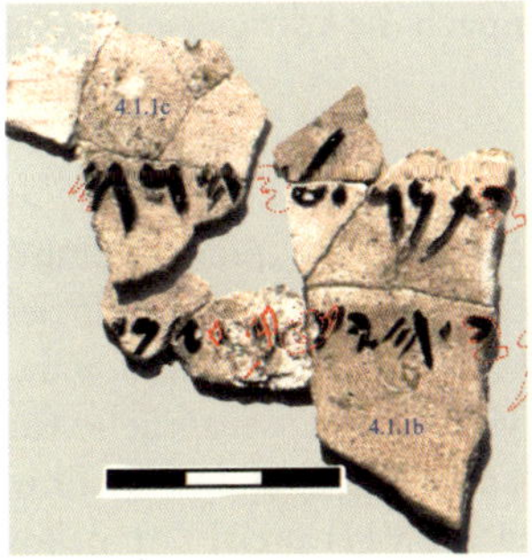

Abb. 1

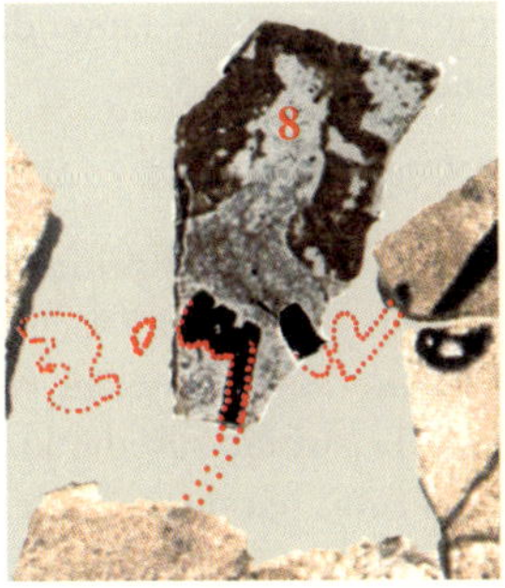

Abb.2

Abb. 3

minent als Wandverputzinschrift im Eingangsbereich angebracht war: KA 4.1.[21] Die bisherigen (Teil)Publikationen von 4.1, einschließlich der Editio princeps, basierten auf einem bewundernswerten Puzzle der hauchdünnen Putzfragmente durch ein Restauratoren-Team. Allerdings suggerierte dieses Puzzle *eine* Fügung, deren Unmöglichkeit im Grunde nicht zu übersehen ist, die aber für die Lesung der ersten Zeile einfach vorausgesetzt wurde:[22]

יתנו . ל[י]הוה תימן . ולאשרתה
[may they] recount to [Y]HWH of Tēmān and His *asherah*

So fraglos die Ergänzung des *Jod* für „JHWH" ist, so wenig lässt sich der unmittelbare Anschluss an das *Lamed* realisieren, wie mithilfe der Fotographien leicht zu demonstrieren ist (*Abb. 1*): Weder kann der auf das *Lamed* folgende Buchstabenrest zu einem *Jod* gehören, noch lässt sich Fragment 4.1.1c in direktem Anschluss an 4.1.1b positionieren (siehe die Kollision mit 4.1.1b).

Der Tintenrest neben dem *Lamed* passt stattdessen zur rechten Spitze eines *Šin*. Unter den bislang nicht zugeordneten Fragmenten von 4.1 bietet sich Frgm. 4.1.8 als Ergänzung an, das in mehrfacher Hinsicht perfekt passt (*Abb. 2*): (a) Frgm. 8 weist den linken Schenkel eines *Šin* auf, das sich in den an 4.1.1b angebundenen Buchstaben leicht einfügt. (b) Dabei kommt 8 insgesamt nahe bei 1b zu liegen, ohne zu kollidieren. (c) Das längere unbeschriftete Oberteil von 8 bestätigt zudem die Position in Zeile 1. Last, but not least, (d) führt die Verlängerung des *Mem*-Abstrichs von 8 her auf eine Stelle (auf 4.1.1b) mit verlaufener Tinte – analog zu den auslaufenden Abstrichen von *Nun* bzw. *Mem* in der ersten Zeile von 1b bzw. 1a (*Abb. 1+3*).

21 Zum Folgenden ist die Publikation in der Festschrift Ada Yardeni heranzuziehen: Blum, Kuntillet ʿAjrud 4.1.

22 So z.B. Aḥituv, Eshel und Meshel, Inscriptions, 105.

Mit der Ergänzung des kleinen Fragments 8[23] lautet demnach die korrigierte Lesung von Zeile 1 an dieser Stelle folgendermaßen:

ו]יתנו . לש֯ם [. י]הוה֯[. ה]תימן . ול֯א֯שרתה֯[

Das einleitende Verb kann man – mit der Editio princeps – von *tny* Pi. „preisen, besingen" herleiten oder alternativ von dem geläufigen *ntn* „geben", wozu dann am Ende des Satzes ein direktes Objekt wie *kabod*, *'oz* oder beides (vgl. Ps 29,1) zu ergänzen wäre. Der Satz folgt im Kontext von 4.1.1a auf eine Reihe jussivischer Segenszusprüche für die „Leute des Ortskommandanten" und hat dann finale Bedeutung („auf dass sie Ehre geben…"). Dass auch die korrigierte Lesung „den *Namen* JHWHs preisen" tadellos idiomatisches Althebräisch darstellt, bedarf keines Nachweises.

In einem spezifischen Sinne gilt dies nun aber auch für die Syntax der gesamten nominalen Phrase, die aus der Constructus-Verbindung *lšm Jhwh*, erweitert durch *[h]tjmn*,[24] sowie *l'šrth* mit auf JHWH zurückverweisendem Suffix (ePP) besteht. Wie in einschlägigen Grammatiken notiert, tritt diese Konstruktion im Hebräischen dann ein, wenn ein Nomen rectum („Genitiv") von zwei Bezugswörtern abhängig ist, die aber nicht als Constructusformen (syndetisch) aufeinander folgen können. Dann gilt in C. Brockelmanns Formulierung: „Gehört ein Genitiv zu zwei Regentien, so wird er […] dem ersten untergeordnet und beim zweiten durch ein Suffix aufgenommen". Sein Beispiel ist 1 Kön 8,28: אל תפלת עבדך ואל תחנתו „zu dem Gebet und Flehen deines Knechtes".[25] Im Falle der 1. Zeile von KA 4.1 ist dementsprechend zu übersetzen:

damit sie dem Namen und der Aschere von JHWH des Südens die Ehre geben…[26]

Sprachlich wäre es zwar möglich gewesen, die Aschere als eigenständige Größe von dem Namen JHWHs abzusetzen, dies aber unter Verzicht auf das ePP: לשם יהוה … ולאשרה. Der Name JHWHs und die Aschere stehen somit in KA 4.1 bezogen auf JHWH syntaktisch auf einer Ebene. Zur damit implizierten Zuordnung der Aschere fügt sich wiederum die zweite Zeile der Inschrift, in der, wie schon in KA 3.6 und 3.9, allein von JHWHs Wirken für die Gesegneten gesprochen wird: „[denn] JHWH (der Gott) des Südens hat

23 Unterschiede in der Oberflächenstruktur der Fragmente sind irrelevant; die in ibid., 106, Fig. 5.49 abgebildeten Fragmente (4.1.1, 7, 13, 15) wurden offenbar einer besonderen Reinigung unterzogen.

24 Der bestimmte Artikel ist hier gemäß dem gesicherten Vorkommen in Zeile 2 zu ergänzen.

25 Brockelmann, Syntax, 65 §70e. Siehe bereits König, Syntax, 228 §275a und Joüon, Grammaire, 385f. §129a. Die Realisierung dieser Konstruktion hat Konsequenzen auch für das Syntagma Gottesname (GN) + Ortsname (ON). Wäre es als Constructus-Verbindung gedacht, dann bezöge sich in *Jhwh* + ON + *'šrth* das ePP in *'šrth* auf den ON, nicht auf *Jhwh*. Dies ist aber aufgrund von Kom(8):3 ausgeschlossen; zudem wäre ein solcher Bezug einigermaßen unsinnig, wäre so in 4.1 doch zu übersetzen: „[damit sie] Ehre geben dem Namen JHWHs des Südens und dessen (scil. des Südens) Aschere."

26 Die in Blum, Kuntillet 'Ajrud 4.1, 15* gebotenen beiden englischen Übersetzungen bieten eine Pseudo-Alternative: Hebräische Leser können die Gesamtphrase gar nicht anders denn als Syntagma mit zwei Regentien lesen. Dem entspricht nur „to the name and the ashera of Yhwh of the south". Die vermeintlich ‚wörtliche' Wiedergabe „… and to his ashera" würde zwar die hebräische Wortabfolge imitieren, aber zugleich die Semantik des Syntagmas verfehlen.

(ihnen) wohlgetan (היטב), [de]nn er hat sie wohl ernährt (ן[כ]י היטב זן) ...". Die Rede von „JHWHs Aschere" zielt demnach nicht auf deren Handeln *neben* JHWH, sondern ist auch in Kuntillet ʿAjrud nach dem Muster von Ḫ. el-Kôm zu verstehen: JHWH handelt *durch* „seine Aschere" als Wirkgröße.[27]

2 Ein Kultsymbol als Wirkgröße bzw. „secondary agent" der Gottheit

Im Alten Testament begegnet „die Aschere" zumeist im Kontext der Kritik an illegitimen Kultpraktiken. Dazu gehört das *framing* entsprechender Kultobjekte als „kanaanäisch", wenn neben den Altären, Masseben und Götterfiguren der vorisraelitischen Landesbewohner auch deren Ascheren bei der Landnahme der Israeliten zerstört werden sollen (Ex 34,13; Dtn 7,5; 12,3). Als Handlungsanweisung waren solche Texte in einer Gegenwart, in der es diese Völker nicht mehr gab, bedeutungslos, in ihrer delegitimierenden Wirkung sind sie hingegen zeitlos. Eine andere Pragmatik impliziert demgegenüber der Prohibitiv in Dtn 16,21, der mit dem folgenden (16,22) zur Massebe zusammenzusehen ist:

21 לא תטע לך אשרה כל עץ אצל מזבח יהוה אלהיך אשר תעשה לך
22 ולא תקים לך מצבה אשר שנא יהוה אלהיך

> 21 *Du darfst dir keine Aschere, jegliches Holz, pflanzen bei dem Altar deines Gottes JHWH, den du dir machen wirst,*
> 22 *und dir keine Massebe aufrichten, weil dein Gott JHWH (es) hasst.*[28]

Hier geht es nicht um den Gegensatz Kanaan vs. Israel. Vielmehr wären die Verbote, am Altar JHWHs eine Aschere zu pflanzen und eine Massebe aufzurichten, sinnlos ohne die Präsupposition, dass es Israeliten gab, die ebendies für legitim oder auch geboten hielten. Auch wenn auf der Buchebene primär an das Zentralheiligtum zu denken sein wird, fällt hier doch die generalisierende Formulierung (ohne den „dtn" Bezug auf den einen erwählten Kultort) auf; zudem weiß auch das DtrG darum, dass die ideale Konstellation nach Dtn 12 nicht von Anfang an gegeben war (vgl. Dtn 12,8–12; 1 Kön 3,2.4 etc.). Aus welchem zeitlichen Abstand auch immer[29] dürfte sich in den Verboten von V. 21f. demnach die in vor-deuteronomischer Zeit „normale" bzw. gängige Situation

27 Entsprechendes wird – im Sinne des Schreibers – für שם יהוה gelten; vgl. das im folgenden Abschnitt angezeigte Material.

28 Die Verbote von Aschere und Massebe bilden *einen* Zusammenhang: Die mittig gestellte Spezifizierung „bei dem Altar deines Gottes JHWH" gilt auch für die Massebe, was schon aus der Sachlogik folgt (es geht nur um eine Massebe im kultischen Kontext, nicht bspw. um einen Gedenkstein wie Gen 35,20; 2 Sam 18,18) und in der abschließenden Begründung unterstrichen wird, sowohl inhaltlich („nicht beim Altar deines Gottes JHWH, weil dein Gott JHWH es hasst/nicht erträgt") wie auch stilistisch (Anapher von יהוה אלהיך und Ellipse des ePP bei שנא, um eine alleinige Referenz auf die Massebe zu vermeiden). 17,1 gehört sachlich und formal dazu, wenn auch nicht so eng.

29 Das traditionsgeschichtliche Alter ist hier unabhängig von redaktionsgeschichtlichen Zuordnungen. Zu Letzteren vgl. etwa die gegensätzlichen Positionen von Frevel, Aschera, 209 („vorjoschianische deuteronomische Bestimmung") und Otto, Deuteronomium, 1465f. („deuteronomistische Fortschreibung").

spiegeln, wonach JHWH-Heiligtümer in Israel/Juda neben Altar und Massebe auch mit einer Aschere, d.h. einem Baum oder einem gestalteten hölzernen Objekt ausgestattet waren.[30] Dem entspricht ja auch das Bild der ländlichen Heiligtümer (במות) (1 Kön 14,23), deren jahwistischen Charakter auch die DtrG-Tradenten nicht offen bestreiten können. Noch in spät-dtr Formulierungen bilden die Ascheren gleichsam ein Tandem mit den Masseben und bleiben zugleich unterschieden von den Götterbildern (פסילים) (Dtn 7,5; 12,3), d.h., die Verehrung einer eigenständigen Göttin mit den Ascheren wird selbst hier nicht suggeriert.

Da die Ascheren als Teil des praktizierten JHWH-Kultes in biblischen Texten ausschließlich „via negationis" thematisiert werden, sind hier keine konkreten Angaben über ihre kultisch-rituelle Rolle(n) zu erwarten. Religionsgeschichtlich kann aber der Blick auf strukturell vergleichbare Phänomene in der Welt des Alten Orients weiterführen. Besonders anregend sind in diesem Zusammenhang grundlegende Differenzierungen von Beate Pongratz-Leisten, bezogen auf das Handeln/Wirken („agency") der Gottheiten im alten Mesopotamien (und anderen Bereichen der Antike).[31] Ein Grundgedanke ist dabei, dass dieses Handeln nicht auf die Gottheit selbst und ihre „Person" reduziert zu betrachten ist, sondern unter Berücksichtigung des göttlichen Charakters, wie er „all kinds of cultic paraphernalia" zugeschrieben werden konnte:

> „Interaction with the major gods may have occurred through objects connected with their cult, among them the cult statue, the gods' standards, emblems, weapons, tiaras, thrones, chariots and boats used during a procession, steles, or abstract concepts–all of which might be anthropomorphized in the sense of being assigned agency, and might, consequently, function as the secondary agents of a deity."[32]

Dieses Konzept göttlichen Handelns durch einen „secondary agent" der Gottheit exemplifiziert Pongratz-Leisten auch mit dem in Ex 23,20–21 formulierten Gedanken, wonach die Israeliten durch den *mal'ak* JHWHs geführt werden und auf ihn hören sollen, „weil mein Name in ihm ist" (כי שמי בקרבו).[33] Tatsächlich dürfte es sich lohnen, biblische Traditionen wie die vom Mal'ak Gottes bzw. vom Namen JHWHs von diesem Konzept her erneut zu durchdenken.

Als besonders stimmig erweist sich das Phänomen einer delegierten, zugeschriebenen Wirkmacht (= „secondary agency")[34] aber mit Bezug auf die Weise, in der von

30 Archäologisch sind hölzerne Objekte in der Regel nicht mehr zu greifen. Y. Aharoni war immerhin überzeugt, im Falle des kleinen Kultraums zu Lachisch (Stratum V) einen Haufen schwarzer Asche (ca. 50 cm Durchmesser) vor einer Massebe als Überreste einer Aschere (aus Olivenholz) identifizieren zu können; Aharoni, Lachish, 29f.

31 Pongratz-Leisten, Divine Agency sowie Pongratz-Leisten und Sonik, Cognition and Culture, mit hilfreichen konzeptionellen Distinktionen. Den Hinweis auf die Beiträge von Frau Pongratz-Leisten verdanke ich Kollege Ron Hendel, Berkeley.

32 Die zitierten Passagen aus Pongratz-Leisten, Divine Agency, 140.141f.

33 Ibid., 150.

34 Im Übrigen wurde – noch ohne die aktuelle Begrifflichkeit – im Zusammenhang der Aschera-Texte schon früh auf einschlägige antike Zeugnisse, die Heiligtümern und Paraphernalien eine

JHWHs Aschere in den hebräischen Inschriften gesprochen wird. Besonders die auffällige *Exklusivität*, in der die Aschere neben JHWH und mit einem ePP der 3.P.m.sg. auf ihn referierend eingeführt wird, findet eine Erklärung damit, dass „die Aschere" ein Kultsymbol bezeichnet, freilich nicht das Symbol einer Göttin Aschera, sondern eine Paraphernalie des JHWH-Kults,[35] wie es durch das Suffix vereindeutigt und für Kultstätten der Königszeit im Rückschluss aus dem Verbot in Dtn 16,21 zu erschließen ist (s. o.). Für königszeitliche Israeliten war diese zugeschriebene/abgeleitete Wirkmacht der Ascheren eine Selbstverständlichkeit, die nicht eigens formuliert werden musste, die aber gegebenenfalls auch sichtbar werden konnte wie in Kom(8):3 und KA 4.1. Die besondere Attraktivität der in JHWH-Kultstätten ‚aufgepflanzten' Aschere ergab sich wohl schon aus der Bedeutung des heiligen Baums als Repräsentant von Schutz und Vitalität.[36] Religionsgeschichtlich darf man mit Keel/Uehlinger zudem vermuten, dass „Jahwe über seine Identifikation mit dem Gott El zum Kultsymbol der Aschera gekommen ist", ohne daraus ableiten zu können, dass das Baumsymbol in diesem Kontext eine personal vorgestellte Göttin repräsentierte.[37]

Last, but not least kongruieren die genannten Befunde mit einer philologischen Evidenz, die insbesondere J. A. Emerton[38] mit der ihm eigenen Umsicht dargelegt hat: die

abgeleitete ‚Göttlichkeit' zuschreiben, hingewiesen. Siehe u. a. Lemaire, Inscriptions, 608 (Elephantine: ein Eid von PN „bei dem Heiligtum und bei Anat-Jahu"; Mt 23,16–22); Tigay, Israelite Religion, 174 mit Anm. 92–95 (neuassyrische Gruß-/Segenswünsche u. a.); Tigay, Second Temple Parallel (Mischna Sukka 5,4: Pilger preisen den Altar des Tempels); vgl. zuletzt auch Sass, Epigraphic Hebrew, 58–60.

35 In diesem Sinne auch Hadley, Cult of Ashera, 99.105. Kritisch dazu Frevel, Aschera, 900–904. Sein Argument: „Die Göttin und ihr Kultobjekt sind nicht zu trennen," (ibid., 904. 912, beide Male kursiv hervorgehoben) setzt jedoch als Prämisse, was zur Debatte steht und in diesem Beitrag sowohl vom epigraphischen (siehe oben) als auch vom biblischen Befund her (siehe im Folgenden) infrage gestellt wird.

36 „Als ‚Lebensbaum' (bzw. [,]sakraler Baum') ist der Baum im ganzen Alten Orient und Alten Israel aber auch ein starkes und weit verbreitetes Symbol für Schutz, Nahrung und Lebenskraft (also zusammengefasst: für Segen)." (Knauf, Bäume, 23) Keel und Uehlinger urteilen sogar: „Die Aschera, das Kultsymbol in Gestalt des stilisierten Baumes, scheint als solches die wichtigste Mittlergröße Jahwes in der EZ II B gewesen zu sein" (idem, Göttinnen, 320).

37 Ibid., 263–266 §§137f. Sie sehen stattdessen ikonographisch eine Tendenz, „dass diese [scil. die Symbole] sich in zunehmendem Maße von ihr [scil. der Göttin] verselbständigten und sie geradezu *substituieren* konnten." Dazu verweisen sie auf Darstellungen, in denen „der palmartig stilisierte Baum […] geschlechtlich völlig indifferent als *numinoses Machtsymbol* erscheint". „‚Jahwes Aschera' dürfte von diesem Baum nicht zu trennen sein" (ibid., Hervorhebungen im Orig.) Wie auch immer gewisse ikonographische Generalisierungen zu beurteilen sind (dazu kritisch Frevel, Aschera, 905–912), für die Frage, wie es im *israelitischen* Kult zur Bezeichnung „Aschere" für das Baumsymbol gekommen ist, scheint damit ein denkbarer Weg aufgezeigt.

38 Emerton, New Light; idem, Yahweh. Cross, Phoenician Ostracon, 23*, formuliert dazu: „In any case, when trying to interpret a problematic expression, one is forbidden on methodological grounds from violating the normative rules of grammar." Erstaunliche Unterstellungen im Verbund mit subkomplexer Sachkenntnis lassen dagegen das Problem vermeintlich verschwinden: „nothing apart from 'old' grammatical insights into the grammar of classical Hebrew and possibly the personal piety of the individual scholar prevents one from reading the final *he* in *'šrth* as any-

sprachliche Regel, wonach ein Suffix (ePP) nicht mit einem Eigennamen verbunden werden kann. Bereits dieser sprachliche Sachverhalt stünde einer Deutung der erörterten Inschriften auf eine Göttin Aschera entgegen.[39] Die Regel lässt sich auch nicht mit Verweis auf vermeintliche Constructus-Verbindungen wie יהוה צבאות oder יהוה שמרן relativieren.[40] Ebenso müßig erscheint es, über die Signifikanz recht spezieller Formulierungen im Ebla des 3. Jahrtausends[41] und eines einzigen fraglichen (!) ugaritischen Belegs[42] für den im Althebräischen ansonsten eindeutigen Sprachgebrauch zu räsonieren.[43]

In der Zusammenschau ergeben die Texte von Ḫirbet el-Kôm und Kuntillet ʿAjrud (profiliert mit den Daten der Editio princeps) ein konsistentes Gesamtbild, wonach אשרתה durchweg als Appellativum mit ePP zu lesen ist: „seine (= JHWHs) Aschere".[44]

---

thing but a suffix, something that indubitably connects *'šrt* to Yahweh" (Binger, Asherah, 105–108, Zitat 108).

39 Als potentielle Alternative schlägt Zevit, Religions, 400–405, vor, אשרתה als eine Art von doppelter Femininendung (analog zu אימתה etc.) zu sehen, was wohl zu Recht wenig Zuspruch gefunden hat. Zu den Gegengründen vgl. z. B. Renz (und Röllig), Handbuch II/1, 92; Emerton, Yahweh, 316. Schlagend erscheint mir bereits der Aspekt, dass unbetontes auslautendes *-ā* am Anfang des 8. Jh.s kaum mit *Mater lectionis* geschrieben wurde.

40 Dazu oben Anm. 12. Die von T. Muraoka ergänzte Anmerkung (1) zu Joüon §131o ist leider irreführend.

41 Wie P. Xella, Le dieu, 605–607, herausstellt, geht es in den betreffenden Aufstellungen um die (kostbare) Ausstattung der Statuen von Gott und Göttin (mit Armbändern etc.). Könnte es sein, dass gerade ein *abweichender* Gebrauch der ePP an Gottesnamen deren besondere Semantik (Referenz auf Götter*bilder*) anzeigen sollte? – Unabhängig davon bleibt die triftige Kritik von Emerton, Yahweh, 322–324, zu bedenken; vgl. außerdem Sass, Epigraphic Hebrew, 57f.

42 Xella, Le dieu, bes. 607f. zu KTU 1.43. Das nicht vollständig erhaltene „*-h*" ist nach Tropper, Grammatik, 321 §54.315.1, „wahrscheinlicher" als „Terminativ" zu deuten. Zuletzt führt Leuenberger, Yahweh, 185 Anm. 22, aus Ugarit noch ein „... for my Asherah (*l 'ṯrty*)" (KTU 2.31 42) und „our Keret (*krtn*)" (KTU 1.16 I 39) an. An der ersten Stelle liest KTU^3 jedoch ein ganz unauffälliges *l 'ṯrt . y*[m]; bei der zweiten Stelle handelt es sich nicht um ein ePP, sondern um einen verbreiteten enklitischen Topikalisierungsmarker (*-n*), siehe Tropper, Grammatik, 832 §89.11.a.

43 Beachtung verdient aber zweifellos P. Xellas ausführliche Antwort auf Emerton (Anm. 38) in Xella, Yahwe. Darin zielt Xella vor allem auf die methodische Anfrage an seinen Gesprächspartner, ob man nicht gerade auch epigraphische Beiträge zum (Alt-)Hebräischen erwarten könne, die von dem abweichen, was aus der Hebräischen Bibel bekannt ist. Mit einer solchen Möglichkeit ist zweifellos zu rechnen, insbesondere im Bereich der Lexematik und idiomatischer Phrasen (wie z. B. zu den Verwendungsmöglichkeiten der Präposition ל; siehe oben Anm. 9). Schwieriger, wiewohl nicht ausgeschlossen ist dies bei strukturell-syntaktischen Gegebenheiten, die auch nicht von Autorenstil oder weltanschaulichen Bedingtheiten abhängen. Auch bei Letzteren dürfte die Plausibilität einer ‚revisionistischen' Evidenz dann gegeben sein, wenn der belegte Sprachgebrauch anderweitig nicht problemlos zu erklären ist. In dem hier diskutierten Fall verhält es sich jedoch umgekehrt, wie in diesem Beitrag ausgeführt: Die Lesung als Appellativum + ePP erweist sich in mehrfacher Hinsicht als einfacher und schlüssiger. Dies gilt gerade auch für die scheinbar so suggestive Verbindung „Yhwh e la sua *'šrh*", deren durchgehender Gebrauch in Wahrheit nur bei einem appellativischen אשרה zur Vereindeutigung *erforderlich* ist (siehe oben bei Anm. 35 und unten im Epilog).

44 Als Appellativum mit Suffix will jüngst auch Thomas, Meaning, das Wort אשרתה in den Inschriften lesen. Allerdings bezieht er es nicht auf das Ascheren-Kultsymbol. Vielmehr referiere es auf eine Partner-Göttin JHWHs, die aber von der Göttin namens Aschera zu unterscheiden sei. Die

3 Gegenproben

Wie eindeutig spezifische Befunde auch sein mögen, so grundlegende Fragen wie die Annahme oder Bestreitung eines wie auch immer vorzustellenden Pantheons im Kult des königszeitlichen Israel, werden immer auch vor dem Hintergrund weitergreifender Annahmen beurteilt. So hat für die Einschätzung der Kuntillet-ʿAjrud-Inschriften jedenfalls im deutschsprachigen Raum Manfred Weipperts Hypothese eines nicht nur theoretischen, sondern praktizierten Polytheismus im offiziellen Kult von Israel/Juda eine wesentliche Rolle gespielt. Als Hauptbeleg fungieren dabei die Verse Dtn 32,8f. (LXX + 4QDeut^{j}), in Weipperts Augen ein altes Stück innerhalb des monotheistischen Moselieds, in dem JHWH noch als untergeordnete Gottheit in einem Pantheon unter El ʿeljon erscheine.[45] Näher betrachtet erweisen sich die Verse jedoch nicht als Fossil eines israelitischen Polytheismus, sondern geradezu im Gegenteil als Neuformulierung der Erwählungstradition im Rahmen einer spät-nachexilischen Angelologie.[46]

In unserem Zusammenhang steht nun allerdings nicht die generelle Alternative „Monolatrie versus ‚Polylatrie'" zur Diskussion, sondern spezifisch die Verehrung einer Göttin Aschera als Partnerin JHWHs in Israel/Juda der Königszeit. In Anlehnung an die Forschung der letzten vier Jahrzehnte kann das an den Inschriften gewonnene Bild nun noch einmal auf etwaige gegenläufige Befunde hin überprüft werden. Mit abnehmender sachlicher Signifikanz handelt es sich um (1.) Angaben zu einem Aschera-/Ascheren-Kult in der hebräischen Bibel, (2.) das althebräische Onomastikon (epigraphisch + biblisch), (3.) ikonographische Befunde der Eisenzeit im Bereich von Israel/Juda.

Ad (1.): In seinem bereits genannten Aufsatz zur Religion Israels in der Königszeit fragt M. Weippert, wie „man sich einer versunkenen antiken Religion des Vorderen Orients wissenschaftlich annähern" könne, wenn von dieser nur „verhältnismäßig geringe[.] Reste" „direkte[r] Zeugnisse" erhalten seien. Seine Antwort lautet: „Man muß sich an die Aussagen der Gegner halten, diese allerdings vom Kopf auf die Füße stellen."[47] Die konkrete Konsequenz ist für ihn:

> Was also die kritischen Autoren des Alten Testaments, die Propheten, Deuteronomiker und Deuteronomisten, als Abfall von Jahwe und Hinwendung zur

---

behauptete lexematische Bedeutung (Intension) des Appellativums wird in dem Beitrag allerdings nicht expliziert. Offenbar gibt es zudem keinen weiteren außer- oder innerbiblischen Beleg, der zur semantischen Klärung beitragen könnte. – Zwar ist eine Argumentation mit „Occam's razor" m. E. in historischen Kontexten in der Regel methodisch problematisch, dieser Fall dürfte jedoch die Ausnahme sein, welche die Regel bestätigt.

45 Weippert, Synkretismus, 145–147 [=4–6], 151f. [= 10f.]. Der Aufsatz, der auf einen im Herbst 1987 in Uppsala und in einer Ringvorlesung der Universität Heidelberg gehaltenen Vortrag zurückgeht, wurde rasch breit rezipiert; offenbar lagen die besprochenen Probleme „in der Luft". Neben Texten wie Dtn 32,8–9 spielen darin gerade auch die Kuntillet ʿAjrud-Texte eine wichtige Rolle (ibid., 156 [= 14–15], 157 [= 16] Anm. 58), allerdings auf dem damaligen, zum Teil noch bruchstückhaften Kenntnisstand.

46 Dazu bes. Schmid, Aufnahmen, sowie bereits Blum, Beschneidung, 313 [= 241] Anm. 75; idem, Notwendigkeit 245f.

47 Weippert, Synkretismus, 151 [= 9].

> Religion Kanaans bekämpften, *war m. E. die traditionelle israelitische Religion der vorexilischen Zeit.*[48]

Zwar kann man fragen, ob Ausmaß und Dramatik des in manchen biblischen Texten unterstellten „Abfalls" von JHWH ohne Weiteres als Abbild der Lebenswirklichkeit in Israel und Juda gelten dürfen, doch liegt es durchaus nahe, im Sinne Weipperts den Spuren einer als Gemahlin JHWHs verehrten Göttin Aschera innerhalb der biblischen Kritik am Fremdgötterkult der Israeliten nachzugehen. Das Material liegt zudem gut aufbereitet vor.[49] Gerade angesichts der vielfach zu Zuspitzungen und Generalisierungen neigenden Polemik der Tradition erscheint der Gesamtbefund umso gewichtiger: Bleibt die Auseinandersetzung zum Thema „Ascheren" schon insgesamt vergleichsweise schmal, so lässt sich mit Blick auf die Verehrung einer Hauptgöttin Aschera, noch dazu in Zweisamkeit mit JHWH, sei es in Jerusalem, Bethel oder einem anderen Heiligtum nur eine komplette Fehlanzeige konstatieren.

Für die im engeren Sinne prophetischen Bücher spricht C. Frevel geradezu von einem „Ascheraschweigen": In nur vier Versen kommt das Wort vor (Jer 17,2; Mi 5,13; Jes 17,8; 27,9). „Alle Stellen verwenden das Lexem *ᵃšerāh* für ein Kultobjekt und nicht für eine Göttin und die Ablehnung der Ascheren erinnert an Standardformulierungen aus den Königsbüchern."[50] Zwar gibt es zu Hosea und anderen Propheten Versuche, verdeckte Thematisierungen des Göttinnenkults aufzudecken,[51] doch wäre gerade mit Blick auf die Hosea- und Jeremiaüberlieferungen, die für das Verhältnis von JHWH und „Israel" die Metapher der Ehebeziehung mit den dramatischen Dimensionen von Liebe, Treue etc. einführen, darüber hinaus zu fragen, wie dergleichen auch nur hätte nachvollziehbar sein sollen, wenn ein Götterpaar JHWH-Aschera wenigstens bis zum Ende des Nordreichs bzw. bis gegen Ende des 7. Jh.s zentral verehrt worden wäre.

In den Vorderen Propheten, d. h. vor allem in den Königsbüchern ist das Bild komplexer, aber letztlich nicht weniger deutlich. Eine Linie bilden die Höhenheiligtümer mit ihren Masseben und Ascheren (im Plural),[52] die zwar kritisiert, aber nicht als Fremdgötterkult verurteilt werden. Die Hauptlinie in den Königsbüchern verbindet dagegen „die Aschera" mit dem Kult „des Baal".[53] Sie setzt bezeichnenderweise mit Ahab ein, dem neben Baal-Tempel und Baal-Altar auch „die Aschera" in Samaria zugeschrieben

48 Ibid., 151 [=10] (Hervorhebung im Original).

49 Siehe insbesondere Frevel, Aschera, sowie Hadley, Cult of Asherah.

50 Frevel, Aschera, 250.

51 Dazu sei auf die kritische Diskussion in ibid., 255–532 (!), verwiesen.

52 1 Kön 14,23 (Rehabeam); 2 Kön 17,10 (vgl. auch 1 Kön 14,15) sowie die reformerische Antiaktion Hiskias in 2 Kön 18,4 (lies 'א im Plural). Davon zu unterscheiden ist die generische Rede von der Verehrung der Baale und Ascherot/Aschtarot (Ri 2,13; 3,7); siehe unten Anm. 59.

53 Ein Präludium dazu bildet der Baal-Altar mit Aschera von Gideons Vater in Ri 6,25.28.30.

wird (1 Kön 16,32–33).[54] Mit deren Verbrennung[55] beginnt dann auch die Zerstörung des Baal-Tempels unter Jehu (2 Kön 10,26–27). In der Rückschau von 2 Kön 17 charakterisieren gleichwohl auch Baal-Dienst und das „Machen“ einer Aschera den Abfall des Nordreichs (2 Kön 17,16), nun in einer Trias mit der Verehrung des Himmelheers. In Juda führt der Antireformer Manasse diese Ahab-Linie weiter mit Baal-Altären und mit Ascheren/einer Aschera[56] (2 Kön 21,3). Die Notiz in 21,7 über die Aufstellung eines Schnitzbildes der Aschera (dazu gleich!) im Tempel[57] zielt nicht zuletzt auf die Nachricht von deren Beseitigung im Bericht zur Reform Josias (2 Kön 23,6).[58] Die Intention der Verknüpfung von Aschera und Baal-Kult liegt auf der Hand: Damit wird die Aschere/Aschera, die als Teil der JHWH-Heiligtümer hinsichtlich ihrer Illegitimität keineswegs selbstevident war, nachdrücklich den nicht-jahwistischen Kulten zugeordnet.[59] Dies lässt sich auch nicht als Umkodierung eines im Hintergrund zu vermutenden Paares JHWH-Aschera sekundär historisieren. Denn weder ist „die Aschera“ als Parhedros „des Baal“ präsentiert, noch wäre eine solche Paarung in der Welt der Adressaten (im 1. Jahrtausend v. Chr.) verständlich.[60]

Erhellend sind schließlich die beiden Verse, die oft als deutlichste Belege für eine Göttin Aschera gelten, 1 Kön 15,13 und 2 Kön 21,7. In 1 Kön 15 heißt es von dem Davididen Asa (Anfang 9.Jh.), dass er seine Mutter Ma'acha vom Status einer *g^ebira* degradierte, weil sie für die אשרה ein „Scheusal“ (מפלצת) gemacht hatte, das Asa jedoch „fällen“ und verbrennen ließ. Die Mitteilung geht im Kern auf eine Annalennotiz zurück, lässt aber in der (dtr) Reformulierung nicht mehr erkennen, was hier genau als *mipleṣet* geschmäht wird. Tendenziell dürfte es sich um ein „Upgrade“ gehandelt haben, um den Versuch einer Aufwertung der figürlichen Präsentation der Aschere und

54 Auf dieser Linie hat ein später Schreiber die „Propheten der Aschera“ auch in 1 Kön 18,19 nachgetragen, aber nur an dieser Stelle; in 18,25–40 spielen Aschera und ihre Propheten weiterhin keine Rolle.

55 Wie וישרפוה in 2 Kön 10,26 zeigt, geht die Lesung „Massebe(n)“ statt „Aschera“ hier auf ein Versehen zurück, das nicht nur antiken Schreiber unterlaufen konnte; vgl. die umgekehrte Verwechslung in Otto, Deuteronomium, 1429 (zu Dtn 16,22).

56 Hinsichtlich der Singular-/Plural-Lesungen bei Aschere(n) (aber z.T. auch inkriminierten Altären) ist die Textüberlieferung nicht nur in 2 Kön 21 uneinheitlich. In 21,3 implizierte ein Plural (אשרים\ות), dass die erneut eingerichteten Höhenheiligtümer von Manasse ausdrücklich zu einem nicht-jahwistischen Fremdgötterkult „gesteigert“ worden wären. Außerdem ginge es dann in V. 3 und 7 um verschiedene Vorgänge. – Diesen Fragen kann hier nicht nachgegangen werden.

57 Die Unvereinbarkeit eines Ascherabildes mit dem Namen JHWHs im Tempel (profiliert durch das Verb שים am Anfang und Ende von V. 7) könnte wie ein gewollter Kontrast zu Aussagen wie in KA 4.1 wirken. Jedoch handelt es sich offenbar um eine rein zufällige Kontrastparallele; siehe 2 Kön 21,4f.

58 Manasses Antireform und der Reformbericht bei Josia sind auch in anderen Elementen aufeinander abgestimmt. Unter anderem wird auch die Trias von 21,3 in 23,4 aufgenommen.

59 Die Texte sind hier zwar nicht eindeutig, doch kann auf dieser Ebene der *literarischen* Delegitimierung durchaus eine Verehrung der Aschera als „major goddess“ von dtr Tradenten unterstellt worden sein. Fraglos ist dies dann bei der Generalisierung im Sinne von „männliche und weibliche Fremdgötter“ in Ri 3,7 gegeben.

60 Siehe z.B. Keel und Uehlinger, Göttinnen, 225; Puech, Monothéisme, 96 bei Anm. 81.

damit verbunden ihrer kultisch-rituellen Bedeutung in Jerusalem.[61] Über die Gestalt von Maʿachas Ascherendarstellung lässt sich nur spekulieren. Gesichert ist lediglich ihr *ephemerer* Charakter – dank der schieren Existenz der Notiz, die sich dadurch ihrerseits als Evidenz *gegen* das Postulat einer Parhedros JHWHs im Jerusalemer Tempel erweist.

Auch das „Ascherenschnitzbild" (פסל האשרה), das 2 Kön 21,7 Manasse zuschreibt, ist recht kurzlebig, da es unter Josia verbrannt wird (2 Kön 23,6). In der Sache bildet aber der durch und durch deuteronomistische Text 21,2–16 zunächst einmal ab, was diese Tradenten alles ihrem Inbegriff eines Götzendieners zutrauten. Für den Fall einer historischen Erinnerung, gerade in dem hier interessierenden Detail, lässt der Begriff *pesel* wiederum fast alles offen.[62] Realistisch sind unter anderem „Schnitzbilder" nach Art bekannter Tonmodelle aus Zypern.[63]

Als Gesamtbefund ist festzuhalten: האשרה steht im untersuchten Textbereich durchweg für die (missbilligte) Aschere als Kultobjekt. Dass dieses eine Göttin repräsentiere, könnte in *Texten*, die האשרה mit „dem Baal" verbinden, mitgedacht sein, ist aber selbst hier nicht eindeutig.[64] Zu dem differenzierten Befund, wonach der Aschere im praktizierten Kult ein untergeordneter Status zukam, stimmen schließlich noch weitere Daten,[65] sowohl innerbiblisch: Der Aschere ist nie ein eigener Altar zugeordnet, und sie erscheint nie dezidiert als Objekt kultischer Verehrung (mit עבד; השתחווה),[66] als auch – nicht zuletzt – außerbiblisch: „In fact, Asherah is not attested anywhere in 1st millennium Canaan outside of the Hebrew Bible and the inscriptions from Judah[/Israel]."[67]

Dies gilt auch für die aramäischen Texte der jüdischen Kolonie in Elephantine im 5. Jh. v. Chr. Umso erstaunlicher ist, dass in dem aramäischen, aber demotisch geschriebenen Papyrus Amherst 63 (um 300 v. Chr.) gemäß der jüngsten Lesung von K. van der Toorn eine Segens-Litanei (Kol. VIII, 1–7) nach zwei syrischen und zwei babylonischen Götterpaaren mit „Throne-of-Yaho and Asherah will bless you from the South" geschlossen haben soll.[68] Allerdings ist die Wiedergabe (offenbar diktierter) ara-

61 Derartiges kann natürlich auch mit Tendenzen einer Personalisierung und Anthropomorphisierung des Kultsymbols verbunden gewesen sein – und dies nicht nur in dem überlieferten Fall zur Zeit Asas.

62 Siehe bereits Lemaire, Inscriptions, 606 Anm. 55: „[...] *pesel hāʾšerāh* [sic!] *(II Rois*, xxi, 7) pourrait aussi désigner une représentation figurée (sculptée ou fondue) d'un arbre sacré".

63 Galling, Biblisches Reallexikon, 13 Abb. 4. Vgl. auch den Palmettbaum mit Verehrer auf einer Elfenbeinpyxis aus Hazor (Keel und Uehlinger, Göttinnen, 266.269 Abb. 234a).

64 Erst recht lassen sich von daher nicht die Intentionen etwa eines historischen Manasse erschließen.

65 Teilweise aus den gleichen Gründen geht auch Frevel von einer untergeordneten Rolle (allerdings nicht des Ascheren-Kults, sondern) der Aschera-Verehrung neben JHWH aus; siehe Frevel, Aschera, 927f.

66 Stattdessen beschränken sich die Referenzen auf das Herstellen und Aufstellen (עשה, שים) bzw. das Beseitigen (כרת, שרף); vgl. z. B. 2 Kön 17,16. Selbstverständlich ist daraus nicht abzuleiten, dass die Ascheren als Teil der (jahwistischen) Kultstätten nicht in kultisch-rituelle Zusammenhänge eingebunden gewesen wären. Dementsprechend kennt auch 2 Kön 23,4 „die Geräte, die für ... und die Aschere ... gemacht waren."

67 Dolansky, Re-Figuring, 20. „Canaan" steht im Zitat für die Levante; „[/Israel]" ist von mir ergänzt. Siehe auch unten Anm. 86.

68 Van der Toorn, Papyrus Amherst 63, 127, 130f.

mäischer Texte mit demotischen Zeichen in diesem Papyrus notorisch schwierig.[69] So erklärt I. Kottsieper die von Zauzich und Vleeming/Wesselius vertretene Lesung von *ʾḥr*^{g} als *Jaho* (mit Gründen) für „philologisch unmöglich".[70] R.C. Steiner stützt sich darauf, dass das demotische Zeichen für *ḥr* die Standardschreibung für den ägyptischen Gott Horus darstellt, und will lesen „May the Throne of Horus and Osiris from Cop<t>os/<Ed>fu bless you."[71] Kottsieper wiederum interpretiert *ʾḥr*^{g} als *El* in einer individuellen Schreibung, die „El indirekt mit Horus verbinden wollte". In dem folgenden Ausdruck *w'S'r*$_2$*'* meint er auch eine zu El passende Parhedros zu finden: „(und) Aschera",[72] die van der Toorn zuletzt (auch unter Verweis auf Kuntillet ʿAjrud) Jaho beigesellen will. Unabhängig von der Diskussion über die Gottesbezeichnung mit dem Horuszeichen steht jedoch gerade der ʾAšera-Lesung ein grundlegender Sachverhalt im Weg: Die von Kottsieper und van der Toorn angeführte ursprüngliche Form *ʾaṯira(t)* wurde nicht nur im ägyptischen Aramäisch der Perserzeit,[73] sondern schon Jahrhunderte davor mit stimmlosem Dental *ʾati/era* gesprochen und geschrieben.[74] Der demotische Schreiber konnte demnach weder ein *ṯ* als Sibilant missverstehen noch es erschließen.[75]

Ad (2.): Im alten Orient kommen wesentliche Aspekte gelebter Religion, insbesondere der persönlichen/familiären Frömmigkeit in theophoren Personennamen zum Ausdruck.[76] Dies gilt auch für die theophoren Elemente selbst. Hinzu kommt, dass die Untersuchung der Personennamen, gerade im Bereich des alten Israel, sich auf eine breite Quellenbasis stützen kann: neben der Hebräischen Bibel auf die beträchtliche Menge

69 Instruktiv dazu: Kottsieper, Hintergrund.

70 Kottsieper, El, 51f. (Anhang I), mit detaillierten Einwänden gegen Zauzich, Gott. Vleeming und Wesselius, Studies I, 39–42, greifen den Vorschlag zwar auf, betonen aber „that the reading of this name still eludes us, even if we agree with Zauzich that it probably is the name of the god of Israel, [...] but merely on the basis of the general context in the papyrus" (ibid., 42).

71 Steiner, Aramaic Text, 23f. Mit Material zum „Thron des Horus" in Edfu skizziert er zudem die Möglichkeit, dass sich dieser Ausdruck auf Isis bezieht, womit auch hier ein Götterpaar (Isis und Osiris) angeführt wäre. Es fällt auf, dass die vier vorausgehenden Götterpaare jeweils in zwei Sätzen mit inkludierendem *ybrkk* ... *tbrkk* thematisiert werden, das letzte (hypothetische) Paar nur in einem Satz (*ybrkk*). Spricht dies für „a late addition, tacked on to the end of the list" (Steiner) oder für eine die ägyptischen Gottheiten exponierende (2+2)+1 Struktur? Das Aleph-Zeichen vor dem Horus-Zeichen, das nach Kottsieper (El, 52) gegen eine „Horus"-Lesung spricht, rechnet Steiner als Mater lectionis für einen Vokal zum vorausgehenden Wort. Wenn dieselbe Formation der Gottesbezeichnung in Kol. XII und XIII dann anders erklärt wird (Steiner, Aramaic Text, 42f.), ergeben sich allerdings neue Fragen.

72 Kottsieper, El, 52f.

73 Muraoka und Porten, Grammar, 7.

74 Dazu Beyer, Aramäische Texte, 100: Orthographisch ist das *t* seit dem 7. Jh. belegt; weitere Indizien zeigen für die Aussprache, „daß das alte *ṯ* um 800 v. Chr. bereits geschwunden war."

75 Die von Kottsieper, El, 53 Anm. 109, behauptete Analogie zur demotischen Schreibung *ʿstrt* für *Aschtarte* (< *ʿṯtrt*) trifft nicht zu: Der Name dieser seit dem 2. Jtsd. v. Chr. in Ägypten wohlbekannten Göttin wurde hier von Anfang an mit „s" geschrieben; s. Wilson-Wright, Athtart, 31–37. Zu bedenken ist auch, dass der Name phönizisch im 1. Jtsd. nur mit *Šin* gesprochen und geschrieben (*ʿštrt)* wurde – anders im Aramäischen mit der Lautverschiebung zum Dental in der ersten Hälfte des Jahrtausends (siehe vorstehende Anm.). Wie die Fehlanzeige in ägyptischen Quellen nahelegt, dürfte der Aschera-Name einem demotischen Schreiber der hellenistischen Zeit zudem unbekannt gewesen sein, so dass er auch nicht auf eine archaische Lautung des Namens zurückgreifen konnte (zu Kottsieper, El, 54 Anm. 111).

76 Grundlegend dazu: Albertz, Persönliche Frömmigkeit.

epigraphisch belegter Namen, deren Anzahl dank der intensiven Grabungen in Israel/Palästina überdies kontinuierlich zunimmt. So kann es nicht verwundern, dass bereits in der Frühzeit der neueren Debatte über die Religionsgeschichte des königszeitlichen Israel/Juda von J. H. Tigay eine entsprechende Untersuchung zum Onomastikon hebräischer Inschriften vorgelegt wurde.[77] In der Publikation von 1986 konnte Tigay 557 JHWH-haltige und 77 *'el*-haltige Personennamen auflisten – gegenüber 35 „plausibly pagan theophoric names in Israelite inscriptions".[78] Mag bereits dieser generelle Befund bemerkenswert erscheinen, so ist der Sachverhalt hinsichtlich *'ašera*-haltiger Personennamen noch klarer: bis in die Gegenwart ist kein einziger epigraphisch (oder biblisch) belegt. Wie auch immer man die Fehlanzeige bewerten will, das Onomastikon könnte als Argument *für* eine Göttin Aschera in Israel/Juda nicht deutlicher *aus*fallen.[79]

Ad (3.): Infolge der Inschriftenfunde von Kuntillet 'Ajrud hat auch eine breite Diskussion darüber eingesetzt, ob bestimmte ikonographische Daten aus der eisenzeitlichen Südlevante vor dem Hintergrund eines Aschera-Kultes zu erklären sein könnten. Dabei geht es insbesondere um die sog. judäischen Pfeilerfigurinen („Judean Pillar-Figurines" = JPF), die in Juda vom späten 8. Jh. bis 586 v. Chr. in großer Zahl – neben anderen Tonfiguren (wie Pferde+Reiter) – zu finden sind; wobei bereits die Fundorte eine große Breite aufweisen (Gräber, Wohnräume, Zisternen, Abfallgruben, Höfe, Straßen etc.).[80] Soweit es um die Bedeutung und Funktion der Figuren geht, scheinen sich in der Literatur diverse Phasen abzuzeichnen. Während etwa in Helga Weipperts Übersicht eine konsequente Epoché des Urteils (bezogen auf die Opposition kultische vs. nicht-kultische Funktion) ins Auge fällt,[81] verortete R. Kletter seine eigene grundlegende Arbeit (1996) über den archäologischen Kontext der JPF in „the Asherah phase" der Forschung.[82] Auch wenn er sein eigenes Verständnis dieser Position nur unter wiederholten Kautelen zuordnet („should not be taken for granted"), wurde es im exegetischen Kontext gern im Sinne einer archäologischen Evidenz für Aschera als Parhedros JHWHs rezipiert. Dabei konstatierte Kletter im Schlussabschnitt seiner Arbeit in aller wünschenswerten Klarheit: „This identification is based on the Biblical sources (together with the Kh. el-Kom and Kuntillet 'Ajrud inscriptions) or, to be more correct, on a certain interpretation of these sources".[83]

Von daher braucht es – auch im Licht der hier vorgelegten Inspektion der Textquellen – nicht zu verwundern, dass die Deutung der Judäischen Pfeilerfigurinen inzwi-

---

77 Tigay, No Other Gods.

78 Ibid., Appendices A., B. und D.

79 Angesichts der Fehlanzeige für *'ašera* auch in phönizischen und aramäischen Namen (siehe Cross, Phoenician Ostracon, 21*f.; Puech, Monothéisme, 93) im Unterschied zu „Astarte, Anat etc." könnte man noch pointierter urteilen.

80 Kletter, Figurines, 57–64.

81 H. Weippert, Palästina, 629–631.

82 Kletter, Figurines, 16–27, 76. Hierzu gehören auch Keel und Uehlinger, Göttinnen, 370ff. §§190–197, insofern sie die Figurinen unter Verweis auf die sog. „Astarte-Plaketten" der Spätbronze und Eisenzeit I (dazu ibid., 110ff. §§57–60) für Göttinnen-Figuren halten.

83 Kletter, Figurines, 81.

schen in eine „post-Aschera-Phase“ eingetreten zu sein scheint – aus ikonographischen[84] wie aus anderen[85] Gründen.

Zusammengefasst: Die Durchsicht der Inschriften von Ḫirbet el-Kôm (Kom[8]:3) sowie von Kuntillet ʿAjrud 3.6, 3.9 und 4.1 (auf der Basis der Neurekonstruktion) hat ergeben, dass in diesen Segenstexten allein JHWH als Haupthandelnder vorausgesetzt ist, der als solcher durch „seine Aschere“ (als „secondary agent“ der Gottheit) wirkt. אשרה(ה) bezeichnet in den Texten als Appellativum ein hölzernes Kultobjekt („die Aschere“), das zur Ausstattung von JHWH-Kultstätten gehörte (neben Altar und Massebe). Für Israel/Juda vor bzw. außerhalb der „deuteronomischen“ Reformbestrebungen galten Ascheren als legitime Bestandteile jahwistischer Kultorte (u.a. des Jerusalemer Tempels), womit ihnen eine entsprechende Anteilhabe am Göttlichen zugesprochen werden konnte. Mit dieser Korrelation von Gottheit (JHWH) und Aschere erklärt sich zwanglos die rekurrente Formulierung אשרתה (mit ePP 3.P.m.sg.) in den epigraphischen Texten zum Ausdruck der Zuordnung der Aschere zu JHWH als seine Wirkgröße.

Zugleich löst sich mit dem skizzierten Verständnis eine Reihe von *Aporien* auf, die mit der Hypothese einer Göttin Aschera neben JHWH im offiziellen Kult Israels/Judas verbunden sind:

- das „Ascheraschweigen“ der prophetischen Überlieferung
- die in sich inkohärente und zugleich mit einem Götterpaar „JHWH-Aschera“ unvereinbare Thematisierung der Ascheren in deuteronomistischen bzw. post-dtr Texten in Pentateuch, Richterbuch und Königsbüchern
- das „Ascheraschweigen“ des althebräischen Onomastikons
- das „Ascheraschweigen“ der Levante im 1. Jahrtausend v. Chr. außerhalb der hebräischen Epigraphik und Überlieferung.[86]

Mochte sich das Götterpaar „JHWH und Aschera“ in Phasen der Forschungsgeschichte (dank des Anscheins der ‚Paarung‘ eines männlichen und eines weiblichen GN und

84 Cornelius, Search (ibid., 93 zu Ašera: „Her iconography still remains a mystery“), und die umfassend angelegte Monographie von E. Darby, Judean Pillar Figurines. Für die komplexe Gesamtschau der Autorin vgl. ihre „Final Summary and Conclusions“, ibid., 398–407. Hinsichtlich der hier interessierenden Problemstellung mögen folgende Zitate genügen: “The first of these positions, that the figurines are major goddesses, is difficult to support in light of the evidence.” “Iconographic investigation suggests that none of the components of the JPF design are associated with a main goddess, whether in Mesopotamia, Syria, or the Levant” (Ibid., 398–399).

85 Dolansky, Re-Figuring, 20 als Resümee ihrer vorausgehenden Argumentation: „According to the evidence of what this motif signified in contemporary cultures, for the people of Judah in the 8th and 7th centuries, the icon of the female holding her breasts may have become simply an apotropaic symbol of divine protection.“

86 Für das Material siehe Wiggins, Reassessment, außerdem Cross, Phoenician Ostracon, 21*–22*, unter anderem mit folgendem Hinweis (ibid., Anm. 11): „We note that the Phoenician deities listed as witnesses (and enforcers) in the Treaty between Esarhaddon and Baʿl of Tyre included Baʿl Šamem and ʿAštart. There is no mention of Asherah.“ Sehr bestimmt äußerte sich zuletzt dazu auch Sass, Epigraphic Hebrew, 52f.

infolge selektiver epigraphischer Publikationen) vermeintlich noch so sehr aufdrängen, es handelt sich am Ende um ein *unhistorisches Konstrukt*.[87]

Epilog

Alle Deutungen der Inschriften von JHWH und seiner Aschere, soweit mir bekannt, lassen eine Frage offen, die meines Wissens bisher nicht einmal explizit gestellt wurde: Wie ist die merk-würdige Distribution der alles in allem fünf althebräischen Segenstexte mit Bezug auf JHWH und seine Aschere zu verstehen: ein einzelner (etwas jüngerer) Beleg aus einer judäischen Grabanlage zwischen judäischem Bergland und Schephela und vier Texte aus einer kleinen nordisraelitischen Wegstation in der Wüste an Judas südlicher Peripherie, die überdies nur wenige Jahrzehnte existierte? Mehr noch, *alle* in dieser Station erhaltenen Segensgrüße sind mit der Referenz auf „JHWH und seine Aschere" formuliert. Nun könnte man sich Letzteres eventuell mit einer Art „Nachahmungseffekt" erklären: Nachdem ein, zwei Grußschreiber damit angefangen hatten, haben sich die anderen daran orientiert. Generell könnte man zudem auf den hochgradig zufälligen Charakter der Entdeckung spezifischer Objekte in archäologischen Grabungen verweisen, und dies mit vollem Recht. Die Annahme reiner Kontingenz bleibt in diesem Fall allerdings ebenso eine Mutmaßung wie die Unterstellung von Sachgründen. Bei den folgenden Überlegungen handelt es sich mithin dezidiert um *Mutmaßungen*.

Die sich aufdrängende Frage ist einfach: Gibt es etwas, was die fünf Schreiber oder ihre Auftraggeber miteinander verbindet? Für Kuntillet ʿAjrud liegt die Antwort auf der Hand: Es handelte sich bei Schreibern und Adressaten um Kaufleute oder deren Mitarbeiter, die im Fernhandel tätig waren. Im Falle des in Ḫ. el-Kôm beigesetzten Urija lässt sich aus dem Ort nichts ablesen. Immerhin fügt der Text selbst dem Namen *eine* auffallende Information hinzu: העשר – der Reiche, Vermögende.[88] Von Kuntillet ʿAjrud her lässt dies fragen, ob Urija seinen Wohlstand etwa als Kaufmann erworben hatte. In Sachen Sprachgebrauch stünde dem nichts entgegen. Besonders eindrucksvoll ist die Personifizierung Ephraims in Hos 12,8f., das als (betrügerischer) Händler (כנען) vorgestellt wird mit dem Selbstlob: „Ich bin reich (geworden) (עשרתי)"; vgl. auch Mi 6,9–12.

Auch wenn für Urija von Ḫ. el-Kôm damit nichts entschieden ist, lohnt es sich, die imaginierte Möglichkeit durchzuspielen. Für den Fall, dass alle Belege von „JHWH und seine *ʾašera*" von/für Kaufleute geschrieben wurden, drängt sich die Vermutung auf, dass hier ein *sektoraler* Sprachgebrauch von am (Fern-)Handel beteiligten Personen vorliegen könnte. Immerhin lässt sich bei einer Berufsgruppe, die in Ausübung ihrer Profession besonderen Gefährdungen ausgesetzt war, gut nachvollziehen, dass sich in ihrem

87 Zugleich ist bemerkenswert, dass ein Teil der älteren Forschung – trotz einer suboptimalen Publikationslage – bereits zu einem Gesamtbild gelangt war, das dem hier in den Abschnitten 1. und 2. skizzierten in wesentlichen Aspekten entspricht, so besonders differenziert Keel und Uehlinger, Göttinnen. Es könnte sich lohnen, der Frage nachzugehen, weshalb die Diskussion danach vielfach in eine andere Richtung steuerte. Welche Faktoren bestimmen derartige Weichenstellungen?

88 Die Lesung durch Lemaire ist mit Blick auf das ע nicht unbestritten, hat sich aber bewährt (siehe Hadley, Inscription, 53; Zevit, Religions, 358f. mit Figures 5.4(!)+5, 360) und ist breit übernommen worden.

Kontext spezifische Traditionen von Segenswünschen ausprägten und in der internen sozialen Kommunikation auch gepflegt wurden.

Darüber hinaus würde die erwogene Option aber noch eine ganz andere Perspektive für die Bedeutung von האשרה in den Inschriften eröffnen. Das Lexem אשרת\אשרה bedeutet phönizisch bzw. altaramäisch „Ort, Heiligtum, Tempel",[89] wie bereits ugaritisch *'aṯru* und akkadisch *aširtu*. Auch im Tempel der philistäischen Stadt Ekron (7. Jh.) wurde ein Ostrakon mit *l'šrt* (neben einem weiteren mit *lmqm*) sehr wahrscheinlich mit dieser Bedeutung („für das Heiligtum")[90] gefunden und in Akko ein Ostrakon (5. Jh.) mit dem Titel איש על אשרת „Tempel-Vorsteher."[91] Vereinzelt ist diese Wortbedeutung auch für die Kuntillet ʿAjrud-Inschriften vorgeschlagen worden, namentlich von F. M. Cross[92] und mit detaillierter Begründung von B. Sass[93] sowie zuletzt von É. Puech.[94] Allerdings steht ein gravierendes Problem einer solchen Lösung entgegen: Das Lexem אשרה mit der Intension „Ort, Tempel" gibt es im Korpus des Althebräischen nicht. Weder Cross noch Sass vermögen diese Schwierigkeit plausibel zu beheben, schon gar nicht will überzeugen, das Wort sei in später Editionsarbeit aus der biblischen Überlieferung vollständig eliminiert worden.[95]

Dagegen ergeben sich andere Voraussetzungen, wenn man mit der skizzierten Möglichkeit rechnet, dass unsere Inschriften einen berufsbedingten Soziolekt repräsentieren. Die nachhaltige phönizische Dominanz des internationalen Handels im östlichen Mittelmeerraum ist nicht nur im Grundsatz bekannt, sondern lässt sich gerade auch am Beispiel von Kuntillet ʿAjrud konkretisieren, insofern dort mindestens eine der großen Wandinschriften (KA 4.2) nicht nur in phönizischer Schrift, sondern auch in phönizischer Sprache abgefasst ist.[96] Haben von daher auch sprachliche Einflüsse einige Wahrscheinlichkeit, so erscheint es ohne Weiteres vorstellbar, dass אשרה in der Bedeutung

89 Siehe Hoftijzer und Jongeling, Dictionary, 129 *sub voce* 'šrh$_1$; zuletzt Sass, Epigraphic Hebrew, 51f. mit Belegen.

90 In dem Umstand, dass auch eine Scherbe mit למקם gefunden wurde, sieht Ahituv, Echoes, 342f., (u. a.) ein Argument für die Bedeutung „Heiligtum" auch von אשרת, Zevit, Religions, 402, (u. a.) eines dagegen. Beide Lexeme sind aber mit dieser Bedeutung phönizisch belegt. Zudem werden die sprachlichen Verhältnisse in der Philisterstadt komplex gewesen sein mit Unterschieden zwischen Schriftsprache (eine Art Phönizisch) und gesprochener/n Sprache(n) (Phönizisch+Hebräisch? und/ oder ein „ägäischer" Dialekt?), hinzu kommt die direkte Nachbarschaft zu Juda.

91 Dazu Cross, Phoenician Ostracon, 19*–21*.

92 Ibid., 23* vertritt Cross für ליהוה ולאשרתה die Übersetzung „by Yahweh and his shrine", ohne allerdings die Alternative „by Yahweh and his cult stand or cult symbol" grundsätzlich auszuschließen. Bereits in Meshel, Kuntillet ʿAjrud, „The Inscriptions E" (ohne Seitenzahl) hatte der Ausgräber als Erklärung für „asherah" in Klammern „cella or symbol" notiert.

93 Sass, Epigraphic Hebrew.

94 Puech, Monothéisme.

95 Siehe Cross, ibid., 23*; Sass, Epigraphic Hebrew, 62–64. Puech, Monothéisme, greift das Problem nicht auf.

96 Blum, Wandinschriften. Neben der literarischen Inschrift 4.2, deren ‚Vorpublikationen' besonders intensive religionsgeschichtliche Mutmaßungen ausgelöst haben, war möglicherweise auch die *in situ* gefundene Inschrift 4.3 phönizisch; schon früh als so gut wie unlesbar eingeschätzt (Meshel, Kuntillet ʿAjrud, Inscriptions D.), ist 4.3 leider nicht *en détail* dokumentiert. Am ehesten könnte es

„Tempel, Heiligtum“ als ‚Phönizismus‘ in der Gruppensprache der hebräischen Kaufleute heimisch wurde. Gegenüber der oben vorgestellten Interpretation der Rede von יהוה ואשרתה ergäbe sich im Verständnis von אשרתה als Wirkgröße (im Sinne von „second agent“ JHWHs) keine prinzipielle Veränderung, allerdings bezögen sich die Schreiber dann nicht auf ein bestimmtes Kultobjekt JHWHs, sondern auf sein Heiligtum als ganzes.[97] In diesem Fall ist, einerseits, der pronominale Rückbezug (אשרתה) auf JHWH erst recht angebracht, ja sogar zwingend, andererseits entschwindet eine Göttin Aschera vollends spurlos von der inspizierten Bühne.[98] Dementsprechend entfallen so auch die vier (in der Zusammenfassung) genannten Aporien.

Alles in allem: Als möglicher soziolektaler Phönizismus unter hebräischen Händlern/Kaufleuten stellt die Semantik „JHWH und sein Heiligtum“ eine ernsthafte Alternative zu der zuvor in diesem Beitrag entfalteten Lösung dar. Allerdings steht sie unter einer schwer zu verifizierenden doppelten *Conditio*: (a) dass die momentane Distribution der entsprechenden Textfunde nicht reiner Zufall, sondern sachlich signifikant ist, und (b) dass „der Reiche“ von Ḫirbet el-Kôm tatsächlich zur Berufsgruppe der Kaufleute gehörte.

Eine Bestätigung oder Falsifikation ist allenfalls von weiteren einschlägigen Textfunden zu erwarten. Solche Funde wären in jedem Falle und unabhängig von sich eventuell ergebenden Folgerungen hochwillkommen. Schließlich kann der alttestamentlichen Wissenschaft in all ihren Disziplinen nichts Besseres passieren als die (möglichst archäologisch kontrollierte) Entdeckung althebräischer Texte.

Literatur

Aharoni, Y., Investigations at Lachish. The Sanctuary and the Residency (Lachish V), PIATA 4, Tel Aviv, 1975.

Aḥituv, S., Echoes of the Past. Hebrew and Cognate Inscriptions from the Biblical Period, Jerusalem, 2008.

Aḥituv, S., Eshel, E. und Z. Meshel, Chapter 5. The Inscriptions, in Meshel, Z. (Hg.), Kuntillet ʻAjrud (Ḥorvat Teman). An Iron Age II Religious Site on the Judah-Sinai Border, Jerusalem, 2012.

Albertz, R, Persönliche Frömmigkeit und offizielle Religion. Religionsinterner Pluralismus in Israel und Babylon, CThM 8, Stuttgart, 1978.

Albertz, R., Religionsgeschichte Israels in alttestamentlicher Zeit 1, Grundrisse zum Alten Testament, ATD Ergänzungsreihe 8/1, Göttingen, 1992.

Beyer, K., Die aramäischen Texte vom Toten Meer, Göttingen, 1984.

Binger, T., Asherah. Goddesses in Ugarit, Israel and the Old Testament, JSOTS 232, Sheffield, 1997.

---

sich um eine Warenliste gehandelt haben. Zur Präsenz phönizischer Händler in der Region siehe des Weiteren Niehr, Networks.

97 Sass spricht in diesem Zusammenhang von „the deification of temple cities, temples and parts thereof“ mit entsprechenden Beispielen (idem, Epigraphic Hebrew, 58–60).

98 Dagegen ist die Aschere als Teil des Heiligtums miteingeschlossen; für Hebräer mochte sich ggf. eine entsprechende Assoziation geradezu aufdrängen.

Blum, E., Beschneidung und Passa in Kanaan. Beobachtungen und Mutmaßungen zu Jos 5, in C. Hardmeier, R. Kessler und A. Ruwe (Hg.), Freiheit und Recht. Festschrift F. Crüsemann, Gütersloh, 2003, 231–256 = Idem, Textgestalt und Komposition, hg. von W. Oswald, FAT 69, Tübingen, 2010, 219–248.

Blum, E., Die Wandinschriften 4.2 und 4.6 sowie die Pithos-Inschrift 3.9 aus *Kuntillet ʿAǧrūd*, ZDPV 129, 2013, 21–54 (Taf. 1–7).

Blum, E., Kuntillet ʿAjrud 4.1. New Reconstructions and Readings, in S. Aḥituv, H. Cotton und M. Morgenstern (Hg.), Ada Yardeni Volume, ErIsr 34, 2021, 10*–20*.

Blum, E., Von der Notwendigkeit einer disziplinären Selbstverständigung in der Exegese des Alten Testaments, in J. J. Krause und K. Weingart (Hg.), Exegetik des Alten Testaments. Bausteine für eine Theorie der Exegese, FAT II 127, Tübingen, 2021, 239–273.

Brockelmann, C., Hebräische Syntax, Neukirchen-Vluyn, 1956.

Cornelius, I., In Search of the Goddess in Ancient Palestinian Iconography, in M. Pietsch und F. Hartenstein (Hg.), Israel zwischen den Mächten. Festschrift für Stefan Timm zum 65. Geburtstag, AOAT 364, Münster, 2009, 77–98.

Cross, F. M., The Phoenician Ostracon from Acco, the Ekron Inscriptions and אשרתה, in Ephraim Stern Volume, ErIsr 29, 2009, 19*–28*.

Darby, E., Interpreting Judean Pillar Figurines. Gender and Empire in Judean Apotropaic Ritual, FAT II 69, Tübingen, 2014.

Dever, W. G., Iron Age Epigraphic Material from the Area of Khirbet el-Kôm, HUCA 40, 1970, 139–204.

Dolansky, Sh., Re-Figuring Judean „Fertility" Figurines. Fetishistic Functions of the Feminine Form, in R. D. Miller (Hg.), Between Israelite Religion and Old Testament Theology. Essays on Archaeology, History, and Hermeneutics, CBET 80, Leuven, 2016, 5–30.

Emerton, J. A., New Light on Israelite Religion. The Implications of the Inscriptions from Kuntillet ʿAjrud, ZAW 94, 1982, 2–20.

Emerton, J. A., „Yahweh and his Asherah". The Goddess or her Symbol?, VT 49, 1999, 315–337.

Frevel, C., Aschera und der Ausschließlichkeitsanspruch YHWHs. Beiträge zu literarischen, religionsgeschichtlichen und ikonographischen Aspekten der Ascheradiskussion (2 Bd.e), BBB 94/1+2, Weinheim, 1995.

Galling, K. (Hg.), Biblisches Reallexikon, Tübingen, [2]1977.

Gesenius, W. und E. Kautzsch, Hebräische Grammatik, Leipzig, [28]1909.

Hadley, J. M., The Khirbet el-Qom inscription, VT 37, 1987, 50–62.

Hadley, J. M., The Cult of Asherah in Ancient Israel and Judah. Evidence for a Hebrew Goddess, UCOP 57, Cambridge, 2000.

Jeremias, J. und F. Hartenstein, „JHWH und seine Aschera". „Offizielle Religion" und „Volksreligion" zur Zeit der klassischen Propheten, in B. Janowski und M. Köckert (Hg.), Religionsgeschichte Israels. Formale und materiale Aspekte, VWGTh 15, Gütersloh, 1999, 79–138.

Joüon, P., Grammaire de l'Hébreu biblique, Rom, 1926; engl. Übersetzung: Muraoka, T., A Grammar of Biblical Hebrew, SubBi 27, Rom, [2]2006.

Keel, O. und C. Uehlinger, Göttinnen, Götter und Gottessymbole. Neue Erkenntnisse zur Religionsgeschichte Kanaans und Israels aufgrund bislang unerschlossener ikonographischer Quellen, QD 134, Freiburg i. Br./Basel/Wien, 1992.

Kletter, R., Judean Pillar-Figurines and the Archaeology of Asherah, BAR 636, Oxford, 1996.

Knauf, E. A., Wer könnte leben ohne den Trost der Bäume? Wald und Bäume im Leben und in der Religion Israels und seiner Nachbarn, BiKi 60, 2005, 23–25.

Köckert, M., Wandlungen Gottes im antiken Israel, BThZ 22, 2005, 3–36.

König, F. E., Historisch-comparative Syntax der hebräischen Sprache. Schlussteil des historisch-kritischen Lehrgebäudes des Hebräischen, Leipzig, 1897.

Kottsieper, I., El – Ferner oder naher Gott? Zur Bedeutung einer semitischen Gottheit in verschiedenen sozialen Kontexten im 1. Jtsd. v. Chr., in R. Albertz (Hg.), Religion und Gesellschaft. Studien zu ihrer Wechselbeziehung in den Kulturen des Antiken Vorderen Orients. Studien des AZERKAVO 1, AOAT 248, Münster, 1997, 25–74.

Kottsieper, I., Zum Hintergrund des Schriftsystems im Pap. Amherst 63, Dutch Studies 5, 2003, 89–115.

Lemaire, A., Les inscriptions de Khirbet el-Qôm et l'Ashérah de Yhwh, RB 84, 1977, 595–608.

Leuenberger, M., Yahweh and His Asherah in the Three Pithoi Inscriptions from Kuntillet ʿAjrud. A Re-evaluation, in R. M. van Dijk-Coombes L. C. Swanepoel und G. R. Kotzé (Hg.), From Stone Age to Stellenbosch. Studies on the Ancient Near East in Honour of Izak (Sakkie) Cornelius, ÄAT 107, Münster, 2021, 179–190.

McCarter, P. K., Kuntillet ʿAjrud. Inscribed Pithos 2 (2.47b), in W. W. Hallo (Hg.), The Context of Scripture. II. Monumental inscriptions from the Biblical World, Leiden, 2000, 171–172.

Meshel, Z., Kuntillet ʿAjrud. A Religious Centre from the Time of the Judean Monarchy on the Border of Sinai, The Israel Museum. Cat. No. 175, Jerusalem, 1978 (hebr. und engl.).

Muraoka, T. und B. Porten, A Grammar of Egyptian Aramaic, HdO I 32, Leiden, 1998.

Niehr, H., Kuntillet ʿAjrud and the Networks of Phoenician Trade, Maarav 20, 2013, publ. 2015, 27–38.

Olyan, S. M., Asherah and the Cult of Yahweh in Israel, SBLMS 34, Atlanta, 1988.

Otto, E., Deuteronomium 12–34. Erster Teilband: 12,1–23,15, HThKAT, Freiburg i. Br./Basel/Wien, 2016.

Pongratz-Leisten, B., Divine Agency and Astralization of the Gods in Ancient Mesopotamia, in eadem, Reconsidering the Concept of Revolutionary Monotheism, Winona Lake, 2011, 137–187.

Pongratz-Leisten, B. und K. Sonik, Between Cognition and Culture. Theorizing the Materiality of Divine Agency in Cross-Cultural Perspective, in B. Pongratz-Leisten (Hg.), The Materiality of Divine Agency, Studies in Ancient Near Eastern Records 8, Boston/Berlin, 2015, 3–69.

Puech, É., „YHWH vient de Téman" et le monothéisme en Israël et Juda, in U. Gabbay und J. J. Pérennes (Hg.), Des polythéismes aux monothéismes. Mélanges d'Assyriologie offerts à Marcel Sigrist, EtB NS 82, Leuven, 2020, 71–106.

Renz, J. und W. Röllig, Handbuch der althebräischen Epigraphik Bd. I. Die althebräischen Inschriften, Bd. II/1. Zusammenfassende Erörterungen, Paläographie und Glossar, Bd. III. Texte und Tafeln, Darmstadt, 1995.

Sass, B., On Epigraphic Hebrew *ʾSR* and **ʾSRH*, and on Biblical Asherah, TrEu 46, 2014, 47–66 (Pls. IV–V) (= J. Elayi und J.-M. Durand [Hg.], Bible et Proche-Orient. Melanges André Lemaire III).

Schmid, K., Traditionsgeschichtliche oder literarische Aufnahmen vorgegebener Stoffe? Dtn 32,8f und Ps 82 als methodische Testfälle, in idem, Schriftgelehrte Traditionsliteratur. Fallstudien zur innerbiblischen Schriftauslegung im Alten Testament, FAT 77, Tübingen, 2011, 125–141.

Sommer, B. D., The Bodies of God and the World of Ancient Israel, Cambridge, 2009.

Steiner, R. C. und Nims, C., The Aramaic Text in Demotic Script. Text, Translation, and Notes, https://yeshiva.academia.edu/RichardSteiner (hochgeladen 2017).

Thomas, R., The Meaning of *asherah* in Hebrew Inscriptions, Sem. 59, 2017, 157–218.

Tigay, J. H., You Shall Have no Other Gods. Israelite Religion in the Light of Hebrew Inscriptions, HSS 31, Atlanta, 1986.

Tigay, J. H., Israelite Religion. The Onomastic and Epigraphic Evidence, in P. D. Miller, Jr. (Hg.), Ancient Israelite Religion, Festschrift Frank Moore Cross, Philadelphia, 1987, 157–194.

Tigay, J. H., A Second Temple Parallel to the Blessings from Kuntillet 'Ajrud, IEJ 40, 1990, 218.

Tropper, J., Ugaritische Grammatik, AOAT 273, Münster, ²2012.

Uehlinger, C., Anthropomorphic Cult Statuary in Iron Age Palestine and the Search for Yahweh's Cult Images, in K. van der Toorn (Hg.), The Image and the Book. Iconic Cults, Aniconism, and the Rise of Book Religion in Israel and the Ancient Near East, CBET 21, Leuven, 1997, 97–155.

van der Toorn, K. (Hg.), Papyrus Amherst 63, AOAT 448, Münster, 2018.

Vleeming, S. P. und Wesselius, J. W., Studies in Papyrus Amherst 63. Essays on the Aramaic texts in Aramaic/demotic Papyrus Amherst 63, Vol. I, Amsterdam, 1985.

Weippert, H., Palästina in vorhellenistischer Zeit, Handbuch der Archäologie. Vorderasien II. Band I., München, 1988.

Weippert, M., Synkretismus und Monotheismus. Religionsinterne Konfliktbewältigung im alten Israel, in J. Assmann und D. Harth (Hg.), Kultur und Konflikt, Edition Suhrkamp 1612, Frankfurt a. M., 1990 = Idem, Jahwe und die anderen Götter. Studien zur Religionsgeschichte des antiken Israel in ihrem syrisch-palästinischen Kontext, FAT 18, Tübingen, 1997, 1–24.

Wiggins, S. A., A Reassessment of 'Asherah'. A Study According to the Textual Sources of the First Two Millenia B. C. E., AOAT 235, Kevelaer/Neukirchen-Vluyn, 1993.

Wilson-Wright, A. M., Athtart. The Transmission and Transformation of a Goddess in the Late Bronze Age, FAT II/90, Tübingen, 2016.

Xella, P., Le dieu et „sa" déesse. L'utilisation des suffixes pronominaux avec des théonymes d'Ebla à Ugarit et à Kuntillet 'Ajrud, in UF 27 (FS M. L. G. Dietrich), Kevelaer/Neukirchen-Vluyn, 1996, 599–610.

Xella, P., Yhwh e la sua *'šrh*. La dea o il suo simbolo? (Una risposta a J. A. Emerton), SELVOA 18, 2001, 71–81.

Zauzich, K.-Th., Der Gott des aramäisch-demotischen Papyrus Amherst 63, GöMisz 85, Göttingen, 1985, 89–90.

Zevit, Z., The Religions of Ancient Israel. A Synthesis of Parallactic Approaches, London, 2001.

Das vereinte Königreich

Das lang anhaltende Bemühen um die Realisierung dieser politischen Idee und ihr Scheitern

Rainer Albertz

Wolfgang Oswald hat in seinen Schriften immer sein Augenmerk auf ganz besondere Weise auf die politischen Programme und Diskurse gelegt, die in den Erzähl- und Rechtsüberlieferungen der Hebräischen Bibel enthalten sind.[1] Dazu hat er sich sogar wie kaum ein zweiter Alttestamentler intensiv mit der politologischen Fachliteratur zum alten Griechenland und alten Vorderen Orient auseinandergesetzt.[2] So hoffe ich, ihm mit meinem Beitrag, der sich der Thematik des „Vereinten Königreiches" unter dem Gesichtspunkt einer programmatischen politischen Idee nähert, eine kleine Freude zu machen.

1 Die neuere Diskussion über das Entstehen eines gesamt-israelitischen Gemeinbewusstseins

Solange die Amphiktyonie-These Martin Noths und die Existenz eines vereinten Königreiches unter David und Salomo noch die Basis einer Rekonstruktion der Geschichte Israels bildeten, schien die Entstehung eines gesamt-israelitischen Gemeinbewusstseins kein Problem zu sein. War dieses doch mit dem sakralen Stämmebund aus der vorstaatlichen und mit der Staatenbildung aus der frühstaatlichen Zeit der gesamten Geschichte Israels und Judas quasi vorgegeben. Doch seit Noths These exegetisch widerlegt und das davidisch-salomonische Reich archäologisch infrage gestellt wurde,[3] wird versucht, die Entstehung eines solchen gesamt-israelitischen Gemeinbewusstseins aus späteren politischen und religionsgeschichtlichen Entwicklungen in der Geschichte der Reiche Israel und Juda plausibel zu machen, ohne dass dies bis jetzt zu einem einigermaßen gesicherten Ergebnis geführt hätte.

Wenn etwa Reinhard Kratz davon ausgeht, dass der Name „Israel" ursprünglich allein das sog. Nordreich bezeichnet habe, das durch die Omriden im 9. Jh. v. Chr. seine volle Staatlichkeit erlangte,[4] dann scheint er sich auf einem gesicherten historischen Ter-

1 Vgl. Oswald, Israel am Gottesberg; idem, Staatstheorie im Alten Israel; idem, Die Verfassungsdebatten.

2 Vgl. Oswald, Das Alte Testament und die Politikwissenschaft.

3 Für viele andere vgl. nur Albertz, Religionsgeschichte I, 116–117; Finkelstein und Silberman, Keine Posaunen, 140–163. Ich halte die Diskussion über die Historizität des vereinten Königreichs unter David und Salomo für noch keineswegs abgeschlossen, vgl. Albertz, Secondary Sources, 35–42. Doch fehlt hier der Raum, dies auszuführen.

4 Vgl. Kratz, Israel als Staat, 2.

rain zu bewegen, denn in eben diesem engen Sinn ist die Israel-Bezeichnung durch außerbiblische zeitgenössische Quellen bezeugt.[5] Doch wie sich aus diesem staatspolitisch definierten engen Israel-Begriff ein gesamt-israelitisches Konzept, das Juda einbezog, entwickeln konnte, ist für Kratz auf der rein politischen Ebene nur schwer zu erklären, zumal er das Verhältnis der beiden Staaten vornehmlich durch Konkurrenz und Rivalität geprägt sieht. Politische Voraussetzung ist für ihn darum der staatliche Untergang des Nordreichs 720 v. Chr.[6] Aber die eigentliche Arbeit zur Ausbildung eines gesamt-israelitischen Gemeinbewusstsein wurde in Juda danach und besonders, als auch Juda das gleiche Schicksal des staatlichen Untergangs 587 erlitt, durch eine theologische Geschichtsdeutung geleistet, etwa wenn der Prophet Jesaja oder der Deuteronomist Israel und Juda zu einer Schicksalsgemeinschaft unter dem Zorn Gottes zusammenschlossen: „The anger of God falls on both of them and unifies them into a community of fellow sufferers – the one people of the one God."[7]

Auch Philip Davies geht davon aus, dass das historische Israel im Gegensatz zum biblischen nur das Nordreich bezeichnete. Aber er kritisierte das große Gewicht, das Kratz der „abstract theological reflection" bei der Entwicklung eines gesamt-israelitischen Gemeinbewusstsein eingeräumt hatte.[8] Er möchte diese vielmehr im Gang der religionspolitischen Geschichte verankern, stößt aber dabei auf das Problem, dass „at no time in the history of the kingdoms of Judah and Israel is there a plausible occasion for the adoption of the name ‚Israel' by ‚Judah' [...] Judah pursued its own political career independently of Israel."[9] Selbst unter Hiskia und Josia wäre es schwer verständlich, warum sich die Judäer ausgerechnet mit dem gescheiterten Staat Israel identifiziert haben sollten.[10] Darum fühlt sich Davies verpflichtet, „to look for a period when ‚Israel' was dominant and ‚Judah' subordinate and a period of time in which an identity ‚Israel' could be permanently absorbed by a ‚Judean' population."[11] In früheren Arbeiten hatte Davies als solche Periode durchaus noch die enge Verbindung von Israel und Juda unter den Omriden erwogen, die fast schon eine „United Monarchy" dargestellt hätte.[12] Doch habe in dieser Zeit wegen der Hegemonie des Nordens wohl die nötige Akzeptanz auf judäischer

5 So auf der Monolith-Inschrift Salmanassars III. (3 R 7f, Z. 91–92; vgl. Weippert, Textbuch, 254–259) aus dem Jahr 853 v. Chr. und Mescha-Stele (KAI 181, Z. 5.7.10–11.14.18.26) um 850; vgl. Weippert, Textbuch, 242–238.

6 Schon Rost, Israel, 46.61.108, hatte die These vertreten, dass die Übertragung des Israel-Namens auf Juda erst durch den Untergang des Nordreichs möglich geworden sei.

7 So Kratz, Israel in Isaiah, 125, in Auslegung von Jes 6–8 und 5; vgl. idem, Israel als Staat, 11, zum DtrG. Da der Staat Juda den Staat Israel ein gutes Jahrhundert überlebte, hätte man auf der politischen Ebene eigentlich erwarten sollen, dass die Bezeichnung Juda für das Gesamtkonzept gebraucht werden würde. Wenn Kratz, Israel als Staat, 11, erläutert: „Daß sich der Name ‚Israel' und nicht etwa Juda durchgesetzt hat, liegt daran, daß Israel Aufstieg und Niedergang des Königtums vormachte," dann fragt sich, ob er damit das theologische Konzept des DtrG richtig getroffen hat.

8 Vgl. Davies, Origins, 22–23.

9 So Davies, Origin, 144.

10 Vgl. Davies, Origins, 23, kritisch gegen Kratz.

11 So Davies, Origin, 144.

12 So Davies, Search, 69.

Seite gefehlt.[13] So findet Davies die nach seiner Sicht einzig passende Periode erst in der exilisch-frühnachexilischen Zeit, als die Judäer nach der Zerstörung des Jerusalemer Tempels bis zum Wiederaufbau der Stadt den Kult des ehemaligen Nordreichsheiligtum Bethel aufsuchten und hier israelitische Traditionen übernehmen konnten, ohne von dort einen politischen Führungsanspruch befürchten zu müssen. So ist für Davies das Bethel des 6. und frühen 5. Jhs. „the cradle of ‚biblical Israel'."[14] Das Problem ist nur, dass wir über die Bedeutung des Betheler Heiligtums zu dieser Zeit wenig Bescheid wissen und die biblischen Texte ein entwickeltes gesamt-israelitisches Gemeinbewusstsein gleichzeitig oder sogar schon früher bezeugen.[15]

Israel Finkelstein, der wesentlich daran Anteil hatte, dass die Existenz eines vereinten Königsreiches unter David und Salomon aus archäologischen Befunden heraus in jüngerer Zeit in Frage gestellt wurde, hat zusammen mit Neil Silberman eine Geschichte Israels entworfen, in der sich eine pan-israelitische Idee erstmals unter dem König Hiskia gegen Ende des 8. Jhs. v. Chr. entwickelte, als eine erhebliche Anzahl von Flüchtlingen nach 720 aus dem von den Assyrern eroberten Nordreich in den Süden geströmt sei.[16] Schon um sie in die judäische Gesellschaft zu integrieren, war es nötig, die politischen und religiösen Traditionen, die sie aus dem vormaligen Israel mitbrachten, im Süden teilweise aufzunehmen und mit den judäischen auszugleichen. So entstand damals etwa eine Geschichte über die Anfänge der Dynastie, die nachwies, dass David nicht am Scheitern Sauls schuld war. „The great *apologia* was therefore an instrument for reconciliation between South and North *within* Judah, a vehicle for the rise of pan-Israelite ideology. This was the moment when the concept of the United Monarchy took on unprecedented importance and its centrality was retrojected into the distant past."[17] Politisch wirksam wurde diese gesamt-israelitische Ideologie nach Finkelstein aber erst unter dem König Josia gegen Ende des 7. Jhs., als sich mit dem Zurückweichen der Assyrer im Norden die Chance zur Errichtung eines pan-israelitischen Staates von Süden aus eröffnete.[18] Allerdings bleibt unsicher, wieweit Josia dieses ehrgeizige Ziel verwirklichen konnte. Er wurde schon im Jahr 609 vom Pharao Necho II. bei Megiddo gestoppt und getötet, weil der seinerseits das assyrische Erbe in der Levante antreten wollte.

Interessant ist nun allerdings, dass Finkelstein, obgleich er die Entwicklung eines pan-israelitischen Gemeinbewusstsein in Juda erst relativ spät ansetzt, durchaus notieren kann, dass es im Norden unter den Omriden, die im 9. Jh. eng mit den Davididen kooperierten, schon fast so etwas wie eine United Monarchy gegeben hätte.[19] Ja, er sieht

13 Vgl. Davies, Origins, 21.142.

14 So Davies, Origins, 158.

15 Vgl. die Verheißung eines Juda und Israel vereinenden Königreiches in Hos 2,1–3; Ez 37,15–28 und die Rufe zu einer kultischen Vereinigung in Jer 3,12–13.21–4,2; 31,2–6.

16 Vgl. Finkelstein und Silberman, Keine Posaunen, 263–271.

17 S. Finkelstein und Silberman, Temple and Dynasty, 279.

18 Vgl. Finkelstein und Silberman, Keine Posaunen, 304–313.

19 Vgl. Finkelstein, Rise of Jerusalem, 110. In Abgrenzung von der Ansicht, es habe ein vereinigtes Königreich unter David und Salomo gegeben, charakterisiert er die Regierungszeit der Omriden: „In a way, these were the true days of a United Monarchy, one which was ruled from Samaria, not from Jerusalem."

sich durch die Ergebnisse der Grabungen, die er jüngst zusammen mit Thomas Römer in Kirjat-Jearim durchgeführt hat, genötigt, die Ausformung einer pan-israelitischen Ideologie, die auch eine kultische Vereinigung umfasste, bereits dem König Jerobeam II. zuzuschreiben und damit in die erste Hälfte des 8. Jhs. hinaufzudatieren. „The Ark of YHWH could have been promoted by Jeroboam II as the most sacred object of his United Israel and placed in the new temple of the Ark on the monumental platform at Kiriath-jearim, a site located on the border between the Israelite tribes and Judah."[20] Dies bedeutet aber: Die Bemühungen um eine gesamtisraelitische Vereinigung setzten nicht erst nach dem Untergang des Nordreichs mit Hiskia und Josia im Süden ein. Nein, sie hatten schon ihre Vorläufer im Norden, als der Staat Israel auf dem Höhepunkt seiner Macht stand. So bedarf die Geschichte der politischen Einigungsbemühungen einer erneuten Untersuchung.

2 Die Geschichte der Bemühungen um ein vereintes Königreich

Selbst wenn man von dem historisch umstrittenen „Vereinten Königreich" unter David und Salomo absieht, umfassen die politischen Einigungsbestrebungen zwischen Nord und Süd weite Strecken der Geschichte von Israel und Juda. Der politische Wille dazu scheint in beiden Kleinstaaten nach Phasen der Rivalität oder gar Konfrontation immer wieder virulent geworden zu sein. Umstritten war nur, ob die Einigung von Norden oder von Süden her, d. h. unter der Dominanz des einen oder des anderen Kleinstaates erfolgen sollte.

Wohl wegen der harschen Kritik, welche der dtr. Historiker aus judäischer Sicht dem Nordreich generell und speziell den Omriden angedeihen lässt, ist bisher nur selten positiv gewürdigt worden, dass gleich ihr erster Vertreter, der König Omri, der sein Herrschaftsgebiet tatkräftig zu einem voll entwickelten Staat ausbaute, den Ausgleich mit dem noch unterentwickelten Staatswesen Juda suchte, um die vorausgehenden Feindseligkeiten zu überwinden. Er verheiratete seine Tochter (2 Kön 8,26) bzw. seine Enkelin (V. 18) Atalja mit Joram, dem Sohn des judäischen Königs Josaphat, der als dessen Thronfolger ausersehen war, um sich die Loyalität des davidischen Herrscherhauses dauerhaft zu sichern. Aus dieser dynastischen Allianz entwickelte sich in der Tat eine über mehr als zwei Jahrzehnte währende politische Kooperation, in der zwar das politisch und wirtschaftlich potentere Nordreich eindeutig dominierte, von der aber offenbar auch das Südreich profitierte. In den Königsbüchern haben sich Berichte von immerhin drei Kriegszügen erhalten (1 Kön 22; 2 Kön 3; 8,28–29), in denen unter der eher kritischen Sicht und legendärer Übermalung sichtbar wird, dass die judäischen Könige Josaphat und Joram den omridischen Königen Ahab, Joram und Ahasja auf geradezu solidarische Weise (vgl. 1 Kön 22,4; 2 Kön 3,7) Heerfolge selbst bei Kriegszügen leisteten, die weit entfernt von Juda und abseits der judäischen Interessenlage geführt wurden. Mit der Schutzmacht des Nordreichs im Rücken konnte aber auch der judäische König

20 S. Finkelstein und Römer, Background, 183–184. Nach 1 Sam 6,21; 7,1–2 hatte die Lade längere Zeit in Kirjat-Jearim gestanden, bevor sie nach Jerusalem überführt wurde (2 Sam 6).

Joram, wie besonders Omer Sergi herausgearbeitet hat,[21] erstmals eine expansionistische Außenpolitik Judas nach Süden und Westen beginnen (2 Kön 8,21–22). Außerdem hat die Kooperation mit den Omriden den Judäern dazu verholfen, in Jerusalem eine effektive staatliche Verwaltung aufzubauen.[22] Anstrengungen, einen gemeinsamen Afrika-Handel im Roten Meer zu gründen, kamen hinzu (1 Kön 22,49–50; 2 Chr 20,35–36). Für Israel Finkelstein bildet die enge Allianz mit den Omriden das „missing link", das erklärt, wie Juda im 9. Jh. v. Chr. die ersten Schritte zu einem voll ausgebildeten Staat gehen konnte.[23] Wenn wir hören, dass der judäische König Ahasja seinem Neffen oder Vetter, dem nordisraelitischen König Joram, nicht nur ins ferne Ramot-Gilead gegen den Aramäerkönig Hasael Heeresfolge leistete (2 Kön 8,28), sondern diesen nach seiner Verwundung sogar am Krankenlager in Jesreel besucht haben soll (V. 29), dann wird deutlich, ein welch enges familiäres Solidaritätsverhältnis sich nach drei Generationen zwischen den beiden Königshäusern gebildet hatte. Diese Entwicklung hätte sehr wohl über kurz oder lang zu einer Verschmelzung der Königfamilien führen[24] und damit in einem vollends vereinten Königreich unter nordisraelitischer Führung münden können.

Wenn dieses durchaus realistische Vereinigungsprojekt der Omriden scheiterte, dann lag das nicht etwa an judäischen Vorbehalten, sondern an internen Zwistigkeiten im Nordreich. Die extensive Baupolitik und Kriegführung hatte zusammen mit der liberalen Religionspolitik der Omridenherrscher, welche neben dem JHWH- auch den Baalskult förderte, eine Oppositionsbewegung ins Leben gerufen, an deren Spitze sich nach der Niederlage in Ramot-Gilead der Offizier Jehu ben Nimschi setzte. Von einem Schüler des Propheten Elisa zum Gegenkönig gesalbt, setzte dieser einen blutigen Staatsstreich in Gang, dem nicht nur der König Joram samt seinem judäischen Verwandten in Jesreel,[25] sondern auch die gesamte omridische Königsfamilie zum Opfer fiel (2 Kön 9,22–27; 10,1–9). Welche tiefe Erschütterung dieses Ereignis auslöste, wird daran erkennbar, dass der Prophet Hosea die „Bluttat von Jesreel" noch 100 Jahre später aufs Schärfste verurteilte (Hos 1,4), obgleich er ja eigentlich für Jehus Kampf gegen den Baalskult in Samaria (2 Kön 10,18–27) hätte Verständnis aufbringen können. Wenn spätere Schüler Hoseas ausgerechnet in Jesreel die Wiedervereinigung der Judäer und Israeliten unter einem einzigen König erwarteten (Hos 2,2–3), dann war möglicherweise schon bei Hosea selber die Zerstörung des omridischen Einigungsprojektes, das Jehu mit seinem blutigen Coup angerichtet hatte, ein wichtiger Grund für seine Kritik gewesen.

21 Vgl. zu dieser mit Joram beginnenden territorialen Expansion Judas Sergi, Judah's Expansion, 229–232.239.

22 Vgl. Sergi, Judah's Expansion, 239–240.

23 Vgl. Finkelstein, Rise, 110.

24 Finkelstein, Rise, 110, formuliert drastisch, aber treffend: „Instead of deposing the Davidic dynasty, they [i. e. the Omrides] decided to take it over from within."

25 Nach der gängigen Rekonstruktion der Tel-Dan-Inschrift (vgl. Weippert, Textbuch, 267–269) nimmt Hasael für sich in Anspruch, Joram und Ahasja getötet zu haben (Z. 8'–10'), dann wäre die biblische Darstellung legendär. Doch da es sich in beiden Fällen um propagandistische Texte handelt, halte ich die biblische Darstellung für glaubwürdiger, weil sich die Jehu-Dynastie zu ihrer Rechtfertigung kaum mit Morden belastet hätte, die gar nicht auf ihr Konto gingen.

Die Tatsache, dass Atalja nach der Jehu-Revolution und der Ermordung ihres Sohnes noch sechs Jahre lang in Juda die Regentschaft übernehmen konnte (2 Kön 11,1–3), sehr wahrscheinlich, um ihrem noch unmündigen Enkel den Thron zu sichern, zeigt, dass sie als omridische Königsmutter noch genügend Anhänger unter der judäischen Elite gehabt haben muss, die mit dem Einigungsprojekt unter der Führung des Nordreichs zufrieden gewesen waren. Dennoch bedeutete ihre Herrschaft schon eine gewisse Abkehr vom Vereinigungsgedanken, denn inzwischen herrschte im Nordreich Jehu vom Geschlecht der Nimschiden. Wenn Atalja dann doch blutig gestürzt wurde, als Ahasjas Sohn Joasch alt genug geworden war, dass man ihn krönen konnte, dann bedeutete das zwar auch eine gewisse Entlastung gegenüber den Nimschiden, war aber zugleich ein wichtiger Schritt zur Verselbständigung Judas. Man wollte von der omridischen Vereinigungspolitik nichts mehr wissen und sonderte darum deren Repräsentantin Atalja aus der davidischen Dynastie wieder aus.[26] Als Jehu und sein Sohn in den Folgejahren anhaltend unter den militärischen Druck des Aramäerkönigs Hasael gerieten, der das Nordreich in der zweiten Hälfte des 9. Jhs. stark dezimierte, kam Joasch, der neue König von Juda, ihnen nicht mehr zu Hilfe. Im Gegenteil, als Hasael um 830 herum die wichtige Philisterstadt Gat in der Schefela eroberte und sich anschickte, auch gegen Jerusalem zu ziehen (2 Kön 12,18), unterwarf sich ihm Joasch freiwillig als sein Vasall und verbündete sich so mit dem Erzfeind des Nordreiches (V. 19). Auch aus diesem offenen „Verrat" der früheren Einigungspolitik konnten er und sein Sohn Amazja wahrscheinlich territorial, politisch und militärisch Gewinn ziehen.[27] Doch damit kam die Idee eines vereinten Königreiches keineswegs aus dem Blick. Denn kaum dass sich Amazja nach einem Sieg über Edom militärisch stark genug fühlte (14,7), forderte er Joasch, den König des durch die Aramäerkriege geschwächten Nordreichs, zu einem militärischen Kräftemessen heraus (V. 8–11), wohl weil er meinte, nun sei die Zeit gekommen, ein vereintes Reich unter der Vorherrschaft des Südens errichten zu können.[28] Doch unerwartet war Joasch militärisch immer noch stark genug, um Amazja bei Bet-Schemesch eine vernichtende Niederlage beizufügen (V. 12–13). Zudem unterzog Joasch den judäischen König einer regelrechten Strafaktion: Er nahm Amazja gefangen, eroberte und plünderte Jerusalem und verschleppte ihn samt seinen Gefolgsleuten als Geisel nach Samaria (V. 13–14), so als wolle er ihm drastisch vor Augen führen, was mit Juda passiert, wenn es meine, mit den Feinden Israels paktieren zu können. Die Aramäer von Damaskus, nunmehr selber unter den Druck der Assyrer geraten, konnten ihrem judäischen Vasall nicht mehr helfen. Juda wurde unter dem tatkräftigen Nimischiden-König Joasch stattdessen zum Vasall des Nordreichs, das entschlossen war, seine Hegemonie erneut über ganz Israel auszudehnen.

26 In 2 Kön 11 wird deswegen der Aufstand gegen Atalja und die Krönung des Joasch wie eine Befreiung von einer bösen Fremdherrschaft beschrieben.

27 Vgl. Sergi, Judah's Expansion, 230–233.239–240.

28 Der Krieg, den Amazja nach der Darstellung von 2 Kön 14,8–10 übermütig und scheinbar grundlos vom Zaun bricht, wird überhaupt erst unter der Perspektive der treibenden politischen Idee, ein vereinigtes Königtum zu errichten, verständlich! Gunneweg, Geschichte, 102, konnte dazu etwa noch schreiben: „Nicht recht einsichtig ist, warum es zu einem kurzen Krieg mit Israel kam."

Man hat allerdings den Eindruck, als habe sich die Abhängigkeit Judas vom Nordreich nach dem Tod Joasch' wieder entspannt. In der langen Regierungszeit seines Sohnes Jerobeam II. (786–746 v. Chr.) kam es erneut zu einer engen Kooperation zwischen Israel und Juda unter der Führung des Nordreiches. Zwar berichtet die Hebräische Bibel über keine gemeinsamen militärischen Aktionen, doch die Nachricht, dass Amazjas Sohn Ussia den Hafen von Elat für Juda zurückgewann und ausbaute (2 Kön 14,22), lässt sich im Zusammenhang mit dem archäologischen Befund, dass unter Jerobeam II. Kuntillet Ajrud in der nördlichen Sinaihalbinsel als nordisraelitischer Handelsstützpunkt gegründet wurde, dahingehend ausdeuten, dass Juda und Israel beim Aufbau eines lukrativen Arabienhandels zusammenarbeiteten und beide davon profitierten. Wenn sich die These von Israel Finkelstein und Thomas Römer bewahrheiten sollte, dass die große Plattform in Kirjat-Jearim, auf der heute die Klosteranlage der Schwestern des Heiligen Joseph steht, von Jerobeam II. erbaut wurde, dann hat dieser König vielleicht sogar an der Grenze zu Juda ein Heiligtum für das altisraelitische Kultsymbol der Lade errichtet, das die JHWH-Gläubigen aus Nord und Süd auch kultisch einigen sollte.[29] Somit hätte Jerobeam II. in seinem „vereinten Israel“ sogar eine religiöse Stärkung des gesamt-israelitischen Gemeinbewusstseins erreichen wollen! Aus der sozialen Verkündigung der Propheten Amos und Jesaja wissen wir, dass unter der langen Friedensherrschaft Jerobeams II. beide Reichsteile einen signifikanten wirtschaftlichen Aufschwung erlebten, der allerdings auch erhebliche soziale Probleme in sich barg.[30]

Allerdings überdauerte die für beide Teile segensreiche Kooperation die Regierungszeit Jerobeams II. nicht lange. Unter dem Druck der erneuten Westexpansion des Neuassyrischen Reiches unter Tiglat-Pileser III. geriet das Nordreich schnell in eine Phase politischer Destabilisierung, in der sich abwechselnd pro- und anti-assyrisch gesinnte Herrscher an die Macht putschten. Damit verlor es schon ein gutes Stück weit seine Dominanz über den Süden. Zu einem endgültigen Bruch kam es in den Jahren 734 oder 733, als der judäische König Ahas den von ihm offenbar erwarteten solidarischen Beitritt in eine anti-assyrische Koalition verweigerte, die der israelitische König Pekach zusammen mit dem Aramäerkönig Rezin von Damaskus geschmiedet hatte. Als Pekach und Rezin daraufhin Juda unter Anwendung militärischer Gewalt zum Beitritt zwingen und Ahas durch einen willfährigen König ersetzen wollten, fasste Ahas den Entschluss, sich freiwillig den Assyrern als Vasall zu unterwerfen und sie um Hilfe zu rufen (2 Kön 16,5–9). Wieder einmal verbündete sich Juda mit den Feinden des Nordreichs und profitierte davon. Als Tiglat-Pileser III. 732 Damaskus eroberte und das Nordreich dezimierte, konnte Juda sein Territorium ins benjaminitische Gebiet ausweiten (vgl. Hos 5,10). Bemerkenswert ist, dass der Prophet Hosea im Norden genauso wie der Prophet Jesaja im Süden sowohl den brutalen Angriff des Staates Israel auf Juda als auch dessen unsolidarisches Hilfeersuchen bei der assyrischen Großmacht im Namen

29 Vgl. Finkelstein und Römer, Background, 169–184.

30 Vgl. für das Nordreich um 760 Am 2,6–8; 4,1; 5,10–12; 6,1–7; 8,4–6; dazu Jes 9,7–9; für das Südreich um 740 Jes 5,1–7.8–10.11–13.22–23; 10,1–4.

des Gottes JHWH aufs schärfste verurteilten.[31] Beides entsprach offenbar nicht ihrer Vorstellung von einer Gemeinschaft Israels und Judas, die eigentlich durch gegenseitige Solidarität geprägt sein sollte.

Das desaströse Scheitern der politischen Gemeinschaft zwischen Israel und Juda unter dem Druck der assyrischen Bedrohung hat nun aber keineswegs dazu geführt, dass die politische Idee von einem vereinten Königreich ad acta gelegt worden wäre. Ganz im Gegenteil! Der politische Untergang des Nordreichs durch die Eroberungen der Assyrer löste im Süden tiefgreifende Reformbewegungen aus, in die auch viele religiöse Traditionen aus dem Norden einflossen. Kaum dass die assyrische Besatzungsmacht im letzten Drittel des 7. Jhs. v. Chr. aus der Levante zurückwich, war es nun der judäische König Josia, der die politische Idee eines vereinten Königreiches diesmal von Süden her zu realisieren suchte. Wie weit er dabei auf das Gebiet des ehemaligen Nordreichs vorstieß, ist unsicher. Einigermaßen wahrscheinlich ist der Vorstoß in die südlichen Gebiete Ephraims um die Stadt Bethel, möglicherweise gelangte er auch in den nördlichen Teil des Berglandes bis nach Samaria (2 Kön 23,15–20).[32] Wenn Josia dabei in Bethel das Staatsheiligtum des ehemaligen Nordreichs zerstörte, wollte er damit wohl die JHWH-Gläubigen im Norden zwingen, für ihre kultischen Verrichtungen ins Zentralheiligtum seines Reiches, nach Jerusalem, zu kommen. Bei diesem Anliegen, das gesamt-israelitische Gemeingefühl religiös zu stärken, wurde der König von dem Propheten Jeremia unterstützt.[33] Doch auch dieses Projekt eines vereinten Königreiches unter der Dominanz des Südens scheiterte. Es scheiterte, weil der Pharao Necho II. die Errichtung eines potenteren, mittelgroßen Staates vor seiner Haustür unbedingt verhindern wollte (2 Kön 23,29).

Überblickt man die Geschichte der Königreiche Israel und Juda im Ganzen, dann war – selbst wenn man von der historisch umstrittenen „United Monarchy“ unter David und Salomo absieht – der Versuch Josias, Juda und Israel unter seiner Krone zu einem Staat zu vereinen, kein Einzelfall. Vielmehr durchzieht die gesamte Geschichte vom 9. bis zum 7. Jh. v. Chr. eine Kette immer wieder neuer Anstrengungen, ein mehr oder minder vereintes Königreich zu verwirklichen. Zwei relativ erfolgreiche Projekte fanden in den ersten Hälften des 9. und des 8. Jhs. statt, initiiert und dominiert von den Herrschern des Nordreichs, den Omriden und den späteren Nimschiden. Zwei weitere weniger erfolgreiche Versuche, ein gesamtisraelitisches Königreich aufzubauen, wurden von Königen des Südreichs unternommen: Der tollkühne Versuch Amazjas am Ende des 9. Jhs. misslang schon im Ansatz; das wohlüberlegte Unternehmen Josias im vorletzten Jahrzehnt des 7. Jhs. hätte größere Chancen gehabt, aber scheiterte nach wenigen Jahren tragisch an den außenpolitischen Machtverhältnissen. Wenn Christian Frevel in seiner Darstellung der Geschichte Israels formuliert: „Jetzt erst, in den letzten Jahrzehnten des 8. Jh.s v. Chr. [gemeint ist der Bruch 734/33] kommt es de facto zu zwei getrennten

31 Vgl. Hos 5,8–6,6; Jes 7,1–17; 8,1–8; 9,19–20.

32 Für eine solche Ausweitung könnte sprechen, dass Josias Zusammentreffen mit dem Pharao Necho II. in Megiddo stattfand (2 Kön 23,29).

33 Vgl. Jer 3,12–13.21–4,2; 31,2–6 und Albertz, Frühzeitverkündigung, 25–34.43–45.

Reichen, die politisch über lange Zeit von den Omriden bis zu den Nimschiden außenpolitisch mehr oder minder gleichgeschaltet waren,"[34] dann ist das wohl übertrieben. Aber immerhin waren die Staaten Israel und Juda von den 300 Jahren der betrachteten monarchischen Epoche (900–600 v. Chr.) rund 100 Jahre in recht engen politischen Allianzen vereint, größtenteils unter Führung und Dominanz des Nordreichs Israel. Offenbar war das „Vereinte Königreich" in der Geschichte Israels nicht bloß ein einmaliges oder zweimaliges Ereignis, eins gegen Ende und eins möglicherweise am Anfang der monarchischen Epoche, sondern eine durchlaufende, attraktive politische Idee, die immer wieder Anstrengungen zu ihrer Realisierung in Gang setzte, auch wenn sie nur selten vollständig und nie dauerhaft verwirklicht werden konnte. Damit aber stellt sich die Frage, woher diese politische Idee ihre Attraktivität gewann.

3 Die kulturelle, religiöse und gesellschaftliche Fundierung der politischen Einigungsidee

Fragt man nach den Elementen, welche die politische Vereinigung von Israel und Juda gefördert haben könnten, so wird man als erstes die gemeinsame Sprache benennen, die in beiden Kleinstaaten gesprochen wurde, denn eine solche bildet auch sonst in der Menschheitsgeschichte immer wieder einen Faktor der Nationenbildung. Soweit wir erkennen können, wich die im Norden verwendete Sprache zwar in einigen Details von der in Juda gebräuchlichen ab, aber beide lassen sich doch als bloße dialektische Varianten des Althebräischen klassifizieren.[35] Allerdings weist etwa auch das Moabitische große Ähnlichkeiten auf,[36] ohne dass es je zu einer politischen Vereinigung mit den Moabitern gekommen wäre. So reicht die gemeinsame Sprache nicht aus, um die Entstehung eines gesamt-israelitischen Wir-Gefühls zu erklären.

Weiter führt zweitens die Beobachtung einer durch gemeinsame Sitte geprägten Gemeinschaft. Wenn die judäische Königstochter Tamar ihren Halbbruder Ammon mit den Worten „So etwas tut man nicht in Israel" von einer Vergewaltigung abhalten will (2 Sam 13,12), dann kann hier „Israel" nicht das Nordreich meinen, sondern nur eine weitere, durch gemeinsame Normen geprägte Gemeinschaft, der auch selbstverständlich Juda angehört.[37] Ammon würde sich durch eine solche Untat als „einer der Toren (נבלים) in Israel" in dieser Gemeinschaft disqualifizieren (V. 13). Die Wendung עשׂה נבלה בישׂראל „eine Torheit oder Schandtat in Israel begehen" ist in den verschiedensten Texten der Hebräischen Bibel so breit belegt,[38] dass sie kaum eine Erfindung des Autors der Thronfolgegeschichte sein kann, der möglicherweise schon eine judäische

34 S. Frevel, Geschichte Israels, 262.

35 Vgl. dazu zusammenfassend Rendsburg, Art. Biblical Hebrew, 339–341. Dass es auch phonetische Differenzen zwischen dem Israelitischen und dem im Ostjordanland gesprochenen Dialekt gab, belegt der berühmte Ausspracheteſt mit dem Wort Schibbolet (Ri 12,6). Markant ist auch die differente typische Schreibung und Lautung des Gottesnamens JHWH am Ende der epigraphisch überlieferten judäischen (*-yāhû*) und nordisraelitischen (*-yô* bzw. *-yau*) Personennamen.

36 Vgl. dazu Hasselbach, Art. Canaanite and Hebrew, 393.

37 Vgl. dazu Albertz, Art. Israel, 371.

38 Vgl. Gen 34,7; Dtn 22,21; Jos 7,15; Ri 20,6.10; Jer 29,23.

Adaption nordisraelitischer Vorstellungen voraussetzt, zudem eine entsprechende Wendung „eine Schandtat in Juda begehen" kein einziges Mal belegt ist. Nein, hier wird ein älteres gesamt-israelitisches Wir-Gefühl greifbar, das eine Basis für die politische Einigungsidee gewesen sein könnte.

Noch wichtiger war wahrscheinlich drittens die Tatsache, dass sowohl im Nordreich Israel als auch in Juda JHWH als Hauptgott verehrt wurde. Wohl unterschieden sich die offiziellen JHWH-Theologien in den beiden Kleinstaaten erheblich. So wird JHWH etwa in der Jerusalemer Kulttheologie als auf dem Zion thronender Weltenkönig vorgestellt, der seine Stadt vor dem Ansturm der Chaosmächte und Völker schützt (Ps 46; 48), während in der offiziellen Theologie des Nordens, die weniger gut bezeugt ist, JHWH als König Israels fungiert, der sein Volk Israel aus Ägypten befreit hat (Ps 80).[39] Und wohl wurden in Nord und Süd zwischen lokalen Repräsentationen JHWHs unterschieden. So werden inschriftlich sowohl ein יהוה שׁמרון „JHWH von Samaria" als auch JHWH als אלהי ירשלם „Gott Jerusalems" bezeugt.[40] Aber die Identität dieses Gottes wird in beiden Reichen dadurch festgehalten, dass es sich immer um JHWH, den Gott Israels, handelt.[41] Das Epitheton יהוה אלהי ישׂראל „JHWH, der Gott Israels" begegnet in der Hebräischen Bibel nicht weniger als 198-mal, während das entsprechende Epitheton „JHWH, der Gott Judas" kein einziges Mal belegt ist.[42] Das heißt aber: Der Gott JHWH war und blieb immer gesamtisraelitisch ausgerichtet. Seine Verehrung kann somit als ein wichtiger Motor für die politischen Einigungsbestrebungen gelten.

Dass bei dieser Sachlage die Okkupation und politische Verengung des Israel-Begriffs als Selbstbezeichnung des Nordreichs für die judäischen Theologen ein erhebliches Problem darstellte, wird an einer kleinen Beobachtung deutlich: In den Königs-, Zions- und JHWH-Königspsalmen, die noch am ehesten die offizielle Jerusalemer Theologie der vorexilischen Zeit greifen lassen, wird eigentümlicherweise JHWH nie als „Gott Israels" bezeichnet.[43] Offenbar wollten die Hoftheologen das Missverständnis ausschließen, als stehe der auch in Juda verehrte Gott in einer besonders engen Beziehung zum Nordreich. Stattdessen weichen sie auf das Epitheton אלהי יעקב „Gott Jakobs" aus,[44] das mit Rückgriff auf den Stammvater Israels zwar Ähnliches aussagt, aber eine mögliche politische Verengung des Israelbegriffs vermeidet.

---

39 S. genauer dazu Albertz, Israel in der offiziellen Religion, 42–49.

40 Ersteres in Kuntillet Ajrud 8,2; letzteres in Ḫirbet Bēt Lay 1,2, vgl. Renz und Röllig, Handbuch I, 61.245. Von einem „Gott Jerusalems" ist auch in 2 Chr 32,12 die Rede, von einem „Gott in Jerusalem" in Jer 4,2 LXX.

41 So bezeichnet etwa der judäische Prophet Jesaja JHWH als „Heiligen Israels" (Jes 5,19.24; 30,12.15; 31,1).

42 Darauf hat Danell, Studies, 274, Anm. 22, schon im Jahr 1946 aufmerksam gemacht!

43 Es handelt sich um die Psalmen 2; 18; 20; 21; 24; 29; 45; 46; 47; 48; 72; 76; 84; 87; 89; 93; 110; 132; 144. Das Vorkommen des Epithetons „Gott Israels" in Ps 72,18 gehört nicht zum Königspsalm, sondern zur angehängten Doxologie, welche die Psalmenbücher gliedert.

44 So Ps 20,2; 46,8.12; 76,7; 84,9; hinzu kommt noch Ps 24,6, wo ein אלהי vor „Jakob" wahrscheinlich ausgefallen ist, vgl. 2 Mss, LXX, Syr; vgl. אביר יעקב „Starker Jakobs" im späten Königspsalm Ps 132,2.5. Ganz im Sinne der Zionstheologie wird der Jerusalemer Tempel in der Friedensverheißung Jes 2,3; Mi 4,2 „Haus des Gottes Jakobs" genannt.

Der Rückgriff auf den Stammvater Jakob in der offiziellen Theologie des Südreichs wirft viertens ein interessantes Licht auf die gesellschaftlichen Strukturen, die hinter den Kleinstaaten Israel und Juda stehen. Es sind die tribalen Strukturen einer Stammesgesellschaft, die über ein komplexes Verwandtschaftssystem politische Zuordnungen und Abgrenzungen vornehmen. Wenn sich die Jerusalemer Hoftheologen nun ausdrücklich auf Jakob beziehen, dessen zwölf Söhne Israel in seiner Gesamtheit repräsentieren, dann fühlen sie ihren Staat Juda trotz aller möglichen politischen und theologischen Differenzen, die auf der staatlichen Ebene eine Rolle spielen können, mit dem Nordreich, das sich aus demselben Verwandtschaftssystem herleitet (Gen 29,31–30,24), auf der fundamentalen gesellschaftlichen Ebene verbunden. Kristin Weingart hat jüngst herausgearbeitet, welche hohe Bedeutung der sozialen Konstruktion der israelitischen Gesellschaft als Zwölf-Stämme-Volk für die Ausbildung eines gesamt-israelitischen Gemeinbewusstseins zukommt.[45] Die Entstehung des Stämmeverbandes Israel geht in eine historisch nur schwer greifbare vorstaatliche Periode zurück;[46] doch behielt er, wie Kristin Weingart zeigen konnte, auch in der staatlichen Zeit eine wichtige, die gesellschaftlichen Beziehungen strukturierende Bedeutung.[47] In vorstaatlicher Zeit noch relativ fluide,[48] gehörte dem Stämmeverband spätestens seit der frühstaatlichen Zeit, wie die Erzählungen vom Absalom-Aufstand (2 Sam 15–19) zeigen, fest der Stamm Juda an.[49] Weil dieses Zusammengehörigkeitsgefühl tribal codiert ist, war es, wie Weingart mit Recht feststellt, „auch nicht an staatliche Strukturen gebunden, sondern kann neben diesen existieren und muss sie nicht deckungsgleich abbilden."[50] Diese Sicht birgt für die Frage,

45 Vgl. Weingart, Stämmevolk, 364–373.

46 Auf die Organisation und das Agieren des israelitischen Stämmeverbandes in vorstaatlicher Zeit kann hier nicht eingegangen werden, vgl. aber die Übersicht bei Albertz, Religionsgeschichte I, 104–142.

47 Vgl. Weingart, Stämmevolk, 171–287. Verwiesen sei hier nur auf das eine Beispiel, wie in Hos 5,9b der Verweis auf die „Stämme Israels" die Funktion einer sozialen Klammer übernimmt, um zwischen der Gerichtsverkündigung Hoseas gegenüber dem Nordreich (hier: „Ephraim") und dem Südreich („Juda") während des sog. „syrisch-ephraimitischen Krieges" (5,8–6,6) zu vermitteln. Egal ob der Versteil vom Propheten selber oder einem seiner Schüler stammt, der die Komposition zusammenstellte, er belegt die Wirksamkeit tribalen Denkens im letzten Drittel des 8. Jhs. v. Chr.

48 Im Debora-Lied (Ri 5) scheint Juda noch nicht zu den Stämmen zu gehören, von denen Solidarität im Abwehrkampf gegen die kanaanäischen Stadtkönigtümer erwartet wurde, vgl. V. 13–18.

49 In 2 Sam 15,2.6.10; 17,11; 19,23 ist Juda im Gebrauch der umfassenden Israel-Bezeichnung selbstverständlich inkludiert; aber auch da, wo sich die führenden Männer aus den Nordstämmen mit denen aus Juda streiten (19,42–44), werden die Judäer von ersteren immer noch „unsere Brüder" genannt (V. 42).

50 S. Weingart, Stämmevolk, 366. Dafür, dass auch noch in staatlicher Zeit Israel als eine tiefer liegende, umfassende gesellschaftliche Größe aufgefasst wurde, die auf der politischen Ebene in zwei Staaten organisiert ist, spricht die Rede Jesajas von den „beiden Häusern Israels" (שְׁנֵי בָּתֵּי יִשְׂרָאֵל) in Jes 8,14, vgl. ähnlich schon Danell, Studies, 171, und dann wieder Weingart, Stämmevolk, 207–212. Auch Rost, Israel, 45, kann dieses naheliegende Verständnis nicht ausschließen, auch wenn er meint, Jesaja habe damit eher „den Namen des größeren Reiches auf das kleinere" übertragen wollen. Dass es sich hier um eine ganz außergewöhnliche Formulierung handelt, die der Prophet extra für sein Gerichtswort erfunden haben sollte, wie Kratz, Israel in Isaiah, 127, unterstellt, wird aus der selbstverständlichen Art, wie sie gebraucht wird, überhaupt nicht ersichtlich.

warum in der Geschichte der Kleinstaaten Israel und Juda immer wieder Anstrengungen zu ihrer Vereinigung unternommen wurden, einen doppelten Erkenntnisgewinn. Weil das gesamt-israelitische Zusammengehörigkeitsgefühl auf einer tieferen Ebene der tribalen gesellschaftlichen Strukturen verankert war, konnte es immer wieder einen Ansporn bilden, ihm auch auf der staatspolitischen Ebene Ausdruck zu verschaffen, auch wenn ihm immer handfeste politische und wirtschaftliche Eigeninteressen entgegenstanden. Sodann kann die Verankerung des gesamt-israelitischen Gemeinbewusstseins in den tribalen gesellschaftlichen Strukturen der vor- und frühstaatlichen Zeit erklären, warum es bereits relativ früh, spätestens in der ersten Hälfte des 9. Jhs. v. Chr., als das Nordreich seine volle Staatlichkeit erlangte, politisch wirksam wurde.

Es soll hier nicht geleugnet werden, dass dann auch in den Phasen einer mehr oder minder engen Vereinigung der Kleinstaaten Israel und Juda das kulturell, religiös und tribal fundierte gesamt-israelitische Gemeinbewusstsein natürlich weiter ausgebaut wurde, und dass eine weitere Vertiefung durch die Reformbewegungen der Hiskia- und Josia-Zeit nach dem staatlichen Untergang des Nordreichs stattfand, aber es ist wohl deutlich geworden, dass sich die auffälligen politischen Einigungsbestrebungen, welche die gesamte staatliche Geschichte Israels durchziehen, nur dann hinreichend erklären lassen, wenn man von einem frühen gesamt-israelitischen Gemeinbewusstsein ausgeht und darum der umfassenden Bedeutung des Israel-Begriffs die zeitliche und sachliche Priorität gegenüber der staatspolitisch verengten einräumt.

Auch für eine solche geschichtliche Rekonstruktion gibt es eine gewisse außerbiblische historische Stütze. Auf der Stele des Pharaos Merenptah wird schon für das Ende des 13. Jhs. v. Chr. die Existenz einer politischen Größe „Israel“ auf dem Gebiet der südlichen Levante erwähnt. Zwar charakterisiert die Inschrift dieses Israel nicht ausdrücklich als Stämmeverband, aber doch immerhin durch das verwendete Determinativ als eine Menschengruppe, die es von den sonst im Kontext erwähnten, geographisch determinierten Stadtstaaten unterscheidet.[51] Die Tatsache, dass die ägyptischen Schreiber im fernen Theben eine Volksgruppe Israel überhaupt als erwähnenswert empfanden, setzt voraus, dass diese über eine Organisation verfügte, die ihr das nötige politische Gewicht verlieh. Von daher wird aber die tribale politische Organisation Israels seit frühester Zeit, für die wir sonst keine Quellen haben, relativ wahrscheinlich. Dagegen ist für die vorgelegte Hypothese die Vorstellung Martin Noths, es habe in Israel einen spezifischen sakralen Stämmeverband gegeben, unnötig. Sie kann sogar offenlassen, welche Bedeutung den frühen politischen Einigungsbemühungen unter Saul und David für den weiteren Verlauf der Geschichte Israels zukommt.[52]

51 So in Z. 27 der in Karnak gefundenen Stele aus dem Jahr 1209 v. Chr.; vgl. die Bearbeitung des Schlussabschnitts der Inschrift bei Weippert, Textbuch, 168–171. Eigenartigerweise wird diese älteste außerbiblische Erwähnung Israels bei den Forschern, die ihren Ausgangspunkt bei dem engen politischen Gebrauch der Israel-Bezeichnung für das Nordreich nehmen, entweder übergangen (so Davies, Search, 66–67) oder gegenüber den neuassyrischen Belegen beiseite geschoben (so Kratz, Israel als Staat, 2–3).

52 Wie immer man sie historisch rekonstruieren mag, sie sollten sich allerdings in die aufgezeigte Kette der späteren Einigungsbemühungen und deren Scheitern einfügen!

Leider führte keine der Anstrengungen, dem gesamt-israelitischen Gemeinbewusstsein auf der kulturellen, religiösen und gesellschaftlichen Ebene auch auf der staatspolitischen Ebene in einem Vereinten Königreich Ausdruck zu verschaffen, zu einem vollen und dauernden Erfolg. Es spricht aber für die Kraft der politischen Idee von einem „Vereinten Königreich", dass sie in den Heilserwartungen mehrerer Prophetenbücher als ein Ideal für die Zukunft aufbewahrt wurde.[53]

Literatur

Albertz, R., Jer 2–6 und die Frühzeitverkündigung Jeremias, ZAW 94, 1982, 20–47.

Albertz, R., Art. Israel. I. Altes Testament, TRE XVI, Berlin/New York, 1987, 369–379.

Albertz, R., Religionsgeschichte Israel in alttestamentlicher Zeit, 2 Bde., GAT 8,1–2, Göttingen, ²1996–1997.

Albertz, R., Israel in der offiziellen Religion der Königszeit, in H. Irsigler (Hg.), Die Identität Israels. Entwicklungen und Kontroversen in alttestamentlicher Zeit, HBS 56, Freiburg i. Br./Basel/Wien et al., 2009, 39–57.

Albertz, R., Secondary Sources also Deserve to be Historically Evaluated. The Case of the United Monarchy, in Davies, P. R. und D. V. Edelman (Hg.), The Historian and the Bible. Essays in Honour of Lester L. Grabbe, LHBOTS 530, New York/London, 2010, 31–45.

Danell, G. A., Studies in the Name Israel in the Old Testament, Uppsala, 1946.

Davies, P. R., In Search of ‚Ancient Israel', JSOT.S 148, Sheffield, 1992.

Davies, P. R., The Origin of Biblical Israel, in Y. Amit, E. Ben Zvi, I. Finkelstein et al. (Hg.), Essays on Ancient Israel in Its Near Eastern Context, FS Nadav Na'aman, Winona Lake, 2006, 141–148.

Davies, P. R., The Origins of Biblical Israel, LHBOTS 485, New York/London, 2007.

Finkelstein, I., The Rise of Jerusalem and Judah. The Missing Link, Levant 33, 2001, 105–115.

Finkelstein, I. und T. Römer, The Historical and Archaeological Background Behind the Old Israelite Ark Narrative, Bib. 101, 2020, 161–185.

Finkelstein, I. und N. A. Silberman, Keine Posaunen vor Jericho. Die archäologische Wahrheit über die Bibel, München, 2002.

Finkelstein, I. und N. A. Silberman, Temple and Dynasty. Hezekiah, the Remaking of Judah and the Rise of the Pan-Israelite Ideology, JSOT 30, 2006, 259–285.

Frevel, C., Geschichte Israels, Studienbücher Theologie 2, Stuttgart, ²2018.

Gunneweg, A. H. J., Geschichte Israels bis Bar Kochbar, ThW 2, Stuttgart, ²1972.

Hasselbach, R., Art. Canaanite and Hebrew, in G. Khan (Hg.), Encyclopedia of Hebrew Language und Linguistics, 4 Bde., Leiden/Boston, 2013, 391–395.

Kratz, R. G., Israel als Staat und als Volk, ZThK 97, 2000, 1–17.

Kratz, R. G., Israel in the Book of Isaiah, JSOT 31, 2006, 103–128.

Oswald, W., Israel am Gottesberg. Eine Untersuchung zur Literargeschichte der vorderen Sinaiperikope Ex 19–24 und deren historischer Hintergrund, OBO 159, Freiburg i. Ue./Göttingen, 1998.

Oswald, W., Staatstheorie im Alten Israel. Der politische Diskurs im Pentateuch und in den Geschichtsbüchern des Alten Testaments, Stuttgart, 2009.

53 Vgl. Jes 11,11–16; Jer 23,5–6; Ez 37,15–19.20–24a.24b–28; Hos 2,1–2; Am 9,8–10.11–15.

Oswald, W., Die Verfassungsdebatten bei Herodot (3,80–82) und im Samuelbuch des Alten Testaments (1 Sam 8), Historia 62, 2013, 129–145.

Oswald, W., Das Alte Testament und die Politikwissenschaft – eine einführende Sondierung, ThR 79, 2014, 135–160.

Rendsburg, G. A., Art. Biblical Hebrew. Dialects and Linguistic Variation, in G. Khan (Hg.), Encyclopedia of Hebrew Language und Linguistics, 4 Bde., Leiden/Boston, 2013, 338–341.

Renz, J. und W. Röllig, Handbuch der althebräischen Epigraphik, 3 Bde., Darmstadt, 1995–2003.

Rost, L., Israel bei den Propheten, BWANT 71, Stuttgart, 1937.

Sergi, O., Judah's Expansion in Historical Context, TA 40, 2013, 226–246.

Weingart, K., Stämmevolk – Staatsvolk – Gottesvolk? Studien zur Verwendung des Israel-Namens im Alten Testament, FAT II 68, Tübingen, 2014.

Weippert, M., Historisches Textbuch zum Alten Testament, GAT 10, Göttingen, 2010.

Die *ekklesia* von Ephesos in Apostelgeschichte 19

Neutestamentliche Reflexionen über gelingende und scheiternde Demokratie

Stefan Krauter

In einer einzigen Passage im Neuen Testament bezeichnet ἐκκλησία, was es im allgemeinen Sprachgebrauch fast immer bezeichnet,[1] nämlich eine politische Versammlung in einer Polis: in der Erzählung über den Tumult, den der Silberschmied Demetrios in Ephesos gegen Paulus anzettelt (Apg 19,32.39.40).[2] Ansonsten wird das Lexem in der Apostelgeschichte und überhaupt im Neuen Testament[3] nur in Bezug auf Gruppen von Christusgläubigen verwendet.[4] Dabei changiert seine Bedeutung:[5]

a) Manchmal geht es eindeutig um die *Versammlung* der Christusgläubigen eines Ortes, in der etwas passiert, vor der jemand spricht, die Wahlen abhält oder Beschlüsse fasst (Apg 5,11; 11,22; 13,1; 14,27; 15,3.4.22; 18,22). D.h. die Bedeutung entspricht der des allgemeinen Sprachgebrauches, nur dass die Bezugsgröße nicht ein politisches Gemeinwesen ist. Eine solche Verwendung findet man durchaus auch in anderen Zusammenhängen, wenn auch nicht besonders häufig. Z. B. kann ἐκκλησία für eine Vereinsversammlung stehen.[6]
b) Manchmal handelt es sich aber auch eindeutig um eine zusammenfassende Bezeichnung für die *Gemeinschaft* der Christusgläubigen an einem Ort, in einer Region oder darüber hinaus (Apg 8,1.3; 9,31; 11,26; 12,1; 15,41; 20,28). Diese Verwendung im Sinne von „Gemeinde" oder auch „Kirche" – sofern man anachronistische Konnotationen dieser Übersetzungsäquivalente fernhält – ist im allgemeinen antiken Sprachgebrauch unüblich;[7] im Kontext von antiken Vereinen findet man sie nie.[8]

---

1 Vgl. insgesamt Schmidt, Art. ἐκκλησία; Linton, Art. Ekklesia; Roloff, Art. ἐκκλησία; Grappe, Art. Kirche; Schnelle, Art. Church.

2 Vgl. auch die Verwendung von δῆμος „Volk": Außer hier in Apg 19,30.33 kommt es im Neuen Testament nur in Apg 12,22; 17,5 vor, und zwar an allen Stellen mit politischen Implikationen.

3 Bekanntermaßen nicht in allen Schriften. V.a. die Evangelien verwenden ἐκκλησία (außer in Mt 16,18; 18,17) nicht.

4 Einzige Ausnahme: Apg 7,38, wo es um die Versammlung Israels in der Wüste geht. Vgl. insgesamt Giambrone, 'ΕΚΚΛΗΣΙΑ, 432.

5 An einigen Stellen (Apg 12,5; 14,23; 16,5; 20,17) ist eine Entscheidung zwischen den beiden Bedeutungen kaum möglich.

6 Beispiele sind die Inschriften ID 1519 und Samos 119 (= IG XII 6,1:133).

7 Was man häufiger findet, ist der umgekehrte Fall: Dass die Volksversammlung einen Beschluss fasst, wird metonymisch formuliert als „die *Polis* hat beschlossen" (vgl. dazu Hagedorn, Regeln).

8 Das wird zwar immer wieder behauptet, z. B. von Ascough, Associations, 73f., ist aber falsch. Vgl. die ausführliche Diskussion aller angeblichen Belege bei Korner, Origin, 53–68.

Dass ἐκκλησία sowohl die Volksversammlung in Ephesos als auch die Christusgläubigen und ihre Versammlungen bezeichnet, könnte natürlich schlichter Zufall sein.[9] Das Lexem bedeutet eben „Versammlung", folglich benutzt es der Autor der Apostelgeschichte für all das, was er als Versammlung ansieht.[10] Doch die Apostelgeschichte nennt einerseits die Gemeinschaft(en) der Christusgläubigen ungewöhnlicherweise und darum prominent ἐκκλησία und beschreibt andererseits die Abläufe ihrer Versammlungen mehrfach und detailliert. Wenn dann mit demselben Lexem eine gegen diese Christusgläubigen gerichtete, allerdings völlig chaotische und darum letztendlich erfolglose Volksversammlung bezeichnet wird, liegt es durchaus nahe, dass ein Vergleich intendiert ist.

Das ist auch schon anderen Exegetinnen und Exegeten aufgefallen, z. B. vermutet Hans-Josef Klauck:

> Daß der Begriff der Ekklesia, mit dem wir Gemeinde und Kirche assoziieren, hier [sc. in Apg 19] innerhalb des Neuen Testaments in seinem originären politischen Kontext begegnet, darf angemerkt werden. Vielleicht darf man so weit gehen, in der ungeregelten Zusammenkunft im Theater eine förmliche Anti-Ekklesia zu entdecken, eine Karikatur dessen, was Gemeindeversammlung auch im Christentum sein soll.[11]

Ich möchte im Folgenden über diese Deutung, es handle sich um einen wertenden Vergleich noch etwas hinausgehen und die Behauptung aufstellen, dass die Apostelgeschichte ἐκκλησία dergestalt verwendet, dass im Medium von Narration über gelingende und scheiternde Demokratie reflektiert wird.

1 Die Gemeinschaft der Christusgläubigen als gelingende Demokratie

In einem viel und teilweise auch kritisch[12] rezipierten Aufsatz hat der Tübinger Altphilologe und Religionswissenschaftler Hubert Cancik das lukanische Doppelwerk als Institutionengeschichte zu verstehen versucht.[13] Er ordnet es in antike historiographische Werke ein, die nicht (nur) politische und militärische Geschichte schreiben, sondern (auch) einen historischen Zugriff auf kulturelle Phänomene zeigen, etwa auf Kulte und Philosophenschulen.[14] Die „Hauptperson" des Doppelwerkes sei die ἐκκλησία, ein passender (fiktiver!) antiker Titel sei „*De origine et processu ecclesiae Christianorum*". Themen seien Entstehung und Entwicklung dieser neuen Gemeinschaft, ihr Name, ihre Abgrenzung gegenüber anderen, ihre interne Struktur (Mitgliedschaft, Finanzen, Ämter) und

9 So z. B. tendenziell Secombe, Luke's Vision, 53f.

10 Vgl. z. B. Jervell, Apostelgeschichte, 491: „Das Wort ist bei Lukas nicht für die Kirche reserviert, sondern steht für jede Versammlung von Menschen […]."

11 Klauck, Magie, 125. Vgl. z. B. auch Brinks, Artemis; Giambrone, 'ΕΚΚΛΗΣΙΑ, 438.

12 Z. B. bei Reasoner, Theme.

13 Cancik, History.

14 Er nennt z. B. Passagen aus Herodot; M. Terentius Varro, Antiquitates rerum divinarum, Lukian von Samosata, De dea Syria; Dikaiarchos.

deren Anpassung an jeweils neue Rahmenbedingungen (Mitgliederzahlen, geographische Verbreitung, innere Spannungen, äußerer Druck).

Man kann an diesem Ansatz manches hinterfragen, z. B. die Behauptung, die entstehende, sich immer mehr institutionalisierende Größe „ἐκκλησία" trenne sich im Laufe der Handlung vollständig vom antiken Judentum,[15] und die Fixierung auf Institutionengeschichte als *das* Thema des lukanischen Doppelwerks. Doch richtig und weiterführend scheint mir jedenfalls die Beobachtung, dass Institutionengeschichte *ein* Thema der Apostelgeschichte ist. Diese erschöpft sich nicht in der Erzählung der Worte und Taten der Gründerfiguren, ebenso wenig bietet sie nur eine theologische Deutung von Geschichte – so sehr sie das beides *auch* tut. Vielmehr ziehen sich wie *ein* roter Faden (allerdings kaum als *der* rote Faden) Passagen durch das Werk, in denen die ἐκκλησία als Gemeinschaft in ihrer institutionellen Struktur das Thema ist. Selbstverständlich kann man nicht von dieser Darstellung der Apostelgeschichte einfach Schlüsse auf die *tatsächliche* Entwicklung des entstehenden Christentums von einer Bewegung in Judäa zu einem Netzwerk von kleinen Gemeinschaften im östlichen Mittelmeerraum zwischen frühem 1. Jahrhundert und mittlerem 2. Jahrhundert[16] ziehen. Vielmehr geht es darum nachzuvollziehen, wie der Autor sich diese Entwicklung vorstellen konnte und wie die intendierten Rezipienten sie sich seiner Ansicht nach vorstellen sollten.

Das möchte ich – im Anschluss an Cancik – an einigen Beispielen kurz skizzieren: In Apg 1,15–26 wird geschildert, wie der erste Leitungskreis[17] wieder auf die Sollgröße von zwölf Mitgliedern gebracht wird. Eine beschließende Versammlung findet statt,[18] eine deliberative Rede wird gehalten, sehr spezifische, enge Wählbarkeitsvoraussetzungen werden benannt, die Versammlung[19] trifft eine Vorauswahl an Kandidaten, ein Losentscheid wird durchgeführt. Apg 4,32–37 beschreibt die Finanzierung: Wohlhabende Mitglieder der Gruppe verkaufen ihr Eigentum (bzw. von ihrem Eigentum) und händigen die Geldsumme dem Leitungsgremium aus, das sie anschließend an alle Mitglieder je nach Bedarf verteilt. Apg 5,1–11 schildert drastisch, wie Mitglieder bestraft werden, die diese Regelung hintergehen. Apg 6,1–6 stellt dar, wie ein durch Mitgliederwachstum entstandenes Problem mit Hilfe der Einführung weiterer Ämter gelöst wird. Wieder wird eine beschließende Versammlung einberufen, das Leitungsgremium macht einen Vorschlag für eine Regelung, die Versammlung stimmt akklamierend zu und führt Wahlen durch. In Apg 11,1–18 wird die Amtsführung eines Mitglieds des Leitungsgremiums überprüft: Es wird Kritik geäußert, der Amtsträger erstattet Rechen-

15 Vgl. dazu Crabbe, Character.

16 Zwischen 100 und 130 n.Chr. mit Tendenz zum Ende dieses Zeitraums scheint mir eine plausible Datierung der Apostelgeschichte zu sein; vgl. dazu Backhaus, Datierung.

17 Dieser erste Leitungskreis, die „Zwölf", der eine Art Brückenfunktion zurück zum Gründer hat, wird von allen folgenden Leitungsgremien, die sich nach und nach herausbilden, z. B. den Ältesten, klar unterschieden.

18 Bei den vorangehenden Treffen zum gemeinsamen Gebet sind ausdrücklich Frauen anwesend, nun aber scheinen nur noch „Brüder" mitzuwirken. Vgl. dazu Balch, Luke-Acts, 73.

19 Ab Apg 1,23 sind die 120 Brüder von Apg 1,15 das Subjekt.

schaft in Form einer Rede, er erhält Zustimmung.[20] In Apg 11,22 wird die Verbindung von „Zentrale“ und „Peripherie“ thematisiert: Die Versammlung in Jerusalem erfährt über Vorgänge in Antiochia und beauftragt eine Person, sich vor Ort kundig zu machen und sie zu bewerten. Umgekehrt wird in Apg 11,29f. die Unterstützung der Jerusalemer durch die Antiochener organisiert: Es wird über eine Notlage informiert, es findet eine Geldsammlung statt, es werden Personen beauftragt, das Geld zu überbringen. In Apg 13,1–3 und 14,23 werden wieder Personen für bestimmte Aufgaben ausgewählt und jeweils vor Ort in Ämter bzw. Gremien eingesetzt. Apg 15,1–35 schildert ausführlich, wie ein Konflikt institutionell bearbeitet wird: Es kommt zu einem heftigen Streit zwischen Vertretern der „Zentrale“ und der „Peripherie“. Eine Versammlung in Antiochia beschließt einen Lösungsweg und ernennt Personen offiziell zu Unterhändlern. Die Jerusalemer Versammlung und deren Leitungsgremien empfangen die Unterhändler. Es kommt zu kontroversen Beratungen dieser Leitungsgremien mit zwei großen deliberativen Reden. Am Ende fassen Leitungsgremien und Jerusalemer Versammlung einen Beschluss, fixieren ihn schriftlich und ernennen Boten, die ihn überbringen sollen. Diese Boten überbringen den Beschluss der Versammlung in Antiochia, die ihn ihrerseits anerkennt. In Apg 20,17–38 findet man nochmals eine lange Rede vor einer Gruppe von Leitungspersonen, in der Paulus über seine Amtsführung abschließend Rechenschaft ablegt.

All diese Vorgänge sind deutlich so dargestellt, wie man sich in der frühen Kaiserzeit eine gelingende Herrschaft mit relativ starkem „demokratischem“ Element vorstellte.[21] Die lange Zeit in der Forschung vorherrschende Ansicht, Volksversammlungen hätten bereits im frühen Hellenismus stark an Bedeutung eingebüßt[22] und sie im Römischen Reich der frühen Kaiserzeit gänzlich verloren, ist in den letzten Jahrzehnten der Einsicht gewichen, dass dieser Prozess deutlich komplexer war und sich über einen längeren Zeitraum erstreckte.[23] Volksversammlungen waren teilweise bis in die Spätantike Orte politischer Willensbildung und Willensäußerung. Allerdings begann im späten Hellenismus ein Prozess der Konzentration politischer Macht in den Händen weniger wohlhabender Familien. Unter römischem Einfluss wurden demokratische Elemente weiter eingeschränkt, und in der politischen Philosophie der frühen Kaiserzeit herrscht die Ansicht vor, die Gesamtheit der Bürger müsse mithilfe von Ämtern und Gremien, die von der Elite kontrolliert würden, eingehegt werden. Dennoch bleibt die Vorstellung erhalten, die Volksversammlung solle in die politische Willensbildung einbezogen werden, wenn auch „gelenkt“.[24]

20 Vgl. zur Kontrolle der Amtsführung von Amtsträgern Fröhlich, Les cités grecques, 519–525.

21 Zur (aus heutiger Sicht unscharfen) Verwendung von δημοκρατία in nachklassischer Zeit vgl. Erskine, Standing up, 240f.

22 Vgl. z. B. Berger, Volksversammlung, 169.

23 Vgl. z. B. Rogers, Assembly; Dmitriev, City Government; Scholz, Macht; van Nijf, Alston, Political Culture; Salmeri, Reconstructing; Mann, Gleichheiten; Wiemer, Hellenistic Cities; Brignoli, La plèbe; zusammenfassend auch: Park, Paul's Ekklesia, 26–30.

24 Negative Äußerungen über Demokratie verwenden oft Adjektive wie „ungezügelt“ (ἀκόλαστος) oder „ungemischt“ (ἄκρατος); vgl. Erskine, Standing up, 242.

Hinzu kommt, dass auch nichtstaatliche oder halbstaatliche Organisationen[25] wie verschiedene Arten von Vereinen nach dem Modell eines politischen Gemeinwesens strukturiert waren und der Vereinsversammlung in ihnen neben den Funktionären eine Rolle in der Entscheidungsfindung zukam. Obwohl man die Gruppen der Christusgläubigen m. E. nicht einfach *in jeder Hinsicht* als antike Vereine („voluntary associations") ansehen kann, ist hier der Vergleich sinnvoll.[26] Es ist in dieser Beziehung letztendlich sogar egal, ob die Apostelgeschichte die institutionellen Strukturen der lokalen Gemeinschaften der Christusgläubigen und ihr Netzwerk nach dem Muster frühkaiserzeitlicher Vereine oder politischer Gemeinwesen zeichnet. In jedem Falle sollten die intendierten Rezipienten den Eindruck gewinnen, sie hätten eine ganz und gar funktionierende institutionelle Struktur: Alle – jedenfalls: alle Männer – werden angemessen in die Entscheidungsfindung einbezogen, interne Konflikte werden rational und im Konsens gelöst, externe Herausforderungen werden gemeistert, es gibt keine Möglichkeit, Partikularinteressen gegen das Allgemeinwohl durchzusetzen, Amtsträger erfüllen Eignungskriterien, werden per Wahl oder ausnahmsweise per Losentscheid bestimmt,[27] agieren verantwortlich und legen der Allgemeinheit Rechenschaft ab.[28]

2 Ephesos als Beispiel für eine scheiternde Demokratie

Die Darstellung der ἐκκλησία der Christusgläubigen gewinnt an Profil, wenn man danebenstellt, wie die Apostelgeschichte über Institutionen in den Städten[29] erzählt, in denen sich ihre Protagonisten aufhalten. In Philippi (Apg 16,16–40), Thessaloniki (Apg 17,5–9) und Korinth (Apg 18,12–17) wiederholt sich dasselbe Muster: Einzelne wiegeln die Volksmenge auf, Amtsträger haben die Lage nicht im Griff, sie handeln unüberlegt und

---

25 Mir ist bewusst, dass „Institution" und „Organisation" (ebenso wie „Gemeinschaft" oder „Gruppe") Begriffe der modernen Soziologie sind und nicht ohne weiteres auf antike Phänomene angewendet werden können. Dazu, wie man sinnvollerweise solche Begriffe für die Antike verwenden kann, vgl. Eckhardt, Romanisierung, 8–14. Zu „Gemeinschaft" als Bezeichnung, die mir für die von der Apostelgeschichte beschriebenen Gruppen von Christusgläubigen noch am passendsten erscheint, vgl. Walthert, Religiöse Rituale, 253–326.

26 Vgl. dazu Öhler, Urgemeinde; Kloppenborg, Associations, 33–40.

27 Losentscheide sind zwar in der klassischen griechischen Antike das demokratische Verfahren par excellence zur Besetzung von Ämtern, hier aber spiegelt sich eher die Rolle von Losverfahren in den Städten des römischen Reiches der frühen Kaiserzeit: Dort dienen sie meist der Vermeidung von Konkurrenz bei der Auswahl aus einem eng begrenzten Kreis möglicher Kandidaten (vgl. Hurlet, Le tirage au sort). Nur in Apg 14,23 finden keine Wahlen statt, sondern eine reine Einsetzung; allerdings geht es dort nicht um Amtsträger, sondern um lokale Leitungsgremien. Vgl. allgemein zur Besetzung von Ämtern im entstehenden bzw. frühen antiken Christentum: Dassmann, Bischofsbestellung; Thier, Hierarchie, 17–26; Thier, Richtigkeitsgewähr, 53–58. Wichtige Quellentexte sind: Did 15,1; 1 Clem 44,3; IgnPol 7,2; IgnSm 11,2; IgnPhld 10,1; Hippolyt. Trad. apost. 2; Cyp. ep. 67,4f.

28 Vgl. insgesamt zu eher „demokratischen" und eher „aristokratischen" Verfahren der Ämterbesetzung, Überprüfung von Kandidaten und Rechenschaftsablegung von Amtsträgern Simonton, Demagogues, 47f.

29 Auch hier ist „Stadt" wieder eine moderne, durchaus problematische Kategorie. Nicht alle diese „Städte" sind gleich strukturiert oder in antiker Wahrnehmung einfach dasselbe.

widersprüchlich, statt geordneter, vernünftiger Verfahren beherrschen das Streben nach kurzfristigem materiellem Vorteil und Affekte das Handeln.

Am ausführlichsten und eindrücklichsten wird dies in Apg 19,23–40 am Beispiel von Ephesos dargestellt:[30] Der Silberschmied Demetrios betätigt sich als Demagoge.[31] Er wiegelt zunächst eine Vereinigung von Handwerkern und deren Gehilfen auf.[32] Während die deliberativen Reden der Hauptfiguren der Apostelgeschichte, sofern sie vor Versammlungen von Christusgläubigen gehalten werden, der Konfliktlösung und Beruhigung dienen,[33] bedient Demetrios einerseits die materiellen Interessen[34] seiner Zuhörer, andererseits ihre Stimmung.[35] Die Wirkung dieser Rede wird mit einem Vorzugswort der Apostelgeschichte beschrieben: ὁμοθυμαδόν. Damit ist hier nicht wie in Apg 1,14; 2,46; 4,24; 5,12; 8,6; 15,25 die Eintracht der Christusgläubigen gemeint, sondern wie in Apg 7,57; 18,12 eine gemeinsame *böse* Absicht und das Getriebensein der Masse von aufgepeitschten Affekten. Dementsprechend wird die ἐκκλησία im Theater[36] zum Fiasko:[37] Viele wissen gar nicht, worum es geht, alle schreien durcheinander, sinnvolle Redebeiträge können gar nicht gemacht werden,[38] am Ende steht eine dysfunk-

30 Es geht mir im Folgenden um die *Darstellungsebene*, nicht um eventuelle historische Ereignisse. Inwieweit der Verfasser der Apostelgeschichte in dieser Passage auf Quellen zurückgegriffen hat oder gar ob und inwieweit sich das Berichtete in Ephesos tatsächlich zugetragen haben kann bzw. zugetragen hat, ist sehr umstritten. Vgl. dazu z. B. Lampe, Acta 19; Selinger, Demetriosunruhen; Schinkel, Und sie wußten nicht, 96–107. Die in früheren Auslegungen vorherrschende Ansicht, die Erzählung sei völlig verworren (z. B. Haenchen, Apostelgeschichte, 553–556), scheint mir übertrieben und v. a. daher zu rühren, dass historische Fragen und Deutung des Textes methodisch unzulänglich vermischt werden (so z. B. auch Marguerat, Apostelgeschichte, 672f.).

31 Keener, Acts, 2879. Zur Entwicklung von δημαγωγός von einem neutral-deskriptiven zu einem häufig (aber nicht immer) pejorativen, tendenziell antidemokratischen Terminus von Platon über Aristoteles, Polybios zu Plutarch vgl. Lane, Origins; Champion, Demagogues; Simonton, Demagogues.

32 Zur herablassenden Einstellung der Eliten gegenüber Handwerkern (vgl. z. B. Polyb. 38,12,5) und zum grundsätzlich positiven, hier aber negativen Bild von Handwerkern in der Apg vgl. Keener, Acts, 2880f.

33 Anders bei Reden vor anderen Publika: Das Synhedrion bzw. die Volksmenge reagieren auf die Apostel (Apg 5,33 – anders 4,13f.), Stephanus (Apg 7,54) und Paulus (Apg 22,22f.) mit besinnungsloser Raserei. In Apg 23,6f. nutzt Paulus geschickt die Spaltung des Synhedrions in Parteien, um dessen Beschlussfassung zu torpedieren.

34 Die Verbindung zu Apg 16,16–24 wird häufig hervorgehoben.

35 Vgl. Keener, Acts, 2891.

36 Z. B. Taylor, Les actes des deux apôtres, 49 und Park, Paul's Ekklesia, 101 weisen zurecht darauf hin, dass es sich nicht nur um einen Menschenauflauf handelt (das kann ἐκκλησία zuweilen bedeuten: Sir 26,5; Dion. Hal. ant. 8,4,2), sondern der Ort Theater markiert, dass die Menge sich versammeln und politisch äußern will – auch wenn das letztlich an ihrem eigenen chaotischen Vorgehen und am Einspruch des γραμματεύς scheitert.

37 Zur Darstellung chaotischer Versammlungen und Volksaufläufe vgl. B.J. 7,46–48; Tac. ann. 1,77; 6,13; Tac. hist. 1,72; Dion Chrys. 7,25; Lukian. Ikaromen. 33; Chariton, Kallirhoe, 1,5,3; zum Schreien in Versammlungen z. B. Dion Chrys. 40,29.

38 Über Alexandros und seine Stellung als Judäer und/oder (?) Christusgläubiger gibt es eine große Forschungsdebatte, oft auch in Verbindung mit Spekulationen über vom Autor verwendete Quellen und deren mögliche Historizität. Was immer man zu diesen Fragestellungen sagen kann,

tionale – und aus Sicht des Autors des Textes und seiner intendierten Rezipienten inhaltlich falsche – Akklamation.[39]

Die Amtsträger werden ambivalent dargestellt:[40] Die Asiarchen werden zwar von der blindwütigen Menge abgehoben, insofern sie eine rationale und grundsätzlich positive Einstellung zu Paulus haben.[41] Doch zugleich sind sie gegenüber der Menge machtlos: Sie überreden Paulus, nicht ins Theater zu gehen und sich mit einer Rede zu rechtfertigen – was impliziert, dass sie die Versammlung nicht im Griff hätten und nicht für die Sicherheit des Paulus garantieren könnten.[42] Kompetenter ist der γραμματεύς.[43] Ihm gelingt es, die Volksversammlung zu beruhigen. Aus diesem Erfolg kann man allerdings wohl nicht schließen, dass der Verfasser der Apostelgeschichte seiner Rede inhaltlich zugestimmt hätte.[44] Seine Argumente überzeugen zwar die fiktionalen intradiegetischen Rezipienten (und antiken Lesern wäre dieser Gang der Ereignisse wohl plausibel vorgekommen[45]). Die intendierten Rezipienten, d. h. Christusgläubige des 2. Jahrhunderts, würden sie jedoch kaum vorbehaltlos für richtig ansehen. Dass der Stadtschreiber das Chaos beendet und auf geordnete Konfliktlösungs- und Entscheidungsverfahren verweist, soll ihnen zwar positiv erscheinen. Doch er erreicht sein Ziel, indem er seine Hörer in ihren Ansichten zum Kult der Artemis von Ephesos bestärkt – die aus der Perspektive von Christusgläubigen natürlich falsch sind[46] – und indem er mit einem Eingreifen der römischen Ordnungsmacht droht. Dass er diese Drohung[47] nötig hat, zeigt, dass letztlich auch er die Menge nicht im Griff hat.[48]

Insgesamt wirkt die Episode wie eine gezielte Anhäufung von demokratiekritischen Topoi:[49] Ohne vernünftige Leitung ist das Volk nur eine richtungslose Menschenmen-

deutlich ist jedenfalls, dass die Versammlung völlig außer Kontrolle gerät und zu keiner geordneten und rationalen Entscheidungsfindung mehr fähig ist.

39 Zu deren Bedeutung vgl. Bitner, Acclaiming Artemis.

40 Giambrone, ἘΚΚΛΗΣΙΑ, 439f., sieht sie m. E. zu positiv.

41 So fast alle Kommentare, vgl. z. B. Pesch, Apostelgeschichte, 181.

42 Vgl. zu Vorstellungen über kompetente Führungspersonen, die den Begehren der Menge widerstehen können, Erskine, Standing up, 246f.

43 Wenig plausibel ist die These von Schinkel, Kanzler, es handle sich hier immer noch um eine *Vereins*versammlung und der γραμματεύς sei der Schriftführer des Vereins.

44 Vgl. dazu Rowe, Ecclesiology.

45 Vgl. dazu Selinger, Demetriosunruhen.

46 Vgl. dazu Witetschek, Zeus. Wenig wahrscheinlich ist die Ansicht von Weren, Riot, der Autor der Apostelgeschichte wolle seinen Rezipienten Respekt vor den griechischen Kulten nahelegen.

47 So zurecht Marguerat, Apostelgeschichte, 682.

48 Zur Sandwichstellung der lokalen Elite zwischen Volk und Römern vgl. Kokkinia, Governor's Boot; Erskine, Standing up, 256–259.

49 Obwohl Ephesos in Kleinasien liegt, spielen hingegen die antiken Orientalenstereotype (Orientalen sind zu moralischer Selbstbeherrschung unfähig und darum unfähig zu einem freien politischen Gemeinwesen) hier keine Rolle; vgl. dazu z. B. Tac. ann. 3,26,2; etwas abgemildert bei Plut. mor. 328e; Arr. an. 1,18,2 (Alexander „zivilisiert" die „Barbaren", indem er ihre indigenen Institutionen durch griechische ersetzt).

ge.[50] Werden ihr zu viele eigenständige Entscheidungskompetenzen zugeteilt,[51] so können Demagogen das ausnutzen und mithilfe von Stimmungen Entscheide zugunsten ihrer Partikularinteressen manipulieren.[52] Erst durch die Lenkung seitens einer Elite wird aus dieser Masse ein Gemeinwesen, das Entscheidungen im Sinne des Allgemeinwohls trifft.[53] Da die lokalen Eliten diese Lenkungsfunktion nur unzureichend ausführen, braucht es die römische Ordnungsmacht: den Princeps und seine Statthalter.[54]

3 Die Rolle Roms und die Aussageintention von Apg 19

Damit sind wir bei der Rolle Roms und der Frage nach der Aussageintention der Episode. Ein herkömmliches Schema unterscheidet zwischen dem Verständnis der Apostelgeschichte als *apologia pro imperio* und als *apologia pro ecclesia*.[55] Beide Interpretationen findet man in Kommentaren: Einerseits wird der Text so gedeutet, dass er einem intendierten Publikum von Christusgläubigen klar macht, dass die römische Herrschaft ihnen gegenüber wohlwollend ist – jedenfalls, sofern sie sich korrekt verhalten. „Wo in den Städten des römischen Imperiums das Recht regiert, haben die Christen nichts zu fürchten."[56] Andererseits wird davon ausgegangen, dass der Text einem römischen Publikum deutlich machen soll, dass die Christusgläubigen nicht aufrührerisch sind. „Eine Sekte, deren Leiter Asiarchen zu Freunden hat, kann nicht staatsgefährlich sein!"[57]

Über dieses doch eher grobe Schema hinausgehend,[58] findet man die Ansicht, hier werde beispielhaft gezeigt, wie eine vereinsartige Gruppe ihre Stellung gegenüber konkurrierenden Gruppen, der lokalen politischen Führung und der römischen Obermacht auszuhandeln versuche.[59] Es würden gezielt „die anderen" als Urheber des Konflikts und damit als Störer der politischen Ordnung dargestellt:

> Die Aufständischen und nicht die Zeugen Jesu bedrohen die öffentliche Ordnung. Während die Christen zu Unrecht angeklagt werden, eine anti-soziale Gruppe zu sein, da sie den Stadtgöttern feindlich gegenüberstehen, verhält sich die Menge wie eine unkontrollierbare Meute.[60]

---

50 Die Menge ist wie ein wildes Tier: Plut.mor. 800c. Demokratie ist ein Schiff ohne Steuermann: Polyb. 6,44.

51 Vgl. z.B. den berüchtigten Rat des Maecenas, das Volk überhaupt nichts entscheiden zu lassen (Cass. Dio 52,30,2).

52 Vgl. z.B. Polyb. 6,9,8–10; Tac. ann. 3,27; Plut. Kimon 15,2.

53 Vgl. z.B. Polyb. 6,51; Plut. Perikles 15, und bereits das Lob der aristokratischen Verfassungen von Sparta und Kreta bei Plat. rep. 8,544c; Hdt. 1,65.

54 Vgl. z.B. Liv. 34,51,6: Die Timokratie in Thessalien wird als Reaktion auf die wilde Natur der dortigen Leute von den Römern eingesetzt. Vgl. auch die Beispiele bei Champion, Demagogues, 207–210.

55 Vgl. dazu den Überblick bei Omerzu, Imperium.

56 Pesch, Apostelgeschichte, 182.

57 Haenchen, Apostelgeschichte, 555, zustimmend zitiert von Marguerat, Apostelgeschichte, 679.

58 Daneben gibt es natürlich auch noch andere Deutungen des Textes, z.B. sehen Rowe, Ecclesiology und Shauf, Theology, 240–263, den Schwerpunkt nicht auf der politischen Auseinandersetzung, sondern auf der Gegenüberstellung von Christentum und Artemiskult. Tripp, Tale, legt den Schwerpunkt auf die Ablehnung von Tempeln als Orten der Gottesverehrung.

59 Schinkel, Gruppen, 111.

Diese kontrastierende Darstellung zweier Interessengruppen diene als Argument gegenüber den politischen Machthabern – letztendlich der römischen Obermacht –, die Rechte oder gar Privilegien der eigenen Gruppe zu bestätigen.[61]

Dies sind vermutlich plausible Aspekte des Textes. Dennoch übersehen die aufgeführten Deutungen einen wichtigen Punkt: Der Darstellung der misslingenden Demokratie in Ephesos steht die Darstellung der ἐκκλησία der Christusanhänger als Gemeinschaft mit funktionierenden Institutionen gegenüber – und zwar *ohne* römische Oberherrschaft.

Die Apostelgeschichte (bzw. das lukanische Doppelwerk) deutet zwar an keiner Stelle an, dass Christusanhänger den Konflikt mit lokalen oder mit den römischen Machthabern suchen würden. Im Gegenteil: Konflikte gehen immer von „den anderen" aus. Das sind häufig Gruppen von Diasporajudäern (nicht: „die Juden") oder wie in Apg 19 andere Gruppen oder Einzelpersonen, die ihre Partikularinteressen verletzt sehen. Lokale Eliten reagieren darauf oft ungeschickt, römische insgesamt besser – wobei aber doch immer die Hinrichtung des Paulus in Rom am Horizont aufscheint.

Zugleich stellt die Apostelgeschichte jedoch die Christusgläubigen so dar, dass sie die römische Oberherrschaft in keiner Weise brauchen. Der von einem Demagogen aufgeheizte Mob in Ephesos und seine überforderten lokalen Amtsträger mögen sie nötig haben.[62] Der Garant dafür, dass die Versammlungen der Christusgläubigen und ihre Amtsträger konsensorientiert, rational und erfolgreich agieren, ist hingegen der als temporär abwesender König imaginierte Christus (Apg 1,7.11). Es sind seine Anweisungen, die er vor seinem Weggang gegeben hat (Apg 1,2f.), es sind die von ihm ausgewählten Gründungsfiguren (Apg 1,2), es ist Gottes Geist, der auf ihm geruht hatte und nun allen Christusgläubigen zuteilwird,[63] die aus der Menge der Christusgläubigen ein „perfekt" funktionierendes Gemeinwesen macht. Es handelt sich gewissermaßen um eine imaginierte moderat demokratische Mischverfassung mit einträchtigem Demos, verantwortlichen aristokratischen Amtsträgern und einem göttlichen König. Dessen Reich beansprucht, alle Völker der Erde zu umspannen (Apg 2,8–11) und keine zeitlichen (Lk 1,33) und räumlichen Grenzen (Apg 1,8) zu haben.

Obwohl dem Autor der Apostelgeschichte wohl nichts hätte ferner liegen können als der Aufruf zur Revolte oder auch nur zum Widerstand gegen das Herrschaftssystem des Römischen Reiches der frühen Kaiserzeit, platziert er die ἐκκλησία der Christusanhänger also doch außerhalb von ihm. Die von ihm beschriebene Gemeinschaft stellt sich nicht wie die unzähligen Vereine als „durch Imitation [scil. der politischen Strukturen] legitimiertes Glied des Staates" dar, sondern als „durch Imitation plausibel gemachter Ersatz des Staates"[64] – und zwar als *besserer* Ersatz.

60 Marguerat, Apostelgeschichte, 682.
61 So v.a. Stoops, Riot; dem stimmt z.B. Keener, Acts, 2866, zu.
62 Vgl. z.B. Vell. 2,126,1–4: Die *pax Augusta* führt zu Eintracht zwischen allen Ständen, Gesetze bestrafen Böses und belohnen Gutes, es gibt keinen Aufruhr mehr im Theater.
63 Vgl. dazu Avemarie, Acta.
64 Eckhardt, Romanisierung, 271.

Literatur

Ascough, R. S., Paul's Macedonian Associations. The Social Context of Philippians and 1 Thessalonians, WUNT II 161, Tübingen, 2003.

Avemarie, F., Acta Jesu Christi. Zum christologischen Sinn der Wundermotive in der Apostelgeschichte, in idem, Neues Testament und frührabbinisches Judentum. Gesammelte Aufsätze, hg. von J. Frey und A. Standhartinger, WUNT 316, Tübingen, 2013, 749–772.

Backhaus, K., Zur Datierung der Apostelgeschichte. Ein Ordnungsversuch im chronologischen Chaos, in idem, Die Entgrenzung des Heils. Gesammelte Studien zur Apostelgeschichte, WUNT 422, Tübingen, 2019, 87–128.

Balch, D. L., Luke-Acts. Political Biography/History under Rome. On Gender and Ethnicity, ZNW 111, 2020, 65–99.

Berger, K., Volksversammlung und Gemeinde Gottes. Zu den Anfängen der christlichen Verwendung von «ekklesia», ZThK 73, 1976, 167–207.

Bradley J. Bitner, Acclaiming Artemis in Ephesus. Political Theologies in Acts 19, in J. R. Harrison, L. L. Welborn (Hg.), The First Urban Churches 3: Ephesus, WGRW. Supplement Series 9, Atlanta, 2018, 127–169.

Brignoli, T., La plèbe et le peuple, modalités de l'expression d'organes essentiels de la cité, in A. Borlenghi (Hg.), Voter en Grèce, à Rome et en Gaule. Pratiques, lieux et finalités, Histoire & Épigraphie 1, Lyon, 2019, 369–386.

Brinks, C. L., "Great Is Artemis of the Ephesians". Acts 19:23–41 in Light of Goddess Worship in Ephesus, CBQ 71, 2009, 776–794.

Cancik, H., The History of Culture, Religion, and Institutions in Ancient Historiography. Philological Observations concerning Luke's History, JBL 116, 1997, 673–695.

Champion, C. B., Polybian Demagogues in Political Context, HSCP 102, 2004, 199–212.

Crabbe, K., Character and Conflict. Who Parts Company in Acts?, in J. Schröter, B. A. Edsall und J. Verheyden (Hg.), Jews and Christians – Parting Ways in the First Two Centuries? Reflections on the Gains and Losses of a Model, BZNW 253, Berlin/Boston, 2021, 151–183.

Dassmann, E., Bischofsbestellung in der frühen Kirche, in idem, Ämter und Dienste in den frühchristlichen Gemeinden, Hereditas 8, Bonn, 1994, 190–211.

Dmitriev, S., City Government in Hellenistic and Roman Asia Minor, Oxford, 2005.

Eckhardt, B., Romanisierung und Verbrüderung. Das Vereinswesen im römischen Reich, Klio.B Neue Folge 34, Berlin, 2021.

Erskine, A., Standing up to the Demos. Plutarch, Phocion, and the Democratic Life, in M. Canevaro und B. Gray (Hg.), The Hellenistic Reception of Classical Athenian Democracy and Political Thought, Oxford, 2018, 237–275.

Fröhlich, P., Les cités grecques et le contrôle des magistrats (IVe–Ier siècle avant J.-C.), Genf, 2004.

Giambrone, A., Ἐ̓ΚΚΛΗΣΙΑ in Context. The Narrative Shape of Ecclesiology in Acts, RB 126, 2019, 428–450.

Grappe, C., Art. Kirche. III. Urchristentum, RGG 4, Tübingen, 2001, 1000–1004.

Haenchen, E., Die Apostelgeschichte, KEK III, Göttingen, [7]1977.

Hagedorn, A., Regeln für die Teilhabe am Gemeinwesen in archaischen Gesellschaften des östlichen Mittelmeerraums, in J. Krause, S. Krauter und W. Oswald (Hg.), Qahal – Ekklesia, Leiden, 2024 (im Druck).

Hurlet, F., Le tirage au sort dans les cités de l'Occident romain, in A. Borlenghi et al. (Hg.), Voter en Grèce, à Rome et en Gaule. Pratiques, lieux et finalités, Histoire & Épigraphie 1, Lyon, 2019, 185–202.

Jervell, J., Die Apostelgeschichte, KEK III, Göttingen, [17]1998.

Keener, C. S., Acts. An Exegetical Commentary, Bd. 3: 15:1–23:35, Grand Rapids, 2014.
Klauck, H.-J., Magie und Heidentum in der Apostelgeschichte des Lukas, SBS 167, Stuttgart, 1996.
Kloppenborg, J. S., Associations, Christ Groups, and their Place in the Polis, ZNW 108, 2017, 1–56.
Kokkinia, C., The Governor's Boot and the City's Politicians. Greek Communities and Rome's Representatives under the Empire, in A. Kolb (Hg.), Herrschaftsstrukturen und Herrschaftspraxis. Konzepte, Prinzipien und Strategien der Administration im römischen Kaiserreich, Berlin, 2006, 181–189.
Korner, R. J., The Origin and Meaning of Ekklēsia in the Early Jesus Movement, Ancient Judaism and Early Christianity 98, Leiden, 2017.
Lampe, P., Acta 19 im Spiegel der ephesinischen Inschriften, BZ 36, 1992, 59–76.
Lane, M., The Origins of the Statesman-Demagogue Distinction in and after Ancient Athens, JHI 73, 2012, 179–200.
Linton, O., Art. Ekklesia I (bedeutungsgeschichtlich), RAC 4, Stuttgart, 1959, 905–921.
Mann, C., Gleichheiten und Ungleichheiten in der hellenistischen Polis. Überlegungen zum Stand der Forschung, in idem und P. Scholz (Hg.), „Demokratie" im Hellenismus. Von der Herrschaft des Volkes zur Herrschaft der Honoratioren?, Die hellenistische Polis als Lebensform 2, Mainz, 2012, 11–27.
Marguerat, D., Die Apostelgeschichte, KEK 3, Göttingen, [18]2022.
Öhler, M., Die Jerusalemer Urgemeinde im Spiegel des antiken Vereinswesens, NTS 51, 2005, 393–415.
Omerzu, H., Das Imperium schlägt zurück. Die Apologetik der Apostelgeschichte auf dem Prüfstand, ZNT 18, 2006, 26–36.
Park, Y.-H., Paul's Ekklesia as a Civic Assembly. Understanding the People of God in their Politico-Social World, WUNT II 393, Tübingen, 2015.
Pesch, R., Die Apostelgeschichte. 2. Teilband: Apg 13–28, EKK V/2, Zürich, 1986.
Reasoner, M., The Theme of Acts. Institutional History or Divine Necessity in History?, JBL 118, 1999, 635–659.
Rogers, G. M., The Assembly of Imperial Ephesos, ZPE 94, 1992, 224–228.
Roloff, J., Art. ἐκκλησία, EWNT I, Stuttgart, 1980, 998–1011.
Rowe, C. K., The Ecclesiology of Acts, Interp. 66, 2012, 259–269.
Salmeri, G., Reconstructing the Political Life and Culture of the Greek Cities of the Roman Empire, in O. van Nijf und R. Alston (Hg.), Political Culture in the Greek City after the Classical Age, Leuven, 2011, 197–214.
Schinkel, D., „Und sie wußten nicht, warum sie zusammengekommen waren" – Gruppen und Gruppeninteressen in der Demetriosepisode (Apg 19,23–40), in A. Gutsfeld und D.-A. Koch (Hg.), Vereine, Synagogen und Gemeinden im kaiserzeitlichen Kleinasien, STAC 25, Tübingen, 2006, 95–112.
Schinkel, D., Kanzler oder Schriftführer? Apg 19,23–40 und das Amt des γραμματεύς in griechisch-römischen Vereinigungen, in D. C. Bienert (Hg.), Paulus und die antike Welt, FRLANT 222, Göttingen, 2008, 136–149.
Schmidt, K. L., Art. ἐκκλησία, ThWNT III, Stuttgart, 1938, 502–539.
Schnelle, U., Art. Church. I. New Testament, EBR 5, Berlin, 2012, 268–274.
Scholz, P., Die Macht der Wenigen in den hellenistischen Städten, in H. Beck (Hg.), Die Macht der Wenigen. Aristokratische Herrschaftspraxis, Kommunikation und edler Lebensstil in Antike und Früher Neuzeit, HZ.B 47, München, 2008, 71–99.
Secombe, D., Luke's Vision for the Church, in M. Bockmuehl und M. B. Thompson (Hg.), A Vision for the Church, Edinburgh, 1997, 45–63.

Selinger, R., Die Demetriosunruhen (Apg. 19,23–40). Eine Fallstudie aus rechtshistorischer Perspektive, ZNW 88, 1997, 242–259.

Shauf, S., Theology as History, History as Theology. Paul in Ephesus in Acts 19, BZNW 133, Berlin, 2005.

Simonton, M., Demagogues and Demagoguery in Hellenistic Greece, Polis. The Journal for Ancient Greek and Roman Political Thought 39, 2022, 35–76.

Stoops, R. F. Jr., Riot and Assembly. The Social Context of Acts 19:23–41, JBL 108, 1989, 73–91.

Taylor, J., Les actes des deux apôtres. VI: Commentaire historique (Act. 18,23–28,31), ENEA. EB 30, Paris, 1996.

Thier, A., Hierarchie und Autonomie. Regelungstraditionen der Bischofsbestellung in der Geschichte des kirchlichen Wahlrechts bis 1140, Studien zur europäischen Rechtsgeschichte 257, Frankfurt, 2011.

Thier, A., Richtigkeitsgewähr, Teilhabebefugnis und Verfahren. Regelungsmodelle der mittelalterlichen Bischofsbestellung, in N. Jansen und P. Oestmann (Hg.), Rechtsgeschichte heute. Religion und Politik in der Geschichte des Rechts. Schlaglichter einer Ringvorlesung, Tübingen, 2014, 49–75.

Tripp, J. M., A Tale of Two Riots. The *synkrisis* of the Temples of Ephesus and Jerusalem in Acts 19–23, JSNT 37, 2014, 86–111.

van Nijf, O. und Alston, R., Political Culture in the Greek City after the Classical Age. Introduction and Preview, in idem (Hg.), Political Culture in the Greek City after the Classical Age, Leuven, 2011, 1–26.

Walthert, R., Religiöse Rituale und soziale Ordnung, Veröffentlichungen der Sektion Religionssoziologie der Deutschen Gesellschaft für Soziologie, Wiesbaden, 2020.

Weren, W., The Riot of the Ephesian Silversmiths (Acts 19,23–40). Luke's Advice to His Readers, in R. Bieringer, G. van Belle und J. Verheyden (Hg.), Luke and His Readers, FS A. Denaux, BETL 182, Leuven, 2005, 441–456.

Wiemer, H.-U., Hellenistic Cities. The End of Greek Democracy?, in H. Beck (Hg.), A Companion to Ancient Greek Government, Chichester, 2013, 54–69.

Witetschek, S., From Zeus or by Endoios? Acts 19:35 as a Peculiar Assessment of the Ephesian Artemis, in J. R. Harrison und L. L. Welborn (Hg.), The First Urban Churches 3: Ephesus, WGRW Supplement Series 9, Atlanta, GA, 2018, 235–252.

Die rechtspolitische Bedeutung der Mehrheitsregel Exodus 23,2 (אחרי רבים להטות) im Talmud*

Matthias Morgenstern

1 Von der Prozessordnung zum Demokratieprinzip

Das Bundesbuch (Ex 20,22–23,33) enthält im Anschluss an eine Sammlung von Rechtssätzen (Ex 21,12–22,19) in seinem zweiten Teil eine Zusammenstellung von Mahnungen (Ex 22,20–23,9), die u. a. den Schutz der Rechtsprechung zum Inhalt haben (Ex 23,1–3). Orientiert man sich an der vom Jubilar vorgeschlagenen Gliederung,[1] kristallisiert sich das in historischer und inhaltlicher Hinsicht naheliegende Textverständnis deutlich heraus: Appelliert wird an die Adressaten – im Blick stehen offenbar erwachsene israelitische Männer –, nicht schon vor Beginn eines öffentlichen Verfahrens „im Tor" üble Gerüchte zu verbreiten (Ex 23,1a), falsche Zeugenaussagen und bei der Rechtsfindung den (unberechtigten) Anschluss an die Mehrheitsmeinung zu unterlassen (Ex 23,1b–2) und sich bei der Urteilsfindung vom sozialen Status der Prozessbeteiligten unbeeinflusst zu halten (Ex 23,3.6).[2]

In diesem Unterabschnitt weist aber vor allem Ex 23,2 philologische und auch inhaltliche Probleme auf. Bemerkenswerterweise hat der Vers im Talmud eine Auslegung erhalten, die vom *sensus literalis* abweicht, ja diesem eklatant widerspricht.[3] Während der biblische Text im Kontext der Ermahnung von Zeugen vor Gericht vor einer ungerechtfertigten Beeinflussung durch die Mehrheit warnt, erklären die Rabbinen – entgegen dem masoretischen Wortlaut – V. 23,2bβγ zum positiven Belegtext für das Mehrheitsprinzip und machen diesen Vers zur wohl meistzitierten halachischen Wendung, die eine Art rabbinisch interpretiertes Demokratieprinzip begründen soll. Auf die ihnen eigene unerwartete Art und Weise bestätigen sie damit zugleich eine Grundannahme Wolfgang Oswalds, der in seinen Veröffentlichungen immer wieder auf den politischen

---

* In Dankbarkeit für zahlreiche Diskussionen zum Buch Exodus und zu anderen Pentateuchtexten, in denen von Wolfgang Oswald viel zu lernen war, ist dieser Beitrag dem Kollegen und Freund zu seinem 65. Geburtstag gewidmet.

1 Oswald, Bundesbuch.

2 So auch Albertz, Exodus, 120f.

3 Hirsch, Exodus, 300, gibt Ex 23,2 (im Einklang mit der talmudischen Interpretation; s. dazu unten) so wieder: „Folge nicht einer einfachen Majorität zu Strafurteilen, und stimme bei streitigen Meinungen nicht also ab, daß einer von seiner Meinung abgehe, damit nach der Majorität der Ausschlag erfolge." Vgl. auch Rottzoll, Abraham ibn Esra 2, 723–725. Rottzoll hat in Anm. 19 (ibid., 725) den Bezug des Textes zu mSan 1,6 offenbar missverstanden. Leibowitz lässt die Besprechung unseres Abschnitts vielleicht nicht ohne Grund aus (Vgl. Leibowitz, Shemot II, 425).

Sinn der Schriften des Alten Israel hingewiesen hat.[4] Die folgende Untersuchung soll zeigen, wie die Rabbinen in bekannter Manier Schwierigkeiten des Textes zum Anlass nehmen, um dem Vers eine für die *mündliche Lehre* gültige Auslegung zu geben.

2 Die ältere historisch-kritische Auslegung

Um die besagten Schwierigkeiten zu bemessen, ist zu Beginn ein Blick auf die ältere historisch-kritische Forschung hilfreich, die philologische Schwierigkeiten besonders betont hat. In einer Zeit, in der der redaktionsgeschichtliche Ansatz noch nicht etabliert war, geben die Exegeten des 19. und frühen 20. Jahrhunderts eine stärkere Neigung zu Hypothesen und Konjekturen zu erkennen, als dies heute üblich ist. Sie zeigen so aber auch erweiterte Möglichkeiten des Textverständnisses auf. Es ist zu prüfen, ob auf diese Weise Anknüpfungspunkte für unser Anliegen sichtbar werden, die rabbinische Deutung besser zu verstehen und sie in die Auslegungsgeschichte des Textes einzuordnen.

Bereits die erste, noch vorläufige Feingliederung des Verses, der im Folgenden die LXX und eine deutsche Übersetzung an die Seite gestellt werden, macht repetitive Formulierungen sichtbar. Auffällig ist die dreimalige Verwendung der Konsonantenfolge רב, das doppelte Vorkommen der Wurzel נטה und die Häufung des Buchstabens ר (Alliteration).

MT	LXX	Übersetzung MT	
לֹא־תִהְיֶה אַחֲרֵי־רַבִּים	οὐκ ἔσῃ μετὰ πλειόνων	Folge der Mehrheit nicht	Ex 23,2aα
לְרָעֹת	ἐπὶ κακίᾳ.	zum Bösen	Ex 23,2aβ
וְלֹא־תַעֲנֶה עַל־רִב	οὐ προστεθήσῃ μετὰ πλήθους	und antworte nicht so im Gericht,	Ex 23,2bα
לִנְטֹת אַחֲרֵי רַבִּים	ἐκκλῖναι μετὰ πλειόνων	der Mehrheit nachzugeben,	Ex 23,2bβ
לְהַטֹּת	ὥστε ἐκκλῖναι κρίσιν.	um (das Recht) zu beugen.	Ex 23,2bγ

Fraglich ist zudem die Bedeutung der zweimal vorkommenden Wendung אחרי רבים, die Karl Budde zu der Erwägung geführt hat, es handele sich um ein Schreiberversehen (Homoioteleuton).[5] Sind, vor dem Hintergrund, dass in V. 3 und V. 6 von „Geringen" und „Armen" die Rede ist, „mächtige", „große" oder „einflussreiche" Mitglieder der Gesellschaft gemeint, vor deren Einfluss gewarnt wird?[6] Oder hat die Warnung die Gefahr

4 Vgl. v. a. Oswald, Staatstheorie.

5 Zitiert nach Baentsch, Exodus–Leviticus, 205.

6 Vgl. die im Apparat der BHK vorgeschlagene Lesart. Trotz der Möglichkeit, רב mit „mächtig" zu übersetzen (verwiesen wird auf Hiob 35,9; 2 Chron 14,10), möchte Houtman bei der Übersetzung

im Blick, sich im Falle einer etwa von Prozessbeobachtern ausgehenden Stimmungsmache unbegründet oder unreflektiert der Mehrheitsmeinung anzuschließen? Diese Deutung entspräche dem Verständnis der Septuaginta (μετὰ πλειόνων). Wie ist schließlich in V. 2bα רב zu vokalisieren? Die Lesung רִב passt zu ריב in V. 3 („du sollst den Geringen nicht begünstigen in seinem Rechtsstreit [בריבו]"), während רֹב (plene רוב = rabbinisch „Majorität") der Deutung der Septuaginta entspricht. Der Talmud (bSan 36a) kennt die Deutung, der zufolge „du sollst nicht gegen den Großen", d. h. nach dem ranghöheren rabbinischen Richter, antworten. Daraus leiten die späteren Ausleger ab, dass im Prozess zuerst die jüngeren Richter plädieren sollen, damit diese in ihrem Urteil nicht von den Erfahreneren beeinflusst werden.[7]

Als schwierig erscheint zudem die Tatsache, dass das Verb נטה (Qal und Hif.) im ersten Fall mit einem präpositionell eingeführten Objekt verbunden ist,[8] während es im zweiten Fall absolut steht. Die Beziehung des Verbs zur Satzergänzung ist im ersten Fall inhaltlich wohl positiv gedacht („der Menge *nachfolgen*"), während im zweiten Fall ein inhaltlich negativer Bezug zum im Griechischen ergänzten Objekt anzunehmen ist (das Recht „beugen" oder „zerbrechen"). Ist Ex 23,2bβγ nach Buddes Konjektur daher zu streichen?[9] Die Septuaginta gibt beide Formen mit ἐκκλῖναι wieder und ergänzt am Ende des Verses κρίσιν.[10] Oder ist V. 2bγ intransitiv zu übersetzen, etwa: „Gib nicht der Mehrheit nach, um (nicht auf diese Weise) auf eine schiefe Bahn zu kommen"?[11]

Unsicher ist auch die Übersetzung der Wendung לרעת in V. 2aα. Handelt es sich um einen Abstraktplural („for bad things")?[12] Kommt vor dem Hintergrund der (möglichen) Parallelen לִנְטֹת und לְהַטֹּת auch die Übersetzung durch eine Infinitivform in Betracht (etwa: „Folge nicht der Mehrheit, um Übeltäter zu überführen/zu verurteilen")? William Henry Propp, um an dieser Stelle einmal einen modernen Ausleger zu zitieren, weist hier auf das Textverständnis in mSan 1,6 hin.[13]

3 Die Auslegung in der Mischna und im Talmud

Der Verweis auf diesen Text im Mischnatraktat Sanhedrin ist lehrreich. Hier, im Kontext von Erörterungen zum rabbinischen Strafprozessrecht, findet sich das erste Zitat von Ex 23,2 in der rabbinischen Literatur. Der Text macht die Wendung לרעת (Ex 23,2aβ) zum Ausgangspunkt der Interpretation. Im Zusammenhang einer Erörterung der Anzahl der Richter im großen und kleinen Sanhedrium fragt die Mischna, warum ein klei-

von רבים mit „crowd" (freilich im Sinne von „‚leading citizens' of a city or clan") bleiben; vgl. Houtman, Exodus, 239.

7 Vgl. Raschi; nach Hirsch, Exodus, 300, stützt sich diese Deutung auf die Defektivschreibung רב in Ex 23,2bα, die auch die Lesung „rav" zulasse: „lasse die Stimmabgabe des Ältesten nicht vorangehen."

8 Zur Konstruktion vgl. Gesenius und Kautzsch, Grammatik, 365 §114o.

9 Vgl. Baentsch, Exodus–Leviticus, 205.

10 Vgl. den entsprechenden Konjekturvorschlag in der BHK.

11 Vgl. Houtman, Exodus, 237: „lest you find yourself on a slippery slope".

12 Propp, Exodus, 273. Propp gibt die Belegstellen Jer 3,5; Ez 6,9 und Hos 7,1 an.

13 Ibid., 273. Wenn es sich um eine Infinitivform handelt, müsste die Wurzel freilich רעה lauten, während „böse sein" im Hebräischen רעע heißt (Infinitiv: רֹעַ, vgl. Koh 7,3).

ner Sanhedrin (anders als der Große Sanhedrin, der 71 Mitglieder hat) aus 23 Richtern besteht. Zur Antwort wird auf Num 35,24f verwiesen, wo von einer „richtenden“ und einer „rettenden“ Gemeinde (עדה) die Rede ist. Da eine „Gemeinde“ jeweils aus zehn Mitgliedern bestehe, ergeben sich zunächst zwanzig Gerichtsmitglieder (jeweils zehn „richtende“ und „rettende“ Richter). Das Quorum von zehn Mitgliedern wird aus dem auf die zwölf Kundschafter im Heiligen Land gerichteten Gotteswort Num 14,27 erschlossen: „Wie lange murrt diese böse Gemeinde (עד מתי לעדה הרעה הזאת) gegen mich?“ Da Josua und Kaleb nicht zu dieser „bösen Gemeinde“ gehört hätten, sei der Ausdruck עדה als auf die Zehnzahl gerichtet zu verstehen. Die Notwendigkeit, noch weitere drei Richter hinzuzunehmen, wird in einem etwas umständlichen Verfahren aus Ex 23,2 begründet. Der Bestimmung, „sich zum Bösen“ (d. h. zur Verurteilung eines Übeltäters) nicht nach der Mehrheit richten“, wird so verstanden, dass in diesem Falle die Mehrheit eines Richters nicht ausreiche. Geht man von zehn „rettenden“ Stimmen aus (einer עדה מצלת nach der Mischna-Deutung von Num 35,25), so reichen die elf Stimmen (die zehn Stimmen der עדה שופטת nach Num 35,24, zu denen *eine* weitere Stimme hinzukäme) einer einfachen Mehrheit nicht für eine Verurteilung aus.[14] Die Mischna folgert im Umkehrschluss, dass im Falle eines *Freispruches* die Mehrheit (eines Richters) ausreicht. Die zusätzliche (sonst überflüssige) Wendung in Ex 23,2b אחרי רבים להטת will demnach besagen, dass für die *Verurteilung eines Bösen* andere Regeln gelten: In einem solchen Fall ist eine Zweistimmenmehrheit erforderlich (mindestens zwölf Stimmen der „richtenden“ gegenüber zehn Stimmen der „rettenden Gemeinde“).[15] Da Gerichte aber über eine ungerade Zahl von Richtern verfügen müssten, um bei Abstimmungen eine Pattsituation zu vermeiden, seien den aus Num 14 und 35 erschlossenen Richtern weitere drei Richter hinzuzufügen.

Num 14,27	Berechnungsgrundlage: 12 Kundschafter als „böse Gemeinde“, abzüglich Josua und Kaleb: 12–2=10	
Num 35,24	Richtende Gemeinde (עדה) = 10	10
Num 35,25	Rettende Gemeinde (עדה) = 10	10
Ex 23,2a	לֹא־תִהְיֶה אַחֲרֵי־רַבִּים לְרָעֹת Verurteilung bei Einstimmenmehrheit ist verboten, Freispruch aber erlaubt.	1
Ex 23,2b	אַחֲרֵי רַבִּים לְהַטֹּת Verurteilungen mit Zweistimmenmehrheit möglich.	1
mSan 1,6	Es muss aber eine ungerade Zahl von Richtern vorhanden sein.	1
		23

14 Vgl. Qahati, Sanhedrin, 360. Eine etwas ähnliche strafprozessuale Auslegung von Num 35,24 findet sich im Traktat Sanhedrin des Jerusalemer Talmuds (jSan 21c, 41–47; Wewers, Sanhedrin, 100).

15 Zu prozessrechtlichen Erwägungen im Hinblick auf die Unterscheidung von Strafrecht und Vermögensrecht im Zusammenhang der Auslegung von Ex 23,1–6 vgl. auch jSan 4,8–22b, 44–46 (Wewers, Sanhedrin, 118).

Die Mischna zeigt somit deutlich, dass die Rabbinen sich bewusst waren, dass Ex 23,2 seinem Wortlaut nach die Orientierung an der Mehrheit *verbietet*. Indem sie sich in ihrer Auslegung an der Wendung לְרָעֹת orientieren, lassen sie aber einen Umkehrschluss folgen: In „guten" Angelegenheiten (לטובה) müsse, was in Ex 23,2a verboten ist, erlaubt, ja geboten sein – dies sei mit dem (andernfalls ja überflüssigen) nachklappenden Satz אחרי רבים להטת gemeint. Diese Interpretation fußt auf dem Auslegungsprinzip Rabbi Aqivas, nach dem jeder Besonderheit des schriftlich niedergelegten Textes, jedem Häkchen der hebräischen Konsonantenschrift, „Berge von Halachot" zu entnehmen sind.[16] Die Beobachtung der Redundanz in Ex 23,2b führt daher zu der Annahme, dass der besonderen Textgestalt eine eigene Information zu entnehmen ist: Diese ist zunächst auf die Gerichtsverfassung des Sanhedrin bezogen, erlaubt dann aber darüber hinaus, das Mehrheitsprinzip grundsätzlich positiv in der *schriftlichen Tora* verankert zu finden.

Die Gemara zu diesem Text wirft die Frage auf, inwiefern diese Regelungen nicht nur auf Strafsachen, sondern auch auf das Zivilrecht anzuwenden sind. Argumentiert wird, dass das Mehrheitsprinzip sich auf die Mehrheit der jeweils anwesenden Richter anlässlich einer Prozessverhandlung bezieht.

4 Midraschische Auslegungen

In anderen rabbinischen Texten finden sich Erörterungen, die das Mehrheitsprinzip – gestützt auf die Mischna-Auslegung von Ex 23,2 – losgelöst vom gerichtsprozessualen Kontext im Hinblick auf die allgemeinen Prinzipien rabbinischer Schriftauslegung und Rechtsfindung weiterentwickeln. Im Mittelpunkt stehen dabei die Grundsätze der Prärogative der Mehrheit der jeweils gegenwärtigen religionsgesetzlichen Autoritäten und der Ablehnung der Möglichkeit einer übernatürlichen Einflussnahme auf die halachische Entscheidungsfindung. Im Psalmen-Midrasch (MTeh 12,4) lesen wir:[17]

> Rabbi Jannai sagte: Die Toraworte wurden nicht als eindeutige Stücke (חתיכין)[18] gegeben. Jeden Ausspruch, den der Heilige, gelobt sei Er!, zu Mose sagte, bestimmte er vielmehr auf neunundvierzig Weisen rein und auf neunundvierzig Weisen unrein. [Mose] sagte [daher] vor ihm: Herr der Welt! Wann werden wir die klare Deutung des Wortes erlangen? [Gott] sagte ihm: [Ihr sollt] der Mehrheit folgen (אחרי רבים להטות). Wenn diejenigen, die [etwas für] unrein erklären, in der Mehrheit sind (רבו), ist es unrein. Wenn diejenigen, die [etwas für] rein erklären, in der Mehrheit sind (רבו), ist es rein. Rabbi Abbahu sagte im Namen Rabbi Jonathans: Rabbi Aqiva hatte einen gereiften Schüler, Rabbi Meir hieß er.

16 Vgl. Krupp, Talmud, 41; Galley, Judentum, 68.

17 Wünsche, Tehillim, 108f.; zur Datierung des Midrasch Tehillim (wahrscheinlich die talmudische Zeit) vgl. Stemberger, Einleitung, 316.

18 Wünsche, Tehillim, 108 übersetzt „als bestimmte Verordnungen"; möglich ist auch die Übersetzung „aus einem Guss".

> Er konnte ein Kriechtier auf neunundvierzig Weisen aus der Tora für rein erklären und auf neunundvierzig Weisen für unrein erklären.[19]

Andere Texte setzen die Diskussion über die Geltung des Mehrheitsprinzips im Hinblick auf weitere Spezialfragen fort. Ist die Mehrheit der bei der Erörterung eines Streitfalles jeweils anwesenden Rechtsgelehrten gemeint? Oder muss die (gegebenenfalls nur mutmaßlich zu erhebende) Meinung abwesender Gelehrter in den Abwägungsprozess einbezogen werden?[20] Sind Rechtsentscheidungen einer Mehrheit in jedem Fall auch für die Minderheit bindend?[21] In den weiteren Umkreis der Diskussionen über das Mehrheitsprinzip gehört zudem die Frage, ob und inwieweit Rechtsentscheidungen für die Mehrheit der von der Entscheidung Betroffenen (faktisch) angenommen werden oder angenommen werden können (גזרה שרוב הציבור יכולין לעמוד בה) und inwieweit diese Tatsache für die Geltung der jeweiligen Norm von Belang ist.[22]

Erörtert wird auch, ob ein Gerichtshof in einer andernorts bereits entschiedenen Sache erneut Recht sprechen und dabei zu einem abweichenden Urteil kommen darf. Sind die jeweils später lebenden Gelehrten durch die Urteile früherer Generationen prinzipiell gebunden? Oder dürfen sie Gründe anführen, um diese rückgängig zu machen? Nach dem Schulchan Aruch-Kommentator Sabbataj Kohen (1622–1663) gilt hier der Grundsatz, dass dies nur erlaubt ist, wenn das später urteilende Gericht dem ersten an der Anzahl und Autorität seiner Mitglieder überlegen ist.[23] Das Prinzip, dass das spätere Recht dem früheren gegenüber nicht nur nicht zurückstehen muss, sondern sogar den Vorrang hat (הלכתא כבתראי), wurde erst in posttalmudischer Zeit ausformuliert, findet sich aber bereits in den klassischen Texten vorgebildet.[24]

Der babylonische Talmud (bRhSh 25a–26a) nimmt die Diskussion über die Frage des Mehrheitsprinzips in prozessualen Verfahren (hier auch mit Blick auf Zeugenvernehmungen) nach mSan 1,6 (erneut mit Verweis auf Num 35,24f.) wieder auf und verbindet sie mit schrifttheologischen Begründungen, die auf die rabbinische Auslegungskompetenz zielen und auch hier das Mehrheitsprinzip zur Anwendung bringen. Im Midrasch

19 Zum letzten Satz vgl. jSan 22a, 59–62 (Wewers, Sanhedrin, 112). Die Diskussion im Talmud Yerushalmi zeigt, dass der zitierte Midraschtext MTeh 12,4 inhaltlich in den Kontext der (an die Auslegung von Ex 23 anschließenden) strafprozessualen Erörterungen gehört: vgl. jSan 22a, 62–66 und 22b, 31–35 (ibid., 113, 117); vgl. auch bSan 2a–3b.

20 Vgl. Elon, Law II, 997 mit Bezug auf bHul 11a.

21 Vgl. idem, Law II, 683. Freiman, Rov u-Mi'ut ba-Zibbur.

22 bAS 36a. Zu dieser Frage, die in den gemeindepolitischen Diskussionen innerhalb der deutsch-jüdischen Orthodoxie im 19. und frühen 20. Jahrhundert eine Rolle spielte, vgl. Morgenstern, Frankfurt, 204.

23 Elon, Law I, 271 (Fußnote 115) und 541–543 sowie Morgenstern, Frankfurt, 191.

24 Zur ausführlichen Darstellung und Begründung dieses Prinzips, das aber in einer deutlichen Spannung zu dem anderen Grundsatz steht, nach welchem frühere halachische Dezisoren besonders zu ehren seien und ihren Entscheidungen besonderes Gewicht zuzumessen sei, vgl. Elon, Law I, 267–272 und den Krakauer Rabbiner Moses Isserles (1525–1572) in seinen Glossen zum Schulchan Aruch, Choschen Mischpat 25, 2 (idem, Law I, 271).

Kohelet Rabba, einem Paralleltext zu bRhSh 25a–26a, kommt das Gemeinte besonders deutlich zum Ausdruck:

> R. Jochanan sagte: Es steht geschrieben: „JHWH sandte Mose und Aaron" (1 Sam 12,8) und: „JHWH sandte Jerubaal und Bedan und Jephtha und Samuel (1 Sam 12,11)." Jerubaal ist Gideon und Bedan ist Samson und Jephtha ist Jephtha. Dann heißt es Ps 99,6: „Mose und Aaron mit seinen Priestern und Samuel, der anrief seinen Namen." Hier stellt die Schrift drei Kleine mit drei Großen der Welt zusammen, um dich zu lehren, dass der Gerichtshof Jerubaals so groß und angesehen vor dem Heiligen, gelobt sei Er!, war wie der Moses, und der Gerichtshof Simsons entsprach dem Aarons. Und der Gerichtshof Jephthas war wie der Samuels, um dich zu lehren, dass jeder, der zum Verwalter eines Gemeinwesens ernannt ist, wenn er auch noch so gering ist, dem Gewaltigsten und den Gewaltigen gleich zu achten ist, denn es heißt Dtn 17,9: „Du sollst kommen zu den Priestern, Leviten und zu dem Richter, der in jenen Tagen sein wird." Kann er sich denn an einen Richter wenden, der nicht zu seiner Zeit lebt? Wozu dieser Zusatz? Um dich zu lehren, dass der, der Richter zu deiner Zeit ist, dir so viel gelten soll wie einer der Richter der frühen Tage.[25]

In seiner Erklärung zu Dtn 17 bringt der mittelalterliche Exeget Raschi das Prinzip der Prärogative der Mehrheit auf den Punkt – oder treibt es auf die Spitze: Es gilt, dem jeweiligen rabbinischen Rechtsspruch Folge zu leisten, „selbst wenn er sagt, dass rechts links und dass links rechts ist (אפילו אומר לך על ימין שהוא שמאל ועל שמאל שהוא ימין)."[26]

---

25 Wünsche, Kohelet, 7f. (zur Identität Jerubaals vgl. Ri 7,1; zu Bedan vgl. 1 Sam 12,1 [Targum Jonathan]); zur Datierung des Midrasch Kohelet (ca. 8. Jahrhundert) vgl. Stemberger, Einleitung, 311. Vgl. dazu auch Elon, Law I, 266. KohR 1,4/tRSh 2(1),3; Sifre Deuteronomium, Shoftim 153 (idem, Law I, 266). bRhSh 25b; Tanhuma naso, 29: „Niemand soll sagen: Ich will die Anweisungen der Ältesten nicht befolgen, denn sie sind nicht aus der Tora. Gott spricht zu diesen Menschen: ‚Meine Kinder, so dürft ihr nicht sprechen. Ihr sollt vielmehr erfüllen, was immer sie euch befehlen, wie geschrieben steht: ‚Du sollst handeln, wie es dir vorgeschrieben ist.' Und warum? Weil auch ich ihren Anordnungen zustimme, wie geschrieben steht: ‚Du wirst es befehlen, und er wird bei dir bleiben.'"

26 Raschi zu Dtn 17,11 (Bamberger, Kommentar, 493). In der Geschichte der christlichen Judenfeindschaft hat dieser Satz einige Berühmtheit erlangt. Der Genueser Kartäuser Salvagus Purchetus zitiert ihn in seiner 1520/21 in Paris gedruckten Schrift *Victoria adversus impios Hebraeos* (Pars II, Cap. XV), und Martin Luther nimmt diesen Satz in seiner späten Schrift *Vom Schem ha-Mephorasch und vom Geschlecht Christi* (1543) auf: „Schließlich musst du annehmen, was ein Rabbi sagt, wie seltsam es auch sei. Du musst es glauben, es sei recht, auch wenn Gott selbst anderes befiehlt und sagt. Denn so hat ihnen Mose geboten: ‚Wenn sie eine Sache nicht verstehen, sollen sie hinaufgehen zu den Priestern und Richtern, die an dem Ort sind, den Gott erwählt hat usw. Die sollen dir (spricht er) ein Urteil sprechen nach dem Gesetz. Was sie dich lehren, sollst du tun, und nach dem Recht, das sie dir sagen, sollst du dich halten, dass du von demselben nicht abweichst, weder zur Rechten noch zur Linken' (Dtn 17,8–11). Hier ist es beschlossen (ich hätte schier gesagt, beschissen), dass ein Jude alles glauben und nicht davon abweichen soll, was die Rabbinen sagen. Daher sagen sie nun, sie müssen ihren Rabbinen glauben, auch wenn sie sagten, die rechte Hand wäre die linke, und die linke wäre die rechte, wie Purchetus schreibt" (Morgenstern, Luther, 29).

Die Rabbinen sind dazu autorisiert, das Wort vom Sinai kreativ anzuwenden und dabei auch umzuinterpretieren; sie sehen sich als direkte und gleichberechtigte Gesprächspartner Gottes im Lehrhaus. Da es sich hier um Prinzipien des Umgangs mit dem Offenbarungswort Gottes selbst handelt, liegt es nahe, dass Auswirkungen auf das talmudische Gottesbild nicht ausbleiben. Der Midrasch Tanchuma zeigt die interpretative Autorität der Rabbinen, die auch Gott selbst verpflichtet, in einer Auslegung zur Geschichte von Josef und seinen Brüdern. Nachdem die Brüder Josef in die Grube geworfen hatten (Gen 37,24), beschlossen sie demnach, sich selbst „durch einen Eid dazu verpflichten, dass niemand etwas davon unserem Vater Jakob sagt." Um das Schriftwort „er verkündigt Jakob sein Wort" (Ps 147,19) außer Kraft zu setzen, schlossen sie auch Gott in die eidliche Verpflichtung ein (שתפו להקב"ה באותו החרם), dass er es ihrem Vater nicht sagen sollte. Aufgrund seiner eidlichen Verpflichtung und dem Psalmwort zuwider erzählte demnach auch Gott dem Erzvater nicht, was geschehen war.[27]

5 Die Erzählung vom Schlangenofen

Beides, das rabbinische Schriftverständnis wie das talmudische Verständnis Gottes, kommt in unübertroffener Weise in der berühmten talmudischen Erzählung vom Schlangenofen zum Ausdruck (bBM 59b). In dieser Diskussion geht es um ein Heizgerät, das man schlangenförmig in einzelne Ringe zerlegen und zwischen dessen Ringe man Sand füllen kann. Die Gelehrten, die die Frage erörterten, ob dieses Gerät rituell als rein oder als unrein bzw. verunreinigungsfähig zu betrachten ist, entschieden mehrheitlich, den Ofen für rituell verunreinigungsfähig zu erklären. „An jenem Tage", so heißt es, brachte Rabbi Elieser alle Argumente, die in der Welt möglich sind, vor (zum Nachweis der von ihm vertretenen gegenteiligen Ansicht, nach der der Ofen für rein zu erklären sei). Von Rabbi Elieser ben Hyrkanos, einem der bedeutendsten Weisen der Zeit nach der Tempelzerstörung, wissen wir, dass er gelehrt war und dabei eher gediegene, konservative, exegetisch plausible, philologisch begründete Ansichten vertrat. Er war ein sorgfältiger Bewahrer der Tradition, ein guter Zeuge des überkommenen Torawissens. Doch gerade seine Gewissenhaftigkeit, seine Begabung beim Memorieren von Sachverhalten, brachte ihn in Schwierigkeiten. Denn die Mehrheit der Weisen nahm seine Argumente nicht an. Seine Begründungen wurden abgelehnt, obwohl sie offenbar gut waren. Wir haben Grund zu der Annahme, dass es dabei letztlich nicht um den Schlangenofen ging, sondern dass grundsätzliche Fragen der religiösen Autorität verhandelt wurden.

Rabbi Elieser konnte sich mit seiner Niederlage nun nicht zufriedengeben: Er wusste die bessere Einsicht auf seiner Seite und griff zu einem außergewöhnlichen Mittel und rief himmlische Kräfte zur Hilfe an.

Bereits in der ersten lateinischen Talmudübersetzung, die nach der Zwangsdisputation von Paris (1240) entstand, war die rabbinische Auslegung von Dtn 17 zum Stein des Anstoßes geworden, vgl. Lampurlanés Farré, Excerptum, 158f.

27 Tan, vayeshev, 2 (Singermann, Tanchuma, 219f.). Nach der Darstellung des Midrasch Tanchuma war die Einbeziehung Gottes in die eidliche Verpflichtung notwendig, da – in Abwesenheit Rubens (vgl. Gen 37,21–22.29–30) – nur neun Brüder vorhanden waren und die halachische Geltung eines Banns (חרם) die Beteiligung eines Quorums von zehn Personen erforderte.

> Er rief aus: Wenn die Halacha meiner Meinung entspricht, so mag dies dieser Johannisbrotbaum beweisen. Da rückte der Johannisbrotbaum hundert Ellen von seinem Orte fort; manche sagen, vierhundert Ellen.

Die Mehrheit der Weisen im Lehrhaus zeigte sich unbeeindruckt von diesem Wunder. Sie erwiderten: „Man bringt keinen Beweis von einem Johannisbrotbaum."

> Hierauf sprach Rabbi Elieser zu ihnen: Wenn die geltende Norm meiner Meinung entspricht, so mag dies dieser Wasserlauf beweisen. Da blieb das Wasser durch ein Wunder stehen und zog sich der Wasserlauf zurück. (Die Mehrheit der Weisen im Lehrhaus) aber erwiderte: Man bringt keinen Beweis von einem Wasserlauf. Wiederum sprach er zu ihnen: Wenn die geltende Norm meiner Meinung entspricht, so werden es die Wände des Lehrhauses beweisen. Also neigten sich die Wände des Lehrhauses und drohten einzustürzen.
> Da schrie Rabbi Jehoschua die Lehrhaus-Wände an und sprach zu ihnen: Wenn die Gelehrten sich um die geltende Norm streiten, was geht dies euch an! Sie stürzten hierauf nicht ein, wegen der Ehre Rabbi Jehoschuas, und sie richteten sich auch nicht auf, wegen der Ehre Rabbi Eliesers; noch immer stehen sie geneigt da.

Da die Sache unentschieden geblieben war, sprach Rabbi Elieser zu den anderen Gelehrten:

> Wenn die geltende Norm meiner Meinung entspricht, so werden sie dies aus dem Himmel beweisen. Da erscholl eine himmlische Stimme und sprach: Was habt ihr gegen Rabbi Elieser; die geltende Norm ist stets, wie er sagt.

Da stand Rabbi Jehoschua auf und zitierte aus dem Buch Deuteronomium (Kap. 30,12), also aus jenem Gesetz, in dem Rabbi Elieser sich so gut auskannte, dass er in ihm immer wieder neue Begründungen für die Richtigkeit seiner Ansicht gefunden hatte.

> „Nicht im Himmel ist sie (die Tora)" (Dtn 30,12). Was bedeutet: „Nicht im Himmel ist sie"? Rabbi Jirmija erwiderte: Die Tora ist bereits vom Berge Sinai herabgegeben worden (und befindet sich nicht mehr im Himmel). Wir achten nicht auf die himmlische Stimme, denn bereits am Berge Sinai hast du in die Tora geschrieben: „Nach der Mehrheit muss man sich richten/אחרי רבים להטת" (Ex 23,2bβγ).

Mit diesem Votum war die Debatte zu Ende. Immerhin wissen wir aus dem Fortgang der Talmuderzählung, dass Rabbi Elieser weiterhin halsstarrig blieb und in der Folge exkommuniziert, mit dem Bann belegt wurde, weil er sich geweigert hatte, der Mehrheitsmeinung seiner Kollegen zu folgen. Gleich im Anschluss darauf erfahren wir, dass Rabbi Nathan den Propheten Elija traf und ihn fragte, was der Heilige (Gott), gelobt sei er, in dieser Stunde tat. Wie hat er auf das merkwürdige Diskussionsgebaren der jüdischen Weisen reagiert?

(Elia) erwiderte: Gott schmunzelte (חייך) und sprach: Meine Kinder haben mich besiegt, meine Kinder haben mich besiegt (נצחוני בני).

Gott, so können wir schließen, stand auf der Seite Rabbi Eliesers, jenes konservativen und vertrauenswürdigen Gelehrten, der bibeltheologisch viele Argumente auf seiner Seite hatte. Er hatte Rabbi Eliesers Auslegung auch durch mehrere Wunder beglaubigt und dadurch Situationen hergestellt, in denen jeder unbefangene Beobachter in den Ausruf hätte einstimmen müssen, dass durch die himmlische Stimme eigentlich alles entschieden war. Trotz des biblischen Augenscheins und entgegen den Beglaubigungswundern hatte die gegnerische Mehrheit den Streit gewonnen.

6 Die Mehrheitsregel im rabbinischen Judentum der Spätantike

Der US-amerikanische Talmudgelehrte Daniel Boyarin interpretiert diese Talmudstelle als Ausdruck eines Entwicklungsschubs des Judentums, der sozioreligiösen Transformation vom alten Judentum des Tempels hin zum neuen Judentum der Tora. Kennzeichnend für diese Transformation ist, dass sie sich in einer intensiven Auseinandersetzung mit den Kirchenvätern vollzog, die von den rabbinischen Auslegungskünsten offenbar nicht unbeeindruckt blieben.[28] Rabbi Elieser steht in diesem Zusammenhang für die eher konservative Position, die sich mehr am *sensus literalis* orientierte und exegetischen Neuerungen gegenüber skeptisch war – eine Position, die den christlichen Gelehrten offenbar sympathischer war als die sich im Judentum allmählich durchsetzende rabbinische Hermeneutik. Die in der Erzählung vom Schlangenofen siegreichen Protagonisten entsprechen daher einem Typus von Gelehrsamkeit, vor dem christliche Theologen warnten. Basilius von Caesarea rief seine Schüler dazu auf, weder streitsüchtig (ἐριστικός) noch rechthaberisch (φιλόνεικος) und vor allem nicht „ἐξηγητικός", „der Exegese verfallen", zu sein, womit offenbar Auslegungsoperationen gemeint sind, wie unser Talmudtext sie vorführt.[29] In diesem Sinne verlangte auch der mit Basilius befreundete Gregor von Nazianz von christlichen Gelehrten, in ihren Ausführungen auf Dialektik zu verzichten.

Der Talmud entscheidet sich demgegenüber dafür, sowohl die Worte Rabbi Eliesers als auch die Rabbi Jehoschuas aufzubewahren – „diese wie diese sind Worte des lebendigen Gottes" (bEr 13b)[30] – und sie in ein dialektisches Verhältnis zueinander zu setzen. Es handelt sich hier um eine „Kanonisierung des Dissenses"[31], in der Gott selbst, der auf seine Allmacht und Allwissenheit verzichtet, mit zu einem Disputanten gemacht wird.[32] Indem so die *Mauern des Lehrhauses* errichtet werden, entsteht aber keine grenzenlose

28 Boyarin, Abgrenzungen, 245f.

29 Vgl. Saint Basil, Letters I, 248f. (zitiert nach Lim, Disputation, 144) und Boyarin, Abgrenzungen, 234.

30 Die Wendung „Worte des lebendigen Gottes" begegnet in der Hebräischen Bibel bezeichnenderweise in Jer 23,36 im Zusammenhang mit einer Diskussion über Lügenpropheten (vgl. idem, Abgrenzungen, 237).

31 Idem, Abgrenzungen, 248.

32 Idem, Abgrenzungen, 234 und 255.

und herrschaftsfreie Diskurskultur. Liminale Figuren wie Rabbi Elieser (Boyarin fügt hinzu: auch Frauen!) werden aus dem Lehrhaus ja ausgeschlossen. Die Texte, die auf den ersten Blick den Pluralismus der babylonisch-rabbinischen Auslegungskunst darstellen, zeigen zugleich die Grenzen dieses Pluralismus an[33] – eben dies bedeutet die rabbinische Inanspruchnahme des Mehrheitsprinzips. In diesem Sinn folgen die Rabbinen der Mehrheitsregel, auch um den Preis, dass der Geber der Tora selbst in der Minderheitenposition bleibt. Die Erzählung vom Schlangenofen ist so Reflex einer Entwicklung, die zur multireligiösen und unübersichtlichen Welt der Spätantike gehörte und von innerjüdischen Rivalitäten begleitet war. Es sind nicht die Traditionsbewahrer, es sind die Träger der Innovation, die die Sache für sich entscheiden. Sie sind die neue Elite, die der *schriftlichen* die *mündliche Tora* hinzufügt und die doppelte Tora des Judentums propagiert. Beide Offenbarungsweisen gehen nach rabbinischem Verständnis auf die Sinaioffenbarung zurück und sind *mosaisch*.

Aus einer biblischen Norm, die auf das Verhalten in einer Rechtsinstitution des Alten Israel gemünzt war, die Gerichtsverhandlung „im Tor", wird so eine Argumentationsfigur, die auf die Begründung des unter gänzlich neuen Verhältnissen operierenden Rechtssystems der Halacha gerichtet ist. Die rabbinische Inanspruchnahme des Verses Ex 23,2, eines Textes, dem die Rabbinen ja Offenbarungsqualität zuschreiben, geht aber darüber hinaus: Sie zielt auf eine Reflexion, die die Bedingungen der Möglichkeit radikaler Neuinterpretationen eben jener Offenbarungstexte und insofern den andauernden Fortbestand des nunmehr unter rabbinischer Führung stehenden Gemeinwesens im Blick hat.

Literatur

Albertz, R., Exodus 19–40 (ZBK.AT), Zürich, 2012.

Baentsch, B., Exodus – Leviticus, übersetzt und erklärt, Göttingen, 1903.

Bamberger, S., Raschis Kommentar zum Pentateuch. Vollständig ins Deutsche übertragen und mit einer Einleitung versehen, Basel, 1975.

Boyarin, D., Abgrenzungen. Die Aufspaltung des Judäo-Christentums (ANTZ 1), Berlin/Dortmund, 2009.

Elon, M., Jewish Law. Vol. I, Philadelphia, 1994.

Elon, M., Jewish Law. Vol. II, Philadelphia, 1994.

Freiman, A. C., Rov u-Mi'ut ba-Zibbur, Javne II, Tishri 1948.

Galley, S., Das Judentum, Frankfurt a. M., 2006.

Gesenius, W. und E. Kautzsch, Hebräische Grammatik, Leipzig, ^{28}1908.

Hirsch, S. R., Der Pentateuch. Übersetzt und erläutert. Band II, Exodus, Frankfurt a. M., 1986.

Houtman, C., Exodus 20–40, HCOT, Kampen, 2000.

Kittel, R. (Hg.), Biblia Hebraica, Stuttgart, 1974 (BHK).

Krupp, M., Der Talmud. Eine Einführung in die Grundschrift des Judentums mit ausgewählten Texten, Gütersloh, 1995.

Lampurlanés Farré, I., Excerptum de Talmud. Study and Edition of a Thirteenth-Century Latin Translation, Turnhout, 2020.

Leibowitz, N., Studies in Shemot. Part II, Mishpatim – Pekudei, Jerusalem, ^{5}1985.

33 Idem, Abgrenzungen, 254.

Lim, R., Public Disputation, Power, and Social Order in Late Antiquity, Berkeley/Los Angeles/London, 1994.

Morgenstern, M., Von Frankfurt nach Jerusalem, Tübingen, 1995.

Morgenstern, M., Martin Luther und die Kabbala. Vom Schem Hamephorasch und vom Geschlecht Christi, bearbeitet und kommentiert, Berlin, 2017.

Oswald, W., Art. Bundesbuch, in WiBiLex, 2005, online unter http://www.bibelwissenschaft.de/stichwort/11459/.

Oswald, W., Staatstheorie im Alten Israel. Der politische Diskurs im Pentateuch und in den Geschichtsbüchern des Alten Testaments, Stuttgart, 2009.

Propp, W. H., Exodus 19–40, AncB, New York, 2006.

Qahati, P., Massekhet Sanhedrin, Jerusalem, 1983.

Rottzoll, D. U. (Hg.), Abraham ibn Esras langer Kommentar zum Buch Exodus, eingeleitet, übersetzt und kommentiert von Dirk Uwe Rottzoll. Band 2: Parascha Jitro bis Pekudej (Ex 18–40), Berlin/New York, 2000.

Saint Basil, The Letters. Vol. I, With an English Translation by R. J. Deferrari, London/Cambridge, MA, 1934.

Singermann, F., Midrasch Tanchuma mit verbessertem hebräischem Text, Berlin, 1927.

Stemberger, G., Einleitung in Talmud und Midrasch, München, ^{8}1992.

Wewers, G. A., Übersetzung des Talmud Yerushalmi. Seder Neziqin. Traktat Sanhedrin – Gerichtshof, Tübingen, 1981.

Wünsche, A., Der Midrasch Kohelet. Zum ersten Male ins Deutsche übertragen, Leipzig, 1880 (= Nachdruck/zweisprachige Ausgabe, Jerusalem, 2013).

Wünsche, A., Midrasch Tehillim oder haggadische Erklärung der Psalmen. Nach der Textausgabe von Salomon Buber zum ersten Male ins Deutsche übersetzt und mit Noten und Quellenangaben versehen, Trier, 1892 (= Nachdruck/zweisprachige Ausgabe, Jerusalem, 2017).

Gottesbezug

Die Verfassungserzählung der Sinaiperikope und die Präambeln moderner Verfassungen – ein Übersetzungsversuch

Helmut Utzschneider

1

Mit Wolfgang Oswald verbinden mich 15 Jahre inspirierender Zusammenarbeit, in deren Verlauf wir die beiden Bände des Exoduskommentars der Reihe „Internationaler exegetischer Kommentar zum Alten Testament" (IEKAT) gemeinsam verfasst haben. Dabei hat Wolfgang Oswald eine Fragestellung eingebracht, die sich mir durch ihn neu und vertieft erschlossen hat: die politische bzw. politikwissenschaftliche Sicht auf die alttestamentliche Überlieferung. In der Auslegung des Exodusbuchs haben wir uns damit naturgemäß in der Historie Altisraels und des Mittelmeerraumes bewegt. Allerdings hatte ich immer den Eindruck, dass hinter Wolfgang Oswalds politischer Auslegung des Alten Testaments auch das Interesse steht, das Alte Testament mit gegenwärtigen politischen Fragestellungen ins Gespräch zu bringen und umgekehrt. In diesem Sinne und als Zeichen des Dankes sind ihm diese Überlegungen gewidmet.

In zwei programmatischen Aufsätzen hat Wolfgang Oswald die vordere Sinaiperikope (Ex 19–24) als „Constitutional Narrative" [1], also als „*Verfassungserzählung*", charakterisiert – und genauso hat er sie dann in seinem Part unseres Kommentars ausgelegt. Die vordere Sinaiperikope will nicht vergangene Ereignisse darstellen, unbeschadet dessen, dass die narrative Fiktion so gestaltet ist. Sie zielt vielmehr mit ihren legislativen Gottesreden ebenso wie mit ihrer Erzählhandlung darauf ab, „bleibend Gültiges einzuführen"[2], eben eine „Verfassung" für die Gegenwart der Rezipierenden und Autoren.[3] In diesem Sinne entschlüsselt Oswald die Erzählfiktion. Der Gottesberg muss nicht irgendwo auf der Sinaihalbinsel gesucht werden. Vielmehr ist er „ein symbolischer Berg, der den realen Gottesberg Israels vertritt. [...] Denn das Israel, das sich am Gottesberg versammelt, ist nicht das Israel der fernen Vergangenheit, sondern das Juda der Adressaten der Erzählung."[4] Insbesondere der Alias-Name „Horeb" des Gottesberges, der an-

1 Oswald, Politikwissenschaft, 135–160; Idem, Lawgiving, 183.

2 Oswald, Politikwissenschaft, 160.

3 Insbesondere der Dekalog wurde schon mehrfach als „Verfassung" gedeutet, neuerdings vor allem von Dominik Markl (Markl, Dekalog). Anders als seine Vorgänger aber bezieht Oswalds „EG-Komposition neben dem Dekalog in einer Frühfassung, auch das Bundesbuch und umgebende Erzähltexte, namentlich Ex 24,3, in seine Verfassungserzählung ein. Vgl. Oswald, Politische Funktion, 117f.

4 Utzschneider und Oswald, Exodus 1–15, 46.

ders vokalisiert „Trümmerstätte" bedeuten kann, verweist auf Jerusalem, nämlich die zerstörte Stadt und den zertrümmerten Tempel nach der Eroberung durch die Babylonier. Auf dieses Juda-Jerusalem, seine Menschen und deren Zukunft nach dem Desaster der Stadt und des Königtums, ist die Verfassungserzählung gemünzt. „Bleibend gültig" und modellhaft soll sie sein. Zur Verfassung gehören nicht etwa nur die Rechtstexte als harter Kern, sondern auch die Rolle JHWHs, die ausladend dargestellt ist (Ex 19f.). Er erscheint in einer spektakulären Theophanie. Unter Blitz, Donner und Rauch verkündet er vor dem verängstigten Volk den Dekalog und übermittelt Mose das „Bundesbuch", der sich dazu allein auf den in dunkle Wolken gehüllten Gottesberg begibt.

Mit anderen Worten: Die Sinai-Verfassung weist einen massiven „Gottesbezug" auf und die Frage ist nicht trivial, warum dieser so massiv ausfällt.

Nun ist der Begriff „Gottesbezug" in der alttestamentlichen Wissenschaft nicht geläufig. Er ist eigentlich ein Terminus des modernen Verfassungs- und Staatsrechts. Im Grundgesetz der Bundesrepublik Deutschland findet sich der „Gottesbezug"[5] in der Präambel, die mit den Worten anhebt: „Im Bewußtsein seiner Verantwortung vor Gott und den Menschen ... hat sich das Deutsche Volk kraft seiner verfassungsgebenden Gewalt dieses Grundgesetz gegeben." Von den deutschen Bundesländern haben sich nach 1945 bzw. 1990 sieben für eine Erwähnung Gottes in den Präambeln ihrer Verfassungen entschieden und neun dagegen.[6] Auch in den europäischen Verfassungsvertrag (der 2004 durch Volksabstimmungen mehrerer Mitgliedsstaaten abgelehnt wurde) fand der Gottesbezug – trotz mancher kirchlichen Appelle[7] – keine Aufnahme.[8] Kurz: Eine „nominatio dei"[9], wie der Gottesbezug in dieser Form auch genannt wird, ist nicht selbstverständlich, sondern umstritten.

5 Von „Gottesbezug" in modernen Verfassungen soll nur die Rede sein, wenn „Gott" in programmatischen, aber nicht unbedingt rechtlich bindenden Vorsprüchen bzw. Präambeln ausdrücklich erwähnt wird, nicht aber, wenn lediglich auf das „jüdisch-christliche Erbe" o. ä. verwiesen wird (so in Änderungsanträgen zum Europäischen Verfassungsvertrag; Schmidt, Religion, 40, spricht von „Religionsbezug"). Auch Verfassungsbestimmungen, die das Verhältnis vom Staat zu Kirchen oder Religionsgemeinschaften regeln, sind keine Gottesbezüge.

6 Mit Gottesbezug formuliert sind die Landesverfassungen von Bayern, Baden-Württemberg, Rheinland-Pfalz, Nordrhein-Westfalen, Niedersachsen, Sachsen-Anhalt und Thüringen; er fehlt in den Verfassungen von Berlin, Brandenburg, Bremen, Hamburg, Hessen, Mecklenburg-Vorpommern, Saarland, Sachsen und Schleswig-Holstein. Dabei bedurfte es in Niedersachsen eines eigenen Volksentscheids (1994), um in den Vorspruch der Verfassung die Formulierung „im Bewußtsein seiner Verantwortung vor Gott und den Menschen" aufzunehmen (vgl. dazu Weinholt, Gott, 63–80). Entgegengesetzt verlief 2016 eine Abstimmung im Landtag von Schleswig-Holstein. Eine entsprechende Initiative wurde abgelehnt (vgl. die epd-Meldung vom 22.7.2016).

7 Z. B. die „Gemeinsame Stellungnahme des Vorsitzenden der Deutschen Bischofskonferenz und des Vorsitzenden des Rates der Evangelischen Kirche im Deutschland zum Konvent zur Zukunft Europas", 2002.

8 Vgl. das ausführliche Referat zur Diskussion um den Religions- und Gottesbezug in der Präambel des Europäischen Verfassungsvertrages bei Schmidt, Religion, 1–105.

9 Sie ist zu unterscheiden von einer „Anrufung Gottes" („invocatio Dei"), die sich in einigen europäischen Verfassungen noch findet, so etwa in der Schweizer Bundesverfassung („Im Namen Gottes des Allmächtigen!"). Vgl. dazu Goerlich, Gottesbezug, 58–60.

Die Fragestellung im Folgenden wird also sein: Wie verhalten sich eigentlich die starke Rolle Gottes in der „Verfassung“ der Sinaitexte zu den Gottesbezügen moderner Verfassungen, namentlich des deutschen Grundgesetzes?

Im abschließenden Abschnitt sollen dazu Gesichtspunkte und Überlegungen unterbreitet werden; genau gesagt wird es um die Frage gehen, ob die Sinaiverfassung und ihr Gottesbezug in modernes Verfassungsrecht „übersetzbar“ (J. Habermas, s. u.) sind. Zuvor werden wir im zweiten Abschnitt dem Gottesbezug der Sinaiperikope genauer nachgehen und nach seinen Funktionen fragen. Wir werden uns dabei auch auf den erwähnten IEKAT-Exoduskommentar beziehen. Im dritten Abschnitt sollen in drei Schlaglichtern die Geschichte des „Gottesbezuges“ moderner Verfassungen (3.1) und dann (höchst eklektisch) deren (rechts-)philosophische Voraussetzungen (3.2.) beleuchtet werden.

2 Die Sinaiperikope im Exodusbuch – eine Verfassungserzählung mit Gottesbezug

2.1 Die Verfassungserzählung der „Exodus-Gottesberg-Erzählung“

Die Verfassungserzählung beginnt mit der von Wolfgang Oswald so genannten *„Exodus-Gottesberg-Erzählung“* („EG-Komposition“)[10], der ältesten der vier literarischen Schichten der Sinaiperikope. Diese Erzählung ist – wie gesagt – auf Jerusalem-Juda nach der Zerstörung durch die Babylonier und auf den damit einhergehenden Verlust des Königtums als Staatsform bezogen. Für den Neuaufbau des Gemeinwesens Jerusalem-Juda entwirft die EG-Komposition eine „Verfassung“ als „personenverbandlichen Bürgerstaat“ ohne (menschlichen) König und greift dazu auf das Vorbild der „griechischen Polis“ zurück, die „ab dem 6. Jahrhundert in vielen Varianten im gesamten Mittelmeerraum verbreitet“[11] war. Einblick in Verfassungskonzeption der EG-Komposition gewähren sowohl der Dekalog (Ex 20,1–17) als auch das sogenannte Bundesbuch (Ex 20,21b–23,33).

Im ersten Teil des *Dekalogs*[12] erinnert die Selbstvorstellung Jhwhs als Befreier aus der ägyptischen Knechtschaft (Ex 20,2) an nordwestsemitische Herrscherinschriften.[13] Wenn man in der Verfassungserzählung nach königlichen Elementen suchen will, dann sind sie, wenn überhaupt, in der Gestalt Jhwhs zu finden. Es folgen das Fremdgötterverbot (Ex 20,3) sowie das Verbot des Missbrauchs des Gottesnamens (Ex 20,7). Den zweiten Teil bilden die Verbote der Tötung, des Ehebruchs und des Diebstahls; positiv gelesen betreffen sie das Recht auf Leben, den Schutz der Familie sowie das Recht auf Eigentum, also gewissermaßen fundamentale Menschen- bzw. Grundrechte (vgl. dazu unten 4.1). Das Verbot des falschen Zeugnisses und die beiden Begehrensverbote er-

10 Insbesondere in der Fassung der sog. EG-Komposition, der nach Oswald ältesten Schicht der Sinaitexte. Oswald, Die Exodus-Gottesberg-Erzählung, 35–51; Oswald, Politische Funktion 111–127. Vgl. Utzschneider und Oswald, Exodus 16–40, 46–48.

11 Vgl. Utzschneider und Oswald, Exodus 16–40, 88.

12 Die Fassung der EG-Erzählung (Ex 20,1–17*) entspricht noch nicht der jetzt überlieferten Version und enthält noch nicht das Bilderverbot sowie die Gebote der Sabbatobservanz und der Elternehrung. Vgl. Oswald, Die politische Funktion, 119.

13 Vgl. Utzschneider und Oswald, Exodus 16–40, 121.

strecken sich auf Lügen, also verborgene Machenschaften, oder auf geheime Regungen zuungunsten der Mitbürger („Nächste"). Diese Gebote haben mit so etwas wie dem menschlichen Anstand zu tun.[14] Der Dekalog der EG-Erzählung, so Wolfgang Oswald[15], fasst die Verpflichtung für angehende Bürger der Stadt zusammen und erinnert inhaltlich an den „Bürger-Eid"[16], der aus griechischen Poleis bekannt ist.

Die *„Bundesbuch-Rede"* (Ex 20,21b–23,33) [17] enthält über weite Strecken profane Bestimmungen ohne spezifische Gottesbezüge und ist insofern (nicht jedoch formal!) dem zweiten Dekalogteil vergleichbar. In den „Rechts(grund)sätzen", die sich in 21,1–23,19 finden, geht es z. B. um die Freilassung von Israeliten und Israelitinnen, die in Schuldknechtschaft geraten sind, um die Ahndung bzw. den Schadensersatz bei Körperverletzung und bei Diebstahl bzw. anderen Vermögensschäden. Die Bestimmungen sind z. T. altorientalischen Vorbildern nachgebildet und stellen somit internationales, menschliches Recht dar. Explizite Gottesbezüge, meist auch ausgedrückt in Ich-Reden, finden sich in Bestimmungen (Oswald: „Ordnungsworten") zum Schutz von Bedürftigen, zu sozialen Einrichtungen und zur Gerichtsordnung in Ex 22,20–23,19; den Rahmen bilden Gesetze zum Kult und zu Festen (20,23–26; 23,14–19), in denen Gott in der Ich-Form spricht.

Die eigentliche Verfassungs*erzählung* setzt mit der Theophanieschilderung und der darin eingebetteten Verkündung des Dekalogs vor Mose und den Israeliten ein (Ex 20,1–21a*). Meines Erachtens, und anders als Wolfgang Oswald und viele andere meinen, lässt die Erzählung offen, ob das Volk die Dekalog-Worte im Spektakel der Theophanie auch versteht.[18] Die menschliche Stimme Gottes mischt sich mit dem Donner der Theophanieerscheinung (für beides steht hebräisch קול). Jedenfalls wendet sich das Volk von Gott ab und dem Mann Mose zu: „Sprich du zu uns, dann wollen wir hören. Gott aber soll nicht mit uns reden, damit wir nicht sterben." (20,19). An anderer Stelle habe ich die Angstreaktion der Israeliten mit Hans Joas als eine Erfahrung der „Selbsttranszendenz" gedeutet.[19] Die Gottesbegegnung stößt die Israeliten zugleich ab und rüttelt sie auf, so dass sie über sich selbst hinauswachsen und hörbereit werden. Dies erweist sich, als Mose ins Lager der Israeliten zurückgekehrt ist.

Mose „erzählt" dem Volk „alle Worte Jhwhs und alle Rechtssätze". Es wird nicht gesagt, welche dies sind: der Dekalog oder das (neuzeitlich so genannte) Bundesbuch oder alle beide. Jedenfalls stimmen die Israeliten „einstimmig" zu. Das „Erzählen" als Modus der Übermittlung ist m. E. ein Schlüsselbegriff für das Verständnis des „Gottesbezuges" der Verfassungserzählung. Das hebräische Lexem ספר Pi. hat nicht selten die

14 Vgl. dazu im Einzelnen die Auslegung in iidem, 116ff.

15 Oswald, Politische Funktion, 118–122.

16 Idem, 123–126.

17 Vgl. die von Wolfgang Oswald verfasste Einleitung zum Bundesbuch in: Utzschneider und Oswald, Exodus 16–40, 137–143.

18 Vgl. Utzschneider und Oswald, Exodus 16–40, in der synchronen Auslegung des Dekalogs (132); anders Oswald in der diachronen Auslegung (vgl. die „Synthese" 137).

19 Utzschneider, Gotteserfahrung, 41f.

Bedeutung „lobpreisend erzählen, verkündigen“, vor allem die großen Taten JHWHS (vgl. z. B. Ex 9,16; 18,8; Ps 119,13; 145,6 u. ö.).[20]

Diese Konnotationen des „Erzählens“ der Gesetze finden sich explizit in dem großen Torapsalm Ps 119:

> 12 Gepriesen seist du, JHWH! Lehre mich deine Ordnungen (חקיך)!
> 13 Mit meinen Lippen habe ich erzählt (ספרתי) alle Bestimmungen deines Mundes (משפטי־פיך).
> 14 An dem Weg deiner Zeugnisse (עדות) habe ich Freude, mehr als an allem Reichtum.
> 15 Deine Vorschriften (פקודים) will ich bedenken und beachten deine Pfade.

Mose „zählt“ die Worte JHWHS nicht einfach „auf“, er preist die Gesetze und Gott als deren Urheber, er wirbt um Zustimmung, ist um Überzeugung, ja um Begeisterung bemüht.

Was die Erzählung als einmaligen Vorgang schildert, lässt sich in Analogie zu Rollen und Verfahren der griechischen Polis entschlüsseln: Abstimmung und Zustimmung des Volkes entsprechen dem Verfahren der Gesetzgebung; über Gesetze entscheidet die Volksversammlung. Die Erfahrung der Theophanie und das „Erzählen“ des Mose umschreiben die Rolle des gesetzeskundigen Rhetors[21], der die Volksversammlung aufrütteln, anrühren und überzeugen will.

2.2 Der Anteil der deuteronomistischen Schicht (DtrG)

Die nächstjüngere, deuteronomistische Kompositionsschicht führt die Schlussszene der EG-Erzählung (Ex 24,3) weiter (V. 4–9) und bringt dabei Aspekte des Gottesbezuges neu zur Geltung. Das DtrG verbindet das einfache Gesetzgebungsverfahren der EG mit einem gottesdienstlichen *Ritus*. Mose lässt einen Altar bauen sowie zwölf heilige Steine errichten und bringt dann in der Rolle des Priesters zusammen mit jungen Israeliten Opfer dar; die עולה, das Brandopfer, ist ganz JHWH zugeeignet, das זבח שלמים ist ein Gemeinschaftsopfer, das gewöhnlich in ein gemeinsames Mahl der Opfergemeinde mündet (Ex 24,4b.5–6). In diesem gemeinschaftlichen Rahmen verliest Mose ein „Buch des Bundes“ genanntes Schriftstück, in das er die Worte und Rechtsbestimmungen JHWHS vorweg aufgezeichnet hat (V. 4a). Das Volk sichert erneut seine Bereitschaft zu, nicht nur JHWHS Worte zu tun, sondern auch auf sie zu „hören“ – und zwar immer wieder.[22] Der Opferritus, das Mahl und die Verlesung machen die Gesetzgebung zu einem sinnlich erfahrbaren, festlichen und gemeinschaftlichen Ereignis.

Schließlich benetzt Mose das Volk mit Opferblut und verpflichtet es damit auf den „*Bund*“ bzw. Vertrag (ברית), den JHWH mit ihm schließt. Die Metapher des Vertrages bringt einerseits zum Ausdruck, dass das Volk gegenüber Gott am Maßstab des Gesetzes

---

20 Vgl. Utzschneider und Oswald, Exodus 16–40, 180.

21 Vgl. dazu auch Utzschneider, Performativität, 187–191.

22 Das Verlesen und Hören der Tora soll kein einmaliger Vorgang bleiben. In Dtn 31,9–13 wird Mose die levitischen Priester beauftragen, das von ihm aufgezeichnete Gesetz jährlich am Laubhüttenfest vor dem Volk zu verlesen. Die Tora-Performanz im Rahmen des Laubhüttenfestes bezeugt auch Neh 7,72b–8,12. Vgl. dazu Utzschneider, Performativität, 187–189.

in der Verantwortung ist, und andererseits, dass Gott sich an den Vertrag bindet (vgl. auch Ex 19,5f.). Welche Verpflichtung Gott damit eingeht, kommt bereits in der Eingangsszene der Sinaiperikope zur Sprache. Durch Mose lässt Gott dem Volk folgendes Angebot unterbreiten:

> [5] Wenn ihr achtsam auf meine Stimme hören
> und meinen Bund bewahren werdet,
> dann werdet ihr mir zu eigen sein, allen Völkern voran.
> [6] Gewiss, mein ist die ganze Erde,
> indes ihr werdet mir ein Königreich von Priestern
> und ein heiliges Volk sein.

Der „Bund“ enthält die Verpflichtung, der „Stimme JHWHs“ Folge zu leisten. Für seinen Part des Vertrages erinnert JHWH die Israeliten zunächst an die Erfahrung der Befreiung aus der Gewalt der Ägypter und daran, dass er sie auf der zurückliegenden Wüstenwanderung vor Unbill bewahrt hat (Ex 19,4). Dann verheißt er Israel eine Vorzugsstellung unter allen Völkern, die in einer besonderen Nähe zu ihm, JHWH, besteht.

Mose „legt“ den Israeliten alle Worte mit dem Angebot Gottes „vor“ (וישׂים לפניהם), d. h. die Zustimmung wird nicht einfach unterstellt, es bleibt die Freiheit der Entscheidung. Dann erst stimmt das ganze Volk (ויענו כל העם יחדו) ausdrücklich zu. Insgesamt heißt das: Der „Bund“ beruht auf guten Vorerfahrungen, er wird in einer Atmosphäre der Freiheit geschlossen, und man kann auch zukünftig einander vertrauen. Freiheit und Vertrauen sind emotionale Fundamente von Verpflichtung und Verantwortung.

Bezeichnend ist, dass ein Scheitern des Bundes hier, in der frühen Phase der Erzählung, überhaupt nicht in Betracht gezogen wird (anders in Ex 15,26, vgl. unten), geschweige denn ein Bruch des Bundes durch einen der Partner. Umso tiefer gestört wird das Verhältnis zwischen Gott und Volk durch die Verehrung des „Goldenen Kalbs“ (Ex 32f.). Der Bruch kann nur dadurch abgewendet werden, dass JHWH das Verhältnis zu den Israeliten auf eine neue Basis stellt, indem er die Rechtsordnung durch die sogenannten „Bundesworte“ (Ex 34,10–26) teilweise novelliert.[23] Eine spätere literarische Schicht, die „Tora-Komposition“ (vgl. unten 2.4.), hat den Bundesworten die „*Gnadenformel*“ vorangestellt, mit der JHWH sein Verhältnis zu den Israeliten auch emotional neu definiert, nämlich als „barmherzig und gnädig, langsam zum Zorn und reich an Huld und Treue …“ (Ex 34,6). Auf dieser emotional und rechtlich neu bestimmten Basis kann dann auch der Bund erneut geschlossen werden (Ex 34,27).

2.3 Die Erweiterung durch die priesterliche Schicht: Gottesgegenwart im Heiligtum

Den Löwenanteil der *priesterlichen Schicht* („P-Komposition“, PK) nehmen die „Heiligtumstexte“ (Ex 24,15–31,18; 35–40) ein, die die PK in den Erzählgang der größeren Sinaiperikope integriert.[24] Ihr Thema ist das Heiligtum, das „Wohnung“ oder „Zelt

23 Vgl. dazu Utzschneider und Oswald, Exodus 16–40, 90.

24 Vgl. iidem, 94–96. Auch in der Verfassungserzählung der vorderen Sinaiperikope ist die PK vertreten, z. B. in Ex 19,20–25, vor allem durch das Sabbatgebot des Dekalogs (Ex 20,8–11).

der Begegnung“ genannt wird. Literarisch sind die Heiligtumstexte in einen Redeteil (Ex 25–31,17) und einen darauf bezogenen Erzählteil gegliedert. Im ersteren Teil gibt JHWH detaillierte Anweisungen zur Stiftung des Heiligtums und zur Herstellung von dessen Bau- und Einrichtungsteilen, der zweite Teil (Ex 35,1–39,43*) erzählt, dass das Volk der Israeliten, das nun als „Gemeinde“ (עדה) firmiert, diesen Anweisungen freiwillig und freudig folgt.

Literarisch und in der Sache sind die „Heiligtumstexte“ an die Verfassungserzählung der vorderen Sinaiperikope eng angeschlossen. Wie die EG-Komposition der Dekalog- und der Bundesbuchrede, so stellt die PK den göttlichen Anweisungsreden eine – in der Intensität deutlich reduzierte – Theophanie voran (Ex 19,16–19; 20,18–22 || Ex 24,15–18). Wie zur Entgegennahme der Bundesbuchrede (Ex 20,21b) begibt sich Mose ins Gewölk der Theophanie (24,18). Mit der Ähnlichkeit der himmlischen Szenerien der EG- und der P-Komposition signalisiert die letztere, dass das künftige Gemeinwesen ohne das Heiligtum nicht denkbar ist. Es hat Verfassungsrang. Im Unterschied zum (zerstörten) Heiligtum der Königszeit, das ortsfest am Zion gedacht ist, ist das „Zelt der Begegnung“ nicht an einen Ort gebunden, sondern an die Gemeinde der Israeliten, „damit ich in ihrer Mitte wohne“ (Ex 25,8). Und es ist kein Eigentempel der Daviddynastie mehr, sondern eine Art „Bürgertempel“[25].

Eine Brücke von den älteren Versionen der Verfassungserzählung zu den Heiligtumstexten bildet auch das Motiv der „Tafeln“, auf die JHWH Tora und Gebote schreibt (Ex 24,12; 31,18). Die PK will die Tafeln wohl mit dem „Gesetz“ (עדות) identifizieren, das Mose nach Ex 25,16.22 in die Lade im Allerheiligsten legen soll. Beides sind materielle Größen und wohl als „Schriftikonen“ zu verstehen[26], die die Schriftlichkeit des Gesetzes symbolisieren. Dadurch wird das Heiligtum zur Gotteswohnung *und* zum Ort des Gesetzes inmitten der Israeliten.

In ihrem zweiten, dem erzählenden Teil verkündet Mose der versammelten „Gemeinde“, was JHWH von ihr fordert (Ex 25,2–7; 35,4–19; 38,21–31). Wer immer „von Herzen freiwillig“ (35,5.22 – נדיב לב) dazu bereit ist, soll Gold, Silber, Bronze, kostbare und alltägliche Stoffe, Holz, exquisite Salben sowie Aromata für Rauchopfer und schließlich Edelsteine stiften und daraus die Teile und die sakrale Einrichtung des Heiligtums herstellen. Dazu trägt jeder, „dessen Herz ihn dazu erhob“ (35,21 נשׂא לב), bei Männer und Frauen bringen ihre Schmuckstücke und steuern auch alle anderen wertvollen Dinge (V. 22) bei. „Kunstverständige“ (חמת לב) Frauen spinnen die wertvollen, gefärbten Fäden und die einfacheren Ziegengarne. Die „(Stammes-)Oberhäupter“ (נשׂיאים) steuern die Edelsteine bei. Am Ende muss Mose dem Spende- und Arbeitseifer Einhalt gebieten (36,2–7). JHWHs durch Mose vermittelter Aufruf motiviert und begeistert die Israeliten. Sie sind untereinander solidarisch über Geschlechter und Hierarchiegrenzen hinweg. Am Ende, als sie die Arbeiten am künftigen Heiligtum vollendet haben und die Werkstücke übergeben, segnet Mose sie (Ex 39,43). Die Heiligtumstexte entwerfen das Bild

25 Vgl. iidem, 343.
26 Vgl. iidem, 287.289.

einer egalitären, solidarischen Gemeinschaft und überhöhen damit die Vorstellung der einmütig für das Gottesgesetz votierenden Volksversammlung ins Ideale.

2.4 Der Beitrag der Tora-Komposition (TK)

Die jüngsten Textanteile der Sinaiperikope fasst Wolfgang Oswald unter der Bezeichnung „Tora-Komposition" zusammen. Sie knüpft wieder an die ursprüngliche EG-Komposition an: „Oberstes Organ des Gemeinwesens ist der Ältestenrat (Num 11, vgl. Ex 24,9–11), der im Geiste Moses, d. h. auf Basis der Tora, die Geschäfte führt."[27] Für das Verständnis als Verfassung bedeutsam erscheint eine Formulierung der Tora-Komposition in Ex 15,25f., also zu Beginn der Wüstenwanderung: „Dort (scil. an der Station „Mara") legte er ihm (scil. dem „Volk") Ordnung und Recht auf und prüfte es" (Ex 15,25b). Der Satz leitet die Anrede in Ex 15,26 ein, in der Mose und Gott zugleich sprechen:[28]

> Wenn du aufmerksam auf die Stimme Jhwhs deines Gottes hören wirst,
> was recht ist in seinen Augen tun wirst,
> auf seine Gebote (מצותיו) hören wirst,
> und seine Ordnungen (חקיו) beachten wirst,
> (dann) will ich all die Krankheit, die ich Ägypten auferlegt habe, dir nicht auferlegen.
> Denn ich bin Jhwh, dein Arzt.

Abstrakt und grundsätzlich wird angekündigt, was am Gottesberg inhaltlich ausgeführt wird: Die Beziehung zwischen Gott und dem Volk, und damit auch die Beziehungen der Israeliten untereinander, sollen sich an „Ordnung und Recht" orientieren, sie sollen „rechtsförmig" sein. In „Ich-Rede", also mit besonderer Betonung, gibt Jhwh dem Volk ein Heils- und Heilungsversprechen, wenn es sich an „Ordnung und Recht" hält. Im Deuteronomium wird dieser Gedanke breit ausgeführt – allerdings auch zur negativen Seite hin. Die Observanz des Gesetzes verbürgt Erfolg und Leben, die Missachtung Tod und Unheil (Dtn 27; 29,8; 30,15f.).

2.5 Zwischenfazit

Die gerade zitierten Worte aus Ex 15,26 bringen auf den Begriff, was die Sinaiperikope mit dem himmlischen Ursprung von Dekalog, Bundesbuch, Bundesworten (Ex 34,10–26) und der Aufforderung zum Bau des Heiligtums in Erzählung kleidet: das Recht ist Jhwhs Recht, es sind „*seine* Gebote und *seine* Ordnungen". Allerdings sind sie dies – und zwar m. E. ausschließlich – vermittelt durch den Menschen Mose. Er stellt den „Gottesbezug" zu den Rechtsüberlieferungen her, ja er verkörpert ihn.[29] Mose ist es, der die Israeliten überzeugt und begeistert, indem er ihnen von seinen Gottesbegegnungen

27 Iidem, 90.

28 Der übergangslose Sprecherwechsel von Mose zu Jhwh weist auf eine besondere Hochschätzung des Mose in der TK hin. Vgl. Wolfgang Oswald in Utzschneider und Oswald, Ex 1–15, 53.

29 Utzschneider und Oswald, Ex 16–40, 132f.

„erzählt“, der mit ihnen (Opfer-)Gottesdienst feiert und von dem sie sich durch den Bundesschluss in die Verantwortung nehmen lassen.

Für die Israeliten ist der Gottesbezug einerseits Ausdruck der Autorität und Geltung der Verfassung und des Rechts. Andererseits bereitet der Gottesbezug, und darin liegt wohl seine noch gewichtigere Funktion, den Boden für die emotionale Akzeptanz der Gesetze; er schafft Vertrauen, lässt Freiheit, überzeugt, motiviert und begeistert. Eine *unmittelbare* Gotteserfahrung machen die Israeliten im überwältigenden Reden Gottes in der Theophanie. Sie sehen sich dadurch an Mose als Mittler gewiesen. Er soll reden, dann können und wollen sie hören.

3 Der Gottesbezug in modernen Verfassungen

3.1 Der Gottesbezug im historischen Kontext des säkularen Staates

Der historische Kontext für die modernen Verfassungen ist der „säkulare Staat“. Sein Kennzeichen ist die „‚Verweltlichung‘ im Sinne des Heraustretens aus einer vorgegebenen, religiös-politischen Einheitswelt zu eigener, weltlich konzipierter (‚politischer‘) Zielsetzung und Legitimation, schließlich die Trennung der politischen Ordnung von der christlichen Religion und jeder bestimmten Religion als ihrer Grundlage und ihrem Ferment.“[30] Gleichwohl weisen nicht wenige Verfassungen säkularer Staaten einen „Gottesbezug“ auf. In drei Schlaglichtern skizzieren wir zunächst die Geschichte die Gottesbezuges in deutschen Verfassungen des 19. und 20. Jahrhunderts.

a) Wiewohl die Aufklärung und die Französische Revolution die Säkularisierung längst eingeleitet hatten, sind die europäischen Monarchen des 19. Jahrhunderts, allen voran die preußischen Könige und deutschen Kaiser, nicht von ihrem Anspruch abgerückt, unmittelbar von Gott mit der Macht betraut zu sein, auch wenn konstitutionelle Verfassungen ihren Untertanen gewisse Rechte einräumten. Zwar wies die Präambel der Bismarckverfassung von 1871 keinen Gottesbezug auf. Dafür aber hieß es im Einführungsgesetz dieser Verfassung „Wir Wilhelm, von Gottes Gnaden Deutscher Kaiser, König von Preussen ec. verordnen …“[31] Gegen diese Theorie des „Gottesgnadentums“ hatte die bürgerliche Revolution der Mitte des 19. Jahrhunderts Stellung bezogen, sich aber nicht durchsetzen können. Erst die Weimarer Reichsverfassung von 1919 konnte nach dem Ersten Weltkrieg und dem Scheitern des Kaiserreiches in Artikel 1 rechtsgültig feststellen: „Das Deutsche Reich ist eine Republik. Alle Staatsgewalt geht vom Volke aus.“ Friedrich Ebert, der spätere Reichspräsident, unterstrich dies mit den Worten: „Mit den alten Königen und Fürsten von Gottes Gnaden ist es für immer vorbei.“[32]
b) In neuem Licht sah man den Gottesbezug nach dem Untergang des nationalsozialistischen Unrechtsstaates. Die Präambel der bayerischen Nachkriegsverfassung von 1946 brachte dies implizit so zum Ausdruck: „Angesichts des Trümmerfeldes, zu

30 Böckenförde, Entstehung, 93.
31 Zitiert nach Vogt, Gottesbezug, 83.
32 Zitiert nach idem, 84.

dem eine Staats- und Gesellschaftsordnung ohne Gott, ohne Gewissen und ohne Achtung vor der Würde des Menschen die Überlebenden des Zweiten Weltkrieges geführt hat…" Im Rückblick wurden für die katastrophalen Folgen der Naziherrschaft eine Gesellschaftsordnung ohne Gott(esbezug) und die Verachtung der Menschenwürde gleichermaßen als Ursachen namhaft gemacht.
In den Diskussionen des „Parlamentarischen Rates", der das Grundgesetz der künftigen Bundesrepublik erarbeitete (1948–1949), war der Gottesbezug der Präambel nicht unumstritten. Aber die Stimmung gegenüber Religion und Glaube hatte sich verändert; der liberale Jurist Gerhard Radbruch hatte den Eindruck, dass „religiöser Glaube, zum mind. Ehrfurcht vor und Sehnsucht nach dem Glauben wieder auferstanden"[33] sind. Vor allem konservative Abgeordnete der DP („Deutsche Partei"), der CDU und des „Zentrums", setzten sich – unterstützt von den Kirchen[34] – für die Aufnahme des Gottesbezuges in die Präambel ein und hatten damit letztlich Erfolg. Das „Grundgesetz" von 1949 stellt den Gottesbezug in Zusammenhang mit dem Menschenwürde-Artikel (GG Art.1 Abs. 1), der unmittelbar auf die Präambel folgt:

> „Im Bewußtsein seiner Verantwortung vor Gott und den Menschen, von dem Willen beseelt, als gleichberechtigtes Glied in einem vereinten Europa dem Frieden der Welt zu dienen, hat sich das Deutsche Volk kraft seiner verfassungsgebenden Gewalt dieses Grundgesetz gegeben…
>
> Grundrechte
>
> [Art. 1] (1) Die Würde des Menschen ist unantastbar. Sie zu achten und zu schützen ist Verpflichtung aller staatlichen Gewalt."

Die Präambel deutet nicht an, in welchem Sinne „Gott" zu verstehen ist.[35] Durch die Formulierung „*Im Bewußtsein* der Verantwortung *vor* Gott und (vor) den Menschen" wird aber doch klar, dass Gott nicht eine objektive Größe ist, sondern *eine* subjektive Instanz im Bewusstsein der Menschen, neben der oder an deren Stelle auch menschliche Instanzen denkbar sind.[36] Eine typische Begründung für die Aufnahme des Gottesbezuges ins künftige Grundgesetz dürfte die des katholischen Abgeordneten Adolf Süsterhenn gewesen sein. Namens der christdemokratischen Abgeordneten führte er aus, „daß sowohl in der Präambel wie auch in dem […] mit der Präambel zusammengehörigen Artikel 1 eine […] metaphysische Verankerung der ewigen menschlichen Freiheitsrechte erfolgen müßte, […], die etwa in der Weise geschehen

33 Zitiert nach idem, 115.

34 Idem, 181f.

35 Anders die Landesverfassung von Rheinland-Pfalz (1947) „Im Bewußtsein der Verantwortung vor Gott, dem Urgrund des Rechts und Schöpfer aller menschlichen Gemeinschaft…"

36 Explizit macht das die Verfassung der Republik Polen von 1997. Das „Polnische Volk", das sich die Verfassung gibt, definiert sich dort u. a. als „alle Staatsbürger der Republik, sowohl diejenigen, die an Gott als Quelle der Wahrheit, Gerechtigkeit, des Guten und des Schönen glauben als auch diejenigen, die diesen Glauben nicht teilen, sondern diese universellen Werte aus anderen Quellen ableiten…" (vgl. dazu auch Goerlich, Gottesbezug, 51).

könnte, daß zu dem Artikel 1 […] der Zusatz hinzugefügt wird: Die Würde des Menschen ist begründet in ewigen von Gott gegebenen Rechten." [37] In der Formulierung klingt einerseits das biblische Motiv des göttlichen Ursprungs des Rechts an und andererseits wird die Verantwortung für die Freiheitsrechte eingefordert.

c) Nach den ersten vierzig Jahren der Geltung des Grundgesetzes war wiederum eine gesellschaftlich, und bald auch staatlich, ganz neue Lage eingetreten. Wolfgang Huber erläuterte 1989 den Gottesbezug der Präambel folgendermaßen: „Was in der Präambel des Grundgesetzes mit ‚Verantwortung vor Gott und den Menschen' gemeint sein kann, wird hier, in der Anerkennung der Menschenrechte, in einer Weise veranschaulicht, die sich der religiösen Sprache bedient, ohne doch Bürgerinnen und Bürger von Staats wegen auf ein bestimmtes religiöses Bekenntnis zu verpflichten. Vielmehr zeigt der Menschenrechtsartikel des Grundgesetzes besonders deutlich, in welchem Sinn eine freiheitliche Verfassungsordnung auf Voraussetzungen ruht, die sie selbst nicht hervorzubringen vermag. Denn einen Grund für die Unantastbarkeit der menschlichen Würde vermag der Verfassungsgeber gerade nicht zu benennen."[38] Offensichtlich ist gegenüber der Nachkriegszeit das Bewusstsein gewachsen, dass Staat und Gesellschaft religiös und weltanschaulich plural geworden sind, dass sie also von Menschen verschiedener Religionen, von religiös indifferent und anti-religiös eingestellten Bürgerinnen und Bürgern gebildet werden.

Auf diesem Hintergrund versichert Huber, dass mit der „nominatio Dei" keine Verpflichtung auf ein bestimmtes Bekenntnis einer bestimmten Religion oder Religionsgemeinschaft verbunden sei. Der Gottesbezug ist (nicht mehr als) eine religiöse Sprachform, die der Veranschaulichung dient und damit auf den verpflichtenden Charakter der Menschenrechte verweist.

Darüber hinaus aber ist die Verfassungsordnung für die Begründung ihres vornehmsten Artikels auf Voraussetzungen angewiesen, die sie selbst nicht zu schaffen vermag.[39] Gott, wie immer dieser Begriff zu füllen ist, ist für die Begründung der Menschenwürde und anderer basaler Artikel der Verfassungsordnung nicht zwingend vorauszusetzen, aber er ist aber ein Hinweis darauf, dass die Verfassungsordnung solcher Begründung bedarf. Damit verweist der Gottesbezug auch auf die Grenzen der Legitimität staatlicher Ordnungen.

Wir halten kurz inne:

Die drei historischen Schlaglichter haben gezeigt, dass der Prozess der „Trennung der politischen Ordnung von der christlichen Religion und jeder bestimmten Religion"[40] nicht linear verlaufen ist. Der Gottesbezug hat nach 1945 eine „Renaissance" erfahren, ohne allerdings eine Staatsreligion zu etablieren oder gar Repräsentanten des Staates in besonderer Weise religiös zu qualifizieren. Die „Säkularisierung" des Staa-

37 Zitiert nach Vogt, Gottesbezug, 165.

38 Huber, Menschenrechte, 191.

39 Huber nimmt damit deutlich Bezug auf ein geläufiges Diktum des ehemaligen Verfassungsrichters Ernst-Wolfgang Böckenförde, auf das wir noch zu sprechen kommen.

40 Böckenförde, Entstehung, 93.

tes, seine Loslösung aus religiösen Bindungen, hat sich dann mit fortschreitender Pluralisierung der Gesellschaft weiter verstärkt. Gleichwohl (oder gerade deswegen) ist die Frage nach den unverfügbaren Voraussetzungen seiner verfassungsmäßigen Ordnung nicht gegenstandslos geworden. Die Frage ist, ob diese Voraussetzungen religiös sein können oder dürfen.

3.2 Das Vernunftrecht und die Religion

Moderne Verfassungen basieren auf dem Vernunftrecht. Der freiheitliche Rechtsstaat „gründet sich", so bringt Friedrich Wilhelm Graf als Theologe diese Voraussetzung auf den Begriff, „nicht auf das Gesetz irgendeines Gottes oder religiös erschlossene Gemeinwohl- und Gerechtigkeitsideale, sondern *allein* auf die freie Rechtssetzung mündiger Bürgerinnen und Bürger, auf ihre vernünftige Autonomie"[41]. Differenzierter formuliert der Philosoph Jürgen Habermas diese Voraussetzung: „Die letzte Legitimitätsquelle einer auf dem Vernunftrecht basierten Rechtsordnung ist nicht allein die Kraft des besseren Arguments, sondern ‚der verfassungsgebende demokratische Prozess'[...]" Dieser Prozess aber ist nicht durchweg vernunftgesteuert: „[...] am Ende wird die Überzeugungskraft im Prozess der Rechtfertigung der Verfassungsnormen nicht aus dem Munde von Philosophen und Juristen kommen, sondern aus den guten Gründen, die im Stimmengewirr einer inklusiv am verfassungsgebenden oder verfassungsändernden Prozess beteiligten Bürgerschaft zum Zuge kommen."[42] Habermas setzt auf die „Idee eines *Beratungs*verfahrens, nach der die Beteiligten – gewiss auf der Grundlage vernünftiger Argumente – selber eine gerechte Ordnung konstruieren."[43]

Unter den Bedingungen des pluralen Staates sieht sich diese vernunftrechtliche Konzeption einer Komplikation gegenüber: Wie sollen sich mündige Bürger oder Bürgerinnen verhalten, die zugleich gläubige Anhängerinnen und Anhänger einer Religion sind, wenn die vernunftrechtliche Rechtssetzung ihren Glaubensüberzeugungen widerspricht und ihnen die Verfassung zugleich das Recht auf freie Religionsausübung garantiert? Friedrich Wilhelm Graf zufolge müssen diese Bürger ihre Überzeugung einfach „einklammern"[44].

Jürgen Habermas will auch diesen Konfliktfall auf dem Wege der Beratung, des Diskurses lösen. Es bedarf dazu des *Übersetzens* der religiösen (und anderer partikularer) „Sprachen" in das Beratungsverfahren hinein. Einerseits müsse es „religiösen Bürgern und Religionsgemeinschaften [...] freistehen, sich auch in der Öffentlichkeit religiös darzustellen, sich einer religiösen Sprache und entsprechender Argumente zu bedienen." Andererseits müssen „in einem säkularen Staat religiöse Bürger [...] akzeptieren, dass der politisch relevante Gehalt ihrer Beiträge in einem allgemein zugänglichen, von Glaubensautoritäten (scil. etwa Aussagen der Bibel oder kirchlichen Dogmen H. U.) unabhängigen Diskurs *übersetzt* werden muß, bevor er in die Agenden staatlicher Entscheidungsorgane

41 Graf, Moses Vermächtnis, 65; Kursivierung H.U.

42 Habermas, Geschichte, I 864.

43 Habermas, Religion und Politik, 288f.

44 Graf, Moses Vermächtnis, 65f. im Anschluss an John Rawls. Vgl. auch Graf, Einleitung, 39f.

Eingang finden kann."[45] Dazu müsse „der liberale Staat den religiösen Bürgern zumuten, daß sie die säkularen, ihrem Anspruch nach allein auf Vernunft gestützten Grundsätze von Demokratie und Rechtsstaat jeweils aus ihrem Glauben heraus begründen und diese ‚wie ein Modul' in den Kontext dieser Hintergrundüberzeugungen einsetzen."[46] In theologische Sprache übersetzt heißt das: Säkulare, vernunftgestützte Grundsätze sind vom Glauben her, also auf der Basis der biblischen oder der Bekenntnistraditionen, so zu übersetzen, dass diese mit jenen kompatibel werden.[47] Die Grenzen der Glaubensüberzeugungen sind in Richtung auf vernunftbasierte Überzeugungen zu verschieben.

Allerdings gibt es auch für das Vernunftrecht und das ihm heute zugrundeliegende „nachmetaphysische Denken" Grenzen. Darauf hat Jürgen Habermas – wenn auch fragend und sehr verhalten – hingewiesen und empfohlen, über diese Grenzen hinauszudenken.[48] Veranlasst sieht er sich dazu durch zweierlei „Mängel des nachmetaphysischen Denkens":

1) Erstens sei die Vernunftmoral zwar unverlierbar, aber nur schwach motivierend: „zu solidarischem Handeln kann sie uns nur […] durch den Appell an das Gewissen eines jeden einzelnen Individuums verpflichten. Kants ‚Reich der Zwecke' ist intelligibler Natur und vereinigt seine Mitglieder nicht mehr – wie die Gemeinde der Gläubigen – im Vollzug gemeinsamer Praktiken."[49]
2) Zweitens ist Habermas von der Frage beunruhigt, „ob der in der Philosophie selbst brütende Defätismus der Vernunft deren Kraft zu einer Transzendenz von innen vollends aufzehrt und die Spannkraft eines über den jeweiligen Status quo hinauszielenden normativen Bewußtseins zermürbt."[50]

Angesichts dieser Besorgnisse rät Habermas der Philosophie dazu, „den Faden einer dialogischen Beziehung zur Religion nicht abreißen (zu) lassen."[51] Den Anknüpfungspunkt für die Philosophie bildet der Prozess der „Versprachlichung", den „der sakrale Komplex"[52] durchlaufen hat und noch durchläuft. Das Sakrale sei sukzessive in Mythen, in der Metaphysik, sowie schließlich in der Theologie versprachlicht worden. Daran anknüpfend stellt Habermas die Frage, ob „im Zuge einer weitergehenden philosophischen Versprachlichung des Sakralen" sich die oben benannten Mängel „ausgleichen" lassen.

45 Habermas, Politik und Religion, 290, Kursivierung H. U.
46 Idem, 290f.
47 In diesem Sinne wohl plädiert Friedrich Wilhelm Graf (Moses Vermächtnis, 87) für eine „vernünftige Religion". Der Staat müsse hoffen, „dass die Frommen ihr Gottesgesetz religiös-sittlich deuten und […] erkennen, das nur autonomes staatliches Recht das freie, rechtsfriedliche Zusammenleben der Streitenden dauerhaft zu sichern vermag."
48 Vgl. Habermas, Politik und Religion, 299.
49 Ibid.
50 Idem, 300.
51 Idem, 299.
52 So nennt Habermas (vgl. etwa Habermas, Geschichte I, 141.201ff.) in Anknüpfung an Emil Durkheim ein Konglomerat aus Ritus und Mythos, dem, wenn auch transformiert, auch die heutigen Religionen angehören.

Es geht Habermas also nicht um eine funktionale Inanspruchnahme der Religion,[53] sondern um eine Übersetzung – die Übersetzung nämlich „religiöser Bedeutungspotentiale in die Begrifflichkeit nachmetaphysischen Denkens."[54] Welche religiösen Potentiale damit gemeint sein könnten, führt Habermas nicht weiter aus.

Wir werden gleich der Frage nachgehen, ob und welche Potentiale des Gottesbezuges der Verfassungserzählung der Sinaiperikope in einen säkularen Kontext übersetzbar sind und wie sie damit auch den Gottesbezug moderner Verfassungen interpretieren können.

4 Der Gottesbezug in der biblischen Verfassungserzählung und das moderne Rechts- und Verfassungsverständnis

4.1 Gemeinsamkeiten

Die biblische Verfassungserzählung und moderne, säkulare Verfassungen lassen zwei bemerkenswerte historisch-kontextuelle und inhaltliche Gemeinsamkeiten erkennen.

a) Die sinaitische Verfassungserzählung und moderne Verfassungen blicken historisch gesehen auf das Scheitern von monarchischen Staatswesen zurück, deren Herrscher besondere göttliche Qualifikationen für sich in Anspruch genommen haben. Den Herrschern der Daviddynastie wurde zugeschrieben, sie seien (Adoptiv-)Söhne Gottes (Ps 2,7; 2 Sam 7,14). Die regierenden Fürstenhäuser des 19. Jahrhunderts haben ihre Herrschaft als göttlich legitimiert verstanden („Gottesgnadentum"). Beide religiös konnotierten Königsideologien sind schwer erschüttert bzw. ganz obsolet geworden. Sinaiverfassung und moderne Verfassungen setzen dem Königtum „das Volk" als Souverän der Gesetzgebung entgegen, wenn auch unter historisch, kulturell und religiös unterschiedlichen Bedingungen. Die Israeliten am Sinai alias Juda/Jerusalem in der babylonisch/persischen Zeit (vgl. 1.) agieren als ko-präsente Volksversammlung (Ex 24,3; 35,1; vgl. 32,1). In den westeuropäischen, nationalstaatlichen Verfassungen üben die Völker ihre Souveränität durch gewählte Vertretungen aus.
b) Beide Verfassungskonzepte stellen den Bestimmungen positiven Rechts Grundrechte und -pflichten voran, die sich zum Teil ähnlich sind, sich zum Teil aber auch scharf widersprechen. So lassen sich die Verbote der zweiten Tafel des Dekalogs, positiv gelesen (vgl. oben 2.1.), mit bestimmten Grund- und Menschenrechten vergleichen. Eine direkte Deszendenz vom Dekalog zu den neuzeitlichen Menschenrechtserklärungen ist zwar nicht anzunehmen, auch die 20 Grundrechtsartikel des Grundgesetzes rekurrieren nicht auf den Dekalog.[55] Sehr wohl aber stimmen einzelne Artikel dieser Menschen- und Grundrechtserklärungen mit Dekalog-Geboten inhaltlich überein,

---

53 Eine solche scheint Graf im Auge zu haben, wenn er „linksliberale Verfassungspatrioten" ebenso wie wertkonservative Staatsethosdenker (Böckenförde eingeschlossen) für die Meinung kritisiert, „daß religiöser Glaube eine […] entscheidende Potenz zur Bildung und Stärkung von Bürgertugend und Gemeinsinn sei" (Graf, Moses Vermächtnis, 89).

54 Habermas, Religion und Politik, 299.

55 Anders die „Allgemeine Erklärung der Menschenpflichten", die 1997 unter Mitwirkung von Hans Küng entstanden ist (vgl. dazu Köckert, Gebote, 118–120).

so etwa das Tötungsverbot mit Art. 3 der „Allgemeinen Erklärung der Menschenrechte" oder mit Art. 2 Grundgesetz, das Ehebruchsverbot (verstanden als Schutzbestimmung für die Familie) mit Art. 6 Grundgesetz und das Diebstahlverbot mit Art. 17 der „Déclaration des Droits de l'homme et du citoyen" oder Art. 14 Grundgesetz. Das Alleinverehrungsgebot sowie das Kultbildverbot der ersten Tafel hingegen widersprechen dem Grundrecht der positiven und negativen Religionsfreiheit moderner Verfassungen (Art. 4 Grundgesetz) und der pluralen Struktur moderner Gesellschaften (vgl. 3.1.) und sind mithin in modernes Verfassungsrecht unübersetzbar.

4.2 Der Gottesbezug der Verfassungserzählung vom Sinai und seine Bedeutungspotentiale für ein modernes Rechts- und Verfassungsverständnis

a) In der Sinaiperikope des Buches Exodus ist der Gottesbezug im Kern vor-rechtlich und emotional, das Recht ist zwar göttlichen Ursprungs, aber durch Mose menschlich vermittelt und überwiegend ohne unmittelbaren Gottesbezug formuliert. Der Gottesbezug, den das „Erzählen" Moses stiftet, soll Überzeugung sowie Freude am Gesetz und Begeisterung für das Gesetz hervorrufen. Nach Ex 19,4–8 bewirkt der Gottesbezug Vertrauen, Freiheit der Entscheidung sowie Hoffnung. Die Riten im Zusammenhang mit der Verlesung des Gesetzes und dem Bundesschluss stiften Gemeinschaft. Insgesamt werden so emotionale Fundamente dafür gelegt, dass das Volk Verpflichtungen und Verantwortung übernimmt (vgl. dazu vor allem 2.2.).
Ein säkulares Vernunftrecht dagegen, das sich auf den Austausch und den Ausgleich rationaler Argumente allein beschränkt, vermag nur schwer zu motivieren, es droht in „brütende(m) Defätismus" zu versinken. Könnte dem so etwas wie ein „säkularer Gottesbezug" abhelfen? Bei dem Verfassungsrechtler Helmut Goerlich klingt ein solcher an: „Dem weltlichen modernen Staat kann kein Gottesbezug höhere Weihen verschaffen. Ein Gottesbezug indes würde säkular bleiben müssen; er würde nichts hinzufügen können, abgesehen von jener Demut, die die Mütter und Väter des deutschen Grundgesetzes [...] angesichts der Gewaltherrschaft oder der wiedererlangten deutschen Einheit zum Ausdruck gebracht haben. Darin zeigt sich, dass der Geist der Bürger die Verfassung gewährleistet."[56] M.a.W. auch der säkulare Staat ist auf die angemessene geistige Haltung, das emotionale Einverständnis und die Wertschätzung der Bürger angewiesen. In einer freiheitlichen, von Vertrauen und Hoffnung getragenen Gesinnung der Bürgerschaft drückt sich eine Art säkularer Gottesbezug aus.
b) Im priesterschriftlichen Anteil der Sinaiperikope kommen als weitere Aspekte des Gottesbezuges die Freiwilligkeit und die Bereitschaft zu gemeinsamem, solidarischem Handeln zur Geltung. Sie bewähren sich im Heiligtumsprojekt, das schon allein durch die gemeinsame Arbeit daran gemeinschaftsbildend ist. Mit dem „Zelt der Begegnung" entsteht eine Stätte der permanenten Präsenz Gottes und zugleich der Ort, an dem die Gemeinde in Gottesdiensten Gemeinschaft erfahren kann. Jürgen Habermas zufolge haben „[r]ituelle Praktiken [...] die von Desintegration bedrohten Lebensformen unserer Spezies anscheinend von Anfang an mit der knappen Res-

56 Goerlich, Gottesbezug, 73.

source gesellschaftlicher Solidarität versorgt."[57] Ob diese „sozialintegrative Rolle des sakralen Komplexes" auch vom säkularen Staat ausgefüllt werden kann, etwa durch staatliche Feiertage, scheint mir eine offene Frage zu sein. Bisweilen, etwa bei Katastrophen oder beim Gedenken an Verstorbene, nimmt der Staat auch Kirchen und kirchliche Riten in Anspruch.

c) Die Verfassungserzählung vom Sinai spricht dem Gottesvolk in Jerusalem/Juda zu, dass es in einer Rechtsordnung lebt, die durch ihren göttlichen Ursprung legitimiert ist. Die Rechtsordnungen säkularer Staaten wollen und können sich auf solche Legitimation nicht berufen. Auch der Gottesbezug der Verfassungspräambeln, sofern es einen solchen gibt, stellt diese Legitimation nicht her. Er erinnert aber wohl daran, dass Recht als solches, die fundamentalen Menschenrechte zumal, auch für das Vernunftrecht und für Mehrheitsentscheidungen nicht zur Disposition stehen.

Für Christen im säkularen Staat bleibt, „diesen Staat in seiner Weltlichkeit nicht länger als etwas Fremdes, ihrem Glauben Feindliches (zu) erkennen, sondern als Chance der Freiheit, die zu erhalten und zu realisieren auch ihre Aufgabe ist."[58] Sie können sich dazu auch an der Verfassungserzählung der Sinaiperikope orientieren.

Literatur

Böckenförde, E.-W., Die Entstehung des Staates als Vorgang der Säkularisation, in idem, Recht, Staat, Freiheit, Studien zur Rechtsphilosophie, Staatstheorie und Verfassungsgeschichte, Frankfurt a. M., ^{8}2021, 92–114.

epd-Meldung vom 22.7.2016: https://www.ekd.de/news_2016_07_22_02_gottesbezug_verfassung.htm.

Gemeinsame Stellungnahme des Vorsitzenden der Deutschen Bischofskonferenz und des Vorsitzenden des Rates der Evangelischen Kirche in Deutschland zum Konvent zur Zukunft Europas, 2002: https://www.ekd.de/konvent_zur_zukunft_europas_2002.html.

Goerlich, H., Der Gottesbezug in Verfassungen, in idem, Zur zugewandten Säkularität – Beiträge auf dem Weg dorthin. Ausgewählte Schriften, Schriften zum öffentlichen Recht 1254, Berlin, 2014.

Graf, F. W., Einleitung, in idem und H. Meier (Hg.), Politik und Religion. Zur Diagnose der Gegenwart, München, 2013, 7–46.

Graf, F. W., Moses Vermächtnis. Über göttliche und menschliche Gesetze, München, ^{3}2006.

Habermas, J., Auch eine Geschichte der Philosophie, 2 Bde, Taschenbuch-Ausgabe, Berlin, ^{5}2022.

Habermas, J., Religion und Politik, in F. W. Graf und H. Meier (Hg.), Politik und Religion. Zur Diagnose der Gegenwart, München, 2013, 287–300.

Huber, W., Die Menschenrechte und das Grundgesetz. Theologische Überlegungen, in M. Pfeiffer (Hg.), Auftrag Grundgesetz, Stuttgart, 1989, 190–213.

Köckert, M. Die Zehn Gebote, München, 2007.

57 Habermas, Politik und Religion, 294.

58 Böckenförde, Entstehung, 114.

Markl, D., Der Dekalog als Verfassung des Gottesvolkes. Die Brennpunkte einer Rechtshermeneutik des Pentateuch in Exodus 19–24 und Deuteronomium 5, HBS 49, Freiburg i. Br./ Basel/Wien et al., 2007.

Oswald, W., Die politische Funktion des Dekalogs, in J. J. Krause, W. Oswald und K. Weingart, (Hg.), Eigensinn und Entstehung der Hebräischen Bibel, Erhard Blum zum siebzigsten Geburtstag, FAT 136, Tübingen, 2020, 111–127.

Oswald, W., Das Alte Testament und die Politikwissenschaft – Eine einführende Sondierung, ThR 79, 2014, 135–160.

Oswald, W., Die Exodus-Gottesberg-Erzählung als Gründungsurkunde der judäischen Bürgergemeinde, in K. P. Adam, F. Avemarie und N. Wazana, (Hg.), Law and Narrative in the Bible and in Neighbouring Ancient Cultures, FAT II 54, Tübingen, 2012, 35–51.

Oswald, W., Lawgiving at the Mountain of God (Exodus 19–24), in T. B. Dozeman, C. A. Evans und J. N. Lohr, (Hg.), The Book of Exodus. Composition, Reception and Interpretation, VTS 164, Leiden/Boston, 2014, 169–192.

Schmidt, J., Religion, Gott, Verfassung. Der Religions- und Gottesbezug in der Verfassung pluralistischer Gesellschaften, Europäische Hochschulschriften XXIII/905, Frankfurt a. M., 2010.

Utzschneider, H. und W. Oswald, Exodus 1–15, IEKAT, Stuttgart, 2013.

Utzschneider, H. und W. Oswald, Exodus 16–40, IEKAT, Stuttgart, 2023.

Utzschneider, H. Performativität und Mündlichkeit als Kategorien alttestamentlicher Exegese, in: J. J. Krause und K. Weingart (Hg.), Exegetik des Alten Testaments. Bausteine für eine Theorie der Exegese, FAT II 127, Tübingen, 2021, 177–198.

Vogt, A., Der Gottesbezug in der Präambel des Grundgesetzes. Historische Grundlagen und juristische Interpretation, Verfassungsrecht in Forschung und Praxis 50, Hamburg, 2007.

Weinholt, W., Gott in der Verfassung. Studie zum Gottesbezug in Präambeltexten der deutschen Verfassungstexte des Grundgesetzes und der Länderverfassungen seit 1945, Europäische Hochschulschriften XXIII/723, Frankfurt a. M., 2001.

Theologisierung und Säkularisierung von biblischem Recht im Horizont Politischer und Ökonomischer Theologie von Carl Schmitt bis Giorgio Agamben*

Eckart Otto

1 Von der göttlichen Rechtslegitimation im Alten Orient zur Entdeckung des göttlichen Gesetzgebers

Wenn es in dieser Festschrift zu Ehren meines Tübinger Kollegen Wolfgang Oswald um die Entdeckung des Politischen im Alten Testament gehen soll, so ist darauf hinzuweisen, dass, sollte in der Theologie die These vertreten werden, dass die biblischen Texte ein „ganz Anderes" als Politik seien, auch diese Entscheidung eine politische ist, die es zu hinterfragen gilt. Wenn Wolfgang Oswald sich in einem programmatischen Entwurf auf die Staatstheorien im Alten Testament konzentriert hat, so soll dieser Beitrag zur Theologisierung und Säkularisierung biblischen Rechts einen wesentlichen Aspekt Politischer Theologie, die ihren Ausgangspunkt 1922 bei Carl Schmitt genommen hat[1] und jüngst von Giorgio Agamben zu einer trinitarischen Ökonomischen Theologie fortgeschrieben wurde[2], zum Thema haben. Ohne die Dimension des Rechts bleibt eine Politische Theologie blutleer, geht es doch in der Politischen Theologie, so wie sie von

* Dieser Beitrag geht auf meine Vorlesung „Gott als Gesetzgeber. Die Theologie der Tora Gottes" an der Ludwig-Maximilians-Universität München im Sommersemester 2022 zurück, in der ich meine Arbeit an dieser Thematik biblischer Rechtsgeschichte in den letzten vier Jahrzehnten als Vorbereitung einer Theologie des Rechts in der Hebräischen Bibel zusammengefasst habe. Die Vorlesung dieses Sommersemesters knüpft an die Vorlesung im Wintersemester 2021/22 zur „Theologie der Schöpfung im hebräischen und griechischen Alten Testament und in der griechischen Philosophie bei Platon" an, sodass die Vorlesungen einen Bogen nachvollziehen, der sich in der Grundlegung von Platons Nomoi im kosmologischen Dialog des Timaios, der im X. Buch der Nomoi rezipiert wird, in analoger Weise beschreiben lässt. Die Nomoi treten an die Stelle des letzten in dem Dialogtrio von Kritias, Timaios und Hermokrates genannten Dialogs, der zugunsten der Nomoi von Platon nicht mehr verfasst wurde. Zur Revision von Platons Politeia durch seine Dialoge Kritias, Timaios und die Nomoi vgl. Otto, Ekklesia, im Druck. Eine religionssystemische Korrelierung der Theologisierung von Recht in der Hebräischen Bibel mit der biblischen Schöpfungstheologie als Thema der Theologie des Alten Testaments steht noch aus; vgl. vorläufig Otto, Kultus und Ethos, 161–179. Der hier vorgelegte Beitrag will einen ersten Schritt unternehmen mit der Aufhellung der Gründe, die im 1. Jt. in Juda dazu beitrugen, JHWH in die Funktion eines Gesetzgebers einzusetzen.

1 Vgl. Schmitt, Politische Theologie, 41–70. Zu Carl Schmitts wissenschaftspolitischer Rolle vor, in und nach den Jahren 1933–1945 und den Reaktionen von Wissenschaftlern darauf nach 1945 vgl. Kodalle, Schuld, 171–194.

2 Vgl. Agamben, Kingdom.

Carl Schmitt verstanden wurde, um die Korrelierung von theologischen Begriffen mit solchen der Staatslehre, die vornehmlich Rechtsbegriffe sind.

Das Recht hat in antiken wie neuzeitlichen Gesellschaften die Funktion, durch eine strafrechtliche Durchsetzung normgemäßen Verhaltens Konflikte in der Gesellschaft zu vermeiden und durch eine „zivilrechtliche" Konfliktminimierung den Zusammenhalt in der Gesellschaft zu stärken. In den mediterranen Gesellschaften übernimmt seit dem 3. Jt. der Staat die Organisation und Aufsicht über das Rechtswesen, wobei die Amalgamierung von Staat und Recht in Ägypten soweit ging, dass das Recht als im König inkarniert galt, sodass es keiner schriftlichen Gesetzeskodizes bedurfte und es sie auch nicht gab, da sie als Einschränkung des im König inkarnierten, lebendigen Rechts galten.[3] Dass in Mesopotamien im Gegensatz zu Ägypten zahlreiche Rechtssatzsammlungen erhalten geblieben sind, ist nicht darauf zurückzuführen, wie es von Jan Assmann erwogen wurde, dass es in Ägypten an einer „entsprechenden Abstraktionsebene" gefehlt habe[4], sondern ist durch Unterschiede in der Königsideologie begründet, insofern der König nicht wie in Ägypten als Inkarnation von Recht galt, sondern als das „Fleisch der Gottheit" als Rechtsquelle Recht zu setzen und durchzusetzen hatte, sodass es in der Königsideologie um eine religiöse Legitimation der königlichen und also staatlichen Rechtssetzung ging.[5] Ist unter den mesopotamischen Rechtskodizes zwischen solchen mit und ohne Rahmung durch Prolog und Epilog zu unterscheiden, so deutet sich schon in dieser Differenz an, dass in den gerahmten Kodizes wie dem des Königs Hammurapi zwei unterschiedliche Traditionen miteinander verbunden wurden. Stammen die Rechtssätze aus Sammlungen, die für die Ausbildung zum Rechtsentscheid im Tafelhaus zusammengestellt wurden[6], so haben die Rahmungen ihren Ursprung in der Königsideologie königlicher Inschriften[7] und dienten der religiösen Legitimation staatlicher Rechtsfunktionen. So wird auf dem Flachbild des Kodex Hammurapi die Inauguration des Königs Hammurapi durch den Gott Šamaš, dem Gott der Gerechtigkeit, dargestellt.[8] Die aus dem Schulbetrieb stammenden Gesetze sollen auf einer Stele verschriftet die Rechtssetzungsfunktion des Königs zum Ausdruck bringen, ohne dass die Rechtssätze als positives Recht nach modernem Verständnis angesehen wurden. Der Gedanke, dass die Gottheit sich selbst als Gesetzgeber einsetzte und Gesetze gar dem Volk offenbarte, ist ebenso wie ein Gesetzesverständnis positiven Rechts dem Keilschriftrecht vom 3. bis zum 1. Jt. fremd und im ostmediterranen Raum ein rechtshistorisches Spezifikum der

3 Vgl. Assmann, Verschriftung, 62–85. Eine Ausnahme gab es nur in der in Bezug auf die Königsideologie kritischen Zeit des Königs Horemheb; vgl. Kruchten, Horemheb.

4 Vgl. Assmann, 69.

5 Vgl. Otto, Herrscherlegitimation, 154–184.

6 Vgl. Otto, Kodex Ešnunna, 135–160.173–183.

7 Vgl. Barmash, Laws of Hammurabi, 49–265.

8 Auffällig ist neben den inhaltlichen Spannungen zwischen Rahmen und Rechtssatzkorpus im Kodex Hammurapi (vgl. Otto, Kodifizierung, 106–109), dass nach dem schriftlichen Rahmen Hammurapi von dem Reichsgott Marduk eingesetzt worden sein soll, nach dem Flachbild auf der Stele aber vom Sonnengott Šamaš als Gott der Gerechtigkeit; zur Interpretation dieses Flachbildes vgl. Elsen-Novák und Novák, König der Gerechtigkeit, 131–155; Schmandt-Besserath, Symbol, 90–100.

Hebräischen Bibel, das seinen Ausgangspunkt in den Sozialkonflikten Judas im 8.–7. Jh. genommen hat. Obwohl in den vorexilischen Rechtssammlungen in Bundesbuch und Deuteronomium keilschriftrechtliche Redaktionstechniken und Rechtssätze wie die des Stößigen Ochsen aus der mesopotamischen Rechtsausbildung rezipiert wurden, führt doch kein direkter Weg vom Keilschriftrecht zur Entdeckung Gottes als Gesetzgeber im biblischen Recht. Näher könnte noch die Vermutung eines ägyptischen Hintergrunds liegen, insofern der ägyptische König als Inkarnation des Sonnengottes Amun-Re und der Ma'at[9] konkrete Dekrete als Einzelfallentscheidungen erlassen und insofern Züge eines göttlichen Gesetzgebers annehmen konnte. Doch ist der israelitisch-judäische Gottesbegriff auf dem Weg zu Monolatrie und Monotheismus so weit vom ägyptischen Verständnis der Götter entfernt[10], dass die Annahme direkter Einflussnahme auf die Entdeckung Gottes als Gesetzgeber in Juda im 8.–7. Jh. eher unwahrscheinlich ist.

2 Die Entdeckung Gottes als Gesetzgeber in den sozialen Krisen Judas im 8.–7. Jh.

Will man die Frage beantworten, warum und wie JHWH als Gesetzgeber in der Tora entdeckt wurde, so ist man zuerst auf das aus dem 8.–7. Jh. stammende „Bundesbuch" in Ex 20–23 als älteste Rechtssammlung und Spiegel der Theologisierung von Recht gewiesen, die durch die im Kontext der nachexilischen Einfügung des Bundesbuchs in die Sinaiperikope ergänzte Einleitung in Ex 20,22[11] so ratifiziert wird:

> „Und JHWH sprach zu Mose: So sollst du zu den Israeliten sprechen: Ihr habt gesehen, dass ich vom Himmel her mit euch geredet habe…"

Fragt man nach den Gründen, die zur Entdeckung Gottes als Gesetzgeber führten, so sind die Antworten auf den zwei miteinander zu korrelierenden Ebenen der Sozialgeschichte einerseits und der Rechtsanthropologie andererseits zu finden.

Die *Sozialgeschichte* zeigt die Theologisierung von Recht in Gestalt kasuistischer Rechtssätze und die Einsetzung JHWHs als ihre Rechtsquelle als Konsequenz von Sozialkonflikten im 8.–7. Jh., die sich auch in der Sozialkritik vorexilischer Propheten wie Amos, Jesaja und Micha widerspiegeln[12]. Die Sozialkonflikte wurden durch Bevölkerungsdruck sowie Formen des Rentenkapitalismus ausgelöst, die zu Prozessen der Verarmung von bäuerlichen Teilen der Bevölkerung führten. Auch wurde die sozial prekäre Lage von Teilen der judäischen Gesellschaft noch durch staatliche Maßnahmen zur Abwehr der assyrischen Großmacht, durch ihre zeitweise Besetzung des Landes und durch Tributleistungen an die assyrische Hegemonialmacht verschärft. Kreise schriftgelehrter Priester, die, wie die Rezeption u. a. von Ps 72[13] im Zuge der Theologisierung

---

9 Vgl. Assmann, Ma'at, 201–236.

10 Vgl. Koch, Ägyptische Religion, 644–653.

11 Die Überarbeitung des Bundesbuchs im Zuge seiner Einfügung in die Sinaiperikope umfasst Ex 20,22–23; 21,1; 22,19b.20aßb.21.23.24b.27.30; 23,9.13.18–33; vgl. Otto, Buch Exodus, 71–74.

12 Vgl. dazu Koch, Soziale Kritik, 236–257; Kessler, Gesellschaft, 236–257.

13 Zur Rezeption von Ps 72 in der theologisierenden Redaktion des Bundesbuches in Ex 22,20–26* vgl. Arneth, Sonne der Gerechtigkeit, 132–136; vgl. auch Schmid, Gesetzgeber, 283–285.

von Recht im Bundesbuch in Ex 22,20–26* zeigt, mit Jerusalem verbunden waren,[14] sahen im Recht die Möglichkeit, um angesichts einer sozial zerbrechenden Gesellschaft deren Zusammenhalt zu stärken durch ein theologisiertes, auf JHWH als Rechtsquelle zurückgeführtes und dadurch mit höchster Autorität versehenes Sozialrecht der Solidarität der Stärkeren mit den sozial Schwachen. Die Theologisierung von Recht setzt an den Bruchlinien einer sozial zerbrechenden Gesellschaft an.[15] Entsprechend war die Einführung Gottes als Gesetzgeber mit einem Schutzrecht für die sozial Schwachen in der Gesellschaft verbunden, wie an Ex 22,20–26* und den sozial akzentuierten Geboten im 6/7-Schema des Privilegrechts[16] in Ex 21,2–11 und Ex 23,10–12 ablesbar ist. Aus einem horizontalen kasuistischen Konfliktregelungsrecht unter sozial Gleichgestellten lokaler Rechtsgemeinschaften wird in einer sozial hierarchisierten Gesellschaft ein vertikales Konfliktregelungsgesetz, das einer neuen Rechtslegitimation bedurfte und mit der Theologisierung erhielt. War im kasuistischen Konfliktregelungsrecht ursprünglich keine explizite Rechtslegitimation notwendig, da die Pazifizierung von Konflikten unter sozial Gleichgestellten in der Lokalgerichtsbarkeit Rechtslegitimation genug war, so ändert sich das mit der vertikalen, sozialen Konfliktregelung, die von den sozial Stärkeren Verzicht im Interesse der Schwächeren forderte. Die priesterlichen Schriftgelehrten sahen in JHWH als Gesetzgeber diese Autorität, forderte Gott doch die Form der Solidarität (*ḥnn*), die er selbst den Schwachen entgegenbrachte (Ex 22,26).

In Bezug auf eine *Rechtsanthropologie* bringen die politischen und ökonomischen Krisensituationen des 8.–7. Jh. ein grundsätzliches Problem ans Licht.[17] In Situationen

14 So jetzt auch Schmid, Divine Legislation, 145f.

15 Zur Theologisierung des Rechts im Bundesbuch vgl. Otto, Rechtsbegründungen, 38–44.49–79; vgl. auch Albertz, Theologisierung, 187–208; Markl, Theologization, 47–61; vgl. idem, Gesetz, 53. Konrad Schmid (Gottesrecht, 133f.; vgl. auch idem, Gesetzgeber, 290; idem, Divine Legislation, 143–145) will neben einem priesterlichen Einfluss auf die Theologisierung von Recht im Bundesbuch auch einen prophetischen Einfluss der Nordreichprophetie von Amos und Hosea geltend machen, doch räumt er ein, dass es nur eine rein thematische Verbindung gebe, „denn es gibt nur wenige spezifische Wortverbindungen zwischen der Amosüberlieferung und dem Bundesbuch", was auch für Hosea gilt. Aufgewiesen werden keine derartigen Wortverbindungen. Auch muss Konrad Schmid Flüchtlinge aus dem Norden aufbieten, um zu erklären, wie die Nordreichprophetie die Theologisierung von Recht in Juda beeinflusst haben soll. Auf so schmaler und brüchiger Basis sollte man nicht erneut das Wellhausen-Paradigma des 19. Jh. *lex post prophetas* in die Rekonstruktion der Theologisierung von Recht im Bundesbuch eintragen. Es zeigen sich eher Hinweise umgekehrter Rezeptionsrichtung, so wenn die Redaktoren von Prophetenbüchern sich der in den Rechtssammlungen eingeübten Redaktionstechniken bedienen, deren Ursprung im Recht eindeutig durch ihren keilschriftrechtlichen Ursprung gesichert ist.

16 Die These eines göttlichen Privilegrechts in Ex 34 aus Israels vorstaatlicher Frühzeit als Ursprung des Rechts im Bundesbuch, wie sie von Jörn Halbe (Privilegrecht, 391–505) vertreten wurde, ist ebenso überholt wie die Rezeption dieser These durch Yuichi Osumi (Kompositionsgeschichte, 29–85); vgl. dazu die kritische Diskussion in Otto, Kompositionsgeschichte, 149–165. Auch wird man nicht mehr der von Ludger Schwienhorst-Schönberger (Bundesbuch, 271–283) vertretenen Datierung des literarischen Ursprungs des Bundesbuchs in die vorstaatliche Zeit Israels im 10. Jh. folgen können und entsprechend auch die literarischen Überarbeitungen später datieren.

17 Vgl. Otto, Rechtsanthropologie, im Druck.

politischer und ökonomischer Bedrängnis kam eine synthetische Lebensauffassung, die für antike Gesellschaften im ost- und westmediterranen Raum prägend war, an ihre Grenzen der Belastbarkeit, wenn Entfremdungserfahrungen kollektiv wurden, und das Ergehen der Menschen nicht mehr von ihrem Tun am Maßstab der Gemeinschaftsförderlichkeit des Handelns (*ṣᵉdāqā*) gemessen abgeleitet werden konnte. Die JHWH-Religion reagierte systemisch darauf mit einer Tendenz, JHWH von der als leidvoll erlebten Lebenswelt abzusetzen und zu transzendieren in einer Bewegung zur Monolatrie im 7. Jh. und zum Monotheismus im 6. Jh., um ihn als der mit Entfremdungserfahrungen besetzten Lebenswelt überlegen dieser entgegenzusetzen.[18] Mit dieser Bewegung der Transzendierung JHWHs war auch eine Steigerung des göttlichen Potentials zur Integration von Lebensbereichen unter seine Herrschaft gestärkt[19], sodass Transzendenz und Integration von Welt keine Gegensätze waren, sondern sich bedingten.[20] Dieser durch kollektive Leid- und Entfremdungserfahrungen in Israel und Juda im 8.–7. Jh. ausgelöste religionshistorische Prozess spiegelt sich auch in der Theologisierung von Recht wider, die Gott zum Gesetzgeber werden ließ. So wie in Mesopotamien keilschriftliche Rechtssammlungen, die der Ausbildung zum Rechtsentscheid dienten, genutzt wurden, um mit einem Rahmen der religiösen Legitimation versehen die königlichen Rechtsfunktionen auszudrücken und zu symbolisieren, wurden in Juda derartige Sammlungen kasuistischen Rechts, die sich im Bundesbuch noch deutlich als ursprünglich eigenständig aus weisheitlichem Schulkontext stammend[21] abheben lassen, genutzt, um sie mit der Theologisierung auf JHWH als Rechtsquelle zurückzuführen und durch sie in ihrer

18 Vgl. auch Markl, Divine Law, 193–222. Dass mit der Transzendierung JHWHs erhebliche Abstraktionsleistungen verbunden waren, hat Joachim Schaper (Monotheismus) aufgezeigt, auch wenn man nicht alle seine medienmaterialistischen Voraussetzungen teilen will; vgl. dazu die Diskussion in der Zeitschrift für Altorientalische und Biblische Rechtsgeschichte 27, 2021, 109–242, mit Beiträgen von Jan Assmann, Jan Dietrich, Ulrich Duchrow, Rainer Kessler, Dominik Markl, Eckart Otto, Joachim Schaper, Konrad Schmid und Jean-Pierre Sonnet.

19 Vgl. Kratz, Theologisierung, 43–67, der allerdings den herkömmlichen Bahnen des Wellhausen-Paradigmas folgt.

20 Diesen Zusammenhang in der Geschichte der JHWH-Religion hat schon Max Weber in seiner Studie zum antiken Judentum im Rahmen der Wirtschaftsethik der Weltreligionen als ein achsenzeitliches Phänomen beschrieben.

21 Auch wenn die kasuistischen Rechtssätze im Bundesbuch nicht, wie es von Bernard S. Jackson (Wisdom-Laws) und Anne Fitzpatrick-McKinley (Scribal Advice) vertreten wurde, weisheitlichen Ursprungs sind, so ist dennoch ihre Redaktion zu Rechtssatzsammlungen durch eine Amalgamierung von Methoden der Redaktion von Rechtssätzen im Keilschriftrecht mit weisheitlichen Redaktionstechniken in den Proverbien geprägt, was auf einen weisheitlichen Kontext der Redaktionen der kasuistischen Rechtssätze vor ihrer priesterlichen Theologisierung hinweist; vgl. Otto, Redaktionstechnik, 458–482. Zur Amalgamierung von Weisheit und Recht im Deuteronomium vgl. Otto, Amalgamation, 173–188. Zur Frage des Ursprungs kasuistischer Rechtssätze im Bundesbuch und Deuteronomium vgl. auch Wells, Provision, 92–116. Wenn Sara Milstein (Practical Roots) in den kasuistischen Rechtssätzen im Bundesbuch ohne literarische Differenzierung eine „Hebrew Legal Fiction" sehen will, so bleibt die Frage unbeantwortet, an welcher Gestalt praktizierten Rechts sich diese „Rechtsfiktion" orientiert haben sollte.

theologisierten Gestalt Gottes Rechtswillen, der auf die Solidarität mit den Schwachen zielt, zum Ausdruck zu bringen.[22]

Mit der Transzendierung JHWHs in einer Tendenz zu Monolatrie und Monotheismus war eine zunehmende ethisch-pragmatische Vermittlung des Gottesverhältnisses verbunden, die die zu Geboten umformulierten Gesetze und ihre soziale Zuspitzung im Zuge ihrer Theologisierung übernahmen, sodass sich mit der Theologisierung von Recht auch seine paränetische Zuspitzung in Gestalt der direkten Anrede der Adressaten von Bundesbuch und Deuteronomium verband. Die soziale Zuspitzung des Rechts in Verbindung mit seiner Theologisierung wird neben der Einsetzung Gottes zum Gesetzgeber zu einem zentralen Wesenszug der drei monotheistischen Weltreligionen von Judentum, Christentum und Islam, in deren Wesenskern mit dem Verständnis Gottes als Gesetzgeber seine Option für die Armen und Schwachen in der Gesellschaft eingeschrieben ist.

3 Rechtshermeneutische Konsequenzen der Einführung Gottes als Gesetzgeber im biblischen Recht

Mit der Theologisierung des Rechts im Bundesbuch in Gestalt der Rückführung auch der kasuistischen Rechtssätze einschließlich der aus einem keilschriftrechtlichen Lehrparadigma stammenden Rechtssätze vom Stößigen Ochsen auf eine Offenbarung Gottes als Ausdruck seines Rechtswillens sind rechtshermeneutische und literaturhistorische Konsequenzen verbunden, die sich ergeben, wenn die Rechtssätze als Gebote in schriftlicher Form auf JHWH als Rechtsquelle zurückgeführt werden, da mit der Fixierung der Rechtssätze als göttliche Gebote jede Form der Rechtsnovellierung und Rechtsrevision erschwert wurde, da ein offenbarter Gotteswillen nicht als ein vorläufiger und überholbarer verstanden werden konnte. Es musste also eine Form der Rechtshermeneutik entworfen werden, die eine Anpassung des Rechts an veränderte politische und ökonomische Situationen und gleichzeitig die Fiktion der Identität von revidiertem und revidierendem Recht als Gottesrecht und Ausdruck des mit sich identischen Gotteswillens zuließ. Das bedeutete in der Konsequenz, dass bei der revidierenden Fortschreibung von Rechtssätzen die Identität des revidierten Rechtssatzes mit dem revidierenden derart gewahrt erscheinen musste, dass der in einer Rechtsreform revidierte Rechtssatz fiktiv so erscheinen musste, als habe er den Inhalt der Rechtsrevision schon immer zum Ausdruck gebracht. Damit stehen wir am Beginn der Schriftgelehrsamkeit. Diese paradoxe Hermeneutik ist gefunden worden und markiert den literaturhistorischen Ursprung der Tora als Fortschreibungsprozess. Um die hermeneutische Methodik zu erkennen, die dabei zur Anwendung kam, um Recht zu revidieren und dennoch als identisch mit dem revidierten Recht erscheinen zu lassen, bietet die Revision des Bundesbuchs im Deuteronomium eine Fülle an Anschauungsmaterial einer Schriftgelehrsamkeit. Die Revision des Bundesbuchs wurde durch die programmatische Forderung der Opferzentralisation in Dtn 12,13–19 notwendig, die im Widerspruch zum Altargesetz des Bundesbuchs stand. Wie an der Auslegung des Altargesetzes in Dtn 12 und in der deuteronomischen Zentralisationsformel ablesbar ist, wurde eine Hermeneutik entwickelt,

22 Vgl. Otto, Kodifizierung, 77–124.

die die Fiktion aufrecht hielt, dass zwischen dem Altargesetz des Bundesbuchs und dem Zentralisationsgebot in Dtn 12 kein Widerspruch bestand, obwohl Ex 20,24–25 mit der Legitimierung einer Vielzahl von JHWH-Heiligtümern als solche, an denen geopfert werden durfte, in Dtn 12,13–19 in das Gegenteil verkehrt wurde, dass es nur an dem von JHWH erwählten Heiligtum legitime Opfer geben sollte.[23] Um den Eindruck der Identität des Gotteswillens in Ex 20,24 und Dtn 12,13–14 aufrecht zu erhalten, musste Ex 20,24 im Horizont von Dtn 12,13–19, der revidierte Text im Horizont des revidierenden Textes in der Funktion eines hermeneutischen Schlüssels gelesen werden, sodass Ex 20,24 *b^ekāl hammāqôm* auf das von JHWH erwählte Heiligtum im Sinne von Dtn 12 bezogen wurde, was die grammatische Ambivalenz des Ausdrucks eines distributiven Verständnisses im Sinne von „jeder Ort" und gleichzeitig eines nicht distributiven Verständnisses im Sinne von „der ganze Ort" ermöglichte.[24] Diese Gestalt der Schriftgelehrsamkeit setzte sich mit der neubabylonischen Krise Jerusalems im 6. Jh. in der Tora durch,[25] wobei Mose zum Ahnvater der Schriftgelehrsamkeit avancierte, wie die nachexilischen Fortschreibungen im Deuteronomium zeigen.[26] Dass sich die Einsetzung JHWHs als Gesetzgeber im 8.–7. Jh. angesichts von politischen und ökonomischen Entfremdungserfahrungen im 6.–5. Jh. durchsetzen konnte, war zum einen dem Umstand geschuldet, dass sich die Leid- und Entfremdungserfahrungen mit der neubabylonischen Katastrophe Jerusalems, die sich auf vielfältige Weise in den exilzeitlichen und nachexilischen Fortschreibungen des Deuteronomiums widerspiegelt, gegenüber dem 8.–7. Jh. intensivierten, es also keinen Anlass gab, nach der Zerstörung des Tempels diese rechtssystemische Entwicklung zurückzunehmen. Zum anderen hat schon im 8.–7. Jh. die Schwäche des judäischen Staates dafür gesorgt, dass der Staat, der zwar mit der Professionalisierung der Gerichte, wie sie sich in Dtn 16,18–19 niedergeschlagen hat, auf das Recht ausgegriffen hatte[27], mit dem Verlust der Eigenstaatlichkeit in der neubabylonischen Katastrophe der Theologisierung des Rechts durch Kreise priesterlicher Schriftgelehrsamkeit nicht mehr im Weg stehen konnte[28] und sich Recht in der Tora als nicht-staatliches Recht durchsetzen konnte.[29]

---

23 Vgl. Otto, Deuteronomium, 1156.1160.1183–1185.

24 Vgl. auch Schaper, Schriftauslegung, 111–132. Es geht also gerade nicht um eine Abrogation des ausgelegten Altargesetzes durch die Auslegung in Dtn 12, wie es Bernard M. Levinson (Legal Innovation, 1–52) vertreten hat. Jeffrey Stackert (Deuteronomy, 76–85) weist B.M. Levinsons „subversion theory" zugunsten einer „resuscitation theory" zurück, wobei auch er ohne die kabbalistsch anmutende Hermeneutik subversiver Abrogation innerhalb der biblischen Fortschreibung von Recht auskommt; gegen B. M. Levinsons Rechtshermeneutik subversiver Rechtsabrogation durch Fortschreibung vgl. auch Mattison, Revision, 7–18, und Berman, Inconsistency, 107–136.

25 Vgl. Najman, Sinai, 19–29.

26 Vgl. u.a. Dtn 1,5; vgl. Otto, Deuteronomium, 298–328.

27 Vgl. dazu Gertz, Gerichtsorganisation, 28–97; Otto, Deuteronomium, 1459–1464.

28 Vgl. Otto, Tora und Staat, 49–62; Schmid, Gesetzgeber, 288f.

29 In hellenistischer Zeit hat Philo eine platonisierende Synthese zwischen einer staatsfernen Tora und Motiven platonischer Herrschaftslegitimation vorgelegt, in der er Mose mit dem platonischen Philosophenherrscher verbindet. Erwin Goodenough (Hellenistic Kingship, 55–104) hat mit guten Gründen gegen Carl Schmitt die These vertreten, dass dessen aus der Theologie des christlichen

Das im ausgehenden 7. Jh. entworfene Programm einer Kultzentralisierung, dessen Realisierung in Jerusalem ansatzweise in Gestalt einer Kultreinigung in Angriff genommen wurde,[30] zwang zu einer Revision und Reformulierung des Rechts im Bundesbuch mit dem Gebot der Opferzentralisation in Dtn 12,13–19 als hermeneutischem Schlüssel der Revision. Aufgrund der durch die Assyrer ausgelösten sozialhistorischen Umbrüche in Juda im 7. Jh. und der daraus resultierenden Prozesse der Auflösung von Sippenverbänden und Großfamilien war ein ethisches Vakuum entstanden, worauf die schriftgelehrten Autoren des Deuteronomiums mit dem Entwurf eines geschwisterlichen Bruderethos reagierten. Dabei knüpften sie an die im Zuge der Theologisierung des Rechts im Bundesbuch eingebrachten sozialen Gebote an, die sie unter weitgehend vollständiger Rezeption im Deuteronomium zu einem umfassenden ethischen Programm fortschrieben. So wie in der Religionsgeschichte Israels politisch-gesellschaftliche Entwicklungen dialektisch mit den Entwicklungen des Gottesbegriffs vermittelt sind, so ist auch die Universalisierung des Sozialethos des Bundesbuchs zu einem Programm der Bruderethik im Deuteronomium mit der Fortschreibung seiner theologischen Begründungen dialektisch zu vermitteln, wobei auch die theologische Begründung, wie die nachexilische Einbeziehung der Schöpfungstheologie u. a. in Dtn 4 zeigt, universalisiert wurde und eine immer stärkere Prägekraft auch für die Ausgestaltung des Sozialethos erhielt, die bereits in der ethischen Ausgestaltung der Jerusalemer Zionstheologie angelegt war. Trat das Programm des Sozialrechts der Bruderethik als zweiter hermeneutischer Schlüssel der Revision des Bundesbuches neben die kultische Zentralisationsforderung, so wurde damit dem Umstand Rechnung getragen, dass schon im Bundesbuch die Theologisierung von Recht ihren Ausgangspunkt an den Bruchlinien der judäischen Gesellschaft des 8.–7. Jh. genommen hatte. Das deuteronomische Programm eines Bruderethos, für das jeder Judäer so solidarisch zu behandeln sei, als sei er der leibliche Bruder in der Familie, hatte als ökonomische Pfeiler den regelmäßigen Schuldenerlass im 7. Jahr in Dtn 15,1–11* in Anknüpfung an die *šemiṭṭā*-Regelung des Bundesbuchs und an die mesopotamische Institution der *mīšarum*-Akte[31] und das Zinsverbot in Dtn 23,20–22. Dieses Programm sollte nicht die sozialen Gebote im Bundesbuch abrogieren, sondern sie ergänzen und weiterführen.

Carl Schmitt interpretierte 1922 die Politische Theologie als Säkularisierung von Begriffen christlicher Theologie des Mittelalters mit der Feststellung, „alle prägenden Begriffe der modernen Staatslehre sind säkularisierte theologische Begriffe“[32]. In der Tora der Hebräischen Bibel zeigt sich mit der Theologisierung des Rechts der umgekehrte Vorgang, wenn mit der Theologisierung des Rechts Gott in die Funktion eines

---

Mittelalters abgeleitete Politische Theologie mit Philo von Alexandrien, der christlich von Eusebius rezipiert wurde, eher jüdische Wurzeln hat; vgl. auch Agamben, Kingdom, 2–16.

30 Vgl. dazu Pietsch, Kultreform, 56–108; Otto, Deuteronomium, 1188f.

31 Vgl. Otto, Soziale Restitution, 125–160. Zu Max Webers Interpretation des Zinsverbots in Dtn 23,20–22 in Auseinandersetzung mit Werner Sombart mit der Unterscheidung von Binnen- und Außenmoral als „Priestergesetzgebung“, die an das Bundesbuch anknüpfe, vgl. Weber, Judentum, 336–339.700–705.

32 Vgl. Schmitt, Politische Theologie, 43.

Gesetzgebers eingewiesen wird, die im Alten Orient eine königlich-staatliche Aufgabe, nicht aber eine der Götter war. Der Ursprung einer Politischen Theologie ist nicht im christlichen Mittelalter zu suchen, sondern in der Hebräischen Bibel, so wenn Gott zum Gesetzgeber wird. Es ist aber kaum ausreichend, Carl Schmitts Politische Theologie nur durch eine rechtshistorische Rekonstruktion auf den Kopf zu stellen, da jede Umkehrung teilhat an den Verkürzungen der auf den Kopf gestellten These, wie etwa an den links-hegelianischen Umkehrungen von Hegels Philosophie ablesbar ist. Vielmehr gilt es, die Dialektik, die in den Prozessen von Theologisierung und Säkularisierung in der Antike wie in der Moderne inhärent ist, zu erfassen.

4 Der Prozess der Säkularisierung biblischen Gottesrechts in seiner christlichen Rezeption

Carl Schmitt hat die Säkularisierung theologischer Begriffe des christlichen Mittelalters zu solchen der Staatslehre als Politische Theologie als einen mehrstufigen Prozess seit der frühen Neuzeit verstanden, der sich im Übergang „vom Theologischen über das Metaphysische zum Moralisch-Humanen und zum Ökonomischen" vollzogen habe,[33] ohne dass er diesen Prozess nachzeichnete,[34] den Max Weber als Säkularisierung religiöser Rechtslegitimationen in der Moderne rekonstruiert hat, die ihren Motor in der Rezeption des Römischen Rechts hat. Entscheidende Umbrüche zu einer Säkularisierung biblisch theologisierten Rechts sind bereits mit der Reformationszeit, insbesondere der Genfer Reformation von Johannes Calvin, verbunden. Wir konzentrieren uns in diesem Beitrag auf die christliche Interpretation des Zinsverbots in Dtn 23,20–22 als Teil des mit der Theologisierung von Recht im 7. Jh. verbundenen Sozialrechts.

Das Sozialprogramm des Bruderethos im Deuteronomium universalisiert bereits das Sozialrecht des Bundesbuchs, das allerding aufgrund der Universalisierung in antiker jüdischer Rezeptionsgeschichte mit Schwierigkeiten der Durchsetzung zu kämpfen hatte, wie Hillels Einrichtung des Prosbuls zeigt. Probleme der Durchsetzbarkeit begleiteten auch stets die christlichen Interpretationen von Dtn 23,20–22. Hinzu kamen aber erhebliche inhaltliche Probleme der Interpretation des Zinsverbots. Angesichts der heidenchristlichen Universalisierung der christlichen Botschaft im Neuen Testament und damit des Adressatenkreises des Gebots standen christliche Ausleger des Deuteronomiums vor der Frage, wer im Zinsverbot der Bruder sei, von dem im Sinne einer Binnenmoral kein Zins genommen werden dürfe, und wer der Ausländer sei, von dem im Sinne einer Außenmoral eben dies erlaubt sei. Die christliche Auslegung des Zinsverbots stand also vor dem Problem, eine Binnenmoral, die nicht allein den Juden gelten konnte, von

33 So ibid., 7, in der „Vorbemerkung zur zweiten Ausgabe" seiner Politischen Theologie von 1933. Okko Behrends (Gesetz, 225–341) hat in der Alternative einer Politischen Theologie zwischen Carl Schmitt, der die Politische Theologie als Säkularisierung christlicher theologischer Begriffe begreift und den Staat über Wert und Unwert menschlichen Lebens entscheiden lässt, und Erik Peterson, der sich am biblischen Gesetzesbegriff im Horizont der Schöpfungstheologie und christlicher Trinitätslehre orientiert, den Einfluss des Römischen Rechts auf die Säkularisierung des biblisch-theologischen Gesetzesverständnisses hoch veranschlagt und positiv gewertet; siehe unten Anm. 37.

34 Carl Schmitt verweist in diesem Zusammenhang auf Friedrich Gogarten.

einer Außenmoral abzugrenzen, die eine Entscheidung darüber erforderte, wer in sozialethischen Fragen für einen Christen Bruder und wer Ausländer sei. Bis in das hohe Mittelalter war die christliche Auslegung durch eine konsequente Ausweitung des Zinsverbots und also die Universalisierung der Binnenmoral im Gegenüber zur Außenmoral der Freigabe von Zins gekennzeichnet.[35] Hieronymus galt im 4. Jh. Zinsforderung dem Christen grundsätzlich verboten. War dies schon eine frühe Entgrenzung der Binnenmoral, so blieb doch das exegetische Problem aufgegeben, dass in Dtn 23,20–22 von der Binnenmoral eine Außenmoral der Freigabe von Zins abgegrenzt wird, sodass es einer Antwort bedurfte, wem die Freigabe von Zins gelten sollte. Für Ambrosius waren es diejenigen, mit denen das römische Reich sich im Kriegszustand befand, was später als Argument christlicher Geldhäuser genutzt werden konnte, um den Sarazenen im Kampf gegen die Kreuzritter im Heiligen Land gegen Zins Kredite zur Verfügung zu stellen. Für Hrabanus Maurus waren die Ausländer, von denen Zins zu nehmen sei, Ungläubige und Kriminelle. Alexander von Hales führte in die Auslegung des Zinsverbots eine historische, zwischen Juden und Christen unterscheidende Dimension ein, indem nach seiner Interpretation das Gebot von Mose nur den Juden gegeben worden sei und nur für sie Gültigkeit habe. Während einem Christen generell Zinsgeschäfte verboten seien, sei den Juden von Mose erlaubt worden, vom Fremden Zins zu nehmen, da die Juden aufgrund ihrer Herzenshärte (*propter duritiam cordis*) sonst die Sünde begangen hätten, vom Bruder Zins zu nehmen.

Einen generellen Umbruch in der Universalisierung des Zinsverbots in der christlichen Auslegung von Dtn 23,20–22 brachte die Reformation im 16. Jh. Während Martin Luther und Philipp Melanchton das Zinsverbot in Dtn 23,20–22 im Horizont der Zwei-Reiche-Lehre interpretierten und gegen Theologen des linken Flügels der Reformation, die die Ökonomie nach biblischen Gesetzen regeln wollten, die Ordnung der Ökonomie den Fürsten überließen und damit den für Christen verbotenen Zins freigaben, ging Johannes Calvin in der Freigabe von Zins und der Aufhebung des biblischen Zinsverbots noch grundsätzlichere Schritte über die lutherische Reformation hinaus, indem er die mittelalterliche Interpretation von Dtn 23,20–22 durch Alexander von Hales auf den Kopf stellte. Legte dieser das Zinsverbot so aus, dass es den Juden den Zins von Nichtjuden erlaubt habe, so soll für Johannes Calvin durch Dtn 23,20–22 den Juden Zins untereinander verboten sein, um sie vor Schaden durch gegenseitige Übervorteilung zu bewahren, während christliche Bruderschaft sich gerade darin bewähre, dass man vom Bruder Zins nehmen könne, ohne ihn zu übervorteilen, die christliche Bruderethik also gerade darin bestehe, dass man sich gegen Zins zu fairen Konditionen leiht, ohne die Not des Bruders auszunutzen. Damit sind biblische Beschränkungen in der Struktur der Ökonomie aufgehoben und zu einem verinnerlichten Ethos sublimiert, das in der Folgezeit der ökonomischen Logik der Gewinnmaximierung in Kreditgeschäften nur wenig entgegenzusetzen hat. Die Konsequenz ist eine vollständige Säkularisierung der Ökonomie, die sich in einem Prozess der Entzauberung in der

35 Vgl. Nelson, Idea of Usury, 3–28.

Moderne von Fesseln der Religion befreit hat[36] und in ihrer Ordnung mit Adam Smith auf die „unsichtbare Hand“ in der Perspektive stoischer Philosophie der Antike[37] vertraut. Die Theologisierung des Rechts begann im ersten Jt. in Juda an den Bruchlinien einer aufgrund politischer und ökonomischer Krisen zerbrechenden Gesellschaft in Gestalt eines auf Gott als Gesetzgeber zurückgeführten Sozialrechts. In diesem Prozess der Integration von Lebensbereichen wie dem der Ökonomie unter die Herrschaft Gottes wurde das Recht insgesamt in allen seinen thematischen Bereichen vom Familienrecht bis zum Prozessecht JHWH als Gesetzgeber und Rechtsquelle unterstellt.[38] Im Säkularisierungsprozess des Rechts seit der frühen Neuzeit und seiner konsequenten Unterstellung unter die Schirmherrschaft des Staates sind die religiösen Impulse gerade des am Anfang der Theologisierung stehenden Sozialrechts ethisch verinnerlicht sowie im politischen Prozess säkularisiert worden und leben in einem neuzeitlichen Sozialrecht fern einer religiösen Begründung fort. Benjamin N. Nelson hat die Verinnerlichung und Säkularisierung des biblischen Bruderethos zu einer Haltung, die Bruderschaft als Geschäftspartnerschaft begreift, als Tragödie der Moralgeschichte beschrieben, die mit dem Verlust an sozialer Kohäsion und ethischer Bindekraft einhergeht: „It is the tragedy of moral history that the expansion of the area of the moral community has ordinarily been gained through the sacrifice of the intensity of the moral bond, or, to recall the refrain of this sketch, that all men have been becoming brothers by becoming equally others“, um anhangsweise hinzuzufügen, „[m]odern imperialism faces the issue of the Brother and the Other every day“.[39]

Ist also Gott in diesem Prozess der Universalisierung von Ethos, der ein solcher seiner Säkularisierung ist, aus dem Recht wie der Ökonomie ausgetrieben worden? Giorgio Agamben hat diesen Prozess der Emanzipation der Ökonomie mit einer innertrinitarischen An-archie Gottes als Schlüssel der Genealogie Politischer und Ökonomischer Theologie in Verbindung gebracht. Gott habe sich von der Herrschaft über die Welt zurückgezogen, um der An-archie des Sohnes als Negation des Vaters in der innertrinitarischen Ökonomie Raum zu geben.[40] Der leere Thron göttlicher Herrschaft, verhüllt durch seine *Kabod/Doxa*, die sich noch in pompösen Staatsritualen, die nur ein Nichts verhüllen, wiederfinden, hinterlasse in der bis auf die Gnosis zurückzuführenden Tren-

36 Okko Behrends (Gesetz, 326–341) hat angesichts des Säkularisierungsprozesses der Moderne den Wert des Römischen Rechts noch in der Moderne beschworen, habe doch die Eignung des Rechts, die menschlichen Verhältnisse in einer auf Dauer angelegten Weise zu ordnen, „die christliche Glaubenshaltung von eschatologischer Gesinnung befreit“ und mit der Weltlichkeit der Neuzeit versöhnt.

37 Adam Smith (Theory, 44) hat sich selbst in der Nachfolge stoischer Philosophie gesehen, doch hat J.-C. Perrot (Économie politique, 348) gezeigt, dass Adam Smith insbesondere durch zeitgenössische Philosophen und Theologen wie Nicolas Malebranche und Blaise Pascal geprägt wurde; vgl. dazu Agamben, Kingdom, 283.

38 Späte Midraschim in Levitikus und Numeri wie Lev 24,10–23; Num 15,32–36; 27,1–11 zeigen als Auslegungen von Bundesbuch und Deuteronomium deren zunehmende Unterordnung unter das Sakralrecht in spät-nachexilischer Zeit, die sich auch in der nachexilischen Fortschreibung des Bundesbuchs zeigt; siehe oben Anm. 12.

39 Vgl. Nelson, Idea of Usury, 136 mit Anm. 3.

40 Vgl. Agamben, Kingdom, 17–52.

nung von Ontologie und *Oikonomia* ein Vakuum, das das neuzeitliche, als marktwirtschaftlich bezeichnete Wirtschaftsverhalten so fülle, dass die Ökonomie noch die Herrschaft über die Politik übernehme und wie mit unsichtbarer Hand regiere. Gott habe die Welt so werden lassen, als wäre sie ohne Gott, und er herrscht über die Welt, als herrsche sie über sich selbst[41], sodass die von Gott geschaffene Welt mit der Welt ohne Gott identifiziert werden kann. Doch habe die moderne Welt nichts anderes getan als das Projekt göttlicher *Providentia generalis* und *Oikonomia* durch die Herrschaft der Ökonomie zu vollenden. Die göttliche Providenz in der Theologisierung von Recht beginnend mit dem Sozialrecht wie in seiner sozialethischen Säkularisierung in der Moderne zu erkennen, ist eine bleibende Aufgabe Politischer Theologie, die jenseits von Carl Schmitt an Formen demokratischer Politischer Theologie in jüdischer Philosophie der Gegenwart von Herrmann Cohen[42] bis zu Miguel Vatter[43] anknüpft, ihren Ausgangspunkt in der Hebräischen Bibel mit der Theologisierung des Rechts nimmt und sich mit der Rezeption der Philosophie der Antike, insbesondere der Platons, vereint.

Literatur

Agamben, G., The Kingdom and the Glory. For a Theological Genealogy of Economy and Government, Meridian: Crossing Aesthetics, Stanford, 2011.

Albertz R., Die Theologisierung des Rechts im Alten Testament, in idem, Geschichte und Theologie. Studien zur Exegese des Alten Testaments und zur Religionsgeschichte Israels, BZAW 326, Berlin/New York, 2003, 187–208.

Arneth, M., „Sonne der Gerechtigkeit". Studien zur Solarisierung der Jahweh-Religion im Lichte von Psalm 72, BZAR 1, Wiesbaden, 2000.

Assmann, J., Zur Verschriftung rechtlicher und sozialer Normen im Alten Ägypten, in H. J. Gehrke (Hg.), Rechtskodifizierung und soziale Normen im interkulturellen Vergleich, ScriptOralia 66, Tübingen, 1994, 62–85.

Barmash, P., The Laws of Hammurabi. At the Confluence of Royal and Scribal Traditions, Oxford/New York, 2020.

Behrends, O., Das staatliche Gesetz in biblischer und römischer Tradition. Sinn- und Gemeinschaftsstiftung durch Gehorsam fordernden Befehl oder positive Satzung im Rahmen einer schon bestehenden Rechtsordnung, in idem (Hg.), Der biblische Gesetzesbegriff. Auf den Spuren seiner Säkularisierung, AAWG.PH III/278, Göttingen, 2006, 225–341.

Berman, J., Inconsistency in the Torah. Ancient Literary Convention and the Limits of Source Criticism, Oxford/New York, 2017.

Elsen-Novák, G. und Novák, M., „König der Gerechtigkeit". Zur Ikonologie und Teleologie des „Codex" Ḫammurapi, BaM 37, 2006, 131–155.

Fitzpatrick-McKinley, A., The Transformation of Torah from Scribal Advice to Law, JSOT.Sup 287, Sheffield, 1999.

Gertz, J. C., Die Gerichtsorganisation Israels im deuteronomischen Gesetz, FRLANT 165, Göttingen, 1994.

Goodenough, E., The Political Philosophy of Hellenistic Kingship, YCS 1, 1928, 55–104.

41 Ibid., 286.

42 Vgl. dazu Hollander, Hermann Cohen, 263–279; Otto, Hermann Cohen, 201–256.

43 Vgl. dazu Vatter, Political Theology; vgl. dazu auch Otto, Politische Theologie, 225–238.

Halbe, J., Das Privilegrecht Jahwes Ex 34,10–26. Gestalt und Wesen, Herkunft und Wirken in vordeuteronomischer Zeit, FRLANT 114, Göttingen, 1975.

Hollander, D., Understanding Law ("Gesetz" and "Recht") in Hermann Cohen, with Help from the Early Strauss, IdS 44, 2014, 263–279.

Jackson, B. S., Wisdom – Laws. A Study of the Mishpatim of Exodus 21:1–22:16, Oxford/New York, 2006.

Kessler, R., Staat und Gesellschaft im vorexilischen Juda vom 8. Jahrhundert bis zum Exil, VT.S 47, Leiden/Boston, 1992.

Koch, K. Die Entstehung der sozialen Kritik bei den Profeten, in H. W. Wolff (Hg.), Probleme biblischer Theologie. Festschrift Gerhard von Rad, München, 1971, 236–257.

Koch, K., Geschichte der ägyptischen Religion. Von den Pyramiden bis zu den Mysterien der Isis, Stuttgart, 1993.

Kodalle, K., Carl Schmitt und seine Schuld. Im Spannungsfeld von Reuelosigkeit, gelebter Nachsicht und politischer Ächtung, Der Staat 58, 2019, 171–194.

Kratz, R. G., Theologisierung oder Säkularisierung? Der biblische Monotheismus im Spannungsfeld von Religion und Politik, in O. Behrends (Hg.), Der biblische Gesetzesbegriff. Auf den Spuren seiner Säkularisierung, Abhandlungen der Akademie der Wissenschaften zu Göttingen. Philologisch-Historische Klasse III/278, Göttingen, 2006, 43–67.

Kruchten, J., Le décret d'Horemheb, Université libre de Bruxelles, Brüssel, 1981.

Levinson, B. M., Deuteronomy and the Hermeneutics of Legal Innovation, Oxford/New York, 1997.

Markl, D., Gottes Gesetz und die Entstehung des Monotheismus, in M. Graulich, R. Weimann (Hg.), Ewige Ordnung in sich verändernder Gesellschaft? Das göttliche Recht im theologischen Diskurs, QD 287, Freiburg i. Br./Basel/Wien, 2018, 49–67.

Markl, D., The Redactional Theologization of the Book of the Covenant, BN 181, 2019, 47–61.

Markl, D., Divine Law and the Emergence of Monotheism in Deuteronomy, in I. Carbajosa, N. Scotti Muth (Hg.), Israel and the Cosmological Empires of the Ancient Orient. Symbols of Order in Eric Voegelin's *Order and History, Vol. 1*, Eric Voegelin Studies. Supplements 1, München, 2021, 193–222.

Mattison, K., Rewriting and Revision as Amendment in the Laws of Deuteronomy., FAT II/100, Tübingen, 2018.

Milstein, S., Making a Case. The Practical Roots of Biblical Law, Oxford/New York, 2021.

Najman, H., Seconding Sinai. The Development of Mosaic Discourse in Second Temple Judaism, Supplements to the Journal for the Study of Judaism 77, Leiden/Boston, 2003.

Nelson, B. N., The Idea of Usury. From Tribal Brotherhood to Universal Otherhood, Chicago, [3]1969.

Osumi, Y., Die Kompositionsgeschichte des Bundesbuches Exodus 20,22b–23,33, OBO 105, Freiburg i.Ue./Göttingen, 1991.

Otto, E., Kultus und Ethos in Jerusalemer Theologie. Ein Beitrag zur Begründung der Ethik im Alten Testament, ZAW 98, 1986, 161–179.

Otto, E. Wandel der Rechtsbegründungen in der Gesellschaftsgeschichte des antiken Israel. Eine Rechtsgeschichte des „Bundesbuches" Ex XX 22–XXIII 13, StB 3, Leiden/New York, 1988.

Otto, E., Rechtsgeschichte der Redaktionen im Kodex Ešnunna und im „Bundesbuch". Eine redaktionsgeschichtliche und rechtsvergleichende Studie zu altbabylonischen und altisraelitischen Rechtsüberlieferungen, OBO 85, Freiburg i.Ue./Göttingen, 1989.

Otto, E., Die Kompositionsgeschichte des alttestamentlichen „Bundesbuches" in Ex 20,22–23,33. Rezensionsartikel zu Y. Osumi, Die Kompositionsgeschichte des Bundesbuches Exodus 20,22b–23,33, WZKM 83, 1993, 149–165.

Otto, E., Die nachpriesterschriftliche Pentateuchredaktion im Buch Exodus, in M. Vervenne (Hg.), Studies in the Book of Exodus. Redaction – Reception – Interpretation, BEThL 126, Leuven, 1996, 61–111.

Otto, E., Soziale Restitution und Vertragsrecht. *Mīšaru(m)*, *(an)-durāru(m)*, *kirenzi*, *parā tarnumar*, *šᵉmiṭṭā* in Mesopotamien, Syrien, in der hebräischen Bibel und die Frage des Rechtstransfers im Alten Orient, RA 92, 1998, 125–160.

Otto, E., Kodifizierung und Kanonisierung von Rechtssätzen in keilschriftlichen und biblischen Rechtssammlungen, in E. Lévy (Hg.), La codification des lois dans l'antiquité, Université de Strasbourg. Travaux du Centre de Recherche sur le Proche-Orient et la Grèce Antiques 16, Paris, 2000, 77–124.

Otto, E., Max Webers Studien des Antiken Judentums. Historische Grundlegung einer Theorie der Moderne, Tübingen, 2002 (Studienausgabe Tübingen, 2011).

Otto, E., Die hebräische Prophetie bei Max Weber, Ernst Troeltsch und Hermann Cohen. Ein Diskurs im Weltkrieg zur christlich-jüdischen Kultursynthese, in W. Schluchter und F.W. Graf (Hg.), Asketischer Protestantismus und der „Geist" des modernen Kapitalismus. Max Weber und Ernst Troeltsch, Tübingen, 2005, 201–255.

Otto, E., Herrscherlegitimation und Rechtskodifizierung in altorientalischer und biblischer Rechtsgeschichte, in idem, Altorientalische und biblische Rechtsgeschichte. Gesammelte Studien, BZAR 8, Wiesbaden, 2008, 154–184.

Otto, E., Deuteronomium, 4 Bde., HThKAT, Freiburg i. Br./Basel/Wien, 2012–2017.

Otto, E., Der Einfluss der Staatsentstehung auf die Rechtsgeschichte im antiken Israel. Tora und Staat in der Hebräischen Bibel, ZAR 27, 2021, 49–62.

Otto, E., Rechtsanthropologie, in J. Dietrich, A. Grund, B. Janowski et al. (Hg.), Handbuch der Alttestamentlichen Anthropologie, Tübingen, 2022, im Druck.

Otto, E., Weisheitliche Proverbienredaktion und ihre Amalgamierung mit keilschriftrechtlicher Redaktionstechnik in den Sammlungen kasuistischer Rechtssätze im biblischen Recht, ZAW 134, 2022, 458–482.

Otto, E., Biblische Prophetie und Platon. Politische Theologie der Amalgamierung biblischer Theologie und antiker Philosophie jenseits von Carl Schmitt. Zu Miguel Vatters „Living Law", ZAR 28, 2022, 225–238.

Otto, E., The Amalgamation of "Wisdom" in the Post-Deuteronomistic Deuteronomy of the Persian and Hellenistic Period, in J. Kwon (Hg.), Torah and Wisdom in Second Temple Judaism, Deuterocanonical and Cognate Literature Studies 51, Berlin/New York, 2023, 173–188.

Otto, E., Qāhāl und Ekklesia im Deuteronomium und in der politischen Theorie in Platons Nomoi, in S. Krauter, W. Oswald (Hg.), Qahal und Ekklesia. Typen und Funktionen von Versammlungen im Alten und Neuen Testament und ihren Umwelten, Studies in the Cultural Context of the Bible, Leiden/Boston, 2023, im Druck.

Perrot, J.-C., Une histoire intellectuelle de l'économie politique. XVIIᵉ–XVIIIᵉ siècle, Paris, 1992.

Pietsch, M., Die Kultreform Josias. Studien zur Religionsgeschichte Israels in der späten Königszeit, FAT 86, Tübingen, 2013.

Schaper, J., Media and Monotheism. Presence, Representation and Abstraction in Ancient Judah, ORA 33, Tübingen, 2019.

Schmandt-Besserath, D., When Writing Met Art. From Symbol to Story, Austin, 2007.

Schmid, K., Divine Legislation in the Pentateuch in its Late Judean and Neo-Babylonian Context, in P. Dubovský, D. Markl, J.-P. Sonnet (Hg.), The Fall of Jerusalem and the Rise of the Torah, FAT 107, Tübingen, 2016, 127–153.

Schmid, K., Gott als Gesetzgeber. Entstehung und Bedeutung des Gottesrechts der Tora im Rahmen der altorientalischen Rechtsgeschichte, ZThK 118, 2021, 267–294.

Schmid, K., Auf dem Weg zum Gottesrecht. Die Theologisierung des Bundesbuches (Ex 20,22–23,33), in L. Maskow, J. Robker (Hg.), Kritische Schriftgelehrsamkeit in priesterlichen und prophetischen Diskursen. Festschrift Reinhard Achenbach, BZAR 27, Wiesbaden, 2022, 119–138.

Schmitt, C., Politische Theologie. Vier Kapitel zur Lehre von der Souveränität (1922), Berlin, ^{11}2021.

Schwienhorst-Schönberger, L., Das Bundesbuch (Ex 20,22–23,33). Studien zu seiner Entstehung und Theologie, BZAW 188, Berlin/New York, 1990.

Smith Adam, Theory of Moral Sentiments (1759), Cambridge, 2002.

Stackert, J., Deuteronomy and the Pentateuch, New Haven/London, 2022.

Vatter, M., Living Law. Jewish Political Theology from Hermann Cohen to Hannah Arendt, Oxford/New York, 2021.

Weber, M., Die Wirtschaftsethik der Weltreligionen. Das antike Judentum. Schriften und Reden 1911–1920, herausgegeben von E. Otto unter Mitwirkung von J. Offermann, 2 Bde., Max Weber Gesamtausgabe I/21.1–2, Tübingen, 2005.

Wells, B., The Reconstruction of the History of a Legal Provision, ZAR 25, 2019, 92–116.

Stellenregister

Hebräische Bibel

Genesis

1,14 … 118
1,26f. … 170[9]
2,2f. … 118f.
2,3 … 31[32], 118
6,11–13 … 186
7,23 … 136
10 … 165[45]
10,20 … 116
12,1–3 … 73, 113
12,2 … 114
12,6f. … 117[32]
12,6 … 130
12,8 … 117[32]
12,10–20 … 247
13,3f. … 117
13,4 … 117[32]
13,14–16 … 117
13,17 … 117
13,18 … 117
14,18ff. … 177
15 … 28
15,18 … 116
15,19 … 242[19]
17 … 28, 113, 122
17,6 … 114
20,1–8 … 247
24,43 … 245[46]
25 … 3
26,1–11 … 247
26,13 … 131
26,25 … 117[32]
27,26f. … 245[40]
27,28 … 217
27,39 … 217
28,14 … 117
28,15 … 117
28,16 … 117
29,11 … 245[40]
29,13 … 245[40]
29,14 … 135[48]
29,31–30,24 … 293
31,30 … 131
32,9 … 245f.[45]
33,4 … 245[40]
34 … 5, 8f.
34,7 … 291[38]
34,9 … 247[58]
34,30 … 9[40]
35 … 9[41]
35,11 … 114
35,20 … 265[28]
35,21f. … 5, 8f.
37–50 … 6, 12[52]
37–39 … 11[49]
37 … 6, 11
37,18–36 … 6f.
37,21f. … 316[27]
37,22 … 7
37,24 … 316
37,25 … 7[32]
37,26 … 11
37,28 … 7f.
37,29f. … 316[27]
37,31–34 … 8[36]
37,35 … 7[32]
37,36 … 7f.
38 … 1–16
39 … 6
39,1 … 7f.
40,23 … 229[16]
42–44 … 6
42,21f. … 7[31]
43 … 6
45,15 … 245[40]
46,1–5 … 12[52]
46,26 … 133[40]
48,10 … 245[40]
49 … 5, 8f., 14[58]
49,3f. … 8
49,5–7 … 8
49,8 … 8
49,8–12 … 9
49,24 … 215[23]
50,1 … 245[40]
50,10 … 137[58]
50,24 … 114

Exodus

2,1–10 … 98
2,8 … 245[46]
3,1 … 19
3,2 … 22
3,6 … 18
3,7 … 18
3,8 … 18
3,10 … 18
3,12 … 18–20
3,16 … 29
3,18 … 29, 32[35]
3,20 … 75
4,27 … 245[40]
5,3 … 32[35]
6,2–7 … 27
6,2f. … 114
6,14–27 … 115f., 116[25]
7–11 … 78[31]
7,16 … 19
7,26 … 19
8,16 … 19

8,18 … 78[31]
8,23 … 32[35]
9 … 75[18]
9,1 … 19
9,8–12 … 76
9,13 … 19
9,16 … 325
9,31 … 75
10,3 … 19
10,7 … 19
10,8 … 19
10,11 … 19
10,22 … 32[35]
10,26 … 19
12,10 … 136
12,12 … 75
12,20 … 118
12,31 … 19
12,38 … 27[26]
12,41 … 32[35]
13,2 … 31[32]
14,5 … 19
14,12 … 19
14,31 … 31
15 … 79
15,1–18 … 97
15,21 … 96f.
15,22 … 32[35]
15,25–26 … 77–80
15,25f. … 79, 328
15,26 … 80, 81[48], 326, 328
17,10 … 29
17,12 … 29
18 … 21, 26[24]
18,5 … 19
18,6 … 27
18,7 … 245[40]
18,13–26 … 29
18,18 … 325
18,19 … 22
Ex 19–Num 10 … 87, 91, 92
19–24 … 102, 322–337
19f. … 102, 322
19 … 18, 22, 30
19,1f. … 18[9]
19,1 … 26[24], 31, 32, 33, 102
19,2–8 … 18[9]
19,2f. … 17[2], 18[9]
19,2 … 19, 26f., 29, 31, 102
19,3–8 … 29f., 30[31], 31
19,3–6 … 115
19,3 … 18[9], 19, 23f., 30
Ex 19,4–Dtn 33,29 … 30
19,4–8 … 335
19,4 … 30, 326
19,5f. … 326
19,5 … 30
19,7f. … 31
19,9 … 18[9], 19, 21, 23, 24, 29, 31
19,10–13 … 32f.
19,10f. … 17[2], 31
19,10 … 31, 32f.[41]
19,11–15 … 19[10]
19,11–13 … 18[9], 32[40]
19,11 … 19[10], 31, 32f.[41]
19,12 … 31
19,13 … 32, 32f.[41]
19,14–19 … 17[2]
19,14 19, 23f., 31f., 32f.[41], 33
19,15 … 32, 32f.[41], 33
19,16–19 … 327
19,16ff. … 26[24]
19,16 … 19, 19[10], 23f., 32, 32f.[41], 33
19,17 … 19, 23f., 32[40]
19,18 … 20[12], 21, 32f.[41]
19,19–22 … 32f.[41]
19,19 … 19, 20–24, 27, 29
19,20–25 … 18[9], 32[40], 326[24]
19,20 … 20f., 23f., 29, 31
19,21–25 … 32f.
19,23f. … 32f.[41]
19,24 … 32
19,25 … 32, 32f.[41]
20–23 … 341
20 … 25, 27[27], 28[29], 93
20,1–21 … 324
20,1–17 … 28, 323
20,1–3 … 24
20,1f. … 20
20,1 … 18[9], 93f.
20,2–17 … 94
20,2–10 … 25
20,2 … 31, 323
20,3 … 20, 323
20,7 … 323
20,8–11 … 18[9], 326[24]
20,11 … 31
20,12–17 … 25
20,18–22 … 17[2], 327
20,18–21 … 87[5], 103
20,18ff. … 20
20,18 … 21, 23
20,19 … 23, 324
20,20 … 31
20,21 … 20, 22, 24, 29, 327
20,21–23,33 … 323f.
20,22–23,33 … 92, 309
20,22f. … 18[9], 20, 28, 29, 341[11]
20,22 … 341
20,23–26 … 324
20,24–23,33 … 29
20,24–26 … 17[2]
20,24f. … 345
20,24 … 20, 24, 29, 101, 118, 345
20,26 … 33
21 … 63
21,1–23,19 … 17[2], 324
21,1–11 … 95[34]
21,1 … 18[9], 31, 53, 341[11]
21,2–11 … 95f., 342
21,2 … 95f.
21,12–22,19 … 309
21,13f. … 59, 65f.
21,16 … 8
21,18f. … 64[32]
21,22–25 … 64[32]
21,23–25 … 54[5]
21,28 … 32f.[34]
21,29 … 32f.[34]
21,32 … 32f.[34]
21,37–22,3 … 57[12]
22,1f. … 57, 58
22,19 … 341[11]
22,20–23,19 … 324
22,20–23,9 … 309
22,20–26 … 341[13], 342
22,20 … 341[11]

22,21 341[11]
22,23 341[11]
22,24 341[11]
22,26 342
22,27 341[11]
22,30 341[11]
23 79
23,1–6 312[15]
23,1–3 309
23,2 309–320
23,3 309–311
23,6 309f.
23,9 341[11]
23,10–12 342
23,12 118
23,13 341[11]
23,14–19 324
23,18–33 341[11]
23,20–33 74[14], 79[35]
23,20f. 266
23,23–27 79[36]
23,23–26 77–80
23,25f. 81
23,25 80
24 18, 28
24,1f. 33
24,3–8 18[9]
24,3–5 24
24,3 17[2], 20, 22, 28, 29, 53, 92, 321[3], 325, 334
24,4–9 325
24,4f. 21f.
24,4 28f.
24,6–8 29
24,7 29, 53, 92f.
24,8 29
24,9–11 33, 328
24,12f. 17[2], 22
24,12 25, 31, 327
24,13 19, 23, 25, 29
24,14f. 29
24,14 23
24,15–31,18 326
24,15–18 26f., 102, 327
24,15 23, 23[17], 29
24,16 26
24,18 17[2], 18[9], 22f., 25
Ex 25–Num 10 21, 25
25–31 102
25,1–31,17 327
25–29 26
25ff. 102
25,2–7 327
25,8 327
25,10–22 115[24]
25,16 327
25,22 327
26,33f. 115[24]
29 17[7]
29,16 29
29,20 29
29,37 32
29,45f. 27
30,25 245f.[45]
30,34 250[71]
31,12–17 92
31,14 119[40]
31,15 119[40]
31,18 102, 327
32–34 92, 102[71]
32f. 326
32 22, 25, 27f.
32,1 334
32,12 114f.
32,17 23[17]
32,25–29 116
33,1 114f.
33,11 23[17]
34 22, 25, 27f. 342[16]
34,6 326
34,10–26 326, 328
34,13 265
34,23 77
34,27f. 28
34,27 326
34,32 92
34,34 92
35–40 92, 102, 326
35,1–39,43 327
35,1–3 92
35,1 334
35,2 119[40]
35,3 118
35,4–19 327
35,5 327
35,21 327
35,22 327
36,2–7 327
37,1–9 115[24]
38,21–31 327
38,21 115[24]
39,43 327
40,20f. 115[24]

Leviticus

1,2 93
2,1 115[23]
3,17 118
4,2 93, 115[23]
4,27 115[23]
5,1 115[23]
5,4 115[23]
5,15 115[23]
5,17 115[23]
6,2 93
6,11 32
6,18 93
6,20 32
7,26 118
7,29 93
7,38 102
8,19 29
9 17[7], 26
9,12 29
9,18 29
9,23 27
10,16–20 92
11,2 93
11,13 29[30]
12,2 74, 93
13 84
13,18–23 76
15,2 93
15,33 74
17–26 30, 101

18 4
18,2 93
18,9 248
18,11 248
18,15 4
19,2 . . . . 30, 93, 115
19,30 120
20,2 93
20,17 248
20,18 74
21,1 93
22,2 93
22,18 93
22,24 84
23 119
23,2 93
23,3 . . . . 118f.
23,10 93
23,14 118
23,17 118
23,21 118
23,24 93
23,31 118
23,34 93
23,37f. 119
24,2 93
24,5–9 120
24,8 119
24,10–23 . . . . 349[38]
24,19f. . . . . 54[5]
25,1 102
25,2 93
25,23 30
25,32f. 115
26 120
26,2 120
26,3–13 120
26,3 120
26,34 . . . . 121[46]
26,39–45 120
26,41f. . . . . 120f.
26,42 114
26,43 . . . . 121[46]
26,44f. 114
26,46 . . . . 31, 102
27,2 93
27,34 102

Numeri

1,51 . . . . 32[39]
3,1 102
3,10 . . . . 32[39]
3,38 . . . . 32[39]
4,15 32
4,28 . . . . 115[24]
4,33 . . . . 115[24]
5,2 93
5,12 93
6,2 93
6,23 93
6,24–26 262
6,24 . . . . 217[26]
7,8 . . . . 115[24]
8,2 93
10,12 21
10,29 . . . . 21, 21[15], 27
10,33 21
10,35f. 21
10,35 215
11,4 . . . . 27[26]
11,33 75
12,1 . . . . 27[26]
12,7–16 71
14 312
14,27 312
15,2 93
15,18 93
15,32–36 . . . . 119[40], 349[38]
15,38 93
16,18f. 32
16,35 32
16f. 32
17,5 32
18,4 . . . . 32[39]
18,7 . . . . 32[39]
19,2 93
21,4–9 . . . . 97[47]
22–24 162
27,1–11 . . . . 349[38]
28,2 . . . . 93, 119
29,39 119
32,11 . . . . 114f.
34,2 93
35 . . . . 60, 63, 65, 312
35,2 93
35,20 60
35,22f. 60
35,24f. 312, 314
35,24 312
35,25 312
35,29 118

Deuteronomium

1–3 25
1,5 . . 28, 87, 91, 91f.[20], 93, 98
1,6–8 . . . . 21, 25
1,7 116
1,9–18 29
4 . . . . 63, 346
4,1f. 91
4,4 87
4,5 91
4,7f. 114
4,8 87
4,23 . . . . 229[18]
4,38 114
4,44–27,26 . . . . 100[61]
4,44 53
5 . . . . 22, 25, 27f., 93, 94[28]
5,2 29
5,4f. . . . . 87[5], 94
5,6–22 28
5,22f. 22
5,22 22
5,23–27 28
5,23 22
5,24 22
5,27–33 28
6,1 31
6,4–6 98

6,4f. . . . . 100[63]
6,12. . . . . 229[18]
6,17. 100
7 . . . . 79, 81, 82[52]
7,1. 77
7,3. . . . . 247[58]
7,5. . . . . 77, 265f.
7,6. . . . . 29f., 114
7,9. 30
7,7–11. . . . . 73[8]
7,12–16. . . . . 72–75, 77, 79, 80[45]
7,12. 84
7,15. . . . . 75, 77, 79, 80f., 84
7,25. . . . . 72[5]
8,11. . . . . 229[18]
8,14. . . . . 229[18]
8,19. . . . . 229[18]
9f. . . . . 22, 25, 27[27], 28
9,1. 114
9,7–10,11 . . . . 22, 25, 27
10,8. . . . . 115[24]
10,11. 21
11,23. 114
11,24. 116
11,32. 53
12–26 . . . . 35–52, 98
12 . . . . 99[56], 100, 118, 265, 344f.
12,1–16,17 . . . . 37[10]
12,1. . . . . 31, 98[53]
12,2–7. . . . . 98[53]
12,3. . . . . 265f.
12,8–12. . . . . 98[53]
12,13–19. . . . . 100, 344, 345, 346
12,13f. 99, 101, 345
12,14. 98
12,18. . . . . 98, 99[57]
12,21. . . . . 98, 99[57]
12,26. . . . . 98, 99[57]
13 . . . . 24, 37, 48
13,1–19. 37–41
13,6. 74
14,2. . . . . 114f.
14,12. . . . . 29[30]
14,21. 114
14,23–25. . . . . 98, 99[57]
14,24. . . . . 217[26]
14,29. . . . . 217[26]
15,1–18. . . . . 48[65]
15,1–12. . . . . 42–45, 48
15,1–11. . . . . 99, 346
15,1–3. 99
15,4. . . . . 98f.
15,4f. 99
15,7. . . . . 98f.
15,12–18. . . . . 95[34], 96
15,12. . . . . 95f.
15,20. . . . . 98, 99[57]
15,21. 84
16–18 . . . . 48[66]
16,16. . . . . 98, 99[57]
16,18f. 345
16,18. . . . . 98f.
16,20. . . . . 98f.
16,21f. 265
16,21. 267
16,22. . . . . 271[55]
16,28–18,22 35
17 315
17,1. . . . . 265[28]
17,2–7. . . . . 37, 48
17,5. . . . . 32f.[34]
17,7. 74
17,8. . . . . 98, 99[57]
17,8–13. 30
17,8–11. . . . . 29, 315[26]
17,9. 315
17,10. . . . . 98, 99[57]
17,11. . . . . 315[26]
17,12. 74
17,14–20. 112
17,14f. 36
18,15. 119
18,16–22. 37
19 63
19,1–12. 64–67
19,1–3. . . . . 98f.
19,4. 59
19,8. . . . . 98f.
19,10. . . . . 98f.
19,11. . . . . 59f.
19,12. 67
19,16–21. 45–48
19,17. . . . . 98f.
19,19. 74
20,17. 77
21,1–9. 64
21,1. . . . . 98f.
21,15–21. 67
21,19f. . . . . 67[46]
21,20. . . . . 55[9]
21,21. 74
22,13–21. 67
22,14. . . . . 55[9]
22,16f. . . . . 55[9]
22,17f. . . . . 67[46]
22,21f. 74
22,21. . . . . 32f.[34], 291[38]
22,22–29. 67
22,24. . . . . 32f.[34], 74
23,2–9. 37
23,2. 84
23,14. 114
23,20–22. 346–348
24,1–4. 67
24,7. 74
25 . . . . 3, 4, 14[58]
25,5–10. . . . . 5[23], 67
25,5f. 4
25,8. . . . . 67[46]
26,1–16. 98
26,5–10. 98
26,5. 114
26,13. . . . . 229[18]
26,16–19. 53
26,18. 115
26,19. 114
27 328
27,8. . . . . 91[20]
27,9f. 127
27,22. 248
28 . . . . . . 24, 71, 74, 76, 82[52]
28,9. 114
28,27. . . . . 78[31], 82[51]
28,27–29. 76
28,27f. . . . . 75f.
28,35. . . . . 76, 84
28,45. 100
28,58–62. . . . 73[10], 74–77, 79

28,59–61 . . . 80
28,60 . . . 73, 78[31]
28,69 . . . 28
29,8 . . . 30, 328
29,10f. . . . 27[26]
29,21 . . . 75
30 . . . 121
30,6 . . . 121
30,12 . . . 317
30,15f. . . . 328
31,9–13 . . . 325[22]
31,9 . . . 87, 98, 115[24]
31,11 . . . 87
31,25f. . . . 115[24]
32,8f. . . . 269
32,11 . . . 29[30], 30
32,18 . . . 175, 176
32,39 . . . 78
34,1 . . . 116
34,4 . . . 114f.
34,10–12 . . . 31, 89
34,10 . . . 119

Josua

1 . . . 89
1,4 . . . 116
1,7f. . . . 88
1,13 . . . 88
2 . . . 2[6]
7,15 . . . 291[38]
7,25 . . . 32f.[34]
8,31f. . . . 88
9 . . . 152[37]
20 . . . 63, 65
23,6 . . . 88
23,12 . . . 247[58]
24,25 . . . 127
24,26 . . . 130

Richter

1,16 . . . 27[26]
2,19 . . . 133
2,11–13 . . . 133
2,13 . . . 270[52]
2,21 . . . 130[7]
3,7 . . . 133, 229[18], 270[52], 271[59]
3,11 . . . 133
3,12 . . . 133
4,1 . . . 133
4,9 . . . 131
5 . . . 293[48]
5,7 . . . 250[68]
6f. . . . 140
6,1 . . . 133
6,9 . . . 134
6,11 . . . 133
6,22 . . . 133
6,24 . . . 133
6,25 . . . 270[53]
6,27 . . . 135
6,28 . . . 270[53]
6,29–31 . . . 133
6,29 . . . 133
6,30 . . . 270[53]
6,32 . . . 134
7,1 . . . 133f., 315[25]
7,2–7 . . . 135
7,14 . . . 133
8,13 . . . 133
8,27 . . . 133
8,28–9,21 . . . 127–144
9 . . . 127, 133, 135, 141
9,8–15 . . . 127–144
9,23f. . . . 140
9,24 . . . 127
9,37 . . . 130
9,26–40 . . . 140
9,41–45 . . . 140
9,46–54 . . . 140
9,46 . . . 127
9,50–57 . . . 141
9,56f. . . . 127, 140
9,56 . . . 142
10,1–5 . . . 133[40]
10,6 . . . 133
10,11f. . . . 134
10,13 . . . 130[7]
10,15 . . . 134
11,3 . . . 135
12,6 . . . 291
12,7–15 . . . 133[40]
12,7 . . . 133
13,1 . . . 133
13,21 . . . 130[7]
14,19 . . . 131
19,23 . . . 131
20,6 . . . 291[38]
20,10 . . . 291[38]

1 Samuel

1–3 . . . 189
1,6 . . . 189
1,28 . . . 190
2,1–10 . . . 189–208
2,11 . . . 190
4–6 . . . 215
6,21 . . . 286[20]
7,1f. . . . 286[20]
8,4f. . . . 142
8,19f. . . . 142
10,1 . . . 245[40]
12,1 . . . 315[25]
12,8 . . . 315
12,9 . . . 229[18]
12,11 . . . 134, 315
14,33f. . . . 135[50]
16,5 . . . 136
16,1ff. . . . 170
16,10f. . . . 136
20,41 . . . 245[40]
22,1 . . . 12
23,13 . . . 12
26,14–24 . . . 55[9]

2 Samuel

2 Sam 6–1 Kön 2 12
1,21 217
2,4 170
3,16 131
3,24 131
5,3 170
5,8 84
5,10 131
6 . . . . 215, 286[20]
6,8 32
7 215
7,14 . . . . 170[9], 184, 334
11f. . . . . 13[54]
11,3 . . . . 2[7]
11,4 . . . . 2[7]
11,11 32
11,21 . . . . 141, 141f.[69]
12 . . . . 5, 12
12,13 12
13 11–13
13,12f. 12, 291
13,13 12
13,19 131
13,20–29 64
13,21f. 58
13,21 68
14,12–20 . . . . 55[9]
14,33 . . . . 245[40]
15–19 293
15 13
15,2 . . . . 293[49]
15,6 . . . . 293[49]
15,10 . . . . 293[49]
16,13 131
17,11 . . . . 293[49]
18,18 . . . . 265[28]
18,25 131
19,13f. . . . . 135[48]
19,23 . . . . 293[49]
19,42–44 . . . . 293[49]
23 170
23,3f. 170, 180f., 184

1 Könige

2,3 88
3,1 . . . . 247[58]
3,2 265
3,4 265
6,29 . . . . 250[69]
7,2 146
8,23 30
8,28 262
11,12 170
12,26–33 25
12,28 97
14,15 . . . . 270[52]
14,23 . . . . 266, 270[52]
15 . . . . 153[38], 271
15,13 271
16,32f. 271
18,19 . . . . 271[54]
18,25–40 . . . . 271[54]
19,4 . . . . 245f.[45]
19,10 136
21,10 . . . . 32f.[34]
21,13 . . . . 32f.[34]
21,14 . . . . 32f.[34]
22 286
22,4 286
22,49f. 287

2 Könige

1,39 170
2,11 131
3 286
3,7 286
5 71
8,18 286
8,21f. 287
8,26 286
8,28f. 286
8,28 287
8,29 287
9,22–27 287
10 . . . . 135[50]
10,1–9 287
10,18–27 287
10,26f. 271
10,26 . . . . 271[55]
11 . . . . 288[26]
11,1–3 . . . . 135[50], 288
11,1f. 136
12,18f. 288
14,6 88
14,7 288
14,8–14 . . . . 142[72]
14,8–11 288
14,9 . . . . 142[72]
14,12f. 288
14,13f. 288
14,22 289
16 . . . . 153[38]
16,5–9 289
17,10 . . . . 270[52]
17,16 . . . . 271, 272[66]
17,38 . . . . 229[18]
18,4 . . . . 97[47], 270[52]
20,7 76
21 . . . . 271[56]
21,2–16 272
21,3 271
21,4 . . . . 271[57+58]
21,7 . . . . 271f.
22,49f. 287
23,4 . . . . 272[66]
23,5 . . . . 250[69]
23,6 . . . . 271f.
23,15–20 290
23,25 88
23,29 290
24,13–16 149

Jesaja

1,5 ... 73
2,3 ... 292[44]
3,16 ... 131, 247[56]
3,17 ... 247[56]
3,24 ... 245[42]
4,4 ... 247[56]
5 ... 284[7]
5,1–13 ... 289[30]
5,19 ... 292[41]
5,22f. ... 289[30]
5,24 ... 292[41]
6–8 ... 284[7]
6,3f. ... 22
7,1–17 ... 290[31]
7,14 ... 245[46]
8,1–8 ... 290[31]
8,14 ... 293[50]
9,5 ... 170
9,7–9 ... 289[30]
9,19f. ... 290[31]
10,1–4 ... 289[30]
11,1–9 ... 186
11,6–9 ... 184
11,11–16 ... 295[53]
17,8 ... 270
20,2 ... 131
27,9 ... 270
29,3 ... 130
29,17–21 ... 198[45]
30,12 ... 292[41]
30,15 ... 292[41]
31,1 ... 292[41]
38,28 ... 76
49–54 ... 210[2]
49,26 ... 215[23]
53,3 ... 73
60–62 ... 210[2]
60,16 ... 215[23]
61,10 ... 247[58]
62,5 ... 247[58]
65,11 ... 229

Jeremia

3,5 ... 311[12]
3,12f. ... 285[15], 290[31]
3,21–4,2 ... 285[15], 290[31]
3,21 ... 229[17]
4,2 ... 292[40]
4,23 ... 262[17]
7,34 ... 247[58]
8,18 ... 74
13,25 ... 229[17]
16,9 ... 247[58]
17,2 ... 270
18,15 ... 229[17]
22,6 ... 146
22,23 ... 146
23,5f. ... 295[53]
23,27 ... 229[17]
23,36 ... 318[30]
25,10 ... 247[58]
25,17ff. ... 200[59]
29 ... 230[20]
29,23 ... 291[38]
31,2–6 ... 290[31]
31,23 ... 217[26]
31,31–34 ... 121
33,11 ... 247[58]
34,8–11 ... 42
41,6 ... 131
49,16 ... 29[30]
50,4 ... 131
51 ... 231[22]
51,20–23 ... 231

Ezechiel

1–32 ... 149
1,10 ... 29[30], 30
5,6 ... 120[44]
5,7 ... 120[44]
6,9 ... 311[12]
10,14 ... 29[30], 30
11,20 ... 120[44]
15 ... 150
16 ... 152, 154
16,29 ... 146
16,59–63 ... 154[48]
17 ... 145–156
18,9 ... 120[44]
18,17 ... 120[44]
19 ... 149, 150
19,10–14 ... 147[12]
20,11 ... 120[44]
20,13 ... 120[44]
20,16 ... 120[44]
20,19 ... 120[44]
20,21 ... 120[44]
20,24 ... 120[44]
23,35 ... 229[17]
23,38 ... 120
25,12–14 ... 231[21]
28,13 ... 170f.[9]
29,13–16 ... 155[49]
31 ... 150
31,2–6 ... 285[15]
31,14 ... 155
34,11ff. ... 185
34,23–31 ... 120
35,1–5 ... 231[21]
37,15–28 ... 285[15], 295[53]
37,24 ... 120[44]
37,26 ... 120
40–48 ... 120f., 154[48]
43–46 ... 120
44,24 ... 120[44]
45,17 ... 120
46,12 ... 120
48,8 ... 154[48]
48,35 ... 154[48]

Hosea
2,1–3 . . . 285[15]
2,2f. . . . 287
2,15 . . . 229[17]
5,8–6,6 . . . 290[31], 293[47]
5,9 . . . 293[47]
5,10 . . . 289
7,1 . . . 311[12]
7,7 . . . 142
8,4 . . . 142
10,10 . . . 216
12,8f. . . . 276
12,14 . . . 97

Joel
2,16 . . . 247[58]

Amos
1,3–2,3 . . . 157–168
2,4–16 . . . 157
2,5–16 . . . 157[4]
2,6–8 . . . 289[30]
3–6 . . . 158
4,1 . . . 289[30]
4,10 . . . 75[18]
5,10–20 . . . 289[30]
6,1–7 . . . 289[30]
8,4–6 . . . 289[30]
9,8–10 . . . 295[53]
9,11–15 . . . 295[53]

Jona
2,8 . . . 234[32]

Micha
Mi . . . 341
1,16 . . . 29[30]
4,2 . . . 292[44]
5,13 . . . 270
6,9–12 . . . 276

Habakuk
2,2 . . . 91[20], 100
2,12 . . . 25

Zephanja
3,4 . . . 135[49]
3,5 . . . 183

Sacharja
8,21 . . . 131

Maleachi
3,19–21 . . . 198[45]
3,22 . . . 88

Psalmen
1f. . . . 170
1 . . . 91, 172f.
1,1f. . . . 90
1,1 . . . 172f.
1,2 . . . 173
2–136 . . . 217–219, 221, 222
2 . . . 170, 172–176, 292[43]
2,7ff. . . . 170
2,7–9 . . . 179
2,7 . . . 170f.[9], 171, 177[32], 184, 334
2,8f. . . . 184
2,9 . . . 180
3–41 . . . 170
8 . . . 186
8,6–9 . . . 185
9,18 . . . 229[17]
12 . . . 204
14 . . . 204
18 . . . 170, 292[43]
20 . . . 170, 292[43]
20,2 . . . 292[44]
21 . . . 170, 292[43]
21,4–7 . . . 171
21,4 . . . 170, 184
21,6 . . . 170
21,7 . . . 180, 184
21,9ff. . . . 184
23 . . . 185
24 . . . 292[43]
24,6 . . . 292[44]
29 . . . 292[43]
31,13 . . . 229[16]
31,19 . . . 202
37–86 . . . 236
41 . . . 91

41,4 . . . 74
42–72 . . . 170
42–48 . . . 211[9]
44,18 . . . 229[17]
44,21 . . . 229[17]
45 . . . 170, 247, 292[43]
45,7 . . . 170f.[9]
45,12 . . . 247
45,15 . . . 247
45,16 . . . 245[48]
46 . . . 221, 228[12], 292
46,8 . . . 292[44]
46,12 . . . 292[44]
47 . . . 292[43]
47,10 . . . 221
48 . . . 221, 228[12], 292
58,10 . . . 137[58]
72 . . . 91, 170, 181–184, 217, 292[43], 341
72,1f. . . . 184
72,2ff. . . . 184
72,5ff. . . . 184
72,2–4 . . . 184
72,5–7 . . . 171, 180, 185
72,5 . . . 180[44]
72,12ff. . . . 184
72,12–14 . . . 184
72,16f. . . . 171, 180, 184
72,18 . . . 292[43]
73–89 . . . 170
73 . . . 189–208
74,7 . . . 199[49]
74,10 . . . 199[49]
74,18 . . . 199[49]
74,21 . . . 199[49]
75 . . . 189–208
76 . . . 221, 292[43]
76,7 . . . 292[44]
78,7 . . . 229[17]
78,10 . . . 30
78,11 . . . 229[17]
78,18 . . . 30
78,28 . . . 159[17]
78,68 . . . 216
80 . . . 292
80,2 . . . 185[56]
84 . . . 292[43]
84,9 . . . 292[44]
84,11–13 . . . 180
85,11–14 . . . 183
87 . . . 221, 292[43]
87,1 . . . 179
89 . . . 91, 172, 210, 292[43]
89,4 . . . 170f.[9]
89,10ff. . . . 184
89,20 . . . 170f.[9]
89,27f. . . . 184
89,27 . . . 170f.[9]
89,28 . . . 170f.[9]
90–106 . . . 170, 233[30]
90 . . . 210
90,2 . . . 175, 176
93 . . . 170, 292[43]
93,5 . . . 210
94 . . . 196
94,4 . . . 202
96–99 . . . 170
99,2 . . . 210
99,5 . . . 216
99,6 . . . 315
101 . . . 170, 210[5]
102,4–6 . . . 71
102,13–23 . . . 210
102,17 . . . 222
106 . . . 91
106,13 . . . 229[17]
106,21 . . . 229[17]
107–150 . . . 170, 233[30]
110 . . . 170, 176–179, 210[5], 292[43]
110,1f. . . . 179, 184
110,1 . . . 170
110,2 . . . 210
110,3 . . . 170f., 175, 184
110,5f. . . . 179, 184
111–118 . . . 218
113–118 . . . 218
118 . . . 218[30]
118,26 . . . 214
119 . . . 218, 219, 233[30]
119,12–15 . . . 325
120–134 . . . 209, 233[30]
120–125 . . . 211[6], 212–214
120f. . . . 212, 220
120,3ff. . . . 220
120,7 . . . 220
121,3ff. . . . 219
121,3 . . . 220
121,4 . . . 220
122 . . . 212f.
122,3 . . . 212, 219
122,4 . . . 220
122,6ff. . . . 222
122,6–8 . . . 220
122,6 . . . 213
123–125 . . . 214
123 . . . 213
123,1 . . . 219
123,2f. . . . 220
123,2 . . . 250[68]
124,1ff. . . . 220
124,4f. . . . 220
124,8 . . . 212, 217[26], 220
125 . . . 211[6], 213, 214
125,1f. . . . 213, 220
125,2 . . . 219
125,5 . . . 212, 220
126–129 . . . 211[6], 214f.
126–128 . . . 215[21]
126 . . . 214f.
126,1 . . . 211[6], 214
126,4 . . . 220
126,6 . . . 131
127f. . . . 220
127 . . . 214f.
128 . . . 214f.
128,4 . . . 220
128,5 . . . 211[6], 214, 217[26], 220
128,6 . . . 212, 220
129 . . . 214f., 215[21]
129,1ff. . . . 220
129,5 . . . 211[6], 220
129,8 . . . 215
130–134 . . . 211[6], 215–217
130f. . . . 217, 220
130 . . . 215
130,8 . . . 220
131 . . . 215
131,3 . . . 220
132f. . . . 220

132 . . . 170, 210, 212, 215f., 217–219, 233[30], 292[43]
132,2 . . . 292[44]
132,5 . . . 219, 292[44]
132,8 . . . 219
132,9 . . . 220
132,12 . . . 220
132,13f. . . . 216
132,13 . . . 211[6], 219
132,14 . . . 219
132,15–134,3 . . . 220
132,15ff. . . . 220
133f. . . . 217f., 220
133 . . . 217
133,3 . . . 211[6]
134 . . . 217
134,1 . . . 218
134,3 . . . 211[6], 212, 217
135f. . . . 210, 211–219, 222, 233[30]
135 . . . 218
135,21 . . . 218
136–150 . . . 218, 221
136 . . . 218, 222
136,25f. . . . 218
137f. . . . 225–238
137 . . . 221f., 226–233
137,3ff. . . . 210
138 . . . 233–236
140,10 . . . 250[69]
144 . . . 170, 210[5], 292[43]
145 . . . 170, 233[30]
145,6 . . . 325
146–150 . . . 221
146f. . . . 222
146,10 . . . 210, 221f.
147,2 . . . 210, 221f.
147,12f. . . . 222
147,12 . . . 210
147,13 . . . 222
147,14 . . . 222
147,19 . . . 316
149 . . . 236
149,2 . . . 210, 221f.
150 . . . 236

Hiob
2,7 . . . 76, 84
6,7 . . . 74
9,3 . . . 159[17]
19,4 . . . 229[16]
35,9 . . . 310[6]

Proverbien
2,17 . . . 229[17]
7,13 . . . 245[40]
16,15 . . . 180[44], 184
27,6 . . . 245[41]
30,19 . . . 245[46]

Rut
1 . . . 3
1,9 . . . 245[40]
1,14 . . . 245[40]
2,4 . . . 217[26]
4 . . . 11
4,11f. . . . 1
4,18–22 . . . 1

Hoheslied
1,1 . . . 242
1,2–4 . . . 245–252
1,4 . . . 242
1,5f. . . . 245
1,5 . . . 242, 252[84]
1,9 . . . 251
1,12–14 . . . 251[74]
1,12 . . . 240[8], 242, 247, 249–252
1,13f. . . . 252
1,13 . . . 245[43], 251
1,18 . . . 240[8]
2,4 . . . 251
2,7 . . . 250[68]
2,13 . . . 251[72]
2,17 . . . 250[68]
3,4 . . . 241[13], 250[68]
3,5 . . . 250[68]
3,7 . . . 242, 252[84]
3,9 . . . 242, 252[84]
3,10 . . . 247[55]
3,11 . . . 242, 247, 252[84]
4,5 . . . 245[43]
4,6 . . . 250[68]
4,9 . . . 248
4,10 . . . 245[43+44], 248, 251[72]
4,11 . . . 251[72]
4,12 . . . 248
4,13f. . . . 250[71]
5,1 . . . 248, 251
5,13 . . . 245f.[45]
5,14 . . . 245[43]
6,1 . . . 245[43]
6,8f. . . . 247, 253
6,8 . . . 245[46], 247
7,1–7 . . . 248
7,4 . . . 245[43]
7,6 . . . 242, 252
7,8 . . . 245[43]
7,9 . . . 245[43], 251[72]
7,13 . . . 245[43]
7,14 . . . 251[72]
8,2 . . . 251[77]
8,4 . . . 250[68]
8,11 . . . 242, 252[84]
8,12 . . . 242, 247

Kohelet
6,2. . . . . 74, 84
7,3. . . . . 311[13]

Klagelieder
1,13. 74
1,22. 74
4,2. . . . . 247[56]
4,21. . . . . 231[21]
5,17. 74

Esther
2,3. . . . . 245f.[45]
2,9. . . . . 245f.[45]
2,12. . . . . 245f.[45]

Daniel
5,2. . . . . 251[77]
7f. . . . . 150[25]
9,11. 88
9,13. 88

Esra
3,2. 88
7,6. 88

Nehemia
7,72–8,12 . . . . 325[22]
8,1. . . . . 88f.
8,5f. 90
8,8. 90
9,13f. 87

1 Chronik
2,3. . . . . 1f.
28,2. 216
2,4. 1
2,9–4,20 1
3,5. 11
4,21–23. . . . . 4[18]
11,9. 131
13,11. 32
14,11. 32
15,20. . . . . 245[46]
21,14. 71

2 Chronik
14,10. . . . . 310[6]
16,12. 73
16,14. . . . . 245f.[45]
20,35f. 287
21,12–19. . . . . 71, 73
23,18. 88
30,16. 88
32,12. . . . . 292[40]
36,21. . . . . 121[46]

Septuaginta

Jesus Sirach
15,1. . . . . 245[42]
24,15. . . . . 250[71]
26,5. . . . . 302[36]
31,12–32,5 251
34,7. . . . . 245[42]
40,14. . . . . 245[42]
43,5. . . . . 245[42]

Qumran

4QSam[a]. 205
6Q6 . . 242[19], 245f.[45], 246[48+50]
11QPs[a] . . . . 233[30]

Jüdische Schriften

Jubiläenbuch
3,27. . . . . 250[71]
16,24. . . . . 250[71]

Neues Testament

Matthäus
1 3
1,1–16. 2
1,18ff. 2
16,18. . . . . 297[3]
18,17. . . . . 297[3]
22,44. 170
23,16–22. . . . . 267f.[34]

Markus
12,35–37. 178

Lukas
1,33. 305

Apostelgeschichte
1,2f. 305
1,7. 305
1,8. 305
1,11. 305
1,14. 302
1,15–26. 299
1,15. . . . . 299[19]
1,23. . . . . 299[19]
2,8–11. 305
2,34f. 170
2,46. 302
4,13f. . . . . 302[33]
4,24. 302
4,32–37. 299
5,1–11. 299
5,11. 297
5,12. 302
5,33. . . . . 302[33]
6,1–6. 299
7,38. . . . . 297[4]
7,54. . . . . 302[33]
7,57. 302
8,1. 297
8,3. 297
8,6. 302
9,31. 297
11,1–18. 299
11,22. . . . . 297, 300
11,26. 297
11,29f. 300
12,1. 297
12,5. . . . . 297[5]
12,22. . . . . 297[2]
13,1–3. 300
13,1. 297
14,23. . . . . 297[5], 300, 301[27]
14,27. 297
15,1–35. 300
15,3. 297
15,4. 297
15,22. 297
15,25. 302
15,41. 297
16,5. . . . . 297[5]
16,16–40. 301
16,16–24. . . . . 302[34]
17,5–9. 301
17,5. . . . . 297[2]
18,12–17. 301
18,12. 302
18,22. 297
19 297–308
20,17–38. 300
20,17. . . . . 297[5]
20,28. 297
22,22f. . . . . 302[33]
23,6f. . . . . 302[33]

Römer
8,34. 178

1 Korinther
15,25. 178

Hebräer
1,13. 170

Rabbinische Literatur

Mischna

Sukka 5,4 . . . . 267f.[34]
Sanhedrin 1,6 . . . . . 311, 314

Babylonischer Talmud

Shabbat 63a. . . . . 250[69]
ʿEruvin 13b 318
Rosh ha-Shana 25a–26a 314, 315
Rosh ha-Shana 25b . . . . 315[25]
Bava Meziʿa 59b . . . 316–318
Sanhedrin 2a–3a . . . . . . 314[19]
Sanhedrin 36a 311
ʿAvoda Zara 36a . . . . . . 314[22]
Keritot 6a . . . . 250[71]

Jerusalemer Talmud

Joma 4,4 . . . . 250[71]
Sanhedrin 4,8–22b . . . . 312[15]
Sanhedrin 4,44–46 . . . . 312[15]
Sanhedrin 21c,41–47 . . 312[14]
Sanhedrin 22a,59–62 . . 314[19]
Sanhedrin 22a,62–66 . . 314[19]

Midraschim

Midrash Tanchuma, Naso 29. . . . . 315[25]
Sifre Devarim, Shoftim 153 . . . . 315[25]
Midrash Tehillim 12,4. . . . . 313, 314[19]
Shir ha-Shirim Rabba 1,5 . . . . 242[19]
Kohelet Rabba 1,4. 315

Altorientalische und epigraphische Quellen

Al-Yahudu-Tafeln . . . . . . 230[20]

Ḫirbet el-Kôm
Kom (8):3 . . . . 260f., 275

Ketef Hinnom
1,14f. . . . . 217[26]
2,5f. . . . . 217[26]

Kuntillet ʿAjrud
3.6,7f. . . . . 217[26]
3.6. . . . . 261–264, 275
3.9. . . . . 261–264, 275
4.1. . . . . 262–265, 275

Muraššû-Archiv . . . . 230[20]

Papyrus Amherst 63
Kol VIII,1–7 . . . . 272f.
Kol XIIf. . . . . 273[71]

Sfire
III,24f. . . . . 214[18]

Witwenbitte-Ostrakon
Z.1 . . . . 217[26]

Antike Schriftsteller und Werke

Ambrosius 348

Arrian, Anábasis Alexándrou
1,18,2 . . . . 303[49]

Basilius von Caesarea, Briefe
I, 248f. . . . . 318[29]

Cassius Dio, Römische Geschichte
52,30,2 . . . . 304[51]

Chariton von Aphrodisias, Kallirhoe
1,5,3 . . . . 302[37]

1 Clemens
44,3. . . . . 301[27]

Cyprian, 67. Brief
4f. . . . . 301[27]

Didache
15,1. . . . . 301[27]

Diodor, Bibliothḗkē historikḗ
31.16.1 . . . . 243[26]

Dion Chrysostomos, Reden
7,25. . . . . 302[37]
40,29. . . . . 302[37]

Dionysios von Halikarnassos, Antiquitates Romanae
8,4,2 . . . . 302[36]

Duris von Samos
FGrH 76 Fr. 13,8–10 . . 243[29]

Herodas
1.27–36. . . . . .244[35]

Herodot, Historíai
5.18. . . . . .251[77]
Hieronymus 348

Hippolyt, Traditio apostolica
2 . . . . 301[27]

Horaz, Carmina
2.11.13–17 . . . . .250[71]

Ignatius von Antiochien, Briefe
Smyrna 11,2 . . . . .301[27]
Philadelphia 10,1 . . . . .301[27]

Polykarp von Smyrna
7,2. . . . . .301[27]

Livius, Ab urbe condita
34,51,6 . . . . .304[54]

Lukian von Samosata, Icaromenippus
33 . . . . .302[37]

Origenes, Kommentar zum Hohenlied
II 9,1. . . . . .250[71]

Periplous Maris Erythraei
§39 . . . . .250[71]

Platon, Politeía
8,544c. . . . . .304[50]

Plutarch, Demetrios
41.3. . . . . .242[22]

Plutarch, Kimon
15,2. . . . . .304[52]

Plutarch, Moralia
328e . . . . .303[49]
800c . . . . .304[50]

Plutarch, Perikles
15 . . . . .304[53]

Polybios, Historíai
6.9.8–10 . . . . .304[53]
6.44. . . . . .304[50]
6.51. . . . . .304[53]
14.11.5 . . . . .253[87]
38.12.5 . . . . .302[32]

Iulius Pollux, Onomastikon
X.32ff.. . . . . .250[69]

Pseudo-Aristoteles, Athenaion politeia
18.1. . . . . .245[37]

Tacitus, Annales
1,77. . . . . .302[37]
3,26,2 . . . . .303[49]
3,27. . . . . .304[52]

Tacitus, Historiae
1,27. . . . . .302[37]

Theokrit, Idyll
14.8f. 244
14.7. 244
14.55. 244
14.60–64. . . . . .244[35]
15.106–111. 249
17.16–33. . . . . .251[80]
17.34–46. . . . . 248f.
17.110–134. . . . . .244[36]
17.121–125. . . . . .249[66]

Theophrast von Eresos, Historia Plantarum
9.7.2 . . . . .250[71]
9.7.3 . . . . .250[71]

Thukydides, Geschichte des Peloponnesischen Krieges
2.43.1 . . . . .241[18]

Velleius Paterculus, Historia Romana
2,126,1–4 30562

Die Autorinnen und Autoren

Reinhard Achenbach ist Professor für Altes Testament an der Westfälischen Wilhelms-Universität Münster.

Klaus-Peter Adam ist Professor of Old Testament an der Lutheran School of Theology at Chicago.

Rainer Albertz ist Professor emeritus für Altes Testament an der Westfälischen Wilhelms-Universität Münster.

Erhard Blum ist Professor emeritus für Altes Testament an der Eberhard Karls Universität Tübingen.

Mark G. Brett ist Professor of Old Testament am Whitley College in Melbourne.

Ruth Ebach ist professeure ordinaire en Exégèse historico-philologique de l'Ancien Testament an der Université de Lausanne.

Anselm C. Hagedorn ist Professor für Altes Testament und Antikes Judentum an der Universität Osnabrück.

Matthias Hopf ist Privatdozent für Altes Testament an der Universität Zürich.

Bernd Janowski ist Professor emeritus für Altes Testament an der Eberhard Karls Universität Tübingen.

Joachim J. Krause ist Professor für Altes Testament an der Ruhr-Universität Bochum.

Stefan Krauter ist Professor für Neues Testament an der Universität Zürich.

Thomas Krüger ist Professor für alttestamentliche Wissenschaft und altorientalische Religionsgeschichte an der Universität Zürich.

Martin Leuenberger ist Professor für Altes Testament an der Eberhard Karls Universität Tübingen.

Matthias Morgenstern ist Professor für Judaistik und Religionswissenschaft an der Eberhard Karls Universität Tübingen.

Heinz-Dieter Neef ist Professor für Altes Testament an der Eberhard Karls Universität Tübingen.

Eckart Otto ist Professor emeritus für Altes Testament an der Ludwig-Maximilians-Universität München.

Konrad Schmid ist Professor für alttestamentliche Wissenschaft und frühjüdische Religionsgeschichte an der Universität Zürich.

Helmut Utzschneider ist Professor emeritus für Altes Testament an der Augustana Hochschule Neuendettelsau.

Kristin Weingart ist Professorin für Altes Testament an der Ludwig-Maximilians-Universität München.

Bruce Wells ist Professor of Middle Eastern Studies an der University of Texas in Austin.

Jakob Wöhrle ist Professor für Altes Testament an der Eberhard Karls Universität Tübingen.